池田雄一著

汲古叢書78

中国古代の律令と社会

汲古書院

中国古代の律令と社会　目　次

中国古代の律令と社会

【総論】　中国古代の法典編纂

はじめに

「律令」の初見

「律令」の語は、戦国時代に遡ることが、湖北省雲夢県睡虎地出土の秦簡において確認された。中田薫氏は、周以来秦前までの古法には刑書と令とがあり、一は法典（刑鼎の形式で恒久的に公示）、他は単行令（懸札の形式で随時告示）で、この両者を当時すでに「律令」と連称していたか否かは詳でないが、刑法を律と称した事例は見えており、漢以前にこの連称がなかったとは断言できない、「その明証を得ざるのみ」と、「律令」の語が、漢以前に遡る可能性を予言されている。この中田氏の予言は、一九五一年に印刷に付された「支那における律令法系の発達について」[1]で述べられているが、中田氏の慧眼は、一九七五年一二月から翌春にかけて発掘された睡虎地秦簡中の『語書』や二〇〇二年四月から発掘された里耶秦簡（秦王政二五年から秦二世二年の紀年が確認できる）において実証されることになる。

『語書』は、比較的短文であるが、この文中では、「律令」・「法律令」の熟語が七回と頻出する。本書の表題に「律令」の語を使用したのは、「律令」の熟語が睡虎地秦簡を遡って多用されていたことが充分に予想されるためである。里耶秦簡の全容は今後に俟たねばならないが、一部公表された秦簡中においても「律令」（「以律令従事」・「以律令具論」

等の常套句が見える）の語が多数含まれている。律令が行政と緊密な関係を構築していた様子が窺える。

もちろん晋泰始三年以降の「律令」（刑罰法規である「律」と行政的法規である「令」の二大枠組みが生まれる）とは構成、枠組みを異にする。春秋から秦漢にいたる「律令」は、令が律の追加法に位置付けられている。ただ後漢の律学（十有余家）では、罪を断じる上で準拠すべき律文は二万六千二百七十二条、七百七十三万二千二百余字にも上った。基本法を律でのみ一括することは余りにも煩瑣を強いることになる。曹魏において「新律十八篇」、「州郡令四十五篇」、「尚書官令・軍中令計百八十余篇」に整理されてはいるものの、晋『泰始律令』（二千九百二十六条・十二万六千三百字六十巻、故事三十巻）における「律・令」二大枠組みへの再構成は律令の発展過程において当然の帰結である。それでも晋『泰始律令』での再構成では、従来用いられてきた「律令」の語が採用されている。晋『泰始律令』を境とする律令の枠組みの変更も、用字においてはそれまでの「律令」の語を大きく脱しきることはなかった。本書の表題で、「律令」の語を用いたのは、後世における律令の枠組み、区分の変化を越えて、「律令」の語が持つ重みを強く感じたがためである。

刑罰法規と行政的法規

『七国考』所引の李悝『法経』では、『法経』六篇中の雑律を「雑律略」と呼んだのに対して、盗・賊二律は「正律略」と位置付けている。『盗律』・『賊律』・『雑律』共に刑罰法規である。『晋書』刑法志では李悝『法経』六律＋『興律』・『廄律』・『戸律』の漢『九章律』全体を「正律」と呼んでいる。漢『九章律』も「事律」（興・廄・戸律）は三篇に過ぎず刑罰法規に重点が置かれていた。ただ睡虎地秦律と一九八三年一二月から発掘が開始された張家山二四七号漢墓出土の呂后『二年律令』とでは、行政的法規が李悝『法経』を継承する刑罰法規を量的に上回る。それでも史書は刑罰法規に重きを置く漢『九章律』を引き「正律」と呼ぶ。これに対して『七国考』所引の桓譚『新論』では李悝の『法経』を紹介する中で、「魏之令、不幸弟者、流之東荒」と令を別枠で引用している。正律にも漢『九章律』では行政法的法規も含まれてはいたが、令は単行令（単行法令・単行指令）で統一的体系を持たず、刑罰法規「正律」・「雑律」に比してより副次的位置付けである。この令が晋『泰始律令』で非刑罰法規（主として行政的法規）を担わされることになる。令としての枠組みの成熟にはその後になお課題を残すことになる。

中国における法典（律令）の出現は、官僚制の萌芽と密接に関係する。多数の官吏が王の手足として行政の画一性、統一性（集権化）を保持するためには、業務マニュアルとしての律令が必要不可欠である。このため導入初期の律令は、「以吏為師」とも表現されるように日常実務の拠り所であり、即、王の意志を代弁するものである。このため律令に対する私議や巷議は厳しく禁じられ、漢代においても私人としての漢律学習の経緯が明らかになるのは多く前漢武帝時を降る。律令は、戦国時代において刑罰法規と行政的法規とが完備しており、睡虎地秦簡では、後者は律文として保持されていたが、前者はすでに律文としてではなく具体的事例に則した運用手引き書（『法律答問』）として整備されていた。『唐律疏議』にも匹敵する。

律令に対する朝野一体となっての整備は、律家の登場、儒家の律学への参入を俟たねばならないが、前漢呂后『二年律令』には、官吏の職務規定だけではなく刑罰法規も律文の形態で含まれていた。

官吏の業務マニュアルとしての律令も、当然これが運用される過程で、社会的規範としての役割を担うことになる。律令と地域社会との接点はここにある。先秦の律令は、刑鼎、刑書等と称せられ、李悝の『法経』六篇の内容もまた刑書に類していたことから、従来刑罰法規と理解されがちであったが、睡虎地秦簡の『秦律十八種』の存在によって、刑書と並行して早くから行政的法規も整備されていたことが明らかとなった。それにも拘わらず先秦の律令に刑書的要素のみが強調されてきた点は、各王国の家法、祖法、政権存立の象徴としての色彩が強い行政的法規が、政権の交替により軽視、全面的ではないにしても否定的に位置付けられて行ったことと関係がある。刑罰法規は、非漢人社会にその起源が仮託されることもあるがごとく王国の正当性如何とは次元を異にした。先秦、秦漢律令において魏の『法経』六篇が秦に採用され、漢王朝にもそれが受け継がれたとの事情は、唐令が散逸したにも拘わらず、刑罰法規である唐律が後世に継承された事情と軌を一にする。ここに刑罰法規である律が「正律」と称される事態も生じる。

刑罰法規は、人々の犯罪行為に対応している。行政的法規は、官吏の業務マニュアルとして必須の存在であるが、刑罰法規は人々の犯罪と共に育まれてきた。このため刑罰法規の整備は、当然官僚制の萌芽、導入を遡る。ただこの刑罰法規も律令の一部、官吏の業務マニュアルとしての位置付けを持つ中で、集権化を支える中心的法規として行政的法規と共に車の両輪を担うことになる。

犯罪への視点は単純である。犯罪の種類は、李悝『法経』では、盗・賊・雑（軽狡・越城・博戯・借仮不廉・淫侈踰制）に分類されている。犯罪を盗と賊とに重点を置く姿勢は、漢初の『法三章』（殺人・傷人・盗）においても裏付けられている。先に引いた『七国考』所引の李悝『法経』では、『法経』六篇中の盗・賊二律を正律と位置付けていた。犯罪は時代に即して多様化して行くにしても、晋『泰始律』では、

①刑名・②法例（以上二篇は九章律の具律を改編）・③盗・④賊・⑤詐偽・⑥請賕（以上二篇は盗律より別ける）・⑦告劾・⑧捕・⑨繋訊・⑩断獄（以上三篇は囚律を改編）・⑪雑・⑫戸・⑬擅興・⑭毀亡（盗律より別ける）・⑮衛宮・⑯水火（盗律より別ける）・⑰廏・⑱関市・⑲違制・⑳諸侯

の二十篇（『晋書』刑法志。『大唐六典』は漢魏律を「増損」したとし律に番号を付す）、六百二十条、二万七千六百五十七字において、盗と賊とが犯罪の中心に位置付けられている。人のなせるサガ故の事象において、教化・徳化の次元を別とすれば、制度としての対応（治安維持、罪刑法定化）に、それほど多くの選択肢は残されていなかった。さらには経義、故事への道も開かれていた。

これに対し行政的法規は、深く民政に関わる。王朝の交替、新政権の樹立は、前政権の否定から出発する。換言す

れば前政権の行政的法規（家法、祖法）に対して刷新の機会を提供する。もちろん官僚組織を運営していく上でのマニュアルとして、機械的に踏襲される部分も少なくない。刷新の度合いもまた必ずしも肯定的方向にのみ尽きるわけではないが、それでも新たな政権の正当性を謳う余地は残される。新政権は、政権樹立の正当性如何を問われかねない重圧に直面することになる。この意味で歴代王朝において行政的法規継承への意識が比較的希薄である点は、政治的刷新への機会を常に胚胎させる積極的意味合いを持つことにも繋がる。「令」が行政的法規としての枠組みを担う前の律令の時代から、刑罰法規と行政的法規とは、継承性の度合いにおいてその立場を異にしていたわけである。

以上は、「律令」の語が使用され始めた経緯、並びに中国古代における「律令」の位置付けについて、その一端を概観したが、本総論では、本書の梗概にも相当する秦漢を遡る時期の法と国家とについて、中国古代における法典編纂を中心に、国家による人民支配の視点から概観してみたいと考える。このような先行研究は、浅井虎夫氏の研究[2]が古典的名著、史料集として現在も活用され、前掲中田氏の「支那における律令法系の発達について」が研究の出発点となる。このためここでは法典編纂が史料上確認できる(1)春秋晩期以前の国家規範と、(2)戦国時代における法典の集大成とを課題とする。このような試みは、かつて小文を纏めたことがあるが、国外で発表したもの[3]であったと同時に、その時点で公表していた拙文をもとにしたため、不充分な部分が残されている。このため更めてこれを補完した[4]。

一　律令以前の規範

定住生活と規律

中国の法が、法典（律令）としての体裁を整えるようになるのは、春秋時代以降のことである。

ただ中国における国家の成立は、記録においては紀元前一六〇〇年頃の殷に遡る。

人々が社会を構成し、定住生活を始める時期となると、新石器時代、紀元前五〇〇〇年頃となる。中国最古の百科事典ともいわれる『呂氏春秋』の恃君覧には、中国太古は、「其民聚生群処、知母不知父」と母系制社会であったと伝えられている。事実、新石器時代初期の遺跡、半坡や姜寨遺跡においては、墓葬の状況等から見ても男性よりも女性の地位が高かった。また姜寨遺跡においては、家の門向がすべて中央の広場に向かって作られ、村の統一的な秩序が存在していたことを窺わせる。

社会生活における規律は、定住生活の始まりと同時に確認できる。ただこれが記録として確認されるためには、当然、文字が生まれてこなければならない。文字の起源は、新石器時代の土器等に記号らしきものが残されている（山東竜山文化期の丁公村遺址の陶文も甲骨文字を遡る時期の文字かと話題をよんだが議論は別れる）が、解読可能な文字は今日も殷代に降る。いわゆる甲骨文字であるが、殷代の甲骨文字は、支配者階級、それも祭祀儀礼（占卜）のためのものである。周代には、この甲骨文字と並んで金文が残されているが、金文もまた多く祭器に刻されている。

もちろん祭祀儀礼の文字であったとしても、その断片的な記録のなかに、法制史に関わる史料を確認することはできる。文字として表現し、大切に保管されていることからすると、祭事のためのみではなく、記された内容に対しても、より普遍的価値が認められていた可能性はある。

胡留元、馮卓慧『長安文物与古代法制』(5)の「一、西周金文初探」は、二〇五個の青銅器の名文を整理し、周代の民事法規、民事訴訟制度、刑罰の種類、判例等を論じている。ただ甲骨文や金文に見える法制史関係の事項が、どの程度の期間、範囲で機能し続けたかとなると、春秋戦国時代以降、公や王によって法典として公布された場合に比べ、はるかに不確定である。

古訓の編纂

唐虞夏殷周の王や諸侯の詔勅、訓戒、誓明などを収める『(今文)尚書』は、現存する各篇の成立に幅があるものの、『書』として纏められることによって、甲骨文や金文として保管され、関係者の盛衰と運命を共にした記録に比べると、より生命を保ち得た。[6]

この『尚書』もまた、古訓であると同時に規範の一つでもある。『墨子』尚賢下には、古の聖王は、賢者を大切にして、それでもって政治を行うとし、「先王之書、呂刑之書」を、竹帛や器物の槃盂(盤盂)に書き残し、後世の子孫に伝えたと見えている。その「呂刑之書」の言葉とは、

王曰、於来、有国有土、告女訟刑、在今而安百姓、女何択言(否)人、何敬不刑、何度不及。

であって、現行の『尚書』呂刑とほぼ同じ文である。文意は、「王曰く、ああ来たれ、国土を有せし諸侯。汝に刑罰を告げん。今、百姓を安んじるに、汝は何をか択ばん、賢才の人に否ずや。何をか敬慎せざるや、刑に否ずや。何をか度るや、堯舜禹などの聖王に及ばんとするに否ずや」となる。そしてこれに従えば、堯舜禹湯文武の道も達成できるとあり、『尚書』の言葉が拠り所とされている。

『墨子』に見える「先王之書」は、『書』すなわち『尚書』を指す。墨子の時代の『尚書』は、竹帛のみでなく金文としても伝えられていたようであるが、この『尚書』の編纂は、春秋時代、斉の桓公後の覇業をめぐる諸侯間の緊張が高まる、前七世紀後半から始められたと見なされている。

『荀子』勧学でも、『尚書』は「政事之紀」と位置付けられており、漢代においても、『尚書』は、『春秋』と並び経義として「断事」にしばしば登場する。『尚書』本来の機能は引き継がれていたことになる。

『荀子』勧学には、学は『尚書』・『詩経』の「誦経」に始まり、「法之大分、類之綱紀」とされる礼の「読礼」に終わるとある。『楽』と『春秋』も学の対象とされているが、礼法や類(比、法に準ずる規定)を内容とする礼書(『儀礼』)も、戦国時代に降って纏められ始めたものである。

『荀子』の勧学では、「君子之学」が重んじられている。ただこの「君子之学」は、「小人之学」と対比されている。『荀子』富国では、「君子之学」において重視される礼は、身分的な貴賤、年齢的な長幼、経済的な貧富に対応していたとされている。また同篇は、

由士以上、則必以礼楽節之、衆庶百姓、則必以法数制之。

と、士身分より以上の支配階層は、礼楽によって秩序が保たれ、一般の民衆は、法数（法律の条目）によって規制されるとも見えている。礼楽の運用には、身分的な制約が存在していたことになる。このことからすると、『荀子』勧学に見える『尚書』を始めとする五経、いわゆる「君子之学」にも、礼楽と同様、身分的な背景が意識されていた可能性はある。『礼記』曲礼上でも、同様に「礼不下庶人、刑不上大夫」とあり、礼の規範は、その適用に身分的な制約が意識されていた。

二　礼と刑――法典の編纂

刑書の編纂

法数、刑と対比される礼は、『説文解字』によれば「礼、履也、所以事神、致福也」とあり、践み行うべき事柄で、祭事と関連付けられている。『詩経』豊年や載芟に見える豊作に感謝しての、「為酒為醴、烝与祖妣、以洽百礼」の「百礼」も、農事に関わる祭事である。

礼がもともと支配氏族の宗教的な場での行礼と関係を持っていたことは事実であろうが、それが支配階層の日常（政治、宗教、社会）を規定する法則として、礼書の『儀礼』に纏められる過程においては、支配階層、貴族の習俗が広く儀式、制度として整理、集大成されて行ったことになる。

礼書の編纂が戦国に降るとしても、礼は、儒家による評価を俟つまでもなく、それ以前から支配階層のなかで習俗、習慣として長期に亘り規範化されていた。これに対して法や律は、刑と結び付けられ、礼とは対蹠的に位置付けられている。礼は支配階層の規範であるのに対して、刑は被支配階層を規制する手段と見なされている。

このため『尚書』呂刑にあっては、

苗民弗用霊（霊は上帝の命）、制以刑、惟作五虐之刑、曰法、殺戮無辜、爰始淫為劓刵椓黥。

と、法である「五刑」は、苗民に起こると伝える。苗君は、蚩尤の悪業に染まり、帝舜によって三危山に追放された三苗の君主であるとされる。三危山は、異説が多く甘粛省方面にも比定されるが、苗は、雲南・貴州・広西方面の少数民族で、もともとは中原から湖北・湖南・広西方面にかけ広く居住していたとされている。三苗、苗民の伝文や三危山の位置については、説話、伝承の域を出ない部分が多いが、ここで注目すべきは、「五刑」である法の創始が、非漢人社会に仮託されていることである。

『尚書』舜典には、

象以典刑、流宥五刑、鞭作官刑、扑作教刑、金作贖刑、眚災肆赦、怙終賊刑。

と、刑罰が定められているが、刑罰の執行には、

欽哉欽哉、惟刑之恤哉。

と、慎重が期せられるよう述べられている。しかしまた、同じ舜典において、舜が諸官を任命するに当たっては、

帝曰、皐陶、蛮夷猾夏、寇賊姦宄、汝作五刑有服、五服三就、五流有宅、五宅三居、惟明克允。

と、刑神として知られる皐陶に対して、わざわざ非漢人である蛮夷が漢人社会を混乱させた場合には、刑罰のすべてをもって対処するよう命じている。刑罰の適用において、非漢人には夏人、すなわち漢人と異なる刑の運用が意識されていたことを窺わせる。

貴族の習俗のなかから生み出された礼と、その編纂が非漢人社会に仮託される刑とでは、その誕生の過程に大きな違いがある。『尚書』甘誓によれば、刑は、報償が行われる祖廟に対応する社前で執行されたという。社は、殷代にあっては、四方土の祭祀で、支配氏族と族を異にする各地方邑群の象徴として、殷族の祖廟と並び王にとっての重要な祭祀の対象とされていた。このことは刑が、たとえ支配氏族であっても、族内の秩序を乱すものに対しては、一族としての庇護を剝奪し、族の枠外である社前に追放し、刑の対象とされるにいたったことを意味している。

刑は、異民族に対して発動されるものであって、いわゆる「刑不上大夫」といわれる所以でもある。

このため前五三六年、春秋時代の鄭において、刑書が祭器に記載して公布され、前五一三年には、晋において同じく刑鼎が鋳造されたという『春秋左氏伝』の記事は、『尚書』舜典に伝えられる刑罰制定の伝承とは違い画期的である。礼の秩序で守られ、特権を享受してきた士以上の支配階層、世襲貴族の人々が、前六世紀に出現する刑鼎、刑書による成文法化の結果、必ずしも刑の対象外に置かれるとの保証はなくなったわけである。

前五三六年の刑鼎は、鄭の子産によって行われた政治改革の一つである。鄭の子産は、戦国秦における商鞅の変法に大きな影響を与えた政治家であって、鄭の王権強化に尽くしたが、この子産の刑鼎に対しては、「乱政」、「叔世」の行為として、「火見」すなわち戦乱を予言する声さえ出て、反響は大きかった。子産は、この反響に対して当世一時の措置として釈明している。

子産による刑書の公布以降、『春秋左氏伝』には、前五一三年の晋の刑鼎、前五〇一年の鄭の竹刑と、相次いで刑書公布の記事が現われる。この間ほぼ三五年、鄭の子産の刑書を除くと、その後の刑書の公布に対しては、子産の場合ほど全面的否定の動きはない。刑書の定着化が次第に進んできていることを窺わせる。

湖南省江陵張家山出土の漢簡『奏讞書』の中には、前七世紀後半の魯法三条、

①盜一錢到廿、罰金一両、過廿到百、罰金二両、過百到二百、為白徒、過二百到千、完為倡。

②諸以県官事訑其上者、以白徒罪論之。
③有白徒罪二者、駕其一等。

と、前六世紀末から前五世紀初めの衛の獄法一条、

為君、夫人治食不謹、罪死。

とが含まれていた。いずれも刑罰の規定である。ただ漢代に降る編纂物で、他に類例がないため、どれほど春秋の事情を正確に伝えるか慎重に対処する必要はあるが、『奏讞書』に見える魯法や衛の獄法も『春秋左氏伝』の刑書成文化の時期とそれほど大きく離れない。

古訓としての『尚書』も前七世紀後半に編纂が始まる。刑書成文法化の動きと時期的にも近いが、この前七、六世紀は、いわゆる春秋各国において君主権強化のための政治的改革が活発化する時期でもある。すなわち前五六〇年の魯の宣公による「初税畝」、現物地代化への税制改革。前五六〇年の晋の襄公による「民（農民）」への兵役の拡大、兵農一致に向けての兵制改革。前六八八年の秦における県制の導入、采邑制への打撃等、相次ぐ君主権強化の動きの中で、卿・大夫の世襲貴族は次第に存立の基盤を喪失して行くことになる。

刑典の成文法化への動きは、このような春秋時代における政治的改革、礼的社会基盤の変質とその時期を一にする。中央集権化、統一国家形成への方向と密接に関わっていた。

荀子の礼説

このことは刑書の編纂が、『尚書』やさらには礼書の編纂の動きと、ある程度時期的に平行して窺えるということになる。このため刑書と、『尚書』や礼書との関係如何が問題となるが、これまでにおいては、『尚書』や礼書は支配氏族の古訓や習俗の中から導き出され、世襲貴族の秩序付けに関わりを持ち、刑書の編纂は非漢人の手に仮託されて

はいるものの、集権化が強まる中で人民すべてが対象とされるにいたるとのことを指摘した。しかし礼が礼書として編纂される時期は、世襲貴族の衰退期に当たり、礼治主義のための政治的環境は大きく変化した。

孔子は、礼を通じての内面的な徳性と政治思想としての礼治との両面を重んじたが、戦国時代前四世紀末から前三世紀初めの孟子は、礼の形式的な側面から離れ、礼の内面化を指向した。これに対して戦国時代も末期の荀子は、礼本来の外部規制的な側面を強調した。

『荀子』彊国には、

人之命在天、国之命在礼、人君者、隆礼尊賢而王、重法愛民而覇。

と、国の運命は礼によって左右されるとあり、『荀子』議兵には、

礼者治弁之極也、彊国之本也、威行之道也、功名之摠也、王公由之、所以得天下也。

と、礼は国を治める上での最高の規範と位置付けられている。そして問題の礼と刑（法）との関わりについては、荀子を語るによく引用される、『荀子』性悪に、

生礼義而起法度、然則礼義法度者、是生於聖人之偽、非故生於人之性也、（略）聖人化性而起偽、偽起而生礼義、礼義生而制法度、然則礼義法度者、是聖人之所生也。（略）今当試去君上之勢、無礼義之化、去法正之治、無刑罰之禁、（略）天下之悖乱而亡。

と、礼義と法度、さらには刑罰が同一視され、『荀子』議兵には、

慶賞刑罰、欲必以信。

と、刑罰を積極的に評価している。ただ荀子は、前述したように礼楽と法数とを身分の高低によって区別していた。

また『荀子』君道においては、

有治人無治法、（略）法者治之端也、君子者法之原也、故有君子、則法雖省、足為徧矣、無君子、則法雖具、失

先後之施、（略）君子者治之源也。

とあり、『荀子』致士においても、

故有良法而乱者有之矣、有君子而乱者、自古及今未嘗聞也。

と、君子の徳治を肯定している。この点、『韓非子』五蠹に、

故明君之国、無書簡之文、以法為教、無先王之語、以吏為師。

と見える、書簡の文（『尚書』・『詩経』など）や先王の語（古訓の類）、すなわち旧体制を否定し、法令とそれを運用する官吏を重視する法家の立場とは一線を画している。ただそれでも、荀子が法度、刑罰と礼教とを同一視する限り、礼と刑との適用に身分的格差を主張してみても、礼と刑との内実、機能にそれほど大きな相違は認め難いことになる。

礼は、儒学において重んじられたが、儒学の礼への関わりにも変化がある。そのなかで戦国時代に入っての礼書、『儀礼』の編纂は、礼の外形的な規範が中心となっている。三礼に数えられ、漢代に降って編纂される『周礼』、『礼記』をも含め、いずれの礼書も刑法典とは異なる。荀子は、「礼義生而制法度」（『荀子』性悪）と礼と法度、刑罰との密接な関係を説くが、いまだ抽象的である。このため礼と法度との融合は、後漢時代に降って、儒家が律令との関わりを深め、「律三家」、「章句十有余家」のように律説の中心的役割を果たすようになる中で、具体化することになる。

三　法典の集大成

「撰次諸国法」

春秋時代に各国で試みられた刑書の編纂は、戦国時代になると、一つに集大成されて行くようになる。七雄に代表されるように政治的分裂は引き継がれているものの、法的には政治的現実に先んじて統一国家のための体裁が整えら

れて行くことになる。戦国時代の魏は、天下の中央に位置し、名君文公のもとには天下の賢臣が集まった[7]。この魏で文公、武公に仕え、「撰次諸国法」(『晋書』刑法志)と、各国の法を整理し、六篇の『法経』を編纂したのが李悝(李克)である。李悝の『法経』六篇は、唐代の編纂物、『晋書』に初見することから、史実として疑問視する見解もあるが、前漢末から後漢にかけての桓譚『新論』(後漢初に成る)、あるいは「律略」書の記事として明の董説『七国考』に『法経』六篇の内容の一部が伝えられている。

董説『七国考』の李悝『法経』の記事は、『新論』が明代においてはすでに散逸していたのではないかとの疑義があり、これまた疑問視する見方もあるが、『七国考』には、桓譚『新論』から李悝以外の事項についても多数の引用があり、『法経』六篇の引用のみを疑問視するには躊躇を覚える。そこで『七国考』に引用される律と令とを列挙すると、

①魏之令、不孝弟者、流之東荒。

②正律略曰、

殺人者誅、籍其家及其妻氏、殺二人及其母氏、大盗戍為守卒、重則誅、窺宮者臏、拾遺者刖、曰、為盗心焉。

③其雑律略曰、

・夫有一妻二妾其刑聝、夫有二妻則誅、妻有外夫則宮、曰、淫禁。

・盗符者誅、籍其家、盗璽者誅、議国法令者誅(一作法禁)、籍其家及其妻氏、曰、狡禁。

・越城一人則誅、自十人以上、夷其郷及族、曰、城禁。

・博戯罰金三市、太子博戯則笞、不正則特笞、不正則更立、曰、嬉禁。

・羣相居一日以上則問、三日四日五日則誅、曰、徒禁。

・丞相受金、左右伏誅、犀首以下受金則誅、金自鎰以下罰不誅也、曰、金禁。

・大夫之家有侯物、自一以上者族。

罪人年十五以下、罪高三減、罪卑一減、年六十以上、小罪情減、大罪理減、武侯以下、守為□法矣。

④其減律略曰、

となる。李悝の『法経』六篇は、盗・賊・網（囚）・捕・雑・具の六律から構成されていたが、『七国考』では、このなかの『盗律』・『賊律』・『雑律』・『具（減）律』の四種の律が引かれ、併せて『魏令』を一条引用している。『七国考』が引用する盗・賊・雑の三律は、刑罰の種類であり、具律も年齢等に応じて加減される刑罰の内容で、引用されていない裁判手続きの規定である網律と捕律とは性格を異にする。

魏令（律に対する追加規定）が一条だけ引用されている。これは儒者桓譚が「孝弟」の規定に関心を寄せたためかも知れないが、これまた不孝弟罪による流刑の規定である。桓譚の戦国魏律に対する関心のほどが窺える。

この魏の国法を「律」と呼ぶのは、桓譚『新論』ならびに『晋書』刑法志であるが、『唐律疏議』と『大唐六典』は、商鞅がこの李悝の『法経』を秦に伝え、「改法為律」と律の呼称を採用したとある。国法の規定を何時から律と呼ぶようになったか、同じ唐代の編纂物においても混乱があり定かではない。春秋時代の裁判記録『奏讞書』に引かれる魯の法律は、「法」と呼称されていた。

李悝による魏の法典は、統一王朝の秦漢に継承され、中国法制の祖とされる。魏法はそれだけ法典として普遍性を備えてきていたことになる。この魏法を秦に伝えた商鞅の著作、『商君書』が残されている。戦国時代も比較的後期に成立しており、後の法家の人々の手がかなり加わっていると考えられるが、『商君書』定分によると、法令は、中央（殿中・御史・丞相）と地方（諸侯・郡県）とに「法官」、「主法之吏」が置かれ、これを専管していた。そしてこの法令の原本は、殿中の禁室に鍵鑰で厳重に封緘されており、法令の地方への伝達には、割り符が用いられていた。

法令の管理が、法令専任の役人によって厳重に行われていたことになるが、ここで注目すべきは、中央から伝達される法令が、郡県とならび諸侯の邑においても共通した存在として捉えられていたことである。領域国家への胎動のなかで、法令による集権化が先行して窺える。

「以吏為師」と法の「蔵于官府」

統一秦を支えた李斯は、法家の立場に立って思想の統一を計ったが、法令についても、『史記』李斯列伝によると、

私学、乃相与非法教之制、聞令下、即各以其私学議之、入則心非、出則巷議、非主以為名、（略）若有欲学、以吏為師。

とあり、法の運用は吏が担うべきで、民間で私的に議論を行うことは禁止されている。

「以吏為師」の姿勢は、『韓非子』五蠹にも見えているが、国法に対しての私議については、戦国中期以降に成立したとされる『管子』任法には、

以法制行之、如天地之無私也、是以官無私論、士無私議、民無私説、皆虚其匈以聴於上、上以公正論、以法制断。

とあり、「私論」・「私議」・「私説」ともに君主の公正・法制を乱すものとされ、『史記』秦始皇本紀には、

今天下足、法令出一、（略）士則学習法令辟禁、今諸生不師今則学古、以非当世。

とあり、士身分、知識階級の人たちによる現行法の軽視が、当世、すなわち皇帝権の否定に繋がるとして危惧されている。士身分の人たちが評価する「学古」は、礼教への回帰である。

このため法令に対する私的な論評は、厳しく禁じられた。私撰の『史記』が、李悝の事跡を述べて、漢律の祖とされる『法経』六篇を失したことも、このためではなかったか。

前漢時代に、法律の知識がどのようにして修得されていたかを整理してみると、武帝以前は、申・商・韓非など法家刑名の学を個人的に学ぶことが一般的であるのに対して、武帝以降は、官府の関係その他を通じて、漢律そのもの

を修得する事例が目立ってくる。武帝時の官吏任用制度、選挙（郷挙里選）の導入に当たって、明法令科が創設されたことが、このような変化の一つの契機になったと思われるが、前漢の初めにはなお、「以吏為師」の風潮が残存していたことになる。

そして律令の民間での本格的な論議、律学の高まりは、前述したように後漢に降るが、この律令への私議の禁止と関連して、国法非公開の問題がある。いわゆる争端の本とされる法を、民に知らせないよう官府に秘蔵していたの謂である。『隋書』経籍志「刑法」は、

刑法者、先王所以懲罪悪、斉不軌者也、書述唐虞之世、五刑有服、而夏后氏正刑有五、科条三千、周官、司寇掌三典以刑邦国、司刑掌五刑之法、（略）春秋伝曰、在九刑不忘、然而刑書之作久矣、蓋蔵于官府、懼人之知争端而軽於犯、及其末也、肆情越法、刑罰僭濫。

と、刑法の沿革を『尚書』に見える唐虞の五刑、夏后氏の「五正刑」、『周礼』の「三典」・「五刑」を述べた後、刑書は人々が法の網の目を潜るためのきっかけを探しだし、法を犯すことに罪意識がなくなる。このため刑書は作られて久しいが、官府にしまい込まれたままになっている。しかし「九刑」が常刑として存在しており、犯罪者に対しては、これを放置したままにしてはいけないと述べている。

このような措置は、周も末世、すなわち東周の春秋戦国時代になると、刑罰の恣意的な運用に繋がったとも指摘している。「春秋伝曰、在九刑不忘」は、『春秋左氏伝』文公一八（前六〇九）年に引かれる周公の誓命に見えるが、刑書が人民の争端の本になるとの考えは、『春秋左氏伝』昭公六（前五三六）年の条にも、子産の刑鼎作成を非難した言葉の中に、

民知有刑辟、則不忌於上、並有争心威徴於書而徼幸以成之、弗可為矣、夏有乱政而作禹刑、商有乱世而作湯刑、周有乱政而作九刑、三辟之興、皆叔世也、（略）民知争端矣、将弃礼而徴於書錐刀之末、尽之之。

とあり、刑書が争端の本となり、君主をも蔑ろにするようになると見えている。「禹刑」、「湯刑」、「九刑」などの刑書は、王朝末期の政治が乱れた中で作られたものとされている。刑書が「蔵于官府」との記事も、かかる刑書に対する警戒心から生じた対応であろうが、『隋書』経籍志「刑法」の記事は、上文に続けてまた、

至秦、重之以苛虐、先王之正刑滅矣、漢初、定律九章、其後漸更増益、令甲以下、盈溢架蔵、晋初、賈充、杜預、而定之、有律、有令、有故事。

と、秦漢から隋代に降る刑典の変遷を述べている。国法非公開、「蔵于官府、懼人之知争端而軽於犯」の措置が実際に執られたか否か自体も問題になるが、もし実施されることがあったとしても、その時期をいつまで降らせるかがまた問題となる。これについて『商君書』定分には、

諸官吏及民、有問法令之所謂也于主法令之吏、皆各以其故所欲問之法令明告之、（略）故天下吏民、無不知法者。

と、法令を管掌する吏は、吏民からの法令に対する質問に答え、吏民に法を徹底すべきであると見えている。『商君書』は戦国時代も晩期の事情を反映しているとされる。また偽作説も多いが、戦国秦漢の学者の手によって編纂され、伝統的な制度をある程度反映するともいわれる[8]『周礼』の大宰においては、毎年正月に宮殿の正門（象魏）に法を懸け公示するとの慣行が見えているが、『史記』商君列伝には、

令既具未布、民之不信己、乃立三丈之木於国都市南門募民、有能徙置北門者予十金、民怪之莫敢徙、復曰、能者予五十金、有一人徙之、輒予五十金、以明不欺、卒下令、令行於民朞年、秦民之国都言初令之不便者以千数、於是太子犯法、衛鞅曰、法之不行、自上犯之、将法太子、太子君嗣也。不可施刑、其傅公子虔、黥其師公孫賈、明日秦人皆趨令、行之十年、秦民大説。

とあり、商鞅の変法令の場合、公布する側も、それを受け止める人民の側も、双方ともに試行錯誤の様相を呈している。令の施行が未だ充分に定着していなかったことを窺わせる。

このため『隋書』経籍志「刑法」の条が伝えるように刑書が、民の争端となることを避け、官府に秘蔵され、法の非公開が計られたとしても、これは漢初にも降る「以吏為師」の時期すべてにおいてではなく、刑書の編纂が一般化される以前の事情とすべきであるかも知れない。

睡虎地秦律

魏の法典は、隣国秦に伝えられた。この秦は、後、天下を統一することになるが、一九七五年に、湖北省雲夢県睡虎地から秦律を含む多数の竹簡が出土した。この竹簡は、前二六二年から前二一七年にかけて生存していた治獄経験者の県吏（一九歳で県吏になっている）が所持していた。秦が天下を統一したのは前二二一年であり、竹簡の所持者は、戦国時代末から統一秦初にかけての人物となるが、所持していた竹簡のうち郡守から属県に宛てた文書『語書』は、前二二七年と、統一前の紀年になっている。また比較的纏まりのある『秦律十八種』も戦国秦の領域で施行されていたものと思われる。

『秦律十八種』は王室に直結する官営諸事業や官吏の職務についての規定であるが、睡虎地秦簡には、この他、『法律答問』・『封診式』などの法律関係史料が含まれていた。前者は、刑書を中心とする具体的事例をもとにした解説書、後者は、裁判手続きの事例集である。このため睡虎地秦簡は、戦国末期の秦国における法典の実態を垣間見る上で貴重な発見である。その内容は、『法律答問』のようにそれまでの刑書を引き継ぐものの他に、『秦律十八種』のような行政的法規、非刑法的な律文も多数存在していた。李悝『法経』には囚律や捕律のような裁判手続きの律文が含まれていたが、『封診式』は県令や県の属吏による具体的裁判手続きを例示したもので行政法的な意味合いをも持つ。

唐令さえも散逸している中で、秦律に比較的包括的な行政的法規、非刑法的な条文が確認されるとなると貴重な存在であるが、かかる律文は、官僚制が発展して行く中で、当然、必要である。ただそれにしても春秋戦国時代の法典編纂は、従来の版本史料では刑書として現われてくる。このことについて、『周礼』に集約されて行くような礼が、長年に亘り集積されていた一方、領域国家が形成されて行く中で統一的な刑書の整備も急務であった、あるいは集権化の過程が軍事集権的要素を強く帯びて行く中で、かかる刑書を重視する政治手法を求めさせたか、など課題となるが、戦国末秦においては、すでに唐の「律令」制に発展して行く上での「律（令）」の体裁が整ってきていたことになる。

おわりに—戦国楚の法制と秦漢律令—

戦国楚の法制

戦国時代の法整備においては、長江流域の事情が必要になる。この点については、一九八七年に湖北省荊門市包山から前四世紀末の楚簡が発見され、戦国時代の楚の裁判記録が大量に含まれていた。このため楚と秦との裁判制度の比較が、ある程度可能となったが、楚の裁判では、判決に疑義を感じた場合、再審理を上級行政単位に訴えるのではなく、初審の機関で、同じ役人の下、繰り返し審理が行われている。多い場合は四次にも及ぶ。この初審の機関は、楚の地方行政組織が、包山楚簡では明確を欠くため、異論もあるが、県ではなかったかと考えている。初審が県で行われている点では、睡虎地秦簡の裁判制度と類似するが、戦国秦の裁判制度では、再審は上級行政単位である郡に上告されていた。

裁判の客観的な運用となると、秦の体制の方が優れていることは明らかで、統一秦・漢においても、秦の裁判制度が踏襲されている。睡虎地秦簡の『語書』では、楚の制度は否定的に捉えられ、秦律の徹底が指示されている。李悝の『法経』では「撰次諸国法」であったとされ、秦律の場合も、睡虎地秦簡では魏律が含まれていたが、楚法との関わりについては、果たしてどの程度の相関関係を持ち得たか、この点はなお楚法（律）の出土を俟たねばならない。

秦漢律令

戦国時代の秦律と、統一秦との律文を比較する上で恰好の史料が出土した。一九八九年に発掘された、湖南省雲夢県龍崗の秦簡である。その秦簡には睡虎地の秦律と関わりの深い律文が断片的ながら含まれていた。龍崗秦律は統一秦の用語が使用されていて、秦による統一後の秦律であることが判明するが、睡虎地秦簡の『田律』と龍崗秦簡の類似する部分とを比較、例示してみると、

《睡虎地秦簡》百姓犬入禁苑中、而不追獣及捕獣者、勿敢殺、其追獣及捕獣者、殺之、河禁所殺犬、皆完入公、其它禁苑殺者、食其肉而入其皮。

《龍崗秦簡》黔首犬入禁苑中、而不追獣及捕▨▨〔獣〕者、勿□▨▨〔敢〕殺、其追獣▨▨及捕▨▨獣者、▨殺之、河禁所殺犬、皆完入公、其▨▨它禁苑〔殺者〕、食其肉而入其皮（〔　〕内の文字は睡虎地秦簡によって補った）。

となる。統一秦において百姓の語が黔首に変更されたため「百姓」と「黔首」とに相違があるものの、睡虎地秦簡と龍崗秦簡の文意は、文字の一部の異動を除き同一である。このことは統一秦の律文が、戦国秦の律文を引き継ぐ場合、大きく律文を変更していなかったことが窺える。同時に私的な副葬品として出土する秦律が、律文の筆写においてさほど大きく改変されていなかったとのことも考えられ得る。

この秦律が、漢律にどのように継承されたかについては、『晋書』刑法志は、ただ『法経』六篇に興律・廏律・戸律を追加したとだけ伝えている（『律九章』の語は『漢書』刑法志にも見える）。この点について、一九八三年から翌年にかけて湖北省江陵張家山で出土した呂后『二年律令』では、漢律令二八種（竹簡五〇〇余点）の律令が確認できた。律令の内容は公表が遅れたが、前漢成立間もない時期の呂后『二年律令』は、秦律との関わりを色濃く残していた。一

九七二年に山東省臨沂県銀雀山の前漢武帝時の漢墓から出土した『守法等十三篇』（『守法守令等十三篇』）は、『守法』・『要言』・『庫法』・『王兵』・『市法』・『守令』・『李法』・『王法』・『委法』・『田法』・『兵令』・『上篇』・『下篇』の一三篇で、多く法や令の名で呼称されていた。兵制との関わりが際だつが、その内容は多く既存の諸文献からの抜粋である。墓主は武官職の「司馬」と関わりがあったと考えられている。それでもこの著作は、新たな規範作りへの試み、一種の律学書として関心が持たれる。ただ漢律そのものではない。

このため漢律の実態を論じるためには、張家山の呂后『二年律令』の分析が大きな前進となるが、これも前漢当初の律令に過ぎない。しかも『漢書』刑法志によれば、前漢宣帝から平帝時にいたっても、なお「刑法不明」で、宣帝時には「律令一定」が求められている。後漢以降の律学の興隆が俟たれるわけである。漢律の構成について、従来は『晋書』刑法志が、蕭何によって李悝『法経』六篇に三律が追加されたと、『九章律』の律名を伝えるのみであった。ただ今日、睡虎地秦律では、通称『秦律十八種』（『田律』・『廏苑律』・『倉律』・『金布律』・『関市』・『工律』・『工人程』・『均工』・『繇律』・『司空』・『軍爵律』・『置吏律』・『効』・『伝食律』・『行書』・『内史雑』・『尉雑』・『属邦』）と呼ばれているものの他、『効律』・『齎律』・『除吏律』・『遊士律』・『除弟子律』・『中労律』・『蔵律』・『公車司馬猟律』・『牛羊課』・『傅律』・『敦表律』・『廏律』・『捕盗律』・『戍律』などの律名が伝えられ、魏律である『戸律』と『奔命律』も確認される。呂后『二年律令』も、『賊律』・『盗律』・『具律』・『告律』・『捕律』・『亡律』・『収律』・『襍律』・『銭律』・『置吏律』・『均輸律』・『伝食律』・『田律』・『□市律』・『行書律』・『復律』・『賜律』・『戸律』・『効律』・『傅律』・『置後律』・『爵律』・『興律』・『繇律』・『金布律』・『秩律』・『史律』・『津関令』の他、『奴婢律』・『変（蛮）夷律』などの律名が確認でき、多数に上る。蕭何の『九章律』は、これら当時の現実から見て、あまりにもかけ離れていた。なぜ国法がかくもベールに包まれていたかが問題となるが、これには建国当初の特殊な事情、『法三章』との関わりが存在したと思われる。

春秋戦国の法典も、刑書に偏る。この点について、王室や帝室の故事・儀礼など王朝の祖法的側面と関わりを持つ行政的法規、非刑法的な諸規定は、すでに述べたが、治安を律する刑書に比して、歴代王朝、建国の正当性を保持する上でも、その継続性が比較的表面化し難かったとの事情が存在していた。「変法」への動きは、祖法の改変、否定に他ならない。唐代の律令においても、王朝交替の激しい中国では、早く唐令を失し唐律のみが伝えられ、日本では唐令等行政的な法規が比較的多く残存している。法制と国体との関連性を窺う上で示唆的である。

注

（1）中田薫「支那における律令法系の発達について」『比較法研究』一─四、一九五一。〔追記〕法典編纂の研究においては、滋賀秀三「法典編纂の歴史」『中国法制史論集第一章』創文社、二〇〇三、が新たな出発点になる。

（2）浅井虎夫『支那ニ於ケル法典編纂ノ沿革』京都法学会、一九一一、汲古書院、一九七七。

（3）拙稿「論中国古代法制的発展─中国古代的法和国家」『（中国社会科学院歴史研究所中国史研究編集部編）中国史研究』一九八九─二。

（4）本稿に関わる拙稿を列記する。

①「春秋戦国時代の罪刑法定化の動きと以吏為師について」『中国律令制の展開とその国家・社会との関係』刀水書房、一九八四。本書【Ⅰ】第一章。

②「李悝の法経について」『中央大学文学部紀要』史学科二九、一九八四。本書【Ⅰ】第三章。

③「戦国楚の法制─包山楚簡の出土によせて」『中央大学文学部紀要』史学科三八、一九九三。本書【Ⅰ】第七章。

④「湖北雲夢睡虎地秦簡管見」『中央大学文学部紀要』史学科二六、一九八一。本書【Ⅰ】第四章。

⑤「湖北雲夢睡虎地出土の秦律─王室の家法から国家法へ」『律令制─中国朝鮮の法と国家』汲古書院、一九八六。本書【Ⅰ】第五章。

⑥「秦代の律令について」『中央大学文学部紀要』史学科四二、一九九七。本書【Ⅱ】第一章。

⑦「道不拾遺」『呴沫集』七、一九九二。本書【Ⅰ】第六章。

⑧「江陵張家山『奏讞書』について」『中国古代の国家と民衆』汲古書院、一九九五。本書【Ⅱ】第十章。

⑨「秦代の治獄について—魯衛の新出土案例」『アジア史における制度と社会』刀水書房、一九九六。本書【Ⅰ】第二章。
⑩「奏讞書—中国古代の裁判記録」『江陵張家山奏讞書』中国の歴史と地理研究会、一九九六。後改稿、「『奏讞書』解題」『奏讞書—中国古代の裁判記録』刀水書房、二〇〇二。本書【Ⅱ】第九章。
⑪「秦代の獄簿について」『東方学会創立五〇周年記念東方学論集』東方学会、一九九七。本書【Ⅰ】第八章。
⑫「秦代の讞制について」『中央大学文学部紀要』史学科四〇、一九九五。本書【Ⅱ】第八章。
⑬「銀雀山漢墓出土守法等十三篇について」『東アジア古文書の史的研究』刀水書房、一九九〇。本書【Ⅱ】第四章。
⑭「廷尉平と直指繡衣使者」『中央大学文学部紀要』史学科三二、一九八七。本書【Ⅱ】第七章。
⑮「漢代における司法の展開について」『中国古代の法と社会』汲古書院、一九八八。本書【Ⅱ】第二章。

（5）胡留元、馮卓慧『長安文物与古代法制』法律出版社、一九八九。両氏は、胡留元、馮卓慧『西周法制史』陝西人民出版社、一九八八、胡留元、馮卓慧『夏商西周法制史』商務印書館、二〇〇六、で、西周以前の立法活動、刑事・民事・婚姻・経済・行政・訴訟法規にふれる。
（6）松本雅明『春秋戦国時代における尚書の展開』風間書房、一九六六。
（7）銭穆「魏文公礼賢攷」『先秦諸子繫年』、商務印書館、一九三六。
（8）梁啓超『古書真偽及其年代』飲氷室専集。

【Ⅰ　先秦時代の法制】

第一章　春秋戦国時代の罪刑法定化

一　成文法の登場—子産の刑鼎をめぐって—

沈家本『律令』

中国における罪刑の法定化は、どの時代にまで遡らせることが可能であろうか。沈家本の『律令』（九巻）は、この点について春秋時代を遡る法典の事例を、『黄帝李法』（『漢書』胡建伝）以下三〇余件も採集している。[1] しかしそれらのほとんどは具体的内容に乏しく、典拠も後代の著述に係る場合が少なくない。

叔向の刑書批判

このため中国における成文法の成立時期を論じることは慎重を要すが、[2]『春秋左氏伝』昭公六（前五三六）年の条に伝えられる、晋の大夫叔向（羊舌肸）から鄭の相であった子産（公孫僑、前五八五？〜前五二二）に送られた書簡では、

昔先王議事以制、不為刑辟、懼民之有争心也。

とあって、先王（賢王・聖王）は事あるごとにその軽重を考え（『左氏会箋』「度事之軽重、以断其罪、不予設為定法也」）、「刑辟」を立てることはなかったと述べている。

「刑辟」とは、晋の杜預による、

臨時制刑、不予設法也、法予設則民知争端也。

との注釈（集解）からも知られる通り、「法」、すなわち成文法のことであるが、この「法」も、遡っては、常制として存在することはなかった。

法典編纂が常制として存在していなかった時代を、ここでは「昔先王」と呼んでいるが、叔向の書簡はまた、続けて、

夏有乱政而作禹刑、商有乱政而作湯刑、周有乱政而作九刑、三辟之興皆叔世也、（略）国将亡、必多制。

と、子産を遡る法典の編纂は、多く王朝の衰退期に当たり、周代においてもなお「叔世」と、一時的な対応であったと述べている。春秋時代を遡る法典の編纂が未だ常制として一般化していなかったことを物語る。

夏殷周三代における「禹刑」・「湯刑」・「九刑」の実態如何は、説話伝承の世界になるが、刑書がまた、「争心」と結びつけられる点については、同書簡で、

今吾子相鄭国、作封洫、立謗政、制参辟、鋳刑書、将以靖民、不亦難乎、（略）民知争端矣、将棄礼而徴於書。

と、鄭での「刑書」作成の経緯にふれ、

錐刀之末、将尽争之、乱獄滋豊、賄賂並行、終子之世、鄭其敗乎。

と、「刑書」の作成が、瑣事にわたる事柄にまで訴訟ごとを生み社会混乱を招くとの厳しい認識が示されている。

子産の刑書

子産に宛てた叔向の書簡は、同じ『春秋左氏伝』昭公六年の条に見える、

鄭人鋳刑書。

との、鄭における「刑書」の作成が発端となっている。「鋳刑書」とは、叔向の書簡によれば、「今吾子相鄭国、（略）鋳刑書」と、子産が鄭の相になった後、作成したもので（『漢書』刑法志にも、「子産相鄭、而鋳刑書」と、子産の事跡として伝えられている）、その形態は、杜預によれば、

鋳刑書於鼎、以為国之常法也。

とあり、刑書は「国之常法」、いわゆる成文法で、これを鼎に鋳込んだ「刑鼎」であったという。

子産は、この叔向からの刑鼎作成に対する厳しい書簡に対して、『春秋左氏伝』昭公六年の条によれば、返書をしたため、

復書曰、若吾子之言、僑不才、不能及子孫、吾以救世也。

と述べている。これによれば子産は、叔向の刑書観を肯定し、この刑鼎は子々孫々にまで受け継がせるようなものではなく、自分の力量不足のゆえに、当世一時の必要のために作成したに過ぎないと釈明している。刑鼎の作成者である子産自身もまた、罪刑の法定化が政治の常道ではないことを認めていたわけである。

士文伯の刑書批判

子産の刑鼎作成をめぐっては、また晋の士文伯が、同じ『春秋左氏伝』昭公六年の条で、

火見、鄭其火乎、火未出而作火、以鋳刑器、蔵争辟焉、火如象之、不火何為。

と、刑鼎を「争辟」（『左氏会箋』「争心之法」、民心を訴訟に駆りたてる法文）と評し、災害（火災、内乱か）の発生さえをも予言している。

子産の刑鼎の作成は、当時大きな反響を招いたが、このことは同時にまた、このような刑書の制定が、当時未だ一般化していなかったことを窺わせる。

『漢書』・『晋書』両刑法志の刑書観

『漢書』刑法志は、この子産の刑鼎作成以降、

媮薄之政、自是滋矣、孔子傷之曰、導之以徳、斉之以礼、有恥且格、導之以政、斉之以刑、民免而無恥。

と、礼徳にもとづかず、法禁を主体とする政治手法が増えてきたとし、『論語』為政篇を引いてこれを歎じている。

『晋書』刑法志は、獄刑の発生について、

世属僥倖、事関改竄、政失礼微、獄成刑起。

と、人々が利欲に奔り道理がむしばまれるようになった結果であるとし、また獄刑が起こる以前の聖王が用いた「天刑」と後世の「獄刑」とを区別している。そして「天刑」の発動は、

蓋有不得已而用之者焉。

と、やむを得ない場合に限定されていた。

叔向の先ほどの刑書観とは少し観点を異にするが、この「天刑」もまた、やむを得ない場合に天意をトしその命を受けたものと思われ、常制としての刑典ではなかった。

二　原　始　法

刑の字義

刑の定義は、『説文解字』によれば、

荆、罰辠也、以刀井、易曰井者法也、井亦声。

とある。荆は刑の古字で、罪刑のことである。

加藤常賢氏によれば、「井」は「※《ソウ》」で、「傷」の意味となり、これに「刀」が伴うと、類似する「刑、剄也」（『説文解字』）が、殺戮の意であるのと異なり、墨・刖・劓・宮のような肉刑の意になるという。[3] 藤堂明保氏は、刑の原字は「井《ケイ》」で、罪人の手枷であり、井戸枠の中に清水が溜まったことを示す「井」とは別字とされ、[4] 白川静氏は、「井」は首伽の象であるという。[5]

ただ『説文解字』は、易の釈文に従い「井（丼）」を「法」と見、『広雅』釈詁一上も、

井、灋也。

とする。王念孫の『広雅疏証』によれば、

井訓為法、故作事有法、謂之井井、荀子儒効篇、井井兮其有理、是也。

とあり、「井」には理・法の義も含まれていた。

『説文解字』によればまた、

灋、荆也、平之如水、从水、廌所以觸不直者去之、从廌去、（法今文省）。

とあり、法の古字である灋の字義も、また刑（荆）であるという。刑と法とは確かに通用していたわけである。

法（灋）の字義

そこでこの刑と通用する灋の字解について、『説文解字』はこれを「水」・「廌」・「去」に分解し、「水」は平、「廌《タイ》」は、

廌、解廌（豸）獣也、佀牛一角、古者決訟、令觸不直者、象形、从豸省。（『説文解字』）

とあって、一角獣で、不正ある者を識別する能力を有し、不直者を「去」、排除するの義を有すという。

これは神判の事例に当たる。加藤常賢氏は、この灋の字義について、「去」を意符ではなく音符と見なし、「廌」は、廌（「廌、大麑也、牛尾一角。从鹿畺声、廌或从京」『説文解字』）、または麖の字で、畺は□、囲に通じ、灋は水を流し去らぬよう堤防で囲むの義であって、後世これが法制の意となったのは、引伸義であるという[6]。

この加藤氏の字解に従えば、刑字を構成する「井」もまた灋の字義に含まれる□＝囲と同様に一定の枠を示す字形であり、法と刑とにおける字義の共通性が窺えるが、白川静氏の灋字の字解は、『説文解字』に従い「去」を意符と考え、灋の原義を、罪科者の修祓のための投棄とされている[7]。

加藤・白川両氏の字解について、このいずれを是とすべきか俄には断じ難いが、両氏の字解によれば、法の字義がともに一定の枠内における秩序維持に帰結することとなっている。そして刑はこの一定の枠内における水平（秩序）を破壊する者に対する制裁という位置付けになる。

刑と社

この法・刑の字義から抽出される、中国における古代法の実態について、『尚書』甘誓に伝えられる、

用命賞于祖、弗用命戮于社、予則孥戮汝。

との伝文は参考になる。

『尚書』甘誓は、夏の啓王が反乱を起こした有扈氏の国（陝西省鄠県）を征伐するに当たり、六卿（六軍の将）を召し戒告を行った。これはその際の告文に含まれる。

『墨子』明鬼下は、この有扈氏討伐を「禹誓」としていて『尚書』甘誓とは相違するが、「祖」と「社」の役割については、

古聖王其賞也必於祖、其僇也必於社、賞於祖者何也、告分之均也、僇於社者何也、告聴之中也。

とあり、同じく宗廟と社とで賞と罰とが行われている。これはそれぞれの公正を期すためである。『尚書』偽孔伝によれば、これら宗廟の祖主や社主は、天子親征の際に必ず載せて行き、

有功則賞於祖主前。

あるいは、

不用命奔北者則戮之於社前。

と、賞罰（大功大罪）を陣中で直ちに行わんとしたものである。

社前で刑戮が行われているのは、社が宗廟の右に位置し、「社主陰、陰主殺」（『尚書』偽孔伝）と、宗廟の陽に対して社が陰となっていたがためであるという。しかしこれでは、社がなぜ刑戮の場とされたかの理由を解き明かしてくれてはいない。そこで社がなぜ刑戮の場に選ばれたかを窺うために、今少し社の性格について具体的に考えておく必要がある。

社は、祖とともに陣中に伴われ、祖主（宗廟）が族的結合の象徴としての役割を担っていたのに対して、「方社」として四方神（被支配諸族の神々）を統括し、族的結合を越えた領域内諸族の核としての役割を課せられていた。社は、族長国家が形成されてくる過程で、有力氏族の祖主だけではカバーしきれなくなった各地の諸族を、四方の土を集め祀る形式で、新たな一体化を企図していたものである。

このため社の機能が公的に重視され、各方面で政治的に実効性を持っていた時代は、それだけ国家の成熟度が幼稚であったということになる。『尚書』甘誓や『墨子』明鬼下に伝えられる社の場合も、陣中にまで伴われ、刑戮の場となるなど現実的な使命、役割を帯びていた。比較的古い社の姿を伝えるものである。

刑戮の場が社であったとの伝文は、刑の執行に当たっては、例え祖主に繋がりを持つ支配氏族の一員であっても、刑の対象とされたとなると、その族的庇護（宗廟）から見放され、他の諸族と同等の地位に堕されるとの事実を反影

している。

刑の対象とされた人々は、氏族内秩序、さらには氏族の守護神を冒瀆するものとして追求され、その族的庇護を喪失し、刑の発動が行われたことを意味している[8]。先ほどの灋・刑の字解と、この社の機能とをあわせ考えると、法や刑が古くから一定の枠内の秩序破壊者への対応、いわゆる氏族共同体の規律のなかに起源するものであったことを窺わせる。

法（刑）と礼

『荀子』富国とやや後代の文献にあっても、

由士以上、則必以礼楽節之、衆庶百姓、則必以法数制之。

とあり、『礼記』曲礼上にもまた、

礼不下庶人、刑不上大夫。

と見え、士大夫層、支配氏族（擬制的存在も含む）が、常に礼楽（これ自体も慣習法としての一面を持つ）の範囲内で生活を享受したのに対し、刑は専ら庶人、被支配諸族の枷として存在していた。梁啓超も、古代における刑と兵との一致と、その刑が、異民族、後には庶人を対象としたものであったとの点を指摘している[9]。

以上、士大夫層、支配氏族の没落、解体が進行する春秋時代を遡ると、専断主義を排し、支配氏族の権益を脅かす存在ともなりかねない法による一元化、刑書の作成に、士大夫層、守旧派が、前節に引用した叔向の書簡からも窺えるように、積極的に与しなかったことは想像に難くない。

三　罪刑法定化の定着化

王子朝の刑法

白川静氏は、中国における神判説話について、これが、ほぼ春秋末期までのものであったと指摘されている。(10) 神判説話が消滅するとされる春秋末期は、第一節で述べたようにまた、罪刑の法定化が、批判を受けながらも次第に試行されて行く時期でもある。

『春秋左氏伝』昭公二六（前五一六）年の条には、

王子朝使告于諸侯曰、（略）今王室乱、単旗・劉狄剝乱天下、壹行不若、謂先王何常之有、唯余心所命、其誰敢討之、帥群不弔之人、以行乱于王室、侵欲無度、規求無度、貫瀆鬼神、慢弃刑法、倍奸斉盟。

との記事が見える。この記事は、周の景王の庶長子である王子朝と晋に擁立された敬王との王位をめぐる抗争で、楚に亡命していた王子朝が、敬王の周室を批判し、諸侯に自己への支持を求めた檄文の一節である。

このため言辞はかなり厳しい。この檄文では、鬼神を冒瀆し、「刑法」をあなどり棄て、同盟に背く等々、先王の命を傷う具体的事例を列挙し、この中で王子朝は、「刑法」の語を用いている。

当時周室に、すでに刑法典が常備されていたかどうかは定かでない。この「刑法」は、単旗や劉狄が天下を奪い、「刑罰」をもあなどり畏れない勝手な振舞をしているとも理解することができる。「刑法」の語は、単なる罪刑の義で用いられていた可能性もある。

趙鞅・荀寅の刑鼎

このため王子朝の檄文に見える「刑法」が、直ちに成文法の議論に繋がるかどうかは問題であるが、『春秋左氏伝』昭公二九（前五一三）年の条には、

冬、晋趙鞅・荀寅、帥師城汝濱、遂賦晋国一鼓鉄、以鋳刑鼎、著范宣子所為刑書焉。

と、鄭に続いて晋もまた、六卿に数えられる趙鞅（趙簡子）と荀寅（中行文子）とが、軍を率いて晋が取得した汝水の河岸、河南省の嵩県付近に城を築いた際、「刑鼎」を作成している。

この刑鼎は国中に割り当て、一鼓（四八〇斤、約一二九キロ）の鉄を集め鋳造しており、珍しく鉄鼎である。青銅ではなく、態々鉄を素材に鼎を鋳造した。青銅の鼎は礼の場、祭祀において用いられている。このため礼から離れる刑鼎は、卑金属である鉄が素材として用いられることになったのかも知れない（子産の場合は、刑鼎の前例がなかったかも知れず、素材についての特記も伝えられず青銅鼎であったと思われる）。

一鼓の鉄は、賦として納入させている。約一二九キロであるが、広く国内から徴収している。もちろん広範な人民からの徴収や、刑書の普遍化を企図して、高価な青銅よりも、より徴収しやすい鉄の方が選ばれたかも知れないが、それにしても一鼓の量である。青銅鼎との差異が意識されていた可能性が大きい。

孔子の刑鼎批判

この晋の刑鼎に対しては、孔子による批判が、『春秋左氏伝』昭公二九年の条に、

晋其亡乎、失其度矣、夫晋国将守唐叔之所受法度、以経緯其民、卿大夫以序守之、民是以能尊其貴、貴是以能守其業、貴賤不愆所謂度也、文公是以作執秩之官、為被廬之法、以為盟主、今棄是度也、而為刑鼎、民在鼎矣、何以尊貴、貴何業之有、貴賤無序、何以為国、且夫宣子之刑、夷之蒐也、晋国之乱制也、若之何以為法。

と見えている。孔子は、晋がこれまで始祖唐叔の「法度」や、それにもとづき室秩の官を定めた文公の「被廬之法」

（『春秋左氏伝』僖公二七年前六三三年の条に「大蒐以示之礼、作執秩以正其官、民聴不惑、而後用之」）などの、いわゆる祖法を棄て変更したことを難じている。

このことは、孔子も唐叔の「法度」自体は是認していたことになる。しかしこの「法度」は、法といっても「礼」の範疇に類し、常制として士庶の別なく刑を運用しようとしたものではない（唐叔の「法度」にもとづく「被廬之法」の「法」も、『春秋左氏伝』僖公二七年の条では「大蒐以示之礼」と、「礼」となっている）。このため「刑鼎」と孔子の是認する「法度」とは自ずから異なる。

問題の刑鼎（「刑書」）について孔子は、これを「夷蒐之法」・「乱制」であるとしているが、杜預はこの点について、

范［趙］宣子之所用刑、乃夷蒐之法也、夷蒐在文六年、一蒐而三易中軍帥、賈季・箕鄭之徒、遂作乱、故乱制。

と夷蒐の法を范宣子の事跡とし、乱制である所以を説明している。ただ文公六年の夷蒐の法は、趙宣子に関わり范宣子ではない。趙宣子の夷蒐の法は、夷の地で行った蒐、閲兵式での刑書で、混乱を招くにいたった制であるという。

趙宣子の刑書―夷蒐の法

杜預の指摘する夷蒐の法は、『春秋左氏伝』文公六（前六二一）年の条に、

春、晋蒐于夷、舎二軍、使狐射姑将中軍、趙盾佐之、陽処父至自温、改蒐于董、易中軍、（略）宣子於是始為国政、制事典、正法罪、辟獄刑、董逋逃、由質要、治旧洿、続常職、出滞淹、既成、以授大傅陽子与大師賈佗、使行諸晋国、以為常法。（略）賈季怨陽子之易其班也、而知其無援於晋也、九月、賈季（狐射姑）使続鞫居殺陽処父。

と見える。この記事は、趙宣子（趙盾）が中軍の将として国政を握り、国の諸制度を整え「常法」を定め、国内各地にこれを衆知せしめた政治改革で、「正法罪、辟獄刑」と刑書に関わる事項も伝えられている。

ただ先に引用した『春秋左氏伝』昭公二九年の記事も、「范宣子所為刑書」となっている。杜注の混乱もこれに起

因するが、范宣子は、趙宣子より後の人で、晋の厲公から平公にかけて活躍していて、孔子の言に該当するような事跡は見当たらない[11]。左伝の孔子の言は「宣子之刑」とあるだけであり、左伝の「范宣子所為刑書」は、趙宣子の事跡を誤ったものであろうか。

ともあれ夷蒐での法罪・獄刑は、一度決定されていた賈季（狐射姑）の地位を、趙氏と関係の深かった陽処父が変更し、趙宣子を中軍の将としたため、これを恨んだ賈季が、陽処父を殺害するにいたった。人事の後遺症が、孔子をして、趙宣子の「常法」を「乱制」と位置付けさせたわけである。

もちろん孔子の批判は、祖法を変えたことに力点が置かれているが、晋の刑鼎の内容は、趙宣子の夷蒐の刑書をもとに作成されたものである。約百年も以前の刑書が、刑鼎として再公布されたことになる。このことは趙宣子の刑書が、趙鞅の時代には、すでに過去のものとなっていて、「常法」と称されてはいるものの、趙宣子一代だけの刑書であった可能性が大きい。

そして唐叔以来の「法度」は、趙鞅の時代に降っても、孔子の言の「失其度（唐叔法度）矣」に集約されるように、引き続き機能していた。

蔡墨の刑鼎批判

趙宣子の政治改革そのものは、父趙衰の後を継ぎ多少強引な点があったにしても、再公布されるだけの価値、現実性を持っていた。そこでついでは、晋の趙鞅等による刑鼎作成の経緯であるが、『春秋左氏伝』昭公二九年の条の、晋の史官蔡墨の言によれば、

范氏・中行氏、其亡乎、中行寅為下卿、而干上令、擅作刑其器、以為国法、是法姦也、又加范氏焉、易之亡也、其及趙氏、趙孟与焉、然夫得已。

とあって、荀寅（中行寅）が主唱者であり、趙鞅（趙孟）はその同調者に過ぎなかった。

この荀寅が推進した趙宣子の刑書について、竹添氏の『左氏会箋』は、

宣子作刑書、使朝廷承用、未嘗宣示下民。

と、金匱の書であったものを「今鋳鼎而銘之、以示百姓」と、刑鼎として百姓に公示したと理解している。しかし蔡墨の言も、荀寅が勝手に「上令（祖法）」を犯し、「国法」を作ったと難じている。杜預もまた、

范［趙］宣子刑書、中既廃矣、今復興之。

と、范（趙）宣子の刑書は、その後「廃」されていたが、趙鞅等がこれを「復興」させたと理解している。趙宣子の刑書も、おそらく趙宣子が政治の舵取りをしている間の「常法」で、その後、晋の国法としての認知は受けてはいなかったに違いない。

それでこそ晋の大夫叔向が、趙鞅、荀寅を遡ること二〇余年前において、鄭の子産の刑書を、あれだけ厳しく非難することができたわけである。

春秋中期の政治改革

大国晋で、「上令」を犯すものであったとはいえ、六卿の筆頭として晋の実権を掌握していた趙鞅の了解のもとに、刑鼎が作成されたということは、近隣諸国にも少なからざる影響を与えたと思われる。同時にこの春秋時代の中期、前六世紀の頃は、各諸国において、多くの重要な政治改革が行われた時期でもあった。

例えば晋の襄公による、「民」に兵役を拡大する新たな兵農一致に向けての兵制改革が行われたのは前五六〇年であり、これが士大夫層の特権の喪失に繋がり、没落を促す一因ともなった。士大夫層の経済的基盤に動揺を与えずにはおかなかった、魯の宣公による「初税畝」の税制改革が打ち出されたのも前五九四年であった。さらに集権化に関

わる郡県制についても、県の初見は、秦の前六八八年であったが、面の支配を意図した郡制は前四九三年に初見する。これらはいずれも体制上における大きな転機、刑書形成への環境づくり、礼的社会基盤の崩壊が進んできていたことを意味し、鄭や晋での刑鼎作成の時期とも一致する。このことは刑鼎の作成が、政治家個人の問題に帰せられるべき事柄ではなく、時代の趨勢と大きく関わっていたことになる。

同時に、刑は礼をカバーするものとして、田中耕太郎氏の説かれるように、これを自然法とする見方も成り立つことになる。(12)

鄧析の竹刑

ついで『春秋左氏伝』定公九（前五〇一）年の条には、

鄭駟歂殺鄧析、而用其竹刑。

と、鄭の実権を握っていた駟歂（子然）が鄭の大夫鄧析を殺し、鄧析の作成した竹刑を公認したという。鄧析が殺された理由について、杜預は、鄧析が君命を受けず私に刑法を竹簡に著し国法を改めんとしたがためとの見方であるが、竹添氏の『左氏会箋』は、鄧析が、

操両可之説、設無窮之辞。（『列子』力命）

深文功弁。（『呂子春秋』離謂）

と、言動が定まらず、薄酷であったがためであるとし、竹刑の公認についても、

（鄭）顚覆殆尽、国人不服、思厳刑威之、故以刑書為未尽、而用析之竹書也。

と、竹刑が従来の刑書より刑の内容において厳格であったからであると、孔疏に近い立場をとる。

当時はすでに、子産が没して（前五二二年没）から二〇余年が経過していた。子産の刑鼎が、その後どのようになっ

ていたか定かではない（子産在任中の刑書に過ぎなかったかも知れない）。鄧析の竹書もその内容を伝えない。このため竹書編成をめぐる議論については推論を重ねることを控えるが、ただ注意すべきは、この竹刑が鄭において公認されたことに対する反応である。

『春秋左氏伝』定公九年の条に見える、

君子謂子然、於是不忠、苟有可以加於国家者、弃其邪可也、静女之三草、取彤管焉、竿旄何以告之、取其忠也、故用其道、不弃其人、詩云、蔽芾甘棠、勿翦勿伐、召伯所茇、思其人、猶愛其樹、況用其道、而不恤其人乎、子然無以勧能矣。

との、「君子」なる人物による子然（駟歂）に対する評価は、鄧析が竹刑を作り国家に有益な人物であれば、悪い点があっても許してやるべきである。人の功績を利用しながら、その人を殺すようなことでは賢能の士を勧奨することにはならないと駟歂を批判している。

そして肝心の竹書については、「有可以加於国家者」、すなわち国家にとって有益であると評価されている。子産の刑書に対する叔向の反応や趙鞅・荀寅の刑鼎に対する孔子の反応に比べると、この竹刑に対する君子なる人物による反応は大きく異なる。

中国における罪刑の法定化が、ほぼこの時期にはその機が熟し、比較的特異視されることがなくなってきている、あるいは各諸侯国でも次第に法典編纂が行われ常制化してきているとのことになるのかも知れない。

そこでついでは、なぜこの時期に法典編纂の機が熟したかについてであるが、この点、実は戦国時代に活躍する法家の言説に、その必然性が詳述されている。

四　「以吏為師」

戦国時代に入ると、法典編纂については、『晋書』刑法志で盗・賊・網・捕・雑・具の六篇によって構成されていたと伝えられる李悝の『法経』と、それを継承した商鞅の秦での政治改革が有名である。

戦国時代の法制については、『漢書』刑法志・『魏書』刑罰志・『晋書』刑法志などが比較的纏った記述を残してくれており、別稿でこの戦国秦漢時代の法制については少しくふれたことがある。[13] このためここでは、『商君書』定分・『韓非子』五蠹・『史記』李斯列伝などに見える「以吏為師」について検討し、戦国時代の法制について考えてみることにする。

『商君書』定分の法官・法吏

『商君書』定分は、羅根沢氏によれば、前二六〇年から前二三三年の間に秦と関係のあった人物によって作られた[14]とし、陳啓天[15]・高亨[16]両氏なども定分については商鞅以降の作とする。そして陳啓天氏によれば、『韓非子』五蠹は、この『商君書』定分を読んだ上で書かれているとのことであり[17]、『商君書』定分は商鞅の時代を降るにしても『韓非子』五蠹を遡って成立していたことになる。

そこで『商君書』定分の関係の記事であるが、

聖人必為法令、置官也、置吏也、為天下師、所以定名分也。

となっている。「法令」の名分を定めるために、法令の師として必ず法令専門の「官・吏」を置くとされ、肝心の法令については、

聖人以千万治天下、故夫知者而後能知之、不可以為法、民不尽知、賢者而後知之、不可以為法、民不尽賢、故聖人為法、必使之明白易知、正名、愚知徧能知之、為置法官、置主法之吏、以為天下師。

とあり、法は愚者をも含め国中すべての人に判り易いようになっていなければならないとされている。

このため同篇では、法令専門の官吏（法官）が、

天子置三法官、殿中置一法官、御史置一法官及吏、丞相置一法官、諸侯郡県、皆各為置一法官及吏。

と、中央（殿中・御史・丞相）から地方（諸侯国・郡県）にかけて分置され、この「法官」は、

諸官吏及民、有問法令之所謂也、于主法令之吏、皆各以其故所欲問之法令明告之、各為尺六寸之符、明書年月日時、所問法令之名、以告吏民、主法令之吏不告、及之罪、（略）故天下吏民、無不知法者、吏明知民知法令也、故吏不敢以非法遇民、民不敢犯法以干法官也。

と、吏民からの法令についての質問に答え、法令の内容を徹底させ、吏民が非法にいたるを回避させるよう努めなければならなかった。

法令の公布は、

一歳受法令以禁令、（略）郡県諸侯、一受宝来之法令、学問其（并）所謂。

とあり、朱師轍『商君書解詁』（中山大学叢書、一九四八）は、この「一歳受法令以禁令」を「毎歳吏民法令、以禁室法令為準」と解しており、孫詒譲『札迻（商子）』は、「宝来」を「禁室」の誤りとしている。

このことからして「法令」の公布は、法令が制定されると、毎歳、中央ならびに地方官府の「法官・法吏」に通達され（毎歳公布される「法令」は、当然追加法に限ってのことであったと思われる）、各地の「法官・法吏」は、これを学習し誤りなきを期していた。

法令の原本は、禁室中の法令として厳重に保管されていたが、毎歳の法令の公布にあたっては、雲夢睡虎地出土文

書に、郡守から県道に出された「田令」等の法律令の徹底を促す書面、『語書』が残されており、郡県の長官も力を尽くした。

いずれにしても『商君書』定分においては、祖法を墨守する時代と異なり、法の固定化が必ずしも前提とされていなかった。

『韓非子』五蠹の「以吏為師」

それでは『韓非子』五蠹の場合は如何であろうか。五蠹篇は始皇帝が愛読し、その著者と会ってみたいとまで述べるにいたった諸篇の中の一であるが、問題の記事は、

明主之国、無書簡之文、以法為教、無先王之語、以吏為師。

となっている。陳奇猷『韓非子集釈』（中華書局、一九五八）によれば、「書簡之文」・「先王之語」は共に「虚旧之学」、詩・書や聖王の語の類であって、全体の文意は、経学を排して法に依拠すべきことを説き、吏が法に関して師の役割を果たすべきを述べている。

それでは、なぜ「以吏為師」の必要性があるかといえば、五蠹篇では、

今境内之民、皆言治、蔵商・管之法者家有之、而国愈貧、言耕者衆、執耒者寡也、境内皆言兵、蔵孫・呉之書者家有之、而兵愈弱、言戦者多、被甲者少也。

と、当時各家々で商鞅・管仲の「法」や孫子・呉起の兵法書を所蔵し、それぞれに農耕や戦術についての議論は盛んであるが、自らは実行せず、富国強兵の足しにはならない。このため民に死力を尽くさせるには、無用の私論・私議を禁止させる必要があり、これがためには君主の分身としての官吏が、法令面での師となることが最も適当であると考えられていた。

そして『韓非子』定法によれば、

法者、憲令著於官府。

とあり、法令は官府内にて拠として明記、著録されている。『商君書』定分でも、法令は禁室に蔵されていた。

『史記』李斯伝の「以吏為師」

ついで『商君書』定分・『韓非子』五蠹には遅れるが、『史記』李斯列伝にも、

私学乃相与非法教之制、聞令下、即各以其私学議之、入則心非、出則巷議、非主以為名、（略）若有欲学者、以吏為師。

と「以吏為師」が引用されている。同様の記事は『史記』秦始皇本紀始皇三四年の条にも見えるが、李斯による「以吏為師」の政策は、当時士大夫層が礼教（郷俗）に走り、法教（一元化）を非議する状況が広がっていたため、皇帝の耳目としての吏に法教の師としての位置付けを行い、集権化の実を期待したわけである。

この点は『韓非子』五蠹の場合と同様である。そして李斯の考える「法教」は、韓非の「以法為教」の場合も同様であったと思われるが、始皇帝が現実の治政を通じ高い評価を与えていることからして、当然成文法であったはずである。

法教は、商鞅に先立つ李悝の法経においてすら、すでに「撰次諸国法、著法経」（『晋書』刑法志）と、「法」の集大成、集権化、領域国家形成への体裁が整えられていた。また李悝『法経』から商鞅の秦での立法への過程においても、商鞅は「改法為律」（『唐律疏議』）との変更を行ったと伝えられている。この変更は「平如水」の法に替え「均布」を意味する律を採用したもので、商鞅は法の普遍化と徹底とを企図していたとの指摘[18]も見える。

「以吏為師」の時代性

そこで最後になったが、春秋末期以降、次第に法典編纂が定着して行く問題についてであるが、『韓非子』五蠹の言葉を借りれば、

明主之道、一法而不求智、固術而不慕信。

とのように、智や信に期待をかけるのではなく、厳しい法と術との運用こそが強国への道とされている。君主権の強化が急がれる春秋中期以降になって、法典の編纂が史料上に散見することもまた当然の方向である。それにしても『商君書』定分が、法の公開・周知を強調しているのに対し、韓非や李斯は私論・巷議の禁に重きをおいている。

陳登原氏の「以吏為師」の論には、「以吏為師」の目的は、「則在発揚官府之学、禁止私家之学」とある。[19]「以吏為師」が、官府の学を発揚し、私家の学を禁止したとしても、もちろんこれは、「法教」に限定してのことである。そして現実政治に関わる韓非や李斯の法律観と、法律学が民間で盛んになる前漢中期以降の風潮とを比較すると、私議の禁止を前提とする「以吏為師」の時代は、法典編纂の過程としては、いまだ濫觴期として位置付けられることになる。

おわりに

以上、中国における原始法と、法典の編纂が一応軌道に乗ってくると思われる春秋戦国時代の法制一斑とについてふれてみた。従来法典の成立、定着化は、これを戦国時代、前四世紀頃におく意見が見られたが、[20]ここではこれを春秋時代の社会構造の変革、集権化の動きが顕著になってくる前六世紀頃に遡らせて考えた。

ただ最近は金文研究の進歩によって民事法的な規定が西周中・後期において確認されている。[21]その意味では、本章

は必ずしも網羅的ではないが、ここでは主として罪刑法定化の過程と、初期法典の性格を伝えると思われる「以吏為師」とを中心とした。

〔補記〕本稿は、版本史料を中心に法典の成立を考えたが、この後、湖北省張家山二四七号漢墓から出土した『奏讞書』に春秋時代前七・六世紀の案例（裁判記録）が収められ、魯と衛の二国に関係する、「魯法」・「衛法」名の法文が確認された。前七・六世紀は、法典成立の初期段階であったことになる。

注

（1）この時期の法制については、
東川徳治『支那法制史論』臨時台湾旧慣調査会、一九一五。
曾我部静雄『日中律令論』吉川弘文館、一九六三。
中田薫『法制史論集』四、岩波書店、一九六四。
中国では、
中国法制史編写組『中国法制史』群衆出版社、一九八二。
など多数。また、
Jean Escarra, Le Droit Chinois, Paris, 1936（谷口知平訳『支那法』東亜研究叢書刊行会、一九四三）。
（2）最近の中国で出版される中国法制史の概説書は、多く夏殷代に刑典の成立を認む。注（1）『中国法制史』ほか。
（3）加藤常賢『漢字の起源』角川書店、一九七〇、頁五九一。
（4）藤堂明保『漢字語源辞典』学燈社、一九六五、頁五〇二。
（5）白川静『漢字の世界』二、平凡社、一九六七、頁七五。なお貝塚茂樹『韓非子』講談社、一九八二、頁一六一、では、法字の異体は溜り水の水面に鹿の姿が写っているさまで、水鏡に神鹿の姿が見られるかどうかで犯人を決める神判の存在を示すと。
（6）注（3）頁七六五～七六八。なお灋の「去」音は、巨音で呂字に通じ「呂刑」は法刑の義。今文『尚書』の「甫刑」の甫も法の音通とされる。

（7）注（5）『漢字の世界』二、頁五三。

（8）宇都木章「社に戮すことについて」『中国古代史研究』吉川弘文館、一九六〇。拙稿「中国古代の社制についての一考察」『三上次男博士頌寿記念東洋史・考古学論集』、三五堂（朋友書店）、一九七九。『中国古代の聚落と地方行政』汲古書院、二〇〇二、【地方行政編】第一章。

（9）梁啓超『先秦政治思想史』中華書局、一九三六、第七章「法律之起源及観念」はまた『易経』師卦「刑出以律」の律を法律の義を含む事例の初見とする。

（10）注（5）『漢字の世界』二、頁五四。

（11）浅井虎夫『支那ニ於ケル法典編纂ノ沿革』京都法学会、一九一一、汲古書院、一九七七、頁一三～一四、は、『国語』晋語八「端刑法・緝訓典、国無姦民」を晋の刑書として引くが、韋昭注では范宣子より前の范武子が制定と。

（12）田中耕太郎『法家の法実証主義』福村書店、一九四七。

（13）拙稿「李悝の法経について」『中央大学文学部紀要』史学科二九、一九八四。本書【Ⅰ】第三章。

（14）羅根沢「商君書探源」『北京図書館館刊』九―一、一九三五。

（15）陳啓天『商鞅評伝』商務印書館、一九三五。

（16）高亨『商君書注訳』中華書局、一九七四。

（17）注（14）頁一三四。

（18）注（1）『中国法制史』頁七四～七五。

（19）陳登原「以吏為師」『国史旧聞』一、大通書局、一九七一。陳氏は「以吏為師」が「議雖発韓非、（云云）」とし、韓非に起こるとするは如何か。呂思勉『読史札記』上海古籍出版社、一九八二、にも「以吏為師」の論あり。なお邢義田「秦漢的律令」『秦漢史論集』東大図書公司、一九八七、は、秦にあっては睡虎地秦律の『除弟子律』により、弟子籍にある史の子弟が「学室」と呼ばれる史の子供のみに設けられた学校で吏について律令を学んだとする。

（20）仁井田陞『中国法制史（増訂版）』岩波書店、一九六三、頁四八。注（11）は、史実としての法典編纂を李悝『法経』とする。

（21）肖永清「中国法制史簡編」上、山西人民出版社、一九八一、頁六六～七三、ほか。

第二章　春秋時代の治獄——魯・衛の新出土案例

はじめに

春秋時代に、各国で法典、刑書の編纂が行われていたことは、『春秋左氏伝』を中心に種々伝えられている。しかしこの刑書が、どのような内容を持ち、どのように運用されていたかとなると従来の版本史料によっては推定の域を出なかった。

このため春秋時代の法典、刑書については、その「一つ一つが実在であるというに及ばなかろう」[1]と否定的に捉える理解も見える。また当時の司法権は、分権的・多元的で、国君による司法権の独占化は、未だ国人層の手によって制約を受けていた[2]。訴訟についても、これは法的手続きを経ることなく、権力による高度な政治的判断による調停、世話やき機能を発揮・期待する訴訟で、判定の法的手続きは存在していなかった[3]、等々の理解もある。

この点について、かつて春秋時代の罪刑法定化の動きと、それを受けての「以吏為師」について述べたことがある[4]が、一九九五年三期の『文物』において、春秋時代の魯・衛二国に関わる治獄案例（裁判記録）二種が公表された[5]。湖北省荊沙市江陵張家山の前漢初期の墓から出土した竹簡で、『奏讞書』と題記されていた。

この魯・衛二国の新出土案例は、『奏讞書』に収録される秦漢時代の奏讞案例とは構成を異にするが、それでも治獄の中で魯・衛両国の「法」が引用されており、魯の案例では、論罪に当たっての厳格な「法」の運用がとくに焦点になっている。春秋時代の刑書の理解とも、当然深い関わりが生じる。

このため本稿においては、版本史料を概略紹介した後、新出土史料を中心に春秋時代の治獄の実態についてふれることにする。

一　『春秋左氏伝』の刑書

中原地方の刑書

『春秋左氏伝』は、中原一帯における法典の事例として、晋の「常法」（文公六年、前六二一）、宋の「刑器」（襄公九年、前五六四）、鄭の「鋳刑書」（昭公六年、前五三六）、晋の「刑鉄鼎」（昭公二九年、前五一三）、晋の「戎索」（定公四年、前五〇六）、鄭の「竹刑」（定公九年、前五〇一）等を伝える。このうち晋の「常法」は、

制事典正法罪、辟獄刑董逋逃。（『春秋左氏伝』文公六年）

と、法罪・治獄に関わる内容を含むが、その他、国政全般をも指しており、「戎法」は辺塞の故をもっての定法である。宋の「刑器」は杜注・孔疏では「刑書」と見なしているが、『左氏会箋』・楊伯峻『春秋左伝注』・小倉芳彦訳[6]等は「刑具」と解している。このため春秋時代の法典の事例としては、多く鄭の刑鼎・晋の刑鉄鼎、鄭の竹刑が重視されているが、この三種の法典は、奇しくも前六世紀の後半に集中している。

この前七・六世紀の時期は、また兵農分離から兵農一致（兵制）へ、労働地代から現物地代（税制）へ、采邑制から県制（地方行政）へ、等々、時代の転機に位置しており、法制史の上でもこの時期に集中して成文法の事例が史料に登場して来る。[7]

政治の手法が、一定の客観的な枠組みを持つ。あるいはその方向を志向する。このことは官僚制の導入、発展にとって欠かすことのできない前提である。『管子』七法は、

不明於法、而欲治民一衆、猶左書而右息之、(略)常令不審、則百[官]匿勝、官爵不審、則姦吏勝、符籍符審、則姦民勝、刑法不審、則盗賊勝、国之四経、人君泄見危。

と、「常令」・「官爵」・「符籍」・「刑法」を国の四経と呼び、国君が百官・人民を従える上での法治の重要性を強調している。諸子百家を受け入れる環境は、法制の面でも進行していたことになる。

刑書の定着化

鄭の刑書は、子産によって鼎に鋳込まれたとされるが、晋の刑鼎は鉄鼎であったと『春秋左氏伝』に明記されている。鄭の刑鼎については、材質について何の断りもないが、国家による法の公布であり、通常の祭器、青銅器であった可能性が大きい。続く竹刑は、竹簡に書写された刑書である。竹刑は、鄭の大夫鄧析による私撰との解釈もあるが、『左氏会箋』は必ずしも私撰説に与してはいない。

そうするとこの三種の刑書は、青銅器から鉄器へ、さらには竹簡へと公布のための媒介が変化してきていることになる。刑書が、権威(祭祀)の纏から脱却し、より日常化してきている様子が、この材質の変化の中からも読み取られる。

同時に、鄭の子産の刑書に対しては、晋の士文伯から「鄭其火乎」と、鄭国での火災、戦乱を予告する厳しい批判が寄せられている。ところが晋の刑書の公布に対しては、孔子や蔡墨から、刑書が晋の乱制時に制定された范[趙]宣子の「常法」に依拠したことへの批判と、祖法の一方的な改変が難じられてはいるが、刑書の公布そのものへの批判とはなっていない。鄭子産の刑書への批判とは視点が異なる。ついで鄭の竹刑はといえば、君子なる人物によって

刑書は「有可以加於国家者」、国家にとって有益な存在と評価されるにいたっている。

刑書に対する各国の有識者による反応は、全面否定から部分否定へ、さらには肯定、評価へと変化してきていることになり、刑書公布の際の媒介の変化と軌を一つにする。

二　魯の案例

『尚書』呂刑

前五三六年の子産による鄭の刑書は、公布の際に祭器を用い宗教的権威を利用している。他国からの批判も格段の厳しさがある。刑書が当時、円滑に受け入れられる環境にあったとは思えない。このため『春秋左氏伝』で伝えられる限りにおいては、刑書の編纂は子産の刑書を遡る時期において、さほど一般化していたとは思われない。ただ集中砲火を受けた子産は、後の商鞅の政治改革にも大きな影響を与えた。

もちろん刑罰＝象刑、五刑等の存在は、より時代を遡る。『尚書』呂刑は、刑罰の起源を「苗民弗用霊（命）、制以刑」と、上帝の命から切り離し、苗民（三苗）に仮託している。苗民は非漢民族で、長江中流域の湖北・湖南・広西あたりに居住し漢民族と対立していたと思われるが、刑罰の起源をこの非漢民族に仮託していることは、刑罰が礼とは異なる来源を持つとの理解を必要としたためである。

それでも刑書の公布、新たな秩序付けの導入となると、これは礼の変容、礼制社会からの決別に繋がる。刑罰の発生と刑書の導入とでは、影響の大きさにおいて次元を異にする。このため刑書の定着化は、時代の推移を確認する上で注意すべき事柄となるが、春秋時代の刑書をめぐる具体的な機能、刑書の内容はとなると、これを窺い知ることはできなかった。

『春秋左氏伝』にも、前述の法典編纂の事例を別にして、獄訟、治獄の具体例が散見する。その際、「夏書曰、昏・墨・賊・殺、皐陶之刑也」（晋。昭公一四年、前五二八）のような前代の制や、「天子（周の平王）」（襄公一〇年、前五六三）・「（魯）君命」（昭公一二年、前五三〇）のような周王や諸侯の命が裁決の拠り所とされた事例は存在するが、刑書との関わりを確認することはできない。

ただ『尚書』呂刑は、刑罰の名称を伝えるだけではなく治獄の進め方についても言及する。治獄では、「両造具備、師聴五辞」と、法廷で当事者双方—原告と被告とから、士師（獄官）が、五刑に相当する事柄が含まれているかどうかを聴取し、「啓刑書、胥占、咸庶中正」と、刑書を根拠に中正な判断を行う。刑書の運用は「惟斉非斉、有倫有要」と、ただ杓子定規に行うのではなく、理要・条理に従って対処すべきであるともいう。また量刑の運用では、「五刑・五罰・五過」・「疑赦（五刑を罰金刑へ）」・「其刑上備、有幷両刑」等に留意し、判決にあっては、「私家」、私心を排除する、等々である。(8)

『尚書』呂刑では、治獄の拠り所として「刑書」の存在をも伝えるが、肝心の呂刑の成立については、春秋時代、あるいは戦国時代中期に降るともいわれる。(9)

魯の案例

『尚書』呂刑の成立については、後で問題とするが、今回、出土した『奏讞書』中の春秋時代の案例は、これら版本史料の理解にも寄与する。そこで以下、『奏讞書』中の春秋魯の案例を紹介する。原文中の（　）内は、江陵張家山漢簡整理小組（張家山二四七号漢墓竹簡整理小組）による解字である。

【釈文】

①●異時、②魯法、盗一銭到廿、罰金一両、過廿到百、罰金二両、過百到二百、為白徒、過二百到千、完為倡、③有（又）曰、諸以県官事訑其上者、以白徒罪論之、④有白徒罪二者、駕（加）其罪一等、⑤白徒者、当今隷臣妾、倡、当城旦、⑥今佐丁盗粟一斗、直（値）三銭、⑦柳下季為魯君治之、⑧論完丁為倡、⑨奏魯君、⑩君曰、⑪盗一銭到廿銭、罰金一両、⑫今佐丁盗一斗粟、直（値）三銭、⑬完為倡、不已重虖（乎）、⑭柳下季曰、⑮吏初捕丁来、冠鉥（鷸）冠、⑯臣案其上功牒、署能治礼、灅（儒）服、⑰夫灅（儒）者君子之節也、礼者君子学也、盗者小人之心也、⑱今丁有宵（小）人心、盗君子節、有（又）盗君子学、⑲以上功、再訑其上、有白徒罪二、此以完為倡、⑳君曰、当戋（哉）。

【訳文】

①異時《かつて》（昔日）、

②魯法では、「盗、一銭より廿［銭］に到れば、罰金、一両。廿［銭］を過《こ》え百［銭］に到れば、罰金、二両。百［銭］を過《こ》え二百［銭］に到れば、白徒と為す。二百［銭］を過《こ》え千［銭］に到れば、完（髡刑。[10]『漢書』刑法志注「師古曰、完謂不虧其体、但居作也」・「臣瓚曰、当言髡者完也」、『漢書』恵帝紀注「孟康曰、完不加肉刑、髡鬄也」）して倡と為す」と。

③有《また》（又）、曰く、「諸《それ》、県官《こっか》の事（公務）を以て其の上（魯君）を訑《あざむ》く者は、白徒の罪を以て之を論ず」。

④「白徒［に当たる］の罪、二有る者は、［さらに］其の罪一等を駕《くわ》える」と。

⑤白徒は、今の隷臣妾に当たり、倡は、城旦に当たる。

⑥今、佐（官職名）の丁（名前）、粟一斗を盗む。直《あたい》は三銭。

⑦柳下季、魯君の為《ため》に之（丁の盗罪）を治［獄］す。

⑧論［決］（『管子』君臣上注「論、其罪罰」、『史記』孝文本紀「今犯法、已論」、『後漢書』魯丕伝李注「決罪曰論、言奏而論決之」）は、「丁を完して倡となす」。
⑨魯君に奏す。
⑩［魯］君、曰く、
⑪「盗、一銭より廿銭に到れば、罰金は一両。
⑫今、佐の丁は、一斗の粟を盗む。直《あたい》、三銭。
⑬［丁を］完して倡と為すは、已《はなはだ》重から不《ず》や」と。
⑭柳下季、曰く、
⑮「［獄］吏、初め丁を捕らえて［廷に］来《いた》るや、鷸冠（李学勤氏は「鉥冠」＝「鷸冠」で儒服。[11]「鉥」字は「鉩」・「鑈」・「鑈」で、『方言』「鑈、正也」郭注「堅正也」、『広雅』「鑈、正也」。鉥冠は正冠）を冠す。
⑯臣、其（魯）の上功（『呉子』励士「上功坐前行餚席兼重器上牢、次功坐中行、餚席器差減、無功坐後行、餚席無重器」）の［地位にある者の諸事を定めた］牒（書札）を案ずるに、『能《よ》く礼を治め、灋（儒）服（『荘子』田子方「挙魯国、而儒服」、『礼記』儒行「魯哀公問於孔子曰、夫子之服、其儒服与」、漢孔鮒『孔叢子』儒服「儒服非一也」）す』と署《しる》（書）されている。
⑰［故に］夫《それ》、灋（儒）者は君子の節（法度、制）あるなり。礼は、君子の学なり。盗は、小人の心なり。
⑱今、丁は、宵（小）人の心有りて、君子の節を盗む。有《また》（又）、君子の学を盗む。
⑲上功［の地位］を以て、再《かさ》ねて其の上（魯君）を詑《あざむ》く。白徒の罪、二有り。此を以て完して倡と為す」と。
⑳［魯］君、曰く、「当（『漢書』賈誼伝注「如淳曰、決罪曰当」）ならん哉」と。

柳下季と魯の案例

この魯の案例は、⑥のように魯の佐職の某丁が、粟一斗（斗はわが国の約一〇分の一）、三銭相当を盗んだ事件である。盗んだ粟一斗は、②一両の罰金であるから、比較的微罪ともいえるが、盗罪であることに変わりはない。それも上功身分の人物である。佐は、『春秋左氏伝』襄公二三年に、魯の佐宰が見える。同宣公一二年には、晋の軍制に帥などと共に佐が見える。広く輔佐の義でもよいのかも知れないが、上功であり高位の官職である。

事件の処理に当たったのは、魯の士師（獄官）として有名な大夫、柳下季である。柳下季は、魯の孝公の子孫ともいわれ、柳下恵、展禽（恵は謚、氏は展、名は獲または禽、字は季または禽、柳下は居住地名・食邑・居宅の柳樹等）と通称される。[12]『春秋左氏伝』では、僖公二六（前六三四）年に展禽の事跡が見え、同文公二（前六二五）年では、孔子の評に引かれる。聖・仁で、中庸。「不辞小官」（『孟子』万章下）と、士師職にも甘んじ、後世、種々の美談が附加されて行った。

このため『奏讞書』に収められる柳下季の案例も、後世の仮託ではないかとの危惧も感じられるが、この魯国の案例は、⑤に、

白徒者、当今隷臣妾、倡、当城旦。

と春秋魯の刑罰名、白徒・倡が、戦国秦漢時代に通行した隷臣妾・城旦に、態々言い換えられており、柳下季に仮託しての全くの作り話とも思えない。もっとも「今」字は、案例中ここだけではなく、⑫「今佐丁盗一斗粟」と佐某丁による事件発生時を指す言葉としても用いられている。このため⑤の「今」字も後人の手になるとまで理解しなくても良いとの見方もあり得るかも知れない。しかしそれでは、引用されている魯法②③④は治獄時の法文とはならず、「魯法」の実効性に疑義が生じる（『尚書』呂刑にも「勿用夫行」とあり、蔡伝に「勿用今所不行之法」）。次元の異なる「今」字が混用されていることになり紛らわしいが、⑤は、後人（『奏讞書』副葬の墓主をも含む）による挿入と解しておく。

魯の治獄

そこでついでは、この案例の構成についてであるが、まず冒頭に、①「魯法」の呼び名で②③④の法文三種が引用され、⑤において刑罰名の近釈、⑥において告劾に当たる上功某丁の犯罪事実が特定され、⑦で治獄担当者を記載し、⑧に判決である「論」がきている。秦漢に降る『奏潚書』中の案例では、⑥の告劾（この案例では告劾者不明）と⑦との間に審理の過程、供述（証言）や鞫等が伝えられている。春秋時代の治獄の推移は、後代の秦漢時代とは異なっていたと思われるが、ここでは審理の経緯すらも省略されている。

通常の治獄であれば、判決が出た⑧の時点で治獄は終了するが、柳下季の論決が⑨魯君に上奏された結果、魯君からこの論決に対して⑪～⑬の疑義が下達された。秦漢の『奏潚書』中の案例では、疑罪の場合、治獄担当者の判断で中央にまで奏潚が行われている。しかしこの案例の場合は、後文に見えるように柳下季は自己の論決に絶対の自信を持っていた。⑨は誰による魯君への上奏か記載がない。⑦には「柳下季為魯君治之」とあり、柳下季あるいは罪を受けた上功自身が上奏の手順を踏んだかも知れない。

いずれにしても再審は、国君からの疑義による。後世の「潚制」では、上級機関での裁決、報に対して、下級審はただ従うのみである。ところが柳下季は、魯君の意見に反論し、法治の条理を貫徹している。この点は後の「潚制」とは事情が異なる。それでも「由士以上、則必以礼楽之節之」（『荀子』富国）・「刑不上大夫」（『礼記』曲礼上）・「古者礼不及庶人、刑不至大夫」（『漢書』賈誼伝）等々と受け止められてきた周以来の身分制度にとって、上功の身分にある者が法の下で一様に裁かれる。このこと自体、魯国における身分制の解体、官僚制への移行を示唆することになる。国君自身の疑義もまた法の下で拒否されている。

魯君からの疑義も、②の法文を⑪と引用しての反論である。君公といえども法を越えての判断は認められない。政治が法の枠組みにおいて動かされていたことになる。貴重な史料の出現である。

魯の案例は、この魯君からの疑義の提示と、柳下季自身による再釈明（論決に対する経緯の補足説明）を再審に見立てたか、『奏讞書』の中に収められている。この再釈明において柳下季は、魯君からの疑義に対して、新たに⑯の「上功牒」を引用している。「上功牒」は、魯法と呼称されておらず、その文中に「治礼」の語が見える。これは「上功牒」が礼制に属するがためであろう。『礼記』中には儒行の一篇がある。『孔叢子』刑論には、

古有礼、然後有刑、是以［古之］刑省。

と、法は礼を補完するものと位置付けられている。しかし魯の案例では、法が礼によって補完されている。法と礼との主客関係がすでに変化していたことになる。魯の案例で見られるような法と礼との共存、一体化が、後世における儒法の人的一体化を俟つまでもなく、法の受容に寄与していたことは間違いない。春秋時代における刑書定着化の推移を魯の案例は具体的に示してくれている。

柳下季は、魯君への再釈明において、つぎのように論断する。佐の丁は、

《礼》有宵人心、盗君子節、有盗君子学＝《魯法》盗一銭到廿、罰金一両

に併せて、

《礼》以上功、再訑其上＝《魯法》以県官事、訑其上者

の両罪がある。量刑は、前者が罰金一両、後者は上功＝県官事で、上功としての立場を盗粟罪により汚したことになり白徒刑。ただし⑲には「再訑其上」と「再」字が挿入されている。これは⑱「盗君子節」罪と「盗君子学」罪とが関わると思われる。⑰の「儒者、君子之節」・「礼者、君子学」は、⑯の「上功牒」の「治礼」を具体的に例示したものである。案例はまた、被告丁が獄吏によって逮捕されたとき、⑮銶（鷸）冠を冠していたと態々記録に留めている。銶（鷸）冠は、儒服と関連を持っていたはずであり、⑱の「盗君子節・君子学」罪は、儒服者にとって「上功牒」の

「治礼」に悖るだけではなく、③の魯法そのものに抵触する。ここに新たな白徒罪が成立する。被告丁の量刑は、全部で罰金一両に白徒刑二となる。そこで④に掲げられる

有白徒罪二者、駕（加）其罪一等。

の法文が必要となる。一人で複数の罪を犯した場合、『尚書』呂刑でも「幷両刑」とあり、蔡伝では、

一人而犯両事、罪雖従重、亦幷両刑。

と、一人で数罪を犯した場合、その中で一番重い罪を当てるが、また複数の罪を加算する場合もあると解している。魯法では白徒二罪が加算され倡の量刑が導き出されている。

魯君も、⑳と判決に従わざるを得なかった。決罪にいたる審理では、君公、獄官共に法と礼とが厳密に運用されている。⑳の「当」は、決罪の義ではなく、「当然である」程度の意味に理解することもできる。後掲の衛の案例では、この部分が、「善戋」・「如当」の二句となっていて、後句の「当」は決罪の義である。「當」は「善」字と近似する。誤写の可能性も残るが、魯の案例では、衛の案例の「善戋」・「如当」の二句が合わされ、「当」字には決罪の義が含められていたかも知れない。しばらく⑳の「当」を決罪の義に解しておく。

『尚書』呂刑の成立は春秋時代

魯の案例は前七世紀の後半のことであり、「魯法」は鄭の子産の刑書をほぼ百年も遡る。晋の刑鉄鼎に厳しい批判を行った孔子の生国においてのことである。孔子の批判が、部分的な批判にならざるを得なかったのもこの辺りに事情があったかも知れない。時期を同じくする晋の「常法」（前六二一年）にも「正法罪」と刑書に繋がる部分があり、これまで以上に重みをなす。「常法」が「乱制」と見なされた理由の一つに、刑書との関わりがあったかも知れない。

この魯の案例は、前述した『尚書』呂刑の成立時期にも影響を与える。呂刑の成立については、これを戦国中期ま

で下げる松本雅明氏の見解があり[13]、この松本氏の見解は、小島祐馬氏の研究[14]が前提となっている。小島氏は、『尚書』呂刑を中心に五刑・罰金刑（贖刑）の分析を行い、とくに罰金刑の存在に注目され、これは財政収入を計る必要より制定されたもので、貨幣経済の進展とも関わる。このため罰金刑の導入、それと関連して呂刑の成立時期は、春秋時代の末期か戦国時代と見なされた。松本氏はこの小島説に拠りつつ、呂刑がまず『春秋左氏伝』に見えることから、その成立を戦国中期と考えられた。

小島氏の研究はさらに広範に亘るが、小島氏、松本氏による、呂刑の成立を戦国時代まで降らせる上での拠り所となっていた罰金刑は、春秋時代の魯の案例の出現によって、これがすでに前七世紀に遡ることが明らかとなった。

松本氏の呂刑成立の研究もこれまた多様であるが、この罰金刑が前七世紀に遡るとなると、呂刑の成立をどうしても戦国時代にまで下げなければならない理由はなくなる。呂刑の「幷両刑」の事情等もやはり魯の案例において確認できる。呂刑の成立は、これを春秋時代と考えることで支障はないようである。小島氏は金属貨幣の起源、一般での通用を春秋末から戦国時代とされたが、鋳造貨幣（布銭）は現在、春秋早期・中期にかけて相当数が出土している[15]。

魯の労役刑

なお魯法では、白徒と倡の二種の刑罰名が確認できる。白徒は隷臣妾に、倡は城旦に当てられている。白徒・倡の来源は定かではないが、両刑罰名は、肉刑ではなく労役刑である。白徒には、後、

謂不練之卒、無武芸。（『管子』七法注）

言素非軍旅之人、若今言白丁矣。（『漢書』鄒陽伝師古注）

等の義もあるが、いずれも白は素、何の附加されるべき要素もないことを意味し、魯法にあっても雑役に従事する役徒に当てられている。倡も、多くは楽人と解されている。倡の字義については、くる病の人で王公の側におり、唱字

と通じて楽人の義にもなるといわれる。(16)『管子』小匡や『戦国策』斉策等には「倡優侏儒」（侏儒は「短人」）の語が見える。春秋時代の楽人には、『春秋左氏伝』昭公二九年に、「賂以女楽」と賄賂の贈り物との位置付けもある。『晏子春秋』問下四には、

今君左為倡、右為優、讒人在前、諛人在後。

とあり、倡は讒人・諛人等々と同列に置かれていて、ここでも決して高い位置付けではない。『漢書』司馬遷伝には、

倡優畜之、流俗之所軽也。

とあり、倡・優は、漢代でも社会的に軽んじられていた。刑名として倡が白徒よりも重い量刑になっていることは、倡が社会的により低い人々を指す字義をも含んでいたがためであったかも知れない。

ともあれ春秋時代の労役刑の事例は非常に少ない。(17)このため白徒・倡の来源については、未だ推論の域を出ないが、この魯の案例によって初めて白徒・倡の刑罰名の存在を知り得たわけである。

三　衛の案例

衛の案例

前節では、春秋魯の案例を通じて、春秋前七世紀後半に、すでに刑書（法三条、それに礼一条）が治獄の場で機能していたことを確認した。そこでついでは、『奏讞書』に収められる今一つの春秋時代の案例、衛の案例を見て行くことにする。以下、案例釈文に訳文を付し紹介する。原文中の（　）［　］内に挿入されている文字は、魯の案例の場合と同じ江陵張家山漢簡整理小組（張家山二四七号漢墓竹簡整理小組）の校訂による。

【釈文】

①●異時、②衛法曰、為君、夫人治食不謹、罪死、③今宰人大夫説、進炙君、炙中有髪長三寸、④夫人養婢媚、進食夫人、飯中有蔡長半寸、⑤君及夫人皆怒、劾、⑥史猷（猷）治、⑦曰、説毋罪、媚当賜衣、⑧君曰、問史猷治獄非是、⑨史猷曰、臣謹案、説所以切肉刀新磨（?）甚利、其置枹（庖）［俎］、夫以利刀切肥牛肉枹（庖）俎上、筋腸尽斬、炙膊大不過寸、而髪長三寸独不斬、不類切肉者罪、⑩臣有（又）、診炙肉具、桑炭甚美、鉄盧（炉）甚磬、夫以桑炭之磬鋏□而肉頗焦、髪長三寸独不焦、有（又）不類炙者之罪、⑪臣有（又）診夫人食室、涂𨢿（塈）甚謹、張帷幕甚具、食室中毋蔡、而風毋道入、⑫臣有（又）診視媚臥、莞席敝而経絶、其莞淬（碎）、媚衣褎（袖）有敝而絮出、淬（碎）莞席麗其絮、長半寸者六枚、⑬夫以衛夫人有一婢、衣襲（敝）衣、使臥席、臥席淬（碎）者麗衣、以為夫人炊、而欲蔡毋入飯中、不可得已、臣操襲（敝）席麗媚衣絮者、願与飯中蔡比之、⑭●此以下□八月（?）、⑮君出飯中蔡比之、同也、⑯史猶（猷）曰、炙中髪、臣度之、君今旦必跂（蔬・梳）而炙至、肉前炙火気□人而暑、君令人扇、而髪故能蜚（飛）入炙中、⑰君曰、今旦寡人方蔬（梳）、扇、而炙来、然且与子復診之、⑱君備（俛）視席端、有随（髻）髪長二寸以上到尺者六枚、⑲君復置炙前、令人道後扇、髪蜚（飛）入炙中者二枚、⑳君曰、善戋（哉）、亟出説而賜媚新衣、如史猶（猷）当。

【訳文】

①異時（昔日）、

②衛法に曰く、「［国］君と夫人（国君の妻、『礼記』曲礼下「天子之妃曰后、諸侯曰夫人」）との為に食を治《つかさど》（主、または作）りて、不謹「の罪」（『管子』侈靡「使人君不安者属際也、不可不謹」、『史記』張釈之列伝「文帝免冠謝曰、教児子不謹」）あれば、罪死す」と。

③今、宰人（『史記』晋世家献公二一年「宰人上胙献公」、『荘子』説剣・『韓非子』内儲説上「宰人上食」、『史記会注考証』趙世家趙襄子元年「中井積徳曰、厨人宰人無別」）の大夫、説《えつ》（人名）、炙《やきにく》（『説文解字』「炙、炙肉」、『詩経』瓠葉毛伝「炕火曰炙」）［料理］を［衛］君に進む。炙《やきにく》の中に［頭］髪有り。長さ三寸。
長さ半寸。

④［衛君］夫人の養《すいじがかり》（『春秋公羊伝』宣公一二年何休注「炊亨者曰養」、『史記』儒林伏生列伝索隠「養、造食」、睡虎地秦律「金布律」中「養各一人」の睡虎地秦墓竹簡整理小組注釈「養、做飯的人」）の婢（官婢）の媚（人名）、食を［衛君］夫人に進む。飯中に蔡《くさのゴミ》（『説文解字』「蔡、艸丯也」段注「艸生之乱散」、『玉篇』「蔡、草芥」、草の小さいゴミ）有り。

⑤［衛］君、及び［衛君］夫人、皆《ともに》、怒り、［告］劾す。

⑥史猷（猷・猶・鰌）、治［獄］す。

⑦［史猷（猷・猶・鰌）、決罪して］曰く、「説《えつ》は、罪毋《な》し、媚の当（決罪）は、衣を賜《あた》（与）う」と。

⑧［衛］君、曰く、「史猷（猷・猶・鰌）に［清］問（『尚書』呂刑「皇帝清問下民」馬注「清問、清訊也」蔡伝「清問、虚心而問也」。『易経』乾「君子学以聚之、問以弁之」、『礼記』楽記孔疏「問、謂論難」）す。治獄は是に非ず」と。

⑨史猷（猷・猶・鰌）、曰く、「臣、謹んで案ずるに、説《えつ》は、肉を切る刀を新たに磨きし所以《ゆえに》、甚だ利《するど》し。枹（庖）［俎］（調理台、まな板）［上］に置かる。夫《それ》、利刀を以て肥牛の肉を枹（庖）俎（調理台）上で切らば、筋《すじ》䐞《かわ・にく》（『広雅』「䐞、肉也」・『説文解字』「䐞、肉表革裏也」、『広雅』「䐞、膜也」）、尽《ことごと》く斬らる。膊《きりみのにく》（『説文解字』「膊、切肉也」）を炙《や》き、大なるもの寸を過ぎず。而るに［頭］髪の長さ三寸なるもののみが独り斬られず。［頭髪の混入するは］肉を切る者の罪に類《たぐい》（比・同）せず。

⑩臣、有《また》（又）、診《しら》べるに、炙肉《やきにく》のための具《ちょうど》（『広雅』「具、備也」）、桑（『詩経』白華「樵彼桑薪」朱集伝「桑薪、薪之善者」、『異苑』三「［亀曰］尽南之樵不能潰我、（略）諸葛恪曰、燃以老桑樹、乃熟、（略）［孫］権使人伐桑樹煮之、亀立爛」）

炭、甚だ美《よ》く、鉄盧（炉）も、甚だ磬《かた》（『説文解字』「磬、堅也」）し。夫《それ》、桑炭［用］の磬鍱《かためのかなばし》（『説文解字』「鍱、可以持治器鋳鎔者也、（略）一曰挾持」）を以て、□。而して肉、頗る焦《や》かる。［頭］髪の長さ三寸なるものが独り焦けざるは、有《また》（又）、炙《や》きし者の罪に類《たぐい》（比・同）せず。

⑪臣、有《また》（又）、診《しら》べるに、［衛君］夫人の食室は、涂墍《うわぬりかざりのかべ》（塈）（涂は杇、『説文解字』段注「涂者、飾牆也」。墍は壂、墍。『説文解字』「塈、印涂也」、『漢書』礼楽志蘇林注「墍、飾也」、『尚書』梓材「涂墍、茨」馬注「墍、堊色」、睡虎地秦簡『為吏之道』の睡虎地秦墓竹簡整理小組注釈「涂墍、用灰泥涂抹房屋」）も、甚だ謹《せいけつ》（潔）で、帷幕《カーテン》（『周礼』幕人鄭注「在旁曰帷、在上曰幕、幕或在地、展陳于上、帷幕皆以布為之、四合象宮室」）も張り、甚だ具《そな》わる。食室の中には蔡《くさのゴミ》なし。而して、風も道《よ》（従）りて入ることなし。

⑫臣、有《また》（又）、診《しら》べて、媢の臥《ねどこ》を視《み》るに、［敷かれた］莞席《いむしろ》（『詩経』斯干鄭箋「莞、小蒲之席也」）は敝《やぶ》れ、而かも［莞席《いむしろ》の］経《たていと》が絶《き》（断）れ、其の莞《い》が、淬《こまかくくだ》（碎）けている。媢の衣《き》ている褏《すそびろのきもの》（褏は褎。『説文解字』「褎、衣博裾」、または袖口）は敝《やぶ》れ、而かも絮《わた》の出ているところ有り。淬《くだ》（碎）けた莞席《いむしろ》［の屑］が、其の絮《わた》に麗《つ》（『易経』離王注「麗、猶著也」）いている。長さ半寸の者が、六枚《ほん》（枚は枝。『説文解字』「枝、幹也、（略）詩曰施于枚条」、『広雅』「枚、条也」）ある。

⑬夫《それ》、衛［君］夫人、一［人］の婢を有し、獘《ぼ》（敝）《ろ》衣《ぎ》を衣《き》せ、席《むしろ》に臥《ねか》せ使《し》むを以て、臥《ねどこ》の席《むしろ》の淬《くだ》（碎）けた者が衣《きもの》に麗《つ》きしままで、以て［衛君］夫人の為に炊《かしぐ》（爨）。而して蔡《くさのゴミ》が飯中に入ること毋からしめんと欲するも、已《とど》（止）めるを得る可からず。臣、獘（敝）席《やぶれむしろ》の、媢の衣《きもの》の絮《わた》に麗《つ》きし者を操《と》りて、願うらくは飯中の蔡《くさのゴミ》と之を比《くら》べん」と。

⑭此以下□八月。

⑮［衛］君、飯中の蔡《くさのゴミ》を出《とりいだ》して之と比べるに、同じなり。

⑯史猶（猷・猷・鰌）、曰く、「炙《やきにく》中の［頭］髪、臣、之を度《ただ》すに、［衛］君、今旦《けさ》（朝）、必ず跂《くしけず》（疏・梳）らん。而して炙《やきにく》に至れり。［炙《やきにく》］肉、［衛君］の前にありて、炙《やきにく》の火気、□人。而して暑し。［衛］君、［あまりの暑さに］人をして扇《あお》が令《し》む。而して［頭］髪、故に能く炙《やきにく》の中に蜚（飛）入せり」と。
⑰［衛］君、曰く、「今旦《けさ》（朝）、寡人、方《まさ》に蔬《くしけず》（梳）り、扇がしむ。而して［頭髪］、炙《やきにく》に来《いた》らんか。然らば、且《しばら》く子（史鰌）と与《とも》に之を復診（再検証）せん」と。
⑱［衛］君、［食］席の端《はし》より、［小さな頭髪を確認するため］備《からだをひくく》（俛、『漢書』鼂錯伝師古注「俛、即俯」、『玉篇』「俛、低頭」。または『礼記』表記鄭注「俛焉、勤労之貌」）して［復診を］視《み》る。随《たれおち》（髾・堕）ている［頭］髪の長さ二寸以上より尺に至るの者、六枚《ほん》（条）有り。
⑲［衛］君、復《また》、炙《やきにく》を［自分の］前に置き、人をして後道《うしろよ》（由）り扇《あお》が令《し》む。［頭］髪の炙《やきにく》中に蜚（飛）入する者、二枚《ほん》（条）あり。
⑳［衛］君、曰く、「善なる戈《かな》（哉）。亟《すみや》かに説《えつ》を［獄より］出《いだ》し、而して媚には新衣を賜《あた》えん。史猶（猷・猷・鰌）の当（決罪）の如し」と。

史鰌と衛の案例

この衛の案例は、史猷（猷・猶・鰌）による案例となっている。史猷（猷・猶・鰌）は、版本史料で史鰌・史魚として伝えられ、衛の大夫である。名は鰌、字は子魚。『春秋左氏伝』では、襄公二九（前五四四）年と定公一二（前四九九）年とに伝文がある。『論語』衛霊公の朱集注では、史鰌の史字は官名によるとする。『国語』楚語上によれば、衛の史について「（衛武公）臨事、有瞽史之導」とあって、韋昭注に「史、太史也、掌詔・礼事」とある。

史鰌（以下、史鰌で統一）は、衛の霊公を屍諫した「史魚之直」で知られる。柳下季は、獄官の士師であったが、史鰌の場合は、史官として礼事にも関わった。衛の治獄には礼事の官が登場する。

案例は、「炙中有髪」・「飯中有蔡」による「不謹」の罪を審理するが、このうち「炙中有髪」については、『韓非子』内儲説下に、晋の文公（前六三六～前六二八）または平公（前五五七～前五三〇）の事跡として、

文公之時、宰臣上炙而髪繞之、文公召宰人而譙之曰、女欲寡人之哽邪、奚為以髪繞炙、宰人頓首再拝、請曰、臣有死罪三、援礪砥刀、利猶干将也、切肉、肉断而髪不断、臣之罪一也、援木而貫臠、而不見髪、臣之罪二也、奉熾炉、炭火尽赤紅、而炙熟而髪不焼、臣之罪三也、堂下得微有疾臣者乎、公曰、善、乃召其堂下而譙之、果然、乃誅之。

一曰、晋平公觴客、少庶子進炙、而髪繞之、平公趣殺炮人、毋有反令、炮人呼天曰、嗟乎、臣有三罪、死而不自知乎、平公曰、何謂也、対曰、臣刀之利風靡、骨断而髪不断、是臣之一死也、桑炭炙之、肉紅白而髪不焦、是臣之二死也、炙熟、又重睫而視之、髪繞炙而目不見、是臣之三死也、意者堂下其有翳憎臣者乎、殺臣不亦蚤乎。

が見える。利刀切肉や桑炭炙《やき》と、髪の混入との矛盾が同様に指摘されており、この衛の案例と類似する。ただ『韓非子』の場合は、髪の混入は宰人（炮人）を陥れんとした奸計であって、冤罪を免れることができたのは、宰人自身の弁明による。

『韓非子』に「飯中有蔡」の部分はない。晋の平公の在位は、史鰌の時代と重なる。『韓非子』の「上（進）炙而髪繞之」が何に依拠して書かれたものか定かではないが、『奏讞書』中の魯・衛の案例も、柳下季・史鰌と、あまりにも著名人である。

衛の案例と『韓非子』の伝文が部分的にしろ類似する内容を持つこともあり、『奏讞書』中の春秋時代の案例が史実であるかどうかについては、あるいは慎重を期すべきかも知れない。

しかし魯の案例においてすでに指摘したが、柳下季の案例中には態々、今釈が挿入されていた。『奏讞書』は、本

来、治獄の実務を対象として編集されており、『奏瀧書』中の他の案例においても、それぞれがさほど実態から遊離していたとは思えない。当然、経義をもって事を断じる場合も見られるが、『奏瀧書』の案例は、より実務に適した比事の蒐集に主眼が置かれていたように思われる。全くの創作物で、周囲の理解が得られないような案例であれば、収録していなかったはずである（比事とは異なるが、雲夢睡虎地の墓主喜も秦律に併せて「魏戸律」・「魏奔命律」等、他国の律文を所持していた）。

『韓非子』内儲説下の炙中に髪が混じっていた話しも、「一曰」として、晋の文公と平公との二種が紹介されている。南宋の桂万栄『棠陰比事』等が、江戸時代の裁判説話にまで影響を与えているように、春秋時代の名裁判が、後世、種々の裁判説話として継承された可能性も捨てきれない。

治獄者を著名人に求める等、潤色の可能性が全く否定しきれないにしても、春秋時代の治獄の実態を確認するだけの材料として『奏瀧書』を利用する限りにおいては、それなりの意味があると考える。今後、類似する案例が発見される中で、春秋時代の案例についても、新たな展開が期待できなくもない。

衛の治獄

そこで衛の史䲡の案例についてであるが、その構成は、まず②に衛法が掲げられている。この点は魯の案例と同様である。先の魯法とこの衛法は、罪刑を内容とする。

衛法に続いては、③④に告劾の内容が明示され、⑤で「劾」の手続きが行われている。告劾を行ったのは当事者である衛君と同夫人とである。後文によると、再審理での主役は衛君一人である。ついで⑥に治獄担当者、⑦に論決がきている。

以上でひとまず治獄は終了するが、⑧において、告劾者である衛君から異議の申し立てが行われた。ここに再審が始まる。史鰌の案例も、この再審があるが故に『奏讞書』に収載されているわけである。⑨以下の記述は、史鰌による審理、検証の説明と、原告立ち会いによる実地検証である。

案例全体の構成は、魯の案例とほぼ類似するが、魯の案例では、罪刑を導くための法的根拠が重視されている。これに対して史鰌の案例では、⑨⑩⑪⑫⑬⑮⑯⑰⑱と、「診」・「復診」を含む事実関係の詳細な確認、検証が中心となっている。魯・衛二種の案例が『奏讞書』に収められている事情は、このような視点を異にする審理の過程が注目されてのことであったかも知れない。

史鰌による事実確認は、⑨では、鋭利な包丁で牛肉を細切れにしているのに、なぜ三寸もの長さの頭髪が切れずに残ったか。⑩では、火力の出る炭と火持ちの良い炉を使って牛肉を充分に焼いたのに、なぜ頭髪が焼失しなかったのか。ついで飯食中の野草について、食堂が調理後に野草が混入するような環境でないことを⑪で確認する。さらに⑬において、炊事係の婢が、破れた莞草《いぐさ》のむしろで就寝し、衣服からはみ出ている綿《わた》に莞草《いぐさ》の切れ端が絡みついたままになっており、これを原因と考えた。この状態で炊事をし、「飯」中に莞草《いぐさ》が混入したとしてもこれは不可抗力であるとの判断に立つ。

ここで史鰌による⑦の決罪が、導かれて来ることになる。ただ飯中の蔡《くさのゴミ》が史鰌の推定通りであるかと、炙肉《やきにく》中の頭髪がどこから混入したかとについては、原告に検証、解明の結果が開示されていなかった。このため史鰌は、⑮で飯中の蔡《くさのゴミ》が婢の衣服に付着している破れた莞席《いむしろ》と同一であることを衛君自身の手で確認させる。ついで頭髪については、⑯の通り頭髪は風によって調理後、炙中に混入したと考え、これを衛君が朝の頭髪を整えた後に、扇を使用したことによると推定していた。このための検証も、衛君ともども⑲の通り行われ、史鰌の推定は的中した。ここで衛君も、史鰌の当を受け入れた。史鰌は、料理に混入した異物がどこから来たのかを突き止め、二人の被告の死罪を免じ得た。

同時にこの案例は、衛に「為君・夫人、治食不謹」との法があり、これが死刑に当たることを伝えてくれる。「治食」は、間違いが生じれば生命に関わる。重く受け止められていたとして当然であるが、それにしても、国君に対する治食は大夫身分の宰人が当たり、国君夫人の方は、ぼろを纏った婢が従事している。この婢が、私婢か官婢か定かではないが、宰人職に準じて治食を担当しており、ある程度公的な位置付けを持つ官婢でないかと考えた。また「夫人食室」と、食事も別室が用意されている。事件の検証では、夫人の飯中の異物も衛君が確認し、決罪の受け入れも衛君独りの意志による。実質的な原告は衛君のみである。

ただ飯中の異物については、婢に全く落ち度がないわけでもない。衣服に付いている塵芥を払って調理に当たれば事なきを得たはずである。それでも史鰌の判断では、「衛夫」の人倫が、婢の落ち度よりも重んじられている。⑬中の「夫以衛夫人有一婢、衣嫳（敝）衣」は、法をも規制し得る効力を持ち得た。もちろん一婢は、衛公室の婢の総数を意味しない。婢の悲惨な境遇に心が痛む。君公としての人倫が問われたとしても当然である。これほどの描写が残されていたことには驚きを感じるが、『礼記』儒行の「分散者、仁之施也」、『孟子』滕文公上の「人倫明於上、小民親於下」等々を引くまでもなく、君公としての資質は、多く礼制に帰す。

衛の案例においてもまた、法を補完する礼の存在が示唆されている。それにしても国君と国君夫人との「治食」者を通しての落差は、如何にも大きい。衛の案例は、獄の事情、経緯を知り得るだけでなく、社会の実相をも垣間見せてくれるが、治獄の手続きに帰れば、衛の案例においても獄法が、係争、告劾を行う上での前提に位置付けられていた。

それにしても君公が婢に対してまで告劾を行っている。婢が微賤な身分でないとすれば別であるが、婢の悲惨な状況を見る限り、婢に別の解釈を求める必要はないように思われる。このためあるいは、案例に信憑性を含め種々の見方が生じる。しかしこの衛の案例は、後世、治獄の実用に供される中で、例え国君であろうとも治獄が恣意的に運用されるべきではないとの比事になり得る。[18] ことは国君の権能に関わる。これほどの重みを持つ衛の案例が、何らの時代的背景を持つものでなかったと『奏讞書』の編者が受け止めていたとは考え難い。

おわりに

以上、春秋時代の魯・衛二国の治獄記録を、とくに制度面から考えてみた。『奏讞書』が編纂された時期からすると、この二つの案例は、ほぼ三〇〇年も遡る。この間、案例に潤色が全くないとは言い切れないにしても、時代性を全く失ってしまってはいないと考え、この新出土案例をもとに敢えて春秋時代の治獄を窺わんとした。

それは、かかる春秋時代の治獄の実態を伝える史料が皆無に近いこと。それに春秋時代と戦国・秦漢時代とを結ぶ流れが、この『奏讞書』によって窺うことができるためである。そして後者については、魯・衛の治獄の制度が、秦漢の治獄に引き継がれていたことを知り得る。告劾を受けて治獄が始まる。治獄は担当の役人がいて、審理を行う。審理は成文された法をもとに、事実関係が窮訊され、判決にいたる。判決に不服があれば再審も可能である、との春秋時代の治獄は、秦漢時代の治獄の制度と基本的に一致する。

もちろん相違する点も認められる。例えば再審を、初審と同一の治獄担当者が担当している。秦漢時代では初審と再審とでは機関も担当者も異なる。判断の中正を維持するために必要なことである。ただ戦国時代、前四世紀後半の楚の治獄においても、初審と再審とが同一機関・同一担当者によって行われていた。(19) 春秋魯・衛の事情と同一である。楚の治獄に対しては、楚が未だ充分に集権化を進めていなかったがためではないかとの指摘を行った。魯・衛の司法制度についても、春秋時代に遡ることでもあり、また同様の側面が窺える。

それでも秦漢の治獄担当者は、春秋の案例を参考にした。集権化如何と、治獄の現場での告劾から論当にいたる審理の経緯、中正への手順とは、次元を異にする。治獄の現場にとって、春秋の制度もまた、継承し、心すべき対象と受け止められていたわけである。

最近の相次ぐ文物の新発見は、中国古代史にとって大きな貢献である。しかし類例のない史料であるだけに、また後考を俟つ部分も少なくない。

注

(1) 仁井田陞『中国法制史』増補版、岩波書店、一九六三、頁六二。戦国時代の李悝の『法経』についても疑うべき余地ありと。この点については、拙稿「李悝の法経について」『中央大学文学部紀要』史学科二九、一九八四、本書【Ⅰ】第三章。

(2) 小口彦太「中国前近代の法と国制に関する覚書」『歴史学研究』四八三、一九八〇。

(3) 滋賀秀三「左伝に現れる訴訟事例の解説」『国家学雑誌』百二―一・二、一九八九。滋賀氏は、春秋時代の訴訟がアゴン的であるとする籾山明「春秋訴訟論」『法制史研究』三七、一九八八、に対して、春秋時代の訴訟は、ヨーロッパ法文化の根底に流れるアゴン的訴訟とは別で、調停的であるとする。拙稿「籾山明「春秋訴訟論」(書評)」『法制史研究』三九、一九九〇、でこの両論文については、滋賀氏が中国法制史を一つの流れとして理解されんとしている、その分析への視点に賛意を表した。本稿では、史料の乏しかった春秋時代の治獄を新出案例を通して、制度面を中心にしてではあるが、秦漢との関わりに注意した。しかしその時間的推移の中で、礼(儒学)との関わり等々は、なお問題として残る。この中にアゴン的との課題も含まれる。

(4) 拙稿「春秋戦国時代の罪刑法定化の動きと以吏為師について」『中国律令制とその国家・社会との関係』刀水書房、一九八四、本書【Ⅰ】第一章。中国では、清末民国初の、沈家本『律令九巻』、楊鴻烈『中国法律発達史』商務印書館、一九三〇、を始め最近(例えば雷禄慶『中国法制史(上・下)』台湾商務印書館、一九七二。中国の大学の教科書『中国法制史』群衆出版社、一九八二)にいたるまで、多くの著作が春秋時代、あるいはこれを遡る法典、成文法の存在を説く。

わが国でも、曾我部静雄『日中律令論』吉川弘文館、一九六三、は、周律以降にふれ、中田薫「支那における律令法系の発達について」『法制史研究』一―四、一九五四、最近では、籾山明「法家以前―春秋期における刑と法」『東洋史研究』三九―二、一九八〇、小口他『中国法入門』三省堂、一九九一、等も春秋時代の法典を認める。籾山氏は、刑鼎を法の公開と位置付け、結果として政治的混乱を招いたとする。

(5) 江陵張家山漢簡整理小組「江陵張家山漢簡《奏讞書》釈文二」『文物』一九九五―三。釈文についての研究は、李学勤「《奏讞書》解説（下）」、彭浩「談《奏讞書》中秦代和東周時期的案例」『文物』一九九五―三。

（追記）後、張家山二四七号漢墓竹簡整理小組『張家山漢墓竹簡〔二四七号墓〕』文物出版社、二〇〇一、張家山二四七号漢墓竹簡整理小組『張家山漢墓竹簡〔二四七号墓〕（釈文修訂本）』文物出版社、二〇〇六、が刊行された。本章で引用する『奏讞書』の案例釈文は、後者の『釈文修訂本』に依拠した。

(6) 小倉芳彦『『春秋左氏伝』（中）』岩波文庫、一九八九。

(7) 拙稿注（4）。

(8) 『尚書』舜典も、「象以典刑、流宥五刑、鞭作官刑、扑作教刑、金作贖刑、眚災肆赦、怙終賊刑」と刑罰を定め、「罪而天下咸服」と三苗ほかの四罪に刑を執行しているが、戦国・秦初に降る（張西堂『尚書引論』陝西人民出版社、一九五八）。『尚書』皐陶謨にも「天討有罪、五刑五用哉」が見えるが、その成立は、戦国時代（松本雅明『春秋戦国時代における尚書の展開』風間書房、一九六六）。

(9) 『尚書』呂刑の成立について、注（8）張西堂は春秋時代。注（8）松本雅明は戦国時代中期とする。

(10) 内田智雄『漢書刑法志』ハーバード燕京同志社、一九五八、頁四六～四七。

(11) 李学勤注（5）。

(12) 郭克燿等『魯国史』人民出版社、一九九四、は、柳下恵に言及する。

(13) 注（8）松本雅明。

(14) 小島祐馬「経済上より観たる『尚書』の贖刑」『支那学』一―六、一九二一。同「『尚書』に見えたる五刑」『支那学』一―一〇、一九二一。

(15) 洛陽博物館は春秋時代早・中期の青銅鋳造貨幣（空首布）の出土を認める（拙稿「出土文物による最近の先秦史研究」『中国歴史学界の新動向』刀水書房、一九八二。本書【Ⅲ】第一章）。北京大学歴史系考古教研室商周組『商周考古』文物出版社、一九七九、は春秋中期に流通の発達と金属貨幣の鋳造を指摘。関野雄他『中国文明の原像（上）』日本放送協会、一九七八、の「貨幣の発見」・「貨幣の鋳造権と流通」は、鋳造貨幣（布・刀銭）が春秋中期に遡ると。中国社会科学院考古研究所『新中国的考古発現和研究』文物出版社、一九八四、は布銭の出土を、春秋後期とする。

(16) 加藤常賢『漢字の起源』角川書店、一九七七。

(17) 仁井田陞『中国法制史研究 刑法』東京大学出版会、一九五九、頁六六～六七。

(18) 国君が法の枠組みに縛られるとの事例を、『奏讞書』副葬の墓主とほぼ同じ時期に求めると、『史記』張釈之列伝に、廷尉であった張釈之が、文帝の直接の指示で廷尉に引き渡された二件の治獄（被告は一般の庶民）を担当した際、それぞれに「一人犯蹕、当罰金」と「盗宗廟服御物者、当弃市」との律で決罪を行ったところ、文帝から罪が軽いと「怒」の意向が示された。これに対して張釈之は「法如此（是）」、「法者、天子所与天下公共者也」と述べ、法の厳格な遵守を訴え、文帝もこれに従った。法と国君との関係は魯・衛の案例を含め、長い推移を持つ。

(19) 拙稿「戦国楚の法制—包山楚簡の出土によせて」『中央大学文学部紀要』史学科三八、一九九三。本書【Ⅰ】第七章。

第三章　李悝の『法経』

はじめに

『晋書』刑法志によれば、戦国時代に魏の李悝によって『法経』と称される六篇の法典が、戦国各国の法を参考にして編纂されており、これが秦漢法制の淵源に当たるという。

『晋書』刑法志の伝える李悝『法経』の内容は、わずかに盗律・賊律・網律・捕律・雑律・具律の編目を伝えるのみである。しかし一九七五年に湖北省雲夢県睡虎地より多数の秦律ではないかと考えられる竹簡が発見され、近年戦国秦漢法制史の研究が盛んになる中で、『晋書』刑法志に従えば、当然これら秦律の拠り所となったはずの李悝『法経』についても、その議論が深められるべきことと考えられるが、これまでこれを専論することはわが国では未だあまり多くない[1]。

それは、『晋書』刑法志に伝えられる李悝『法経』が、仁井田陞氏の指摘されるように、これを「後世の思想の産物」であるとし[2]、その実在までをも否定する考えが、なおわが国では一般的であるがためであろう[3]。

李悝『法経』の実在を、このように否定に導く研究としては、貝塚茂樹氏による労作がある。これによると氏は、

(1)唐初の編纂に係る『晋書』刑法志以前、とくに『史記』・『漢書』の他、(『《マ》戦国策』《マ》)・『韓非子』・『呂氏春秋』・『韓詩

外伝』・『説苑』・『新序』等、李悝の事跡を伝える先秦・秦漢時代の諸文献に、李悝による法律制定の記載が何ら見られないこと、⑵『晋書』刑法志の李悝『法経』の一節は、その典拠を明示しないが、これは、漢儒が皋陶作律を創作したことに対する、魏代に起こった法術的な律縁起説で、杜預・張斐の『漢晋律序注』から引用された記事であろう、との二点を中心に李悝『法経』の存在に疑問を投げかけられた。[4]

これに対し守屋美都雄氏は、明の董説『七国考』に引かれる前漢末の桓譚『新書(論)』に、李悝『法経』の記事が伝えられていることをもって、李悝『法経』の実在を示唆されたが、守屋氏の論点は、主として董説『七国考』所引の桓譚『新論』の真偽に絞られたためもあって、書誌学的研究が中心となり、肝心の李悝『法経』の実在性如何については、なお⑴李悝『法経』がなぜ『史記』・『漢書』に記載されていないのか。⑵董説『七国考』所引の桓譚『新論』が偽作でないとしても、引用されている李悝『法経』の内容が正しく実態を伝えるものであるかどうか、との二点に対して問題点を残され、必ずしも李悝『法経』自体については、積極的見解を提示されるにはいたらなかった。[5]

守屋氏のこの研究は、宋代以降散佚してしまったと考えられていた桓譚『新論』を、明人の董説がはたして実見し得たかどうか、との難題に取り組まれたわけで、氏は清人全祖望の『鮚埼亭集』に、明の銭謙益が当時桓譚『新論』の完本の存在を伝聞したとの記載が見える。清の孫従添の『上善堂宋元板精鈔旧鈔書目』には、

桓子新論十七巻、趙清常校宋本。

とある。趙清常は、前出の銭謙益と同郷（江蘇常熟）で、二人の間には書籍の貸借も見られた。

この趙清常（一五六三～一六二四）、銭謙益（一五八二～一六六四）は、また董説（一六二〇～一六八六）とも郷里（浙江呉興）や生存した時代が近く、董説の父董斯張（一五七七～一六二八）は、蔵書家としても知られていたため（『南潯志』一八・『焦循劇説』五）、董説は『七国考』の編纂に際し、桓譚『新論』の完本（二九巻）または「十七巻本」を実見し得た可能性が大きい、とのことから、董説所引の桓譚『新論』、さらには『晋書』刑法志の李悝『法経』の伝文につ

いても、その信憑性を示唆されたわけである。

しかしこの『七国考』所引の桓譚『新論』の真偽については、『七国考』所引桓譚『新論』とそれに引用される李悝史料を本格的に最初に取り上げられたチェコスロバキヤのポコラ氏、さらには楊寛氏等からもその後反論[6]が見られ、未だ解決を見るにいたっておらず、守屋氏自身が課題として残された前記二点とも併せ、李悝『法経』は、今日なお検討を要する課題となっている。

そこで本章では、この問題点の多い李悝『法経』について、主として戦国秦漢時代の文献を中心に少しく検討してみたいと考える。

一　李悝についての戦国秦漢関係史料

伝えられる李悝『法経』が、これまで種々疑問を持たれてきた背景には、すでに指摘されてきている前掲諸事の他に、『法経』制定に関係したとされる肝心の李悝、その人自身が、はたしてどのような人物であったか、これまた種々議論を呼んでいる。

それは『史記』が、李悝の専伝を設けなかったためもあるが、諸文献の中で、李悝については、ほかに李克・李兌・里克・李離・季充、さらには単なる李子・季子等、種々の異称・略称による記事が散見し、これらを同一人物の事跡として理解してよいものかどうか、問題が出されているためである。

そしてこれら異称のもとに伝えられる記事の中には、明らかに李悝の事跡であって、その異称も音通や字形が類似することからくる単純な誤り、別称として理解できる場合もあるが、また異称とされるものの中には、李兌の場合、戦国趙で武霊王から恵文王にかけて司寇となった別人が存在する。[7]里克は、春秋晋の献公の大夫、[8]李離は、春秋晋の文公に仕えて理獄を担当した循吏[9]でもあって、それぞれ別に実在の政治家が存在する。

このため錯綜する李悝の事跡を抽出するためには、まず李悝関係として伝えられる諸記事を整理し、広く再検討して見ることが必要ではないかと考える。そこで以下、多少煩瑣に亘るが、戦国秦漢時代の文献に見える主要な李悝関係の記事を列記してみることにする。

なお各史料を㈠君道・㈡論人・㈢経済観・㈣用兵・㈤用法・㈥著作と古今人表、の六種に分かったが、用兵に入れた「断獄以射」は、また用法とも関わりをもち、君道に入れた「主驕（聚戦聚勝）」は、用兵とも関わりを持つ。このように史料によっては文意が多岐に亘るものも見られるが、ここでは重複させて掲げることはしなかった。

㈠君道

文献名	時代	人名
①領理百官		
『呂氏春秋』勿躬		李子
『淮南子』泰族訓	（高誘注、魏文侯）	李克
②謀事而当		
『呂氏春秋』驕恣	魏武侯	李悝
『荀子』堯問	魏武侯	呉起
『新序』雑事一	魏武侯	呉起
（王沈『魏書』）	魏武侯	李悝
③主驕（聚戦聚勝）		
『呂氏春秋』適威	魏武侯	李克（居中山）
『韓詩外伝』巻十	魏文侯	里克
『淮南子』道応訓	魏武侯	李克（高誘注、魏武侯相）

『新序』雑事五	魏文侯	李克
④貴賤・富貧・智愚		
『韓詩外伝』巻八	魏文侯	李克

①領理百官

(a)李子曰、非狗則不得兎、兎化為[而]狗《狗化為兎》、則不得兎、人君而好為人官、有似於此、其臣蔽之、人時禁之、君自蔽、則莫之敢禁、夫自為人官、自蔽之精者也、祓篲日用而不蔵於篋、故用則衰、動則暗、作則倦、衰暗倦三者、非君道也。(『呂氏春秋』審分覧勿躬)

(b)田子方・叚《段》干木、軽爵禄而重其身、不以欲傷生、不以利累形、李克竭股肱之力、領理百官、輯穆万民、使其君生无廃事死无遺憂、此異行而帰於善者。(『淮南子』泰族訓)

この二種の記事の内、(a)は、李克自身の言葉ではなく、李克が君主の手足となり、百官を統理し、万民を和合し、王道を全からしめんとした、との李克に対する『淮南子』の評価である。しかし(a)の「李子」が、尹仲容の『呂氏春秋校釈』では、先人の諸注をもとに『漢書』芸文志法家の条に収載される李悝の著作『李子』からの引用であると考定されていることからすると、李悝は、(a)に続けて、

大橈作甲子、黔如作虜首《隷数》、容成作暦、羲和作占日、尚儀作占月、后益作占歳、胡曹作衣、夷羿作弓、祝融作市、儀狄作酒、高元作[宮]室、虞姁作舟、伯益作井、赤翼作臼《舂》、乗雅作駕、寒哀作御、王冰《亥》作服牛、史皇作図、巫彭作医、巫咸作筮、此二十官者、聖人之所以治天下也、聖王不能二十官之事、然而使二十官尽其巧、畢其能、聖王在上故也、(略)是故聖王之徳、融乎若月《日》之始出、極燭六合、而無所窮屈、昭乎若日之光、変化万物、而無所不行。

とあることによっても窺われるように、自らの著作のなかでまた、君主と官僚との間には立場の相違があり、君主は

官僚それぞれの能力を充分に発揮させ、これを統理し、上にありて天下万物を徳化するにある、との姿勢を述べていたことになる。

そしてもし(a)を李悝の著作からの引用であるとの意見に従うとすれば、この(a)と(b)との場合、李克と李悝とで人名の表記に相違が見られるが、その内容とするところは、官僚観、徳化・王道論として共に共通した側面を持つことになっており、ここでは、君主とそれを支える官僚との関係にふれる記事として君道に分類した。

②謀事而当

魏武侯謀事而当、攘臂疾言於庭、曰、大夫之慮、莫如寡人矣、立有間、再三言、李悝趨進曰、昔者楚荘王曰、謀事而当、有大功、退朝而有憂色、左右曰、王有大功、退朝而有憂色、敢問其説、王曰、仲虺有言、不穀説之、曰、諸侯之徳、能自為取師者王、能自為取友者存、其所択而莫如己者亡、今以不穀之不肖也、羣臣之謀又莫吾及也、我其亡乎、曰、此覇王之所憂也、而君独伐之、其可乎、武侯曰、善、人主之患也、不在於自少、而在於自多、自多則辞受、辞受則原竭、李悝可謂能諫其君矣、壱称而令武侯益知君人之道。（『呂氏春秋』恃訓覧驕恣）

この記事は、『荀子』堯問、『新序』雑事一にも類似した話が見えるが、ともに李悝の事跡としてではなく呉起のことになっている。しかし『三国志』魏書文帝紀裴注所引の魏晋時の王沈『魏書』では、

昔魏武侯、一謀而当、有自得之色、見譏李悝。

と、少し時代が降るが、これを李悝の事跡として伝えている。李悝と呉起と、いずれの伝文としてこれを採るべきか決め難いが、その内容は、楚の荘王の故事を引き、魏の武侯の自大を諫め、君道を説くにある。ただ文中に引用される殷の湯王の左相仲虺の言は、『古文尚書』商書仲虺之言の条にも見えるが、この『古文尚書』の記事は、『呂氏春秋』等先秦の文献から引用したものであろうか。

③主驕（驟戦驟勝）

魏武侯之居中山也、問於李克曰、呉之所以亡者何也、李克対曰、驟戦而驟勝、武侯曰、驟戦而驟勝、国家之福也、其《呉》独以亡何故、対曰、驟戦則民罷、驟勝則主驕、以驕主使罷民、然而国不亡者、天下少矣、驕則恣、恣則極物、罷則怨、怨則極慮、上下俱極、呉之亡猶晩、此夫差之所以自歿《剄》於干隧也。（『呂氏春秋』離俗覧適威）

この記事は、後漢の高誘注では、

武侯文侯之子、楽羊伐中山、得中山、故武侯居之也。

と、中山討伐を行った魏文侯の子、武侯時のこととされ、李克が、戦勝もまた民疲に繋がり、亡呉の轍を履むの虞あるを説く。同様の記事は、『韓詩外伝』巻一〇、『淮南子』道応訓、『新序』雑事五、等にも所収されているが、『韓詩外伝』と『新序』とでは、魏の文侯時のことになっている。

『新序』は『呂氏春秋』同様に李克の事跡としているが、『韓詩外伝』はまた、李克を里克と記している。さらに『淮南子』では、魏の武侯と李克との問答になっていて、『呂氏春秋』と同様であるが、高誘（許慎）注では、「李克武侯之相」と、李克がこの時武侯の相であったとする。そして「居中山」と、問答が行われた場所を明記する記事は、『呂氏春秋』のみである。この記事の内容は、主驕とその結果としての民疲を強調した点で特色を持ち、これも君道に分類した。

④貴賤・富貧・智愚

魏文侯問李克曰、人有悪乎、李克曰、有、夫貴者則賤者悪之、富者則貧者悪之、智者則愚者悪之、文侯曰、善、行此三者、使人勿悪、亦可矣、李克曰、可、臣聞貴而下賤、則衆弗悪也、富能分貧、則窮士弗悪也、智而教愚、則童蒙者弗悪也、文侯曰、善哉言乎、堯舜其猶病諸、寡人雖不敏、請守斯語矣。（『韓詩外伝』巻八）

この記事は、李克が魏の文侯に対し、地位の上下（貴賤）・資産の多寡（富貧）・学識の有無（智愚）等の各階層間に孕む、人心の乱れ、社会不安の芽を説き、強者自らが弱者の方に接近し、その社会的公正を期すべしと教えたものであるが、魏の文侯は、この李克の言を、堯舜もなおこれに病むとして、最大限に評価している。

この君主として心すべき諸階層間における矛盾の存在は、李克の言にあっては、また君臣間にも当てはまることであったかも知れないが、いずれにせよ、ここでの李克の君道論は、社会分析を通じての具体的提言となっている。

㈡論人

文献名	時代	人名
①卜相		
『史記』魏世家	魏文侯	李克（治中山）
『韓詩外伝』巻三	魏文侯	李克（治中山）
『説苑』臣術	魏文侯	李克（治中山）
『史記』六国年表	魏文侯	李克
『呂氏春秋』挙難	魏文侯	季充
②呉起の推挙		
『史記』孫子呉起列伝	魏文侯	李克

①卜相

(a)魏文侯謂李克曰、先生嘗教寡人曰、家貧則思良妻、国乱則思良相、今所置非成而璜、二子何如、李克対曰、臣聞之、卑不謀尊、疏不謀戚、臣在闕門之外、不敢当命、文侯曰、先生臨事勿譲、李克曰、君不察故也、居視其所親、富視其所与、達視其所挙、窮視其所不為、貧視其所不取、五者足以定之矣、何待克哉、文侯曰、先生就舎、寡人之相定矣、李克趨而出、過翟璜之家、翟璜曰、今者聞君召先生而卜相、果誰為之、李克曰、魏成子為相矣、翟璜忿然作色曰、以耳目之所覩記、臣何負於魏成子、西河之守〔呉起〕、臣之所進也、君内以鄴為憂、臣進西門豹、君謀欲伐中山、臣進楽羊、中山已抜、無使守之、臣進先生、君子無傅、臣進屈侯鮒、臣何以負於魏成子、李克曰、且子之言克於子之君者、豈将比周以求大官哉、君問而置相、非成則璜、二子何如、克対曰、君不察故也、居視其所親、富視其所与、達視其所挙、窮視其所不為、貧視其所不取、五者、足以定之矣、何待克哉、是以知魏成子之為相也、且子安得与魏成子比乎、魏成子以食禄千鍾、什九在外、什一在内、是以東得卜子夏・田子方・段干木、此三人者、君皆師之、子之所進五人者、君皆臣之、子悪得与魏成子比也、翟璜逡巡再拝曰、璜鄙人也、失対、願卒為弟子。（『史記』魏世家魏文侯二五年）

(b)［魏文侯］二十［年］、卜相、李克翟璜争。（『史記』六国年表）

(c)魏文侯弟曰季成、友曰翟璜、文侯欲相之而未能決、以問季充、充対曰、君欲置相則問楽騰与王孫苟端孰賢、文侯曰、善、以王孫苟端而為不肖、翟璜進之、以楽騰為貴、季成進之、故相季成。（『呂氏春秋』離俗覧挙難）

この三種の記事は、魏の文侯が李克に弟の魏成子と臣の翟璜といずれを相に任用すべきかを問うたものである。(a)と類似の記事は、『韓詩外伝』巻三と『説苑』臣術とに見えるが、両者とも翟璜は翟黄となっている。『説苑』臣術はまた、卜相の条件について、

貴視其所挙、富視其所与、貧視其所不取、窮視其所不為。

と、四点を掲げるのみで、「居視其所親」を脱しているが、別に、卜相を拒み辞退する李克に対して文侯が、「此国事也、願与先生臨事而勿辞」と、国事の謂をもって李克の発言を求めたことが見えており、魏成子が相に決定された結果についても、

左右言、季成子立為相矣、於是翟黄黙然変色、内慙不敢出三月。

と、翟璜に与えた衝撃の深さを伝えている。(c)は、李克でなく季充となっており、卜相の内容も、(a)とは異なるが、清の畢元の『呂氏春秋新校』は、季充を李克に改めている。たしかに魏の文侯が季充に下問した結果、魏成子が相に立てられており、季充は李克の誤記と考えてもよいかも知れないが、卜相の内容が余りに相違する点は気にかかる。

なお『呂氏春秋』挙難の記事は、(c)に続けて、

凡聴於主、言人不可不慎、季成弟也、翟璜友也、而猶不能知、何由知楽騰与王孫苟端哉、疏賤者知、親習者不知、理無自然、［理無］自然而断相、過、季充之対文侯也亦過、雖皆過譬之若金之与木、金雖柔、猶堅於木、孟嘗君、問於白圭曰、魏文侯、名過桓公、而功不及五伯何也、白圭対曰、文侯師子夏、友田千《子》方、敬叚《段》干木、此名之所以過桓公也、卜相曰、成与璜孰可、此功之所以不及五伯也、相也者、百官之長也、択者、欲其博也、今択而不去《出》二人、与用其讐亦遠矣、且師友也者、公可也、戚愛也者、私安也、以私勝公、衰国之政也、然而名号顕栄者、三士羽［翼］[10]之也。

とあり、卜相に関連した議論として、また卜子夏・田子方・段干木の名が掲げられてはいるが、(a)の議論との関連性は少ない。

(b)は、卜相の記事であり、滝川氏『史記会注考証』では、(a)に注して、「六国年表載卜相於二十年」とし、(b)を(a)の記事と関連付けている。しかし(b)の卜相が、魏成子立相のことであるかどうかは定かでない。(b)の「李克翟璜争」は、(a)のようにただ相の人選をめぐっての対立か、あるいは両者で相位そのものを争ったものか短文のため知り得ない。ただ翟璜は、諫言をもって上卿を得た人で、魏の文侯に対しても、

君伐中山、不以封君之弟、而以封君之長子、臣以此知君之非仁君、文侯怒而逐翟璜。（『新序』雑事一）

と、文侯の人事が、身贔屓に片寄る点を直接難じ、文侯の不興を買っている。

この『新序』の記事は、(a)で魏の文侯の弟と翟璜とが相を争い、結局身内の魏成子が相に就いた事情と似た側面を持つかとも思われるが、これは中山の守相の問題であって、卜相の事例とは関係がない。このため魏文侯二十年の卜相については、はたして魏でだれの立相が行われたものか確認し得ないというべきであって、斉思和氏が結論されるように、『史記』六国年表の卜相を直ちに(a)の記事と一致させるだけの根拠はない[11]。

そこでここに掲げた三種の卜相の記事の内、(b)は卜相の内情が定かでなく、(c)も、王孫苟端と楽騰とがどのような基準で不肖と賢とに分別されているのかその詳細を伝えていない。李克の論人に対する考え方が曖昧であるが、(a)では、居と親・富と与・達（貴）と挙・窮と不為・貧と不取、とにおいて相の資格を論じており[12]、相位に対し李克が、西門豹・呉起・屈侯鮒等の実務派官僚以上の人格を要求していた点が注目されよう。

②呉起の推挙

呉起於是聞魏文侯賢、欲事之、文侯問李克曰、呉起何如人哉、李克曰、起貧而好色、然用兵、司馬穣苴不能過也、於是魏文侯以為将。（『史記』孫子呉起列伝）

この記事は、前掲の卜相の場合と異なり、「貧而好色」であるにも拘わらず、ただ「用兵」のことをもってのみ人事を行った事例で、李克が相としての資質と将としての資質とにおいて、その認識を異にしていたことがわかる。呉起は、衛の左氏の人（『韓非子』外儲説右上）で、『史記』孫子呉起伝によれば、

其少時、家累千金、游仕不遂、遂破其家。

と若年で富裕な資産を使い果たし、郷党の失笑を買うや、

呉起殺其謗己者三十余人、而東出衛郭門。

と、情にまかせて多数の近隣の人々を殺め、故郷を棄てている。出奔後は、母が死するもついに帰省せず、魯に職を得んとした際には、妻が魯と交戦状態にあった斉の出身で、魯君の疑いを招くや、妻を殺してまで将を求めんとしたという。このため李克は、呉起に対し「〔呉〕起、貧而好色」と評しているわけである。

魏の文侯に用いられた呉起は、『史記』孫子呉起列伝では、

与士卒最下者、同衣食、臥不設席、行不騎乗、親裹贏糧、与士卒分労苦。

で、「廉平尽能得士心」といわれているが、その狙いは、

　卒有病疽者、起為吮之、卒母聞而哭之、人曰、子卒也、而将軍自吮其疽、何哭為、母曰、非然也、往年呉公吮其父、其父戦不旋踵、遂死於敵、呉公今又吮子、妾不知其死所矣、是以哭之。

と、兵卒の母親がいみじくも喝破している通り、冷徹な計算のもとに行われている「廉平」であって、李克が卜相で述べた論人の基準とは、同じ李克の人事としては聊か趣を異にする。しかし人事が将に関することでもあれば、これもまた已むを得ない選択である。李克の実務官僚としての側面を垣間見せた伝聞と解すべきであるのかも知れない。

㈢経済観

文献名	時代	人名
①尽地力		
『史記』逸文	魏文侯	李悝
『漢書』食貨志	魏文侯	李悝
『史記』平準書	魏	李克
『史記』貨殖列伝	魏文侯	李克
『史記』孟子荀卿列伝	魏	李悝（正義、魏文侯相）
『漢書』貨殖伝	魏文侯	李克
平糴法		
『漢書』食貨志	（魏文侯）	（李悝）
②窕言・窕貨		
『史記』逸文		李克（中山相）
『韓非子』難二		李免（治中山）

①尽地力・平糴法

(a)魏文侯使李悝作尽地力之教、以為地方百里、提封九万畝、理田勤謹、則畝益三斗、不勤則損亦如之、地方百里

之増減、輒為粟百八十万碩矣、必雑五種、以備災害、力耕数耘、収獲如寇盗之至。（『太平御覧』資産部田所引『史記』逸文）

(b)陵夷至於戦国、貴詐力而賤仁誼、先富有而後礼譲、是時李悝為魏文侯作尽地力之教、以為地方百里、提封九万頃、除山沢邑居、参分去一、為田六百万畮、治田勤謹則畮益三升《斗》、不勤則損亦如之、地方百里之増減、輒為粟百八十万石矣。（『漢書』食貨志）

(c)又［李悝］曰、糴甚貴傷民、甚賤傷農、民傷則離散、農傷則国貧、故甚貴与甚賤、其傷一也、善為国者、使民毋傷而農益勧、今一夫挟五口、治田百畮、歳収畮一石半、為粟百五十石、除十一之税十五石、余百三十五石、食人月一石半、五人終歳為粟九十石、余有四十五名、石三十、為銭千三百五十、除社閭嘗新春秋之祠、用銭三百、余千五十、衣人率用銭三百、五人終歳用千五百、不足四百五十、不幸疾病死喪之費、及上賦斂、又未与此、此農夫所以常困、有不勧耕之心、而令糴至於甚貴者也、是故善平糴者、必謹観歳有上中下孰、上孰其収自四、余四百石、中孰自三、余三百石、下孰自倍、余百石、小飢則収百石、中飢七十石、大飢三十石、故大孰則上糴三而舎一、中孰則糴二、下孰則糴一、使民適足、賈平則止、小飢則発小孰之所斂、中飢則発中孰之所斂、大飢則発大孰之所斂、而糶、故雖過饑饉水旱、糴不貴而民不散、取有余以補不足也、行之魏国、国以富彊。（『漢書』食貨志）

(a)・(b)は共に尽地力の教で、両記事とも類似しているが、(a)と(b)とを対比してみると、(a)は「必雑五種」以下の記事を伝える一方、(b)に見える「除山沢邑居、参分去一、為田六百万畮」との全耕地面積を欠落する。
また同様の記事は、簡略であるが『史記』平準書に、

斉桓公用管仲之謀、（略）魏用李克、尽地力、為彊君、自是之後、天下争於戦国、貴詐力而賤仁義、先富有而後推譲、（略）有国彊者、或并羣小、以臣諸侯、而弱国或絶祀而滅世。

とあり、『史記』貨殖列伝・『漢書』貨殖伝にも、

白圭、周人、当魏文侯時、李克務尽地力、而白圭楽観時変、故人弃我取、人取我与。

とあり、『史記』孟子荀卿列伝にも、

魏有李悝尽地力之教。

とある。そしてここでも李克・李悝と人名に混乱が見えるが、『史記』平準書の記事が、尽地力を強国の策と見なしている点においては、(b)(c)とその内容を一にしているが、尽地力を取り巻く国際情勢についても別に言及している。『史記』平準書の記事ではまた、「貴詐力而賤仁誼、先富有而後礼譲」と、倫理観の乱れについて言及している。(b)にも同様の認識は見えるが、必ずしも尽地力との因果関係においては述べられていない。この点、『史記』平準書は、倫理観の乱れを尽地力以降の現象、「尽地力、（略）自是之後」として捉え、尽地力と倫理観の乱れとにおける因果関係を暗示せんとしているかのようである。

李悝（李克）が、山沢の饒をはじめとする経済問題について、かなり精通し現実的な見識を持っていたであろうことは、つぎに掲げる窕言・窕貨の記事からも窺えることであるが、(a)(b)と(c)とは、この点を具体的に伝えてくれていることになる。

ただ(c)の記事は、他に類例を見ないが、『史記』貨殖列伝には、李克の尽地力と同じ魏の文侯時に、白圭が、「他人の棄てて顧りみない時には、自分はこれを取りあつめ、他人が必要とするときにはこれを売り出す」とし、前掲『史記』貨殖列伝の記事に続けて、

夫歳孰取穀、予之絲漆、繭出取帛絮、予之食、太陰在卯、穣、明歳衰悪、至午、旱、明歳美、至酉、明歳衰悪、至子、大旱、明歳美、有水、至卯、積著率歳倍、欲長銭取下穀、長石斗取上種。

と、穀物の豊凶を予知するための天文学的知識と、それに応じた利殖の道を披瀝している。そして白圭は、これを個

人の利得において実践せんとする場合には、

能薄飲食、忍嗜欲、節衣服、与用事僮僕同苦楽、趨時、若猛獣摯鳥之発。

と、厳しい自己抑制と機敏な行動とを要求する一方、これをまた、

吾治生産、猶伊尹呂尚之謀、孫呉用兵、商鞅行法是也。

と、より高い次元の国策に擬えている。

それにしても白圭については、その地位身分について明文がない。滝川氏『史記会注考証』は、白圭の言に「商鞅行法」にふれる点があるため、魏の文侯時代の人ではなく、[13]『孟子』告子下に伝えられる白丹、字は圭と見なすべきである（張文虎説）との見解を紹介している。しかし『史記』貨殖列伝では、白圭の「時変取予の策」と李克の尽地力とが対応されており、白圭が李克と時を大きく隔てていない時期の人であるとの理解も否定し難い。魏の文侯の在位は、前四四五（六国年表では前四二四）～前三九六（同上、前三七五）年で、商鞅は前三六一年に秦の孝公に仕え、前三三八年に刑死している。李悝の生没年は不明であるが、白圭が文侯の時代の人で、文侯の晩年にかれが活躍していたとすれば、あるいは白圭が商鞅の変法を知り得ることも可能である。孟子の生没年は、前三七二～前二八九年であるから、『孟子』の引く白丹が、李克の尽地力と商鞅の変法を、共に見知することも可能になるが、そのことをもって『史記』貨殖列伝の白圭を、直ちに白丹と同一人物であるとすることが可能かどうか、なお後考の余地がある。

白圭の事跡については多少問題も残るが、『漢書』食貨志で李悝一人に帰される尽地力や平糴法を、『史記』貨殖列伝に並記される李克の尽地力、白圭の穀物や繭を対象とする時変取与の策と対比してみると、平糴法と時変取与の策とが対応しているかの観がある。賢者を多く集めた魏の文侯時代の経済政策、尽地力・平糴法が、李悝一人に帰せられるべきものであったかどうか、この点もまた、考慮すべき問題であるかも知れない。

尽地力・平糴法の記事は、これまで多く注目されてきた。まず尽地力についていえば、全国の耕地面積を六百万畝

と考え、「理（治）田勤謹《勤》」、すなわち耕作に励めば、今より畝毎に粟三斗の増収が可能であるとして、新たな農業経営の発展を主張したが、増収の鍵である「謹」がはたしてどのような実態を持つものであるか、あるいは単なる農民の精神面を意識してのことか、それとも具体的技術面での施策を背景としていたのか、等が定かでない。

『漢書』食貨志は、㋐井田法と上中下田の制、㋑商鞅の仟佰制、㋒賈誼の本末業論、㋓鼂錯の山沢開墾論、㋔董仲舒の麦禾重視論、㋕趙過の代田法、㋖師丹の限田論、㋗王莽の王田制、等李悝の尽地力論のほかにも幾つかの農業論を紹介しているが、李悝の場合のみは他の農業論に比べ内容が「勤謹」とあるのみでは如何にも簡略で抽象的である。もちろん尽地力は、「地力」を充分に生かすことであるから、ままいわれているように耕地を拡大するために、不毛の旱地に対して新たな農法を採用した、とのことも考えられなくもないが、肝心の李悝の主張は、面積当たりの増収であって、新たな耕地の拡大を主眼にしているわけではない。このため尽地力に、農業技術上の新展開が含まれていたとすれば、当然それは集約的農法に結びつく技術革新でなければならない。

また(a)には、「必雑五種、以備災害、力耕数耘、収獲如冠盗之至」と附記されている。『通典』食貨水利田の条には、(a)・(b)の両記事を参考としたかと思われるが、李悝尽地力の記事において(a)と同様の附記を伝えるとともに、新たに「還廬樹桑、菜茄有畦、瓜瓠果蓏、殖於疆場」を加える。

そこで「必雑五種、以備災害、力耕数耘、収獲如冠盗之至」と附記される農業経営上の諸注意を、もし「理田勤謹」の具体的内容と解すれば、尽地力は、栽培品種の多様化＝災害対策、犂耕・除草の強化、収穫作業の迅速化、廬地・畦・疆場等の空閑地の利用、ということになる。まさに已耕地を中心とする集約農法を意図していたことになる。(14)

ついで(b)の記事に続く(c)は、当時の農家経済の実態から説き起こし、農村の安定策としての平糴法を提案している。内容は詳細で具体性に富み、解釈に疑義を生じる点は比較的少ない。

そこで李悝の尽地力・平糴法の目的についてであるが、(a)・(c)は、尽地力の結果、全国土で一八〇万石の増収になるとのことであるから、税収面において、十分の一税として一八万石の歳入増となる。しかし(c)では、「今一夫挟五口、治田百畮」と、一家五口の平均的耕作面積は一〇〇畝と見なす一方、この耕地面積でも、農家経済は赤字であると指摘されている。尽地力において、一八万石（わが国の一万八千石）程度の歳入増のために、耕地面積を拡大し、農民に対する労働強化を強いたと考えるよりも、一家当たりの耕地面積一〇〇畝はそのままで、三〇石（わが国の三石）程度の増収（『漢書』食貨志では百畝百石の収穫と考えているから三割増）が企図されていたと考える方が現実的である。

このため(a)・(b)の尽地力もまた、(c)の農家経済救済策と同様、斉民策として位置付けるべきではないかと考える。

②窕言・窕貨

(a)李克為中山相、苦陘之吏上計、入多於前、克曰、苦陘、上無山林之饒、下無藪沢牛馬之息、而入多於前、是擾乱吾民也、於是免之。（『太平御覧』州郡部定州所引『史記』逸文）

(b)李兌治中山、苦陘令上計、而入多、李兌曰、語言辨、聴之説、不度於義、謂之窕言、無山林沢谷之利、而入多者、謂之窕貨、君子不聴窕言、不受窕貨、之《子》姑免矣。（『韓非子』五難）

この二種の記事の内、(b)は李克でなく李兌となっているが、文意は(a)とほぼ同様である。『文選』魏都賦の唐の李善注には、

李剋書曰、言語辨、聴文説、而不度於義者、謂之膠《窕》言。

とあり、(b)の「李兌曰」は、『李剋書』に所載されていたとも伝えられている。また(a)では、李克が中山の相となっていたことが伝えられているが、(b)に対する陳奇猷『韓非子集釈』では、「文侯卒後、李克仍治中山也」との解釈をとっている。

この陳奇猷の解釈は、前掲(一)君道③の『呂氏春秋』適威の「武侯之居中山」に依拠したものであるが、(二)の卜相の記事①では、魏の文侯の時、「中山已抜、無使守之、臣進先生」（『史記』魏世家、他に『韓詩外伝』・『説苑』にも類似の記

事がある）とあり、文侯時に李克が中山に赴任したことになっている。『韓非子』外儲説左下にも、

田子方従斉之魏、望翟黄乗軒騎駕出、方以為文侯也、移車異路而避之、則徒翟黄也、方問曰、子奚乗是車也、曰、君謀欲伐中山、臣薦翟黄而謀得果、［且］伐之、臣薦楽羊而中山抜、得中山、憂欲治、之臣薦李克而中山治、是以君賜此車。

と、李克が魏の文侯時に中山に赴任していたことが述べられている。この『韓非子』の記事は、続けて得意の翟璜に田子方が、「寵之称功尚薄」と応えたことが伝えられている。翟璜の魏における立場を暗示していて面白い。

(a)・(b)は、窕言・窕貨を排し、誠実で義にもとづく吏道を説いているわけであるが、(b)の『韓非子』は、この李兌の言に続け、「或曰」として、窕言について、

聴者非小人則君子也、小人無義必不能度之義也、君子度之義必不肯説也、夫曰、言語辨、聴之説、不度於義者、必不誠之言也。

と、窕貨については、

人事天功、二物者皆入多、非山林沢谷之利也、夫無山林沢谷之利入多、因謂之窕貨者、無術之言也。

とあり、窕言・窕貨それぞれに反駁を加え、李克（李兌・李剋）の言が、韓非流の思考とは相入れない異質の方向をとるものであったことを示唆している。

確かに李克の窕言・窕貨は、情況の変化を無視し、従前の数値に固執したかに見え、『韓非子』の批判の方が、より現実性をもつものとして評価できるが、李克が中山に赴任した時点での現実が、もし『韓非子』のいうように「人事天功」の幸を得たような情況でなかったとすれば、李克の言は、下吏の諂いを見抜き、現実を冷静に分析し、民への苛酷な負担を排除せんとした能吏として位置付けられることになる。いずれが可か、当時の中山の情況如何が問題となるが、伝えられる李克の言行からして、『韓非子』で非難されるがごとき軽挙さを李克が露呈していたかどうか

は問題である。

㈣用兵

文献名	時代	人名
①断獄以射		
『韓非子』内儲説上	魏文侯	李悝（上地之守）
②不信之患		
『韓非子』外儲説左上		李悝

①断獄以射

（賞誉三）李悝断訟以射、（説三）李悝為魏文侯上地之守、而欲人之善射也、乃下令曰、人之有狐疑之訟者、令之射的、中之者勝、不中者負、令下而人皆疾習射、日夜不休、乃与秦人戦、大敗之、以人之善（戦）射也。（『韓非子』内儲説上）

この記事は、魏の文侯時、李悝が上地の守相に在任した際、強兵の目的で裁判の情状に弓術の習熟度を加味したところ、人々は日夜、弓の練習に励み、秦との戦[15]において大いにこれ破ったという。軍功が爵でもって報われることは知られているが、李悝による断獄以射は、平常時の軍事習練にも援用せんとしたものである。

それにしても爵は、応々田宅等の物質的代償が伴うのに対し、断獄以射の場合は、裁判沙汰が起こり、さらに「孤疑之訟」と、裁決し難いような訴訟の当時者となった時点で初めて有効となるわけで、一般良民に如何ほどの期待感を持たせたか疑問がないわけでもない。それでも『韓非子』の記事によれば、この結果、魏は秦を敗ることに成功している。魏国における断獄以射が、民心を強く刺激し、弓術の練習に人民を駆り立てていたことになり、断獄以射の実効性も否定しきれない。このため「孤疑之訟」は、案外身近な存在であったと認識する必要があるかも知れず、戦国魏の法運用の峻厳さを反映していたということになるのかも知れない。

②不信之患

患在尊厲王撃警鼓与李悝謾両和也、（説六）李悝警其両和曰、謹警敵人、旦暮且至撃汝、如是者再三而敵不至、両和懈怠、不信李悝、居数月、秦人来襲之、至、幾奪其車、此不信患也、一曰、李悝与秦人戦、謂左右曰、速上、右和已上矣、又馳而至右和曰、左和已上矣、左右和曰（上矣）、於是皆争上、其明年、与素人戦、秦人襲之、至、幾奪其軍、此不信之患。（『韓非子』外儲説左下）

この記事は、李悝が守城に失敗した事例である。掲げられる一例は、李悝が繰り返し、敵の襲来を予告し、守備の万全を期さんとしたところ、数ヶ月にわたる緊張に耐えかね、兵は命に倦み、秦が本当に攻撃してきた時にも、李悝の命を信じず秦に大敗を喫した話しである。

いま一つの伝聞は、李悝が左右各城門の守備隊に命じ、城壁に登らせ、秦との対応に備えんとした際、無理に競争心を煽り自陣の各守備隊に事実と違う動きを伝え、徒に兵卒の緊張感を煽った。このためその翌年、秦が攻撃して来た時には、魏軍は李悝の指揮に不信をもち、秦に大敗したものである。

いずれも自軍の兵に信を失ったわけで、兵家としてのみならず、政治家としても李悝の資質に疑問を抱かせる事例であるが、この話しの伏線として、同じ『韓非子』外儲説左上にはまた、

故李・恵・宋・墨、皆画策也、論有迂深閎大非用也。

との理解が示されている。この記事は、李・恵・宋・墨の四者の意見が「画策」（ムチに細密画を描くこと）のように、余りにも微細に亘り、実用に適さない、とのことを述べたものとされるが、この四者の内、恵施・宋栄子・墨翟と並ぶ李某については、これを李悝・季良（季梁・季真）とする意見の他に、李克であるとする意見もある（陳奇猷『韓非

子集釈』)。

ただこの記事からだけでは、いずれを可とすべきか決め難いが、近時は李克説に従う見解も少なくない[16]。もし李克説に従うとすると、李悝が兵に信を失った伝聞は、李悝が徒に取り越し苦労をし、兵に余分な負担・緊張を強いていたことになる。非実用的な瑣事に固執する「画策」の事例とも軌を一にするが、その反面、李悝の政治家としての用心のほどを窺わしめる事例ともなり得る。

㈤用法

文献名	時代	人名
①刑罰之源　『説苑』反質	魏文侯	李克
②為国之道　『説苑』政理	魏文侯	李克

①刑罰之源

魏文侯問李克曰、刑罰之源、安生、李克曰、生於姦邪・淫泆之行、凡姦邪之心、飢寒而起、淫泆者、久飢之詭也、彫文刻鏤、害農事也、錦繡纂組、傷女工者也、農事害、則飢之本也、女工傷、則寒之原也、飢寒並至、而能不為姦邪者、未之有也、男女飾美以相衿、而能無淫泆者、未嘗有也、故上不禁技巧、則国貧民侈、国貧窮者、為姦邪、而富足者、為淫泆、則駆民、而為邪也、民以為邪、因以法随誅之不赦其罪、則是為民設陥也、刑罰之起、有原、人主不塞其本、而替其末、傷国之道乎、文侯曰善、以為法服也。(『説苑』反質)

この記事は、魏の文侯が、李克に刑罰がどのような事情のもとに起こったかを質したのに対し、李克は、飢寒・貧窮の結果生じる姦邪の心と、奢侈の結果生じる淫泆の風とが、民に邪道を余儀なくさせ、刑罰の必要性が生じてくる。人主が民に邪心の生じさせる原因を放置したままにし刑罰を求めるとすると、民に陥穴を設けておくようなものである。ゆえに「替其末」、すなわち刑罰の内容如何を検討してみても、ますます国の衰退を招くのみである。姦邪・淫泆の生じる原因を取り除かなければ意味のないことである、と刑罰の淵源とその限界について説いている。

このためこの記事は、後で李克（李悝）と法制との関わりを検討する上で重要な内容を持つ。それは、魏の文侯が態々李克に刑罰の源を問うていること、そしてこれに答えた李克の説明を体して、魏の文侯が、「以為法服也」と、法の運用に心して当たったとの事が伝えられていることから、李克が魏の国法に深い理解を持つ人物として文侯からの強い信頼を得ていた、とのことが窺えるからである。(17)

②為国之道

魏文侯問李克曰、為国如何、対曰、臣聞、為国之道、食有労、而禄有功、使有能、而賞必行罰必当、文侯曰、吾賞罰皆当、而民不与何也、対曰、国其有淫民乎、臣聞之、曰、奪淫民之禄、以来四方之士、其父有功而禄、其子無功而食之、出則乗車馬、衣美裘、次為栄華、入則脩竽瑟鐘石之声、而安其子女之楽、以乱郷曲之教、如此者、奪其禄、以来四方之士、此之謂奪淫民［之禄］也。（『説苑』政理）

この記事も、前文同様、李克が内政上の問題の一として、淫民の存在を掲げているが、ここではその原因として禄秩の世襲を指摘している点が新しい。功なくして淫侈に溺れ、郷里の秩序を乱す淫民は、賞罰の適用が妥当ならざるよりきているのであるから、今こそ淫民の禄を奪い天下の賢者を招き遇すべきであると李克は主張している。

この李克の主張は、賞罰の運用が古い体質のままで、賞罰の実態が形骸化されていることを憂え、人材の登用にも新たな機軸を求めんとしており、魏の体制の刷新、一大変法を意図していたことになる。

銭穆氏は、『韓詩外伝』巻二の晋の文侯と李離との対話を、魏の文侯と李克との故事ではないかと疑っている。(18)『韓詩外伝』巻二の記事では、李離が決獄において過ちを犯し、晋の文侯に罪に服さんことを願い出たが、文侯は下吏の責任であり李離が直接責任を取ることはないと慰留している。しかし李離は、「法失則刑、刑失則死」として自説を曲げず、ついに剣に伏して命を断っている。銭穆氏の推論されるように、これが李克の事跡であったとすると、これも用法の史料となると共に、李克は魏の文侯の時に自刃していたことになる。

　李克の没した時期が明らかになるわけであるが、銭穆氏の説は、李克を法家の祖とすることからくる推論であり、『史記』循吏列伝にもまた同類の記事が李離と晋の文侯との事跡として伝えられている。銭穆説の可否についてはなお後考に俟ちたいと考える。

㈥著作と古今人表

文献名	時代	人名
①著作		
『漢書』芸文志（儒家）	魏文侯	李克（魏文侯相）
『漢書』芸文志（法家）	魏文侯	李悝（魏文侯相）
『漢書』芸文志（兵家）		季子
②古今人表		
『漢書』古今人表（中上）		李克
『漢書』古今人表（上下、智人）		李悝

①著作

(a)（儒家）李克七篇、子夏弟子、為魏文侯相。（『漢書』芸文志）

(b)（法家）李子三十二篇、名悝、相魏文侯、富国彊兵。（『漢書』芸文志）

（c）（兵権家）季子十篇。（『漢書』芸文志）

この三種の著作は、分類も異なり著者も、李克・李悝・季某と表記を異にする。馬国翰『玉函山房輯佚書』子編儒家には、「李克書一巻周李克」、として佚文七条が輯録されているものの、右三著作の完本はいずれも散佚して残らない[19]。

（a）は李克が子夏の弟子とされているが、南朝陳に仕官した陸徳明の『経典釈文』序語の注解伝述人の項では、毛詩の学が、

一云、子夏伝曾申、申伝魏人李克、克伝魯人孟仲子、孟仲子伝根牟子、根牟子伝趙人孫卿子、孫卿子伝魯人大毛公。

と、継承されて行ったとあり、毛詩学の上では李克は子夏の直接の弟子ではなく、曾参の子曾申の弟子となっている。

魏の文侯は賢者を礼遇し、問題の李克（李悝）のほか、子夏・田子方・段干木・魏成子・翟璜・翟角・呉起・西門豹・楽羊・屈侯鮒・趙蒼唐等が魏に仕えたといわれ、孔子の高弟卜商子夏も、「孔子既没、子夏居西河教授、為魏文侯師」（『史記』孔尼弟子列伝）と、たしかに魏の文侯の師となっている。しかし子夏が魏の文侯に仕えた時、子夏はかなりの高齢になっており[20]、李克の生没年は定かでないが、李克が文侯の子武侯にも仕えたとすれば、李克は子夏より若輩であるはずで、子夏の孫弟子に当たることもあり得るかも知れない。

（b）は李悝の著作であるが、（a）同様、李悝も魏文侯の相となっている。

（c）は、南宋黄善夫本（百衲本）では季子であるが、北宋景祐監本（仁寿本）・殿本では、ともに「李子」となっていて、清の沈欽韓『漢書疏証』は、作者を李悝ではないかと疑っている。『漢書』芸文志農家の条では、

神農二十篇、六国時、諸子疾時怠於農業、道耕農事、託之神農。

に対して、唐の顔師古は、「劉向別録云、疑李悝及商君所説」とし、農書『神農』について、漢時、あるいは李悝の

著作ではないかとの推測が行われていたと伝えている。

李悝は尽地力を教えたとされている。このため農書の著者としてふさわしいかも知れないが、また著者として、商鞅の名もあり、李悝の著書と断定されてはいない。

②古今人表

(a)（中上）李克。（『漢書』古今人表）

(b)（上下）李悝。（『漢書』古今人表）

『漢書』の古今人表は、李克と李悝とを別人と考え二ヶ所に所載している。因に魏の文侯に仕えた主要人物が、この『漢書』古今人表でどのように位置付けられていたかを見ると、

（上下）子夏・段干木・田子方・翟黄・任座・李悝・趙倉堂・屈侯鮒・西門豹。

（中上）魏文侯・李克・魏成子・白圭。

（中中）公季成。

（中下）楽陽《羊》・呉起。

とあり、魏の文侯の相位を争い、李克の卜相の結果、相の地位を射めた魏成子（公季成）は、四・五段目に位置付けられている（王先謙は魏成子は魏文子の誤りかと疑っている）のに対し、李克から斥けられた翟璜は、三段目で、李克が魏の文侯の師として評価した子夏・段干木・田子方らと並ぶ位置になっている。

二　李悝と李克とは別人か

前節に掲げた李悝関係についての比較的重要と思われる諸史料は、戦国秦漢時代を中心とするものであるが、君道

一一種・論人六種・経済観九種・用兵二種・用法二種・著作古今人表五種の、計三五種である。今これを李悝・李克等の人名別に分類してみると、

人名	時代	文献名
李克	魏文侯	『史記』魏世家・『史記』六国年表・『史記』孫子呉起列伝・『史記』貨殖列伝・『漢書』芸文志・『韓非子』外儲説左下・『韓詩外伝』巻三・『韓詩外伝』巻八・『説苑』臣術・『説苑』政理・『説苑』反質・『新序』雑事五
李克	魏武侯	『淮南子』道応訓・『呂氏春秋』適威
李克		『史記』平準書・『史記』逸文・『漢書』古今人表・『淮南子』泰族訓・『文選』魏都賦注所引李尅書
李悝	魏文侯	『史記』逸文・『漢書』食貨志・『漢書』芸文志・『漢書』貨殖伝・『韓非子』内儲説上
李悝	魏武侯	『呂氏春秋』驕恣・（王沈『魏書』）
李悝		『史記』孟子荀卿列伝・『漢書』古今人表・『韓非子』外儲説左上
季充	魏文侯	『呂氏春秋』挙難
李兌		『韓非子』難二
里克	魏文侯	『韓詩外伝』巻十
（李離）	（晋文侯）	『韓詩外伝』巻二
李子		『呂氏春秋』勿躬・『韓非子』外儲説左上
季子		『漢書』芸文志

で、李克関係の史料が一九種と圧倒的多数を占め、李悝関係の史料は一〇種に過ぎない（前節では引用しなかったが、魏文侯時の李克の項の「文献」欄中に『韓非子』外儲説左下「臣（翟黄）薦李克而中山治」を収めた）。

残る李子・季子は、前節でもふれた通り、例え李克・李悝に関わる史料であっても、李克か李悝かのいずれであるかは断定し難い。李離も、これを李克に改めるべきかどうか問題である。しかし季充の卜相、李兌の窕言窕貨、里克の主驕は、関連する他の史料と対比して、季充・李兌・里克は李克と同一の人物と考えられ、李克・季充・里克・李

兌のいずれの表記が正式であるか不明であるが、一応、李克関係の史料として類別すると、李克の史料はさらに三種増となる。

このように整理してみると、前節で掲げた史料は、李克関係と李悝関係との二種に大別できるが、この両者の史料が、同一人物の史料であるのか、それとも別人の事跡であるのか、これまで必ずしも意見の一致を見るにいたってはいない。

そこで本節では、この点について考えてみることにする。まずこの問題について、『史記』貨殖列伝の李克尽地力に対する唐の司馬貞索隠は、『漢書』食貨志に李悝の尽地力が見えていることより、『史記』における李克尽地力の李克は李悝の誤りと考えた。また宋の王応麟『困学紀聞』攷史は、『漢書』芸文志で、李悝の著作は法家、李克の著作は儒家にあることから、富国策である尽地力の記事は法家の李悝書にあるはずで、『史記』貨殖列伝で尽地力を李克とするのは李悝の誤りであるとする。

この司馬貞・王応麟の意見は、同じ『史記』の記事で尽地力を主唱した人物が李克（平準書・貨殖列伝）と李悝（孟子荀卿伝・佚文）とに分かれているため、尽地力の主唱者に限ってはこれを李悝に統一したわけである。ただこの判断は、結果としてまた、李克も尽地力以外の事例において、李悝と別人としてその存在が認められることになったというべきことになる。

この李悝・李克を別人とする説に対し、清の崔適『史記探源』は、「悝克一声之転、古書通用、非誤也」、と李悝・李克は一声の転で、同一人物であるとし、別人説を否定した。この崔適の見解は、整合する上で困難な部分についてこれを誤りとし、史料の統一を求めんとするのではなく、問題の諸史料を無理なく整合し得る道であったがため、例えば、銭穆氏の場合、これをさらに発展させ、

(1)一声の転で表記を異にする同一人物の例は、顔讎由と顔濁鄒、申根と申党等がある。

(2)『漢書』芸文志で同一人の著作が法・儒・兵に分出する例は、商鞅の場合も『商君』二九篇が法家、『公孫鞅』二七篇が兵家となっている。
(3)『漢書』古今人表で李克と李悝とが別記されていることも、『漢書』古今人表ではまた、公季成と魏成子、老耼・太史儋と老莱子の例がある。
(4)『史記』魏世家の李克卜相の記事には当時の賢臣が例挙されているが、李悝についてはこれを別記していない。
(5)『漢書』芸文志で李悝が文侯の相となり、『淮南子』道応訓の高誘注で李克が武侯の相となっているのは、李悝が文武両侯に相となっていたためである、

との五点に亘り、李悝と李克が同一人であるとの根拠を列挙された[21]。

この銭穆氏の高論は、李悝と李克とが同一人であるとした場合の史料上の問題点をほぼ解決されたかの観がある。郭沫若氏も李悝を論じるに当たり崔適の説により、

(1)李悝・李克の二種の尽地力は、ともにその時代・地位・思想を一にする。
(2)『漢書』芸文志には、『公孫尼子』二八篇が儒家、『公孫尼』一篇が雑家と同一人物の著作で二ヶ所に分出する例がある。
(3)『漢書』古今人表に同一人物が二ヶ所に記されているのは、班固の誤りである。

との三点を掲げ[22]、銭穆氏と同様の結論を導びかれた。

これに対して斉思和氏は、李悝・李克一人説を提唱した崔適の学を、曲解武断と言葉厳しく難じ、銭穆氏の説にも、

(1)人名の音の近似は必ずしも同一人の証とはならない。
(2)班固は李悝や李克の著書を実見した上で『漢書』芸文志・古今人表ともに両者を別人としている。
(3)卜相中の賢臣名は魏初の賢臣を網羅したものではない。

等の点で批判を展開された[23]が、近時、楊寛氏もまた李悝・李克非一人説を強調されている。[24]

この楊寛氏の論点は、

(1)『史記』平準書と『史記』貨殖列伝とが尽地力を李克とするは李悝の誤り。

(2)『漢書』古今人表は李克と李悝とを別人としている。

(3)『漢書』芸文志は李悝を法家、李克を儒家としている。

(4)李悝は『韓非子』内儲説上・同外儲説左上によれば、上地の守から魏の文侯の相になっているが、李克は『韓非子』外儲説左下・『史記』魏世家・『説苑』臣術・『呂氏春秋』適威・『淮南子』道応訓によれば、中山に居した後、魏の武侯の相となっている。『漢書』芸文志に李克が魏の文侯の相となっているのは、魏の武侯の相の誤りである。

(5)『呂氏春秋』・『韓非子』は、同一書の中で、李悝と李克とを区別して用いている。

(6)『韓非子』は李克の窕言窕貨を、人事天功が歳入の多を招くとのことを李克が認識していない言であるとして駁斥しているが、李悝の尽地力は逆に人事を極力鼓吹する主張である。

との六点である。

この李悝・李克非一人説のうち、斉思和氏の説は(2)において特色を持つも、班固が『漢書』芸文志所載の李悝・李克の著書を実見したとして、これが別人の著書であるとの確証になるかどうか問題であり、楊寛氏の主張も、『漢書』芸文志を根拠に李悝と李克とを思想の相違する別人とする考え方や、(1)・(2)の論点も、すでに先人の指摘するところである。しかし(4)の李悝と李克とが地位身分を異にする別人であるとの指摘は具体性を持ち新しい観点であって検討を要することと思われる。

李悝と李克とは、ともに魏の文武両侯の時代に活躍した人物として史料上現われているが、両者ともに相として魏侯に仕えた事例は、『漢書』芸文志の魏の文侯の相としての記事が唯一のものである。ただ『淮南子』道応訓の魏晋時の高誘注では、「李克、武侯之相」と伝えているが、この『淮南子』の高誘注は、その根拠が不明である。あるいはこの『淮南子』の記事が、李克と魏武侯との対話となっていることからくる高誘の推論かとも考えられるが、いずれにせよ、後人の高誘が注記をもって、楊寛氏のように『漢書』芸文志の記事を否定し去るには聊か不安が残る。

また李悝が、中山での治政に関係していないとの楊寛氏の指摘も推論の域を出ない。李克に比べ李悝の場合、その任地が明示されているのは、わずかに『韓非子』内儲説上、一例のみである。このため楊寛氏の見解の内、この地位身分の問題も、実は必ずしも判然としないということになる。そうすると残る(5)・(6)の場合も、また同人異称との説を否定するものでもないことから、李悝・李克同一人説を否定するためには、この楊寛氏の場合も未だ確証が乏しいことになる。

ただこのように、楊寛氏の新説に俄に与し難いとの点を述べたにしても、これだけでは李悝と李克とが同一人であることを論証したことにはならない。史料の上では李克関係の史料が圧倒的に多いことになっているが、といって李克の具体的人物像、その身分地位はとなると、(1)中山に治し相となったことがある、(2)魏の文武両侯に仕え、文侯の相にもなった、とのことくらいで、李悝の場合の、(1)上地の守相となったことがある、(2)魏の文武両侯に仕え、文侯の相にもなった、とのことと大した違いもない。

そこでこの繰り返されてきた李悝・李克をめぐる一人説、別人説の議論の中で、ここでは、これまで比較的議論の少ない李悝と李克とのそれぞれの主張について、『漢書』芸文志を離れ、前節で紹介した諸史料をもとに、果たしてこれまで指摘されているように、李悝は法家で李克は儒家との分別ができるかどうかについて検討してみたいと考える。

まず李克の場合であるが、これを有名な李克「卜相」の史料によってみると、この記事は、呉起や西門豹等の富国強兵に務めた実務官僚に比べ、子夏や田子方等人の師たるべき人物をより理想としていて、まさに李克は儒家流に列せらるべき人物となっている。しかし一方、同じ李克による呉起の推薦においては、「貧而好色」を知りつつも、ただ用兵の一事をもって魏の文侯に呉起の任用を決断させている。

この呉起推挙の史料は、李悝名をもっての伝文を知らず、李克の事跡としなければならない。ただこれを「卜相」の場合と比較する李克の割り切り方も相当なものである。「卜相」での主張と余りに観点を異にするため、あるいは李克の「卜相」は李悝の誤りと考えるべきであるかも知れないが、李克の場合には、この他にも、例えば用法に関わる、刑罰の本旨や賞罰の適正、「奪淫民之禄」等を説く史料があり、李克をもって儒家の枠組みにのみ押し込めておくことは聊か困難である。

このような李克に対し、李悝はどうであるかといえば、李克名でも伝えられる尽地力は別として、用兵の「断獄以射」や「不信之患」の場合は、確かに法家あるいは兵家として分類されることになるのかも知れないが、君道の項に掲げた「謀事而当」の事例は、君主の自大を諫めたもので、法家流とは少しく趣を異にする。ただこの「謀事而当」は、呉起の事跡としても伝えられている。はたして兵権家呉起の事跡としてこれが適当かどうかと考えられなくもないが、李悝の場合は、尽地力・平羅法を除くとこの「謀事而当」以外に関係する事例が残されていない。

また李悝・李克のいずれとも決め難い尽地力の場合は、平羅法と共に単なる理財家としての経済論に終始したものではなく、より斉民策としての側面を窺わせることにもなっているが、それにしても幸いに、李克の事例において、すでに李克が必ずしも儒家流にのみ限定し難い、とのことが明らかになっているのであり、例え李悝関係の史料が充分でないとしても、問題は少ないのではないかと考える。

そして『漢書』古今人表の場合にあっても、もし李克が儒家で李悝が法家に類別されていたとして、『漢書』芸文志で法家流に掲げられている商鞅・申不害・韓非はいずれも『漢書』古今人表で中上と四段目に位置し、慎到等はさらにその下の中下に位置付けられているのに対し、同じ法家とされる李悝のみはただ一人、上位の上下に位置付けられている。一方、儒家とされる李克は、李悝より下位で法家流の人々と同様に中上のランクである。

李克の位置は別としても、李悝を単に法家にのみ限定してしまうとすれば、『漢書』古今人表における李悝の評価は、他の法家の人々と均衡を失することになる。

以上、楊寛氏の新説をもとに李悝と李克とを別人とする意見について検討してきたが、実はこれに関連する重要な見解がいま一つ、『史記会注考証』において展開されている。すなわち滝川資言氏は、『史記』平準書の「魏用李克、尽地力、為彊国」に対して、「豈悝唱之、而克行之耶」と、尽地力は、李悝が主唱者で李克はこれの実行者であったとの見解を提示されている。たしかに『史記』貨殖列伝でも「李克務尽地力」と、李克は尽地力の実行者となっており、『史記』に見える唯一の李悝名の記事、「魏有李悝尽地力之教」では、李悝は政策立案者としてのみ伝えられている。

滝川氏の指摘は示唆に富むが、『漢書』食貨志の尽地力の記事は、李悝の名で、「作尽地力之教」として、尽地力の内容と平糴法を詳述した後、最後に「行之魏国、国以富彊」と両政策が魏国で実施に移されたことになっている。このため『漢書』食貨志の場合、尽地力の立案者は李悝であるとしても、その実行者については、これを李悝と解することも、滝川氏のように李悝と別人と解することも可能である。

ただ滝川氏の李悝と李克とに役割の相違を想定する意見も一つの仮定である。このため、これまで述べてきたように李悝と李克とが同一人物であれば、これまたそれで解決しうる課題でもある。諸史料を整合する上でもこの考えがもっとも妥当性があると考える。

三　李悝の人物像

李悝と李克とは、同一人物であると考えた。ついでは李悝（以下、李悝名に統一）の人物像について考えてみることにする。この点、すでに前節で多少ふれたが、まず李悝の経歴は、魏の文・武両侯に仕え、中山・上地の守相になると同時に、魏文侯の相にも任ぜられ、魏室の厚い信任を得ていたということになる(25)。

そして李悝の政治姿勢は、『法経』六篇をもって知られるだけあって、第一節の諸史料中、呉起の推挙・経済観・用兵・用法等の史料においては、実務官僚として富国強兵策を具体的に推進しており、法家として位置付けられることも首肯できる。しかし肝心の用法関係の史料では、李悝の刑法観は、刑による犯罪の予防効果を第一とするのではなく、犯罪の発生源である人民の生活苦と一部特権階層による過度な奢侈・淫泆とを主たる問題点とし、「郷曲之教」を重視している。

経済観にあってもまた、その目的は「為彊君」と記されてはいるが、斉民策としての配慮を強く感じさせる面がある。

このため李悝の政治姿勢には、単なる尊法家とは異なるところであり、術をわきまえ勢に阿ねる申不害や慎到とも軌を一にするものではなかった。そして李悝の卜相や、君道関係の史料においては、君主の自大を諫め徳化を重んじる一方、貴賤・富貧・智愚にもとづく人民階層間での強者の理論を排除している。李悝が『漢書』芸文志において、儒家に類別される点もまたこの辺りにあるのではなかろうか。

ついで李悝の習学についてであるが、『漢書』芸文志によれば、李悝は子夏、あるいは子夏流に学び、儒家的教養を身に付けたといわれる。この李悝の師子夏は、孔子の弟子の中でも、とくに礼に厳しく、子夏の流れからは李斯や韓非が学んだと伝えられる荀子が出ている。李悝の言は、『韓非子』においては、「画策」にして「非用」と批判されている。そして『韓非子』に見える「不信之患」の事例等は、兵家としての力量とどのように関わったか、李悝の具体的な戦績は、「断獄以射」の事例程度で余り定かではないが、李悝の神経質なまでの心配りを窺わせることになっている。

子夏あるいは子夏流の門下生として細かく礼法に通じていたであろう李悝が、儒家としての深い素養を持ちつつも、刑名にもとづく統治の革新に心を致し、後世法家の鼻祖として位置付けられるにいたったのも、あるいはそれなりに必然性があることかも知れない。

李悝の政治観は、「奪淫民之禄」にも示されているように、旧貴族層を否定し君主を首長とする集権的官僚統治に資するものであり、晋から独立した魏の文侯が、李悝を宰相として迎えたことも、また当然のことである。

このように考えて来ると、李悝の見識は、『漢書』芸文志に伝えられるように儒家に類別されると同時に、広く法家・兵家、あるいは農家にも通じるものであったと考えられるが、この場合、『漢書』古今人表が、李悝と李克とを別人として収載している事情は、どのように理解されるべきであろうか。

この点はたしかに理解に苦しむ。これを班固の誤り、あるいは後世の誤伝と見なすことも可能であろうが、その場合、李悝と李克とについては、各史料でしばしば李兌・季充・里克等多く混同される李克の方が、「李某」・「某克」等と誤り伝えられる中で、李悝とは別の人物が、李克として『漢書』古今人表に登場しているのではとの疑問も消しがたい。

『漢書』古今人表には、李克の他に李克と混同される里克・李兌もまた別々の人物として所載されている。もし『漢書』古今人表の李克の場合、これが李悝の別名である李克とは別の人物の誤写であったと見なすことが許されるとすれば、広い見識で知られる李悝が、商鞅・韓非・李斯等の法家流と異なり、『漢書』古今人表でより上位に位置付けられていることも、また納得できるかのようである。

四　李悝の『法経』六篇

これまでは戦国秦漢時代の史料を中心に、李悝は、李克等の別名で表記され、儒・法・兵家、あるいは農家にも亘る広い学殖を備える実務官僚として、魏国において重きをなしていたとのことを見てきた。そこでついでは、李悝の名を高からしめた『法経』六篇について、これを伝える諸史料を、まず伝えられるがままに整理し、問題点については、次節でふれることにする。

李悝の『法経』六篇は、多く唐代の編纂物に比較的その詳細が伝えられている。その中でもっとも早く編纂された『晋書』刑法志（六四五年成書）には、

（魏明帝改制）是時承用秦漢旧律、其文起魏文侯師李悝、悝撰次諸国法、著法経、以為王者之政、莫急於盗賊、故其律始於盗賊、盗賊須劾捕、故著網捕二篇、其軽狡越城博戯借仮不廉淫侈踰制以為雑律一篇、又以具律具其加減、是故所著六篇而已、然皆罪名之制也、商君受之以相秦。

とあり、文意は魏国における『法経』定著の経緯、『法経』の内容、『法経』の後世への影響、との三部から構成されている。

これと同様の記事は、『唐律疏議』一（七三七年、開元二十五年の律疏か）には、

戦国異制、魏文侯師於李悝、集諸国刑典、造法経六篇、〔律名、盗法・賊盗律、賊法・詐偽律、囚法・断獄律、捕法・捕亡律、雑法・雑律、具法・名例律〕、商鞅伝授、改法為律。

とあり、『大唐六典』刑部尚書（七三八年成書）には、

律法也、魏文侯師李悝、集諸国刑書、造法経六篇、［律名、盗法・賊法・囚法・捕法・褋法・具法］、商鞅伝之、改法為律、以相秦、増相坐之法、造参夷之誅、大辟加鑿顛抽脅鑊烹車裂之刑。

とあり、『通典』刑（八〇一年頃成書）には、

（魏明帝改制）時所用旧律、其文起自魏文侯師李悝、撰次諸国法、著法経、以為王者之政、［律名、盗律・賊律・網律・捕律・雑律軽狡越城博戯借仮不廉淫侈踰制・具律］、商君伝習、以為秦相。

とあって、各記事の内容・構成は、李悝の『法経』六篇を「律」名で表示する『晋書』刑法志・『通典』と、原形の謂をもって『法経』六篇を「法」名で表示する『唐律疏議』・『大唐六典』との二種の系統に大別される。いずれの文献も文意はほぼ類似しており、『法経』編纂の経緯は、「諸国法（刑典・刑書）」を集大成・撰次したもので、各法（律）の名称としては、盗・賊・網（囚）・捕・雑・具の六種が伝えられている。

そしてこの『法経』六篇は、秦の商鞅に受け継がれたことになっているが、『魏書』刑罰志（五五四年成書）にも、

逮於戦国、競任威刑、以相呑噬、商君以法経六篇、入説於秦、議参夷之誅、連相坐之法、風俗凋薄、号為虎狼。

とあり、商鞅が『法経』六篇を所持して秦に入り仕官したことが伝えられ、『晋書』刑法志に引かれる、三国『魏新律』の「序略」にも、

其（魏新律十八篇）序略曰、旧律所難知者、由於六篇篇少故也、篇少則文荒、文荒則事寡、事寡則罪漏、是以後人稍増、更与本体相離、今制新律、宜都総事類、多其篇条、旧律因秦法経、就増三篇、而具律不移、因在第六。

とあり、ここでの「序略」が、後述の劉劭の『律略論』の一部であったかどうか定かでないが[27]、同様に秦における『法経』六篇の存在が伝えられている。

ただこれら秦の『法経』六篇が、魏の『法経』とどのような関係にあったかは、この『魏書』刑罰志や『晋書』刑法志からは明らかでない。『法経』六篇を所持した商鞅は、魏の相、公叔痤の中庶子となり、魏の恵王に推挙された

が用いられず、公叔痤の没後、魏を去り秦に入って秦の孝公に仕えた。商鞅が李悝に直接面識を得たことがあるかどうかは、李悝の没年が不明のため定かでないが、商鞅が入秦に際し所持したと伝えられる『法経』六篇が、魏国の国法としての『法経』であったことは推測に難くない。

『魏書』刑罰志は、北斉時代の編纂物。『魏新律』は三国魏明帝時のことであるが、明の董説の『七国考』魏刑法『法経』の条には、前漢末の成帝時に郎官となった桓譚の『新書《ママ》』（『新論』）を引き、

(a)魏文帝師李悝、著法経、以為王者之政、莫急於盗賊、故其律始於盗賊、盗賊須劾捕、故著囚捕二篇、其軽狡越城博戯仮借〔借仮〕不廉淫侈踰制雑律一篇、又以具律具其加減、所著六篇而已、衛鞅受之、入相於秦、是以秦魏二国、深文峻法相近。

(b)魏之令、不孝弟者、流之東荒。

と、魏の『法経』と魏令とを紹介している。

桓譚の『新論』は、散佚して今日に伝わらない。『法経』を伝える『新論』の逸文も『七国考』以外からは発見されていない。ただ(a)の記事は、『晋書』刑法志に伝えられる内容とほぼ一致しているが、(b)の部分は、他に伝文を見ない『新論』独自の記事である。

『七国考』は、引用した魏刑法『法経』の条に続けて、さらに、

(a)正律略曰、

殺人者誅、籍其家及其妻氏、殺二人及其母氏、大盗戍為守卒、重則誅、窺宮者臏、拾遺者刖、曰、為盗心焉。

(b)其雑律略曰、

①夫有一妻二妾其刑馘、夫有二妻則誅、妻有外夫則宮、曰、淫禁。

②盗符者誅、籍其家、盗璽者誅、議国法令者誅（一作法禁）、籍其家及其妻氏、曰、狡禁。

③越城一人則誅、自十人以上、夷其郷及族、曰、城禁。
④博戯罰金三市、太子博戯則笞、不止則特笞、不止則更立、曰、嬉禁。
⑤羣相居一日以上則問、三日四日五日則誅、曰、徒禁。
⑥丞相受金、左右伏誅、犀首以下受金則誅、金自鎰以下罰不誅也、曰、金禁。
⑦大夫之家有侯物、自一以上者族。

(c)其減律略曰、

罪人年十五以下、罪高三減、罪卑一減、年六十以上、小罪情減、大罪理減、武侯以下、守為□法臭。

と、正・雑・減の三律に亘る「律略」三条を引用している。この「律略」三条は、「律略曰」として引用されており、あるいは桓譚の『新論』とは別の漢代の律書関係の書物から引用した記事かも知れない。

もちろん推測の域を出ないが、『隋書』経籍志には、

（梁有）応劭律略論五巻、亡。

とあり、『律略論』の書名が見えている。『旧唐書』経籍志・『新唐書』芸文志では、同名同巻数の著書が、三国魏の劉劭撰となっている。また『三国志』劉劭伝にも、

（劉劭）与議郎庾嶷・荀詵等、定科令、作新律十八篇、著律略論。

と、劉劭『律略論』が見えており、『隋書』経籍志の『律略論』も、応劭ではなく劉劭の誤りであるとの見解もある（清の姚振宗『三国芸文志』）。

これに従えば劉劭『律略論』は、南朝梁の阮孝緒『七録』に収録され、唐初においてはこれが亡佚していたことになる。ただ唐の毋煚『古今書録』四十巻、開元経籍による『旧・新唐書』では再びこれを載録し、北宋の『太平御覧』刑法部律令下科の条では、

劉劭律略曰、刪旧律、採漢律為魏律、懸之象魏。

と、劉劭『律略論』の一部が引用されている。

ただ今日は、この『律略論』も散逸し、その実態を知ることはできない。『太平御覧』は、『律略論』を引くに当たり、ただ『律略』とのみ表記している。『七国考』魏刑法に採録されている前掲の正・雑・減三種の「律略」も、その引用に当たっては、ただ「律略」とのみ記している。『七国考』魏刑法所引の前掲「律略」を、俄に劉劭『律略論』と断定することはできないが、桓譚『新論』に続けて「律略」三条が収載されているとはいえ、「律略曰」と断ってのことであり、これが桓譚『新論』の一部ではない可能性もある。

この問題は、なお次節においてふれるとして、近年、楊寛氏は、守屋美都雄氏の『七国考』所引の桓譚『新論』肯定論に対し、ポコラ氏の偽作説を支持し、批判を加えられ、

(1)桓譚『新論』は、『法経』を引くが「法」とせず「律」名を用いている。

(2)桓譚『新論』に続く「律略」三条については、『晋書』刑法志所載の『法経』と異なり、具律を減律とし、雑律中でも淫侈を淫禁、軽狡を狡禁、博戯を嬉禁、不廉を金禁としているほか、新たに徒禁の一条を引いている。

(3)「律略」三条中には、官職名として魏の文侯時代に使用されていない丞相・犀首の語が見えている。

等により、桓譚『新論』に対してのみでなく、この「律略」三条にも疑問を抱かれ、『七国考』所引の『法経』、「律略」の記事は信ずるに足らないとされている。[28]

しかし楊寛氏は、この守屋氏への批判に際し、

桓譚新論所引法経条文、確有許多可疑之矣。

とされ、併せて「律略」三条にも言及されていることから、「律略」三条を桓譚『新論』の一部と考えられているのかも知れないが、前述したように「律略」三条が桓譚『新論』からの引用であるかどうかについては未だ疑問が残さ

れている。

同時に桓譚『新論』も、李悝の時代からすれば後世の編纂物である。桓譚『新論』と「律略」三条とに記載される語句の中に、李悝の時代と異なる記述が見られたとしても致し方ないことである。『晋書』と同じ唐代の編纂物である『唐律疏議』では、李悝の『法経』六篇は、「法」名で構成されていたが、商鞅によって「改法為律」と「律」名に呼称の変更が行われたとの事情が伝えられている。しかし『晋書』刑法志に紹介される李悝『法経』では、「律」名が使用されていた。

「律略」三条は、戦国魏律（睡虎地秦簡中に戦国魏律二条が出土しており商鞅の「改法為律」を待たずして魏法が律名で呼ばれていた可能性がある。もちろん法名で呼ばれていた魏法を秦が律名に改称していたかも知れない。魏における「改法為律」の事情を確認することはできないが、戦国魏律二条が出土していることから本章では魏律の呼称を用いる）をもとにした後世の律学・律論であった可能性がある。「律略」三条のような律学が対象とした戦国魏律は、李悝により体系付けられたにしても、当然魏の文侯時代そのままで推移したはずはない。さらなる増改が加えられて行ったはずである。

このため楊寛氏が疑問とされた「丞相」の語が、魏の文侯時に見えず（当時は相と称す）、魏の襄王時に降るとしても、これまた何ら問題はないことになる。楊寛氏の今回の新見解は、必ずしも『七国考』所載の『法経』関係の史料を全面的に否定するものにはならないことになる。

ただ「律略」中に見える犀首が、官名ではなく人名であるとの指摘は、国法に個人名が含まれることになり問題かも知れない。楊寛氏が犀首を人名とした根拠は、『呂氏春秋』開春論開春の東晋高誘注の、

犀首、魏人公孫衍也、佩五国相印、能合従連横、号為犀首。

『戦国策』秦策二の「王且相犀首」の高誘注の、

犀首者、公孫衍也。

『韓非子』外儲説右上の、

犀首、天下之善将也、梁〔魏〕王之臣也。

『史記』張儀列伝の、

犀首者、魏之陰晋人也、名衍、姓公孫氏。

『史記』秦本紀恵文君五年の、

陰晋人犀首、為大良造。

『漢書』古今人表の、

（中中）犀首。

等の犀首が、いずれも公孫衍のことで、人名となっている。また『戦国策』趙策三の、

且王（趙恵文王）之先帝、駕犀首而驂馬服。

『戦国策』宋衛策の、

（衛悼公時）犀首伐黄。

の犀首は、公孫衍ではないが、別号・称号の謂で、官号ではない等の点である。

犀首の解釈については、早く元の呉師道が『戦国策』宋衛策に注して、三晋以前に犀首の語が見えないことより、

非魏官也、意嘗其為姓名或号。

と、これを魏の官名とすることに疑いを抱いている（『韓非子集釈』）。しかし『史記』秦本紀の南朝宋の裴駰集解は、

犀首、官名。

唐の司馬貞索隠は、

（犀首）官名、若虎牙之類。

とあり、南朝・唐の陸徳明『経典釈文』荘子下にも、

犀首、魏官名也、司馬云若今虎牙将軍、公孫衍為此官・元嘉本作歯牙。

とあり、六朝唐代の注解においては、いずれも犀首は官号と理解されている。『経典釈文』に見える「司馬云」の司馬は、東晋の司馬彪（『荘子』注）である。

楊寛氏も引かれる『呂氏春秋』開春論開春の高誘注、

（公孫衍）佩五国相印、能合従連横、号為犀首。

では、公孫衍の犀首の称号が恰も五国の相印を佩びたことと関連していたかのようであるが、『戦国策』中山策では、「犀首、立五王」と、問題の犀首が五国を立て、それぞれに王号を称えさせたとなっている。

この五国は、中山国以外の四国について斉・趙・魏・燕や秦・韓・燕・宋等の諸説が見えるが[29]、公孫衍は、『史記』張儀列伝では、

張儀已卒之後、犀首入相秦、嘗佩五国之相印、為約長。

とあり、確かに五国の相印を佩びたことになっている。しかしこの『史記』張儀列伝では、犀首の称が五国の相印を佩びる以前、入秦以来の公孫衍の称として見えている。

ただ清の梁玉縄は、『戦国策』秦策二で、秦王が公孫衍を相としようとしたが、甘茂の策略で秦の武王の不興を買い逐われている。このことから公孫衍が秦相となったとの誤伝が生じたのではないかと、この『史記』張儀列伝の「佩五国之相印」の記事に疑問を投げかけている（『史記志疑』）。

従横家の所伝には、不明な点が少なくない。公孫衍の事跡も、またそれほど明らかではないが、先の『戦国策』中山策の「犀首、立五王」の記事は、その五王中に中山国が数えられていることからすれば、魏の文侯による中山国討伐以前の伝文となるわけで、この場合は、犀首が公孫衍とは別人のことになる[30]。

列国に号令した犀首として、公孫衍以前に別人が存在していたわけである。ただ『戦国策』中山策の記事ではまた、公孫衍は斉の田嬰と同時代になっており、これに従えば、犀首は公孫衍でもよいことになる。『戦国策』の記事は、問題が多く、[31]事実に少なからず錯綜が見える。そして肝心の犀首については、これが公孫衍の専称化していることもあって、今日伝えられる諸史料からは、犀首が人名であるとも官号であるとも速断し難い。しかし楊寛氏が掲げられた諸史料も、犀首が公孫衍を指していることの傍証にはなっても、犀首が官号ではないとの確証にはなっておらず、犀首が魏の官号であったとする六朝唐代の訓詁を、必ずしも否定し去ることにはなっていないと思われる。

ここにおいて、楊寛氏が『七国考』所引の『法経』の記事に疑問を抱かれる根拠も、また絶対ではないということになる。最近ではまた、『七国考』所引の「律略」の部分と雲夢睡虎地秦律との共通性を指摘する意見さえ提示されている。[32]

そこで最後に、この「律略」三条が、「正律略」・「其雑律略」・「其減律略」と、「正律略」以外に「其」字が冠せられている点についてふれることにする。まず「正律略」であるが、『晋書』刑法志は、『魏新律』の序略において、

凡所定増十三篇、就故五篇、合十八篇、於正律九篇為増、於旁章科令為省矣。

と、魏新律は、漢の「正律九篇」を増加し、「旁章科令」の部分は省略したと述べている。「正律」とは、漢の『九章律』そのものを指す言葉であったことが知られる。漢の『九章律』は、前漢初、蕭何が作成した『律九章』がもとになっているが、『晋書』刑法志によると、これは李悝の『法経』六篇に対し、

除参夷連坐之罪、増部主見知之条、益事律興廏戸三篇、合為九篇。

と、改修を行い、三篇を新たに増加したものである。

そこで「正律」の中には、当然問題の「律略」三条中の『雑律』・『減律』も含まれていたことになり、「雑律略」・

「減律略」に冠せられる「其」字も、あるいは雑律・減律が、前掲の「正律略」中に含まれる律であることを示す意味で挿入されていたのかも知れない。

あるいは「正律略」に対して、「雑律略」・「減律略」も「律略」として独立した形式を整えるものであったとすれば、『晋書』刑法志の場合は、「正律」の語が「旁章科令」に対して使用されており、別に正律を雑律・減律に対応させる用法があったかも知れない。その場合には、「雑律略」・「減律略」に冠せられる「其」字は、「雑律略」・「減律略」が「正律略」と同一の著書からの出典であることを意味していたと考えられなくもない。

もし後者の場合であるとすればまた、「正律略」以下の三条が桓譚『新論』とは別の出典に拠るものであったことが一層明白となる。

いずれにせよ董説『七国考』所引『法経』の記事は、桓譚『新論』と「律略」三条とから構成されていたと考えられるが、これが果たして二種の著書から引用されたか、あるいは「律略」系の著書からの引用で、桓譚『新論』も李悝の『法経』から直接引用したものではなく「律略」系の著書からの孫引きであったということになるのか、類似する書名をもつ劉劭『律略論』も存在しない今日、これまたいずれとも断じ難い。

ただ「律略」三条は、具体的事項に終始している。「律略」系著書の成立時期とも関わるが、場合によっては「律略」書の方が、その総論として、桓譚『新論』の李悝『法経』の記事を引用していたとのことも考えられなくもない。

そして今日伝えられる李悝『法経』の史料中、唐代の編纂物である①『晋書』刑法志と『通典』、②『唐律疏議』と『大唐六典』との二系統の『法経』の記事と、桓譚『新論』の『法経』の記事とを比較してみると、桓譚『新論』の『法経』の記事は、内容上、①の系列に属することになる。

五　戦国秦漢時代の法律学

前節では、『晋書』刑法志を始めとする唐代の編纂物、明代の『七国考』に引かれる漢代の桓譚『新論』と出所不明の「律略」三条とから李悝の『法経』関係と伝えられる史料を整理した。

しかし問題は残されている。それは①『七国考』所引の桓譚『新論』が、直接伝来の桓譚『新論』から引用されたものであれば、その『新論』はどのような経路で董説の手元に伝えられたか。②「律略」三条の典拠は何か。③『史記』・『漢書』をはじめ戦国秦漢の史料に李悝『法経』が伝えられていないのはなぜか、等についてである。

この三点のうち、①『七国考』所引の桓譚『新論』の事情については、守屋美都雄氏に詳細な研究があり、明代に桓譚『新論』の完本が存在していた可能性に言及されている。[33]ただその際、②の『七国考』所引の『法経』の記事に見える「律略」三条については、守屋氏はこれを桓譚『新論』の一部と考えられたためか、桓譚『新論』の伝来に焦点を絞り、「律略」三条の出典について言及されることはなかった。しかしこの「律略」三条は、前節でも少しくふれたが、各条、「律略曰」として具体的な『法経』の条文が掲げられているのに対し、同じ『七国考』魏刑法の条に引かれる、桓譚『新論』では、

桓譚新書、魏之令、不孝弟者流之東荒。

と、「魏之令」として魏律の具体的条文を引用し、「律略曰」の形式を用いていない。このため、しばらく前節の通り、「律略」三条を桓譚『新論』とは別の典拠をもつ史料と考えたいが、[34]これも未だ出典を確認し得ない段階では、その真偽について、なお後考を俟つべき点があることはいうまでもない。

そこでついでは、残る③の『史記』・『漢書』等になぜ李悝『法経』が伝えられていないのか、との疑問点について

検討してみることにする。この点については、先ず戦国秦漢時代の法制の実態を知る必要がある。

幸いに『漢書』刑法志、『魏書』刑罰志と『晋書』刑法志が比較的その沿革を伝える。さらに『隋書』経籍志も、
自律已下、世有改作、事在刑法志、漢律久亡、故事駁義、又有零失、今録其見在可観者、編為刑法篇。

と、各歴代の律・律学について、漢律ですらすでに亡失し、故事駁議も多く零失してしまってはいるが、現存する律書のみをもって新たに刑法篇を設けたとし、充分な体裁ではないと断った上で、「律本二十一巻、杜預撰」以下、三五部七一二巻、亡佚書も入れると三八部七二六巻を収載している。これまた、歴代法制史の沿革を知る上で重要である。

そこでこれら諸文献によって戦国秦漢律の沿革を考えるにしても、『隋書』経籍志所載の文献としては、後漢応劭の『漢朝議駁三十巻』がもっとも古く、肝心の『漢書』刑法志も李悝の『法経』にはふれず、漢の『九章律』さえも、その具体的律名を伝えない。『魏書』刑罰志もなお簡略で、『晋書』刑法志において、初めて李悝『法経』や漢の「九章律」の具体的内容を知るにいたる。

『漢書』刑法志が、律令の紹介で、その体系と詳細を欠くことは遺憾であるが、『隋書』経籍志に設けられている「刑法篇」が、『漢書』芸文志において欠落している点も見落とすことのできない事柄である。

このような『漢書』における法制に対する記事の簡略さ、あるいは慎重さは、『史記』においてはさらに徹底しており、『漢書』刑法志にあたる「書」類の欠如はやむを得ないとしても、(35) 本紀・蕭何伝共に、当時施行されていたはずの「九章律」の名称についてさえ何らふれられてはいない。

もちろん『史記』が、法制関係の記載を全く欠くということではなく、『史記』賈生列伝や『史記』鼂錯列伝には、賈誼や鼂錯の律令更定のことが見えており、断片的ではあるが、法制関係の記事が散見する。

しかし『史記』には、律令についての体系的記載となるとこれを認めることができず、むしろ『漢書』にはない礼

書の存在が注目を引く。『史記』酷吏列伝序語で、司馬遷は、

法令者治之具、而非制治清濁之源也。

と、法令は手段に過ぎずとし、『論語』為政や『老子』を引き、礼徳こそ民心を導く根幹であると説いている。法制への司馬遷の批判的視点が、あるいは法制への関心を薄らがせた、との側面も否定できないかも知れない。

『史記』のみならず、刑法志を創めた『漢書』までが歴代法制の紹介に対して、『晋書』と比較した場合、ままその具体性を欠く背景については、またそれなりの必然性、要因が別に存在したと思われる。そこで以下、考えられ得る結論についてその大要を述べるとすれば、その第一は、前漢時の官吏任用における明法令科の創設＊と、

＊『後漢書』百官志太尉の条所引応劭『漢官儀』に、「丞相故事（前漢武帝時か）、四科取士、一曰徳行高妙、志節清白、二曰学通行修、経中博士、三曰明達法令、足以決疑、能案章覆問、文中御史、四曰剛毅多略、遺事不惑、明足以決、才任三輔令、皆有孝悌廉公之行」と、任用の基準に明法令科が見える。

それに伴う法律学の盛行＊とが、

＊『後漢書』陳寵伝に、「漢興以来三百二年、憲令稍増、科条無限、又律有三家、其説各異」。『晋書』刑法志に、「（漢律）世有増損、集類為篇、結事為章、（略）錯糅無常、後人生意、各為章句、叔孫宣・郭令卿・馬融・鄭玄、諸儒章句十有余家、家数十万言」。

『漢書』刑法志に、「（成帝時）其与中二千石・二千石・博士及明習律令者、議減死刑及可蠲除約省者、令較然易知、修奏」と、漢時に律家三家・章句十有余家が見え、明習律令者の称がある。

『漢書』に新たに刑法志を編集させた契機の一つと思われるが、漢代の法律学は未だ草創期であり、また魏晋以降も、九品官人法の新設や門閥の擡頭もあって、明法家の社会的立場は、それほど高いものでもなかった＊。

＊『漢書』刑法志に、「（宣帝時）今遣廷史、与郡鞠獄、任軽禄薄、其為置廷平、秩六百石、員四人、其務平之」。

『晋書』刑法志に、「（魏明帝時）獄吏者、百姓之所懸命、而選用者之所卑下、王政之弊、未必不由此也、請置律博士、転相教授、事遂施行」と、獄吏の任軽禄薄・選用卑下が問題とされている。

しかし隋唐に入ると、再び明法が六科の一＊として選挙において重んぜられ、

＊『通典』選挙歴代制下に、「大唐貢士之法、多循隋制、上郡歳三人、中郡二人、下郡一人、有才能者、無常数、其常貢之科、有秀才、有明経、有進士、有明法、有書、有算」と、隋唐選挙の制に明法科が見える。

太学にも明法（律学）が設け＊られ、

＊『大唐六典』国子監に、「国子祭酒・司業之職掌、邦国儒学訓導之政令、有六学焉、一曰国子、二曰太学、三曰四門、四曰律学、五曰書学、六曰算学」と、国子監の科目に律学がある。

三国魏の初、廷尉の属官として設置された律博士も、唐武徳初、国子監に移り＊、

＊『旧唐書』百官志に、「律学、博士三人、従八品下、助教一人、従九品下、掌教八品以下及庶人子為生者、律令為顓業、兼習格式法例、隋律学隷大理寺、博士八人、武徳初、隷国子監、尋廃、貞観六年復置」。『大唐六典』国子監に、「（律学博士）東晋宋斉並同、梁天監四年廷尉官属置冑子律博、（略）後魏初、律博士第六品、（略）北斉大理寺官属有律博士四人、第九品上、隋大理寺官属有律博士八人、正九品上、皇朝省、置一人、移属国学」と、国子監に律博士が見える。

法律学が少しく再興した[36]。ここに貞観年間の編纂に係る『晋書』刑法志の内容も、漢以降の法律学の蓄積をふまえ、『漢書』刑法志に比較し一段と体系化され、中国法制史研究の上で一大金字塔を打ち立てるにいたったのではなかろうか。

同時に、今一つの背景は、刑法典が、国法として先秦以来、まま民間の私議を禁じ、官府に秘蔵＊され、

＊『春秋左氏伝』定公九年に、「鄭駟歂、殺鄧析、而用其竹刑」杜預注「鄧析鄭大夫也、欲改鄭所録旧制、不受

君命、而私造刑法、書之於竹簡」。『春秋左正伝』昭公六年に、「（春秋晋叔向曰）民知有刑辟、則不忌於上、並有争心、以徴於書、而徼幸以成之、弗可為夷、（略）民知争端矣、将弃礼、而徵於書、錐刀之末、将尽争之、乱獄滋豊」。『隋書』経籍志に、「春秋伝曰、在九刑不忘、然則刑書之作久矣、蓋蔵于官府、懼人之知争端而軽於犯」と、国法に対する私議の進行は、人民が法を悪用し王権の軽視にも繋がる一方、法定主義の方向をも危うくする。このため私議への厳罰主義はもとより、争端の本となる国法そのものの非公開、との措置をも発想させるに至る。これの公開が憚られる風潮があり、これが、「以吏為師」の姿勢＊と併せ、

＊『史記』李斯列伝に、「（李斯上書）今陛下并有天下、辨白黒、而定一尊、而私学乃相与非法教之制、聞令下、即各以其私学議之、入則心非、出則巷議、非主以為名、異趣以為高、率群下、以造謗、如此不禁、則主勢降乎上、党与成乎下、禁之便、臣請諸有文学詩書百家語者、蠲除去之、（略）若有欲学者、以吏為師」。『史記』秦始皇本紀始皇三四年に、「（李斯曰）今天已定、法令出一、百姓当家則力農工、士則学習法令辟禁、今諸生不師今而学古、以非当世、惑乱黔首、（略）今皇帝幷有天下、別黒白而定一尊、私学而相与非法教、人聞令下、則各以共学議之、（略）臣請史官非秦記、皆焼之、（略）若欲有学法令、以吏為師」。『漢書』路温舒伝に、「秦之時、羞文学、好武勇、賎仁義之士、貴治獄之吏」と。李斯は秦の天下統一後、焚書を提議し、とくに法令の実態については、「以吏為師」と、「吏」を唯一の窓口とし、巷議を禁じた。このため秦代の「治獄之吏」は社会的に高い地位を得ていた。この「以吏為師」や焚書の背景には、「士」が古（礼楽）を学び秦の法教を非難し、黔首を惑乱するとのことがあったとされるが、李斯によれば、「士」は、「百姓」が農工に務めるのに対して、法令を学び、私議ではなく遵法し法禁を避け、百姓の範となるべきであるとの前提がある。これには『礼記』曲礼上の、「礼不下庶人、刑不上大夫」のように、当時士大夫が礼教（自治・郷俗）に走り、法刑（統治の一元化）に馴染まないとの事情も存在するわけで、李斯がここで士（旧体制）を抑え吏（集権化）を重んじたのも、また当然のことである。「以吏為師」

の提言も、社会の一つの転機として位置付けられるといえよう。

また勢い、民間への法の不徹底、法吏の専横にも繋がりかねないが＊、

＊『漢書』刑法志に、「（漢宣帝時、鄭昌曰）不若删定律令、律令一定、愚民知所避、姦吏無所弄矣、（略）今律令煩多而不約、自典文者、不能分明、而欲羅元元之不逮、斯豈刑中之意哉、（景帝中五年）復下詔曰、諸獄疑、雖文致於法、而於人心不厭者、輒讞之、其後獄吏復避微文、遂其愚心」と、姦吏の存在について律令煩多を理由としているが、当然民間への律令の不徹底さもその背景にあったであろう。

漢代においては、あるいはなおこの国法に対する不可侵性、秘密主義の名残りが、礼教を棄てることへの懼れとも合致し、国法を仔細に公開・論評することに消極的、馴染まない風潮があったかと思われる。

そして李悝の『法経』等先秦の法典、とくに秦を除く戦国六国の場合にあっては、国法に対する不可侵性に併せ、始皇帝による天下統一、それに続く焚書等が重なり、法典の後世への継承が一層困難となったとのことも考えられ得る。

さらに今一つ戦国秦漢法制の情況について述べれば、法典そのものの内実も、先秦にあっては長く慣習法、擅断主義的な存在＊で、

＊『春秋左氏伝』昭公六年に、「叔向使詒子産書、（略）其先王議事以制、不為刑辟、懼民之有争心也」と、春秋晋の叔向の言に、刑辟を作らずとの言葉が見える。五刑、九刑等の記事はこれ以前にも存在するが、これは罪刑に関わる内容を含むとしても、刑執行の基準を法定化したものであったかどうか定かでない。また有名な『尚書』呂刑もその成立は春秋戦国時代に降るともされる[37]。

春秋戦国にかけ、しだいに成文法としての整備＊が進められて来るものの、

＊例えば、『春秋左氏伝』昭公六（前五三六）年に、「鄭人鋳刑書」、同昭公二九（前五一三）年に、「遂賦晋国一鼓

鉄、以鋳刑鼎、著范宣子所為刑書焉」、同定公九（前五〇一）年に、「鄭駟歂鄧析、而用其竹刑」[38]と、集権化の動きのなかで前六世紀に刑書制定の動きが活発となる。これら刑書・竹刑の内容は不明であるが、張家山出土『奏讞書』には、春秋時代の案例が確認できる。ただ『晋書』刑法志は春秋の刑書について言及していない。これまで李悝の『法経』が、まま法典編纂の鼻祖とされているのは、春秋の法典についてその実態が余り伝えられていないためか。

なお前漢後半代にいたっても、一代の法を完成するまでにいたっていなかった＊、

＊『漢書』刑法志に、「（成帝時）今大辟之刑千有余条、律令煩多、百有余万言、奇請它比、日以益滋、自明習者、不知所由、（略）有司、無仲山父将明之材、不能因時広宣主恩、建立明制、為一代之法、而徒鉤摭微細、毛挙数事」と、法典整備の遅れが指摘されている。

等、戦国秦漢法制上の諸事が、また『漢書』刑法志と『晋書』刑法志との内容の差において投影されている、とのことも充分考えられる点である。

以上問題の李悝『法経』が、『史記』・『漢書』に伝えられることなく、『晋書』刑法志がわずかにその梗概を伝えるにいたった要因について考えてきたが、この『晋書』刑法志所引李悝『法経』の典拠が、内容上類似点の多い桓譚『新論』であったか、あるいは別の律学書であったか、あるいは官府に秘蔵される金匱の書であったか、等については定かにし難い[39]。

ただ注意すべきは、李悝『法経』として伝えられる六篇は、いうまでもなく魏の国法である。漢の蕭何の『律九章』が、蕭何個人の著作物ではないと同様、李悝の『法経』六篇もまた李悝個人の著作物ではない。このため従来行われてきている、書誌学的に李悝『法経』を李悝個人の著書のなかで確認せんとする試みは、少しく問題を持つ。李悝の『法経』、これを継承した商鞅の秦律、蕭何の『律九章』、これらはともに魏・秦・漢の国法そのものである。

もちろん魏律・秦律・漢律は、常に増改訂を経て国法としての体裁を整えて行ったはずであり、李悝の『法経』、商鞅の秦律、蕭何の『律九章』が、そのままで推移することはなかった。『漢書』が、李悝の事跡を述べて『法経』を失し、蕭何伝を設けてその『律九章』にふれないとしても、これは不自然ではないことである。『法経』という呼称も、あるいは後世の命名に係るものであったかも知れない。まま指摘されるように、『漢書』芸文志に見える『李子』三十二篇中に『法経』が伝えられていたとの説も推論の域を出ない。

本節では、『史記』・『漢書』を始め戦国秦漢の諸文献が、歴代国法の公開・私議に対しなぜ比較的慎重であったかについて略述したが、桓譚『新論』所引の『法経』や「律略」三条等の存在を見ると、始皇帝による焚書を経、戦国六国の法典の継承が一層限定されて来る中で、李悝の『法経』の場合、限られた内容であったかも知れないが、なお漢代に伝えられ、法律学勃興の気運とともに、限られた高官・識者—桓譚もその一人—においてであったかも知れないが、注目を受けることになったようである。

六　雲夢睡虎地出土の『語書』

春秋時代における刑鼎が実効を持っていた期間は定かではないが、この動きは法典編纂が本格化する上での第一歩である。そして刑文が態々祭器である鼎に刻されたということは、刑法典の神聖化と共に、法の公平とその不変性を誓ったものということになるのかも知れない。

春秋鄭の子産は、鄭の刑鼎について、

不能及子孫、吾以救世也。（『春秋左氏伝』昭公六年）

と、その真意は別としてこれが当面の一時的手段に過ぎないと述べている。しかし例え、刑鼎が一時的でまた「婾薄之政」（『漢書』刑法志）と難じられようと、一度刑書が施行されれば、法にもとづく刑の運用が問題となったはずである。漢代においても、清の趙翼が、

渡初法制未備、毎有大事、朝臣得援経義、以折衷是非。（『廿二史劄記』「漢時以経義断事」）

と指摘しているように、当時の経学尊重の風ともからむが、決獄の法的不備を補うために春秋経義が援用されたという。

法の厳正を期すためにも、実際の法の運用においては、『漢書』刑法志で、「今律令煩多」と、その条文過多がしばしば難じられているものの、この条令過多こそは、むしろ用法深刻を懼れる一面で、また法吏の専断を回避し、法の公正を保つことにもなっていたはずである。

『七国考』魏刑法『法経』の条所引の「律略」三条中では、

議国法令者、誅（一作法禁）。

と、国法に対する私議が厳しく禁じられている。ただ漢代には、

三尺安出哉、前主所是著為律、後主所是疏為令、当時為是、何古之法乎。（『漢書』杜周伝）

と、論断に際し、政治第一主義、時の皇帝の裁量が優先されていた。国法の原則は、すでに『管子』任法でも、

国法、法不一、則有国者不祥、（略）以法制行之、如天地之無私也、是以官無私論、士無私議、民無私説。

とあるごとく、官府にあっても国法に対する私論、擅断は排されるべきことであり、法運用のための条文過多も当然必要となって来る。

雲夢睡虎地から出土した大量の法律関係文書には、律文といわれるもののほか、『法律答問』・『封診式』のような法運用のための具体的心得、細則が多数含まれていた。当然のことである。李悝『法経』の場合も、「律略」三条の存在から考えて比較的詳細な条文が存在していたと考えるべきであるかも知れない。そしてこの『法律答問』や『封

診式』は、律そのものではないにしても、また疏議的存在とでもいうべきで、個人的私議であったはずはない。

ただこの雲夢睡虎地出土文書中の、秦王政（始皇）廿年四月に南郡守から所轄の県道に送られた『語書』と呼ばれる通達によれば、当時これだけの律文や疏議的文書を整えながら、なお司法行政上の問題点がまた別に指摘されている。それは、

古者、民各有郷俗、其所利及好悪不同。

と、「古」、すなわち戦国七雄並存（あるいはそれを遡る）の時代には、各地各国で郷俗の相違があり、聖王の法（秦律）でもって「除其悪俗」とするも、これまで「法律未足」であったが、「今法律令已具矣」と、「今」、すなわち秦の統一が進み、秦の国法を基礎とする律令が新支配地にも適応されて行くなかで、吏民ともになおこの律令に従わず、「郷俗淫失（泆）之民不止」と、郷俗・淫泆が依然として放置されたままになっている。しかし「今法律令已布」と、重ねて拠るべき律令の公布とその徹底を強調し、もし「私好郷俗之心不変」と、郷俗がこのまま放置されるようなことになれば、「避主之明法」に当たるため、「為人臣亦不忠矣」・「不勝任」であり、「此皆大罪殹（也）」と、すなわち不適任者として処罰するに当たると強調されている。

『語書』通達の目的は、一に新支配地に対する秦の国法の強制と、郷俗すなわち旧宗主国の律令をも含む地域差の撤廃、植民地支配の徹底とにあったわけである。

そこでこの『語書』はまた、

良吏明法律令、事無不能殹（也）。

と、これがためとくに官吏に限定してではあるが、この律令の運用に精通し、秦室に対する「公心」を損わぬよう厳しく要求している。『語書』が問題とする「郷俗」は、宗主国の律令で、いわゆる巷間での私議の類とは事情を異にする。ただこの郷俗も、秦による天下統一後にあっては、私議の類に転化する。

郷俗の排除は、楚の占領地に新設された南郡にあっては当然焦眉の事態である。ただ『語書』と同時に出土した『為吏之道』には、『戸律』・『奔命律』の魏律二条が書き留められており、郷俗の排除が他国の風俗習慣を全く否定し去ることを意味していたのではない。『日書』と呼ばれる同じ睡虎地出土文書の中には、秦暦だけでなく楚暦についての記載も併せ含まれていた。「郷俗」を一方的に排除するだけではなかった。同時に律令、政治手法の方向性においては、この戦国時代、各国で共通する側面がかなり大きかったのではと考える。征服地における宗主国の律令の排除が、人心の収斂を大きく阻害することもなかった。

それにしても郡守からの通達や法律関係の公的文書が、この雲夢睡虎地十一号墓の場合、なぜ副葬される必要があったのであろうか。この十一号墓の墓主は治獄担当令史になったとされるが、死亡時点での地位身分は定かではない。副葬される竹簡に記された文字は、一字一字端正に筆写されている。これまで考えられてきているように、もしこの雲夢睡虎地からの新出土文書が、公的文書、あるいはその写しであったとするならば、これが個人の墓に大量に副葬されるにいたった事情については、文書の性格を知る上から当然関心の寄せられるところである。(40) そして『語書』の言葉に従うと、本論の主題である李悝『法経』もまた、秦の天下統一に際して、いわゆる郷俗の一としての運命を少なからず担わされていたわけである。

おわりに

以上、従来疑問視されている李悝『法経』について検討し、

① 李悝と李克とは同一人物であろう。

② 李悝は儒家・法家あるいは兵家・農家と広い範囲に亘って教養を備え、当時としては比較的革新的実務派官僚である。

③ 『晋書』刑法志の李悝『法経』の記事は、その出所を明らかにし得ないが、唐代に降る文献であることをもって後代の偽作であったと否定し去るには不安が残る。

④ 『七国考』魏刑法所引の『法経』の記事は、桓譚『新論』と「律略」三条、すなわち律学書から構成されていた可能性が大きい。

⑤ 『史記』・『漢書』に李悝『法経』―魏律についての伝文がないのは、戦国秦漢時代の法律学の展開と関連がある。

⑥ 雲夢睡虎地出土文書中の『語書』は、郷俗からの脱却を強調しており、戦国魏律も秦の天下統一の過程で少なからずその影響を受けたと思われる。

等について略述した。

雲夢睡虎地出土文書中に戦国魏律が附記されていたことは、従来古文献において知られていた李悝『法経』（魏律）と『法経』を継承した商鞅の秦律との関係を実証したものとの意見もある。しかし魏律の出土もわずかに二条、もちろん李悝『法経』についての新史料の出土等は未だ確認されていない。しかも雲夢睡虎地出土文書の魏律は、『魏戸律』・『魏奔命律』と、態々「魏」字を冠して引用されており、明らかに秦律とは区別されていた。例え秦律が魏律を継承するものであったとしても、戦国末期の秦律と魏律とには、多くの相違が生じていたことは想像に難くない。

このため本稿では、李悝の魏律についても限られた史料とならざるを得ないが、従来の李悝『法経』の研究が比較的漢以降の文献を中心に書誌学的に追求されてきたのに対し、ここでは少しく検討の対象を遡らせてみた。

注

（1）　李悝関係の文献については後掲の附表を参照頂きたい。雲夢睡虎地出土法律関係文書と李悝『法経』との関係については、早く季勲「雲夢睡虎地秦簡概述」『文物』一九七六年五期、で、新出土文書が李悝『法経』をうけた商鞅法経六篇と合致するものであることを指摘しているが、睡虎地秦簡竹簡整理小組『睡虎地秦墓竹簡』文物出版社、一九七八年一一月、は、具体的に、『法律答問』が李悝『法経』の六篇と大体符合する。『秦律雑抄』中の『捕盗律』は李悝・商鞅の『捕律』と関係がある。『為吏之道』の魏律二条は秦法と法の精神が相似する、等を指摘する。以降、黄展岳「雲夢秦律簡論」『考古学報』一九八〇年一期、高敏「商鞅秦律与雲夢出土秦律的区別和聯糸」『雲夢秦簡初探』一九七九年一月、雲夢睡虎地秦墓編写組『雲夢睡虎地秦墓』文物出版社、一九八一年九月、頁一八・一九、も同様、『法経』六篇との関係を述べるが、とくに前述の『法律答問』の構成と六篇律（法）との関係についての指摘は重要である。

一方わが国では、堀毅「雲夢出土秦簡の基礎的研究」『史観』九七、一九七七年一〇月、が、魏律二条の存在のほか、『晋書』刑法志の三国魏明帝時の『魏新律』である、

持質・詐偽・詐自復免・殺傷人畜産・諸亡印・毀傷亡失県官財物・仮借不廉・擅作修舎・乏徭・稽留・殴兄姉・囚徒誣告人反罪・投書。（『晋書』刑法志）

等の規定が睡虎地出土文書中にも確認できるとされ、この魏新律は多く秦漢の旧律を継承し、秦の『法経』の実在性と魏から秦への法の変遷が確認できるとする。古賀登「尽地力説攷」『社会科学討究』二二—三、一九七六年、後、『漢長安城と阡陌・県郷亭里制度』所収、は、季勲氏の説に従い、出土文書中に魏律が残されていたことから秦は魏律を準用しており魏が法律制定では先進国であり、『法律答問』に『法経』六篇が確認できることから李悝『法経』の実在と商鞅への継承を自然とする。

三国『魏新律』と睡虎地出土文書との関連性は、出土文書の信憑性如何とも関連するが、ここでは『法律答問』中に『法経』六編が確認できるとの点について、試みに以下例示してみると、

㈠盗

①甲謀遣乙盗、一日、乙且往盗、未到、得、皆贖黥。

②人臣甲謀遣人妾乙盗主牛、売、把銭偕亡、出徼、得、論各可殴、当城且黥之、各畀主。

(二)賊

①甲謀遣乙盗殺人、受分十銭、問乙高未盈六尺、甲可論、当磔。

②甲殺人、不覚、今甲病死已葬、人乃後告甲、甲殺人審、問甲当論及収不当、告不聴。

③賊入甲室、賊傷甲、甲号寇、其四鄰・典・老、皆出不存、不聞号寇、問当論不当、審不存、不当論、典・老雖不存、当論。

(三)囚(網)

①辞者辞廷、●今郡守為廷不為、為殴、■辞者不先辞官長・嗇夫、■可謂官長、可謂嗇夫、命都官曰長、県曰嗇夫。

②可謂州告、州告者、告罪人、其所告且不審、有以它事告之、勿聴、而論其不審。

③公室告、[可]殴、非公室告、可殴、賊殺傷盗它人、為公室、子盗父母、父母擅殺刑髡子及奴妾、不為公室告。

(四)捕

①可謂逋事及乏繇、律所謂者、当繇、吏・典已令之。即亡弗会、為逋事、已閲及敦車食、若行到繇所、乃亡、皆為乏繇。

(五)雑—①軽狡

女子甲去夫亡、男子乙亦闌亡、相夫妻、甲弗告請(情)、居二歳、生子、乃告請(情)、乙即弗弃、而得、論可殴、当黥城旦舂。

(五)雑—②越城

越里中之与它里界者、垣為完(院)、不為、巷相直為院、宇相直者不為院。

(五)雑—③借仮不廉

百姓有責(債)、勿敢擅強質、擅強質及和受質者、皆貲二甲、廷行事、強質人者論、鼠者不論、和受質者、鼠者□論。

(五)雑—④淫侈踰制

以其乗車載女子、可論、貲二甲、以乗馬駕私車而乗之、毋論。

(六)具

①可如為犯令、法(廃)令、律所謂者、令曰勿為、而為之、是謂犯令、令曰為之、弗為、是謂法令殴、廷行事、皆以犯令論。

②告人盗百一十、問盗百、告者可論、当貲二甲、盗百、即端盗駕十銭、問告者可論、当貲一盾、貲一盾応律、雖然廷行事以不審論、貲二甲。

等かと思われるが、『晋書』刑法志が漢律について、

集類為篇、結事為章、一章之中、或事過数十、事類雖同、軽重乖異、而通条連句、上下相蒙、雖大体異篇、実相採入、盗律有賊傷之例、賊律有盗章之文、興律有上獄之法、廏律有逮逋之事、若此之比、錯糅無常、後人生意、各為章句。

と、律文・傍章・令甲乙丙等・法比都目等が類別整理されているものの、『賊律』中に『盗律』にも関係のある条文が見える等錯綜する点が少なくないと指摘している。

事件・事項の性質上、条文が多岐に亘り多様性のある内容を包含せざるを得ないとの事実は避け難いことで、『法律答問』を類別して行く上でも同じ事情が生じる。なお『法律答問』においては、『晋書』刑法志に伝えられる『雑律』博戯に関する記事が確認できない。しかし本文中でふれた『七国考』所引李悝『法経』に引かれる「律略」三条中の『雑律略』には博戯についての条項がある。

(2) 仁井田陞『中国法制史（増訂版）』岩波書店、一九六三、頁四八。詳細は同氏『唐令拾遺』東方文化学院東京研究所、一九三三、頁三。

(3) 例えば『アジア歴史事典』平凡社、一九五九～六二、第八巻「法経」（西田太一郎）。京大東洋史辞典編纂会『新編東洋史辞典』創元社、一九八〇、「李悝」。また曾我部静雄『日中律令論』吉川弘文館、一九六三、頁二四～二六等は、共に『法経』の存在を疑問とする。

(4) 貝塚茂樹「李悝法経考」『東方学報』四、一九三四。後、『貝塚茂樹著作集』第三巻所収。

(5) 守屋美都雄「李悝法経に関する一考察」『中国古代史研究』二、一九六五。後、『中国古代の家族と国家』所収。なお守屋氏の研究は、T.Pokora “The Canon of Laws by Li K‘uei” Archiv Orientální, 27,1959. に対する反論の形式をとっている。

(6) T.Pokora “Two Answers to Professor Moriya Mituo” Archiv Orientální, 34-4,1966. と楊寛『戦国史』上海人民出版社、一九八〇、頁一六〇～六〇五。ポコラ氏の反論は、桓譚『新論』の明代における流伝如何が中心となっているが、守屋氏の説かれる可能性を否定するものではない。楊寛氏の反論は、主として『七国考』所引の李悝『法経』の記事の真偽に関する研究であるため本文で後述する。

(7) 李兌は、『史記』趙世家・同范雎蔡沢列伝・『戦国策』趙策等に見える。

(8) 里克は、『史記』晋世家、『春秋左氏伝』僖公二・八・九・十年、閔公二年等に見える。

（9）李離は、『史記』循吏列伝に見える。
（10）『呂氏春秋』の校訂は、主として尹仲容校釈本（一九五二年刊）を利用した。
（11）斉思和「戦国宰相表」『史学年報』二―五、一九三八。後、『中国史探研』所収、は、『史記』六国年表・魏世家・『韓詩外伝』・『説苑』等の卜相の記事を参照に、魏文侯二十年季成子立相を推定する。
（12）『呂氏春秋』論人は、「凡論人、通則観其礼、貴則観其進、富則観其所養、聴則観其所行、近則観其好、習則観其所言、窮則観其所不受、賤則観其所不為」と、論人の八ヶ条をあげる。滝川資言『史記会注考証』は、これも李克の言とする。
（13）銭穆『先秦諸子繋年』商務印書館、一九三五、「白圭攷」は、白圭は文侯時の人ではなく、各文献の白圭も『孟子』告子下の白丹ただ一人に当たるとする。小林勝人訳注『孟子』岩波文庫、一九七二、下冊頁三〇五は、『韓非子』内儲説下・『呂氏春秋』応言に見える魏の相の白圭、『史記』貨殖列伝に見える周人白圭、『孟子』告子下の白圭は、三者とも名は同じであるが、人物は別であるとする。
（14）服部宇之吉「李悝の経済政策及刑法制定に就きて」『支那研究』明治出版社、一九一六、は、「尽地力」を深耕易耨や肥料の応用ではなく、「辟草莱」すなわち休耕地制の廃止とする。西山武一「華北旱地農法考」『東亜新報』、一九四四。後、『アジア的農法と農業社会』所収、は、「尽地力」を総面積に対し耕地の率を三分の二に広げるということで、不毛の旱地高田に対する農業的進出・犂耕農法とする。佐藤武敏「戦国時代農民の経済生活（上）」『人文研究』五―一〇、一九五四、は、「尽地力」の治田勤謹について、農民の勤労意欲をよびおこし、労働量の増加をはかることとする。古賀登「尽地力説攷」（注（1））は、これを旱地農法による開墾増産とする。
　一方中国の研究では、胡寄窗「李悝与白圭」『中国経済思想史』上第九章、一九六二、は、『太平御覧』所引『史記』逸文の「尽地力」説により、栽培品種の多角化・深耕・除草・収穫の迅速化をもって自然災害に備え、また労働生産率の向上をもはかるとする。最近では楊寛『戦国史』（注（6））頁一七一は、胡氏の説に対して、さらに『通典』水利田の記事を引き、「尽地力」説に、空閑地の利用と副業生産の拡大とを認める。

　本章では『史記』逸文の附記が、李悝の「尽地力」の記事かどうか文意の続き具合から多少気にならなくもないが、これをそれ以前の総論に対する各論とし、一応李悝の「尽地力」の一部に加えて考えた。なお『太平御覧』は、続けて商鞅の阡陌制や鄭国渠等の『史記』の記事が引用されている。

なお『七国考』魏食貨李悝廃溝洫の条には「水利拾遺云、李悝以溝洫為墟、自謂過於周公」とあり、李悝と廃溝洫との関連にふれる。
(15) 銭穆『先秦諸子繫年』（注（13））「魏文侯礼賢攷、李克」では、『史記』六国年表秦簡公二年の「与晋戦、敗鄭下」に、この戦をあてている。
(16) 例えば、柿村峻『韓非子』『中国古典文学大系』五、平凡社、一九六八、常石茂『韓非子』角川文庫、一九六八等、李克とする。本田済『韓非子』筑摩書房、一九六九、は、太田方『韓非子翼毳』等に従い季真とする。
(17) 金徳建「李悝尽地力的考察」『歴史教学問題』一九五七―四。後、『先秦諸子雑考』所収、は、この『説苑』の記事から『法経』が、私有制を保護する一方で新興地主や旧貴族の奢侈を制限することを意図していたとする。
(18) 銭穆『先秦諸子繫年』（注（13））「魏文侯礼賢攷、李克」。
(19) 清黄奭輯『法経一巻』『漢学堂叢書』史鈎沈子部は、すでに浅井虎夫『支那ニ於ケル法典編纂ノ沿革』京都法学会、一九一一、が、文体戦国の体に非ず、内容唐律に類す、とされ後人の偽作とする。
(20) 銭穆『先秦諸子繫年』（注（13））「子夏居西河教授為魏文侯師攷」は、六二歳から八四歳頃と推定。
(21) 銭穆『先秦諸子繫年』（注（13））「魏文侯礼賢攷、李克」。
(22) 郭沫若『十批判書』羣益出版社、一九四五、一九七六訂正、「前期法家的批判・李悝」。
(23) 斉思和「李克、李悝非一人辨」『史学年報』二―五、一九三八。後、『中国史探研』所収。
(24) 楊寛『戦国史』（注（6））頁一七一。
(25) 楊鴻烈『中国法律思想史』商務印書館、一九三五、呉海林・李延沛『中国歴史人物生卒年表』黒竜江人民出版社、一九八一、をはじめ中国では、李悝（克）の生卒年を魏文侯の在位年前四五五～前三九五とする。
(26) 東川徳治『支那法制史論』臨時台湾旧慣調査会、一九一五、は『法経』編纂時を周威烈王五九年前四〇七年とし、最近の中国でも『法学詞典』上海辞書出版社、一九八〇、『辞海』上海辞書出版社、一九七九、等は前四〇七年『法経』編纂説を採るが、『法経』編成年次は不詳。
(27) 貝塚茂樹「李悝法経考」（注（4））は、『魏新律』の「序略」を劉劭『律略論』と同一と考えられているが、内田智雄編『訳注中国歴代刑法志』創元社、一九六四、頁一〇一、注（14）は、劉劭『律略論』の一部であるかどうか断定し難いとする。

(28) 楊寛『戦国史』（注（6））頁六〇二以降。
(29) 上海古籍出版社『戦国策』下冊（一九七八）頁一一七一～二に、諸説の検討が見える。
(30) 上海古籍出版社『戦国策』（注（29））附載の人名索引では、この犀首は公孫衍と別人としている。
(31) 上原淳道「『戦国策』に関する一考察つけたり中山国の文化に関する雑感」『中国古代史研究』五、一九八二。
(32) 慶思（張晋藩）「関于李悝的法経」『光明日報』一九七四・一二・一六。後、『中国法律史論』所収、は、この「律略」の部分には雲夢睡虎地秦律と同種の罪刑が存在すると指摘する。
(33) 守屋美都雄「李悝法経に関する一考察」（注（5））。
(34) 張晋藩等編『中国法制史（第一）』中国人民大学出版社、一九八一、頁九五～一〇三、肖永清（北京大学法律系）主編『中国法制史簡編（上）』山西人民出版社、一九八一、頁一二一～一二六、法学教材編輯部『(高等学校法学教材)中国法律思想史』法律出版社、一九八二、頁七四～八〇、法学教材編輯部『(高等学校法学試用教材)中国法制史』群衆出版社、一九八二、頁六五～七四、喬偉著『中国法律制度（上）』吉林人民出版社、一九八二、頁五三～六三、等最近中国では法制史の概説書が多数刊行され、いずれの著書も李悝『法経』について相当の頁数を割いている。そして『七国考』所引桓譚『新論』の『法経』の記事については、以上すべての著書が詳細に内容を紹介し、これを「不足信」として否定しているのは『中国法律思想史』のみで、他は李悝『法経』の伝文と考えている。なお「律略」三条については、いずれの著書も桓譚『新論』の記事と考えている。
(35) 内田智雄「漢書刑法志雑記」『同志社法学』四八、一九五九、は、『漢書』刑法志の前半の兵志とでもいうべき部分について、『史記』律書の前部がこれに関連すると述べている。
(36) 中田薫「支那における律令法系の発達について」『比較法研究』一—四、一九五一、後、『法制史論』四所収、は、この間の法制史を概観し参考になる。
(37) 松本雅明『春秋戦国時代における尚書の展開』風間書房、一九六六、は、『尚書』呂刑の成立を戦国時代とする。ただ近年の考古学上の成果、張家山出土『奏讞書』の春秋時代の裁判記録、その他によって、『尚書』呂刑の成立も春秋時代に遡らせる考えも可能となった。本書【Ⅰ】第二章「春秋時代の治獄」参照。
(38) 先秦の法典については、沈家本『律令』に詳細に収録されている。なお拙稿「春秋戦国時代における罪刑法定化の動きと以吏為師について」『唐代史究研会報告』五、刀水書房、一九八四、本書【Ⅰ】第四章。

(39) 桑原隲蔵「支那の古代法律」『支那法制史論叢』、一九三五、は、『法経』六篇は漢代辺りまでは残っていたが、その後は詳細を知り得ないとされ、李鴻挙「論李悝」『光明日報』一九六二・六二一〇、は、桓譚『新論』が『晋書』刑法志・『唐律疏議』・『大唐六典』等の『法経』の記事の典拠に当たるとする。

(40) 大庭脩「雲夢出土竹書秦律の研究」『関西大学文学論集』二七―一、一九七七。後、『秦漢法制史の研究』所収、は、出土文書を「律の書・書物」と呼ばれる。しかしこれが、馬王堆や銀雀山の漢墓から出土した兵法書や医学書・老子等と同様の書物と見なすことができるかどうか、なお慎重を期したい。またかかる法律関係の文献が、もし書物として流布していた場合、律令の市井への滲透を理解する上で、果たしてどの程度流布していたものか関心が持たれる。

(追記) 繆文遠氏は、繆文遠『七国考訂補』上海古籍出版社、一九八七、頁七〇〇において、董説『七国考』所引の李悝『法経』を偽作とし、

『法経』久佚、黃奭漢学堂叢書有輯本、載有佚文六篇。孫星衍作序以為「法家之学、自周穆王作呂刑後、有春秋時刑書、竹刑及諸國刑典・未見伝書、惟此経為最古」。謝冠生歷代刑法書存亡考云、「李悝書自隋書経籍志以下、諸家目録皆不著、惟漢書芸文志有李子三十二篇、列法家之首、原注以為即李悝、顧無『法経』名字、晋志述魏陳羣等撰新律十八篇序、引秦『法経』六篇而不言李悝。今考書之篇数既非漢書之旧、文体亦不類戦国時人作、其出於依託、蓋無疑也」。遠案、董引此条不見于宋代各家類書称引、不知所出。又其所言律文内容与晋書刑法志所言『法経』分篇不合、所言官制与魏文侯時制度不合、可能出于董説偽造、不可信拠。

と、宋代の類書に引用がない、引用される『法経』の官制が魏の文侯の制度と一致しない等々を挙げ、楊寛説に与している。

(附表) 李悝『法経』関係参考文献（稿）

李悝についての中文文献は、文化大革命中かなりの数が発表されたようであり、ここに収載した文献もその一部に過ぎないかも知れない。また「先秦法家主要代表人物簡介」『解放日報』一九七三・八・二二、「先秦法家主要代表人物簡介」『浙江日報』一九七三・八・二四、「早期和前期的法家代表人物」『陝西日報』一九七三・一〇・二五、「先秦法家代表人物簡介」『寧

夏日報』一九七四・六・八に類する論文は、表題から李悝にふれるところがあろうかと思われるが、実見するを得なかったので省いた。文革中の李悝観の大勢は、李悝を旧貴族に反対し新興地主階級を擁護する変法家として位置付けている。なお楊鴻烈『中国法律発達史』商務印書館、一九三〇、のような概説書の類でまた李悝にふれる文献は少なくないが、簡略にわたるものは除いた。

（執筆時に作成したこの文献目録には文革中の文献が多く含まれ、「儒法闘争」が反映されている）

（中文文献）

1	沈家本	魏李悝法経	律令巻一	
2	馬元材	李悝・許行・陳仲・白圭之経済思想	河南政治月刊二—四	一九三二
3	孫祖基	法経六篇、李克七篇、李子三十二篇	中国歴代法家著述考（岱廬叢書）	一九三四
4	銭穆	李克（魏文侯礼賢攷）	先秦諸子繋年（商務印書館）	一九三五
5	斉思和	李克・李悝非一人辨	史学年報二—五、後、中国史探究（中華書局・論文集）	一九三八、一九八一
6	郭沫若	前期法家的批判—李悝	十批判書（群益出版社）	一九四五
7	楊寛	魏文侯時李悝的政治改革	戦国史第五章三（上海人民出版社）（頁九〇—九二）	一九五五
8	張蔭麟	魏文侯・李悝・呉起	中国史綱上篇第五章第二節（三聯書店）（頁一〇三—一〇五）	一九五五
9	金徳建	李悝尽地力的考察（後、李悝尽地力之教的考察）	歴史教学問題一九五七—四、後、先秦諸子雑考（中州書画社・論文集）	一九五七、一九八二
10	王玉哲	東方各国的変法	中国上古史綱第九章第一節（上海人民出版社）	一九五九

			（頁二二一）	
11	周金声	李悝	中国経済史第四編第二章第四節（周金声著作発行所）（頁二二九―二三二）	一九五九
12	翦伯賛等	魏初的富強和李悝	中国通史参考資料古代部分二（中華書局）（頁二―四）	一九六二
13	李鴻挙	論李悝	光明日報一九六二・六・二〇	一九六二
14	胡寄窗	李悝与白圭	中国経済思想史上（上海人民出版社）（頁二六三―二七八）	一九六二
15	宋殿教	戦国時期法家主要人物生平簡介―李悝	文匯報一九七三・一・一九	一九七三
16		先秦法家主要代表人物簡介―李悝	山西日報一九七三・一〇・六	一九七三
17	焚茹	早期法家代表人物―李悝与呉起	文匯報一九七三・一〇・九	一九七三
18		李悝	広州日報一九七三・一〇・一七	一九七三
19		李悝	北京日報一九七三・一〇・一八	一九七三
20		李悝	西蔵日報一九七三・一一・三	一九七三
21		李悝	内蒙古日報一九七三・一一・三〇	一九七三
22	師力	事理与呉起	貴州日報一九七三・一二・八	一九七三
23		李悝法径述要評注	新疆大学学報（社会科学）一九七四―一	一九七四
24	北京師範学院史地系歴史専業一年級工農兵学員	春秋戦国時期法家代表人物簡介（少正卯・李悝・呉起・商鞅・荀況・韓非）	北京師院学報（社会科学）一九七四―二、後、歴史知識読物（中華書局）	一九七四
25	鄭鶴声・鄭一鈞	李悝法経	文史哲一九七四―三	一九七四

26		法家和法家著作簡介—少正卯・李悝・呉起・商鞅・荀況・韓非	北京師大学報（社会科学）一九七四—三	一九七四
27	師力	戦国時期法家主要代表人物簡介	貴陽師院批林批孔資料一九七四—三	一九七四
28	中文系大批判組	李悝尽地力之教訳注	哈爾浜師院学院（社会科学）一九七四—四	一九七四
29	林咏栄	我国法典創作人物李悝其人其書	法声一一	一九七四
30	王暁波	戦国初期的法家—李悝和呉起	食貨月刊（復刊）三—一二	一九七四
31	項前	李悝的法経	解放日報一九七四・六・一三	一九七四
32	屈守元	李悝与呉起的変法闘争	成都日報一九七四・六・一四	一九七四
33	水湛	歴史上法家代表人物及其主要著作簡介—商鞅・呉起・李悝	河南日報一九七四・六・一四	一九七四
34	（北京大学）谷滋	法家代表人物介紹—少正卯・李悝・呉起・商鞅・荀況・韓非	北京日報一九七四・六・一五、人民日報一九七四・六・一六	一九七四
35		李悝・呉起・商鞅・荀子・李斯・韓非	南方日報一九七四・六・一六	一九七四
36	楊法	戦国初期的儒法闘争—李悝・呉起的変法運動	解放日報一九七四・六・二五	一九七四
37	寧夏大学政史系七五級工農兵学	李悝対周礼衝擊	寧夏日報一九七四・六・二七	一九七四
38	黎彬	李悝的変法闘争和他的法治思想	光明日報一九七四・六・二七、後、儒法闘争史文章選輯一（香港三聯書店）	一九七四
39	丘陶常	李悝的法経	南方日報一九七四・六・三〇	一九七四
40	史兵	李悝的法経	福建日報一九七四・七・一八	一九七四
41	王玉芳	用革命暴力鞏固革命政権—読李悝的法経	天津日報一九七四・七・二〇	一九七四

42	施萍	李悝与西門豹	天津日報一九七四・八・一七	一九七四
43	成爾瑞等	戦国初期的法家代表人物李悝	新華日報一九七四・八・二〇	一九七四
44	趙懌伯	李悝和他的法経	四川日報一九七四・八・二三	一九七四
45	楊栄国	先秦儒法両家思想是根本対立的	光明日報一九七四・八・二四、後、儒法闘争史文章選輯二（香港三聯書店）	一九七四
46	慶思（張晋藩）	関于李悝的法経	光明日報一九七四・一二・一六、後、中国法律史論（法律出版社）	一九七四・論文集一九八二
47	北京師範学院中文系新華詞典編纂組	李悝	評法批儒詞語簡釈（商務印書館）（頁二〇）	一九七五
48	北京大学儒法闘争史編写小組	戦国初期到中期的儒法闘争	儒法闘争史概況（人民出版社）（頁一四―一六）	一九七五
49	曹思峰	李悝的法経	儒法闘争史話（上海人民出版社）（頁一六―二三）	一九七五
50	北京師範大学歴史系	李悝尽地力之教	法家著作選読二（中華書局）（頁一―六）	一九七五
51	沈渭浜	李悝	法家人物故事二（上海人民出版社）（頁六一―八九）	一九七五
52	柳州鉄路局桂林機務段工人理論組、	尽地力李悝定法経	中国儒法闘争史話（広西人民出版社）（頁三八―四二）	一九七五

	広州師範学院歴史系七三級工農兵			
53	戴晋新	談李悝的改革	史原一九七八―九	一九七八
54	張金監	戦国時代河南的法学大家―李悝・申不害・商鞅・韓非	中原文献一一―六・七	一九七九
55	翦伯賛等	各国的変法和君主集権的形成	中国史綱要第一冊第三章第三節（人民出版社）（頁七三―七四）	一九七九
56	南開大学歴史系中国古代史教研室	魏文侯李悝等的変法	中国古代史第三章第一節（人民出版社）（頁一三七―一四一）	一九七九
57	余栄根	法経和李悝的政治法律思想	西南政治学院学報一九八〇―三	一九八〇
58	楊寛	魏国李悝的変法	戦国史第五章一（上海人民出版社）（頁一七〇―一七四）	一九八〇
59		李悝、法経	法学詞典（上海辞書出版社）	一九八〇
60		李悝	政治経済辞典（中）（人民出版社）	一九八〇
61	史鳳儀・張純浜	奴隷社会和封建社会的法律継承	中国古代法律常識第一章第一節（内蒙人民出版社）（頁一四―一七）	一九八一
62	張晋藩等	各国封建法律制度的形成与李悝法経	中国法制史第一巻第一章第一節（中国人民大学出版社）（頁九五―一〇三）	一九八一
63	肖永清	李悝的法経	中国法制史簡編第二編第一章第二節（山西人民出版社）（頁一二一―一二六）	一九八一
64	胡寄窗	李悝的平糴法	中国経済思想史簡編第六章第一節（中国社会科	一九八一

			学出版社）（頁一〇五—一〇九）	
65	銭宗範等	早期的法律法典—李悝的法経和魏国変法	春秋戦国史話（北京出版社）（頁一二一—一二五）	一九八一
66	河東義	李悝及其法律思想	江西社会科学一九八二—二	一九八二
67	彭邦炯・謝	魏文侯改革図強	戦国史話（中国青年出版社）（頁一〇〇—一〇四）	一九八二
68	斉			
69	河清谷	李悝在魏国的変法	中国古代史第五章第一節（福建人民出版社）（頁一七九—一八一）	一九八二
70	張国華	李悝・呉起	中国法律思想史第三章第二節（法律出版社）（頁七四—七八）	一九八二
71	游紹尹	新興地主的立法原則和李悝法経	中国法制史第四章第一節（群衆出版社）（頁六五—七四）	一九八二
72	喬偉	六国的改革与李悝的法経	中国法律制度史第二章第一節（吉林人民出版社）（頁五三—六三）	一九八二
73	田昌五	七国変法的封建制度的建立	古代社会断新代論第三篇第三章（人民出版社）（頁二二九—二四六）	一九八二

（日文文献）

1	浅井虎夫	法経	支那ニ於ケル法典編纂ノ沿革第二章（京都法学会）（頁一一—一五）	一九一一
2	東川徳治	魏ノ法経—李悝ノ法経六篇	支那法制史論第一篇第二章（臨時台湾旧慣調査会）（頁一五四—一六六）	一九一五
3	服部宇之吉	李悝の経済政策及び刑法制定に就きて	支那研究下篇（明治出版社）	一九一六
4	東川徳治	李悝ト法律及ビ経済	支那法制史研究（有斐閣）（頁三九五—四〇四）	一九二四

5	桑原隲蔵	支那の古代法律—支那法律の淵源	支那法制史論叢（弘文堂）（頁二〇六—二〇七）	一九二九年講演録、論文集一九三五
6	東川徳治	法経、李悝	典海（法政大学出版部）	一九三〇
7	村上貞吉	李悝ノ法経	支那歴代ノ刑法沿革ト現行刑法第四節（頁五一—五二）	一九三二（序）
8	仁井田陞	唐前令	唐令拾遺（東方文化学院）（頁三）	一九三三
9	小川（貝塚）茂樹	李悝法経考	東方学報四、後、貝塚茂樹著作集三（中央公論社）	一九三四、著作集一九七七
10	岡崎文夫	春秋戦国時代其二	支那史概説上（弘文堂）（頁六六—七一）	一九三五
11	西田保	李悝	東洋歴史大辞典八（平凡社）	一九三八
12	穂積文雄	李悝の経済思想・李悝の平糴法に就いて	先秦経済思想史論第五章第二節・附論（有斐閣）（頁一九六—二二〇、二五三—二六九）	一九四二
13	仁井田陞	李悝	世界歴史事典一九（平凡社）	一九五三
14	佐藤武敏	戦国時代農民の経済生活（上）（中）	人文研究五—一〇・六—九	一九五四・五五
15	西田太一郎	法経、李悝	アジア歴史事典八・九（平凡社）	一九六一・六二
16	曾我部静雄	律令の起源と春秋戦国時代の律令	日中律令論（吉川弘文館）（頁二五—二六）	一九六三
17	仁井田陞	先秦及び漢魏六朝の法典	中国法制史（増訂版）第三章（岩波書店）（頁六一—六二）	一九六三

18	守屋美都雄	李悝法経に関する一考察	中国古代史研究二、後、中国古代の家族と国家（東洋史研究会）	一九六五、論文集一九六八
19	市川安司	法経	世界大百科事典二〇（平凡社）	一九六七
20	大島利一	李悝	世界大百科事典二三（平凡社）	一九六七
21	曾我部静雄	律令格式から勅令格式へ	中国律令史の研究（吉川弘文館）（頁六―七）	一九七一
22	古賀登	法家における邑制・軍制・身分制	現代中国と歴史像、後、漢長安城と阡陌県郷亭里制度（雄山閣）	一九七五、論文集一九八〇
23	古賀登	尽地力説攷	社会科学討究二一―三、後、漢長安城と阡陌県郷亭里制度（雄山閣）	一九七六、論文集一九八〇
24	斎藤実	李悝の所説に関する一考察	史滴一	一九八〇
		〈欧文文献〉		
1	Timoteus Pokora	The Canon of Laws by Li K'uei — A Double Falsification ?	Archiv Orientální 27	一九六六
2	Timoteus Pokora	Two Answers to Professor Moriya Mitsuo	Archiv Orientální 34 - 4	一九五九

第四章　湖北雲夢睡虎地秦墓管見

はじめに

湖北省雲夢県睡虎地において、一九七五年の冬、秦墓が発見され、発掘の結果一二基の秦墓が確認された。その内、遺骸から推定して四〇歳余りの男性が葬られていた十一号墓は、いわゆる秦律を含むとされる一一五五（残片八〇）点の竹簡が出土し多くの関心を呼んだ。[1] また女性の遺骸が認められる四号墓には、戦場の二人の子供から母親に宛てた二通の書翰（木簡二点）が副葬されていた。恐らくこの二通の書翰は、還ることのなかった二人の子供の形見として母親が終生大切に保存していたものであろう。

墓葬は、時代や地域によって一つの類型がある。しかし副葬品の中にはまた、墓主の生前の姿を彷彿させる遺品も少なくない。ただその中で、今回出土した十一号墓の法律関係の竹簡は、漢律もわずかな佚文でしか窺うことのできない今日、秦律が発見されたとなると戦国秦漢史の研究を大きく前進させることは間違いない。

ただ他に類例のない史料であるだけに、その利用には慎重を期さねばならない。『後漢書』陳寵伝に、前漢の成哀帝の間に律令をもって尚書となった陳成が、王莽簒位後徴されるや、病と称し、

収斂其家律令書文、皆壁蔵之。

と、家蔵の律令を壁蔵したという。多量の法律関係の竹簡と共に永遠の眠りについた十一号墓の墓主が、生前どのように生き、この愛蔵の文書と相対したか、この文書の性格を理解する上からも問題となる。

このため十一号墓の墓主については種々論じられ、墓主は秦に征服された楚人の微賤な下級吏で、[2]名は「喜」。秦の昭襄王四五（前二六二）年に生まれ、始皇三〇（前二一七）年に四六歳で死亡。存命中は「揄史」・「安陸□史」・「安陸令史」・「鄢令史」・「治獄鄢」の経歴をもつ百石程度の地方下級法吏であった、との人物像が考えられ、法律関係を中心とする文献の副葬も自然のこととする。

しかし墓主喜が楚人の微賤な下級吏であったとすると、秦の占領政策を支えたはずの敵国文献になぜこれほどの愛着を示したのであろうか。同時に墓主喜が生きた時代の雲夢の情勢を考えるとき、楚が秦の攻撃を受け漢水から淮河流域にまで後退したとはいえ、始皇二四（前二二三）年の楚国滅亡まで、淮河と漢水との中間を流れる涓水流域に位置する雲夢一帯は、秦の対楚最前線として関中の一般的な支配体制とは異なり、かなり長期にわたり特殊な情勢下に置かれていたと思われる。

このため墓主喜の人物像、副葬された竹簡、および他の一一基の秦墓を考える上でも、このような特殊事情を前提に考慮せねばならない点が少なくないと考える。以下この点について少しくふれることとする。

一　秦墓と破壊された戦国聚落

秦墓の発掘

一九七五年一二月から翌春（十一号墓は一二月一六日から二九日の一三日間）にかけて、湖北省雲夢県城関（県城）鎮の西郊、武漢と丹江とを結ぶ漢丹鉄道の雲夢駅の北方、隣りの義堂駅よりに約百メートル行った西側の線路沿いで、三

～十四号の一二基の秦墓が発掘された。

一・二号墓は、一九七五年八月に睡虎地南部の漢丹鉄道の東側において調査されている（「湖北雲夢睡虎地秦簡墓発掘簡報」。本報告書では、一・二号墓は前漢初期墓。一九七七年一月に発掘された二十九・三十・三十二～三十六・三十九号墓は戦国晩期から前漢初期にかけてと見なしている。一九七六年五月の調査では、漢丹鉄道以西に四七基の土坑墓が存在している）[3]（付図Ⅰ参照）。

この雲夢県では、一九七二年一二月六日に、雲夢駅（当時は漢襄鉄道）の東南三百メートル、線路から百メートル東

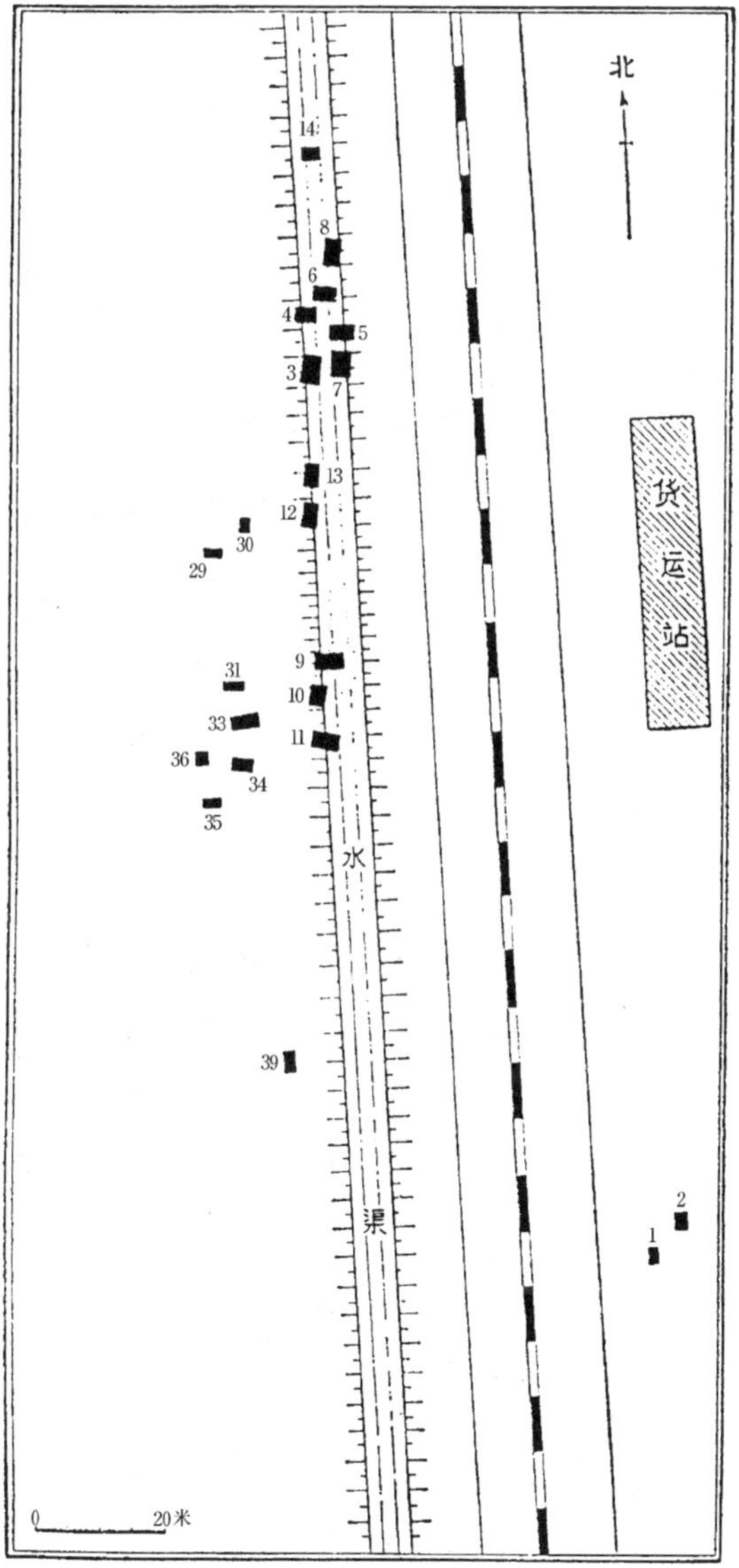

睡虎地秦墓（『考古』1981–1）

【付図Ⅰ　雲夢駅周辺で発掘された墓地図】

側でも発掘が行われ、「湖北雲夢西漢墓発掘簡報」[4]では、これを「大墳頭一号西漢墓」と名付けているが、また「睡虎地一号墓」とも呼ばれている[5]。大墳頭一号前漢墓は地元の伍姓人民公社肖李大隊が、城関の西郊に南から北へ大墳頭、睡虎地、木匠墳と続く小高い山並みの東側の山端で、大墳頭付近の高地（南北三五〇、東西一〇〇、高さ五メートル）を一九七〇年から農地とするため整地作業を進めていた際、槨蓋が発見されたものである。

睡虎地三～十四号秦墓も、「湖北雲夢睡虎地十一座秦墓発掘簡報」（以下簡報Aと略称）[6]・「湖北雲夢睡虎地十一号秦墓発掘簡報」[7]（以下簡報Bと略称）によれば、大墳頭一号前漢墓同様、城関人民公社（公社名は違う）肖李大隊の社員が、新たに整地された農地で水渠の工事中、青膏泥層が現われ、大墳頭一号前漢墓発見の経験から青膏泥下の木槨を発見するにいたったものである。

発掘の結果、この一二基の墓は、大墳頭一号前漢墓より四百メートル余り西北方、睡虎地の山端に南北の直線上約百メートルにわたり点在しており、「睡虎地秦墓」と名付けられた。

発掘の体制（いわゆる亦工亦農考古訓練班）が、この秦墓については詳細に紹介されている。当時の考古学調査の実態を伝えるものであり、以下に掲げる。なお発掘の時期は文化大革命中である。

睡虎地一二基の秦墓〈簡報A[8]〉

湖北省文化局―師資・経費

孝感地区委―配慮

雲夢県委―直接指導（人力・物力・工作・生活の各方面）

城関公社党委―直接指導（同右）

孝感地区一期地区亦工亦農考古短訓班（黄陂・漢陽・安陸・雲夢各県の農村業余文物貧下中農優秀子弟と文物幹部二〇人近く）――一九七五年一二月～翌年一月（四〇日間）発掘・整理

孝感地区第二期亦工亦農文物考古訓練班―発掘・整理
孝感地区文化局―発掘・整理
雲夢県文化局―発掘・整理
雲夢県文化館―発掘・整理
雲夢県宣教戦線―発掘・整理
湖北省博物館―指導教師
地元中学校選抜―指導教師

墓葬の時期

以上によると睡虎地秦墓の地理環境は、丘陵の東麓台地上に位置し、後述するように藪沢・河川にも近く、居住地としての条件が揃っていたことになるが、一二基の秦墓について「簡報A」は、

墓葬は、均しく東周遺址の文化層を破壊している。渠道内ではまた一個の土井が発見され、ここが東周戦国時代には村落であって、戦国晩期以降、変じて墓地となったことを物語っている。

と注目すべき事実を指摘している。あわせて楚国の領土であった雲夢の地が、まさに戦国晩期であるが、前二七七年に秦軍に占領され、ここに南郡安陸県が設置されたとも述べている。

安陸県の設置と睡虎地との関係については後述するとして、この発掘報告によれば、戦国晩期に楚人の聚落が破壊され、その地が秦の安陸県下に繰り入れられたことになる。「簡報A」はまた、一二基の秦墓の内、七号墓の槨室の棺と頭箱とを仕切る門楣に、

五十一年曲陽徒邦。

との刻文があり、これは秦の昭襄王五一（前二五六）年のことと解している。

また十一号墓の場合は、副葬されていた『編年記』の年号が、始皇三〇（前二一七）年で終わっていることから、この始皇三〇年が十一号墓の墓葬時期に当たるとし、一二基の墓葬の時期を、前二五六年、戦国晩期から秦統一直後、前二一七年をあまり降らない時期に比定し、副葬品された器物の類似性から、

第一組（秦統一前）＝三・四・五・六・七・八・十号墓

第二組（秦統一後）＝九・十一・十二・十三・十四号墓

との区分を行っている。

そうすると戦国時の聚落の破壊は、前二五六年以前となるが、いまこの既存の戦国聚落の破壊者が、睡虎地秦墓の墓主たちと関係の深い勢力であったとすると、破壊された聚落に居住していた住民は楚人であった可能性が大きくなる。そして発掘報告書で秦墓と称されている通り、睡虎地の墓主たちは、まま指摘されているような楚人ではなくなってくる。

もちろんこの睡虎地における戦国時の聚落の破壊を、秦墓造営の二〇数年前、すなわち秦軍が安陸を占領した前二七七年のこととして（その可能性が大きい）、その後それまでの住民であった楚人が廃虚に隣接して新居住地を再建、廃虚となった旧居住地区にたまたま墓地を設けたとの可能性も考えられなくもない。しかし発掘報告は、睡虎地秦墓と同時代の楚墓との間に副葬品の面で差異のあることを指摘している。そこでついでは、この副葬品の面から墓主の素姓を考えてみる。

二　湖北省における秦墓と楚墓

『文物考古工作三十年』

一九七九年、中華人民共和国成立三〇周年を記念し、文物出版社から『文物考古工作三十年』が刊行され、雲夢県の属する湖北省についても、湖北省博物館の「湖北省文物考古工作新収獲」が収められている。

これによると、一九七一年以降、宜昌・江陵・雲夢などで発掘された秦墓は四〇余基に上り、その特色として、

(1)墓口の坑口に多く土段がない。

(2)墓坑の壁は垂直である。

(3)椁室内に板門を設ける形式が一般的である。

(4)副葬品は日常生活用品が主であって、陶器の場合、釜・盂・甑・瓮・罐などが基本的な組み合わせとなっている。

が挙げられている。そしてこれら秦墓の特色は、同じ戦国時代の楚墓と比較し顕著な差異が見られる。

いま副葬品についていえば、楚墓の場合は、常に礼器・楽器・兵器・鎮墓獣などが見られるが、秦墓では認められない。また秦墓中の漆器の特色は、新しい器形である卮・円盒・盂・双耳長盒・匕・扁壺・耳杯盒などがあり、控・削・巻などそれぞれ異なった製法が用いられている。紋様としては、花・凤・鳥・雲気・巻雲・柿蔕紋が画かれ、中には「咸市」(咸陽)・「許市」(許昌)の烙印のあるものもある。

これに対し楚墓の漆器について商承祥氏は、長沙出土の造型では、羽觴・盤・奩が最も多く、長方・円形の盒、兵器の鞘や柄がこれにつぎ、図案としては、

(1)銅器玉器の怪獣紋の変形。

(2)雲竜などの自然現象。

(3)車馬・士女・狩猟・戦争などの写実。

の三種が見えるとのことである。[9] そこでついでは秦墓、楚墓の個々について具体的に考えてみることとする。

睡虎地秦墓

「簡報Ａ・Ｂ」によって睡虎地秦墓を整理してみると、

(1)長方形の竪穴土坑墓で一椁一棺式。墓坑に段はない。

(2)墓坑内は椁の周囲に青膏泥、その上が五花土（砕かれた土片などを含む）で築き固められており（十一号墓は五花土と青膏土との間に青灰泥あり）、坑の深さは二・八～五・二六メートルの間、墓壁は墓口に向け多少広がっているものの、ほぼ垂直である（基底は二・九六～四・二二×一・二四～二・七四メートル、最大は九号、最小は十二号。十一号の場合、墓口は東西四・一六×南北三メートル、墓底は東西約三・七×南北約二・六メートル）。

(3)椁室内は横梁によって副葬品を入れる頭箱と棺室とに二分され、横梁の下部に双扇式の門板が設けられている。

椁棺の規模は、七・十一号墓の二例について（単位はメートル）、

	椁	頭箱	椁室	棺	遺骸
七号墓	南北三・七六 東西一・八 内高一・一	長一・一六 幅〇・四八	長二・三七 幅一・一六	長二・〇一 幅〇・八八 高〇・九三	仰身直肢
十一号墓	東西三・五二 南北一・七二 内高一・一六	南北一 東西〇・五六	東西二・二六 南北一	東西二 南北〇・七四 高〇・七二	仰身曲肢

と、報告されている。

(4)副葬品は、日常品を中心とし、

①文具七点＝木牘二・墨一・石硯一・毛筆〔三〕・銅削刀〔一〕、（〔 〕は十一号墓、以下同じ）。

②漆器一八七点＝円盒九〔二〕・双耳長盒一〇・盂三〔二〕・獣首形勺一・匕四〔二〕・円奩一五〔四〕・扁壺八・耳杯九〇〔二三〕・卮六〔一〕・提筩一・樽〔一〕・笥〔一〕・六博棋〔一〕。

③銅器三七点＝鼎一〔二〕・壺一・蒜頭壺一・鍪三〔一〕・鏡四〔一〕・鈁〔二〕・匜〔一〕・勺〔一〕・剣〔一〕。

④陶器八八点＝小口瓮一四〔二〕・罐一五〔一〕・鍪三・甑九〔一〕・彩絵壺一・繭形壺一・盒一・大口瓮・圜底罐・壺・小壺〔一〕・小罐〔一〕・量・盂・釜・料珠・鉢。

⑤木器三七点＝木桶四・軺車・馬・耳杯・匕・梳〔一〕・篦・璧・珮。

⑥その他＝鉄鼎二・鉄釜？〔一〕・鉄鍪一・竹笥〔五〕・竹笄一〔二〕・筐・筒・串・葫蘆瓢・竹扇〔一〕・箸〔一〕・瑪瑙環〔一〕・角杯〔一〕・骨管・麻鞋・絲網盒・動物遺骸・植物果実。

と、器物においては　釜・盂・甑・瓮・罐・壺が基本的組み合わせとなっているが、漆器の鳳・鳥・魚・雲気・巻雲・柿蔕・幾何・点紋や工芸上の風格は、同時期の江陵・長沙・信陽の楚墓と様式を異にし（簡報Ａ・Ｂ）、銅鍪・銅蒜頭壺・繭形陶壺などは秦文化の典形的な器物とされ（簡報Ａ・Ｂ）、六点の陶器に印刻されている「安陸市亭」の字体は、咸陽一帯から出土する秦篆陶文と類似する（簡報Ｂ）。

そして一二基の統一前（第一組）墓と統一後（第二組）墓とによる時代別の様式の変化としては、

	小口瓮・罐	甑・盂	陶鍪	銅鍪	銅鏡	陶器紋様
第一組	円鼓腹 器形痩長	折腹位置中部 器形やや痩長	大圜底 無環耳	単環耳	弦紋鏡 器形小	縄文・弦紋

第二組	鼓腹 器形矮胖	折腹位置上部 器形やや矮胖	小圜底 単環耳	一大一小の双環耳	花紋鏡 器形大	無地が増加

が見られ（簡報A）、副葬品の数量による区分は、

Ⓐ七〇点前後＝九・十一号墓

Ⓑ四〇点前後＝三・七・十三号墓

Ⓒ二〇点前後＝四・五・六・八・十・十二・十四号墓

であって、この区分からⒶ下級官吏、Ⓑ中級地主、Ⓒ小地主との社会的地位をも推定している（簡報A）。

楚墓

この睡虎地秦墓に埋葬された主人公の社会的地位については後述するとして、睡虎地秦墓の墓葬形式を近隣の戦国楚墓と比較してみると、ほぼ同規模の、

①江陵藤店一号楚墓（一九七三年発掘。春秋晩期から戦国初期。一椁一棺、椁四・二六×二・四二×内高一・四五メートル）の場合。

三百点を越す副葬器（兵器＝銅剣・銅戈・銅矛・銅戟・銅鉞・竹弓など四九、車馬器＝車傘・車撃・馬銜・馬飾など一一、銅器＝鼎・壺・豆・盤など一四、陶器＝鼎・豆・敦・壺・罐・盤など三六、漆木器＝豆・案・耳杯一〇、楽器＝瑟・弾套・大鼓など六、その他＝鎮墓獣・皮手袋・玉環など一九、以上合計一四五点が出土している）があり、その内には楚墓を特色付ける多くの兵器や楽器、それに鎮墓獣が見える[10]。

②江陵拍馬山一三基楚墓群（一九六三年一一月から翌年一月発掘。戦国初・中期。四号墓一椁一棺、椁三・〇八×一・五

四×高一・二五メートル）の場合。

九〇点の副葬品を見る。個々の墓葬の説明はなく、四号墓のみについて一七点の副葬品（鼎二・簠二・壺二・豆二・鐎壺二・陶小鳥一・瑟一・虎座架鼓一・鎮墓獣一・木梳一・小木輪二）を、保存がやや良好とのことで例示する。しかし四号墓も陶器などはかなり破砕されており、九〇点の副葬品も一三基の墓葬時の姿にどれほど迫れるか問題である。ただ四号墓の場合は、楽器・鎮墓獣などが認められる(11)。

③江陵拍馬山二七基楚墓群（一九七一年一一月から翌年二月発掘。春秋晩期から戦国晩期。無椁棺一・無椁一棺一〇・一椁一棺一六。墓底は有椁棺三・三二×一・五四＝三二号〜一・九六×〇・五〇＝一七号。有棺二・八〇×一・四＝二六号〜二・〇六×〇・五六メートル＝一〇号墓）の場合。

個々の墓についての詳細な発掘報告はないが、二七基について大まかな墓葬様式は表示されている。副葬品は、有椁棺で銅製の礼器がある墓でも、二号墓の三五点、五号墓の二五点が最大数で、副葬品の全く例示されない墓も二基ある。二七基平均の副葬品は、約一〇点である。

ただこのように発掘報告書において紹介される副葬品が、実数とどれほど結びつくかは、先にふれた睡虎地秦墓、江陵藤店一号楚墓の発掘報告の場合においても具体的に品目を表示するのは一部に止まっており、なお検討の余地がある。

ともあれ、ここでの副葬品は、

◇陶鬲中心墓（三・十号墓、同時に壺Ⅰ式・銅剣Ⅰ式または銅戈Ⅰ式が出土。大暉観・葛陂寺と類似）＝春秋晩期。

◇陶鼎中心墓（一・四・十一・二十三・二十四・二十五・二十六号墓、同時に陶壺Ⅲ式・陶簠ⅠⅡ式・陶罐Ⅱ式・豆・陶鐎壺Ⅰ式＝二十三号墓、陶敦が増加し陶豆が減少、銅剣Ⅱ式・銅戈Ⅰ式＝二十六号墓で出土。江陵地区戦国中期墓と類似）＝戦国中・晩期。

◇漆木器中心墓（二・十九号墓、同時に陶壺Ⅱ式・陶敦・陶簠・陶鐎壺が出土）＝戦国中・晩期。
との時代区分が行われており、比較的多くの墓から楽器（一七基）・鎮墓獣（一〇基）の副葬を見る。⑿
④江陵太暉観一一基楚墓群（一九六一年冬・一九六二年秋・一九七三年三月発掘。春秋戦国の際から戦国中期。無椁一棺五・一椁一棺六。墓底は有椁棺三・一七×一・四五＝六号墓～二・五六×一・二八＝二号墓。有棺二・六×一・〇八八＝十一号墓～二・四×一・三メートル＝三号墓）の場合。

六号墓の副葬品が多く九九点（陶鼎・簠一・壺Ⅳ・鐎壺・罐・鳥・木梳・木桶・鎮墓獣・鉛餅・銅戈・矛・剣・砝瑪・鏃ⅠⅡⅢ）で、品目は兵器が七七点となり十八号墓と共に鎮墓獣も認められる。ついでは五十号墓の二五点となり、副葬品一〇点以下の墓が七基となり、兵器は計六基から出土。陶器の基本的組み合わせとしては、
◇壺・鉢、豆壺、鼎・簠・壺（春秋戦国の際から戦国早期）、鼎・敦・壺（戦国中期）＝江陵・長沙共通。
◇陶簠・鐎壺・長頸壺＝江陵のみ。
◇鉢・長頸壺・鬲＝江陵・長沙以外。
がまた楚墓の特色として見られる。⒀

このように見てくると副葬品の多寡は、楚墓の場合も、墓主の身分・財力に応じたものと思われる。
⑤江陵望山一号楚墓（一九六五年一〇月から翌年一月発掘。勾践の剣出土で知られる。戦国時代。二椁一棺、外椁六・一四×三・九八×二・二八メートル）の場合。

規模も大きく、副葬品も四百余点（銅器＝鼎・敦・壺・鐎壺など一六〇、陶器＝鼎・敦・簠・壺・簋・鬲など六〇余、竹木漆器＝鎮墓獣・瑟・虎座鳥架鼓など一〇〇余、玉石・骨・皮・絲帛七〇余）と豊富である。⒁
等があり、睡虎地の秦墓と以上の楚墓との間には、副葬品の上で相違が確認できる。⒂また藤店一号墓と望山一号墓とは、発掘報告書の写真で墓坑に土段が確認できる。

以上によれば、睡虎地十一号墓の墓主をはじめ一二基の秦墓は、楚人と異なる習俗を残すものであったことが考えられ得ることになる。そこでついでは秦楚両国人の混在が考えられる雲夢睡虎地一帯の歴史的背景について見て行くこととする。(補注1)

三　雲夢睡虎地と秦の南郡経営

雲夢沢

雲夢の名は「雲夢沢」として早くより文献に見え、『尚書』禹貢に、

　雲土夢作乂。

とあり、『史記』司馬相如列伝の『子虚賦』では、

　雲夢者、方九百里、其中有山焉。

南宋の蔡沈の『尚書』禹貢の注（『書集伝』）でも、

　雲夢方八九百里、跨江南北。

とあり、この沢は江水の南北(補注2)にわたる広大なものであったとする。このためか『太平寰宇記』所引の劉宋の劉澂之『永初山川記』（『漢唐地理書妙』）には、

　雲夢沢一名巴邱湖、荊州之藪、故魏武帝与呉主書云、赤壁之困、過雲夢沢中、有大霧遂便失道。

と、雲夢沢はまた、「巴邱湖」・「荊州之藪」とも呼ばれていたようである。

漢の孔安国の『尚書』禹貢の注では、

　雲夢之沢、在江南、其中有土丘、水去可為耕作畎畝之治。

と、沢を江南に限定しているが、水が引くと新たに沢の中に土丘が現われるとのことである。霧にでも会えば「沢中」で道を失うとのこともあったわけである。

雲夢を巴邱湖と関連付ける考えは、『爾雅』釈地の「楚有雲夢」の晋郭璞注にも、

　今南郡華容県東南巴丘湖是也。

と見え、華容県（湖北省監利県）の東南の「巴丘湖」、すなわち洞庭湖に比定されている。『元和郡県図志』安州の条では、

　雲夢二沢、本是別矣、而禹貢及爾雅皆曰雲夢者、蓋双挙二沢而言之、故後代以来通名一事。

と、元来は二沢であったとする。

今日の雲夢県の称は、『元和郡県図志』安州の条によれば、

　雲夢県、本漢安陸地、後魏大統末、于雲夢古城、置雲夢県。

と、西魏大統末（一六年）に遡るが、それ以前の雲夢古城は、『漢書』地理志、『続漢書』郡国志、『晋書』地理志のいずれにも見える江夏郡安陸県に属していた（『宋書』州郡志、司州の条では安陸郡）。ただ漢の安陸県（湖北省安陸県）は、『隋書』地理志下、『元和郡県図志』では、西魏の時代に雲夢県のほかに孝昌・吉陽（湖北省応山県）・応城（湖北省応城県）などの諸県が分置されており、雲夢を含むかなり広い範囲に亘っていたことになる。雲夢古城と呼ばれるものも、『水経注』沔水の条には、

　（雲杜）県有雲夢城、城在東北。

と、南方の江夏郡雲杜県（湖北省天門県）にも伝えられており、雲夢沢の広がりの中で各地に存在したようである。

安陸県の雲夢古城については、『元和郡県図志』安州の条では、

　雲夢沢、在（安陸）県南五十里。

　雲夢沢、在（雲夢）県西七里。

とあって、安陸県の南部で雲夢沢に比較的近い所、すなわち雲夢沢の北端を占める一要所に位置していたと思われる。『漢書』地理志後語には、

江陵、故郢都、西通巫巴、東有雲夢之饒、亦一都会也。

と、雲夢沢の豊饒さが指摘されている。

『漢書』地理志にはまた、江夏郡西陵（湖北省黄岡県）と南郡編県（湖北省荊門県）、すなわち沢の東西に当たると思われる二県に「雲夢官」の称が伝えられ、南郡編県の雲夢官は、『晋書』地理志にも見えている。

雲夢の饒については、前漢司馬相如の『子虚賦』に詳しいが、また『春秋左氏伝』昭公三年に、

子産乃具田備、王以田江南之夢。

と、「夢（雲夢）」で狩をしたことが見え、同伝宣公四年には、

邛夫人使棄諸夢中、虎乳之、邛子田見之懼。

と、「夢（雲夢）」での狩と虎の生息とを伝える。『春秋左氏伝』は雲夢沢の呼称を単に「夢」と記したり、同伝定公四年の、

楚子渉睢、済江入于雲中。

のように「雲」とのみ記したりしている。沢の性質上、水量によって必ずしも常時一沢となっているとも限らない。先に述べたように沢の位置や数に異説が生じることになったのも、このためと思われる。

雲夢沢の利用については、狩猟をはじめ早くから楚の人々の利用するところとなっていた。雲夢沢に隣接する安陸県雲夢古城も、この沢の饒と関わりを持つものであったと思われる。

睡虎地十一号墓副葬文書の『編年記』の、

（昭公）二十九年、攻安陸。

によれば、安陸の名は楚が支配していた時代に遡る。秦の支配下に入った後の安陸県は、『水経注』江水の条に、

（江夏郡）、旧治安陸、漢高帝六年置。

と、江夏郡に属したのは漢高祖六年以降となっている。この点について、近年、漢文帝一六年の時点で安陸丞が南郡守に文書を上ったことを示す江陵鳳凰山九号漢墓漢簡が紹介され、高祖時に江夏郡が設置されていたことに疑問が出されている[16]。このため江夏郡設置の時期についてはなお後考に俟つとして、江夏郡に分属される以前の安陸は、『晋書』地理志、荊州の条に

分南郡為江夏。

と見えるように、南郡に属していたものと思われる。

それでは雲夢の地が、秦により南郡下に入れられた当時、この地域一帯はどのような情況であったのであろうか。

雲夢古城

これまで見てきたところによれば、雲夢古城の地は、雲夢沢や涓水に近く、しかも水渦を防ぐのに有利な一種の台地上であった。河水に近い台地状の地形は、古く最適の居住地と見なされていたが、この度、一九七七年一二月に行われた雲夢古城一帯の調査結果が公表された[17]。

これによると県城は、時代の異なる三つの古城（附図Ⅱ）からなっており、それぞれの城外には壕が設けられていた。長方形の外城には、城を東西に分離する形で中仕切りの城壁があり、東部の城壁は後で増築されたものである。

外城内の西部地区には、長方形の内城が東西に隣接して二つ築かれている。西側の内城は明の洪武年間に築かれたもので新しく、東側が古城である。ただ東側の内城も、外城と同じく壕で囲まれていることから、先ず最初にこの内城が築かれ、狭くなったため後で西部外城が築かれ、さらに遅れて東部外城が築かれたものと思われる。

外城の外には秦墓や漢墓があり、外城内には漢代の遺物がある。西部外城壁の東方の旧基や夯土中からは陶紡錘、鬲足、鼎足など殷周時の遺物が拾得できる。このため調査の結果、雲夢の歴史を次のように推論している。

今日の雲夢県域には、殷周時代の聚落址が確認でき、春秋時代には隕国が置かれた。西部外城や内城は、この隕国の城壁を改修したものであろう。秦が破壊した後、再建したのもこの西部外城部である。この古城は秦の安陸県城で、漢代に入っても使用され、江夏郡の郡治となった際、東部外城部が増築されたが、郡治が西陵に移ると外城東部は使用されなくなり、隋唐になると外城西部も縮少され内城のみとして存在することになる、とのことである。

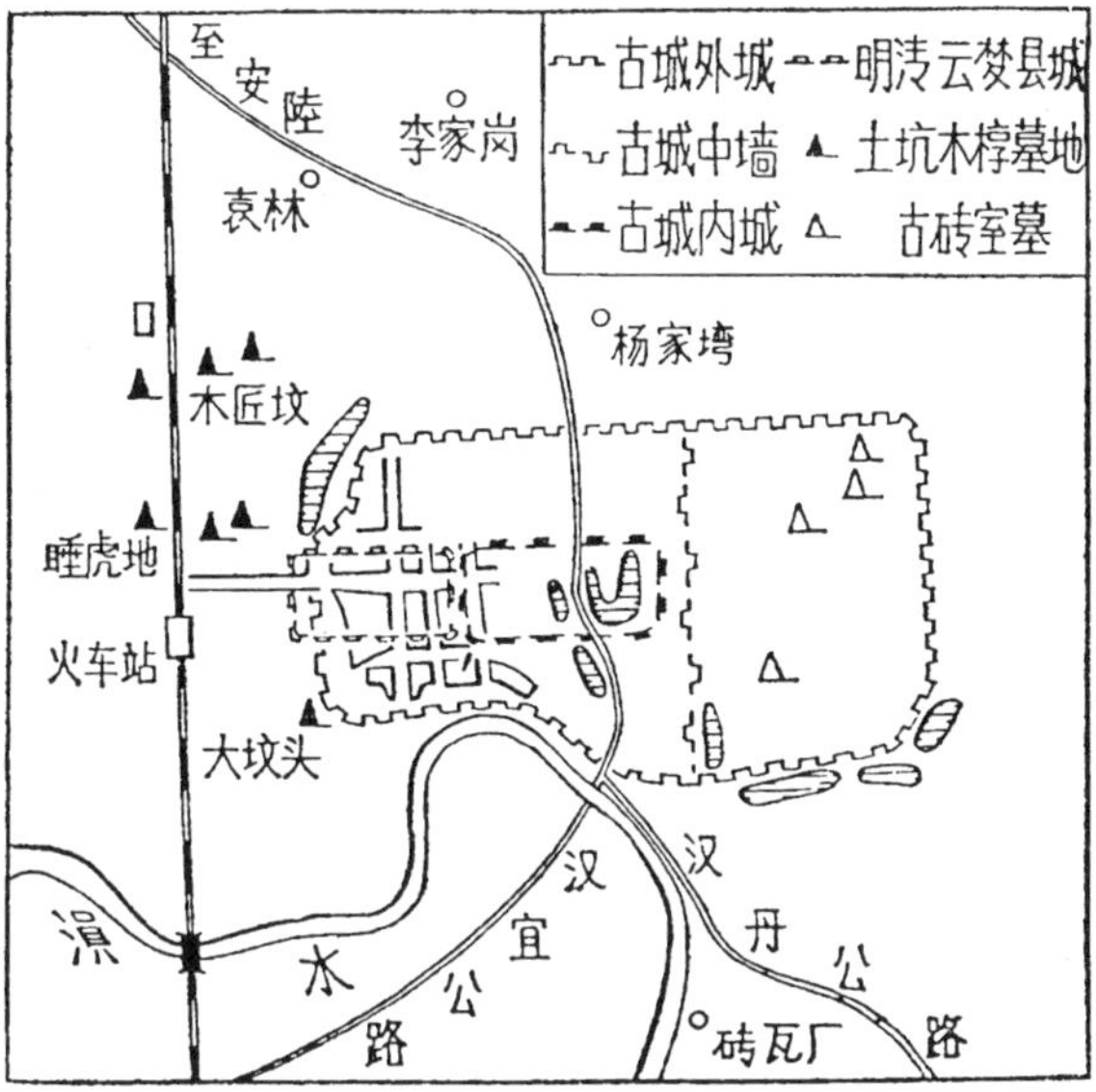

雲夢古城（文物 1980–8）

【付図Ⅱ　雲夢古城】

この新たな調査報告は貴重で、県城鎮が古城址（現在は明代の内城壁すらない）であったことを明らかにし、遺物の関係からこの古城が漢代に遡ることが確実となった。またこの地が殷周の聚落址であったことも新たな指摘である。しかしこの古城（城壁）が春秋戦時に遡るかどうかは、今回の調査報告では確証となるものは掲げられていない。図示される古城の位置は、戦国晩期に破壊されたと報告（簡報A）されている戦国時代の聚落遺址、破壊された聚落上に造られた秦墓の位置からかなり離れており、破壊を受けた戦国時代の聚落が隕国遺址であるかどうかは別として、雲夢古城が春秋古城を改修したものとの結論も、この隣接する戦国時代の聚落址との関連において、なお調査の余地があるかと思われる。もちろん秦墓一帯は最近大々的に整地されたため調査が充分できていないのかも知れないが、図示されるところでは、古城として外城西側の城壁も確認されており、外城壁に欠落部はなさそうである。

〔追記〕本章は、一九七七年一二月の調査結果をもとに雲夢古城の紹介を行ったが、一九八六年以降、試掘調査が行われ、古城の規模は東西約一・九、南北約一キロメートルで、城外に幅四〇メートルの壕がめぐらされていた。東北角に烽火台も確認できる。一九九二年には、古城の中垣・南垣と両垣の結合部が調査され、日常生活用の陶器―鼎・鬲・罐等―や板瓦・筒瓦・銅器―鏡・帯鈎・鏃等―・鉄器―斧・鑿・臿等―・蟻鼻銭等、春秋戦国時代から前漢にいたる遺物が出土した。古城の周囲には、東に長辛店戦国墓・龍崗秦漢墓、西に睡虎地秦漢墓・大匠墳秦人墓・大墳頭前漢墓、南に珍珠坡戦国秦漢墓等、古城の住人と関係が深いと思われる墓地があり、古城の建築は、戦国中晩期に開始されたと思われる。中垣は、中垣の下部に当たる南垣の上層部の遺物が戦国中晩期から前漢初期のものであることから、南垣より遅れ前漢初期に造られた。また中垣部では、後漢初期の墓地が確認されており、古城は後漢も比較的初期に放棄されたものと結論付けられている。本章後文で検討したように、雲夢古城は、春秋時の隕国王城を改修したものではなく、秦の侵攻にともない前線基地として新たに建築されたものであったことが明らかとなる。なお一九九二年の発掘報告書は、雲夢古城を「雲夢楚王城」と呼んでいるが、雲夢古城は、「楚王城」ではなく占領地秦の前線基地に過ぎない。(補注3)

また雲夢古城を秦漢の安陸県城に比定する点も検討の余地がある。この古城を安陸県城とする根拠は、睡虎地四号墓から出土した二通の木簡書翰（一通は始皇二三年二月一九日の日付）に、

視安陸絲布賤。

と、母親に安陸の絲布を求めてきており、安陸は母親の居住地からあまり離れた土地ではなかった。また、

聞新地域多空不実者、且令故民有為不如令者実。

と、母親の居住地を「新地」と呼んでいて、戦国時代の聚落が破壊された後、秦によって居住地の再建が行われたであろう事情が反映されている。さらには十一・十四号墓には、「安陸市亭」の刻印のある陶罐が副葬されていた、等である。

これらの事情は、これまで秦墓の墓主が安陸の住人で、楚人であったとする根拠にも用いられてきた。確かにこれだけ立派な古城が存在するとなると、この地が県城であったとの理解も成り立つかも知れない。しかしこの古城が、楚国以来の安陸県城であったとすると、安陸県の名のもとに統管されていた各地が、後、県として分立して行った際、なぜ安陸の県城鎮が、雲夢県の治所となり、安陸の名を他の地に譲ったかが疑問として残らないでもない。

そして雲夢古城が、破壊された旧戦国時代の聚落地区を含まず、また今回（一九七七年一二月）の調査報告が、外城内における戦国時代の聚落遺址や遺物の存在にふれていないことは、この古城が侵入者秦人によって新たに建設されたもので、それまでの聚落は、これを改修利用するほどの堅牢な城壁などを設えていない比較的小規模な聚落ではなかったかとの理解を許すことにもなる。

ただそれにしても雲夢古城が、秦楚攻争の際、安陸県に属していたことは充分考えられることである。そしてこの地が安陸の県城鎮でなくとも、母親に県城鎮安陸産の布を求め（安陸県と雲夢県との距離は『元和郡県図志』では約四〇里、一六キロメートル程度と推測され日帰りの交易も可能である）、またこの地の住人が安陸の産地名の刻された陶器を所持することと自体、何ら問題とはならないであろう。

このように考えてくると、現時点では、雲夢古城の古地名は、これを安陸県区内の某所、とする以外に特定するだけの材料はないことになる。ただ『史記』秦本紀に、

（昭襄王）二十八年、大良造白起攻楚、取鄢・鄧、赦罪人遷之、二十九年、大良造白起攻楚、取郢為南郡、楚王走。

と伝えられているように、昭襄王二九（前二七八）年、楚都郢の陥落により、郢を中心として秦の南郡が設置され、

鄢・鄧・郢・西陵・夷陵・竟陵と漢水一帯が秦の支配下に入ることとなったが、この昭襄王二九年に、『編年記』では安陸も攻撃を受けている。

このため雲夢古城が、昭襄王二九年の南郡設置の時期に秦の攻撃を受け、それまでの住民の居住地は廃居と化し、新たに秦の支配下に繰り入れられたとすると、南郡支配下の住居構成については、従来の住民と違う新たな住民の存在を考慮する余地が生まれてくる。

秦の雲夢経営

昭襄王二九年における楚都攻防の際、『史記』楚世家は、

秦将白起遂抜我郢、焼先王墓夷陵。

と、秦軍が楚の墓陵を焼き払ったと伝えている。春秋戦国時代における他国の邑の占領過程には一定の傾向が窺える。いま秦の昭襄王二一年に、秦が魏を攻め安邑を獲得した際の事情を例示すれば、ここでは「出其人」と、その後の「赦罪人遷之」と、住民の移動が伝えられており、攻撃を受けた安邑の住民は、「出」、すなわち他の地に強制的に移され、その後に赦罪人が新たな住民として移住してきたことを物語っている。

抵抗せずして降った邑が、邑の支配氏族のみの追放ですむのに対し、激しい攻防の後に降伏した邑の場合は、「出其人」・「出其民」と、支配氏族だけでなく住民の多くが追放されたわけである。(18)

白起による楚都の攻撃では、楚王の墓陵までもが焼き払われており、この昭襄王二八・九年時の楚都一帯の戦争が、激烈を極めたことを物語る。白起は、この時期の各国との戦争でも、数万から二〇万を越す斬首を行っている。このことからしても、昭襄王二九年、あるいはその前後を余り離れない時期に攻撃を受け破壊されたと思われる雲夢の楚人たちに、どのような運命が待ち受けていたか想像に難くない。

事実、前掲の『史記』秦本紀に見える、昭襄王二八年の雲夢からあまり遠くない鄢・鄧攻取の際にも、「赦罪人遷之」と赦罪人が送り込まれていた。かかる住民移住の前提に、「出其民」の行為が皆無でなかったことは前述した通りである。

睡虎地十一号墓から出土した始皇二〇年四月二日の年号が見える『語書（南郡守騰文書）』の南郡守騰は、『史記』秦本紀にみえる「内史騰」、「（南陽）仮守騰」と同一人物ではなかったかとする指摘がなされている。もしこの指摘が正しいとすれば、この南郡守騰は、南陽郡仮守であった始皇一六年に、『漢書』地理志後語によれば、

秦既滅韓、徙天下不軌之民於南陽、故其俗夸奢、上気力好商賈漁猟、蔵匿難制御也。

と、南陽への徙民に関わったことが伝えられている。(19)

『漢書』地理志の記事が、睡虎地秦墓から出土した『語書』に見える南郡守騰の事蹟と結びつくかどうか確証はない。ただ南郡守騰の事蹟が、もし南郡仮守騰の事蹟に繋がるものであったとすると、騰は前任の南陽郡でも徙民政策の経験者であったことになる。

もちろんこのような占領地における住民の強制的な移動が、秦の統一戦争が拡大する中でどこまで可能であったか問題となるが、南郡設置の昭襄王二九年の時点は、秦の統一戦争も緒についたばかりであり、かかる強権の発動、出民→新住民の徙民の方式も考えられなくもない。

『史記』蘇秦列伝によれば、

蜀地之甲、乗船浮於汶、乗夏水而下江、五日而至郢、漢中之甲、乗船出於巴、乗夏水而下漢、四日而至五渚。

と、秦と南郡との交通は河川を利用し四、五日の日程であった。秦にとって雲夢沢の北端に位置する雲夢一帯は、重要な対楚戦略の基地と位置付けられていたはずである。このためか問題の雲夢古城の場合にあっても、出人→新住民の徙民を想定させる既存聚落の破壊が確認されることになっている。

以上において、秦の占領政策の側面から見ても、睡虎地秦墓の墓主が秦人であった可能性が強いとの点を述べてきた。四号墓の椁内に残されていた「曲陽徒邦」の刻文が、墓主の身分とストレートに結びつくのかどうかは問題が残るが、かかる刻文の事例はあまり確認されていない。同時に雲夢古城の新住民を、このように秦からの移住者と考えるにしても、睡虎地の秦墓の内に、軍事行動に付随して移住してきた人とは別に、望んで秦国から自主的にこの地に移り住んできた人々の存在も排除できない。いずれにしても墓主喜をはじめ秦統一後の睡虎地の被葬者は、雲夢で生まれ育った可能性が大きく、秦からの移住者二世であった可能性がある。

それでも墓主喜の場合、雲夢一帯が対楚攻撃の最前線基地であったとの情勢は、その晩年まで大きく変わることはなかった。そして墓主喜は、この地、揄（揄関、蔡の附近か）[20]、安陸・鄢で吏人としての一生を終えた。『史記』楚世家には、喜が安陸令史に就任した始皇六年に、楚秦間で、

与諸侯共伐秦。

との攻防が伝えられている。

そこでついでは、この喜と共に葬られた竹簡を中心に、墓主喜の身分と出土史料の性格の一端についてふれることとする。

四　墓主喜と令史

漢制の令史

墓主喜が、雲夢に葬られているところをみると、彼の家族は雲夢に居住していたのであろう。喜の死亡を始皇三〇

年、あるいはこの年をあまり降らない時期とすると、享年は四〇歳代も後半となり当時としてはさほど早世とも言えない。ゆえに喜の墓から、墓の格式の一つの基準となる銅鼎、それも銀か鉛錫で渡金したものが二個も出土したとしても、それまでの永い間に築いた社会的地位を反映するものとして当然であったかも知れない。

しかしこの比較的質の高い副葬品を持つ喜も、これまで微賤な斗食、百石の下級官吏として理解されてきた(21)。それは喜が「令史」・「治獄」の吏として『編年記』に現われるためである。この令史・治獄を下級官吏として位置付ける根拠は、『続漢書』郡国志の劉昭注に引かれる『漢官』の雒陽令の組織、

郷有治獄吏五十六人、（中略）斗食令史嗇夫仮五十人。

あるいは衛宏『漢旧儀』の、

令史皆斗食。

等、いずれも後漢の制である。

確かに漢制は秦制を承けたとされるが、かかる地方行政制度の場合、前出の『漢官』に伝えられる後漢河南尹の組織、

員吏九百二七人（百石一二人、諸県有秩三五人、官属掾史五人、四部督郵吏部掾二六人、案獄仁恕□三人、監津渠漕水掾二五人、百石卒史二五〇人、文学守助掾六〇人、書佐五〇人、循行二二〇人、幹小吏二三一人）。

と、前漢武帝時以前の郡組織である『史記』汲黯列伝集解所引の律文に見える、

律、太守、都尉、諸侯、内史、史（丞）、各一人、卒史、書佐各十人。

とを比較してみると、秦漢初と思われる郡の組織には、僅かに太守—都尉—史（丞）—卒史・書佐が見えるに過ぎない。もちろん後掲の律文が、郡吏を網羅するものであったかどうかの確証はないが、『戦国策』秦三に伝えられる秦昭襄王時の地方行政も、

其令邑中自斗食以上至尉・内史、及王左右、有非相国之人者乎。

と斗食—尉—内史を伝えるに過ぎず、『史記』や『漢書』に散見する秦漢初の郡県属吏もまた、まま「舎人」・「門下」などで総称される存在であった。

同時にこの秦漢初の郡県組織は、比較的未分化で、列曹を始めとする組織の確立は、前漢も後半に入ってではなかったかと考えられる。[22] そして『大唐六典』尚書省都事に引く応劭『漢官儀』には、

能書、蒼頡史篇、補蘭台令史、満歳補尚書令史、満歳為尚書郎、出亦与郎同、宰百里、郎与令史分職受事。

と、令史の職はまた郎官の前段階となっているが、ただこの場合の令史は地方属吏の事例ではない。

秦制の令史

このため喜に関わる「令史」・「治獄」の理解は、『編年記』と共に出土した種々の竹簡中に現われる「令史」、「治獄」の事例を検討する以外にはないと思われる。

そこで先ず「令史」についてであるが、これには官府の会計に携わる「令史」（『効律』）、事務終了後、閉門された官府内を循回する「令史」（『内史律』）、事件の調査を担当する「令史」（『法律答問』）、倉から貯蔵物の搬出に携わる「令史主」（『倉律』）、倉内の草の除去など貯蔵物の管理に携わる「令史掾」（『効律』）、苑囿の会計に携わる「司馬令史掾」（『効律』）、苑囿の管理に当たる「司馬令史」（『効律』）等が見え、同じ令史職でも「主」・「監」・「掾」が付され組織面での分化が見られる一方、『効律』の司馬令史も『秦律雑抄』に「県司馬」と、司馬が県にも属していたことからすると県の属吏であったことが考えられるため、右に掲げた令史は総て県の属吏と思われる。

そして職掌も多様である。この同じ「令史」としての吏名で種々の職掌に関わっていることは、共に出土した副葬竹簡中の「嗇夫」の場合においても、県令を意味する嗇夫から亭吏の「亭嗇夫」まで、また職掌を冠した「田嗇夫」・「倉嗇夫」・「皂嗇夫」など広範囲な分野の官吏名が「嗇夫」という同一の称で済まされているのと同様である。

前述したように、漢制と比較すると官制の未分化が確認できることになるが[23]、今、「令史」が比較的頻出する『封診式』を整理、表示してみると、

【封診式】

案件名	爰書	審理	受告者	告者	被告	案件内容（備考）
有鞫		識者が派遣され名事里・坐論・罪赦・覆問・亡・逋事につき騰。	県主	（辞）某里士五男子某	告者自身	某里士五男子某の身元調査。
封守	郷某爰書	典某某・被告士五の伍人公士某某に登記の脱漏を訊（典等と里人が甲を更守）。		（某県丞某書）	某里士五甲	有鞫者士五甲の家屋・妻子・臣妾・畜産の調査（公士と士五が同伍）。
覆		識者が派遣され名事里・坐論・罪赦・覆問・亡・逋につき騰。	県主	（辞）某県某里士五男子某	某里士五	逃亡した某里士五の身元調査。
盗自告	□□□爰書	令史某が丙を執。		（自告）某里公士甲	某里公士甲・同里士五丙	某里士五丁から盗銭千銭。
□捕	爰書			（縛・辞）某里故士五男子甲	故士五男子甲・男子丙（丙は亡命先の市にて庸）	甲の盗牛亡命と丙の賊人亡命。
□□	爰書			（索・縛詣・告）某里士五甲・乙	男子丙・丁	私鋳銭百十と銭范（丙が鋳、丁が佐）。
盗馬	爰書			（縛・告）市南街亭求盗某里甲	男子丙	馬・衣服・履を盗。
争牛	爰書	令史某が牛の年令（六歳）を調べる。		（告）某里公士甲・士五乙	告の両者が逃亡した牛がみつかり所有を争う。	
群盗	爰書	丁に共犯者と逃亡の径路・逮捕時の様子を訊。		（縛詣・告）亭校長甲・求盗某里乙・丙	某里男子士五丁・某里士五戊（斬首）（己・庚・辛は亡）	士五丁・戊・己・庚・辛が某里公士から銭万を盗。乙等が徼循中某山で寄居のない丁を

						縛。同様の戊は抵抗し斬。
奪首	軍戯某爰書	首級と丁の傷を診。		（縛詣・告）某里士五甲（尉の私吏）・男子丁（同行者）	男子丙	丁の首級を丙が奪う（於邢丘城戦）。
□□	□□某爰書	首級を診。軍の駐屯地にも事情を確認。		（告）某里士五甲・鄭県某里公士丙	告の両者が首級を争う（於邢丘城戦）。	
告臣	爰書	丙に甲への不听・身免・病・它罪を訊。令史某が丙の健康状態を診。小内某・佐某が丞某の立ち合の上で価格の鑑定。郷主が丞某の指示で丙の名事里・坐論・罪赦・覆問・身免を鞫。		（縛詣・告）某里士五甲	男子丙（甲の臣）	主人甲に忠実でない臣＝奴の丙を官に売り城旦となさんとす。
黥妾	爰書	丙に乙の妾であることと它坐を訊。丞某が某郷主に乙の黥鼻施加への意思・名事里・坐論・覆問についての文書を求む。		（縛詣・告）某里公士甲（五大夫乙の家吏）	大女子丙（乙の妾）	妾の丙が乙に悍であるため黥鼻せんとす。
遷子	爰書	令史が廃丘から成都まで護送。吏・徒から恒書・伝を受理。成都にて恒書を太守に上。	廃丘主	（告）咸陽某里士五甲	親子同里士五丙	子の同里士五丙の断足と蜀への徙遷を父の甲が求む。縁坐の律により父の甲も蜀に徙遷される。
告子	爰書 令史己爰書	令史・牢隷臣某が丙を執。丞は丙に甲の親子であることと甲への不幸・它坐を訊。		（告）某里士五甲	親子同里士五丙	父の甲が子丙の不孝と殺とを求む。
癘	爰書	丙に病状と它坐を訊。医の丁が診。		（詣・告）某里典甲	里人士五丙	丙の奇病。
賊死	爰書 令史某爰書	令史某・牢隷臣某が賊死者を往きて診。死体はその地に埋葬。遺品を採取。県廷が甲の亭人と丙に死体の発		（告）某亭求盗甲	某亭から百歩、某里士五丙の田舎から二百歩での身元不明の賊死男子一人。	

		見とトラブルの声につき訊。			
経死	爰書　令史某爰書	令史某・牢隷臣某が往きて丙の妻と女と共に経死者を診。死体を甲と女に命じ県廷に運ばす。県廷で死体の様子と原因を同居者に問。		（曰）某里典甲	里人士五丙が自宅で経死。
穴盗	爰書　令史某爰書	令史某・郷主・牢隷臣が乙・典丁と共に室内を診。乙・丙に盗品と犯人・犯行時間を訊。丁・乙の伍人士五□に盗品につき訊。		（告）某里士五乙	妻丙と就寝中、壁に穴をあけ衣を盗まれる。
出子	爰書　令史某爰書	令史某が往きて丙を執。令史・隷臣某が嬰児を診。出産経験者の隷妾某が甲を診。甲の家人に流産の様子を訊。		（告）某里士五妻甲（懐妊—流産）	同里大女子丙	甲と丙が争い、里人公士丁が救う。甲はその夜流産。
毒言	爰書	丙に里人との関係・毒の有無・它坐を訊。		（詣・告）某里公士甲等廿人	里人士五丙	丙家にかつて毒言に坐した外大母同里丁の祠があること。
奸	爰書			（詣・告）某里士五甲	男子乙・女子丙	奸の現場で逮う。
亡自出	郷某爰書	名事・亡・它坐・覆問について問。典乙に甲を相診・詣論。		（自詣・辞）某里士五男子甲	逃亡したが、後自首す。	

と、『封診式』の各案例は、具体例に沿う治獄案例、治獄担当の吏が受け持つ取り調べのための参考例であって、事件の訴えから事実審理（県の令長が担当する量刑はない）にいたる経緯が明らかとなる。

これによると、自首も数例あるが、事件の「告」（訴え）は「里典」や亭の「求盗」のような役職上の者からのものよりも地元住民（身分ある人は私吏である「家吏」が代理）からの場合が圧倒的に多い。これは連坐規定により同里（同伍）人が告姦する建前になっていたためであろう。このため「里典」は、奇病者の処置を訴え（「癘」）、「亭校長」・

「求盗」は、集団強盗を訴えており（「群盗」）、「求盗」のみの訴えでは身元不明者が扱われている（「賊死」、「盗馬」）の場合も被告男子丙の貫籍が不明か）。いずれも治安と関わりはあるものの、犯罪者として責任追及ができない場合、あるいは犯罪告姦の義務を負う同伍人が特定できない場合の措置である。

「告」を受けた役所は、「令史」に事件の詳細な調査を命じるが、これには下僚の「牢隷臣」、地域の事情に通じた「郷主」・「里典」・「里人」・「伍人」の他、臣妾の価格決定には「小内・佐」、病状の診断には「医」、流産には出産経験者の「隷妾」など種々の人々が協力している。

「令史」はこの調査結果を「爰書」（「封守」などでは「令史」の職務を郷が代行したのか「郷爰書」がある）として判（量刑）の責任者のもとへ提出する。調書作成の訊問には「訊獄」の規定が『封診式』に含まれており、死体の検証や事件現場の捜査にも専門的な知識が生かされるなど正確が期された。

「令史」の爰書を受けた県廷では、「丞」が被告人への直接訊問を行う場合もある。「告子」によれば、「丞」は訊問の結果、

甲親子、誠不孝甲所、毋它坐。

（甲の子供は確かに甲に孝を尽くしていないが、他には罪がない）

との事情を確認している。

事件の訴えは、『法律答問』によれば、

辞者、辞廷、今、郡守為廷不為、為殹、辞者、不先辞官長・嗇夫、可《何》謂官長、可《何》謂嗇夫、命都官曰長、県曰嗇夫。

（告訴は官府へ行う。郡守も告訴を受理するが、都官や県令に先ず告訴をすべきである）

と、京師では「都官」、地方では県廷への訴え・審理が先行し、その後上級の郡廷への上告が可能であった。

以上少し横道にそれたが、この県廷での裁判手続の中で「令史」の地位を考えてみると、「令史」は県の「令丞」

の下で郷里の責任者である「郷主」や「里典」を指揮する立場にあったが、これを『秦律十八種』中の『倉律』において考えてみると、

□□□□□不備、令其故吏与新吏雑先索出之、其故吏弗欲、勿強、其毋故吏者、令有秩之吏、令史主、与倉□雑出之、索而論不備、雑者勿更、更之而不備、令令丞与賞不備、倉。

（前任者と後任の吏とが共に情況を確認の上貯蔵物を搬出する。前任者が来ない時には有秩吏と令史主が倉□と共に搬出に当たる。作業の途中で交替してはいけない。作業関係者を変更して不備があれば令丞に不備を補償させる。倉律）

とあり、「令史主」は「有秩之吏」・「倉□」と共に倉の貯蔵物の搬出に対して共同の責務を帯びていた。この倉の管理については、同じく『倉律』にまた、

入禾倉、万石一積而比黎之為戸、県嗇夫若丞及倉、郷相雑以印之、而遺倉嗇夫及離邑倉佐主稟者各一戸以気、自封印、皆輒出、余之索而更為発戸、（略）而書入禾増積者之名事邑里于廥籍、（略）櫟陽二万石一積、咸陽十万一積、其出入禾、増積如律令、長吏相雑以入禾倉及発。

（県嗇夫または丞・倉・郷は、禾を万石単位で、共同で封印する。倉嗇夫、離邑の倉佐・主稟者は倉の仕切毎に立ち、禾を送り出し封印する。（略）関係者は名事邑里を廥籍に記入する。（略）櫟陽は二万石、咸陽は一〇万石を仕切の単位＝一積とする。禾の出入は律令の如くし、長吏が共同で禾の出し入れに当たる）

と「県嗇夫」（県令）または「丞」・「倉」（倉嗇夫か）・「郷」（倉佐・主稟者か）が倉庫の封印に当たり、倉庫からの禾（穀物）の搬出は、「倉嗇夫」・「離邑（郷）倉佐・主稟者」が担当した。倉庫の禾の出入は、律令に決められた通り行わねばならなかった。これら倉貯蔵物の搬入搬出には、「長吏」が立ち会う必要があったが、「長吏」とは県の「令丞」のことであろう。

前掲『倉律』の「有秩之吏」、「令史主」は、倉からの搬出において不備があれば「令丞」が彼等の責任をとること

になっており、また「倉□」が協力者となっていた。このことを後掲『倉律』の倉の禾の出入に当たる「長吏」（県嗇夫）、「倉嗇夫」、郷の「倉佐」・主稟者と対比してみると、「長吏」（県嗇夫）と郷「倉佐」以下の関係者は前掲『倉律』の「令丞」と「倉□」に当たると考えられ、前掲『倉律』の「有秩之史」・「令史」に相当する吏人としては、後掲『倉律』の「倉嗇夫」のみが残ることとなる。

前掲『倉律』の「有秩之史」・「令史」の場合、「不備」の具体的意味は不明であるが、倉の管理において「令丞」につぐ管理責任を果たしていたようであり、後掲『倉律』の「倉嗇夫」と同一であるかどうかについては疑問が残るものの、「倉嗇夫」級の吏人であったとの理解も許されるかも知れない。

「倉嗇夫」（『効律』中の倉規定には「倉嗇夫及佐・史」と「倉嗇夫」の下僚が見えている）の場合は、倉の管理において「令丞」につぐ職責を担っていたと思われるが、『封診式』で治獄に当たった「令史」もまた、「令丞」につぐ職責を果たすものとなっており、県府における地位の高さを窺わせることになっている。

「有秩之史」についてはまた、『金布律』に、

都官有秩史及離官嗇夫。

とあり、「有秩史」が「離官嗇夫」と同等程度に位置付けられている。

以上によると墓主喜の副葬竹簡中に見える県の令史は、後漢の制におけるような微賤な地位＝斗食の吏とは異なる存在であったことが明らかになる。

ついで『編年記』における「治獄」の用語について述べておく。秦代には「治獄吏」（『史記』秦始皇本紀）、秦漢の際には「獄掾」（『史記』項羽本紀）、漢制にも「獄吏」（『漢官』）などが見えているが、肝心の副葬竹簡中には「治獄」の吏名が確認できない。『封診式』によれば、「治獄」とは、

治獄、能以書従迹其言、毋治諒而得人請《情》為上、治諒為下、有恐為敗。

と、単に事件の取調べのことであるが、『編年記』でも喜の治獄については「治獄鄢」となっていて「鄢治獄」とはなっておらず、他の「揄史」・「安陸令史」・「鄢令史」と区別して記載されている。治獄を担う吏は前述したように『封診式』では「丞」と「令史」とであるが、墓主喜の場合、「丞」に昇進したとの記載は見えない。

このため『編年記』の「喜治獄鄢」については、喜が「令史」から「治獄」という役職に遷ったのではなく、鄢の「令史」として、記載される年次（始皇一二年）以降治獄関係の職務に携わることになったとの意であると思われる。

ここに喜の副葬竹簡の中に、多くの法律関係文書が含まれることにもなるのであるが、鄢は郢と並ぶ楚の重要都市である。このため鄢で長く治獄専任の令史を務めた喜は、相当の実力者として厚葬をうけるに値する地位の人物であったと考えられることになる。『秦律十八種』中の『置吏律』においても、「令史」は、

官嗇夫節《即》不存、令君子毋害者若令史守官、毋令官佐史守。

と、「君子毋害者」、すなわち高潔公正な人物と同等の高い評価が付けられている。

「令史」は、県の「令丞」に直属する実務官であった。かかる要職を占める「令史」であってみれば、これら「令史」（令の吏と言われる所以か。「舎人」・「門下」とも通じる吏名）が、南郡のような占領地、前線基地にあって、墓主喜の場合のように秦人によって占められていたとのことも当然のことになる。喜が秦人有力吏人（『史記』范睢列伝に秦制として「今自有秩以上至諸大吏」と）の治獄関係者、「治獄令史」であったとすると、彼の所持する竹簡の史料としての重みも増すことになる。

ついではこの喜の副葬竹簡の概要について少しくふれることとする。

五　睡虎地十一号墓副葬文書

十一号墓の墓主喜と共に副葬される竹簡は、『編年記』・『語書』・『秦律十八種』・『効律』・『秦律雑抄』・『法律答問』・『封診式』・『為吏之道』の八種に大別されており、(24) 個々についての専論も少なくない。そこで本節ではまず、法律関係の竹簡について考えてみる。

法律関係文書の成立

『語書』の前半部は、始皇二〇（前二二七）年四月二日付の南郡守騰から郡内の県・道嗇夫（令長）に発給した文書（ただ「別書江陵布、以郵行」は注記か）であるが、これによれば

古者、民各有郷俗。

と、従来は「郷俗」すなわち楚の法律によっていたが、

今法律令已具矣、（略）今法律令已布。

と、現在においては秦律にもとづく「法律令」が整備された。然るに、

吏民莫用、（略）郷俗之心不変、自従令丞以下智而弗挙論、是即明避主之明法殹、（略）今且令人案行之、挙劾不従令者、致以律。

と、律令の滲透が思わしくない。そこで令丞は人を派遣し令に従わない者を挙劾し律でもって処断せよと命じている。これによれば、南郡守騰の文書は、「法律令」と称される法律が新たに公布されたものであったことを伝えてくれるが、肝心の「法律令」の内容はとなると、ただ、

法律令、田令及為間私方《法》。

と述べるのみで充分でなく、同時に出土した『秦律十八種』中の律文との関わりについても定かではない。これについて『史記』秦始皇本紀、始皇三四年の条の丞相李斯の上奏には、

今天下已定、法令出一、百姓当家則力農工、士則学習法令辟禁、（略）語皆道古以害今、飾虚言以乱実、人善其所私学、以非上之所建立、（略）若欲有学法令、以吏為師。

と、有名な焚書の提言が見え、ここにおいても南郡守騰の文書と同様、秦の法令が「道古」＝郷俗のために阻害され地方（旧六国の地か）に滲透しきれていないと指摘されている。李斯は、併せて士人による法令の学習と焚書後の法運用を、「以吏為師」、師資相伝の方向にもって行くべきだとも主張している。

この「以吏為師」の傾向は、漢代に入っても窺われるのであるが、『韓非子』五蠹においても、

蔵商・管之法者、家有之、（略）故明主之国無書簡之文、以法為教、無先王之語、以吏為師。

と見えており、師資相伝が強調される背景として、民間に家蔵される商鞅や管仲の法の存在が指摘されている。「以吏為師」は、「私学」・「私議」として難じられる公法に対する民間での国法への自由な議論を意識したものであったが、『管子』任法にも、

以法制行之、如天地之無私也、是以官無私論、士無私議、民無私説、（略）今乱君則不然、（略）上舎公法、而聴私説。

と、官民共に「私論」、「私議」、「私説」に流される風潮が伝えられ、結果として公法が軽んじられていることが憂えられている。

もちろん公法を損なわない範囲での私議であれば問題はなく、「以吏為師」も当然公法の正確な伝授と深化とを期待しての主張であったと思われるが、当時、民間での私議にそれほどの成熟度を期待することはできなかったものと

思われる。

令史喜の個人の墓に大量の律令類が副葬されていたことは、公法が私人の所有物として扱われていたことになり、律令の管理がさほど徹底されていなかったことを物語る。令史喜は、吏人であり、一般の民間人とは立場を異にするが、それでも個人の墓に国法が副葬されていたことは、私議の可能性が、完全に閉ざされていたことにはならないと思われる。

また喜の職掌、治獄と直接関係のある『封診式』に収められている治獄案例は、二例（「盗馬」・「賊死」）の身分が明記されていない事例を除くと、他はほとんど無爵の「士五（伍）」を事件関係者としたものとなっている（『法律答問』も具体的事例を踏まえるが、案件の当事者の身分をほとんど明記しない。ただ数例について士伍関係が見えるが、吏以外で公士身分を明示するものはない）。このため案例におけるこのような身分上の統一性は、偶然の一致にしては余りに整い過ぎており、喜の実務との関係が推測されることになる。

先に南郡へ秦人の「赦罪人」の徙民が行われていたとのことにふれたが、喜の副葬品である漆器の耳杯には、「士五軍」の刻文が認められ、近隣の四号墓からは「徒（士五）邦」[25]の刻文が椁内に認められる。このことは喜が私的な面でも士伍との関わりを持っていたことを窺わせる（ただ喜身分が士伍身分であったかどうかは、喜が君子毋害者と同等の令史となっていることから疑問である。なお『封診式』に「故士五」が見える）が、公人としても喜は、当然占領地南郡の令史として多数の士伍（士伍は秦人の赦罪人のほか被征服民も多く無爵者とされ士伍身分に置かれていたか）を対象とせざるを得なかったはずである。案例の蒐集にも、あるいはかかる地域性、喜の職務上の事情が勘案されていたのかも知れない。

それでは治獄案例以外の法律関係の文献はどうであろうか。まず比較的律の体裁を伝えるとされる『秦律十八種』であるが、『倉律』と『効』、さらには『効律』の中に、繁簡の差はあるものの類似する内容を伝える律文「入禾倉、

万石一積而比黎之為戸」が、

（1）入禾倉、万石一積而比黎之為戸、県嗇夫若丞及倉、郷相雑以印之、而遺倉嗇夫及離邑倉佐主稟者各一戸以気、自封印、皆輒出、余之索而更為発戸、嗇夫免、効者発、見雑封者、以隄効之、而複雑封之、勿度県、唯倉自封印者是度県、出禾、非入者是出之、令度之、度之当堤、令出之、其不備、出者負之、（略）其出入禾、増積如律令、長吏相雑以入禾倉及発。（『倉律』）

（2）入禾、万［石一積而］比黎之為戸、籍之曰、廥禾若干石、倉嗇夫某、佐某、史某、稟人某、是県入之、県嗇夫若丞及倉、郷相雑以封印之、而遺倉嗇夫及離邑倉佐主稟者各一戸、以気人、其出禾、有書其出者、如入禾然。（『効』）

（3）入禾、万石一積而比黎之為戸、及籍之曰、其廥禾若干石、倉嗇夫某、佐某、史某、稟人某、是県入之、県嗇夫若丞及倉、郷相雑以封印之、而遺倉嗇夫及離邑倉佐主稟者各一戸、以気人、其出禾、有書其出者、如入禾然、嗇夫免而効、効者見其封及隄以効之、勿度県、唯倉自封印是度県、終歳而為出凡曰、某廥出禾若干石、其余禾若干石、倉嗇夫及佐・史、其有免去者、新倉嗇夫、新佐・史主廥者、必以廥籍度之、其有所疑、謁県嗇夫、県嗇夫令人復度及与雑出之、禾贏、入之、而以律論不備者。（『効律』）

と、三種の律文に見出される。律の復原・体系化には各種律文の比較検討が必要である。

また法運用上の問答集である『法律答問』には、「律曰」・「律所謂者」と律の一部が直接引かれており、明らかに律に依拠する問答集であって、秦律の体系化に有益である。また法吏経験者の所持品として、それなりに現実性を持つ文書ともなり有益であるが、秦律の個々に亘る整理は稿を改めるとして、ついで注意すべきは『封診式』の「遷子」に見える、罪人の徙遷案例が、関中の廃丘（陝西省興平県）を舞台とし、徙遷される人は咸陽の人で、徙遷地は蜀の辺郡であったという点である。

秦代に蜀の地が徙遷刑の流刑地であったことは知られているが、この案例の場合、登場人物はすべて関中在住者である。また案件名は不明であるが『封診式』に鄭（陝西省華県）出身者の戦地での奪首事件がある。さらに『法律答問』に見える、

　発偽書、弗智、貲二甲、今咸陽発偽伝、弗智。

も偽造文書の発信地は咸陽となっている。このほか『倉律』中にも咸陽・櫟陽に言及する部分がある。

この他、竹簡中に見える地名としては、『封診式』に対魏戦線における刑（邢）丘城（河南省温県）が見える。刑（邢）丘城の地名は、戦場における首級をめぐるトラブルの事例で地名に特別の意味はないのかも知れず、『倉律』の場合の咸陽・櫟陽にしても、ここの倉の管理のみが特別であったのかも知れない。『金布律』にも衣の支給について、

　在咸陽者致其衣大内、在它県者致衣従事之県。

と、咸陽の地名が見えるが、これもあるいは特記する必要があったのかも知れない。しかし他の場合は、具体的事例が関中に集中せねばならない必然性はない。

この他、法律関係の文献には「邦関」・「邦亡」・「出夏」・「侯客来者」・「秦人使・客吏」などの言葉が使用されていて、これらが秦の諸国統一以前に作成されたものであったことを示唆している。事例の多くが関中に題材を求めていることとも考え合わせると、喜の所持する法律関係文献の多くは、始皇二〇年の南郡守騰の文書にも「今法律令已具矣」と述べられているように、秦の統一以前に関中で作成されたものではなかったかとの推論を懐かしめる。

副葬された諸文献の成立については、秦王政＝正の避諱の有無。命→制、令→詔、百姓→黔首の変化の有無などからも『編年記』以外は秦統一以前に成立したものであるとの推論がある。[26]

『商君書』定分には、

　為置法官、置主法之吏、以為天下師。

と、「法官」・「主法之吏」が伝えられ、『商君書』はこの主法吏を、「皆降受命、発官」と王命により地方に赴任させたと説いている。もちろん『商君書』が現実をどの程度反映するものであったかは問題となるが、統一以前に関中で作成されたと思われる文書を所持する令史喜は、南郡下で一九歳の若さで県の属吏となり、翌年には令史となって、二八歳で重要都市の治獄を担当するまでにいたっている。いかに占領地区であるとはいえ一年で「史」から「令史」に昇ったことになり、その有能さが窺われる。

これについて、喜が戦争に積極的に参加した人物との見方もある。(27) しかし喜が役として従軍したであろう点は別として、武人（武吏）として積極的に戦役に従事したかどうかについては疑問が残る。それは、もし喜が武人としての功績を見る人物であったならば、最前線基地でのことでもあり、治獄を務めるほどの人物が、二八歳以降何の経歴の変化も認められない点は不自然である。

喜はむしろ、年少にして京師に上り法律を学び、「受命、発官」に準じる手続を踏んだかどうかは明らかでないが、京師から帰省し、県の属吏となって専門的知識を発揮したものの、戦火におののく軍事基地下で、武人の専断に怯えつつ、長吏の職を得ることもなく、比較的地味な治獄担当者としての一生を終えたものと思われる。

副葬の文献が総て竹簡であったのは、関中招来の木簡が長い吏人生活の中で破損し、書き換えたためであろうか。ただこのような喜個人に関わる議論は推論、附会を重ねることになり、むしろ慎しむべきことと考えるが、法律関係の文献が、秦の統一以前、関中において作成されたものが少なくなかったとの点と併せて、今一つ注意すべき課題は、『秦律十八種』にみえる『田律』の理解である。

田律

『秦律十八種』には『田律』・『廄苑律』・『倉律』・『金布律』・『関市』・『工律』・『工人程』・『均工』・『繇律』・『司空』・

『軍爵律』・『置吏律』・『効』・『伝食律』・『行書』・『内史雑』・『尉雑』・『属邦』との諸律が伝えられ、『廏苑律』は公牛馬や鉄の管理、『倉律』は倉に貯蔵される穀物の管理や貯蔵物の用途（食料や種子）について、『金布律』は官蔵貨銭に関わる諸事、『関市律』は公市、『工律』は官営工場の製品管理、『工人程』・『均工律』は官営工場の労働者と工場の作業規定、『繇律』は公役、『司空律』は服役者や公車牛などの管理、『軍爵律』は軍功爵、『置吏律』は吏の任免、『効律』は官蔵品の管理、『伝食律』は駅伝舎の管理、『行書律』は公文書の伝送、『内史雑』は京師長官の職務規定、『尉雑』は廷尉の職務規定、『属邦律』は属国の規定と、以上一七種の律は総て官営諸事業や官吏の職務規定となっている。

注目される『田律』は、これら諸事業の律文と一緒に副葬されていた。そしてこの『田律』には、「受田」の語が律文中に見えることから、戦国から秦初にかけての土地所有制、いわゆる土地国有制論、さらには当時の社会経済全体に関わる律文として注目されている。(28)

しかし結論を先にいえば、この『田律』は禁苑とその公田管理に関する規定で、他の『廏苑律』、『関市律』、『工律』など一連の官営諸事業と同一の性格のものであった。このため『田律』の規定を、当時の土地制度、社会情勢とからめて論じることは問題であると考える。

「田律」の条文は六ヶ条存在するが、その大要は、

(1)　耕作面積と休耕地の面積、旱・暴風雨・水害・蝗などによる被害面積を八月までに、近県であれば歩きで、県城が遠ければ郵で県に報告しなさい。

(2)　春二月、山林での伐採や河川の堰き止めを禁ず。夏月になる前に焼き草をしたり、生茘・麛・卵・鷇・魚・鱉などの捕獲や穽・罔などの仕掛けを行うことを禁ず。七月になれば解禁。死者の椁のためであれば山林での伐採は随時許す。

(3) 禁苑近隣の住民が繁殖期に犬（狩猟用の大型犬）をつれて狩猟することを禁ず。住民の犬が禁苑中に入り禽獣を追っても捕えることがなければ咎めはないが、追って捕えることになれば犬を殺せ。特別保護区域（呵禁地区）にて禁苑中の禽獣を殺した犬は官に没収する。他区域の禁苑内にて禽獣を殺した犬は皮のみを官に没収する。

(4) 受田地は、毎頃、耕作地・休耕地ともに蒭三石、槀二石を納入しなさい。

(5) 倉中の禾・蒭・槀が搬出されて空になり、下敷きに使われていた底板や筵《むしろ》が撤去されれば、下敷きに使用していた素材の量（石数）を県に報告し、倉の下敷きとして再利用しなさい。（睡虎地秦墓竹簡整理小組の注釈に従ったこの解釈だと『倉律』の芻槀の管理と重複する。これを避けるために、「納入前の禾・芻・槀は、下に木や荐《むしろ》を徹《なら》（『方言』「徹、列」）べて敗《いた》まないように保管し、収穫した芻槀の総量（石数）を県に報告する。木や荐《むしろ》で下敷きをする必要がない場合は、復《おおい》（覆）をし、荐《むしろ》で以て蓋《ふた》をする」の解釈も可能と思われる）

(6) 乗馬・服牛への飼料の支給が遅滞した場合の規定。飼料の支給には農事を主管する役人の大田が関係する。

(7) 田舎（苑囿地区内に居住）の百姓《ひとびと》が酒の売買をすることを禁ず。田嗇夫、部佐はこれを禁止し、違反者は罪する。

である。[29] これによれば、

(A)〈生産活動〉　耕地は公田。作物の豊凶・収穫量を報告。乗馬・服牛には飼料を支給。（禾の他に。ただ禾の納入規定は明示されていない）芻槀＝蒭槀をも納入。

(B)〈日常生活〉　樹木の伐採・河川の利用・狩猟漁撈に制限。酒の私的売買を禁止。

(C)〈監督官庁〉　県廷が所管する。担当の役人として田嗇夫・部佐などが置かれる。

(D)〈周辺住民との関係〉　禁苑周辺での狩猟を制限。猟犬が苑中へ侵入した際の罰則。

と実に厳しい生産活動、日常生活に亘る規制が伝えられている。

これに関連する律文として、『廏苑律』には、田嗇夫や田典が「田牛」の管理責任を負っていて、この田牛は「公馬牛」であった。『倉律』には、「隷臣田者」への食糧の規定や粟・麦・菽・荅・麻などの種子の貯蔵と播種量の規定（播種の際に倉から支給）。『繇律』には、禁苑の馬牛が苑から出て近隣の耕地の作物を食べた場合の規定がある。禁苑は「県葆禁苑公馬牛苑」・「県所葆禁苑之傅山・遠山」とあるように県の管理下におかれていた。『内史雑』には、県の属吏として「苑嗇夫」が見えている（別に『効律』には県の属吏として苑の仕事に当たる司馬令吏が見える）。

このように見てくると、「受田」と呼ばれる耕地は、官から田牛や種子が保障されていたことになる。律文中にはまた、かかる禁苑に近隣する「百姓」や「田」の存在が伝えられ、『法律答問』には、

部佐匿者《諸》民田、者《諸》民弗智、当論不当、部佐為匿田、且可《何》為、已租者《諸》民、弗言、為匿田、未租、不論□□為匿田。

と、「民田」の言葉も見える。

そしてこの「民田」では、「租」が問題となっているが、『田律』中には芻藁の納入を伝えるのみで肝心の禾の「租」については言及がない。

このことは、『田律』が禾の収穫物は当然官に全部入り、食糧は『倉律』に見える県の「食者籍」によって官から支給されることが前提となっていたためと思われる。このため「受田」と称される耕地は、禁苑中の公田に過ぎず、『秦律十八種』に見える『田律』は、これら公田の管理規定であったことになる。

それでは喜が生前、なぜこのような公田の律を所持していたかであるが、占領地である南郡一帯が、戦乱の中で各地に無主空閑の地を生じたことが考えられなくもない。ただそれでは、一般「民田」の律が存在していないことが問題となるかも知れない。この点は定かでない。あるいは「民田」が、公田に見られるような厳しい生産管理を必要としていなかったためであろうか（もちろん「十分の一税」に類する田租規定は別に存在したと思われる）。

おわりに

以上、睡虎地秦墓を中心に、

(1)　墓地と破壊された戦国聚落との関係、墓葬様式、秦の南郡経営などから秦墓の墓主は秦人ではなかったか。

(2)　十一号墓墓主喜は、県の令史として長く治獄の任に当たり、令丞に直属する有力吏人であった。令史は斗食吏ではない。

(3)　秦墓の位置する雲夢古城は、秦漢の南郡（後、江夏郡）安陸県に属し、雲夢沢の饒に近接する要地であった（県城ではない）。

(4)　十一号墓の副葬法律関係文献は、秦の統一前に関中で作成されたものが少なくない。

(5)　『封診式』は、同伍同里人の訴えにより、治獄担当の令史と丞とが事実審理に当たった。伍制連坐の存続が窺える。

(6)　『封診式』は、「士伍」関係を中心に蒐集されているが、『田律』も禁苑とその公田管理規定であった。これは秦の占領政策（徙民など）と戦乱による無主空閑の地の拡大という特殊事情が反映している。

などのことを述べた。かかる戦国秦漢にかけての簡牘史料は、いまだ類例が少なく多様な解釈を許すことになると思われるが、叱正をいただければ幸いである。

なお、墓主喜を考える場合、従来は『編年記』が分析の中心となっていたが、『編年記』は昭襄王元年から五三年まで一年に一簡を当て、五四年からは再び昭襄王元年以降の各簡の下段に記載するという異例とも思われる記載形式を採っている。このため『編年記』作成の意図に多様な解釈を許すこととなる（おそらく副葬するために急遽作成したもわんとした。

のであろう）。『編年記』をめぐる分析も種々行われているが、ここではこれを専論することなく墓主喜の人物像を窺

注

（1）睡虎地秦墓関係の文献を左に列挙する（古賀登・高敏両氏は論文集に既発表の論文を収録されているので、論文集に収録される個々の論文は省略）。〔注記〕本稿校了までに気付いた文献。

《中文文献》

①季勲「雲夢睡虎地秦簡概述」『文物』一九七六―五、一九七六。

②（孝感地区亦工亦農考古短訓班学員）張沢棟・潭春柏・聶浴青「参加雲夢秦墓発掘的幾点認識」『文物』一九七六―五、一九七六。

③文物通訊員「新生事物的強大生命力―記湖北孝感地区亦工亦農考古短期訓練班」『文物』一九七六―五、一九七六。

④孝感地区第二期亦工亦農文物考古訓練班「湖北雲夢睡虎地十一号秦墓発掘簡報」『文物』一九七六―六、一九七六。

⑤雲夢秦墓竹簡整理小組「雲夢秦簡釈文㈠」『文物』一九七六―六、一九七六。

⑥田昌五「秦国法家路線的凱歌―読雲夢出土秦簡札記」『文物』一九七六―六、一九七六。

⑦呉樹平「《秦律》是新興地主階級反復辟的鋭利武器」『文物』一九七六―六、一九七六。

⑧石言「《南郡守騰文書》与秦的法治路綫」『歴史研究』一九七六―三、一九七六。

⑨梁効「従雲夢秦簡看秦代的反復辟闘争」『北京大学学報』一九七六―四、一九七六。

⑩雲夢秦墓竹簡整理小組「雲夢秦簡釈文㈡」『文物』一九七六―七、一九七六。

⑪上海市重型機械製造公司工人歴史研究小組「従雲夢秦簡《大事記》看秦統一六国和反復辟闘争」『文物』一九七六―七、一九七六。

⑫林甘泉「秦律与秦朝的法家路綫―読雲夢出土的秦簡」『文物』一九七六―七、一九七六。

⑬雲夢秦墓竹簡整理小組「雲夢秦簡釈文㈢」『文物』一九七六―八、一九七六。

⑭北京新華印刷廠活版車間工人理論組・中国科学院歴史研究所《中国史稿》編写組「雲夢秦簡―秦始皇鞏固新興地主階級専政的重要歴史見証」『文物』一九七六―八、一九七六。
⑮湖北孝感地区第二期亦工亦農文物考古訓練班「湖北雲夢睡虎地十一座秦墓発掘簡報」『文物』一九七六―九、一九七六。
⑯孝感地区亦工亦農文物考古訓練班「古為今用、深入批鄧―孝感地区工農兵読部分秦簡筆談」『文物』一九七六―九、一九七六。
⑰北京第二機床廠工人理論歴史小組・法学研究所華志石「一篇反撃復辟派的戦闘檄文―読《南郡守騰文書》」『考古』一九七六―九、一九七六。
⑱吉林大学考古専業紀南城開門辨学分隊「《南郡守騰文書》和秦的反復辟闘争」『考古』一九七六―九、一九七六。
⑲北京儀器廠考古研究所中国考古講話編写組「秦的統一―（《中国考古講和》選載）」『考古』一九七六―九、一九七六。
⑳黄盛璋「雲夢秦簡《編年記》初歩研究」『考古学報』一九七七―一、一九七七。
㉑呉樹平「秦代社会的階級和階級関係―読雲夢秦簡札記之二」『文物』一九七七―七、一九七七。
㉒高恒「秦律中〝隷臣妾〟問題的探討―兼批四人帮的法家愛人民的謬論」『文物』一九七七―七、一九七七。
㉓陳直「略論雲夢秦簡」『西北大学学報』一九七七―一、一九七七。
㉔《睡虎地秦墓竹簡》整理小組『睡虎地秦墓竹簡』文物出版社、一九七七。
㉕唐賛功「従雲夢秦簡看秦代社会的主要矛盾」『歴史研究』一九七七―五、一九七七。
㉖呉栄曾「論秦律的階級本質―読雲夢秦律札記」『歴史研究』一九七七―五、一九七七。
㉗呉白匋「従出土秦簡帛書看秦漢早期隷書」『文物』一九七八―二、一九七八。
㉘（華中師院）鄭実「嗇夫考―読雲夢秦簡札記」『文物』一九七八―二、一九七八。
㉙劉海年「秦漢〝士伍〟的身份与階級地位」『文物』一九七八―二、一九七八。
㉚呉栄曾「従秦簡看秦国商品貨幣関系発展状況」『文物』一九七八―五、一九七八。
㉛詹越「斥〝四人帮〟在秦代史上的反動謬論」『考古』一九七八―三、一九七八。
㉜睡虎地秦墓竹簡整理小組『睡虎地秦墓竹簡』文物出版社、一九七八。
㉝傅振倫「雲夢秦墓牒記考釈」『社会科学戦綫』一九七八―四、一九七八。

㉞高敏『雲夢秦簡初探』河南人民出版社、一九七九。
㉟黄盛璋「雲夢秦簡辨正」『考古学報』一九七九―一、一九七九。
㊱劉海年「従雲夢秦簡看秦律的階級本質」『学術研究』一九七九―一、一九七九。

㊲高敏「〝有秩〟非〝嗇夫〟辨―読雲夢秦簡札記兼与鄭実同志商榷」『文物』一九七九―三、一九七九。

㊳熊鉄基「釈《南郡守騰文書》読雲夢秦簡札記」『中国史研究』一九七九―三、一九七九。

㊴熊克「〝吏誰従軍解〟読秦簡《編年記》札記」『中国史研究』一九七九―三、一九七九。

㊵李裕民「従雲夢秦簡看秦代奴隷制」『中国考古学会第一次年会論文集』、一九七九。

㊶黄展岳「雲夢秦律簡論」『考古学報』一九八〇―一、一九八〇。

㊷張銘新「関于《秦律中的居―《睡虎地秦墓竹簡》注釈質疑」『考古』一九八一―一、一九八一。

㊸林剣鳴「秦国封建社会各階級分析―読《睡虎地秦墓竹簡》札記」『西北大学学報』一九八〇―二、一九八〇。

㊹祝瑞開「漢代的公田和仮税」『西北大学学報』一九八〇―二、一九八〇。

㊺劉海年「従雲夢出土的竹簡看秦代的法律制度」『学習与探索』一九八〇―二、一九八〇。

㊻高恒「嗇夫辨正―談雲夢秦簡札記」『法学研究』一九八〇―三、一九八〇。

㊼銭剣夫「秦漢嗇夫考」『中国史研究』一九八〇―一、一九八〇。

㊽于豪亮「雲夢秦簡所見職官述略」『文史』八、一九八〇。

㊾崔春華「戦国時期秦封建法制的発展―読《睡虎地秦墓竹簡》札記」『遼寧大学学報』一九八〇―五、一九八〇。

㊿林剣鳴「〝隷臣妾〟辨」『中国史研究』一九八〇―二、一九八〇。
(51)黄盛璋「雲夢秦墓両封家信中有関歴史地理的問題」『文物』一九八〇―八、一九八〇。
(52)陳抗生「睡簡雑辨」『中国歴史文献研究集刊』一、一九八〇。
(53)于豪亮「秦律叢考」『文物集刊』二、一九八〇。

《日文文献》

Ⓐ大庭脩「雲夢出土竹書秦律の研究」『関西大学文学論集』二七―一、一九七七。

Ⓑ堀毅「雲夢出土の秦簡の基礎的研究」『史観』九七、一九七七。

Ⓒ堀毅「秦漢刑名考」『早稲田大学大学院文学研究科紀要』別冊四、一九七八。

Ⓓ町田三郎「秦の思想統制について—雲夢秦簡ノート」『中国哲学論集』四、一九七八。

Ⓔ堀敏一「中国の律令制と農民支配」『一九七八年歴史学研究会大会報告』、一九七八。

Ⓕ秦簡講読会「「湖北睡虎地秦墓竹簡」訳注初稿」『(中央大学) 論究』一〇—一、一九七九。

Ⓖ町田三郎「雲夢秦簡『編年記』について」『九州中国学会報』二二、一九七九。

Ⓗ飯島和俊「文無害考—『睡虎地秦墓竹簡』を手がかりとして見た秦漢期の官吏登用法」『中央大学アジア史研究』三、一九七九。

Ⓘ秦簡講読会「「湖北睡虎地秦墓竹簡」訳注初稿 (承前)」『(中央大学) 論究』一一—一、一九七九。

Ⓙ池田温『中国古代籍帳研究』東京大学出版会、一九七九。

Ⓚ大庭脩『木簡』学生社、一九七九。

Ⓛ大庭脩「中国木簡研究の現状」『木簡研究』創刊号、一九七九。

Ⓜ大庭脩「中国出土簡牘研究文献目録」『関西大学文学論集』二八—四、一九七九。

Ⓝ重近啓樹「秦漢の国家と農民」『一九七九年歴史学研究会大会報告』、一九七九。

Ⓞ古賀登『漢長安城と阡陌・県郷亭里制度』雄山閣、一九八〇。

Ⓟ松崎つね子「睡虎地十一号秦墓竹簡「編年記」よりみた墓主「喜」について」『東洋学報』六一—三・四、一九八〇。

Ⓠ太田幸男「湖北睡虎地出土秦律の倉律をめぐって」『東京学芸大学紀要』社会科学三一・三二、一九八〇。

Ⓡ永田英正「中国における雲夢秦簡研究の現状」『木簡研究』二、一九八〇。

(2) 注 (1) Ⓞ・Ⓟ。

(3) 雲夢県文物工作隊「湖北雲夢睡虎地秦簡墓発掘簡報」『考古』一九八一—一。一・二号墓を前漢初期、他の八基を戦国晩期から前漢初期とするが、この年代比定は、「大墳頭一号墓」を前漢初期とする前提で比較考証されたものである。

(4) 湖北省博物館、孝感地区文教局、雲夢県文館漢墓発掘組執筆「湖北雲夢西漢墓発掘簡報」『文物』一九七三—九、一九七三。なお大庭脩氏は、この前漢墓も秦墓ではないかと考えられている (一九八〇年七月、唐代史研究会での研究報告)。確かに墓葬様式、『編年記』所載の人名の印章など関連する点が多い。
(5) 注（1）③。
(6) 注（1）⑮。
(7) 注（1）④。
(8) 注（1）③も参照。なお同じ文革中の一九七二年一二月に発掘された大墳頭一号前漢墓（注（4））の発掘体制は、省・地・県各級党委―直接指導、孝感地区文教局―発掘小組、雲夢県文化館―発掘小組、工農兵群衆―支持・協助であった。
(9) 商承祚「長沙出土漆器図録」上海出版公司、一九五五。
(10) 荊州地区博物館「湖北江陵藤店一号墓発掘簡報」『文物』一九七三―九、一九七三。
(11) 湖北省文物管理委員会「湖北省江陵出土虎座鳥架鼓両座楚墓的清理簡報」『文物』一九六四―九、一九六四。
(12) 湖北省博物館、荊州地区博物館、江陵県文物工作組「湖北江陵拍馬山楚墓発掘簡報」『考古』一九七三―三、一九七三。
(13) 湖北省博物館「湖北江陵太暉観楚墓清理簡報」『考古』一九七三―六。一九七三。湖北省博物館、華中師範学院歴史系「湖北江陵太暉観五〇号楚墓」『考古』一九七七―一、一九七七。
(14) 湖北省文化局文物工作隊「湖北江陵三座楚墓出土大批重要文物」『文物』一九六六―五、一九六六。
(15) 注（1）Ⓟに楚墓の分析あり。副葬品の多寡を時代の趨向、厚葬から薄葬へと関連させている。
(16) 黄盛璋「江陵鳳凰山漢墓簡牘及其在歴史地理研究上的価値」『文物』一九七四―六、一九七四。
(17) 注（1）51。
(18) 拙稿「商鞅の県制」『中央大学文学部紀要』史学科二二、一九七七。『中国古代の聚落と地方行政』汲古書院、二〇〇二、【地方行政編】第二章。
(19) 注（1）⑧。
(20) 注（1）⑳。
(21) 注（1）⑪・⑳・㊲・㊽・Ⓞ・Ⓟ。
(22) 拙稿「中国古代における郡県属吏制の展開」『中国古代史研究』四、一九七六。『中国古代の聚落と地方行政』汲古書院、二〇〇二、【地方行政編】第七章。

(23) 十一号墓出土竹簡中には「曹」が律文中や「語書」の後半部に見え、組織としての「曹」の位置付けは不明であるが秦代にも「曹」が官署として見える。

(24) 注(1)Ⓐ。

(25) 注(1)㊿は「士五」と読む。しかし注(1)㉗は隷書体を専論して「徒」と解す。

(26) 注(1)Ⓐ。

(27) 注(1)②・⑪・⑭。

(28) 注(1)⑦・⑫・㊲・㊶・Ⓔ・Ⓝ・Ⓞ。

(29)『田律』原文を左に掲げる。

雨為澍、及誘粟、輒以書言澍稼、誘粟及狠田暘毋稼者頃数、稼已生后而雨、亦輒言雨少多、所利頃数、旱及暴風雨、水潦、蚤蚰、郡它物傷稼者、亦輒言其頃数、近県令軽足行其書、遠県令郵行之、尽八月□□之、田律。

春二月、毋敢伐材木山林及雍隄水、不夏月毋敢夜草為灰、取生荔、麛鷇、鷇、毋□□□□□□毒魚鱉、置穽罔、到七月而縦之、唯不幸死而伐綰享者、是不用時、邑之紤皂及它禁苑者、麛時毋敢将犬以之田、百姓犬入禁苑中而不追獣及捕獣者、勿敢殺、其追獣及捕獣者、殺之、河禁所殺犬、皆完入公、其它禁苑殺者、食其肉而入皮、田律。

入頃芻稾、以其受田之数、無狠不狠、頃入芻三石、稾二石、芻自黄𪐴及䕩束以上皆受之、入芻稾、相輸度、可毆、田律。

禾・芻稾徹木・荐、輒上石数県廷、勿用、復以荐蓋、田律。

乗馬・服牛稟、過二月弗稟弗致者、皆止、勿稟致、稟大田而毋恒籍者、以其致到日稟之、勿深致、田律。

百姓居田舎者毋敢醢酉、田嗇夫・部佐謹禁御之、有不従令者有罪、田律。

(補注1) 本稿脱稿後、『文物』一九八〇年九期に陝西省宝鶏県西高泉村春秋秦墓、陝西省鳳翔県高荘野狐溝一・二号戦国秦墓、河南省泌陽県官荘村北崗三号統一時代秦墓と、春秋から統一時代に亘る秦墓の発掘報告、ならびに李学勤「秦国文物的新認識」が掲載された。

李学勤氏の論考は、周代から秦の統一時代にかけての文物にふれるもので、春秋戦国の秦墓についても、春秋秦墓として前掲高泉村・陝西省鄠県宋村(『文物』一九七五—一〇)・陝西省宝鶏県陽平鎮秦家溝(『考古』一九六五—七)・陝西省鳳翔県八旗屯一期墓（『文物参考資料叢刊』三）・陝西省宝鶏県福臨堡（『考古』一九六三―一〇）、戦国晩期墓として前掲野狐溝一・二号墓、統一時代墓として前掲北崗三号墓についての分析が見える。

本章では睡虎地秦墓と近隣する楚墓との相違点に焦点を絞ったが、いま睡虎地秦墓と時代の近い、野狐溝一・二号墓と北崗三号墓の副葬を例示すれば、

①野狐溝一・二号墓

洞室有木棺墓（一号墓＝墓室長二・一六×幅一・二〇×高一・七四、棺長一・八×幅〇・九八。二号墓＝墓室長三・二〇×幅一・二四×高一・七八、棺長二×幅一・〇二メートル）、屈肢葬

陶器一二（鉢六・罐五・鼎一）

銅器一七（鼎一・鍪一・鋪首壺一・蒜頭壺一・勺二・套杯六・鏡一・帯鈎三・襟鈎一）

石器二（円餅形石器）

漆木器

②北崗三号墓

竪穴一椁一棺墓（同穴中に南北両椁。北椁内長二・四×幅一・三×高一、南椁内長二・四×幅一・四×高一・二四メートル）

銅器（南椁一〇＝鼎一・壺一・蒜頭壺一・鍪一・盤一・匜三・勺一・円奩一。北椁一〇＝鼎一・壺一・蒜頭壺一・鍪一・盤一・匜四・勺一）

漆器（南椁四＝円盒一・耳杯一・盤一。北椁一三＝円盒一・耳杯四・樽一・方奩蓋一）

玉器（南椁＝璧四。北椁＝帯鈎一）

紅黒彩絵木桶四（北椁）

がある。なお睡虎地十一号墓の成年男子は仰身曲肢葬であるが、前掲野狐溝墓のほか春秋秦墓の西高泉村三号墓、秦家溝一～四号墓、および戦国秦墓の長安客省荘（『灃西発掘報告』）の四基、朝邑の五基のいずれも屈肢葬である。

また『文物』一九八〇年一〇期には、

河南省淅川県下寺土嶺山春秋楚墓（大型墓九基座・小型墓一六座・陪葬車馬坑五）

二一号墓＝墓室長二・一四×幅〇・七四～〇・八六、棺長一・八六×幅〇・四五×高〇・五〇。二号墓＝椁室長七・七×幅四・五×高一・八メートル

青銅礼器一六〇余・楽器九二・車馬器三四七・兵器一二九・生産用具二六・装飾品等七千余の発掘報告、ならびに張剣「従河南淅川春秋楚墓的発掘談対楚文化的認識」が掲載され、張剣氏の研究は先の李学勤氏の秦国文物の認識と併せ南北文化の対比にふれる。

また睡虎地秦墓三～十四号墓の発掘報告書、《雲夢睡虎地秦墓》編写組『雲夢睡虎地秦墓』文物出版社、一九八一、が刊行され、出土文物の詳細を伝える。

（補注2）石泉・蔡述明『古雲夢沢研究』湖北教育出版社、一九九六、は、大雲夢沢説を批判する。中国科学院地質研究所による雲夢沢の調査では、長江の南側に氾濫の形跡をとどめる堆積物がないとし、雲夢沢一帯での氾濫は、江の北側にのみ流出していたとする。ただ張人権・梁杏・段文忠・皮建高『洞庭湖区演変及洪災成生与発展的系統的分析』中国地質大学出版社、二〇〇三、「第六章　洞庭湖区地質環境系統的演変」の図六―一「春秋戦国時期雲夢沢与荊江分流」は、長江（荊江）の南、澧水との間にも雲夢沢の延長としての湖泊地を認め、春秋戦国時の洞庭湖地区は、河網が交差する平原で局部的に小湖泊が存在したとする。このことは長江の遊水、氾濫地区が、必ずしも長江の北側にのみ限定されるものでなかったことになり、石泉氏等が否定した大雲夢沢説の可能性が残る。

（補注3）湖北省文物考古研究所・孝感地区博物館・雲夢県博物館「'92雲夢楚王城発掘簡報」『文物』一九九四―四。

第五章　王室の家法から国家法へ——雲夢睡虎地出土の秦律

はじめに

中国における成文法（刑法典）の編纂は、春秋時代の前七、六世紀頃から各諸侯国において序々に試みられ、戦国時代に入るとこれら各諸侯国での成文法が次第に集大成されて行くようになる(1)。

この動きは、諸侯国での王権の強化、世襲貴族の衰退という政治的変動の過程で、支配の一元化と統治の強化をめざし、統一的規範の作成が求められたということになる。これが戦国時代に入ると、更なる普遍化が要請されることになる。統一国家形成への方向・展開が、かかる法制史の上においても確認できることになる。

春秋時代に始まる中央集権化への動きは、采邑制から県制への移行、官僚制の整備、公（王）室財政（家産）の強化、その他から多角的に分析されて来ているが、これら新たな展開における象徴的な動きの一つとして、兵制面における兵農分離から兵農一致への転換が注目されている。

兵農分離から兵農一致への転換は、農民に役負担の増大をもたらす一方で、また世襲貴族の没落と農民の政治的社会的地位の向上とをもたらすことにもなっていた。兵制の改革は、兵制と民政との一体化、あるいは兵制の民政への援用を促進し、集権化の一翼を担うことにもなる。

春秋時代の地方行政制度においても、『国語』斉語に、

作内政、而寄軍令焉、（略）是故卒伍整於里。

と伝えられているように、軍令と内政との一体化が指向されていた。軍令にはまた、宗廟における賞賜行為と並んで、社前における罪刑行為も含まれていた。兵農一致への動きは、軍令としての賞罰行為を当然民政の枠内に繰り入れることにもなっている。

春秋時代の各諸侯国で、周室の衰退と共に周爵に代わる新たな爵制（軍功爵）が独自に創設される一方、罪刑面では、いわゆる「刑鼎」（成文法）の鋳造が認められる。これらは当然、春秋時代から戦国時代にかけての強兵策と深い関わりを持つ。強兵の策は、対外的に国威を発揚しただけではなく、内政の整備、中央集権制の発展との面で大きく寄与していたわけである。

刑鼎出現の背景は、軍令における罪刑行為との関わりもさることながら、また民間における古くからの慣習法の存在とも大きく関わっていた。このため軍令と深い関わりを持つ地方行政制度や爵制が、主として支配階層内で維持されて来ていた制度であったことと比較すると、刑制の場合はむしろ庶人・農民を対象に運用されていた。

春秋各国で刑鼎が作成され、さらには戦国時代にあって李悝による刑典の集大成・普遍化が試みられるとの方向は、当然のことながら政治的統一への歩みと軌を一にするものである。春秋時代から戦国時代にかけての法制の発展も、時代の趨勢に合致するものとなる。

中国古代国家の形成を跡付ける上で、法制史の検討は重要な課題となり得るが、この点、近年、湖北省雲夢県睡虎地で発掘された戦国末から統一秦にかけての竹簡は、いわゆる秦律と呼ばれる各種の律文を含み、先秦法制史の動向を窺う上で、恰好の材料と見なされている。

問題の竹簡は、一九八一年に、雲夢睡虎地秦墓編写組『雲夢睡虎地秦墓』（文物出版社）の正式報告書が刊行され、

竹簡を出土した第十一号墓が統一秦初の墓で、竹簡もまたこの時期のものであったことが考古学上確認されている。しかし今日、『唐律疏議』を除けば、唐以前の纏まった法典の存在はとなると、比較的詳細な法制史の沿革を伝えてくれる『晋書』刑法志にしても、それぞれの主要な律の篇名を叙するに止まる。

このため雲夢睡虎地の秦律が法制史上どのような位置付け、意義を持つものであり、また当時、どのような役割を果たしていたかについては、当然のことながらなお慎重を要する。

そこで本稿においては、初歩的手続きではあるが、雲夢睡虎地の秦律を中心に、少しくその性格、時代的特性について考えてみることにする。

一　『秦律十八種』の性格一斑――『田律』

雲夢睡虎地の秦律は、通称『秦律十八種』（『田律』・『廏苑律』・『倉律』・『金布律』・『関市』・『工律』・『工人程』・『均工』・『繇律』・『司空』・『軍爵律』・『置吏律』・『効』・『伝食律』・『行書』・『内史雑』・『尉雑』・『属邦』）と呼ばれているもののほか、『効律』・『齎律』・『除吏律』・『遊士律』・『除弟子律』・『中労律』・『蔵律』・『公車司馬猟律』・『牛羊課』・『傅律』・『敦表律』・『廏律』・『捕盗律』・『戍律』などの律名が伝えられ、魏律である『戸律』と『奔命律』もまた確認されている。

しかし戦国魏の李悝『法経』や秦の商鞅の法典は、いずれも「六律（六法）」であったと伝えられており、前漢蕭何の場合も『九章律』であったとされている。このことは前掲秦律の各種律名と比べてみると、その律名の多さにいささか不自然さを感じさせるものがある。同時に、李悝『法経』・商鞅法典・蕭何『九章律』のいずれにも共通する『盗律』・『賊律』・『囚（網）律』・『捕律』・『雑律』・『具律』の六律が、この雲夢睡虎地秦律に一条も存在していないことも問題である。

もちろん雲夢睡虎地の『法律答問』と命名されている部分では、李悝や商鞅の六律がほぼ確認できる。『秦律十八種』中の律文の記載形式とは体裁を異にするが、また、

●捕盗律曰、捕人相移以受爵者、耐、●求盗勿令送逆為它、令送逆為它事者、貲二甲。

と釈文される『秦律雑抄』中の「捕盗律」の語は、『捕律』・『盗律』の存在を窺わせる。

このため李悝や商鞅六律の継承には問題がないとしても、六律において確認できない雲夢睡虎地の諸律については、当然商鞅（魏律の場合は李悝『法経』）以後の追加法ではなかったかとの考えも提示されることになっている。(2)

たしかに商鞅の六律を秦律の始源であるとする限り、それと異なる律名が存在するとなると、これは追加法以外に考えられないことになる。雲夢睡虎地秦律中の商鞅六律以外の律名について、これを商鞅以前の古法に求めんとする試みも見えるが、(3)この場合は、商鞅治世下において六律以外の律の存在が否定されることになり、これも問題を持つ。

それでは、商鞅六律以降に追加法として種々の律名が増加されて行ったとして、これが漢に入ると何故『九章律』に整理されてしまったのであろうか。蕭何の『九章律』は、李悝や商鞅の六律に『興律』・『廏律』・『戸律』の三律が追加されてはいるものの、雲夢睡虎地の諸律がこれら三律の追加によって総て包括継承されたとは考え難い。そうなると雲夢睡虎地の諸律の理解は、どのような位置付けを持つものであろうか。いまなお検討の余地が残されていると思われる。

この点について私は、かつて『秦律十八種』は官営諸事業や官吏の職務規定であるとの前提のもとに、『田律』を中心に検討し（併せて『廏苑律』・『倉律』・『繇律』・『内史雑』・『効』にも言及）、これを禁苑とその公田、すなわち王室直轄地の管理規定ではなかったかと考えた。(4)この理解がはたして正鵠を得たものかどうかは、もちろん検討の余地があるが、『田律』、さらには『秦律十八種』をこのように比較的限定された性格を持つと考定した背景には、各律文の内容面からの理解も当然のことであるが、『秦律十八種』が漢代にかけてそのままでは継承し難いそれ相当の要因があっ

たのではと考え、その要因について、これは『秦律十八種』が王室直轄地を中心とする管理規定として比較的限定された性格を内包するものであったがためと考えた（［補注1］）。二〇〇一年に公刊された呂后『二年律令』では、『秦律十八種』と同一の律名が八種見える）。

もちろん商鞅の変法を経て、秦が中央集権化の実を上げて行くなかで、王室独自の管理規定がこれほど種々必要であったかどうかに疑問が残るかも知れない。しかしこの点についても、秦では始皇帝の時代になってもなお関中の中心部を占める咸陽以南の地で、渭水から杜・鄠両県にいたる広大な地が上林苑として禁苑化されていた(5)。元来禁苑は、離宮が設けられ、遊園としての存在であったが、また広大な禁苑中には牧場や狩猟地の他、公田の存在も考えられ得る(6)。上林苑以外の秦の禁苑、さらには公田の実態は、必ずしも定かではないが、上林苑の場合、禁苑の規模が戦国時代から統一秦にかけ増加されて行った可能性はあっても、これが縮小された形跡は見えない。

このことは、秦の場合、単に郡県支配地域だけではなく、かかる広大な禁苑地域をも統括管理する必要があったことになる。秦の諸律のなかに王室直轄地に対する管理規定が多数存在したとしてもこれまた当然のことである。『秦律十八種』中の『田律』は、これを禁苑内の公田管理規定と理解した。公田は、禁苑地区以外にも存在したと思われるが、これもまた苑的存在と理解した。

『秦律十八種』中の『田律』についてのこのような理解は、律文の出土地がかつての楚の領域であったことにもよる。秦の占領地支配の在り方如何とも関わるが、本稿では、このような『秦律十八種』中の『田律』についての理解が、さらに『廏苑律』と『倉律』とにおいてもなお認められ得るものかどうかを検討してみることにする。

『秦律十八種』中で、とくに『廏苑律』と『倉律』とを今回検討の対象とした理由は、『廏苑律』については律名に「苑」字を含むことから比較的その位置付けは明白であるが、蕭何『九章律』中にまた『廏律』の名が見えているため、はたして秦の『廏苑律』と漢の『廏律』とがどのような関わりを持つかを考えておきたいと思ったことがある。

『廏律』は、隋唐にあっては『廏庫律』として兵甲財帛を管理する「庫」と合わせられている。『廏律』と『倉律』とは、共に公馬牛もしくは徴税物（穀物）と、対象は異なるが、物品を保管・管理するという共通項がある。この『倉律』であるが、当然『田律』とは密接な関係を持つわけで、その機能、位置付けには『田律』同様少しく慎重を期す必要があるように思われる。

このため本稿では、『廏苑律』と『倉律』との性格如何にふれ、併せて雲夢睡虎地秦律の後代への連続性と不連続性についても少しく検討しておきたいと考える。

二　蕭何『九章律』中の興・廏・戸三篇

『晋書』刑法志は、

漢承秦制、蕭何定律、除参夷連坐之罪、増部主見知之条、益事律興廏戸三篇、合為九篇。

と、蕭何が事律（人事、民政、行政的法規）として「興・廏・戸」の三篇を「益《ま》」したと伝えている。この蕭何による「廏篇」は、『唐律疏議』名例律にも、

漢相蕭何、更加悝所造戸興廏三篇。

と見え、『大唐六典』刑部尚書にも、

至漢蕭何、加悝所造戸興廏三篇、謂之九章〈之〉律。

と見え、蕭何が李悝の『法経』に「戸・興・廏」の三篇を「加《くわ》」えたことになっている。

『通典』刑上にも、

漢承秦制、蕭何定律、除参夷連坐之罪、増部主見知之条、益事律擅興廏戸三篇、合為九篇。

と、蕭何が事律として、「擅興・廏・戸」の三篇を「益《ま》」したことが見えているが、「興篇」が『通典』では「擅興篇」と呼ばれている。同義であろう。

ただ『漢書』刑法志では、

三章之法、不足以禦姦、於是相国蕭何、攈摭秦法、取其宜於時者、作律九章。

とあり、蕭何『九章律』は、蕭何が創設したものではなく、「攈摭」、すなわち秦法中の「時宜」に合ったものを択び編成したことになっている（〔補注1〕。二〇〇一年に公刊された呂后『二年律令』によると、秦律を継承する部分も少なくなく、漢初の漢律、蕭何『九章律』への理解は、『漢書』刑法志の伝文が正確であったことになる）。

蕭何『九章律』の具体的構成は、『晋書』刑法志に初めて現われるが、『論衡』謝短篇には、

法律之家、亦為儒生問曰、九章誰所作也、彼聞皋陶作獄、必将曰皋陶也、詰曰、皋陶唐虞時、唐虞之刑五刑、案今律無五律之文、或曰蕭何也、詰曰、蕭何高祖時也、孝文時、斉太倉令淳于徳《意》有罪、征詣長安、其女緹縈為父上書、言肉刑壱施不得改悔、文帝痛其言、乃改肉刑、案今九章象刑、非肉刑也、文帝在蕭何後、知時肉刑也、蕭何所造、反具肉刑也、而云九章蕭何所造乎、古礼三百、威儀三千、刑亦正刑三百、科条三千、出于礼、入于刑、礼之所去、刑之所取、故其多少同一数也、今礼経十六、蕭何有九章、不相応、又何、五経題篇、皆以事義別之、至礼与律独経也、題之、礼言昏礼、律言盗律、何。

とあり、後漢の王充（?～九二）の時代には、『九章律』の来歴を皋陶に遡らせる意見さえ見える。また蕭何による『九章律』の実態についても、王充の時代には五刑（肉刑）が存在せず、象刑であったとの議論が見える。

また『後漢書』崔寔伝に引かれる『政論』には、

昔高祖令蕭何、作九章之律、有夷三族之令、黥・劓・斬趾・断舌・梟首、故謂之具五刑、文帝雖除肉刑、当劓者笞三百、当斬左趾者笞五百、当斬右趾者弃市、右趾者既殞其命、笞撻者往往至死、雖有軽刑之名、其実殺也、当

此之時、民皆思復肉刑、至景帝元年、乃下詔曰、加笞与重罪無異、幸而不死、不可為人、乃定律、減笞軽捶、自是之後、笞者得全、以此言之、文帝乃重刑、非軽之也。

とあり、ここでは、『晋書』刑法志の記事では除かれていたはずの夷三族刑が、『九章律』に存在していたことになっている。ただこの『政論』の記事も、『太平御覧』刑法部「論肉刑」所引によれば、

崔寔政論曰、高祖非《作》九章之律、高后深三族之罪、文帝去肉刑、景帝減加笞。

となっていて、呂太后によってこの三族刑がさらに厳しくされたようにも伝えられている。

『漢書』刑法志によれば、

漢興之初、雖有約法三章、網漏呑舟之魚、然其大辟、尚有夷三族之令、（略）至高后元年、乃除三族罪祅言令。

とあり、夷三族刑は『法三章』以来存在したものの、高后元年にいたり除かれたことになっていて、『晋書』刑法志の伝文や『政論』のいう「高后深三族之罪」の事実とは相違している。

高后（呂太后）時の夷三族（参夷）刑に限っていえば、『漢書』高后紀にも、

元年春正月詔曰、前日孝恵皇帝言、欲除三族妖言令、議未決而崩、今除之。

とあり、高后時に三族刑が厳しくされたとの記事はどうも問題となるが、蕭何の『九章律』に夷三族刑が認められるかどうかについては、『晋書』刑法志の否定的伝文と『後漢書』崔寔伝所引『政論』の肯定的伝文とのいずれが正しいか、後漢初期の『論衡』においてさえすでに『九章律』の実態が定かではなくなっていることでもあり、この点は必ずしも明らかではない(7)。

後漢時代も比較的初期の段階で、蕭何『九章律』の実態がすでに定かでなくなっている点と、唐代の編纂物『晋書』刑法志等に『九章律』の具体的構成が初めて伝えられている点とについては、法律学の民間での研究が漢代に入って漸く緒につき始めたばかりであることなど、種々の背景があってのことかと思われるが(8)、本稿にかかわる問題点であ

る、『九章律』の内の「(擅)興・廏・戸」三篇が、はたして『漢書』刑法志に伝えられるようにすでに秦法中に存在していたものであったか、それとも『晋書』刑法志など唐代の編纂物に伝えられるように漢代に入って新たに創設されたものであったかについては、これまた『漢書』刑法志と『晋書』刑法志のいずれを是とすべきか、俄には決し難いことである。

ついでは、この点をさらに具体的に検討して行くことにする。

三　『廏苑律』と『廏律』

漢の『廏律』

『九章律』の一篇として伝えられる『廏律』は、『唐律疏議』の『廏庫律』によれば、

疏議曰、廏庫律者、漢制九章、創加廏律、魏以廏事散入諸篇、晋以牧事合之、名為廏牧律、自宋及梁、復名廏律、後魏太和年名牧産律、至正始年、復名廏牧律、歴北斉後周、更無改作、隋開皇以庫事附之、更名廏庫律、廏者鳩聚也、馬牛之所聚、庫者舎也、兵甲財帛之所蔵、故斉魯謂庫為舎。

とあり、

漢　　＝『廏律』(第八または第九篇、漢代に「創加」と)
三国魏　＝独立せず(「散入諸篇」)
晋　　＝『廏牧律』(『大唐六典』刑部尚書は第十七廏律)
宋～梁　＝『廏律』(『大唐六典』刑部尚書は宋・斉、第十七倉庫第十八廏律、『隋書』刑法志は梁、第十七倉庫第十八廏)
北魏太和年＝『牧産律』

北魏正和年＝『廏牧律』
北斉・後周＝『廏牧律』（『隋書』刑法志・『大唐六典』刑部尚書は北斉河清三年、第十一廏牧、後周保定三年、第十八廏牧）
隋開皇年　＝『廏庫律』（『隋書』刑法志は第五廏庫、なお『隋書』刑法志・『大唐六典』刑部尚書は大業三年律として第十三倉律第十四廏牧）

を経て唐律の『廏庫律』へと引き継がれて行くが、肝心の漢の『廏律』の内容は、これまでその全貌を知ることはできない（［補注1］。二〇〇一年に公刊された呂后『二年律令』においても、『廏律』は存在しない。ただ廏の管理に関係する律文は散見する）。

しかし『晋書』刑法志においては、断片的な記述であるが、漢の『廏律』に言及した記述として、

Ⓐ廏律有逮逋之事、若此之比、錯糅無常。

Ⓑ廏律有告反逮受、科有登聞道辞、故分為告劾律。

Ⓒ廏律有乏軍之興、（略）故別為之《乏》留律。

Ⓓ秦世旧有廏置・乗伝・副車・食厨、漢初承秦不改、後以費広稍省、故後漢但設騎置、無車馬、而律猶著其文、則為虚設、故除廏律、取其可用合科者、以為郵駅令。

Ⓔ其（『廏律』）告反逮験、別入告劾律、上言変事、以為変事令、以驚《警》事告急、（略）以為驚《警》事律。


の五条があり、Ⓑ～Ⓔは『魏新律』序略に見えている。

これによると漢の『廏律』は、

〈秦・前漢〉　廏置（廏舎）・乗伝（馬車）・副車・食厨。
〈前漢、後〉　稍省
〈後漢〉　騎置（「無車馬」、「虚設、故除廏律」）。

〈『魏新律』〉　郵駅令。

と秦制を継承した部分が明らかに指摘されている他、また、

逮捕之事　→〈『魏新律』〉不明。
告反逮受（験）・登聞道辞→〈『魏新律』〉告劾律。
乏軍之興　→〈『魏新律』〉之《乏》留律。
上言変事　→〈『魏新律』〉変事令。
驚《警》事告急　→〈『魏新律』〉驚《警》事律。

との内容も包含していた。『晋書』刑法志の『魏新律』序略によれば、

旧律（『九章律』）所難知者、由於六篇篇少故也、篇少則文荒、文荒則事寡、事寡則罪漏、是以後人稍増、更与本体相離、今制新律。

とあって、『魏新律』が改編の対象とした漢律中には、かなり漢代になって増修された部分があることも明らかである。

それにしても漢の『廏律』が、『漢書』刑法志で「攈摭秦法」と秦制を継承し、全く新しく創設されたものではなかったとすると、雲夢睡虎地の『廏苑律』が、『晋書』刑法志に見える、断片的ではあるが漢制として伝えられる『廏律』と、果たしてどのように関わるか。ついでこの点を確認する。

秦の『廏苑律』

雲夢睡虎地の『廏苑律』は、わずかに二条、それに竹簡の整理に当たった「小組」（睡虎地秦墓竹簡整理小組・雲夢睡虎地秦墓編写組）[9]が『廏苑律』と認めた一条を合わせると計三条である。そこで全文を引用すると、

Ⓐ以二四月・七月・十月・正月一、膚《しらぶ》二田牛一、卒歳、以二正月一大課レ之、最、賜二田嗇夫壺酉《酒》束脯一、為旱《皂》者除二一更一、賜二牛長日三旬一、殿者、谇《せむ》二田嗇夫一、罰二冗皂《もろもろのかいばがかり》者一二月、其以レ牛田、牛減レ絜《こしまわり》、治（笞）二主者一寸十、有《又》里課レ之、最者、賜二田典日旬一、殿、治（笞）卅。　廏苑律

Ⓑ叚《かり》（仮）二鉄器一、銷敝《へりいたみ》、不レ勝而毀者、為二用書《ほうこく》一、受勿レ責。　廏苑

Ⓒ将《ほう》二牧《ぼく》公馬牛一、馬［牛］死者、亟謁《すみやかにもうせ》二死所県一、県亟診而入《おさめ》レ之、其入レ之、其弗レ亟《すみやか》而令レ敗《いたま》者、令下以二其末レ敗直《値》一賞《償》上レ之、其小隷臣疾死者、告其□□之、其非二疾死一者、以二其診書一告レ官論レ之、其大廏、中廏、宮廏馬牛殹（也）、以二其筋・革・角及其賈《価》銭一效《のぼす》、其人詣《かかり》二其官一、其乗服公馬牛・亡《もちぬしのないうま》馬者而死レ県、県診而雑《ともに》買《売》二其肉一、即入二其筋・革・角一、及索《（索）すべて》入二其賈《価》銭一、銭少レ律者、令二其人備《ふそく》レ之而告一レ官、官告二馬牛県出《抹消》レ之《馬牛》、今課《考課》二県・都官公服牛各一課一、卒歳、十牛以上而三分一死、不レ［盈］二十牛以下一、及受二服牛一者、卒歳、死レ牛三以上、吏主者、徒食牛者及令・丞、皆有レ罪、内史課レ県、大《太》倉課二都官及受服者一。　□□

である。

これら雲夢睡虎地の『廏苑律』では、「県令」・「丞」・「田嗇夫」・「吏主者」・「里田典」・「為皂者」・「牛長」・「以牛田主者」・「徒食牛者」などが関係者として挙げられ、それぞれが馬牛の管理上の責任を問われている。ここでの馬牛はまた、耕作用の牛（Ⓐの場合）あるいは乗車用の馬牛（Ⓒの場合）として飼育されていて、Ⓒの場合は「公馬牛」とあり、ここでの馬牛が官有であったことが明らかとなる。

Ⓐの場合は、「田牛」とあるのみであるが、この田牛も「田嗇夫」の責任下に置かれ、年間三回に亘り検査が実施されており、これもまた「公牛」の範疇に入る。それにしてもⒶでは、里の「田典」が田牛の管理に関わっており、県の「田嗇夫」・「為皂者」・「牛長」管理下の田牛とは異なる管理体制が存在していたように思われる。

同時に、「田典」の場合は、職掌面でも田牛の使役に携わるなど単なる飼育担当者とは相違あったように窺える。

この「田典」はまた、賞賜の内容が「日旬」となっていて、「牛長」や「為皀者」と同様に休暇が下賜されていた。このことからも「里典」が、「牛長」や「為皀者」等とは役割を異にする公牛の管理専従者ではと考えた[10]。

ついで馬牛の管理施設としては、Ⓒに「大廏」・「中廏」・「宮廏」が見えている。この「大廏」・「中廏」・「宮廏」については、睡虎地秦墓竹簡整理小組が漢制にもとづき「大廏」は太僕の属官、「中廏」は皇后の車馬の在所との注解を行っている。しかしこの点については、王先謙が、『漢書』武五子戻太子伝の、

具白皇后、発中廏車、載射士。

に対する顔師古注の、

中廏、皇后車馬所在也。

に関連し、

通鑑胡注、廏者天子之内廏也、秦二世時、公子高曰、中廏之宝馬得賜之、非専主皇后車馬也、先謙案黄図、都廏天子車馬所在、中廏皇后車所在、顔注不誤、胡拠秦語、以駁漢制、失之。

と述べ、胡三省が秦制をもって漢制を論じたことを難じている。

この秦制とは、『史記』李斯列伝の、

［公子高］乃上書曰、先帝無恙時、臣入則賜食、出則乗輿、御府之衣、臣得賜之、中廏之宝馬、臣得賜之。

であって、それも丁度、始皇帝在世中のことである。ただ胡三省が考えるようにこの「中廏」が皇帝のための車馬を専掌するものであったかどうか、この記事からだけでは断定し難い。

『春秋穀梁伝』僖公二年にはまた、

是我取之中府、而蔵之外府、取之中廏、而置之外廏也。

と、「中廏」が「外廏」に対応する用語として見えている。『春秋公羊伝』僖公二年では、

宝出之内蔵、蔵之外府、馬出之内廏、繋之外廏。

と、「中廏」が「内廏」となっている。

『春秋穀梁伝』と『春秋公羊伝』とはその成立についてとかくの議論がある。ここに見える「中廏」についても、これを先秦の事情と見なすことができるかどうか問題が残るものの、「中廏」はまた「内廏」とも通じることから、「外廏」に対応する用法も考えられ得る。そしてこの『春秋穀梁伝』に見える「中廏」と「外廏」との語は、晋侯の宝であった「屈産之乗」と「垂棘之璧」とを虞公に献じ、晋が虞を経て虢を伐たんとした際に用いられており、「中(内)廏」は晋公の廏、「外廏」は虞公の廏と、国内・外の廏の謂となっている。

このように見て来ると、先秦の「中廏」の用法もまた一様ではないようで、王先謙の前掲の議論を借用すると、睡虎地秦墓竹簡整理小組が漢制をもって秦制を解釈せんとしたことはいささか問題となる。この点は「大廏」の解釈においてもまた同様のことがいえるかも知れない。そして「大廏」・「中廏」・「宮廏」についての解釈は、廏本来の字義である馬牛の舎としての役割と、これが県の管轄下に置かれていたこと以外にここでは定かにし得ないようである。

以上は『廏苑律』に見える馬牛がどのような管理体制の下に置かれていたかを見てきたが、この『廏苑律』にはまた、Ⓑのように「鉄器」の仮与についての規定が見える。この「鉄器」については、これがはたして何に使用されるものであったか、ここでは特定されていない。「鉄器」の語は、雲夢睡虎地竹簡では『金布律』に、

其金及鉄器入以為銅。

とあり、『司空律』にも、

瓦器・木器・鉄器。

と見えているが、この場合の「鉄器」もまた特定の用具を指してはいない。このため『廏苑律』に見える「鉄器」は、まま考えられているようにスキなどの特定の用具を指すものではなく、耕作用の各種農具や、乗車用として馬牛が各

方面で用いられていることもあり、馬牛用の車具など種々の用途が考えられ得ることになる。

そこでⒷの律文も、馬牛の使役に関わる用具の取り扱い規定ということになるのかも知れないが、この雲夢睡虎地竹簡には、さらに馬牛の管理規定に類するものとして、

Ⓓ膚吏乗馬篤《つかれ》、㸶《やせ》（齜）、及不レ会二膚期一、貲各一盾、馬労課《考課》、殿、貲廏嗇夫一甲、令・丞・佐・史各一盾、馬労課、殿、貲皂嗇夫一盾。（『秦律雑抄』）

Ⓔ傷二乗輿馬一、夬《決》レ革一寸、貲一盾、二寸、貲二盾、過二二寸一、貲一甲、●課二駃騠一、卒歳六匹以下到二一匹一、貲一盾、●志馬舎二乗車馬一後、毋（勿）二敢炊飭一、犯レ令、貲一盾、已馳レ馬不レ去レ車、貲一盾。（『秦律雑抄』）

Ⓕ驀馬五尺八寸以上、不レ勝レ任、奔摯（縶）不レ如レ令、県司馬貲二甲、令・丞各一甲、先賦二驀馬一、馬備、乃粼《えらび》二従軍者一、到レ軍課レ之、馬、殿、令・丞二甲、司馬貲二甲、灋（廢）。（『秦律雑抄』）

Ⓖ牛大牝十、其六毋（無）レ子、貲嗇夫・佐各一盾、●羊牝十、其四毋（無）レ子、貲嗇夫・佐、各一盾。●牛羊課。（『秦律雑抄』）

Ⓗ除レ佐必当二壮以上一、毋レ除二士五（伍）新傅一、苑嗇夫不レ存、県為レ置レ守、如二廏律一。　内史雑

Ⓘ吏自二佐・史一以上、負従馬・守書私卒、令二市取一レ銭焉、皆遷。（『秦律雑抄』）

などが含まれていて、ⒹⒺⒻには乗馬や騎馬の管理と、その責任者である「廏嗇夫」・「皂嗇夫」・「令」・「丞」・「佐」・「吏」・「県司馬」の吏名が見えている。Ⓖは牛羊の繁殖（飼育）の責任が嗇夫に問われることになっている。

Ⓗは、『内史雑』と呼ばれる律文で『廏苑律』とは別であるが、たまたま「苑嗇夫」の欠員補充の便法、「守苑嗇夫」の任命と、これらを規定した『廏律』の存在とが伝えられている。『廏律』は『廏苑律』と呼称を異にする。ただこの『廏律』にもまた禁苑関係吏の任免についての規定が含まれていた。『廏苑律』と同様に『廏律』もまた、禁苑に関係していたことになる。その『廏律』が、「廏」字すなわち馬牛の管理にも関わっていたことは間違いなく、『廏苑

律』との相違を見出すことは困難である。雲夢睡虎地の『廏律』は、『廏苑律』の略称であった可能性が大きい。

ともあれ『内史雑』にもまた、「苑嗇夫」についての規定が含まれていた。内史は咸陽周辺で、禁苑が多く存在していた。苑嗇夫が馬牛の管理のみに専従する役人でなかったことは明らかである。

最後のⒾは馬を目的外に使用し私利を求めた例であり、後掲『司空律』中にも類似する律文が見えている。

『廏苑律』が、これまで見てきたように馬牛および関連用具の管理規定であったとすると、『田律』にはまた、

乗馬服牛稟、過二月一弗レ稟、弗レ致者、皆止、勿レ稟、致、稟二大田一而毋（無）二恒籍一者、以二其致到日一稟レ之、勿二深致一。田律

と乗馬服牛への飼料の支給が見え、『倉律』には、

駕《のれば》二伝馬一、一食禾、其顧来有《又》一食禾、皆八馬共、其数駕、毋レ過二日一食一、駕二県馬一労《つかる》、有《又》益二壺《壱》禾之一。倉律

と、伝馬への飼料の支給が見える。

『司空律』には

官府叚《かり》（仮）二公車牛一者□□□叚《かりた》（仮）人所、或《もし》私用二公車牛一、及叚《かりた》（仮）人食レ牛不レ善、牛訾《やせる》（胔）、不レ攻二閒車一、車空失、大車軲紋《まがる》（盭）、及不レ芥《よくせ》（介）レ車、車蕃《かこい》（藩）蓋《おおい》強折列《裂》、其主二車牛一者及吏、官長皆有罪。司空

と、官府へ仮与されていた公車牛を吏が個人的に使用し、牛の管理を惰ったり、車具を破損させた際の責任や、

官長及吏、以二公車牛一、稟二其月食及公牛乗馬之稟一、可殹（也）、官有二金銭一者、自為レ買二脂・膠一、毋（無）二金銭一者、乃月為レ言二脂・膠一、期レ踐《たる》、為二鉄攻（工）一、以攻《おさむ》二公大車一。司空

と、公車牛や公乗馬への飼料、車具の潤滑油（脂）・接着剤（膠）、さらには車具の補修についての規定が見える。

『繇律』には、

　　県葆禁苑、公馬牛苑、（略）其近田、恐《おそれある》二獣及馬牛出食一レ稼者、県嗇夫材下興有二田其旁一者上、無二貴賤一、以二田少
　　多一出レ人、以垣二繕之一、不レ得レ為レ繇（徭）。

と、公馬牛が苑近鄰の田に出て農作物に被害を与えたことに対する垣柵工事の労働力についての規定が見え、『効律』
には、

　　馬牛誤二職《識》耳一、及物之不レ能二相易一者、貲官嗇夫一盾。

と、馬牛の標識に関わる規定や、

　　司馬令史掾苑計、計有レ効、司馬令史坐レ之、如三令史坐二官計効一然。

と、苑計、すなわち苑の会計担当者として「司馬」の吏名が存在し、さらには「計」すなわち経理に関して、

　　人戸、馬牛一、貲一盾、自レ二以上、貲一甲。
　　人戸、馬牛一以上為二大誤一、誤自重殹（也）、減罪一等。

と、戸数と共に馬牛の数に誤差が生じた際の罰則規定などが見えている。

　これらは『廏苑律』以外の律文中に含まれている馬牛に関係する規定であるが、『田律』の場合は、『田律』によって家畜の飼料である「芻稾」が徴収され、『倉律』ではその「芻稾」の保管が行われ、『司空律』の場合は、城旦春により、

　　城旦春毀二折瓦器・鉄器・木器一、為二大車一折レ鞏（輮）、輒治（笞）レ之

と、馬牛が牽引したと思われる大車が製造されている。

『繇律』は公役についての規定である。『効律』は主として官蔵品の管理規定であった等のことから、これら諸律に馬牛についての規定が含まれていることも何ら不自然ではない。同時に『田律』には「馬恒籍」、『倉律』には「伝馬」、『司空律』には「公車牛・公乗馬」、『繇律』には「公馬牛」などの語が見え、これら諸律での馬牛が、公馬牛として

の性格を持つものであったことが窺える。

『廏苑律』以外に散見する馬牛に関わる諸規定は、それぞれに関係する律文と密接な繋がりを持つものであり、『秦律十八種』を始めとする雲夢睡虎地諸律が比較的整合性を持って編成されていたことが明らかである。

馬牛については、これが私的所有に係ると思われる存在も認められ得る。『司空律』には、

百姓有レ貲贖レ責（債）、而有二一臣若一妾一、有二一馬若一牛一、而欲レ居者、許。

とあり、官府での徒役（罪刑）に服すべきものが、臣妾あるいは馬牛でもってこれを贖うことが可能となっていた。贖罪のために提供される馬牛が存在することからして、馬牛は、公馬牛だけではなく、「百姓」の間に私的馬牛として飼育されていたことになる。『法律答問』中には、

甲小未レ盈二六尺一、有二馬一匹自牧一レ之、今馬為レ人敗、食二人稼一一石、問当レ論不レ当、不レ当二論及賞（償）稼一。

とあり、これは年少者が一頭の馬を飼っていて、この馬が他人の農作物を食い荒したトラブルである。この場合、問題の馬を見張っていたのが年少者であったことから、結局責を負うことはなかったが、それでも事件の処理において、馬を放牧していた個人の責任如何が問題とされている。

前掲『繇律』における「公馬牛苑」の馬牛が苑の近田の農作物に被害を与えた時とは大きく異なる。すなわち公馬牛による被害に対しては、被害を受けた田所有者の方が、自己の負担で馬牛に対する防禦柵の設置工事が義務付けられている。同じ農作物を馬牛が荒した事件でありながら、公馬牛による場合は、馬牛の管理者の責任が一切問われることはなかった。

馬牛に関わる記載は、さらに『法律答問』中で、

舎公官（館）、旞レ火燔二其舎一、雖レ有二公器一、勿レ責、●今舎二公官（館）一、旞レ火燔二其叚（仮）乗車馬一、当レ負不レ当レ出、当レ出レ之。

と、公舎焼失の際に仮与されていた乗車馬が罹災した場合の賠償についての規定や、

以二其乗車一載二女子一、可《可》論、貲二甲、以二乗馬一駕二私車一而乗レ之、毋レ論。

と、女子が「私車」によらずして「(公)乗車」を用いることに対する制限、さらには馬牛の盗難をめぐる事件など種々多様な事例が伝えられている。

これらを、いちいち引用することは省略するが、これまでに引用した雲夢睡虎地の『廏苑律』、さらにはその他馬牛をめぐる諸規定をもってしても、馬牛には官私の別があり、公馬牛の場合については、その用途は、車馬牛・軍騎馬・負従馬(荷物負載馬)・農耕牛など多方面であって、関係官府への仮与の方式も行われていた。

公馬牛の管理は、「公馬牛苑」、すなわち「大廏」・「中廏」・「宮廏」などの施設で、県の「令丞」以下、「佐」・「史」・「司馬令史」・「田嗇夫」・「廏嗇夫」・「皂嗇夫」・「苑嗇夫」・「吏主者」・「牛長」・「為皂者」・「徒食馬牛」・「以牛田主者」・「里田典」などの関係者の責任下に置かれていたことが知られる。そして公馬牛と異なる民間の馬牛については、当然かも知れないが公馬牛に対するような諸規定は確認できない。

漢の『廏律』と秦の『廏苑律』

ついでは、雲夢睡虎地の公廏・公馬牛に関わる諸規定と漢の『廏律』とはどのように関係付けることができるのであろうか。

漢の『廏律』の場合は、『晋書』刑法志によれば秦制を受けたとされる、

廏置・乗伝・副車・食厨。

の他に、『魏新律』制定の際、諸律に分散改編されて行ったとされる、

告反逮受(験)・登聞道事・乏軍之興・上言変事・驚《警》事告急・逮逋之事。

などが附加されていたようである。

そして秦制とされる、「廄置・乗伝・副車・食厨」は、『晋書』刑法志では、

漢初承秦不改、後以費広稍省、故後漢、但設騎置、無車馬。

とあって、経済性の面から後漢に入って「騎置」のみとされ、車馬は廃止されている。この車馬の廃止については、また『漢書』高帝紀高祖五年の条の顔師古注に、

如淳曰、律、四馬高足為置伝、四馬中足為馳伝、四馬下足為乗伝、一馬二馬為軺伝、急者乗一乗伝、師古曰、伝者、若今之駅、古者以車、謂之伝車、其後又単置馬、謂之駅騎。

とあり、車馬による駅伝にはスピードに応じ各種の車馬が設けられていたが、結局は効率のためか車馬（＝乗馬）から「駅騎」、騎馬へと切り換えられて行ったようである。[11] 後漢に入っての騎置への移行にはかかる事情が存在していた。

「告反」（告劾）・「乏軍之興」（徴兵）・「変事」・「驚《警》事」・「逮逋」などに関わる諸事は、いずれも緊急を要する事態である。このため、これらの諸事が漢の『廄律』に含まれていたことも、『廄律』が馬［牛］を管理し通信駅伝施設として緊急事態に対応可能な機動性を有していたことから、これまた当然である。

『晋書』刑法志によれば、漢律各篇は、

後人稍増、更与本体相離。

と批判されているように、いまだ法規としては未整備、未分化であったということになる。このような制度面での遅れは、漢代、とくに前漢武帝時以前にあっては、法制面だけではなく官制など政治制度全般にわたる傾向でもあった。

「廄置・乗伝・副車・食厨」は、秦制によるものであったが、漢の『廄律』を支える肝心の馬はとなると、『漢書』食貨志では、景帝時に、

始造苑馬、以広用。

とあり、蕭何が『九章律』の一篇として『廏律』を定めた高祖時には、雲夢睡虎地の秦律の場合と異なり、「公馬牛苑」のごとき存在は見えないことになる。

ただ『史記』平準書では、『漢書』食貨志の記事が、

益造苑馬、以広用。

となっていて、必ずしも景帝時に初めて「苑馬」の制が創設されたとはいえないのかも知れず（呂后『二年律令』の『秩律』には、吏名として「都官之稗官及馬苑有乗車者、秩各百六十石、有秩毋乗車者、秩各百廿石」と「馬苑」が見える。「馬苑」の吏名は、『史記』や『漢書』では確認できないが、「苑馬」の管理と関係があるかも知れない）、『漢書』文帝紀にはまた、

太僕見馬遺財足、余皆以給伝置。

とあって、帝室の輿馬である廏馬・苑馬を掌った「太僕」の名が景帝を遡る文帝時に見えている。

「太僕」は、『漢書』百官公卿表によれば

太僕秦官、掌輿馬、有両丞、属官有大廏・未央・家馬三令、各五条一尉、又車府・路軨・騎馬・駿馬四令丞、又龍馬・閑駒・橐泉・騊駼・承華五監長丞、又辺郡六牧師菀令各三丞、又牧橐昆蹏令丞、皆属焉、中太僕、掌皇太后輿馬、不常置也。武帝太初元年、更名家馬為挏馬。

と「秦官」となっている。この『漢書』百官公卿表に見える「太僕」の組織、職掌が、何時の時点のものであるか定かではない。問題の駅伝制については、前掲の『漢書』文帝紀では、「太僕」関係の馬を必要最少限とし、「余を駅伝の施設に回せ」となっていて、「太僕」の組織とは別の存在になっていた(12)。

漢の『廏律』が秦制の通信駅伝体制を継承するとしても、苑馬を掌握したと思われる「太僕」関係の職務とは分離されていたことになる。蕭何が秦の『廏苑律』の「苑」字を削除し、あるいは『廏苑律』とは別に、『廏律』を採用

した背景には、漢の『廏律』の対象とする馬が、秦律の廏苑馬と異なる管理体制を取るものであったとのことが示唆されているのかも知れない。

もちろん雲夢睡虎地の『廏苑律』が、そのまま統一帝国成立後の秦の律文として維持されたかどうかも定かではない（［補注1］。呂后『二年律令』が出土した結果、漢律も雲夢睡虎地の秦律を継承する点が少なくない。龍崗秦律についても、「諸馬牛到所、毋敢穿穽及置它［機］能害□。」は、断簡であるが呂后『二年律令』の『田律』に見える、「諸馬牛到所、皆毋敢穿穽、穿穽及置它機、能害人馬牛者、雖未有殺傷也、耐為隷臣妾、殺傷馬牛、与盗同灋、殺人、棄市、傷人、完為城旦舂」と近似する）。このため秦律と漢律との対比を、このように雲夢睡虎地秦律をもとに論じたとしても、これは自ら限界のあることである（［補注2］。二〇〇一年に公刊された龍崗秦簡では、断簡が多いが、秦の統一前と統一後とが混在した秦律が確認できる。戦国時代の秦律、統一後の秦律、前漢呂后時の『二年律令』が、纔かながらも一つの流れとして比較することが可能となった）。

雲夢睡虎地の『廏苑律』についていえば、馬牛や関係用具が廏から比較的多様な目的のために、必要とする他の官府に仮与されていた。雲夢睡虎地秦律中には、『行書律』・『伝食律』など駅伝に関わる律文が見えていながら、馬そのものについての規定は確認できない。漢の『廏律』が駅伝を始め、機動性を必要とする諸事、すなわち馬の効用・用途そのものの規定を中心としていたことと大きく相違する（［補注1］。呂后『二年律令』では、呂后『二年律令』に見える馬牛の規定で、用途が特定される事例は、「伝馬」が多い。また苑馬については、『秩律』に、「大（太）倉中廏、未央廏」の二吏名が見える。張家山二四七号漢墓竹簡整理小組の注解では、「大倉中廏」吏は皇后の車馬を担当する治粟内史の属官で、「未央廏」吏は皇帝の車馬を担当し太僕の属官とする。漢王朝成立後も廏苑で馬が飼育されていたことは間違いない）。漢の『廏律』に牛についての規定が存在したかどうかも気になる点である。

以上のことは、漢の『廏律』が秦制を踏襲するとされながらも、実は必ずしも雲夢睡虎地『廏苑律』をそのまま引き継いだものではなかった。あるいは『伝食律』などの関連諸律を勘案し再編成されたとでもいうべきかも知れないが、続いては、雲夢睡虎地『倉律』の場合は、どのような位置付けを持つものであったか。以下、検討することにする。

四　『倉律』

雲夢睡虎地の『倉律』は、二十六条にのぼり、『廏苑律』に比し内容は豊富である。『倉律』については、これまですでに詳細な研究が行われており、(13)ここでは主として倉の役割・機能から『倉律』の性格について述べるに止める。まず『倉律』の梗概についてであるが、倉の管理は、県の管轄下にあること前述の『廏苑律』における馬牛や関連用具の管理と同様である。『田律』の場合もそうであったが、公田や苑囿の管理も独立せず、県の管轄下に置かれていた。(14)県は元来、王室直轄地の管理を前提として出現したものであり、県が王室財政と関わること自体、これは当然で、県本来の機能を窺い知る上での貴重な例証ともなり得る。

倉に所蔵される物資は、「禾稼《あわ》」・「黍《きび》」・「稲」・「麻」・「麦」・「荅《あずき》」・「叔《だいず》」・「麱《ふすま》」・「芻《まぐさ》」・「稾《わら》」など主として穀物や動物の飼料が中心であり、物資の倉への搬出入には複雑な手続きが必要で、その規定も見えている。倉に所蔵される物資が倉までどのような段階を経て届けられていたかは、芻稾の場合、『田律』にその徴収額などについての規定が見えているが、その他についてはあまり定かではない。

倉の所蔵物がどのように使用されていたかは、詳細な規定が見えている。そこで以下、この倉の所蔵物の用途の面から、『倉律』の性格・位置付けについて考えてみることにする。

倉の所蔵物の用途は、

①「稟㆑人」。律二条が見える。(15) 禾・黍が支給されている。秫《もちあわ》は除外されている。

②播種用の「種」。律二条が見える。(16) 稲・麻・禾・麦・黍・荅・叔と倉に所蔵されたと思われる穀物のほとんどが確認できる。

③「委賜」(賞賜)。禾《あわ》(米)がこれに当てられ、賞賜の対象者は「人」となっている。(17)

④「稟㆓毇《はくまい》(毀)粺㆒者」。(18)

⑤公的旅行者(「宦者・都官吏・都官人・有事軍及下県者」)への「食」の支給。律二条が見える。(19)

⑥「月食者」と「有秩吏」への「食」の支給。(20)

⑦「伝馬」への「禾」(飼料)の支給。(21)

⑧「妾未使」・「小妾」・「隷臣妾」・「小隷臣妾」・「(隷臣妾の)嬰児之毋母」・「(隷臣妾の)嬰児有母」・「免隷臣妾」・「城旦舂」、「小城旦」・「小舂作者」・「舂司寇」・「白粲」・「飽囚」への「食」の支給。「妾未使」の場合は「食」のほか「衣」も支給。全部で律八条。(22)

等で、県は、「太倉」に対して「食者籍」(23)を提出していた。その内容は、上述の「食」(穀)の支給者、すなわち⑤・⑥・⑧に関わるものであろうか。

倉の所蔵物の用途は、「種」や飼料の他、「稟」・「委賜」・「食」として、「人」・「宦者・都官吏・都官人の公的旅行者」・「有事軍及下県者」・「月食者」・「有秩者」・「隷臣妾」・「城旦舂」・「司寇」・「白粲」などへ支給されていたが、とくに隷臣妾や城旦舂への食糧の規定が詳細を極めている。

このため雲夢睡虎地『倉律』にあっては、倉への物資搬出入の規定四条と、隷臣妾や城旦舂などへの食糧支給の規定八条とで、全二十六条中の約半数が占められる。残る官吏や「人」などへの「食」・「稟」・「委賜」の支給において、「稟㆑人」の「人」は、官吏や官奴婢・刑徒を除いた人となり、あるいは倉と庶人(私人)との関わりを示す律文として理解できなくもない。

　このため秦の倉の所蔵物の場合も、『唐律疏議』の『廏庫律』に見える、「諸財物応入官私」、あるいは「諸官物応入私」などのように、公・私に供用される存在であったかも知れない。

　それにしてもこの場合、「稟㆑人」とある「稟」の字義が問題となる。稟の字義については、『説文解字』に、

　　賜穀也、从亩从禾。

とあって、下賜の義とし、『広雅』釈詁四では、

　　稟、禄也。

とする。しかし『広雅』釈詁三ではまた、

　　稟、予也。

とあり、『漢書』文帝紀の顔師古注にも、

　　稟、給也。

となっている。

　いずれの字義を採用すべきか判断に苦しむが、肝心の雲夢睡虎地竹簡でこの稟字がどのように使用されていたかを調べてみると、これはほぼ官給の義に用いられていた。「稟人」・「主稟者」（以上、『倉律』・『効律』）と呼称される吏名さえも見える。どうも『説文解字』の下賜の義に近いようである。

　下賜の場合はとなると、前掲③の、

　　有㆓米委賜㆒、稟㆓禾稼公㆒、尽㆓九月㆒、其人弗㆑取㆑之、勿㆑鼠（予）。

の「人」に対する「委賜」＝「稟」と同様で、「稟㆑人」の場合にあっても、これは賞賜に類する行為で、市井への出売などを想定することは困難である。事実、雲夢睡虎地竹簡中には、稟に売買などの行為が伴った事例は確認できな

い[24]。

このような稟の形態でもって物資が下賜される「人」といわれる存在に、食糧の購入を必要とした非農家（官吏・軍人などは除外）の人々を想定することはできない。非農家の人々には市区の住民も含まれるが、これらの人々に食糧を下賜するなどはあり得ない。

この『倉律』には、吏人や隷臣妾・城旦春などへの「食」の支給と並び、また播種用の「種」の規定も含まれる。問題としてきた「稟ㇾ人」は、稟として倉から直接個々人に下賜されていて、対象となる「人」は、おそらく比較的限定された人びとで、かつ個々の具体的な支給方法が明示されている官吏や官奴碑・刑徒を除くものである。このためこれまでは、これを公田・苑囿中の「百姓」（『田律』）と考えた[25]。

雲夢睡虎地『倉律』の理解については、さらに倉への物資、とくに穀物搬入の経路を明らかにする必要があるが、前述したように『倉律』の中にこれを明示する条文はない。穀物の倉への搬入については、『田律』中に田租納入の規定がないことから、公田における穀物の収穫は原則として全て公入され、芻稾などのような一定額の納入で済まされる場合とは区別されていたのではとも考えてみた。

ここにおいて『倉律』もまた、『田律』や『廏苑律』などと共に、これが一般性如何については、なお慎重を期したいとの考えが払拭しきれない。雲夢睡虎地『倉律』が、統一後の秦や漢代の倉制とどのような関連を持つものであったかについては、倉の保管に関わる規定などは当然継承されるべき要素を持っていたと思われるが、統一後の秦や漢代の倉制の詳細がいまだ明らかではない今日、これを論じることは少しく困難である（[補注1]。呂后『二年律令』では『倉律』は確認できない。問題とした「稟ㇾ人」の語も呂后『二年律令』中に見出せない。ただ「太倉」、「長信倉」等の倉名の他、『秩律』には「倉」吏と「庫」吏の吏名が確認でき、「秩各百廿石」である）。

推論になるが、雲夢睡虎地『倉律』が、限定された範囲内での運用であったとしても、統一後の秦、さらには漢代の倉制が、これら『倉律』の存在を無視し得なかったであろうことは当然のことである。雲夢睡虎地『倉律』が漢制の倉の機能一般にどのように投影されているか、今後注目して行きたいところである[26]。

おわりに

以上、雲夢睡虎地の『廏苑律』と『倉律』とを中心に、問題の一端を述べてきた。最近は新たな漢律の出土も伝えられており（後掲［補注1］。二〇〇一年に全文が公刊された）、雲夢睡虎地秦律の位置付けをめぐって、これをこのように検討することは、いささか問題も感じられるが、雲夢睡虎地秦律の位置付けについては、これまでにもその大略についてふれたところであり[27]、ここでもこれまでの理解を整理・再確認し、これをさらに戦国時代から漢代にかけての法制史の推移の中で考えてみた。

これまで見てきたような考定が許されるとするならば、雲夢睡虎地秦律、とくに『田律』や『廏苑律』・『倉律』などは、王室直轄地・王室財政と比較的深い関わりを持つものであったことが考えられ、これが運用にはまた「県」が当てられていた。

統一帝国の形成、国内諸制度の整備・発展と共に、県制の場合と同様、これら律文も、当然のことながらより普遍性を持つ国家法へと拡大・移行して行くべき要素が多分に含まれていたはずである。同時に秦の占領地支配にこれら律文が活用されていることも、またそれだけに問題はない。

このように考えてくると、雲夢睡虎地の秦律は、王室財政が中央集権化、統一帝国形成への過程でその核となり、ついには国家財政に発展・吸収されて行ったように、法制史の展開にあってもまた、この秦律が王室直轄地の管理規定としての姿を留めるとの理解において、「王室の家法」が、国家法へと発展、整備されて行く過程がここでも確認できるということになるのかも知れない。

「王室の家法」が秦の占領地支配で活用されていた。秦の商鞅法典から蕭何『九章律』にかけての国家法は、主として刑罰法規を中心（雲夢睡虎地『法律答問』は多くこれの範疇に入る）として伝えられている。このことは、あるいは秦における国家法の未成熟さを意味することになるのかも知れないが、また一方では、秦の統一過程において、占領地に対する王室の直轄支配（元来、占領地支配にはかかる傾向がある）との側面を助長させかねないことにもなり得る。統一秦の行政制度における統括責任者の欠如（中央・地方における三権分立）を始め、徹底した強権体制・集権化の方向とも繋がりを持つということになるのかも知れない。

これまで述べてきた雲夢睡虎地の秦律は、いまだその梗概についてふれたに過ぎない[28]が、それでも「王室の家法」としての性格を留めつつも、当時すでに国家法としての位置付けを求められ、刑法典を補完すべく積極的に活用されていたということにもなり、戦国時代から統一帝国形成時にかけての、法制史の新たな展開が窺い知られる。

刑法典が治安上いち早く国家法として注目を受けたのに対し、それ以外の諸規定、行政的法規は古来「王室の家法」、あるいは卿大夫の家法として維持され[29]、これが次第に国家法へと成長して行ったことになる。蕭何の『九章律』が、従来の刑法典に初めて緊急を要すると判断した『興律』・『廏律』・『戸律』の三篇を加えた。あるいは「王室の家法」を国家法に改編したとの方向は、新しい国家体制に対応するもので当然のこととはいえ、従来の刑法典を中心とした国家法に比すと、これはまさに国家法としての一大転換を意味する。唐において一応の完成が見られる中国律令形成への第一歩が踏み出されたということになる[30]。

ただ本稿の最初で問題とした、蕭何が新たに採用した『興律』・『廏律』・『戸律』の三篇にしても、これが秦制をそのままを踏襲したものではなかった。もちろん全く蕭何の独創に係るものでなかった[31]ことは、『漢書』刑法志がすでに、擽撫秦法、取其宜於時者、作律九章。

と、指摘する通りである。それでも雲夢睡虎地秦律のすべてが、刑罰法規と異なり、漢律に直結することはなかったと思われる。領域が拡大される中で、ある程度の変容[32]を余儀なくされたことは当然であるが、雲夢睡虎地秦律の位置付け如何の観点に立てば、秦律が、未だ必ずしも国家法としての位置付けを充分に得ていなかったがためとなる。

注

（1）拙稿「春秋戦国時代の罪刑法化の動きと以吏為師について」唐代史研究会編『中国律令制の展開とその国家・社会との関係』刀水書房、一九八四。本書【Ⅰ】第一章。

（2）大庭脩「雲夢出土竹書秦律の概観」『秦漢法制史の研究』第二篇第一章、創文社、一九八二。

（3）江村治樹「雲夢睡虎地出土秦律の性格をめぐって」『東洋史研究』四〇―一、一九八一。

（4）拙稿「湖北雲夢睡虎地秦墓管見」『中央大学文学部紀要』一〇〇号史学科二六、一九八一。本書【Ⅰ】第四章。拙稿「中国古代聚落の展開」歴史学研究会編『地域と民衆』、青木書店、一九八一。『中国古代の聚落と地方行政』汲古書院、二〇〇二、【総論】。

（5）拙稿「威陽城と漢長安城」『中央大学文学部紀要』七六号史学科二〇、一九七五。『中国古代の聚落と地方行政』汲古書院、二〇〇二、【聚落編】第七章。

（6）増淵龍夫「先秦時代の山林藪沢と秦の公田」『中国古代の社会と国家』第三篇第一章、弘文堂、一九六〇、は、鄭国渠の灌漑による耕地もまた公田と見なされる。

（7）小倉芳彦「族刑をめぐる二、三の問題」『中国古代政治思想研究』第Ⅱ―1、青木書店、一九七〇。高祖十一年に韓信・彰越が夷三族されているが、『九章律』が何時制定されたか不明。

（8）拙稿「李悝の法経について」『中央大学文学部紀要』一一二号史学科二九、一九八四。本書【Ⅰ】第三章。

（9）本稿では、睡虎地秦墓竹簡整理小組『雲夢睡虎地秦墓竹簡』文物出版社、一九七八、と、雲夢睡虎地秦墓編写組『雲夢雲夢睡虎地秦墓』文物出版社、一九八一、との釈文を利用したが、睡虎地秦墓竹簡整理小組は、「雲夢秦簡釈文」『文物』一九七六―六・七・八、の釈文小組。
(10) 睡虎地秦墓竹簡整理小組（注9）は、田典を里典の誤りとする。
(11) 秦代の郵伝については、熊鉄基「秦代的郵伝制度―読雲夢秦簡札記」『学術研究』一九七九―三がある。
(12) 『漢書』昭帝紀元鳳二年の条にも、時代は降るが、「頗省乗輿馬及苑馬、以補辺郡三輔伝馬」とあり、太僕管轄下の乗輿馬や苑馬と伝馬とは、やはり区別されていた。
(13) 太田幸男「湖北睡虎地出土秦律の倉律をめぐって」『東京学芸大学紀要』社会科学三一・三二、一九八〇。裘振西・杜葆仁「論秦漢時期的倉」『考古与文物』一九八二―六。
(14) 注（4）。
(15) ①「程《はかり》二禾、黍一□□□□、以レ書言《年限》レ年、別二其数一、以稟レ人。倉」。
②「計レ禾、別二黄・白・青一、粽《もちあわ》（秫）勿三以稟二レ人。倉」。
(16) ①「種、稲・麻、畝用二一斗大半斗一、禾《あわ》・麦、畝一斗、黍《きび》・荅《あずき》、畝大半斗、叔《だいず》（菽）、畝半斗。利田疇《よき》、其有下不レ尽二此数一者上、可殹（也）、其有レ本《農桑》者、称議種レ之。倉」。
②「県、遺《とどめ》レ麦、以為二種用一者、殽《ともに》レ禾以臧（蔵）レ之。倉」。
(17) 「［粟《もみつきあわ》一］石六斗大半斗、舂レ之為二糲《げんまい》（糲）米一石一、糲《げんまい》（糲）米一石為二鑿（糳）米九斗一、九［斗］為二毀《はくまい》（毇）米八斗一、稲禾《あわ》一石、有二米委賜一、稟二禾稼公一、尽二九月一、其人弗レ取レ之、勿レ鼠（予）。倉」。
(18) 「為二粟廿斗一、舂為二米十斗一、十斗粲《うるち》、毀《はくまい》（毇）米六斗大半斗、麦十斗、為二䴵《ふすま》三斗一、叔《だいず》（菽）・荅《あずき》・麻十五斗為二一石一、●稟二毀《はくまい》（毇）粺一者、以二十斗一為レ石。倉」。
(19) ①「宦者・都官吏・都官人、有事、上為レ将《督送》、令二県貣（貸）一レ之、輒移二其稟県一、稟県以減二其稟一、已稟者、移《移書》二居県一、責レ之。倉」。
②「有事軍及下県者、齎レ食、毋二以レ伝貣（貸）一レ県。倉」。
(20) 「月食者、已致レ稟、而公使レ有二伝食一、及告帰尽月不レ来《かえる》者、止二其後《つぎの月のはじめ》朔食一、而以二其来日一、致二其食一、有秩吏不レ止。倉」。
なおこの条にも、「伝食」の語があるが、ここでは伝食と倉との関係については明示されていない。

(21) 「駕二伝馬一、一食禾、其顧来有《又》一食禾、皆八馬共、其数駕、毋レ過二日一食一、駕二県馬一労、有《又》益二壺《壱》禾之一。倉律」。

(22) 本条は、「駕伝馬」者のための食糧としての「禾」かとも思われるが、ここでは「小組」の解釈に従う。

① 「妾未レ使、而衣二食公一、百姓有二欲レ叚（仮）者一、叚（仮）レ之、令レ就二衣食一焉、吏輒柀《やむ》レ事レ之。倉律」。

② 「隷臣妾其従二事公一、隷臣月禾二石、隷妾一石半、其不レ従レ事、勿レ稟、小城旦・隷臣作者、月禾一石半石、未レ能レ作者、月禾一石、小妾・舂作者、月禾一石二斗半斗、未レ能レ作者、月禾一石、嬰児之毋（無）レ母者各半石、雖レ有レ母而与二其母一冗二居公一者、亦稟レ之、禾月半石、隷臣田者、以《より》二二月一月稟二二石半石一、到二九月一尽、而止二其半石一、舂、月一石半石、隷臣・城旦、高不レ盈二六尺五寸一、隷妾・舂、高不レ盈二六尺二寸一、皆為レ小、高五尺二寸、皆 作《はたらかす》レ之。倉」。

③ 「小隷臣妾、以二八月一、傅為二大隷臣妾一、以二十月一益レ食。倉」。

④ 「更《当番》隷妾、節《もし》（即）有二急事一、総レ冗《非番》、以レ律稟レ食、不急勿レ総。倉」。

⑤ 「城旦之垣、及它事二而-労与レ垣等一者、旦半、夕参、其守署及為二它事一者、参食レ之、其病者、称議食レ之、令レ吏主、城旦舂・舂司寇・白粲操二土攻（功）一、参食レ之、不レ操二土攻（功）一、以レ律食レ之。倉」。

⑥ 「日食二城旦一、尽月、而以二其余一、益為二後九月稟所一、城旦為二安事一、而益二其食一、以犯二令律一、論二吏主者一、減二舂・城旦月不盈之稟一。倉」。

⑦ 「免《免老》隷臣妾・隷臣妾垣、及為它事二与レ垣等一者、食二男子旦半夕参、女子参一。倉」。

⑧ 「食二餽囚一、日少半斗。倉」。

(23) 「県上二食者籍及它費大（太）倉一、与二計偕一。都官、以二計時一 讎《しらべる》二食者籍一。倉」。

(24) 『法律答問』中に、

「有レ稟二叔（菽）・麦一、当レ出未レ出、即出レ禾以当二叔（菽）・麦一、叔（菽）・麦賈（価）賤、禾貴、其論可（何）殹（也）、当二貲一甲一、会レ赦未レ論、有（又）亡、赦期已尽二六月一而得、当耐」。

とある。これは「稟」において高価な禾に代え、廉価な叔・麦を以てしたことが問題となっており、売買行為を伴うものではない。

(25) 注（4）。

(26) 倉の搬出入に関わる四条、

①「Ⓐ入二禾倉一、万石一積《一般の倉の許容量》、而比黎《ならびにひとしくす》レ之為レ戸《とびら》、Ⓑ県嗇夫、若《もしくは》丞、及倉《嗇夫》・郷《嗇夫》、相雑《ともに》以印《封印》レ之、Ⓒ而遺《とどめ》二倉嗇夫及離邑《郷》倉佐・主稟者、各一戸一、以气《搬出》(餼)、自《みずから》封印、Ⓓ皆輒出《搬出》、余《あたえ》レ之、索《からになれば》、而更《あらたに》為二発戸《倉だし》一、Ⓔ嗇夫免《罷免》、效者《検査係の倉開き》発、見二雑封者《確かめともに封印せし人》一、以レ隄《封印の題記》(題)效《しらべ》レ之、而復雑封《ともに封印》レ之、勿二度《中身を量る》県一、唯《ただし》、倉《嗇夫》自封印者、是度県、Ⓕ出《搬出》レ禾、非レ入《搬入》者、是出レ之、令《しむ》レ度《はから》レ之、度《はかり》レ之当レ堤《封印の題記》(題)、令レ出レ之、其不レ備《量がそなわら》、出者負《ふたんす》レ之、其贏《あまる》者、入《おさむ》レ之、Ⓖ雑《ともに》出レ禾者、勿レ更《途中で変更》、Ⓗ入レ禾未レ盈《みたさ》二万石一、而欲二増積《ましづみ》一焉、其前入者《先に搬入した人》、是増積、可殴(也)、其它人是増積《新しい人のましづみ》、積者《搬入者》必先度二故積《はかる以前の搬入分》一、当レ堤(題)、乃入《搬入》焉、後節《もし》(即)不レ備《量が足ら》、後入者独《ひとり》負レ之、Ⓘ而書二入禾増積者之名事邑里於廥籍一、Ⓙ万石之積《許容量いっぱいの倉》、及未レ盈《搬出中の倉》二万石一而被(柀)レ出者、毋二敢増積一、Ⓚ櫟陽二万石一積、咸陽十万一積、其二出入《搬出入》禾一、増積、如律令、Ⓛ長吏相雑《ともに》以入二禾倉一、及発《倉だし》、見三屚之《いたる》二粟積一、義《よろしく》積レ之、勿レ令《しむ》レ敗《そこなわ》。倉」。

Ⓐは倉の許容量。Ⓑは封印手続き。Ⓒは穀物の搬出と搬出後の封印手続き。Ⓓ倉の搬出は一倉が尽きれば他倉を開く。Ⓔは倉関係嗇夫が罷免された際の倉検査のための倉開き。「雑封印倉」と「倉嗇夫自封印倉」の別あり。Ⓕ穀物の搬出には搬入者以外の人が当たる。Ⓖ搬出担当の役人は途中で交替しない。Ⓗ増積手続き。Ⓘ積担当者の廥籍。Ⓙ増積禁止の倉。Ⓚ特別地区の倉の許容量。Ⓛ積栗中の小虫対策。

②「入二禾稼・芻稾一、輒為二廥籍一、上二内史一。●芻稾各万石一積、咸陽二万一積、其出入、増積及效、如レ禾。倉」。

倉を管理する県から内史に報告する禾稼・芻稾の管理状況を記載した「廥籍」が存在した。「廥籍」には、「書入禾増積者之名事邑里於廥籍」(①—Ⓘ)と、穀物搬入者の住所氏名も記載されていた。「櫟陽二万石一積、咸陽十万一積」と、一般の倉「万石一積」に比べ、櫟陽・咸陽等の重点地区では倉の規模が数倍から一〇倍する。

③「Ⓐ禾、芻稾積、索《全てを搬出する日》(索)出日、上二贏《あまり》・不備《ふそく》県廷一、Ⓑ出レ之未レ索(索)、而已備《題記の通り》者、言二県廷一、廷令三長吏雑《ともに》封二其廥一、与レ出レ之、輒上二数《搬出量》廷一、Ⓒ其少《ふそく》、欲二一《全て量らんと》県一レ之、可殴(也)、Ⓓ廥才《あり》(在)二都邑一、当□□□□□□□者、与雑《ともに》出レ之。倉」。

Ⓑは封印時の題記の通りの倉。Ⓒは不足が生じている倉。

④「□□□□□不備、令三其故吏与新吏雑《ともに》先索《すべて》(索)二出《搬出》之一、其故吏弗レ欲、勿レ強。其毋(無)二故吏一者、令二有秩之吏・令史主《つかさ》一、与二倉□一雑《ともに》出レ之、索《つきてのち》(索)而論二不備一、雑《共にせし人》者勿レ更、更レ之而不レ備、令三令・丞与《ともにつぐなう》賞(償)二不備一。倉」。

以上四条の『倉律』には、倉の搬出入に郷関係者が見えている。倉は県の管轄に属すが郷（一戸百畝で収穫百石とすると一郷十倉）単位で設けられていたのであろうか。居延漢簡では「秋賦」の単位が郷となっている。
(27) 注（4）。
(28) 注（4）でも少しく言及したが、本稿で取り上げた律文の他、『秦律十八種』中の『繇律』は禁苑を含む公役についての規定であり、『属邦律』の属邦も、県と同様に元来王室直轄地としての側面を持つ。軍功爵も王室の宗法とも関わる。この他、官制の場合は、統一帝国である秦漢初にあっても長吏が郡県の君として久任傾向を持つ一方、属吏においてはなお舎人・門下的私属関係が認められる等いまだ春秋戦国時代の主客の風を止める拙稿「中国古代における郡県属吏制の展開」『中国古代史研究』四、雄山閣、一九七六。『中国古代の聚落と地方行政』汲古書院、二〇〇二、【地方行政編】第七章。官営諸事業に関わる諸律についてもまた、これが「王室の家法」に遡るものではなかったかとの理解を妨げることにはならない。
(29) かかる「家法」の成立については、国家法としての刑法典ほど問題視されることもなかったためか、その経緯はあまり定かではないが、西周時代の金文中などにすでに民事法的な規定が認められるとされる。肖永清『中国法制史簡編』上、山西人民出版社、一九八一。
(30) 中田薫「支那における律令法系の発達について」『法制史論集』四、岩波書店、一九六四は、蕭何の『九章律』が、春秋時代以来の刑書と令との二大部門に分類される伝統的法系を国家統治の二大根本法としていて、律は伝来の篇次を再編成しその法条を整備したものであったが、令については、単行令としての令法を律と対立する一部の法典に分集したものであるとされる。そして漢代の詔令・令典は春秋時代の諸令と同じく刑典を補修しこれに追加された刑典の補充的副法であったとされる。この中田氏の理解において、刑典以外の諸令（律）もまた刑罰的性格を有するものであったとの指摘は、睡虎地の『秦律十八律』においても首肯されるところである。
(31) この秦律の漢律への継承について、注（2）は、秦律は蕭何の事律三篇以外にも継承されたと考え、その継承の際、『金布律』の場合は、秦の『金布律』の他に漢で新しく追加された『金布律』が存在したとされる。
(32) 王室が実質的に国家の集権者となるなかで、「王室の家法」と国家法との区分は不明確となって行ったことは充分に考えられる。「象魏の法」、国家法への脱皮も当然留意すべきである。「王室の家法」と国家法との区分自体、時代の推移のなかであまり意味のないことになって行ったかも知れないが、それにしても「王室の家法」が国家法としての体裁を整えるためには、雲夢睡虎地『田律』一つを考えてみても明らかなように、やはり改修されるべき部分が少なからず存在していた。このような改修（あるいは補完）は、王室の政治的立場の変化、集権化の高まりと並行し、不断に進行して行ったとも考えられ得る。蕭何の事律、あるいはその後の漢代の国家法において、秦律が生かされて行ったであろうこともまた当然のことである。同時に、漢代になってもなお莫大な帝室財政の運用が認められていたわけであり、秦の「王（帝）室の家法」が、また漢の「帝室の家法」として引き継がれて行く余地も充分に考えられることである。

［追記］本稿脱稿後、『文物』一九八五―四に臨折銀雀山漢墓竹簡の『守法』・『要言』・『庫法』・『市法』・『李法』・『(委法)』・『田法』の釈文が発表された。この内、『田法』や『庫法』は本稿とも関わり先秦に遡ると思われるが、『田法』には「三歳而壱更賦田」と賦田がみえ、『庫法』には「以県大小、為賦之数也」と庫の蔵物（主として兵器）が賦と関わっていた。また張家山漢墓竹簡整理小組「江陵張家山漢墓概述」『文物』一九八五―一に紹介された江陵張家山漢墓竹簡の『金布律』・『繇律』・『置吏律』・『効律』・『伝食律』・『行書律』・『雑律』・『□市律』・『均輸律』・『史律』・『告律』・『銭律』・『賜律』・『奴婢律』・『変（蛮）夷律』については、未だ個々の釈文が公表されていないが、これは、高后元年以後、景帝時にかけての律で、傍章の類かと見なされている。なお秦律の全訳、A.F.P. Hulsewé, Remnants of Ch'in Law, Leiden, E.J.Brill,1985. も刊行された。

［補注1］注の［追記］でもふれた呂后『二年律令』の全文が、二〇〇一年に張家山二四七号漢墓竹簡整理小組『張家山漢墓竹簡〔二四七号墓〕』（文物出版社）において公刊された。律文は、『賊律』・『盗律』・『具律』・『告律』・『捕律』・『亡律』・『収律』・『襍律』・『銭律』・『置吏律』・『均輸律』・『伝食律』・『田律』・『□市律』・『行書律』・『復律』・『賜律』・『戸律』・『効律』・『傅律』・『置後律』・『爵律』・『興律』・『繇律』・『金布律』・『秩律』・『史律』・『津関令』の二八種。

　張家山二四七号漢墓竹簡整理小組「江陵張家山漢墓概述」『文物』一九八五―一で紹介された『奴婢律』や『変（蛮）夷律』の律名は、前者は呂后『二年律令』の『亡律』中、後者は『奏讞書』案例中に引用される律名であった。

［補注2］一九九七年に劉信芳・梁柱編著『雲夢龍崗秦簡』科学出版社。後、中国文物研究所・湖北省文物考古研究所『龍崗秦簡』中華書局、二〇〇一が刊行された。前著は、統一秦の律文を含む竹簡断簡二九三を『禁苑』・『馳道』・『馬牛羊』・『田贏』、その他分類不可の残簡の五種の律文に分類する。二〇〇一年刊『龍崗秦簡』中華書局では、律文の分類はされていない。

第六章　道不拾遺――中国古代の盗罪

一　道不拾遺の初出

「道不拾遺」の四字句は、故事成語集などにも収録されている有名な言葉で、諸橋轍次氏の『大漢和辞典（修訂版）』では、「人民が道路に落ちた品物を拾ひ取らないこと。民間の風俗の敦厚な喩。又、刑罰が峻厳で民が法を犯さない意にも用ひる」(1)と解されている。

今日確認できるこの言葉の出典は、『韓非子』や『戦国策』に遡るようで、『韓非子』外儲説左上には、

子産、退而為政五年、国無盗賊、道不拾遺、桃棗蔭於街者莫有援也。錐刀遺道三日可反、三年不変、民無飢也。

とある。子産は、春秋時代、鄭の宰相として国政の変革に当たったが、政権を担当すること五年で、「道不拾遺」の成果を収めたという。『戦国策』秦一は、子産の政治改革に倣ったと思われる商鞅変法の逸話であって、

法令至行、公平無私、罰不諱強大、賞不私親近、法及太子、黥劓其傅、期年之後、道不拾遺、民不妄取。

とあり、商鞅が、戦国時代の秦国で法令を公平に執行した結果として、「道不拾遺」の情況が生まれたという。

いずれも子産・商鞅の善政を称える修辞として、「道不拾遺」が使用されているが、同じく商鞅の治績を伝える、『史記』商君列伝でも、「道不拾遺」は、

秦人皆趨令、行之十年、秦民大説、道不拾遺、山無盗賊、家給人足、（略）郷邑大治。

とあり、『韓非子』に見える子産の伝文と同様、「無盗賊」と対比されていた。「道不拾遺」に反すると、「盗賊」行為の一種と見なされていたようである。後漢の高誘も、この「不拾遺」について、『戦国策』に注し、これを「民非其物、不敢取也」と、人々が自分の物であるか、他人の物であるかを意識することにもとづくと指摘している。

こと物品の帰属に関わる事柄であり、無秩序な「拾遺」は盗賊行為となるわけである。

それでは、何が「拾遺」の対象となっていたかであるが、前掲の『韓非子』では、路傍に植えられた桃や棗（なつめ）などの果実と、錐（きり）や刀などの「遺道」物が例示されている。このうち桃や棗は、熟して自然に路上に落下したものは味覚も落ちてしまうため、当然、樹上にあるはずで、「道」での遺物とはいえ、必ずしも路面上にある物品のみを指していたわけではなかった。陳奇猷は、『韓非子』の校注において、「莫有援也」の「援」を「攀」、木に攀じ登ると解している(2)。実態にあった解釈である。

二　路不拾遺

「道不拾遺」は、古典に見えるだけの言葉ではない。新中国誕生後も、中国の変革ぶりを象徴する言葉の一つとして、この成語がよく用いられた。このため現代中国語の辞書には、大体この言葉が収録されている。ただ近年は、「路不拾遺」の方が一般的であるらしく、愛知大学中日大辞典編纂処の『中日大辞典（増補版）』(3)や、中国社会科学院語言研究所詞典編輯室の『現代漢語詞典』(4)なども、「道不拾遺」は、「路不拾遺」の参照項目と、副次的に扱われている。

「路不拾遺」は、手許にある袁林・沈同衡氏の『成語典故』(5)によると、『旧唐書』に典拠が求められている。「道不拾遺」の方が古いようでもあるが、「路無拾遺」の用法は、すでに、ついで述べる『孔子家語』において見えている。『説文解字』に、「路、道也」とあるように、路でも道でも意味は同じであるが、「道不拾遺」の方が、より切実さが増すように感じられてならない。それは、「道」と「盗」とが音通、近似した音を持っているためである。「道不拾遺」が、「盗賊」的行為と見なされていたことは、前述した通りであるが、『孔子家語』相魯によると、孔子が魯国で中都の宰（市長）に登用されるや、

制為養生送死之節、長幼異食、強弱異任、男女行別塗、路無拾遺、器不雕偽、為四寸之棺五寸之椁、因丘陵為墳、不封不樹。行之一年、而西方之諸侯則焉。

の治績を挙げたとされている。『孔子家語』は、三国魏、王粛の手になるともいわれているが、ここでの事跡は、生死・長幼・強弱・男女の別、あるいは器彫の偽、棺椁の規矩等々、いずれも事理の対比でもって構成されており、併記される「道不拾遺」と同義と思われる「路無拾遺」もまた、「無（不）拾遺」と「拾遺」とが、人倫にとって対比されうる命題として捉えられていたことになる。

「道不拾遺」と、男女の別との対比については、『漢書』黄覇伝にも、

為民興利、除害、成大化、条其対、有耕者譲畔、男女異路、道不拾遺、（略）仮令京師先行譲畔異路、道不拾遺、其実亡益廉貪貞淫之行、而以偽先天下、固未可也。

と見えている。この伝文は、京兆尹であった張敞が丞相黄覇の軽挙を難じた上言中のものであるが、ここでの「譲畔異路」・「道不拾遺」も、大化の風を表すと同時に、一歩間違えば廉貪貞淫に繋がる行為とされている。

『史記』田敬仲完世家威王二四年の条でも、「道不拾遺」は、

使備盗賊、則道不拾遺

と、「盗賊」を厳しく取り締まった結果とされている。「盗賊」の盗は、財貨を窃むものであり、賊は、人を傷つけることであり、盗と賊とは、その行為、内容を異にする。しかし賊はまた、強盗の形を取ることもあるため、「拾遺」と「盗賊」とが、かく関連付けられているものと思われるが、「拾遺」そのものは、盗に類別される行為である。

　このことからすると、「道不拾遺」の「道」が、「盗」と近似する音であることは、言葉遊びの誹りを免れないかもしれないが、「道不拾遺」が、「盗不拾遺」、盗でさえも「遺」を拾わずの意味を含むことにもなりかねず、より治安の実相を深めるかの感なきにしも非ずである。

三　「遺」字の解

　中国を旅行し、市中を歩くたびに、この「道不拾遺」の言葉が頭を過ぎった。大都会の表通りは別であるが、裏通りや地方の小都市を歩いていると、路傍には、所狭しと家々の私物が、戸口からはみ出して並べられている。夜間もそのままである。頭上には、街路樹を利用して洗濯物が干してある。道路は公道との考えが強かっただけに、路上を占有する私物の多さに驚いた。

　華清池で有名な臨潼は、ザクロの郷としても知られるが、西安や咸陽附近ではこのザクロやリンゴなどの果物の樹を街路樹にしている通りがある。中国の友人からは、これら街路樹の果実が盗まれることなく実を結ぶことを、幾度となく誇らしげに聞かされた。

　これら街路樹は、今日では当然、公的管理の下に置かれているが、古代においては、家（廬舎）の周りに桑、田地のアゼ道（疆易・疆場）に果樹を植えることが奨励されていた（『漢書』食貨志「種穀必雑五種、以備災害、田中不得有樹、用妨五穀、力耕数耘、収穫如寇盗之至、還廬樹桑、菜茹有畦、瓜瓠果蓏殖於疆易」）。アゼ道に植えられた果樹は、当然、街路樹としての役割を担う場合も少なくなかったと思われる。古くはまた、路傍の樹にも多くの私物が存在していたことになる。

「道不拾遺」の「遺」物が、直接、路面上に接した物品のみを指すものでなかったことは、前掲、『韓非子』において路傍の桃や棗が「遺」物に当てられていたことからも明らかである。

「道不拾遺」の「遺」とは、もちろん不用意からくる遺失物の類も含まれようが、ただ遺失物の類のみを指すのではなく、道路を通行する人々の目にふれる物品すべてを、「遺」と考える方がより自然と思われる。

今日、路上、路傍に散在する種々の物品を目にする時、それが遺失物に当たるか、それとも私物を近隣の家人が路上を借用して置いているのか、区別はつき難い。このためもし路上の物品を私することが許されるとするならば、その多くは、いわゆる遺失物ではなく、れっきとした所有者の判明している品物を持ち去ることになりかねない。まさに「盗」そのものである。社会的混乱は避けがたい。古来、「道不拾遺」と「盗賊」とが対比され重視されてきたのも、かかる事情を背景としてのことであったと思われる。

路上を借りて物品を並べることは、家屋事情によるかとも思われるが、それでも路上を通行する人々は、これまた多くは気心の知れた同郷の知人たちである。「死、徙無出郷」（『孟子』滕文公上）のように、見も知らぬ人は、日常的にはそれほど多くなかったと思われる。「出入相友、守望相助、疾病相扶持、則百姓親睦」（同上）の人間関係の中で、私物を屋内に厳重に仕舞い込む必要もなかったはずである。

このため「道不拾遺」は、これまで多くの辞書が、「遺」について、「落ちている物品」、「遺失物」の解釈を採っているが[6]、「拾」の対象となる物品の量からしても、これは単に「置いてあるもの」と解した方が実態に合っていると思われてならない。

古典において、「遺」字に「失」と並んで「置」の字義があることは言うまでもない[7]。「落ちた」・「落ちている」の解を、「落とした」、「遺失」とまで限定しなくてもよいかも知れないが、誰の持ち物か大凡の見当が付く物品に対しての表現としては、「落ちた」・「落ちている」の解にしても誤解を招きかねない。

北京外語学院『漢英詞典』[8]の"no one pockets anything found on the road"は、「遺」の状態に直接触れてはいないが状況把握は正しいと思われる（「路不拾遺」については、"no one picks up and pockets anything lost on the road"とあり、「遺」を遺失物と解している）[9]。

四　夜不閉戸

「道不拾遺」と、対句的に使われる言葉として、「夜不閉戸」がある。「夜不閉戸」の持つ意味は、明らかであるが、「道不拾遺」が徹底すれば、屋内の盗にまで心配をする必要もなかったためか、喩としては、「道不拾遺」ほどには一般的に使用されてこなかった。

「夜不閉戸」の典拠について、常州市教育局『成語詞典』[6]や、羅竹風主編『漢語大詞典（第二巻）』[10]は、『三国志演義』第八七回の「両川之民、忻楽太平、夜不閉戸、路不拾遺」を引用し、さらに、その来源として『礼記』礼運の、

是故謀閉而不興、盗窃乱賊而不作、故外戸而不閉、是謂大同。

を紹介している。「外戸而不閉」の「外戸」は、門戸の外側、大門の扉で、この言葉は、孔子が魯の国門の傍らにある観上に遊び、魯国を嘆じたものである。

貧しい庶民の家屋を念頭においた話ではないが、「外戸而不閉」もまた、「盗窃乱賊」行為と対比されている。「道不拾遺」と同様の事情において生まれた成語である。

ただ『礼記』にあっては、「不閉戸」が夜間のみに限定されてはいない。もちろん窃盗は、夜間だけに行われるも

のではない。このため「不閉戸」が、夜間に限られていなかったとしても不自然ではないが、「夜不閉戸」の成語との関連でいえば、「外戸」の「外」字と「夜」との字形は、筆写の過程で混同する可能性が全くなくもない。

近年のように出土物が多いと、成語の起源にも新たな発見がないとも限らないが、「外戸而不閉」が、筆写の過程で「夜、戸而不閉」（夜間も戸ごとに家門を閉ざさない）と転写され、「夜不閉戸」に変化して行った、あるいは「外戸而不閉」自体が、元来「夜、戸而不閉」と表記されていた可能性も残される。

もちろん『礼記』の記事は、国家間でのことであり、これを民間での盗賊事と同一視して論じることはできないかも知れない。その場合は、人気の少ない夜でさえも戸締まりをしないですむとの特段の事情を述べたものではないことから、「夜不閉戸」の成語は日常生活の中から自然と生みだされ、「道不拾遺」と対比されるにいたったということになる。

五　道不拾遺の背景

少し横道に逸れたが、「道不拾遺」・「夜不閉戸」は、いずれも「盗」に関わる喩であった。だがこの「盗」が繰り広げられる場は、前述した通り、元来「百姓親睦」する社会であったはずである。それにも拘わらず、「道不拾遺」の戒めが必要となる。痛ましい限りである。

前掲した『戦国策』秦一の記事は、「道不拾遺」の背景として、民が「妄取」することを述べ、『漢書』黄覇伝も、これを「貪」と結びつけている。これでは、人の性も哀しむべきことになる。

しかし『韓非子』外儲説左上では、「道不拾遺」との関連において「民無飢」の事情を掲げ、『史記』商君列伝では、「家給人足」であれば、「道不拾遺」にいたると述べている。盗が人民の貧困や飢餓に起因することを指摘したものである。

「道不拾遺」の背景として、後者の事情が、より正鵠を射たものであったことはいうまでもない。

六 「拾遺」と盗罪

漢の初代皇帝となった劉邦は、項羽に先んじて関中に入るや、父老とただ『法三章』のみを約したという。これが秦の苛法を除き、民心を得た所以ともされている。その『法三章』の内容は、『漢書』高帝紀、ならびに『漢書』刑法志に伝えられ、

殺人者死、傷人及盗抵罪。

と、「殺人」、「傷人」と「盗」との三者に対しての処置である。

この三者を、これまで使って来た言葉で言い換えると、「殺人」、「傷人」は、一括して「賊」となるため、『法三章』は、その実、「賊」と「盗」との二者についての対応となる。しかしこの『法三章』が、ままいわれているように、苛法を除いたことになるかというと問題である。

秦の法律は、魏の李悝の『法経』六篇を継承したものであるとされている。李悝の『法経』六篇は唐代の編纂物(『晋書』刑法志等)に降るが、その内容は、盗・賊・囚・捕・雑・具の六篇から構成されていたという。この六篇中、治安維持・取り締まりの中心は、盗と賊とに置かれ、『雑律』に分類される軽狡・越城・博戯・借仮不廉・淫侈踰制なども、多くは盗に帰結する(囚・捕・具は罪名でない)。

このため苛法とされる秦法もまた、盗・賊二者に集約されることになる。このため『法三章』は、決して法を緩やかにしたものではなかった。先秦史から隋唐五代史に至る四大断代史で知られる呂思勉は、『読史札記』(11)に収める

「法令煩苛之弊」において、「法令之煩、莫甚于漢時、蓋以六篇之法不足於用、而令甲及比等、紛然並起也」と、漢法の煩苛を指摘している。

一大帝国を維持する上で、法制が複雑化することは避けられないことである。それ故にこそ漢王朝が王朝政治の確立者ともなり得たわけである。それでも政治の目が治安に注がれた場合、それは盗・賊の二者さえあれば事足りた。劉邦による『法三章』は、天下一統以前の事跡であるが、決して甘く対処していたわけではなかった。

漢法の起源ともされる李悝の『法経』中には、

拾遺者刖、曰、為盗心焉。

と、「拾遺」する者に対する刑罰が、殺人・大盗・窺宮への刑罰と並んで掲げられている。ここでは「拾遺」者が、「窺宮」者と共に「盗心」を懐くものとされ、大盗と区別されてはいるが、「拾遺」もまた刑の対象とされていたことになる。「拾遺」が、ここでも盗と同一視されていた。

ただこの『法経』の記事は、明代に編纂された『七国考』に引かれる桓譚『新論』、律学書中に見えるものである。今日に伝わる桓譚『新論』には、この『法経』の記事はない。考えられる関係の律学書も伝わらない。このため『七国考』の伝文については、その真偽が問題とされてきた。しかし『七国考』中には、この『法経』の記事以外にも多数の『新論』の記事が引用されており、いましばらくは、この記事も活用できないものかと考えている[12]。

ともあれ中国法典の祖型をなす李悝『法経』が、「盗」と「賊」とを重視し、善政・美風の象徴としての行為を、古来、中国では、「盗」と表裏をなす「道不拾遺」の言葉に求めた。

「道不拾遺」は、実相を衝き、要を得た喩であったためか、今日にいたるも、なお変わることなく生き続ける言葉となっている。善政・美風を飾る四字句でありながら、まことに心重い言葉でもある。

注

（1）諸橋轍次『大漢和辞典（修訂版）巻一一』大修館書店、一九八五。

（2）陳奇猷『韓非子集釈』中華書局、一九五八。

（3）愛知大学中日大辞典編纂処『中日大辞典（増補版）』大修館書店、一九八六。

（4）中国社会科学院語言研究所詞典編輯室『現代漢語詞典』商務印書館、一九七八。

（5）袁林・沈同衡『成語典故』遼寧人民出版社、一九八一。

（6）「遺」字の解釈を中心に抄録しておくと、①諸橋轍次『大漢和辞典（修訂版）』の解釈は本文に引用した（「路不拾遺」の項目なし）。他の事例を少しく紹介すると、

②服部宇之吉・小柳司気太『詳解漢和大辞典（修訂増補版）』冨山房、一九五二は、「道路に落ちた物品を拾ひ取って私有とせぬ」。

③藤堂明保『学研漢和大辞典』学習研究社、一九七八は、「道に落ちている物でも、拾い取ろうとする者がいない」。

④愛知大学中日大辞典編纂処『日中大辞典（増訂版）』は、「路不拾遺」が主項目で「道に落ちているものを、拾う者がいない。」

前二者も「路不拾遺」の項目なし。

④香坂順一『現代中国語辞典』光生館、一九八二は、「道で落としものを拾わず」（「路不拾遺」の項目は、「道で落ちているものを拾わない」）。

⑤熊野正平『熊野中国語大辞典』三省堂、一九八五は、「路上に落とした財物を拾わない」（「路不拾遺」の項目は、「天下太平で人情美しく道に落ちたものがあっても拾う人がいない」）。

⑤『辞海（一九七八年版）』上海辞書出版社、一九七九は、「謂路有失物、無人拾取」。

⑥『辞源（修訂本）』商務印書館、一九八三は、「路有遺物、無人拾取」。

前二者とも「路不拾遺」の項目なし。

⑦中国社会科学院語言研究所詞典編輯室『現代漢語詞典』は、「路不拾遺」が主項目で「東西掉在路上没有人撿走拠為己有」、掉は、落、遺失の義。

⑧『新華詞典』商務印書館、一九八一は、「路上丢失的東西没有人拾取」、丢は、遺落、失去の義。
⑨『漢語成語小詞典（第三次修訂本）』商務印書館、一九七二は、「遺、丢失的東西、没有人把別人丢失在路上東西撿去拠為己有」。
⑩常州市教育局『成語詞典』江蘇人民出版社、一九八一は、「遺、失物。路有失物、無人拾取」。
⑪袁林・沈同衡『成語典故』は、「路不拾遺」が主項目で「路上遺失的東西也没人撿拾」。
前三書は、「路不拾遺」がミヨ項。

（7）白川静『字統』平凡社、一九八四は、遺の本義を「遺贈・遺留」とし、「遺失・遺棄・遺脱」などは引伸義としている。

（8）北京外国語学院英語系同詞典編写組『漢英詞典』商務印書館、一九七八。

（9）張禹九・郭著章『漢語成語英訳手冊』湖北人民出版社、一九八一は、注（8）『漢英詞典』同様、anything found on the road. の解釈と併せて、people do not take any articles left by the roadside. を挙げている。
彭建怡・王慶酉『漢語成語英訳手冊』福建人民出版社、一九八一は、anything found on the road., any articles left by the wayside [roadside]. の解釈と併せて、no one picks up things that were dropped on the road., lost article are always returned. を挙げている。

（10）漢語大詞典編輯委員会・漢語大詞典編纂処（羅竹風主編）『漢語大詞典第二巻』漢語大詞典出版社、一九八八。

（11）呂思勉『呂思勉読史札記』上海古籍出版社、一九八二。

（12）拙稿「李悝法経について」『中央大学文学部紀要』史学科二九、一九八四。本書【I】第三章。なお拙稿の後、繆文遠訂補『七国考訂補』（上海古籍出版社、一九八七）が刊行され、『七国考』の訂補者は、董説偽作説に与している。

第七章　戦国楚の法制――包山楚簡の出土によせて

はじめに

戦国時代の法制は、戦国初期の李悝の『法経』に対して、

［李］悝、撰次諸国法、著法経。（『晋書』刑法志）

と伝えられているように、各国の法制が相互に関係し合い、より普遍性がはかられていたのではと考えてきた。しかし果たしてそのように理解してよいものかどうかとなると、戦国各国の法制の実態如何が問題となる。

しかしこの点、これまでは秦漢法制の祖法とされる李悝の『法経』、すなわち戦国魏律の流れに沿う戦国秦の律文が中心であって、それ以外の各国の系統だった伝文は、非常に限定されていた。

戦国時代の秦律は、一九七五年に湖北省雲夢県睡虎地秦墓で出土した。秦による戦国楚の占領地支配に活用されていたと思われるこの「法律令」が、近年とみに注目されている。この秦律と同じ秦墓で出土した、南郡守から管轄下の諸県に宛てた文書、『語書』によると、当時の楚の現実、いわゆる「郷俗」と呼ばれている楚の実態は、必ずしも秦のそれと一体化するものではなかった。この楚の「郷俗」はまた、態々「悪俗」と否定的に捉えられていることからしてもこの事実は明らかである。

もちろん『語書』で、楚の「郷俗」が、どの点で問題とされていたのか具体的な指摘は行われていない。このため

楚の「郷俗」、「悪俗」を、特定の分野に限定して理解しなくてもよいのかも知れないが、『語書』における楚の「郷俗」、あるいは「悪俗」の用法は、

民各有郷俗、其所利及好悪不同、（略）是以聖王作為法度、法律未足、民多詐巧、故後有間令下者、凡法律令者、以教道民、去其淫避、除其悪俗、（略）今法律令已具矣、而吏民莫用、郷俗淫失之民不止、是即法（廃）主之明法殹。（略）今法律令已布、聞吏民犯法為間私者不止、私好郷俗之心不変。

とあり、まま「主之明法」である秦の「法律令」と対比されている。

このため戦国時代の法制は、集大成の方向が、李悝『法経』の伝文において確認できるものの、秦の法律によって政治的統一が拡大されて行く中、各地の占領地域において、果たして秦の律令がどの程度違和感なく受容され得るものであったかについては、なお問題が残されている。

戦国各国の法制の実態如何は、秦漢帝国の形成を理解する上で注目されるべき事柄であるが、その具体的事情については、これまで史料上の制約に阻まれてきた。

それでも戦国各国の法制関係の史料は、明の董説の手になる『七国考』巻一二に、断片的ながら各種文献の中から網羅的に要約収録されている。

前述の『語書』で、秦律と対比されていた楚の法制についても、『七国考』は、

鶏〔離〕次之典（昭王）
憲令（懐王）
将遁之法
僕区之法（文王）
茅門之法（荘王）

などの諸法典の存在と、僇戮、枝解、轘、烹、貫耳、鞭、笞、墨、劓、刖、宮、梏、囚、冥室櫝棺、棄市、入宅、滅家、夷宗、三族、錮、（礫）などの、各種の刑罰を列挙しているが、一九八七年一月に、湖北省荊門市十里鋪鎮王場村包山大冢（崗地）から、この戦国楚の法制を伝える多数の竹簡が出土し、昨年（一九九一年）一〇月に、その全容が公刊された[1]。今後、楚の法制史を研究する上で貴重な史料となり得ると考える。

そこで以下、その一端を整理、紹介してみることとする。

一　包山二号楚墓

包山二号楚墓の位置

包山大冢は、楚の古都、郢（紀南城）の北郊一六キロに位置する。包山大冢は、南北六〇〇メートル、東西二〇〇メートルの範囲で、周囲から二～三メートル小高くなっていて、ここに九座の墓地が集中している。この九座の墓地の内、三座は前漢墓であるが、五座が戦国楚墓とされている[2]。

五座の戦国楚墓は、一・二・六・四・五号墓の順で南から北にかけ一五〇メートル足らずの間に並んで配置されている。ただ六号墓のみは、南北の軌線から少し西にずれているが、他の四座は、大小の規模の差はあるものの、ほぼこの直線上に位置していた。

この包山を中心とする半径一〇キロ以内には、直径二〇メートル級の土塚が四一もあり、この地域一帯が、楚の古都と深い関わりを持っていたことが窺える。包山の五座の楚墓の内、一・二号墓と四・五号墓とは、比較的対になって隣接しており、年齢・性別（一・五墓は人骨からの判断はできないが、兵器が無いなどの副葬品から女性と判断されている）・埋葬時期からみて、一号墓は妻、二号墓はその夫。四号墓は一・二号墓夫妻の息子、五号墓はその妻で、六号墓を除く他の四座は、二世代に亘る一族の墓であったと見なされている。[3]

この推定が正鵠を得たものであったとすると、二夫婦の墓の配置は、両親の一・二号墓に対して息子夫婦の墓が、心持ち右側に位置していたことになり、左昭右穆の昭穆制が、この包山楚墓においても確認できることになる。[4]

包山二号楚墓の墓葬形式

包山楚墓中、二号墓は、東西三四・四メートル、南北三一・九メートルの墓口、七・八×六・八五メートルの墓底で、深さは、一二・四五メートルと最大規模で、千余点に及ぶ副葬品は、盗掘もされておらず（五、六号墓も未盗掘）、保存も良好である。

墓抗内の側面には、土段が細かく造られ、副葬品は、副葬品の一つである竹簡の中に、『遣策』として詳細な副葬品目録が確認されていて、各種の副葬品が列記されている。この副葬品目録にほぼそって出土した副葬品、礼器・楽器・兵器・車馬器等には、いずれも楚墓としての特色が確認されている。

ただ二号墓からは、楚墓の特色の一つとされる鎮墓獣が確認されていない。他の四座—全てかどうか明記されていないが—からは、漆木鎮墓獣が出土しているが、二号墓においては、別に一二体の木俑が出土している。このうち二体は大形で、M二・一七の立像は、身長が一・一二八メートルもあり、八の字髭を蓄えていた。[5]

副葬品の内、銅鼎の器形は、湖北省江陵望山一号楚墓、河南省信陽一号楚墓と同類である。銅敦・壺・盤・匜・尊・豆形灯等は、望山二号楚墓と器形が一致している。[6]

包山一号楚墓は、戦国時代各地の楚墓と共通点が多いわけであるが、副葬品の数量・構成等は、信陽一号楚墓の規模（数量＝九〇三点、構成＝礼器・楽器・兵器・車馬器・木俑・鎮墓獣・筆記工具・竹簡等）に比較的近似している。そしてこの信陽一号楚墓の埋葬時期は、春秋晩期から戦国中・晩期までの間とされているが、墓主は、楚の大夫級の人物と見なされており、[7] この点でも包山二号楚墓との関連が注目される。

二　包山二号楚墓の墓主――『卜筮祭禱記録』――

包山二号楚墓の墓主は、副葬されていた竹簡から、氏名は、邵⿰方它、官位は、左尹で、姓の邵氏は、楚の昭王（前五一五―四八九、在位）を始祖としていたことによる（昭＝邵）。[8] 爵位は、「諸侯自為五祀」（『礼記』祭法）に匹敵する、室・門・戸・行・竈の五神と思われる文字を記した木牌が、竹筒に入れて副葬されており、王の七祀に次ぐ祭祀を行い得る人物で、封君に近く、大夫の中でも上大夫に当たると考えられている。[9]

墓主の死亡、埋葬時期は、副葬竹簡中の、墓主邵⿰方它が行った、『卜筮祭禱記録』[10] が、「宋客盛公𨚕聘於楚之歳（前三一八年）」から三年間に亘って残されていて、これが「大司馬⿱邵心（卓）⿰骨志（滑）救郙之歳（前三一六年）」で終わっていることから、この前三一六年の卜筮をさほど降らない時期と考えられている。[11]

『卜筮祭禱記録』によると、墓主は、貞人である盬吉（四回＝卜筮祭禱回数、以下括弧内の回数は、卜筮祭禱回数）・石被裳（一回）・⿰麻阝會（⿰會欠）（一回）・苛光（二回）・五生（三回）・陳乙（二回）・苛嘉（一回）・⿱無言吉（三回）・⿰羊阝⿱差土（二回）・屈宜（一回）・観綳（緸）（二回）・観義（一回）や、鬼攻（先祖や鬼神の祭）の執事人、暊⿱𦥑丕・⿴行堊妝等を介して卜筮や祭禱を行っており、その回数は二七回に及ぶ。そして副葬されている『卜筮祭禱記録』は、卜筮・祭禱の結果が、すべて「吉」、「至福」、「至命」など瑞兆に関わるものばかりである。

卜筮の内容は、王宮への出仕（一一回＝卜筮の回数、以下同じ）、⿸疒方（傍）腹の疾（一回）、下心（胃）の疾（二回）、⿸疒方（傍）心の疾（二回）、腹心の疾（五回）・⿸疒童⿸疒方（一回）と、公務に関わる王宮への出仕を除くと、病気についての卜筮が一一回にも及ぶ。とくに最後となる前三一六年五月己亥の卜筮では、「有⿸疒童⿸疒方」と、病状が外見にも現われ、「尚毋死」

と、緊迫した内容になっている。

この前三一六年五月己亥の、すぐ前の卜筮は、同年四月己卯のものであるが、四月己卯に行われた卜筮は、一〇回にも及んでいる。その内容は、出仕関係が五回、病気関係が同じく五回と、同一の事柄が、繰り返し卜筮されている。その前年の前三一七年三月癸卯に、初めて「㾜腹疾」についての卜が行われている。同年五月乙丑にも、出仕関係が、三回に亘り同じ日に行われている。同一の事柄を、このように同日に繰り返し卜筮する場合は、異なる貞人が、異なる卜筮用具で行うことが通例であるが、同年一一月己酉の日には、今度は病気に関わる卜筮が三回繰り返され、その七日後の一一月丙辰には、先祖への祈禱が二回に亘り執り行われている（先祖への祈禱に関係した執事人は、この場合、同じ人。なお、『包山二号墓楚簡釈文』では、この一一月己酉と一一月丙辰との間に、さらに年月日不明の、病気の卜筮と、先祖への祈禱とをそれぞれ一例ずつ配置している）。

前三一八年四月乙未に、出仕についての卜筮が行われた後、墓主の身体に異常が生じ、翌年の末には病状が進み、最後の卜筮となる前三一六年五月の、その前の月、四月には、同じ日に公務への関わりと自己の病状について、卜筮が繰り返し一〇回も行われている。切迫した事態に陥っていたことが窺え、状況の深刻さが伝わってくる。

『卜筮祭禱記録』は、三ヶ年に及ぶとはいえ、前三一八年に、その年度（前三一八年四月～前三一七年四月）の出仕の無事を卜筮し、ついでその翌年に、続く一年間（前三一七年五月～前三一六年五月）の出仕を卜筮し得たものの、前三一六年五月には緊迫した病状となっており、この間、実質、約二年間に過ぎない（前三一六年には、四月に出仕の卜筮を行っているが、前年、前々年のように、卒歳を単位とすると、前三一六年は、六月から一年間の卜筮を行えばよいはずである。それにも拘わらず四月に繰り上げて出仕の卜筮をしていることは、病状の深刻さと関係があるかと思われる）。

『卜筮祭禱記録』は、祭祀上の事柄であるため、大切に保管されていても良さそうであるが、なぜ晩年の二年間余のみが副葬されていたのであろうか。この点は、副葬されていた包山楚簡全体の性格如何にも関わるが、確たる事情を知ることはできない。あるいは病状が進展したために、歳毎に然るべく処理してされていたものが、たまたま未処理のまま残されていたのかも知れないが、推測の域を出ない。

包山二号楚墓の墓主は、遺骸が比較的良好に保存されていた。遺骸は、広さ六・三二×六・二四メートルで、高さ三・一メートルの五室を有する椁室の中央の室に、四重の棺に納められていた。死亡時の年齢は、五〇歳前後で、璧や璜の玉器を身に着け、竜鳳紋が彩色で描かれた、「紅黄輝映、絢麗無比」の棺に、仰身直肢で安置されていた(12)。

三　包山楚簡の概観

包山二号楚墓には、四四八枚の竹簡と竹牘一点とが副葬されていて、そのうち、竹簡二七八枚と竹牘（他に、断簡一点）とには、文字が書かれていた。竹簡の総字数は、一万二千四百七二字（断簡は二字）。竹牘は、一五四字（解読不明文字六字）である(13)。

竹簡・竹牘の内容は、これまで包山墓地竹簡整理小組によって、『卜筮祭禱記録』、『司法文書』、『遣策』の三類に分けられていた(14)。

これに対し、その後、一九九一年一〇月に公表された、湖北省荊沙鉄路考古隊による『包山楚簡』では、この分類が、『文書類』（集箸＝竹簡一三枚、集箸言＝五枚、受期＝六一枚、疋獄＝二三枚、無名—以廷・讵告＝九四枚、竹簡総数一九六枚）、『卜筮祭禱記録』（竹簡五四枚）、『遣策』（竹簡二七枚、竹牘）と変更されている。このため本稿では、この後者の分類に従うこととする(15)。

竹簡の形態は、『文書類』は、長さ＝大部分六二～六九・五センチ、少数五五センチ。幅＝大部分〇・六～〇・八五センチ、少数〇・九五センチ。『卜筮祭禱記録』は、長さ＝六九・一～六九・五センチ、六八・一～六八・五センチ、六七・一～六七・八センチの三種。幅＝大部分〇・七～〇・八五センチ、少数〇・九五センチ。『遺策』は、長さ＝大部分七二・三～七二・六センチ、少数六四・八～六八センチ、幅＝〇・八～一センチ、あるいは〇・六～〇・七五センチである(16)。

このため竹簡の長さは、大部分が六二～七二・六センチの間にあったことになり、戦国時代では、ほぼ三尺に近くなる。『遺策』の竹簡は、簡の製作が、他に比べて粗雑(17)なようで、墓主の死に際して急遽準備されたものであったことを窺わせるが、竹簡の長さは、この『遺策』も含め、ほぼ三尺の簡を用いていたことになる。そこでこの三尺と比較的長めの竹簡についてであるが、いわゆる「三尺律令」の伝文でも知られるように、簡の長さは、書かれる内容においてのみならず、使用する人の権威においても、これを反映するものであったかも知れない。

なおこの竹簡は、紐で綴じ合わされていて、使用、閲覧上の便が図られていたが、文字の書写は、多くの人の手(18)によったと思われる。『遺策』は、葬儀に当たり急遽書写された可能性が高いが、書体からして、書写には、二人ないしはそれを越える人が関係していたと思われる。

そこで次いでは、これら各竹簡の内容についてであるが、『卜筮祭禱記録』と『遺策』については、少しく概略を先にふれたため、以下、『文書類』、すなわち『司法文書』とも呼称されていた部分について検討してみることとする。

四　『受期』史料と裁判事務

「受期」の時期

竹簡一九六枚に及ぶ『文書類』は、当時の裁判上の事務手続きや、裁判での審理の実態を具体的に伝える史料として、類例のないものである。そこで以下、この司法関係の史料の内、とくに『受期』史料と『疋獄』史料との両史料を中心にして、戦国時代における楚国の裁判の一端を検討してみることとする。

先ずは、『受期』史料に見える裁判上の事務的手続きを取り上げる。

簡牘の整理に当たった湖北省荊沙鉄路考古隊による「包山二号墓簡牘概述」によると、「受期」とは、各種の訴訟を受理した時期と、審理の結論とについての記録であるとされている。(19)

竹簡の文字は、少しく難解であるが、『受期』史料を検討してみると、訴訟の受理は、五月、八月から一一月にかけて確認できるが、一月にも受期、訴訟の受理が行われていた。このことは、後述の『疋獄』史料において確認できることである。

さらに、表題は冠せられていないが、一六二～一九六簡の『䛠告（䛠）』史料によって、（県）正、婁悳への「䛠告」が行われた時期、回数と人数とを確認してみると、四月に、三回・四人、五月に、四回・一〇人、六月に、一二回・二八人、七月に五回・一六人、八月に、四回・一四人、九月に、八回・一六人、一〇月に、三回・一九人、一一月に、一回・二人、と四月から一一月にいたる各月に亘っており、随時、「䛠告」、訴訟の案件が回されて来ていたようである。䛠字は、説、語の義とされている。(20)

この包山楚簡は、一二月の月名を欠くが、この『䛠告（䛠）』史料は、その他の同様形式の史料においても、癸尹利の場合は、四月、六月～一一月、郯逄尹の場合は、四月～九月、正斂（令）翌の場合は、五月、七月～一一月、偷尹の場合は、六月、九月、一〇月、王丁司敗の湯の場合は、六月、八月とあり、四月～一一月の間に集中している。

もちろん「受期」と「䛠告」との関連は、必ずしも定かではないが、『受期』史料、『疋獄』史料中の「受期」史料、それにこの『䛠告（䛠）』史料をも関連付けると、訴訟には、一月・四月～一一月の事例が確認できることになる。

「受期」と「以廷」との間隔

そこでこの訴訟の受理と廷での審理時期との関係であるが、『受期』史料によると、「受期」から、「以廷」、すなわち廷での審理までの期間は、「受期」日も含めての日数では、最低が三日間、最長では、五四日間が存在するが、平均すると約一五日間となる。そしてこの『受期』史料は、七月乙丑に受理された事例が二例、八月に二二例、九月に二〇例、一〇月に一三例、一一月に二例、受期月日不明が一例となっている。

同時に、この『受期』史料における「以廷」の時期は、七月から一一月の間に集中している。「以廷」は、「阩門(審理)、又敗(有罪)」、すなわち結審と一体化されており、もし「以廷」の時期に、このような時期的な限定性があったとすると、いわゆる秋審などとの関連性も生じてくることになる。

もちろんこれも、限られた『受期』史料の範囲内での推論に過ぎない。というのは、「以廷」における案件審理の具体的事情を伝えると思われる、一二〇簡から一六一簡にいたる、各種『以廷』史料の内、一二四簡と一二五簡の場合、

司豊之塞邑人桯甲、受泜易之酷官黄斉・黄鼉、黄斉・黄鼉、皆以甘匿之戢(歳)寅月、死於郘(郯)戓(域)東敔邵戊之笑邑、宋客盛公鷃蕎楚之戢、屈柰之月戊寅之日、邸易公命郘(郯)戓(域)之客葦・戯尹癸譔之、東敔公醓犤・敔司馬墜牛皆言曰、邸易之酷倌黄斉・黄鼉皆以甘匿之寅月死於小人之敔邵戊之笑邑。

とあり、宋客の盛公鷃が楚を聘問した歳、すなわち前三一八年、司豊の塞邑を本貫とする泜陽(県)公所轄下の(官吏)桯甲が受理した、泜陽の酷吏の職にあった黄斉・黄鼉両名についての(関係者からの)訴について、泜陽公は、郯域出身の客(使臣)、葦と、戯尹の癸とに調査させたところ、地元の関係者である東敔(御)公の醓犤と敔(御)司馬である墜牛等の証言で、「黄斉と黄鼉の両名は、甘匿の歳の寅月(一一月)に、当方(小人)の邵戊の笑邑で死亡している」との事情が確認されている。

ここに、黄斉・黄鼉両名の東敔での死亡をめぐる訴えは、審理が終了したわけであるが、一二五簡の裏面に書かれ

る、

既齜笄（発引）、廷疋昜之酷倌之客、峑倚為孥。

によると、黄斉・黄鼂の両名は、東敔（?）から通知済み（発引）[21]で、郷域（?）の廷での淽陽県の酷官の客（使臣）、黄斉・黄鼂についての法的手続き並びに、峑倚による「孥」、事実確認（後述）も死亡原因は記載されていないが終了しているとのことである。淽陽から郷域に出向いて、出先で死亡したと思われる二人の役人の淽陽としての法的、行政上の処理は、すでに終了していたことになる。

この審理は、関係者も少なく、事情もさほど複雑ではなかったようで、記載内容も比較的単純であるが、この審理の場合、訴えを受理してから後、前三一八年屈柰月（二月）戊寅に事件の調査が開始されている。「受期」がいつ行われたかは不明であるが、一一月に出先で死亡したとの風聞を受けてか、身近な人による訴えがあっての審理開始と思われ、「受期」の時期は、おそらく、この一一月から、調査、審理が開始された二月戊寅までの間であったと思われる。紀年の明記されていない一一月については、『受期』史料の事例によると、「受期」後それほど審理の開始が遅れることはないようであることから、おそらく前三一八年の前年、前三一九年一一月のことであったと思われる。

少し事件の経過に立ち入り過ぎたが、この淽陽の酷官二名の死亡をめぐる審理は、その審理の経過において、当然、「以廷」、さらには「為孥」へと繋がって行ったはずである。このため、とくに「以廷」の時期と、審理開始二月との関係如何が問題となるが、「以廷」の時期を、この記事だけで結論付けることは、なお慎重を期すべきであるとしても、審理そのものは、二月にあっても開始されていたこととなる。

このため『受期』史料の「以廷」時期について、五月「受期」の二例の「以廷」のみが、なぜ八月まで遅れたかは、秋審との関わりをも含め、依然として不明であるが、結審にいたる上での審理そのものは、二月の時点においても開始されていたことになる。

裁判担当の官吏

以上は、『受期』史料に見える司法手続き上の期日、時期について見てきたが、ついでは裁判を担当する官吏について検討してみる。

裁判は、官府が「受」、訴えを受理した時点から始まる。『受期』史料には、「以廷」の時期まで記録されているが、「受期」の本義は、訴えを受理した期日に限定されるものではなかったかと思われる。

そこで先ず、この訴えの受理手続きに関わる官職についてであるが、『受期』史料によると、これは、正（四例）・大正（一例）・司敗（一八例）・少司敗（二例）・駁司馬（一例）・莫敖（之人）（一例）・宰（一例）・（司馬之州）加公（三例）・（州）加公（四例）・（司馬之州）里公（三例）・（州）里公（二例）・（君之州）里公（二例）・（宰尹之州）里公（一例）・司馬（一例）・右司馬（一例）・宮司馬（一例）・関敔公（二例）・敔公（一例）・（喬）差（一例）・正差（一例）・新大廏（一例）・司悳（一例）・尹（二例）・右任尹（一例）・大宮（一例）・邑公（一例）・命（一例）・畝人（二例）等、多様な官職名が記載されており、『受期』史料六〇例中、司敗による受理が二二例と最も多い。ついで、州の加公・里公が、七例・八例と、司敗につぐ。正も、後述するように県正と解釈されているが、五例に上る。司敗は、「阩門、又敗」につながる「敗」字を職名に含むことからしても、裁判担当の専職者であったことが想定されるが、司敗以外の「受」担当の役人は、司敗に比べて、その事例が極端に少ない。

ただ『詎告（詎）』史料では、前述したように正が二例、尹が四例、司敗が一例で、正・尹ともに多くの「詎告」事に関わっている。これに対して司敗は、六月己巳と八月己巳とに、それぞれ一人を担当（一九六簡）するのみである。

司敗の関係する回数と人数は、『受期』史料に比べて、『詎告（詎）』史料の方は、極端に少ないが、この『詎告（詎）』

史料も、

所諥於少里喬𦊅尹羿。（一九五簡）

のような断片的な内容のものもある。このため、これら『諥告（諥）』史料が、なぜこれだけ副葬されていたのかなど定かでない面もあり、その位置付けについては、今後に俟つべき点が少なくないと思われる。このためここでは、司敗の位置付け、職掌等については、『受期』史料で確認できる範囲に止めることとする。

ついでは、告訴は、どのような行政単位に対して行われていたのかを見て行くこととする。告訴の受理を行う官吏は、『受期』史料では、その所属する行政が必ずしも明確でない。同時に、湖北省雲夢睡虎地出土の『封診式』に見える「爰書」においても、裁判は、原則として、後述するように県廷において行われているものの、裁判の審査や「爰書」の作成には、郷主や里典、さらには軍の関係者等々、多様な人々が関係しており、『受期』史料に見える訴訟の受理者についても、あるいは種々の可能性が想定されるかも知れない。

それにしても『受期』史料には、「以廷」においての、「識之」、すなわち廷での審理責任者と思われる氏名が記載されていて、その内、役職を明記する事例は、すべて「正」と「公」のみである。後述する『疋獄』史料にも、「識之」者（以下、「識」者）の氏名が記載されているが、官職を併記する事例は、この場合も、「正」と「公」のみである。

『包山楚簡』の「考釈」では、正や公について、これを県正、県公と解している。[22]『諥告（諥）』史料には、「正」や「公」の他に、「尹」が見えているが、楚の場合、尹は、中央から地方官まで各種存在していて、その中に県尹の事例も見えている。[23]このため『諥告（諥）』史料の「尹」も、「正」・「公」同様、県尹であった可能性が大きい。

そうすると事件の裁判は、先ず県級の地方行政単位の責任において審理が進められて行ったことになる。

そこで実態が定かではない告訴の受理者であるが、県がこのように、もし主体的に「以廷」、裁判に関わっていたとすると、なお後考に俟つべきであるかも知れないが、受理責任者は、当然、多く県の属吏であった可能性が大きいと思われる。

ただ『受期』史料中の、九月辛酉の「新大廐（廏）」の場合は、あるいは一〇月辛巳の「大廐駛司敗」のように、司敗名が省略されているのかも知れないが、県級行政単位とは別系統の組織、ここでは軍廷などでの審理に当たるものであったかも知れない。この「新大廐」受理の審理は、「長尾公之軍」の軍中において審理されたことになっている。

五　再審への道

同一機関内での再審

これまでは、訴訟の受理は、一般には県級の司敗が担当し、審理の中核に関係行政単位の長官である正・公・尹級の立場の人が位置していたと考えてきた。そこでついでは、『受期』史料中に同一事件の「受期」が複数確認できることから、再審をめぐる課題の一として、この点を考えてみることにする。

その事例の一は、「不證陳［宝］𨡓（＝雝）之𠝹之故」の事件で、

（受期）	（告訴受理者）	（以告）	（識者）
八月己巳（受期）	（邔）司馬之州加公李瑞	八月辛未（以告）	正羅愷
	（邔）司馬之州里公陏得		
八月辛未（受期）	（邔）司馬豫之州加公李逗	八月癸酉	正羅愷
	（邔）司馬豫之州里公陏得		

八月戊寅（受期）　（卲）司馬之州加公孶𠊲　　八月辛巳（以告）

（卲）司馬之州里公隨得

の三度に亘り審理が繰り返され、いずれも「又敗」、有罪となっている。

一度目の審理は、受期日から二日後に「又敗」が出ており、二度目の受期日は、この一度目が結審したその日で、二度目の結審は、同じく受期日の二日後になっている。三度目の受期日は、二度目の結審の三日後で、三度目の結審は、受期日の三日後となっていて、一度目の受期日から三度目の結審までにかかった日数は、僅かに一三日間に過ぎない。

訴訟を受理した役人も、人名に一部字形上に相違は見られるものの、役職は同一と思われ、担当者は、三度とも同一人物であった可能性が少なくない。「識」者は、未記載が一度あるが、二度までは同一人であった。このため同じ役人で同じ事件が、短時間の内に繰り返し審理されたわけで、その結果、かく同じ結論になることもやむを得ないことかも知れない。ただ訴えを繰り返す傷害事件の原告「陳宝醋」の意気込みからして、もしこれが冤罪ででもあればと考えると、また哀れさを感じさせるものがある。

なおこの審理では、「以告」でもって「阩門、又敗」の結審が出ている。他の『受期』史料においては、「対告」一例と、「以至命」四例を除き、ほとんど「以廷」が、「阩門、又敗」の前に記載される常套語となっている。このため、この陳宝醋事件が、「以告」形式を採っていることに何らかの意味があるのかも知れないが、この事件もまた、当然「廷」での審理を経たことと思われ、「以告」、「対告」、「以至（致）命」等の形式のみの事例も共に、これらの言葉の後、「又敗」の前に、「以廷」に該当する語が省略されていたと考えるべきであるのかも知れない。

第二の、同一事件で審理が繰り返されている事例は、

（受期）　　（告訴受理者）　　（以告）　　（識者）

八月己丑（受期）　徐㕣君之司敗臧（臧）抲　八月癸巳（以廷）　疋胥
九月戊午（受期）　徐㕣君之司敗臧（臧）抲　十月辛未（以廷）　劂諻

で、事件当事者は、「不𢓊（将）徐㕣君司馬駕、与徐㕣君之人南南軽、登（鄧）敢」と、司馬駕・南軽・鄧敢の三名で、審理の結果は、二度とも「又敗」となっている。一度目の受期日から結審までは、中三日。一度目の結審から二度目の受期日までに中二四日間の間隔があるが、二度目の受期日から結審までは、一四日間となっている。一度目の結審から二度目の受期日までの間隔は、あるいは原告の事情によるかも知れないが、この事例では、訴訟の受理者は、同一人物であるものの、「識」者は、両審理において疋胥と劂諻（句栽は「識之」に該当するか）とで異なっている。二度目の審理に比較的時間が掛かっているのも、あるいは、「識」者の交代が影響しているのかも知れない。

第三の事例は、

（受期）　（告訴受理者）　（対告・至命）　（識者）
八月癸酉（受期）　邸昜君之州里公登縄　八月乙亥（対告）　正邸塙
八月戊寅（受期）　邸昜君之州里公登縄　八月辛巳（至命）　旦塙

で、審理の対象が、「不以死於其州者之謹告」、「不以所死於其州者之居処名族至（致）命」となっている。なぜこのような事情にいたったかの経緯は、必ずしも明らかではないが、この場合も初審・再審共に告訴を受理した人と、「識」者とが同一人で、一度目は、受期日から結審までに中一日、二度目の場合は、中二日。一度目の結審から二度目の受期日までの間隔は、中二日。一度目の受期日から二度目の結審までに僅かに九日間を要するのみである。

第四の事例は、

（受期）　（告訴受理者）　（以廷）　（識者）
九月甲辰（受期）　陚異之司敗番覭　九月戊申（以廷）　沤厚

九月己酉（受期）	陜異司敗番豫	九月癸丑（以廷）	浞臆
九月癸丑（受期）	陜異之司敗番追	九月癸亥（以廷）	浞堁
十月乙亥（受期）	陜異之司敗番覨	十月戊寅	疋數

で、事件当事者は、「不𨒅陜異之大帀（師）陜賡」と、陜（越）異地方の大師陜（越）賡であるが、この場合は、四度にも亘る審理が繰り返されている。告訴の受理に当たった役人は、職名は同一であるが、氏名は、番と同一の氏であるものの、名は、一・四度目は同一であるが、二・三度目の字形が異なる。前掲第一の事例においても、受告者に字形上、多少の相違が見られたが、音通においてあるいは同一人かと推測してみたが、この場合も、筆記されている古文字は、字形において類似性が見られる。このため番某は、いずれも同一人物ではなかったかと思われ、「識」者も、姓氏は同一であり、名の釈字は異なるが、古文字上の字形にはやはり類似性がある。

そうすると、第四の事例も裁判に関係する官吏（受告者と識者）は、繰り返される審理の中で、常に同一の人々が担当していたということになるが、この場合の日程は、

	（受期日）		（以廷日）		（控訴時期）
初審	「九月甲辰↓	（中三日）↓	九月戊申」	↓	（翌日）↓
再審	「九月己酉↓	（中三日）↓	九月癸丑」	↓	（同日）↓
三審	「九月癸丑↓	（中九日）↓	九月癸亥」	↓	（中十一日）↓
四審	「十月乙亥↓	（中二日）↓	十月戊寅」		

で進行しており、三度目と四度目との間隔が日数上一一日と少し開いているが、各審理における、「受期」日から「以廷」までの日数は、平均して僅かに中四日に過ぎない。そして審理の結果は、三度目までは、いずれも「又敗」である。四度目は、「阩門、又敗」の記載が見えないが、おそらく他の事例同様、前三回と同じ結果であった可能性

が大きいと思われる。

以上、同一の案件に対して行われた審理の繰り返しを四例に亘って見てきたが、[24]『受期』史料の中には、また、

東周之客䰜経逓倁於莪郢之歳、九月戊午之日、宣王之垞州人苛矍・登公鴋之州人苛𩕝・苛𥔲以受宣王之垞市之客苛逭、𩍢人𩐡蓦・䍜逭、三受不以出、阩門又敗。

と、楚の宣王（在位、前三六九～三四〇）の墓葬地のある州（垞州）の市客、苛逭に対する訴えが、「三受不以出［廷］」、すなわち三度に亘り繰り返され、[25]官府も苛逭に対して「廷」を行わんとしたが、出廷しないために、おそらく被告人不在のまま、「阩門、又敗」の手続きが執られたようである。

なぜ被告人が出廷しなかったかは不明である。この場合、当然繰り返し被告の出廷を求めたと思われるが、結局審理を行うことができなかったものと思われる。「以廷」の都度、繰り返し「又敗」の結審をみた前出の事例とは範疇を異にすると思われる。

ただこのように、「廷」、正規の審理を経ずして結審をみた事例としては、この他にも、

（1）八月甲戌之日、𨞬莫囂之人周壬受期、癸未之日、不廷、阩門、又敗、正𡙇得。

（2）九月戊午之日、長𡚸正𩏼𢡃受期、十月壬午之日、不以廷、阩門、又敗、秀免戠之。

（3）九月癸亥之日、𨛬市里人𨜩𥎦受其、[26]𡛒𨜩朔、𩍢事人𩐡蓦・乇朔、𥎦不以朔廷、阩門、又敗。

（4）▨之日、上臨邑公臨㸰、下臨邑臨得受期、己未之日、不廷、阩門、又敗、疋獻。

の四例が見えており、（3）は、結審月日が不明、（4）は、受期日が判読不可であるが、（1）は、受期九日後、（2）は、受期二五日後と、いずれも被告人不在のまま、「又敗」とされている。

このため「三受不以出」の場合、なぜそれまでの「二受」の間において、結審しなかったのかが問題となる。同一事件が繰り返し審理され、その都度、結審をみた事例と比較して、「三受不以出」の場合は、何らかの特殊な事情が

含まれていたに違いない。

「三受不以出」の場合、前二受において、なぜ結審しなかったかの事情は、定かにし得ないが、『受期』史料において、ほぼ同一の行政単位、同一の官吏、担当者によって、同一の事件が繰り返し審議されているという事実は、楚国での再審制度を考える上で、興味ある事柄である。

上級行政機関と裁判

それでは、再審の場合、上級行政機関との関係はどのようになっていたのであろうか。これについては、いささか長文であるが、先ほど『以廷』史料と呼称した史料の中で、

> 東周之客䜭𪾢逅侸於栽郢之歳、𩒨柰之月癸丑之日、陰司敗某旟告湯公競軍言曰、𩁹事人謟陰人佢精・苛冒・𩁹逪・𩁹𪾢・𩁹慶之獄於陰之正。

とあり、前三一七年七月癸丑に、陰の司敗である某旟が、湯公の競軍に、陰の県の獄に、佢（趙）精・苛冒・𩁹逪・𩁹𪾢・𩁹慶の五名が留置されたままになっていることを報告し、それについて、続けての文に、これまでの経緯が紹介されている。そこで前文に続けての記載であるが、

> 秦競夫人之人𨡓慶坦尻陰鄇之東䣝之里、敢告於見日、陰人苛冒・趄卯以宋客盛公𩿾之歳、𦋽𡰥之月癸巳之日、並殺儥之𥢑𥄛、儥以詰告子鄁公。

とあり、ことの発端は、秦競の夫人（妻）で、陰人の𩁹慶が、前年の前三一八年四月癸巳に、同じ陰人の苛冒と趙卯の両名によって、自分の兄の𩁹𥄛を殺害されたと、子鄁公に告訴したことによる。そこで子鄁公は、

> 子鄁公命䣙右司馬彭㥪為儥笑等、以㑋会之數客、会鄇之慶李百宜君命為儥䡩之、得苛冒、趄卯自殺、數客百宜君既以至命於子鄁公、得苛冒、趄卯自殺。

と、數客等の担当吏に、被告の両名を逮捕に向かわせたところ、逮捕に出かけた數客・百宜君等は、苛冒は逮捕できたが、趙卯は自殺したと子鄗公に報告した。然るに、

子鄗公諠之於陰之數客、由剸之、吟㕜之數客不為其剸、而倚𩋐僐之覬絰、㕜之正国𩋐僐之父遊、苛冒・趄卯並殺僐之覬昒、㕜人𨻰𧸛・𨻰旦・𨻰𨸏・𨻰谻・𨻰寵、連利皆智其殺之、僐不敢不告於見日、由聖之、𨒅・𢹪皆言曰、苛冒・𠊼卯並殺𡥦昒、小人与慶不信殺𠊼卯、卯自殺。

と、別の數客は、𡥦慶の兄の𡥦昒と父の𨒅とを逮捕した。このため𡥦慶から、陰人の陳𧸛・陳旦・陳越・陳谻・陳寵等も、全員、苛冒が𡥦昒を殺害したことを知っているとの告発があり、逮捕された𡥦𨒅・𡥦𢹪の父子も、同様の申し立てを行って、趙卯は自殺で、自分達が殺したのではないと主張した。これに対して、

𠊼卯・苛冒言曰、𡥦慶・𡥦𢹪・𡥦𨒅殺𠊼卯、慶逃。

と、趙卯と苛冒は、𡥦の父子三人が趙卯を殺し、𡥦慶は逃亡せんとしたと陳述し、両者の主張が対立した。

そこで、同年の五月癸亥、

頣尿之月癸亥之日、𩋐事人為之盟、□凡二百人十一人。既盟、皆言曰、信諟鈃智𡥦慶之殺𠊼卯、𨒅・𢹪与慶皆諟鈃智苛冒・𠊼卯不殺𡥦昒。

と、事件担当の執事人は、二一一人に上る証人を集め、盟詛の上、証言させたところ、これらの人々は、𡥦慶が趙卯を殺害したことと、苛冒と趙卯とが、𡥦昒を殺害したのではないこととを、「聞知」という形で証言した。このため、

𡥦𢹪𩋐、未又剸、迲𧗿而逃、陰人𡥦𢹪命誁、陰人御君子𨻰旦・𨻰龍・𨻰無正・𨻰㚖、与其戟客百宜君・大㝵連中・左闡尹黄愓・𨂡差鄰惑・坪𢓜公鄰冒・大𦣻尹連𠭊、由𢹪之𢦏敍於𢹪之所誁。

と、𡥦𢹪は、引き続き未決のまま牢房に留置されることになったが、𡥦𢹪は、さらに真相の究明を求めた。しかし決め手はなく、

与其戚、又情不可誹。同社・同里・同官不可誹、匿至笠父兄弟不可誹、大脰尹公夓必与戴卅、左尹以王命告湯公、㚔慶告胃、苛冒・宣卯殺其𧢄昍、陰之戳客敷得冒、卯自殺、陰之戳客或輚僉之𧢄𡱈、而旧不為剸、君命遾為之剸。頣柰之月、命一輚事人以至命於郢、以至命於子左尹。

と、事件の究明は、㚔慶側の同じ社・同じ里・同じ官府の人々から、従父弟にまで及んだが、これまた決め手はなく、㚔慶等が、中央の左尹にまで訴え出たためか、左尹が王命をもって湯公に、㚔慶の訴えについての説明を求め、同年七月に、湯公の執事人が、首都郢の左尹のもとへ事情を報告している。そして、

儱軍造言之、見日以陰人䣎慶之告諨儱、命遾為之剸。陰之正既為之盟誹、慶逃、𡱈𨑫衕、其余輚𤖹至旹而剸之。見日命一輚事人至命、以行古歆上恒、儱徛之、以至命。左尹以王命告子鄅公、命歆上之戠獄為陰人㚔𡱈盟、其所命於此箸之中、以為誹。

と、湯公競軍は、左尹に対して、㚔慶が県に不服の申し立てを行っていること等を伝え、左尹からは、「王命」が子鄅公に伝えられているが、翌年七月癸丑にいたっても、最初にふれた通り、未だ関係者が未決のままに留置されているわけである。

この事件は、県公所轄下の裁判であるが、事件当事者双方が、証人を立てての争いで、ついには首都郢の左尹も事件に関与することとなり、「王命」の語もまた見えていて、中央との関わりが明示されているが、それでも結局は、地元の県廷での判断に帰し、いわゆる下級審での結審の不服を、上級審が再審理して、上級審としての判断を示すことはなかったようである。

湖北省雲夢睡虎地出土の『法律答問』では、

辞者、辞廷、今郡守為廷不為、為殹、辞者、不先辞官長、嗇夫、可謂官長、可謂嗇夫、命都官曰長、県曰嗇夫。

と、官府（廷）に告訴（辞）をする場合、郡守も当然、裁判（廷）に関わるが、県（長官、都官＝長、地方の県＝嗇夫）

への告訴（辞）より先に、郡（長官、守）に告訴を行ってはいけないとなっており、県を初級審とし、その上に郡が上級審として存在していた。

雲夢睡虎地の史料は、戦国末から秦初にかけての人物によって所持されていたが、この『法律答問』に見える秦での裁判手続きと、包山楚簡の伝える裁判制度とでは、少しく体制上の相違がみられるようである。

そこでもし、このような秦と楚との裁判制度上の相違点に対する理解が認められるとするならば、政治体制の上でも、楚の場合は、秦の集権制に比べ、未だより分権的側面が強かったということになる。

六　『疋獄』史料

『疋獄』史料は、二三例に及ぶが、『受期』史料と比較すると、事件毎の月日、「識」者名を有するなど、共通する点も認められ、「訟」を受けての審理である点は、『受期』史料では確認できないものの、「受期」の「受」と「訟」とは、受理する側と、告訴する側との相違で、表裏一体化したものであり、これまた両者共通する部分を有するといえよう。

それでも『疋獄』史料には、『受期』史料と相違する点も少なくない。その一つは、訴訟した人の名前が確認できることである。これは、「訟」の行為を伝える限り、当然のことかも知れない。いま一つ、『疋獄』史料には、「阩門、又敗」の記載が見えない（「以廷」の語も一例、裏面に記載されているのが見えるのみ）。さらには、「識」者の後に、「為李」者名が記載されていることも、『疋獄』史料の特色である。また事件毎の月日は記載されているが、これが「訟」の月日か、「識之」の月日か定かではない。月日は、文頭に記載されているから、あるいは文の構成上、「訟」の時期に当たるかとも考えられるが、そうすると『疋獄』史料では、「識之」・「為李」の時期が不明となる。

このため、比較的『受期』史料との関連性が強いかと思われる、『疋獄』史料の位置付けであるが、「疋獄」の「疋」は、正の義（『広雅』）である。「包山二号楚墓概述」[27]は、「疋獄」は、「記獄」で、起訴の簡単な記録である、とされている。「疋獄」は、確かにその通りの役割であろうが、それでは、『受期』史料の他に『疋獄』史料がなぜ存在するのであろうか。

『疋獄』史料に、原告の氏名が確認できることを指摘したが、『疋獄』史料にはまた、一月癸丑と、一月甲寅とに行われた「訟」について、前者には同月甲戌、後者には同月乙丑と、それぞれ「受期」日が明記されている。

これによると、一月癸丑と同月甲戌の「受期」日とでは、この間に中二〇日の間隔がある。一月甲寅と同月乙丑とでは、この間に中一〇日の間隔がある。そうすると「受期」日の前に「識」が行われることはあり得ないことから、先ほど問題とした『疋獄』史料の文頭の月日は、「訟」の日以外にあり得ないことになる。

もちろん『疋獄』史料の「受期」日については、月名が省略されているが、包山楚簡の場合、『受期』史料においても確認されるように、年や月が先に記載されているとその後の文においては、年や月が省略されるのが通例であり、『疋獄』史料の「受期」日も、文頭の月と同様と見なして差し支えないと思われる。

そうすると、「訟」にあっては、続く「受」にいたるまでに、なお日数を要し、「訟」の行為が、必ずしも「受」と同日の行為でなかったことが窺われ、「訟」→「受」→「廷」（「阩門」、「識之」）との流れが確認できることになる。

同時に『疋獄』史料にはまた、一例だけ、『受期』史料と共通するかと思われる事件例が含まれている。それは、『受期』史料の、

八月辛巳之日、郙𦥯之閘戠公周童耳、受期、己丑之日、不𢓜郙𦥯之閘人周敓・周琛以廷、陞門又敗。

と、『疋獄』史料の、

八月己丑之日、付𦥯之閘敔公周童耳、受期、九月戊申之日不𢓜周敓、周琛以廷、阩門又敗。正疋忻戠（識）之。

九月戊申之日、佸大戯六斂周霧之人周雁訟、付畀之閬人周琛・周敓、胃燹於其土、琛・敓・畀雁・成唯・周鼷之妻、燹女、疋忻戠之、郚從為孷。

とであって、両記事とも、被告人が、同じ土地で、同名の人物となっているためであるが、この両史料の当事者が、もし同一の事件に関わるものであったとすると、実は『受期』史料の結審された八月己丑より、『疋獄』史料の九月戊申の「訟」の方が遅くなる。

これでは『疋獄』史料において確認した、「訟」→「受期」との流れと逆になり、先ほどの行論とは矛盾することになる。実はここに、『疋獄』史料の持つ位置付けが存在するように思われてならない。

それは、『受期』史料中には一例の記載例もなく、『疋獄』史料には、一三例中、一一例に存在する「為孷」の記載である（「為孷」あるいは「孷」の記載が欠落しているものも、末尾に二人の人名が記載されている場合は、他の事例に倣い、前者を「識」者、後者を「為孷」者と見做した。「孷」字を記載するものは一四例）。「孷」字は、字形としては、孝字に近いが、また考字にも近似する。

『受期』史料で、一旦結審された事件が、『受期』史料の中で繰り返し審議されるのではなく、ここでは結審後、中一八日で「訟」が行われている。そして『疋獄』史料の中では、『受期』史料と違い、同一事件の繰り返しての「訟」は確認できず、「阩門、又敗」の記載もない。

もちろん『疋獄』史料にも、「識」者の記載があり、例え結審後の「訟」であっても、この「識」が、いわゆる再審議の実態を担っていたことは間違いない。このため「疋獄」の語には、「正獄」、決獄を正す、考査、再審の意味が含まれるものであった可能性がある。また「為孷」の意味も、「識」者との関連が定かではないが、「為考」、すなわち考査、再審の義であったかも知れない。

その場合、『疋獄』史料の「識」者にも、「郯迻公」とか、「正」とかの肩書きを記載するものが見えるが、「為孷」

者には、肩書きの記載が確認されていない。この点も「為李」の位置付けが確定しがたい原因の一つである。また「訟」には、同一事件の審理の繰り返しが確認できないが、『受期』史料の中では確認できない再審の事実が、「訟」として『疋獄』史料に存在している。

もしこのような理解が許されるとするならば、この場合には、「為李」との関わりで、『疋獄』史料が特別の意味合いを持って存在していたことになるのではと思われる。なぜ『疋獄』史料に、『受期』史料との一致が一例しか確認できないのか、等をも含めて、いずれも後考に俟たねばならない。

なお『疋獄』史料に見える「郯逄公」について、『詎告（詎）』史料には、「郯逄尹」が見えており、もしこれが同一の人物であったとすると、「公」と「尹」とが、あるいは混用されていたことになるのかも知れない。また『疋獄』史料と『受期』史料とにおいて、少数ではあるが、同一の事件が確認できるとすると、『受期』史料には、「東周之客朁経逯偩於蕆郢之歳」と、前三一七年の紀年が見えており、これに対応する『疋獄』史料もまた、『受期』史料と同じく、前三一七年の時点の史料であったことが確認できることになる。

そしてこのように、『受期』史料、『疋獄』史料の両史料が、ともに前三一七年の関係のものであったとすると、この両史料は、前三一六年六月二五日をさほど降ることなく死去したと思われる包山二号墓の墓主にとって、死去前年の職務上の書類(28)に該当することになる。

おわりに

以上、包山二号楚墓から出土した竹簡を中心に、少しく史料の整理を行ってみたが、未だ推論に属する部分も少なくない。また楚の官制、地方行政制度についても、なお検討すべきところが少なくない。

例えば、裁判の告訴の受理についても、里単位でこれが可能であるとし、この里を、県―州―里と、最下級行政単位、数十戸程度の規模であるとする理解もある。[29]本稿では、かかる地方行政制度について言及することはできなかったが、「州里公」は、「州加公」とともに、必ずしも数十戸程度の地区の長としてのみ限定して理解することはしなかった。この点も後考に俟ちたい。

包山楚簡については、さらにここに列挙される事件内容から、当時の社会を垣間見ることも可能であるが、この点も稿を改めたい。

注

（1）湖北省荊沙鉄路考古隊『包山楚簡』文物出版社、一九九一。
（2）湖北省荊沙鉄路考古隊包山墓地整理小組「荊門市包山楚墓発掘簡報」『文物』一九八八―五。
（3）王紅星「包山楚墓墓地試析」『文物』一九八八―五。王氏は、二号墓は、東寄りにあり、他の規模の小さい墓は、西寄りになっているとし、等級の高いものから、東から西に配置されていると指摘しているが、「簡報」附図ではさほどの片寄りは確認し難い。
（4）注（3）。
（5）江陵太輝観六号楚墓や信陽一・二号楚墓等では、木俑と鎮墓獣とが一緒に副葬されている。
（6）注（2）。
（7）河南省文物研究所『信陽楚墓』文物出版社、一九八六。
（8）「包山二号楚墓簡牘概述」『包山楚簡』文物出版社、一九九一。
（9）注（2）。
（10）劉彬徽・彭浩・胡雅麗・劉祖信「包山二号楚墓釈文与考釈」『包山楚簡』文物出版社、一九九一の「釈文」。
（11）注（8）は、卓滑救鄗の歳には、「夏月己亥之日」が来ることから推定したか。包山墓地竹簡整理小組「包山二号墓竹簡概述」『文物』一九八八―五は、卓滑救郙の紀年を楚の懐王六年に柱国昭陽が、襄陵で魏軍を破った前三二三年（『史記』楚世家）から、秦が郙（＝呂）の地一帯、すなわち宛を攻取した前二九二年（『史記』秦本紀）の間とする。

(12) 注（2）。

(13) 注（8）。注（2）とは、数値に相違がある。

(14) 注（11）の「包山二号墓竹簡概述」。

(15) 注（8）。

(16) 注（8）。

(17) 注（8）。

(18) 彭浩・劉彬徽・胡雅麗・劉祖信「包山楚簡文字的幾個特点」『包山楚簡』文物出版社、一九九一、注（7）。

(19) 注（8）。

(20) 注（10）の「考釈」。

(21) 注（10）の「考釈」は、䇣＝引＝信とする。

(22) 注（10）の「考釈」。

(23) 宋公文『楚史新探』河南大学出版社、一九八八。

(24) 両次の事例は、後掲する、

八月辛巳受期―八月己丑以廷（中四日）

八月己丑受期―九月戊申以廷（中一八日、一度目の結審と二度目の受期は同日）

の「周童耳受期」、「不迋偙舉之闡人周敓・周琛以廷、陞門又敗、洍忻戠（識）之」事件や、

八月戊寅受期―八月己丑以廷（中一〇日）

九月戊申受期―九月乙丑以廷（中一六日、一度目の結審と二度目の受期との間は中一八日）

の「郘司敗鄰酉受期」、「不迋郙之己里人青（鄀）辛以廷、阱門又敗、正秀不孫［識之］」等ほか数例に及ぶ。

九月己亥受期―一〇月辛巳「阱門」（以廷）

と同じ日に、

九月己亥、鄴君之右司馬䢦臧受期、甭（十月）辛巳之日不逓板於登人以至命於郢、阩門又敗、秀不孫

九月己亥之日、鄳右仔尹孶鈜受期、甭（十月）辛巳之日不逓登人之金、阩門又敗。秀不孫

と同一内容と見紛う審理があるが、受期の担当者が違い、別の事件ではと思われる。

(25) 注（10）の「考釈」。

(26) 「期」字ではと思われる。今は「釈文」に従う。

(27) 注（8）。

(28) 左尹の職掌の一として、国内の司法行政を総括していたことになる。なお『受期』史料や『疋獄』史料には、形式の整えや、誤字・脱字等に杜撰さが窺え、いずれ事務処理が終了すれば、廃棄されるものであったかも知れない。

(29) 注（11）の「包山二号墓竹簡概述」。羅運環「論包山簡中的楚国州制」『江漢考古』一九九一―三。

(追補) 本稿入稿後、湖北省荊沙鉄路考古隊編『包山楚墓』上下冊、文物出版社、一九九一を入手した。本書には、包山楚墓の一・二・四・五・六号墓の詳細な発掘報告に併せて、二六編の研究（簡牘の釈文・考釈を含む）が附載されている。その中には、彭浩「包山楚簡反映的楚国法律与司法制度」・同「包山二号墓卜筮和祭禱竹簡的初歩研究」その他本稿で取り上げた問題と関係する論文も見える。本稿で利用した『包山楚簡』（注（1））をも全文収録する『包山楚簡』上下冊が、同時期に刊行されながら、わが国への入荷が何故大幅に遅れたか遺憾である。遅れてわが国に入荷した『包山楚簡』上下冊に収録される諸研究には、本稿と関連して検討すべき部分が存在する。例えば「不運……以廷」を三宥制と関連付ける等は重要な指摘であるが、それでは何故三宥対象の同一事件が数次に亘り、繰り返し審理の対象となり得るのかが問題となりはしないか等々、検討すべき点が含まれる。

第八章　戦国秦の獄簿

はじめに

一九八三年一二月から翌年一月にかけて発掘された湖北省江陵張家山二四七号漢墓には、一千点を越える竹簡が副葬されていた。この中には、漢律令（呂后『二年律令』）二八種や裁判記録である『奏讞書』等、法制史に関わるものが多数含まれていた[1]。このうち『奏讞書』については、『文物』一九九三年八期・一九九五年三期に「江陵張家山漢墓《奏讞書》釈文（一）（二）」としてその全容が公表された。

類例のない裁判記録であるが、『奏讞書』中の漢代の案例については、少しく言及したことがある[2]。そこで本稿では、これを遡る案例として「南郡卒史蓋廬摯田、叚（仮）卒史瞗、復攸庳等獄簿」（以下「復獄簿」と略称）で始まる案例一件を検討する。この案例は秦の統一直後の始皇二七・二八（前二二〇・二一九）年にかけてのもので、比較的長文である。『奏讞書』には、春秋時代の案例二件を始め、二二の案例が収められており、その内の一六は漢代の案例である。

二四七号漢墓の墓主は、呂后時に埋葬されたと見なされている[3]。「以吏為師」の風潮が残る当時にあって、かかる司法行政の実務に関わる文献を、かくも多数副葬する二四七号漢墓の墓主は、おそらく生前、官吏として司法の現場にも立ち会った人物ではなかったかと思われる。

一　「復獄簿」の構成

讞は、獄疑に対して上級審の判断を求める手続きである。漢代の讞制は、高祖七（前二〇〇）年に創設されている。秦で常制となっていたかどうかは定かではないが、讞に類似する手続きは存在していたようである。[4]

ただ、一九九五年三期の『文物』に収載されている、漢代を遡る案例六種は、漢代の案例と比較すると讞としての書式に相違がみられる。それは漢代の案例において確認される奏讞書の常套語、「疑罪」あるいは「敢讞之」の語が、漢代を遡る六種の案例においては確認できないことである。それでも『奏讞書』と題記される案例中に、敢えてこれら漢代を遡る案例が収められている。このことは漢代の讞制が、それまでの流れを継承するとともに、その常制化は、高祖七年をさほど遡るものではなかったことを示唆しているのかも知れない。

そこで「復獄簿」についてであるが、「獄簿」とは、案例を通覧すれば理解できることであるが、治獄の記録を指す語であったと思われる。「復」字は、覆、再審の義であるから、「復獄簿」とは、再審の記録ということになる。もちろん「復獄簿」は、初審の県段階で治獄が滞ったままになっていたものを、中央の御史が郡吏に命じて進行させた事例である。このため県段階での治獄に疑義が生じ、上級機関が再審理を行った事例とは異なる。漢代に入って制度化された讞制とは事情が異なるが、県が行うべき治獄を上級機関が代わって審理するとの点で、『奏讞書』に収録される資格を有したものと思われる。

同時にこの案例はまた、かかる治獄の記録が「簿（獄簿）」とも呼称されていたことを明らかにしてくれる。「復獄簿」の内容は詳細にわたる。このことは事実関係の確認において、複雑さを増し、ややもすれば混乱を招きかねない。このため「復獄簿」をまず、治獄記録としての構成、書式において整理しておく必要がある。

秦代の治獄については、雲夢睡虎地出土の『封診式』「訊獄」にその梗概が、

①事件関係者から聴取し記録する。

必先尽《ことごとく》聴㆓其言㆒、而書㆑之。

②供述による事実確認を先行し、厳しい訊問（「詰」）は避ける。

各展《のべる》㆓其辞《きょうじゅつ》㆒、雖㆑智《しる》㆓其訑《いつわり》㆒、勿㆑庸《もちいる》㆓輒《ただちに》詰㆒。

③聴取の記録で不明な点（「毋解」）があれば厳しく訊問（「詰」）し、不審な点についての供述を記録する。

其辞已尽《ことごとく》書、而毋㆑解《あきらか》、乃以㆓詰《ただす》者㆒詰㆑之、詰《ただす》㆑之有《また》尽《ことごとく》聴、書㆓其解辞㆒。

④再確認が必要になればまた厳しく訊問（「詰」）する。

有《また》視㆓其它毋㆑解《あきらか》者、以復詰《ただす》㆑之。

⑤供述がくるくる変われ（「数訑」）ば鞭打つ（「治諒」）。

詰㆑之極《すべなく》、而《しかも》数訑《いつわる》、更《あらため》㆑言不㆑服、其律当㆓治諒《むちうち》㆒者、乃治諒《むちうつ》。

⑥鞭打ち（「治諒」）は調書（「爰書」）に記録。

治《むち》㆓諒《うち》之㆒必書。曰、爰書、以㆔某数更㆑言、毋㆓解辞㆒、治《むちうち》訊㆑某。

と伝えられている。しかし『奏讞書』中の漢代の案例には、さらに具体的な手続きが例示されている。

そこで『奏讞書』の案例をもとに、漢代における県での治獄を追ってみると、まず県への告訴に当たる「告」または「劾」（官吏への訴追）、ついで関係者に対する審問である「詰」や「訊」、訊問の最終的な確認作業である「問」、事実関係を総括する「鞫」、判決に当たる「当」とからなっている。この審理の過程は、『封診式』「訊獄」の「聴」↓「詰」とほぼ一致している。

そこでこれを参考に「復獄簿」の構成を整理してみると、

⑴表題（「復獄簿」）。

⑵再審開始の経緯（御史からの下命）や治獄担当者、治獄に要した時間的経過。

⑶具体的な審理状況。

が述べられている。そして⑶の具体的な経過はといえば、

①事件関係者の供述や証言。

②治獄吏からの「詰」・「訊」と、「詰」・「訊」をうけた人の「解」辞。

③「問」。

④「鞫」（論当と関連のある令や律を含む）。

⑤「当」。

とからなっている。

審理における個々の書式は、供述の場合、「它如書」・「它如某」・「如某」で結ばれる。「詰」や「訊」の場合は、「何解」や「何以解之」で結ばれる。「詰」や「訊」は、供述において矛盾や独自の主張が存在する場合、とくに責問が行われているのであって、「皆何解」・「何解」・「何以解之」との厳しい言葉で結ばれ、その「解」辞は、「毋它解」や「毋以解之、罪」と、供述の終了、さらには罪を認める旨の言葉で結ばれる。訊問の最終的な確認作業である「問」は、訊問の終了を意味する「它如辞」で結ばれ、事件の総括である「鞫」は、すべてにおいて詳審である旨の「審」で結ばれる。

以上において、「復獄簿」の構成がほぼ明らかになったと思われる。そこでついては案例全体の検討を行いたいと考えるが、「復獄簿」で確認できる治獄の手順や書式は、この秦代の「復獄簿」が漢代の人によって再整理、漢代式

の奏讞文書に書き換えられていないとすると、秦代の奏讞案例は、漢代の案例と基本的に変わるところはない。このことは漢代の治獄の手続きが、秦代の治獄を継承するものであったことを物語る。治獄は、通常、「告」や「劾」をもって開始される。この「復獄簿」の場合は、御史からの文書が契機となっており、御史からの文書が、案例中では「刻（劾）下」（「復獄簿」⑩）と劾の下命と位置付けられている。

二　「復獄簿」

ついで「復獄簿」を紹介することになるが、まず釈文を掲げ、その後に訳文を付す。（　）内の文字は、主として江陵張家山漢簡整理小組（張家山二四七号漢墓竹簡整理小組）が釈文に挿入したものである。また釈文、訳文は、共に内容に応じて①②あるいはⒶⒷとの記号で区分した。

案例は、断片的な文章が多い。ただ関連する事情が繰り返し記載されている。このため訳文では、煩瑣な感も拭いがたいが、関連する文章を相互に参照できるように、関連する場所を文末に記号で補った。理解に混乱が生じないよう願ってのことである。また訳文中の［　］内では、文意を理解しやすくするために新たに文字を補った。

【釈文】

①●南郡卒史蓋廬摯田、叚（仮）卒史瞗、復攸庫等獄簿。

②御史書、以廿七年二月壬辰、到南郡守府、即下。

③甲午到蓋廬等治所。

④其壬寅補益従治、上治它獄、●四月辛卯瞗有論去、五月庚午朔、益従治、蓋廬有資（貲）去、八月庚子朔論去。

⑤Ⓐ尽廿八年九月甲午巳、Ⓑ凡四百六十九日、Ⓒ朔病六十二日、Ⓓ行道六十日、乘恒馬及船行五千一百卌六里、衛（率）之日行八十五里、畸（奇）卌六里不衛（率）、Ⓔ除弦（元）伏不治、Ⓕ它獄四百卌九日、Ⓖ定治十八日。

⑥●御史下書別居它笥。

⑦●今復之。

⑧庫曰、初視事、Ⓐ蒼梧守竈、尉徒唯謂庫、Ⓑ利郷反、Ⓒ新黔首往毄（擊）、去北、当捕治者多、皆未得、Ⓓ其事甚害難、恐為敗、Ⓔ庫視獄留、以問獄史氏、Ⓕ氏曰、Ⓖ蒼梧県反者、御史恒令南郡復、Ⓗ義等戦死、新黔首恐、操其叚（仮）兵匿山中、誘召稍来、皆榣（揺）恐畏、其大不安、Ⓘ有（又）須南郡復者即来捕、Ⓙ義等将吏卒毄（擊）反盗、弗先候視、為驚敗、Ⓚ義等罪也、Ⓛ上書言財（裁）新黔首罪、Ⓜ它如書。

⑨竈、徒唯曰、Ⓐ教謂庫新黔首当捕者不得、Ⓑ勉力善（繕）備、弗謂害難、恐為敗、Ⓒ唯謂庫久矣、忘弗識、Ⓓ它如庫。

⑩●氏曰、Ⓐ刻（劾）下、Ⓑ与脩（攸）守媱、丞魁治、Ⓒ令史𧿒与義発新黔首往候視、反盗多、益発与戦、義死、脩（攸）有（又）益発新黔首往毄（擊）破、凡三輩、Ⓓ𧿒并主簿、其二輩戦北、当捕、名籍副并居一笥中、𧿒亡、不得、未有以別智（知）当捕者、及屯卒□敬、Ⓔ卒已罷去移徙（?）、逯（逮）之、皆未来、Ⓕ好時辟𧿒有鞫、Ⓖ氏以為南郡且来復治、Ⓗ庫問、氏以告庫、Ⓘ不智（知）庫上書、Ⓙ它如庫。

⑪媱、魁言、如氏。

⑫●詰氏、氏告庫曰、Ⓐ義等戦死、Ⓑ新黔首恐、操其叚（仮）兵匿山中、誘召稍来、皆榣（揺）恐畏、其大不安、Ⓒ有須南郡復者即来捕、

⑬吏訊氏、Ⓐ氏曰、𧿒主新黔首籍、三輩戦北、皆并居一笥中、未有以別智（知）当捕者、逯（逮）𧿒未来、未捕、Ⓑ前後不同、Ⓒ皆何解。

⑭氏曰、Ⓐ新黔首戦北、当捕者、与後所発新黔首籍并、未有以別智（知）、䟩主遝（逮）未来、Ⓑ獄留須䟩、Ⓒ庫為攸令、失聞、Ⓓ庫別異、不与它令等、Ⓔ義死、Ⓕ［新］黔首当坐者多、皆榣（揺）恐吏罪之、有（又）別離居山谷中、民心畏悪、恐弗能尽偕捕、Ⓖ而令為敗、Ⓗ幸南郡来復治、Ⓘ庫視事掾獄、問氏、Ⓙ氏即以告庫、恐其怒、以自解于庫、実須䟩来別籍、以偕捕之、Ⓚ請（情）也、Ⓛ毋它解。

⑮●詰䟩、Ⓐ殹（撃）反群盗、Ⓑ儋乏不鬪、論之有法、Ⓒ庫挌（格）掾獄、見罪人、Ⓓ不以法論之、Ⓔ而上書言独財（裁）新黔首罪、是庫欲繹（釈）縦罪人也、Ⓕ何解。

⑯庫曰、Ⓐ聞（？）等雖上論奪爵令戍、Ⓑ今新黔首実不安輯、Ⓒ上書以聞、Ⓓ欲陛下幸詔庫以撫定之、Ⓔ不敢択（釈）縦罪人、Ⓕ毋它解。

⑰●詰庫、Ⓐ等雖論奪爵令或（戍）、而毋法令、人臣当謹奏法以治、Ⓑ今庫繹（釈）法、Ⓒ而上書言独財（裁）新黔首罪、Ⓓ是庫欲繹（釈）縦罪人明矣、Ⓔ吏以論庫、Ⓕ庫何以解之。

⑱庫曰、毋以解之、罪。

⑲●問、Ⓐ南郡復吏、到攸、Ⓑ攸遝（逮）䟩未来、未有新黔首当捕者名籍、Ⓒ䟩来会、Ⓓ建曰、義死、自以有罪、棄籍去亡、得□、視氏所言籍、居一笥中者、不署前後発、毋章、求不可智（知）、Ⓔ南郡復吏乃以智巧令脩（攸）誘召冣（聚）城中、謁（？）訊傅先後以別、捕殹（撃）戦北者、Ⓕ獄留盈卒歳、不具断、Ⓖ蒼梧守已劾、Ⓗ論□□□□□□□䟩及吏卒不救援義等去北者、Ⓘ頗不具、Ⓙ別奏、Ⓚ它如辤（辞）。

⑳●鞫之、Ⓐ義等将吏卒新黔首殹（撃）反盗、反盗殺義等、吏新黔首皆弗救援、去北、Ⓑ当遝（逮）䟩、伝詣脩（攸）、須来以別［新］黔首当捕者、当捕者多別離相去遠、Ⓒ其事難、Ⓓ未有以捕章捕論、Ⓔ庫上書言独財（裁）新黔首罪、Ⓕ欲縦勿論、Ⓖ得、Ⓗ審。Ⓘ●令、所取荊新地、多群盗、吏所興与群盗遇、去北、以儋乏不鬪律論、Ⓙ律、儋乏不鬪、斬、篡遂縦囚死罪囚、黥為城旦、上造以上、耐為鬼薪、Ⓚ以此当庫。

㉑●当之、庫当耐為鬼薪、●庫毄（繫）、訊者七人、其一人毄（繫）、六人不毄（繫）、不存皆不訊。

【訳文】

《案例の表題「復獄簿」》

①南郡卒史の蓋廬（人名）・摯田（人名）、㑣（仮）卒史(5)の瞗《ちょう》（人名）、攸［県の令］庫《さい》（人名）等［の所管事項を］を復［治］するの獄簿（「攸［県の令］庫等の［主管した］獄［事］を復［治］するの簿」。攸県令庫等は、南郡が治獄に関与するまでは治獄の対象となっておらず、攸県令庫等に対する治獄の再審ではない）。

《御史府からの再審の下命》

②Ⓐ御史の書、廿七年二月壬辰を以て、南郡守の府に到る。（⑩—Ⓐ）

Ⓑ即《ただ》ちに［担当の南郡卒史に］下す。

③［二月］甲午に、［御史の書、南郡卒史］蓋廬等の治所に到る。

《再審担当者の異動》

④其の［二月］壬寅に、益（人名）を補［任］して［復］治に従わしむ。［益は］、上《なお》、它獄をも治す。●四月辛卯に、瞗（人名）、論［罪］ありて去《しりぞ》けらる。五月庚午、朔（人名）・益（人名）、［復］治に従う。蓋廬（人名）は、資（貲）［罪］有りて去《しりぞ》けらる。八月庚子に、朔（人名）、論［罪］有りて去《しりぞ》けらる。

《再審の期間》

⑤Ⓐ廿八年九（十）[6]月甲午に尽《いた》りて［攸県での復治は］巳《おわ》（已）る。

Ⓑ凡そ［廿七年二月十七日から廿八年十月十九日にいたる約一年七ヶ月余の期間で治獄従事可能日数は］四百六十九日（一年七ヶ月余の日数約五八〇日−出張や病気欠勤・沐浴等の休廷日数＝四六九日）。

Ⓒ［南郡吏］朔（人名）は病になること六十二日。

Ⓓ［出張で］道を行くこと六十日。恒馬（駅伝馬車）及び船に乗ること五千一百四十六里（五一〇〇里÷一日八五里＝六〇日。実際の行程は、五一四六里）。之を衛《わりあい》（率）するに日ごとに八十五里を行く。畸《あまり》（奇）の四十六里は衛《かぞ》（率）えず。

Ⓔ弦《がんたん》（元旦）と［陰暦六月の］伏［日］との治［獄］なき［日］を除く。

Ⓕ它《のこり》の［治獄従事期間の治］獄は、四百四十九日（治獄従事可能日数四六九日−元旦と伏日二日−元旦と伏日以外の公休日一八日＝四四九日）。

Ⓖ［元旦や伏日以外の公休日で治］獄を定《やす》（息）むこと十八日。

《再審の開始》

⑥●御史から下りし書は、別に它（特定）の笥（文箱）に居《お》く。

⑦●今、之（攸県での案件）を［南郡卒史等の責任で］復［治］す。

《攸県令庫の供述》

⑧［攸県令］庫、曰く、『初めて視事（執務）するに（⑧・⑭—Ⓒ）、

Ⓐ蒼梧［県］守［令］[7]の竈（人名）、［蒼梧県］尉の徒唯（人名）、庫に謂う。（⑧—Ⓐ・⑨・⑲—Ⓖ）

Ⓑ「［蒼梧県］利郷で反（叛）あり。（⑧―ⒷⒼ）

Ⓒ新黔首（『史記』秦始皇本紀二十六年「名民曰黔首」）、往きて毄《う》（撃）つ。［吏卒の新黔首は］去《しりぞ》き北《に》（敗走）ぐ。（⑧―ⒸⒽⒿ・⑨―Ⓐ・⑩―ⒸⒺ・⑫―Ⓑ・⑬―Ⓐ・⑭―ⒶⒻ・⑮―Ⓐ・⑯―Ⓑ・⑲―ⒹⒽ・⑳―Ⓐ）
［令史の駐及び義等を救援せずして去北せし者等］捕らえ治す当《べ》き者多く、皆《すべて》は、未だ得ず。

Ⓓ其の事、甚だ害難（困難）あり。恐らくは敗《やぶ》（失敗）れることと為らん（⑧―Ⓓ・⑨―Ⓑ・⑭―Ⓖ・⑳―Ⓒ）」と。

Ⓔ［攸県令］庫、獄に留《とど》（留置、繋留）められしもの（逮捕者＝⑧―Ⓒに「皆未得」とあり逃亡者の一部）を視《み》て、以て獄史の氏に問う。（⑧―Ⓔ・⑨―Ⓒ・⑩―Ⓗ・⑫―Ⓐ・⑭―ⒷⒸⒾⒿ・⑮―Ⓒ・⑯―Ⓐ・⑲―Ⓕ）

Ⓕ［攸県獄史］氏（人名）、曰く、

Ⓖ「蒼梧県の反（叛）せし者（⑧―ⒷⒼ）は、御史が恒《ひさし》く南郡をして［治獄を徹底すべく］復［治］せ令《し》めんとす。（⑧―ⒼⒾ・⑫―Ⓒ・⑭―Ⓗ・⑲―Ⓐ）

Ⓗ［新黔首等を率いた攸県令史］義（人名）等が戦死す。新黔首も恐れをなして、其の叚（仮）［与］（貸与）の兵（武器）を操《と》り山中に匿《かく》る。誘召し、稍《わずか》に来たるも、皆、［心中］恐畏に榣《ゆら》（揺）ぐ。其れ大《はなは》だ安からず。（⑧―ⒸⒽⒿ・⑨―Ⓐ・⑩―ⒸⒻ・⑫―Ⓑ・⑬―Ⓐ・⑭―ⒶⒻ・⑮―Ⓐ・⑯―Ⓑ・⑲―ⒹⒽ・⑳―Ⓐ）

Ⓘ有《また》（又）、南郡の復［治］者（復治関係吏）を須《ま》（待）ち、即《ただ》ちに捕を来《いた》さんとす。（⑧―ⒼⒾ・⑫―Ⓒ・⑭―Ⓗ・⑲―Ⓐ）

Ⓙ［攸県令史］義等は、吏卒を将いて反（叛）盗を毄《う》（撃）つ。［攻撃に］先んじて［充分な］候視をなさず。［新黔首は］驚敗を為す。（⑧―ⒸⒽⒿ・⑨―Ⓐ・⑩―ⒸⒺ・⑫―Ⓑ・⑬―Ⓐ・⑭―ⒶⒻ・⑮―Ⓐ・⑯―Ⓑ・⑲―ⒹⒽ・⑳―Ⓐ）

Ⓚ［戦死した］義等は、罪あるなり」と。

Ⓛ［攸県令庫は］上書して新黔首の罪を財（裁）［量］（減刑）せんことを言う。（⑧—Ⓛ・⑩—Ⓘ・⑮—Ⓔ・⑯—Ⓒ・⑰—Ⓒ・⑲—Ⓙ・⑳—Ⓔ）

Ⓜ它は、［御史の］書の如し』と。

《蒼梧県守令竈、蒼梧県尉徒唯の供述》

⑨●［蒼梧県守令］竈、［蒼梧県尉］徒唯、曰く。（⑧—Ⓐ・⑨・⑲—Ⓖ）

Ⓐ『教《つ》（告）げて庫に新黔首の捕う当《べ》き者の［未だ］得ざるを謂う。（⑧—ⒸⒿⒽ・⑨—Ⓐ・⑩—ⒸⒺ・⑫—Ⓑ・⑬—Ⓐ・⑭—ⒶⒻ・⑮—Ⓐ・⑯—Ⓑ・⑲—ⒹⒼ・⑳—Ⓐ）

Ⓑ［攸県は当然、捕のために］勉力（努力）し備《そなえ》（対応）を善《たく》（巧）みにすべきも、害難（困難）につきては謂わず。［却って］敗《やぶ》（失敗）れることと為らんかを恐る。（⑧—Ⓓ・⑨—Ⓑ・⑭—Ⓖ・⑳—Ⓒ）

Ⓒ唯《ただ》、庫に、［捕う当《べ》き者への対応を］謂いて久し。（⑧—Ⓔ・⑨—Ⓒ・⑩—Ⓗ・⑫—Ⓐ・⑭—ⒷⒸⒾⒿ・⑮—Ⓒ・⑯—Ⓐ・⑲—Ⓕ）

Ⓓ［庫は］忘《ゆるが》せにして、［事態への対応を］識らず。（⑨—Ⓓ・⑮—ⒹⒻ・⑯—Ⓔ・⑰—ⒷⒹ・⑲—Ⓘ・⑳—Ⓕ）

Ⓔ它は庫の［言の］如し』と。

《攸県獄史氏の供述》

⑩●［攸県獄史］氏、曰く、

Ⓐ『［御史からの告］刻（劾）下り（②・⑩—Ⓐ）、

Ⓑ［攸県獄史氏］、脩（攸）［県］守［令］の媱（人名）、［攸県］丞の魁（人名）と与《とも》に治す。

Ⓒ［攸県］令史の駏《しょ》（人名）と［攸県令史］義とは、新黔首を発し往きて候視す。反盗多く、発［兵］を益して与《とも》に戦うも、義は、死せり。脩（攸）［県］は、有《また》（又）益《ますます》、新黔首を発して往きて毄（撃）破せんとす。凡そ三輩（三度）にわたる。（⑧—ⒸⒿⒽ・⑨—Ⓐ・⑩—ⒸⒺ・⑫—Ⓑ・⑬—Ⓐ・⑭—ⒶⒻ・⑮—Ⓐ・⑯—Ⓑ・⑲—ⒹⒽ・⑳—Ⓐ）

Ⓓ駏は、幷《あわ》せて［名］籍をも主《つかさど》る。其の二輩は、戦いて北《やぶ》らる。［敗北した二度の戦いでの逃亡者＝新黔首の］捕う当《べ》きものの名籍の副は、幷《とも》に一つの笥（文箱）中に居《お》かる。駏は亡［命］して得られず。［故に］未だ以て捕う当《べ》き者を別《わか》ち智《し》ること有らず（⑩—Ⓓ・⑬—Ⓐ・⑭—ⒶⒷⒿ・⑲—ⒷⒹ・⑳—ⒷⒹ）。及屯卒□敬。

Ⓔ［吏］卒は、已に罷《つか》れ（［罷《しりぞ》き］）去《に》げて移徙す。之を逮《とら》えんとするも、皆《すべて》は未だ来たらず。（⑧—ⒸⒿⒽ・⑨—Ⓐ・⑩—ⒸⒺ・⑫—Ⓑ・⑬—Ⓐ・⑭—ⒶⒻ・⑮—Ⓐ・⑯—Ⓑ・⑲—ⒹⒽ・⑳—Ⓐ）

Ⓕ［内史の］好時［県］にありては、駏を辟《つみ》し鞫あり。

Ⓖ氏、以為らく、［駏の所在が判明したことから駏を交え］南郡にありても且《ま》た復治を来《いた》さんと。

Ⓗ［攸県での視事に当たりて県令］庫より問あり。氏、以て庫に告ぐ。（⑧—Ⓔ・⑨—Ⓒ・⑩—Ⓗ・⑫—Ⓐ・⑭—ⒷⒸⒾⒿ・⑮—Ⓒ・⑯—Ⓐ・⑲—Ⓕ）

Ⓘ庫の上書せしは智《し》らず。（⑧—Ⓛ・⑩—Ⓘ・⑮—Ⓔ・⑯—Ⓒ・⑰—Ⓒ・⑲—Ⓙ・⑳—Ⓔ）

Ⓙ它は、庫の［言の］如し』と。

《攸県守令婼・攸県丞魁の供述》

⑪［攸県守令］婼・［攸県］丞魁、言う、『氏の［言の］如し』と。

《詰―攸県獄史氏に対して》

⑫●［攸県獄史］氏を詰するに、

Ⓐ『氏は、庫に告げて曰く。（⑧—Ⓔ・⑨—Ⓒ・⑩—Ⓗ・⑫—Ⓐ・⑭—ⒷⒸⒾⒿ・⑮—Ⓒ・⑯—Ⓐ・⑲—Ⓕ）

Ⓑ「義等、戦死す。新黔首は恐れ、叚（仮）［与］（貸与）の兵（武器）を操《と》り山中に匿《かく》る。誘召し、稍《わず》かに来たるも、皆、［心中］恐畏に榣《ゆ》（揺）れ、其れ大《はなは》だ安からず。（⑧—ⒸⒿⒽ・⑨—Ⓐ・⑩—ⒸⒺ・⑫—Ⓑ・⑬—Ⓐ・⑭—ⒶⒻ・⑮—Ⓐ・⑯—Ⓑ・⑲—ⒹⒽ・⑳—Ⓐ）

Ⓒ有《また》（又）南郡の復［治］者（復治関係吏）を須《ま》（待）ち、即《ただち》に捕を来《い》たさんとす」（⑧—ⒼⒾ・⑫—Ⓒ・⑭—Ⓗ・⑲—Ⓐ）と。

《訊―攸県獄史氏に対して》

⑬［南郡の復治］吏、氏を訊するに、

Ⓐ氏、曰く、「駈は、新黔首の［名］籍を主《つかさど》る。三輩にわたり、戦いて北《やぶ》らる。［発兵した新黔首の名籍は］皆、并《あわ》せて一笥（文箱）中に居《お》き、未だ捕う当《べ》き者を別かち智《し》ること有らず。駈を逮《とら》えんとするも、［内史の好畤県で辟《つみ》を受けた駈は］未だ来《かえ》らず。未だ［当捕うべき者も］捕われず（⑩—Ⓓ・⑬—Ⓐ・⑭—ⒶⒷⒿ・⑲—ⒷⒹ・⑳—ⒷⒹ）」と。

Ⓑ前（庫への報告⑧—ⒸⒹ・「貸与の武器を操り山中に匿れ、甚だ害難。敗あらん」）と後（南郡吏への供述⑩—Ⓓ～Ⓖ・「捕う当き者が分別できない」）とで［供述内容が］不同なり」。

Ⓒ皆、何れの解あらん』と。

《詰・訊に対する攸県獄史氏の供述》

⑭［攸県獄史］氏、曰く、

Ⓐ『新黔首、戦い北《やぶ》る（⑧―ⒸⒿⒽ・⑨―Ⓐ・⑩―ⒸⒺ・⑫―Ⓑ・⑬―Ⓐ・⑭―ⒶⒻ・⑮―Ⓐ・⑯―Ⓑ・⑲―ⒹⒽ・⑳―Ⓐ）。捕う当《べ》き者は、後で発［兵］した所の新黔首の［名］籍と与《とも》に幷《あわ》さり、未だ以て別かち智《し》ること有るべからず。跕、［当捕者に対して］逮《とら》うを主るべきも、［亡命し］未だ来《かえ》らず。（⑩―Ⓓ・⑬―Ⓐ・⑭―ⒶⒷⒿ・⑲―ⒷⒹ・⑳―ⒷⒹ）

Ⓑ獄に留《とど》（留置、繋留）めしままに（⑧―Ⓔ・⑨―Ⓒ・⑩―Ⓗ・⑫―Ⓐ・⑭―ⒷⒸⒾⒿ・⑮―Ⓒ・⑯―Ⓐ・⑲―Ⓕ）、跕を須《ま》つ。（⑩―Ⓓ・⑬―Ⓐ・⑭―ⒶⒷⒿ・⑲―ⒷⒹ・⑳―ⒷⒹ）

Ⓒ庫、攸［県］の令と為る（⑧・⑭―Ⓒ）も、［事態についての獄史氏からの］聞（獄史氏からの報告で知り得た認識）を失《あやま》る。（⑧―Ⓔ・⑨―Ⓒ・⑩―Ⓗ・⑫―Ⓐ・⑭―ⒷⒸⒾⒿ・⑮―Ⓒ・⑯―Ⓐ・⑲―Ⓕ）

Ⓓ［攸県令］庫、［自らを］異別とし、［蒼梧県等の］它の［県］令と与《くみ》（協力）せず。

Ⓔ義は、死す。

Ⓕ［新］黔首の坐すべき者多し。［坐者＝当捕者は］皆、吏が之を罪せんかと榣（揺）恐し、有《また》（又）、山谷中に別離す。民心は畏悪なり。［攸県吏もまた当捕者に対し］偕《とも》（全員）に、捕を尽くす能わず。（⑧―ⒸⒿⒽ・⑨―Ⓐ・⑩―ⒸⒺ・⑫―Ⓑ・⑬―Ⓐ・⑭―ⒶⒻ・⑮―Ⓐ・⑯―Ⓑ・⑲―ⒹⒽ・⑳―Ⓐ）

Ⓖ而して［事態への処理に］敗と為ら令《し》むを恐る。（⑧―Ⓓ・⑨―Ⓑ・⑭―Ⓖ・⑳―Ⓒ）

Ⓗ幸いに南郡［の復治吏］、復治を来《いた》す。（⑧―ⒼⒾ・⑫―Ⓒ・⑭―Ⓗ・⑲―Ⓐ）

Ⓘ庫は、視事して獄に掾《したが》い、氏に問う。（⑧―Ⓔ・⑨―Ⓒ・⑩―Ⓗ・⑫―Ⓐ・⑭―ⒷⒸⒾⒿ・⑮―Ⓒ・⑯―Ⓐ・⑲―Ⓕ）

Ⓙ氏、即《ただ》ちに以て庫に告ぐ（⑧—Ⓔ・⑨—Ⓒ・⑩—Ⓗ・⑫—Ⓐ・⑭—ⒷⒸⒾⒿ・⑮—Ⓒ・⑯—Ⓐ・⑲—Ⓕ）も、其の怒《いか》らんことを恐れ、以て自ら庫に［害難を強調して］解（釈明）す。［その］実、「駐の［名］籍を別つを須《ま》ちて、以て偕《すべて》、之を捕えんとす。（⑩—Ⓓ・⑬—Ⓐ・⑭—ⒶⒷⒿ・⑲—ⒷⒹ・⑳—ⒷⒹ）

Ⓚ請《まこと》（情）なり。

Ⓛ它の解なし』と。

《詰—攸県令庫に対して》

⑮● ［攸県令］庫を詰するに、

Ⓐ『反（叛）せし群盗を殴《う》（撃）つ。（⑧—ⒸⒿⒽ・⑨—Ⓐ・⑩—ⒸⒺ・⑫—Ⓑ・⑬—Ⓐ・⑭—ⒶⒻ・⑮—Ⓐ・⑯—Ⓑ・⑲—ⒹⒽ・⑳—Ⓐ）

Ⓑ儋（責任感、または膽字で勇気）乏しく、闘わず。之を論［罪］するに法有り。（⑮—Ⓑ・⑳—ⒾⒿ）

Ⓒ庫、獄に挌《かか》（執拘）わり掾《したが》い、［捕らえ獄に留置済みの］罪人を見るも、（⑧—Ⓔ・⑨—Ⓒ・⑩—Ⓗ・⑫—Ⓐ・⑭—ⒷⒸⒾⒿ・⑮—Ⓒ・⑯—Ⓐ・⑲—Ⓕ）

Ⓓ法を以て之を論ぜず。（⑨—Ⓓ・⑮—ⒹⒻ・⑯—Ⓔ・⑰—ⒷⒹ・⑲—Ⓘ・⑳—Ⓕ）

Ⓔ而して上書し、独り新黔首への罪を財（裁）［量］（減刑）せんことを言う。（⑧—Ⓛ・⑩—Ⓘ・⑮—Ⓔ・⑯—Ⓒ・⑰—Ⓒ・⑲—Ⓙ・⑳—Ⓔ）

Ⓕ是、庫は、罪人を釈《ゆる》し縦《ほしいまま》にせんと欲するなり。（⑨—Ⓓ・⑮—ⒹⒻ・⑯—Ⓔ・⑰—ⒷⒹ・⑲—Ⓘ・⑳—Ⓕ）

Ⓖ何れの解あらん』と。

《詰に対する攸県令庫の供述》

⑯［攸県令］庫、曰く、

Ⓐ『［攸県令就任早々に獄史氏からの］聞《ほうこく》（?）（⑧―Ⓒ・⑬）に［関係する］等《ともがら》（獄の留置者）（⑧―Ⓔ・⑨―Ⓒ・⑩―Ⓗ・⑫―Ⓐ・⑭―ⒷⒸⒾⒿ・⑮―Ⓒ・⑯―Ⓐ・⑲―Ⓕ）［の一部］は、論［当］を上《くわ》（加）えて爵を奪いて戍となさ令《し》むと雖も、（⑯―Ⓐ・⑰―Ⓐ）

Ⓑ今、［山谷中に別離したままの］新黔首は、実《まこと》に安輯せず。（⑧―ⒸⒿⒽ・⑨―Ⓐ・⑩―ⒸⒺ・⑫―Ⓑ・⑬―Ⓐ・⑭―ⒶⒻ・⑮―Ⓐ・⑯―Ⓑ・⑲―ⒹⒽ・⑳―Ⓐ）

Ⓒ［この状況を解決するために］上書して以て［上］聞をなす。（⑧―Ⓛ・⑩―Ⓘ・⑮―Ⓔ・⑯―Ⓒ・⑰―Ⓒ・⑲―Ⓙ・⑳―Ⓔ）

Ⓓ陛下、幸いに庫に詔し、以て之（新黔首）を擾《やす》んじ定めしめんと欲す。

Ⓔ敢えて罪人を釈《ゆる》し縦《ほしいまま》にするにあらず。（⑨―Ⓓ・⑮―ⒹⒻ・⑯―Ⓔ・⑰―ⒷⒹ・⑲―Ⓘ・⑳―Ⓕ）

Ⓕ它に解なし』と。

《詰―攸県令庫等に対して》

⑰●［攸県令］庫等を詰するに、

Ⓐ『［新黔首の出兵名籍が混乱し逮捕者が確認できない中で］論［罪］して爵を奪い、或（戍）となさ令《し》む（⑯―Ⓐ・⑰―Ⓐ）と雖も、而し法令（適法性）なし。人臣たるものは、当《まさ》に謹んで法に奏《したが》い、以て治［獄］をなすべし。

Ⓑ今、庫は、法を釈《す》つ。（⑨―Ⓓ・⑮―ⒹⒻ・⑯―Ⓔ・⑰―ⒷⒹ・⑲―Ⓘ・⑳―Ⓕ）

Ⓒ而して上書して、独り新黔首への罪を財（裁）［量］（減刑）せんことを云う。（⑧—Ⓛ・⑩—Ⓘ・⑮—Ⓔ・⑯—Ⓒ・⑰—Ⓒ・⑲—Ⓙ・⑳—Ⓔ）

Ⓓ是れ、庫は、罪人を釈《ゆる》し縦《ほしいまま》にせんと欲すること明らかなり。（⑨—Ⓓ・⑮—ⒹⒻ・⑯—Ⓔ・⑰—ⒷⒹ・⑲—Ⓘ・⑳—Ⓕ）

Ⓔ［南郡の復治］吏、以て庫を論ぜんとす。

Ⓕ庫、何をか以て之を解さん』と。

《詰に対する攸県令庫の供述》

⑱［攸県令］庫、曰く、『以て之を解すべき毋し。罪あり』と。

《問》

⑲問すに、

Ⓐ『南郡の復［治］の吏、攸［県］に到る。（⑧—ⒼⒾ・⑫—Ⓒ・⑭—Ⓗ・⑲—Ⓐ）

Ⓑ攸［県］、駐を逮《とら》えんとするも、未だ来《かえ》らず。未だ新黔首の捕う当《べ》き者の名籍も有らず。（⑩—Ⓓ・⑬—Ⓐ・⑭—ⒶⒷⒿ・⑲—ⒷⒹ・⑳—ⒷⒹ）

Ⓒ［後］、駐、来《かえ》りて［南郡復治に］会（立会）す。

(D)［駐、郡の復治吏に］建曰するに、「義、死す（⑧—ⒸⒿⒽ・⑨—Ⓐ・⑩—ⒸⒺ・⑫—Ⓑ・⑬—Ⓐ・⑭—ⒶⒻ・⑮—Ⓐ・⑯—Ⓑ・⑲—ⒹⒽ・⑳—Ⓐ）。自らも罪有るを以て、［名］籍を棄てて去亡し、得□。氏の言う所の［名］籍を視るに、一笥（文箱）中に居《お》き、前後の発［兵の順次］を署《しる》さず。［名籍に何らの］章《みわけ》（別）なく、求《たず》ねるも智《し》るべからず（⑩―Ⓓ・⑬―Ⓐ・⑭―ⒶⒷⒿ・⑲―ⒷⒹ・⑳―ⒷⒹ）」と。

Ⓔ南郡の復［治］の吏は、乃ち智巧を以て攸［県］をして［新黔首の当捕者を］城中に冣《あつ》（聚）め令《し》め、傅（名籍）の［発兵の］先後を謁《つ》げ訊ね、以て別かち、戦いて北《に》ぐる者を捕殻（繫。逮捕）す。

Ⓕ獄に留《とど》（繫留）められしもの（⑧―Ⓔ・⑨―Ⓒ・⑩―Ⓗ・⑫―Ⓐ・⑭―ⒷⒸⒾⒿ・⑮―Ⓒ・⑯―Ⓐ・⑲―Ⓕ）は、［すでに］卒歳に盈つも、具《つぶさ》に［論］断ぜず。（⑲―Ⓕ・⑳―Ⓓ）

Ⓖ蒼梧［県］の守［令］は、已に［庫に告］劾す。（⑧―Ⓐ・⑨・⑲―Ⓖ）

Ⓗ論□□□□□□［然るに］䟠、及び吏卒の義等を救援せずして去《しりぞ》き北《に》げし者（⑧―ⒸⒿⒽ・⑨―Ⓐ・⑩―ⒸⒺ・⑫―Ⓑ・⑬―Ⓐ・⑭―ⒶⒻ・⑮―Ⓐ・⑯―Ⓑ・⑲―ⒹⒽ・⑳―Ⓐ）［への対応］も、

Ⓘ［庫の対応は］頗る具《つぶさ》（全）ならず。（⑨―Ⓓ・⑮―ⒹⒻ・⑯―Ⓔ・⑰―ⒷⒹ・⑲―Ⓘ・⑳―Ⓕ）

Ⓙ別に、［庫による上］奏あり。（⑧―Ⓛ・⑩―Ⓘ・⑮―Ⓔ・⑯―Ⓒ・⑰―Ⓒ・⑲―Ⓙ・⑳―Ⓔ）

Ⓚ它は［解］辞の如し』と。

《鞫》

⑳之を鞫すに、

Ⓐ『義等、吏卒の新黔首を将いて、反（叛）盗を殻《う》（撃）つ。反（叛）盗、義等を殺す。吏［卒］の新黔首、皆、救援せずして、去《しりぞ》き北《に》ぐ。（⑧―ⒸⒿⒽ・⑨―Ⓐ・⑩―ⒸⒺ・⑫―Ⓑ・⑬―Ⓐ・⑭―ⒶⒻ・⑮―Ⓐ・⑯―Ⓑ・⑲―ⒹⒽ・⑳―Ⓐ）

Ⓑ当《まさ》に䟠を逮《とら》え、伝［送］して攸［県］に詣《いた》らしめ、来《かえ》るを須つ。以て［新］黔首の捕う当《べ》き者を別かつべきも、捕う当《べ》き者は、多く別離し、相去ること遠し。（⑩―Ⓓ・⑬―Ⓐ・⑭―ⒶⒷⒿ・⑲―ⒷⒹ・⑳―ⒷⒹ）

Ⓒ其の事、［害］難あり。（⑧—Ⓓ・⑨—Ⓑ・⑭—Ⓖ・⑳—Ⓒ）
Ⓓ未だ以て捕す当《べ》きものの章《くべつ》（別）（⑩—Ⓓ・⑬—Ⓐ・⑭—ⒶⒷⒿ・⑲—ⒷⒹ・⑳—ⒷⒹ）、捕えしものへの論も有らず。（⑲—Ⓕ・⑳—Ⓓ）
Ⓔ庫は、上書して、独り新黔首への罪を財（裁）［量］（減刑）せんことを言う。（⑧—Ⓛ・⑩—Ⓘ・⑮—Ⓔ・⑯—Ⓒ・⑰—Ⓒ・⑲—Ⓙ・⑳—Ⓔ）
Ⓕ縦《ほしいまま》に論、勿《な》からしめんと欲するなり。（⑨—Ⓓ・⑮—ⒹⒻ・⑯—Ⓔ・⑰—ⒷⒹ・⑲—Ⓘ・⑳—Ⓕ）
Ⓖ［庫は、すでに捕］得さる。
Ⓗ審なり』と。
Ⓘ令に、「取る所の荊［楚］の新地は、群盗多し。吏［卒］の興［発］されし所のものと群盗とが遇い、［吏卒］、去《しりぞ》き北《にぐ》れば、儋（責任感、または膽字で勇気）乏《とぼ》しく、鬪わずの律を以て論ずべし（⑮—Ⓑ・⑳—ⒾⒿ）」と。
Ⓙ律に、「儋（責任感、または膽字で勇気）乏《とぼ》しく、鬪わずば、斬（⑮—Ⓑ・⑳—ⒾⒿ）。死罪囚を纂遂（故意に解放）・縦囚（故意に一時帰宅）すれば、黥して城旦と為す。［爵］上造以上は、耐して鬼薪と為す」と。
Ⓚ此を以て庫を当（決罪）せん。

《論当》

㉑之を当（決罪）するに、
Ⓐ［攸県令］庫は、当《まさ》に耐して鬼薪と為すべし。●庫は、［すでに］毄《つな》（繫。留置）ぐ。

Ⓑ訊せらる者、七人。其の［内の］一人（庫）は、毄《つな》（繫）がる。

Ⓒ［他の］六人（竈・徒唯・氏・婬・魁・䟽。）[8]は、毄《つな》（繫）がず（無罪）。

Ⓓ存《お》らざるものは、皆、訊（審理）せず（不在者は治獄の対象とせず）。

三　「復獄簿」をめぐる諸相

南郡設置当初の領域とその後の変遷

以上の「復獄簿」によって、審理の経緯、案件の内容は、ほぼ明らかとなる。この案件は、秦昭襄王二九（前二八〇）年に、白起が楚を攻め郢を取り、南郡とした地域においてのことである。始皇二七・二八年当時の南郡の範囲は必ずしも定かではなかったが、この案例では、攸県（湖南省攸県）、蒼梧県（広西省蒼梧県）両県に関わる案件が南郡卒史の担当となっている。このことからすると南郡の領域は、広西省にまで及んでいた。

攸県と蒼梧県とは、その後、桂林郡（始皇三三年置）、長沙郡（秦置）の属県となっている。『漢書』地理志での南郡は、ほぼ湖北省の西南部に縮小されている。設置当初の南郡は、随分広大で、南部への拡がりも嶺南に及ぶ領域を持っていたことになる。

攸県からの出兵は、蒼梧県での群盗（反乱）が契機となっている。事件の舞台となった蒼梧県一帯は、『史記』秦始皇本紀によれば、

三十三年、発諸嘗逋亡人・贅婿・賈人、略取陸梁地、為桂林・象郡・南海、以適遣戍。

とあり、蒼梧県が属することになる桂林郡の辺りは「陸梁」の地と称されている。唐の張守節による『史記正義』は、この「陸梁」について、

嶺南之人、多処山陸、其性強梁、故曰陸梁。

と、その住民は、山間に住み性は強靭であるという。始皇三三（前二一四）年にいたっても、嶺南の地にはなお、罪

意識をもって捉えられる人々による「適（謫）戍」が進められていた。

「復獄簿」でも、蒼梧県一帯は「荊新地」、すなわち荊楚の中の「新地」と表現されている。案例に登場する南郡の住民は、秦による天下統一後、『史記』始皇本紀二十六年の「名民曰黔首」によって知られるように、「黔首」と改称されたが、この統一秦の住民の中で、攸県・蒼梧県の住民は、「新黔首」と態々「新」字が冠せられている。南郡の攸県・蒼梧県一帯の住民が、辺境の少数民族であったがためと思われる。この「新黔首」が、混乱の主人公である。秦による占領直後の新黔首が、秦の律令に馴染まず、これを無視する行動をとったとしてもやむを得ないことである。

占領地支配体制の欠如

同時にこの「新黔首」を率いて、秦への帰順を拒む少数民族の制圧に赴いた攸県の令史𪸩は、相次ぐ失敗を招くといち早く逃亡し、好畤県で、「亡」の故か「辟𪸩有鞫」（「復獄簿」⑩—Ⓕ）と裁判にかけられている。

好畤県（陝西省乾県）は、秦の首都咸陽に近接する帝国の中心部である。攸県の令史𪸩が、なぜ好畤県にまで赴いたのか。事の真相は知る由もないが、これについて𪸩が好畤県を本貫としていたためとの推論もある。[9]確かにもし𪸩が、討征失敗の責任を免れんがためだけの目的で逃亡先を選ぶとすれば、警備の最も行き届いていた首都圏を選ぶことはないはずである。

𪸩の本貫が、好畤県であった可能性は高い。そこでもし𪸩の本貫が好畤県であったとすれば、秦の新たな占領地支配下の県の幹部吏に、関中渭水盆地の秦地出身の人物が任用されていたことになる。

この南郡では、始皇三〇（前二一七）年に没した人物で、安陸・鄢等の県で、同じく令史を歴任した喜（雲夢睡虎地秦簡を副葬）が知られており、彼もまた関中から移徙していた秦人であったと思われる。[10]

秦による占領地支配の実態はほとんど確認できないが、南郡の県吏において、このように相次いで関中出身者による幹部的役人が確認できるとすると、秦の占領地の官僚体制の中核に、当初、戦国時代以来の秦国出身者が、かなり多く配置されていたことが考えられなくもない。貴重な例証である。

秦の占領地支配が、強力な軍事力に併せて、民政においても秦国出身者が出向し、雲夢睡虎地秦簡においても窺えるように、秦の国法を強力に実施していたとなると、全国に張り巡らされた官僚制を維持する上で、秦の天下統一が人的に如何に無理を重ねていたかが痛感される。

それにしても令史趀の場合は、占領地支配にさほど使命感を感じてはいなかった。攸県の令も、その出自は定かでないが、この案例では論罪に当たって、

而毋法令、人臣当謹奏法以治、今庫繹（釈）法。（「復獄簿」⑰—ⒶⒷ）

と、必ずしも秦の法令に忠実ではなかった。雲夢睡虎地秦簡中の『語書』は、始皇二〇（前二二七）年四月に、南郡の守、騰が属県に通達した文書であるが、その通達では、同じく南郡は、

今法律令已具矣、而吏民莫用、（略）今法律令已布、（略）郷俗之心不変。

と、吏民ともに郷俗（荊楚・嶺南の法令や慣行）に従い、秦の律令に忠実ではなかったと指摘されている。「復獄簿」の場合は、南郡守騰の通達から七、八年を閲している。それでも法治への関心は、県令にしてなおかかる状況である。それに属吏の令史も任務途中で本貫へ逃亡しているとなると、占領地支配下での綱紀の弛緩は目を覆うべきものがある。「復獄簿」ではまた、復治に当たった南郡の属吏が、ほぼ半年の間に、関係者四人（蓋廬・鴡・益・朔）の内、実に三人（蓋廬・鴡・朔）までもが罪を得て失脚している。

このことは、例えこれが辺境の事情であったにしても、短命であった秦帝国の支配体制そのものへの理解に、重要な示唆を与える。事は帝室内や中央官僚間の確執に止まらず、広大な支配を支える地方吏人の質的欠陥においてである。本国に数倍する占領地を擁する秦帝国にとっては深刻な問題である。統一秦の人的欠如が痛感させられることに

なる。それも要所要所に秦人を当て万全を期していたにも拘わらずとなると、その深刻さは一入である。

復治の開始―御史の書と皇帝の詔

「復獄簿」における攸県令庫への批判については考慮すべき点がある。庫は、南郡の復治吏によって、「繹（釈）縦罪人」との前提で執拗に詰訊され、「纂遂縦囚死罪囚」（「復獄簿」⑳―Ⓙ）の律でもって断罪されるにいたっている。しかし県令自身は上書を行い、それに対する詔をも受け取っている。恣意的にのみ新黔首への対応が行われたのではなかった。その意味では、治獄関係者の理解を得られなかったとはいえ、県令庫と属吏の令史□や南郡の失脚した復治吏等とは性格が異なる。

「復獄簿」によると攸県令庫は、県令就任早々、新黔首への対応を獄吏から報告されるや、少数民族問題の深刻さを考慮し、直ちに上書を行い、皇帝の詔を受けていた。それにも拘わらず庫は、治獄の対象とされている。なぜかかる事態が生じたのであろうか。

南郡による復治は、御史からの「書」が契機となっている。御史の書は、始皇二七年二月壬辰に郡府に届き、中一日おいて、甲午に郡卒史の手元に届けられ、翌年の秋一〇月に結審している。郡卒史の「治所」は、郡「府」以外の地であり、郡の地方出先機関が置かれていたのかも知れない。秦代の郡の構造についての理解が深まるが、文書を郡府に発した御史については、御史大夫であったとの指摘がある(11)。

攸県からの発兵が何時行われたかは定かではない。攸県令庫は、蒼梧県の守令等の連絡を受け、攸県の獄史に質して初めて事態を理解している。このことからして蒼梧県利郷での反徒平定は、庫が攸県に赴任する以前のことになる。庫が蒼梧県からの連絡を受けた後、「忘弗識」（「復獄簿」⑨―Ⓓ）と、事態への関心に批判が投げかけられていることも、反徒平定の当事者でなかったことが多少は影響していたかも知れない。獄史氏の言に、「庫為攸令、失聞」（「復獄簿」⑭―Ⓒ）とあることも、同様の事情かと思われる。

ただ県令庫にしてみれば、赴任前の事情によるとしても、多数の住民（少数民族）を逮捕するとなると、帰順して間もない時点であるだけに、現地郡県吏の理解は理解として、庫なりに真剣に対応を模索したに違いない。その結果が皇帝への上書となって現われてくる。

この庫からの上書に対して、皇帝の詔は、「以撫定之」（「復獄簿」⑯―Ⓓ）となっている。わずかに四字のみの引用であって、これだけで詔の本旨が何れにあったかを云々することは困難であるが、「撫」字からして、強行処置を指示していたとは思えない。

庫自身の言動からしても、庫は、この詔を新黔首の逮捕や治獄の促進とのみは受け取っていなかった。それは、逃亡した新黔首に対する裁量を求める上書が、罪人を見逃すための手段と受け取られると、県令庫は、
今新黔首実不安輯、上書以聞、欲陛下幸詔庫以撫定之、不敢択（釈）縦罪人。（「復獄簿」⑯―ⒸⒹⒺ）

と回答していることである。すなわち庫は、「縦罪人」については、「敢」、故意に行っていることはないと反論し、その補強材料としてこの詔文を引用している。もし詔の本旨が、罪人の徹底した逮捕、処刑にあったとするならば、庫の主張は維持できなくなってくる。詔の内容は、少なくとも庫の主張の拠り所となり得るものであったはずである。

御史府も、もちろん討姦猾や治獄との関わりを持っていた。そして「復獄簿」の場合、御史の事態への対応は、郡による治獄の流れからして、法の厳格な運用を志向していたに違いない。御史からの文書は、庫が攸県に赴任する前に南郡に届けられていた。

県令庫は赴任早々、獄史の氏からこの間の事情について報告を受けている。しかし庫は、事情を聞いた獄史やすでに事件との関わりを持っていた南郡に相談することなく上書を行っている。言うまでもなく県令は勅任の官である。獄史は官から任免をうける吏に過ぎない。また秦代の県は郡の下級行政単位ではあるが、漢制と異なり行政（司法）

上の権限は郡から独立して皇帝に直結していた。このため県令庫が、独断で上書を行ったこと自体に何らの問題はない。

それでは、御史からの文書はどのような経緯で南郡に届けられたのであろうか。その詳細を「復獄簿」は伝えない。ただ案例によれば、事は辺境の新領土においてではあるが、蒼梧県だけでは人手が足りず、他県にまで応援を求め、攸県からは、三次にもわたる派兵が行われている。かなりの規模の反乱である。しかも平定に向かった新黔首は早々に戦争を放棄し逃亡している。

南郡の南部地区は、大きな社会不安を抱え込むことになったはずである。そしてこれだけの規模の混乱となると、中央でも大きな関心事になっていたと思われる。このため御史の南郡に対する働きかけも、あるいはこのような事情が反映していたのではと考えられなくもない。

もちろん御史による下書の事情は推論の域をでない。それでも皇帝からの詔と御史からの文書とが、並行して事態への対応を指示していたことは事実である。そしてこの両者の間で、対応への乖離が認められた点は注目すべきことである。詔にあっては、政策的判断として占領地支配へのより柔軟な対応が志向され、御史の書にあっては、法治の徹底が意図されている。この間にあって現地南郡は、慎重を期さんとした庫の思惑とは逆に、「斬」に相当する罪人を、故意に「纂遂」・「縦囚」(「復獄簿」⑳—Ⓙ)、あるいは「縪(釈)縦罪人」(「復獄簿」⑳—Ⓕ)したとして、庫を断罪している。

皇帝の詔よりも既存の律令、御史の意向が優先されている。如何に法治を重んじた秦にしても珍しい事例と思われるが、これもまた統一間もない秦帝国の実相を垣間見せるということになるのかも知れない。

攸県守令の治獄

「復獄簿」について検討すべき点は多いが、最後の問題として、御史からの劾があり（「復獄簿」⑩―Ⓐ）、獄史氏が、攸県の守令媱と丞魁と共に審理に関わっている点がある。この場合、攸県の守令媱と攸県令庫との関係はどのようになっていたのであろうか。

攸県獄史氏はこの度の混乱を、

弗先候視、為驚敗、義等罪也。（「復獄簿」⑧―ⒿⓀ）

と、充分な斥候を出していなかったためと批判している。このため獄史氏が混乱を招いた責任者として、「義等」（「復獄簿」⑧―Ⓚ）と複数の対象者を示唆していることからすると、当初、戦死した令史義の他に、同じく新黔首を統率し行方不明となっている令史駐あたりを考えていたと思われる。しかし同じ「復獄簿」の供述で獄史氏は、後に、

令史駐与義発新黔首、往候視、反盗多、益発与戦、義死。（「復獄簿」⑩―Ⓒ）

と、討伐の失敗が、斥候を出さなかったためではなく、叛乱の規模が大きかったためと供述を変えている。このため獄史氏は、駐の責任についても、「復獄簿」⑬―Ⓐでは、駐が発兵の名簿をきちんと管理しないで逃亡したことに変えている。

獄史氏の供述には事実認識でブレが見えるが、同時に獄史氏はまた、事件の顚末を報告したにも拘わらず、結局、審理の最終確認である問では、「不具断」（「復獄簿」⑲―Ⓕ）・「頗不具」（「復獄簿」⑲―Ⓘ）と告発されている攸県令庫に対しても、「庫為攸令、失聞」（「復獄簿」⑭―Ⓒ）とその責任を追求している。事件の現場を担う蒼梧県守令竈や県尉徒唯からも、攸県令庫に対しては、「忘弗識」（「復獄簿」⑨―Ⓓ）と厳しい批判が寄せられている。

攸県令史駐だけではなく、かかる批判が県令にまで及ぶとなれば、南郡復吏が乗り出して来た中で、県令庫は職務から身を引き、攸県守令媱と丞魁に県の政務が引き継がれたことは充分にあり得たことである。

『奏讞書』には、前漢初期の案例として、新郪県令の信が殺人罪に問われた事件や醴陽県令の恢が、米を盗臧、売

却した事件などが伝えられている。そしてこの際の治獄担当者は、前者の場合、「新郪甲、丞乙、獄史丙、治」と、県の長官が変更されている。後者の場合は、他郡の県令への治獄となることから、「南郡守強、守丞吉、卒史建」と、郡府が治獄に当たっている。後者の場合は少しく特例に属すが、前者の事例にあっても、県令が治獄の対象となる場合には、別の新たな令ないしは守令が治獄に当たっていたことになる。

そうすると攸県守令の治獄への登場は、県令庫に立場上の異変が起きていたことを物語る。そこで県令庫の新たな事情であるが、この場合は庫が郡の訊問を受ける過程で県令としての地位を失ったとの見方がより自然ではなかろうか。

御史からの攸県治獄の効は、南郡府に下されている。治獄の主体が南郡に置かれている中で、

氏曰、刻（効）下、与脩（攸）守媱、丞魋治。（「復獄簿」⑩―Ⓐ Ⓑ）

と述べられている攸県守令等の「治」が、南郡復吏の治獄とどのような関わりを持っていたかであるが、実態は定かではない。ただ攸県守令や丞、獄吏氏も、南郡府の審理において取り調べの対象とされている。「復獄簿」⑩―Ⓑに見える「治」は、単なる南郡府の治獄への協力程度の意味であったかも知れない。

それにしても庫にとっては思いがけない悲劇である。就任早々、蒼梧県守令竈や県尉徒唯から、

其事甚害難、恐為敗。（「復獄簿」⑧―Ⓓ）

との情報を得ていたことも彼の判断に影響を与えたかも知れない。一方獄史氏は、県令庫に対して捕の必要を伝える一方で、南郡復治吏に対しては捕の不可なるを主張している。この矛盾に対して訊が行われているのであるが、復治吏に対しては、県令庫と令史庫に責任を転嫁（「復獄簿」⑭）して自己の保全に努め、県令に対しては「以告庫、恐其怒、以自解于庫」（「復獄簿」⑭―Ⓙ）ときれい事を述べ、叱責を免れんとしている。

南郡の復治吏が貲罪等、次々と罪を得て失脚した事実については前述したが、県吏である獄史氏の場合にも、任免

権を有する県令への誠意はさほど感じられない。当時の郡県での人的紐帯は、これをもし先秦時代の主客関係で捉えんとするならば、大きく変質していたことになる。

おわりに

「復獄簿」は、攸県治獄での「頗不具」（「復獄簿」⑲―Ⅰ）の状況を問題として、御史の告劾を受け、郡が再審に当たった事例である。県令の立場からすれば、新黔首への厳格な法運用が適切かどうかに、いわゆる「疑罪」を感じ取ったのであろうが、法治主義者の立場に立てば、「疑罪」としたこと自体がまた再審の対象となる。「復獄簿」は、前漢初期の讞と比較すると、多少内容を異にしているが、『奏讞書』の編者は、県が行うべき治獄を上級機関が代わって審理するとの意味で、「復獄簿」に「疑罪」との関連性を認め、この案例を『奏讞書』に収めたものと思われる。

以上本稿では、わずかに『奏讞書』中の案例一件を取り上げたに過ぎない。残る案例については別稿を予定している。[12]

注

（1）　張家山漢墓竹簡整理小組「江陵張家山漢墓概述」『文物』一九八五年八期。李学勤「江陵張家山二七四号墓竹簡について」『漢簡研究の現状と展望』関西大学出版部、一九八八。

［追記］後、張家山二四七号漢墓竹簡整理小組『張家山漢墓竹簡〔二四七号墓〕』文物出版社、二〇〇一、張家山二四七号漢墓竹簡整理小組『張家山漢墓竹簡〔二四七号墓〕（釈文修訂本）』文物出版社、二〇〇六、が刊行された。本稿で扱う『奏讞書』案例の釈文は、主として後者の釈文修訂本に依拠した。

（2）拙稿「江陵張家山『奏讞書』について」『堀敏一先生古稀記念中国古代の国家と民衆』汲古書院、一九九五。本書【Ⅱ】第九章。同「漢代の讞制について—江陵張家山の『奏讞書』の出土によせて—」『中央大学文学部紀要』史学科四〇、一九九五。本書【Ⅱ】第七章。

［補記］張家山『奏讞書』中の漢代の案例については、拙編『奏讞書—中国古代の裁判記録—』刀水書房、二〇〇二。

（3）注（1）李学勤論文。

（4）注（2）。

（5）李学勤「《奏讞書》解説（下）」、彭浩「談《奏讞書》中秦代和東周時期的案例」『文物』一九九五年三期。李氏は、摯田を人名とし、叚卒史を吏名とする。彭氏は、摯田を吏名、叚を人名とする。彭氏の解では、同じ卒史名の間に、摯田と異なる吏名が挿入されるが、李氏の解では、卒史、叚卒史との配列となる。ここでは李氏の解を採用した。

（6）注（5）、李学勤氏は「十月」の誤りとし、彭浩氏は「八月」の誤りとするが、八月庚子の後に、八月中には甲午は来ない。李氏の解に従う。

（7）注（5）李学勤論文。

（8）注（5）李学勤氏は、「六人」中に南郡復吏を含める。これでは治獄担当者自身が訊の対象者になる。このため駐を含めた。駐はすでに好時で論罪が終了しており、名籍官吏の杜撰の責任は残ろうが、「亡」についての吏当は、改めて行われなかったのではなかろうか。

（9）注（5）李学勤論文。

（10）拙稿「湖北雲夢睡虎地秦墓管見」『中央大学文学部紀要』史学科二六、一九八一。本書【Ⅰ】第四章。

（11）注（5）彭浩論文。

（12）その梗概は、一九九五年五月一二日に中国古代史研究会（於、青山学院大学）で「中国古代の裁判制度について」として報告した。

［補記］『奏讞書』中の漢代の案例については、注（2）［追記］で訳注を行い、漢代を遡る案例六案例の内、「復獄簿」の他に四案例の訳文を本書【Ⅰ】第二章・【Ⅱ】第一章に収めた。

【Ⅱ　秦漢時代の法制】

第一章　秦代の律令

はじめに

『史記』蕭相国世家に、

〔蕭〕何独先入収秦丞相御史律令図書、蔵之。

と「律令」の語が、すでに秦代の事跡として見えている。『史記』は漢代に下る編纂物ではあるが、後述する睡虎地秦簡においてもまた、「律令」の語が確認されている。

ただこの律令の語も、晋『泰始律令』（晋王司馬懿の命に始まり、賈充らによって晋武帝の泰始三年—前二六七年にいたって完成し、翌年正月より施行）以降の律令と比較すると、律を刑罰法規、令を行政的法規とする分化はいまだみられなかった。このため「泰始律令」を遡る律令の語については、律あるいは令が、各々どのような位置付けを持っていたかが重要になる。

この点について、漢の律令は、「律」が基本法典であり、「令」は律の追加法、「令典」として律とは区別して編纂されていた[1]、とされている。しかし秦の法制については、刑典を「律」に代えて「法」と称し、刑典の補充的副法であった「令」（教令—刑罰規定が中心）が懸札の形式で随時告知されていたとする理解[2]、秦は「魏法」を編集して、正文を「律」と改称し、その追加法もまた「律」と呼び[3]、追加法としての「律」は、単行法令として出された「令」を組み入れたものであったとする理解[4]、さらには秦代にすでに「令典」が独立して存在していたとする理解等[5]、秦代の律令に対して種々の理解が示されている。このため秦代の律令についてはなお、少しく整理しておく必要がある。同時に、これまでの議論では確認できなかった秦の令文が、近年、新たに出土したこともある[6]。

そこで以下は、この秦代の律令、さらにはこの律令が活用される場、具体例として秦代の新出土案例、裁判記録についてふれることとする。

一　睡虎地秦律令と龍崗秦簡

睡虎地秦律令

一九七五年一二月から翌年一月にかけて調査、発掘された湖北省雲夢県睡虎地十一号秦墓から出土した秦簡の『語書』、南郡守の謄から所轄の県・道に対して出された律令遵守を強調する書面の中には、法に対する呼び方として、「法律令」・「法律」・「律」、「令」・「田令」、「明法」・「法」・「間私方（奸私法）」など、律・令・法の語が散見する。「田令」・「間私方（奸私法）」以外は、「法律令」に集約される語である。田令・奸私法は、具体的個別の法規の呼称と思われるが、その内容は明示されていない。

睡虎地の秦簡中には、多数の秦律（秦律十八種、『秦律雑抄』に一一種、その他闕名の律一六条、『賫律』、等）が含まれており、個々の律文の内容も相当数確認できる。その中には『田律』も含まれているが、この『田律』と『語書』中の「田令」とを軽々に関連付けることはできない。

龍崗秦簡

また一九八九年一〇月から一二月にかけては、雲夢県龍崗の六号秦墓が発掘され、竹簡一五〇余枚（長さ二八、幅〇・五～〇・七、厚さ〇・一センチ）に木牘一枚（長さ三六・五、幅三・二、厚さ〇・五センチ）が出土した。(7)

このうち木牘は、冥界への副葬品としての「鞫」辞と決事とであるが、竹簡の内容は豊富で、湖北省文物考古研究所・孝感地区博物館・雲夢県博物館による『調査報告書』では、(8)

『禁苑』（簡号一～六二、計六二）——禁苑管理の律文
『馳道』（簡号六三～七八、計一六）——馳道・弩道の管理
『馬牛羊』（簡号七九～一〇一、計二三）——馬牛羊の管理
『田贏』（簡号一〇二～一六八、計六七）——田贏賦税の律文
『其它』（簡号一六九～二三七、計六九）

の五種に分類されている。

簡中には、「苑律」（五七簡）の律名も見え、「律」（一三五・一三七・一五四・一六二・一九〇・一九六・二一六簡）や「令」（一六二簡）の語も確認できる。

龍崗秦墓は、墓口三・二×二・一五メートル、深さ二・九四メートルの竪穴墓で、墓壁は平坦。一椁一棺で、木椁は、長さ二・五メートル、幅一・一六メートル、高さ〇・七四メートル、木棺は、長さ一・九五メートル、幅〇・六メートル、高さ〇・五四メートルと比較的小型墓である。

墓主は、男性と思われ、人骨が竹の蓆にくるまれ、頭部を北向きにし、側身で葬られていたが、下半身は確認することができない。副葬品は、竹簡・木牘のほかは、陶器二点、漆器六点、六博棋一点、木棍（棒）一点、竹笥一点とさほど多くはなく、主として日常生活品である。

墓葬の時期は、副葬される陶器の器形からして秦代で、漢代に降ることはないと見なされている。副葬される木牘には、

　鞫之、辟死論、不当為城旦、吏論失者、已坐以論、
　九月丙申、沙羨丞甲・史丙、免、辟死為庶人、令　（木牘正面両行）
　自尚也。　（木牘背面）

鞫（事実審理の総括）すに、「辟死（人名）への判決は、城旦の刑に服させるには当たらない。吏の論罪には過失があり、すでに［過失を犯した吏は、罪に］坐し論決を受けている」と。
九月丙申の日、沙羨県（湖北省武昌西金口）丞の甲と県吏の丙は、［隠官として禁苑中の守衛に当たっている辟死を］免除し、「辟死は庶人として、自らを尚《いとお》（好、常、庶民としての普通の生活）令《し》む」と。

とあり、墓主が生前に刑を受けていたことが判明する。『調査報告書』では、墓主の腿骨が確認できないのは生前に肉刑（刖刑）を受けた刑徒であったがためとし、墓主は、受刑前はある程度の身分であったが、受刑後は龍崗付近の禁苑の管理に当てられたと推論している。刑は城旦であるが、墓主が所持していた竹簡中の条文が、禁苑の管理を主要な内容としていたことと、「刖者使守囿」（『周礼』掌戮）の記事などとから『調査報告書』では墓主が、生前に刖刑を受けていたと考定する。

睡虎地秦律と龍崗秦律の類似性

沙羨県で冥判が作成されており、沙羨県は墓主の終焉の地であったと見なされている。九月丙申は、年次を缺くが、墓主の死亡月日に当たるものであろう。そしてこの墓主の所持した竹簡の内容には、睡虎地秦簡の『田律』と類似する部分が認められる。龍崗の『禁苑』と睡虎地の『田律』とを比較例示してみると、

《睡虎地簡》百姓犬入禁苑中、而不追獣及捕獣者、勿敢殺、其追獣及捕獣者、殺之、河禁所殺犬、皆完入公、
其它禁苑殺者、食其肉而入其皮。

《龍崗簡》黔首犬入禁苑中、而不追獣及捕〔獣〕者、勿〔敢〕殺、其追獣及捕獣者。殺之、河禁所殺犬、皆
完入公、其它禁苑〔殺者〕、食其肉而入其皮。（四八・四九簡、二〇〇一年刊『龍崗秦簡』は、七七～八
三簡）

となり、「百姓」と「黔首」の相違を除くと文意は全く同一である（龍崗簡の〔 〕内の文字は、睡虎地秦簡により補う）。睡虎地『田律』と禁苑との関わりについては、別に論じたことがあるが[9]、龍崗秦簡においても確認することができる。ただ龍崗秦簡においては、睡虎地秦簡で統一されている「百姓」の呼称が、「黔首」に統一されていた。このため「調査報告書」では、睡虎地秦律と龍崗秦簡との時間的関係について、睡虎地秦律は多くが秦による統一前に発布されたもの、龍崗秦簡は統一後に発布されたものと位置付けている[10]。同じ秦律が、近接する時間的経過において比較、検討することができる。誠に喜ばしいことである。秦による天下統一の前後において、律の継承性が確認されることになる。これに、いまだ全貌が公表されていない張家山出土の呂后『二年律令』が加わると、秦漢律令への理解がさらに深まりを持つことになる。

〔附記〕二〇〇一年一一月に張家山二四七号漢墓竹簡整理小組『張家山漢墓竹簡〔二四七号墓〕』文物出版社が刊行され、呂后『二年律令』の全文が公表された。この呂后『二年律令』にも『田律』が含まれる。

呂后『二年律令』『田律』に「犬入禁苑中」の条文は含まれていないが、「受田」の語は、睡虎地『田律』と同様に見える。「入頃芻槀（芻）三石、槀二石」、「春夏時の材木伐採・進（壅）隄水泉・燔草為灰・取産麛卵鷇・殺其繩重者・毒魚の禁止」、「穽井・罠設置の制限」、「牛馬等家畜の管理」なども睡虎地『田律』に近似する。

青川戦国秦律の『田律』、

田広一歩、袤八則為畛、畝二畛、一百（陌）道、百畝為頃、一千（阡）道、道広三歩、（略）以秋八月修封捋、正彊（疆）畔、及発千百（阡陌）之雑草大草、九月大除道及除澮、十月為橋。

も、呂后『二年律令』『田律』中の、

田広一歩、袤二百卌歩為畛、畝二畛、一佰道、百畝為頃、十頃一千道、道広二丈、恒以秋七月除千佰之大草、九月大除道□阪険、十月為橋、脩波堤、利津梁。

とほぼ一致する。戦国末秦漢初（睡虎地秦律・青川秦律・龍崗秦律・呂后『二年律令』）において、関連する律文に類似性が確認できることになる。

二　秦讞書の秦漢律令

漢律令

最近の出土文物を除けば、秦代のみならず漢代の律令さえも早々に散逸してしまった。『隋書』経籍志に、漢朝名を冠する文献として晋の張斐『漢晋律序注一巻』（『律序』『北堂書鈔』、『明法』『晋書』刑法志）が収められてはいるが、これも晋律の注解書であって、漢律の全貌は、『隋書』経籍志においても「漢律久亡、故事駮議又多零失」と概ね失われていたことが伝えられている。程樹徳『漢律考』は、『陳書』沈洙伝に『漢律』が引かれており、六朝末までは漢律が存在していたが、『宋史』芸文志にいたって全く漢律が確認できなくなることから、「（漢律）至宋末已全佚」と、漢律全ての散逸を宋末と見なしている。

漢律・漢律書・比事等の類について、『漢書』芸文志は、

『鼂錯三十一篇』（鼂錯『所更令三十章』『漢書』鼂錯伝、鼂錯『新書三巻』『隋書』経籍志、『旧唐書』経籍志・『新唐書』

芸文志)。

『公羊董仲舒治獄十六篇』(董仲舒『春秋決獄二百三十二事』『後漢書』応劭伝、董仲舒『春秋決事十巻』『隋書』経籍志、『春秋決獄十巻』『旧唐書』経籍志・『新唐書』芸文志、『春秋決事十巻』『宋史』芸文志、『春秋決事比十巻』『崇文総目』)。

の二種を収め、宋の王応麟『漢書芸文志考証』は、

『漢律』。

『漢令』。

を「〔漢書芸文志〕不著録」として、漢律・漢令を収集している。清末の姚振宗は、『漢書芸文志拾補』(一九三六年、師石山房叢書)において、さらに、

張倉『程品』(張蒼『章程』『漢書』高帝紀、『工用程数』『漢書』高帝紀注賛曰)。

『漢尚書故事』(魏相『古今異制』『漢書』魏相伝、『故事品式』『漢書』孔光伝、応劭『尚書旧事』『後漢書』応劭伝)。

『漢律六十篇』(蕭何『九章律』・叔孫通『傍章十八篇』・張湯『越宮律二十七篇』・趙禹『朝律六篇』合六十篇『晋書』刑法志、張湯・趙禹『定諸律令』『漢書』張湯伝、張湯・趙禹『増律令科条大辟四百九条』『大唐六典』、于定国『集諸法律凡九百六十巻』『魏書』刑罰志)。

杜周『律章句』。

杜延年『律章句』(『小杜律』『後漢書』郭躬伝)。

『漢律三百余篇』(『決事集(令甲以下三百余篇)』『晋書』刑法志)。

京房『考功課吏法』(『漢書』京房伝)。

王莽『法五十条』(『増法五十条』『漢書』王莽伝)。

王莽『六筦』(『漢書』王莽伝)。

王莽『吏禄制度』（『漢書』王莽伝）。

の「八家十部」を法家として補っている。

これに、沈家本『漢律摭遺』（一九一二年序）・程樹徳『漢律考』（一九一九年刊）・孫祖基『中国歴代法家著述考』（一九三四年）などでの引用をもって補うと、

蕭何『諸侯法令』（『玉海』）。

（北魏）崔浩『漢律序』（『史記』孝文本紀索隠所引）。

鮑公『辞訟七巻』（『後漢書』鮑昱伝、『辞訟比十（七?）巻』『後漢書』陳寵伝、『嫁娶辞訟決・法比都目凡九百六巻』『晋書』刑法志）。

鮑公『決事都目八巻』（『後漢書』鮑昱伝、『法比都目』『晋書』刑法志）。

『廷尉決事二十巻』。

『廷尉駮事十一巻』。

『廷尉雑詔二十六巻』（以上、『旧唐書』経籍志・『新唐書』芸文志）。

『建武律令故事一巻』（『隋書』経籍志、梁時有、隋時亡）、（『漢建武律令上中下三巻』『大唐六典』、『漢建武律令故事三巻』『旧唐書』経籍志・『新唐書』芸文志）。

応劭『略論五巻』（『隋書』経籍志、梁時有、隋時亡）。

応劭『漢朝議駮三十巻』（『隋書』経籍志・『新唐書』芸文志、『漢朝駮議三十巻』『旧唐書』経籍志）。

応劭『中漢輯叙・漢官儀・礼儀故事、凡十一種、百三十一巻』（『三国志』魏志王粲伝引『続漢書』、『漢儀（＝刪定律令）』『後漢書』応劭伝）。

『律説』（『史記』秦始皇本紀集解如淳注所引・『漢書』景武昭宣元成功臣表晋灼注所引、『律鄭氏説』『漢書』諸侯王表張晏注

所引)。

沈約『授蔡法度廷尉制』(『文苑英華』)。

叔孫宣・郭令卿・馬融・鄭玄ら諸儒による『律章句』(『晋書』刑法志)。

応劭『律本章句』。

応劭『廷尉板令』。

応劭『五曹詔書』。

応劭『春秋断獄』(以上、『後漢書』応劭伝)。

『廷尉雑詔書二六巻』(『旧唐書』経籍志・『新唐書』芸文志)。

『漢名臣奏事三〇巻』(『隋書』経籍志、陳寿『漢名臣奏事三〇巻』『旧唐書』経籍志・『新唐書』芸文志)。

『南台奏事二一巻』(『隋書』経籍志・『旧唐書』経籍志・『新唐書』芸文志、『南台奏事九巻』『唐書』芸文志)。

陳忠『決事比二十三条』(『後漢書』陳忠伝)。

『決事比例』(『後漢書』応劭伝)。

『司徒徒目』(『後漢書』応劭伝)。

などが挙げられる。

漢律令の収集

散逸した漢律の収集については、滝川政次郎氏が詳細に紹介されているが、[11]程樹徳が、漢律の亡失を比定した宋末において、時同じく王応麟による漢律の収集が、『漢制考』(辛巳、一二八一年夏序)・『漢書芸文志考証』等において試みられている。王応麟は、清朝考証学の源流とも称されているが、漢律の収集は清末にいたって本格化し、薛允升『漢律輯存六巻』（同治・光緒の間—亡失が伝えられたが島田正郎主編『中国法制史料第二輯第一冊』所収）。
杜貴墀『漢律輯証』（一八九九年）
張鵬一『漢律類纂』（一九〇七年）
張鵬一『（両漢）春秋治獄不分巻（九〇則）』（『中国歴代法家著述考』、なお同書によると張鵬一には『両漢治法家表不分巻』が存在する）
沈家本『漢律摭遺』（一九一二年序）
程樹徳『九朝律考』（一九一九年）
等が数えられ、中でも沈家本・程樹徳両氏の著作は裨益するところ多大である。
一方、わが国においても、浅井虎夫氏が、『支那ニ於ケル法典編纂ノ沿革』（一九一一年）において、沈・程両著に先立ち「漢律令逸」として漢代の律令を収集・公刊され、高い評価を得ていることは周知の通りである。

『奏瀛書』に見える春秋法・戦国秦令と秦漢律令

沈家本氏は、『漢律摭遺』の「自序」において、
歴代之律令于今者唯唐律、而古今律之得其中者唯唐律、謂其尚得三代先王之遺意也、唐律之承用漢律者不可枚挙、有軽重略相等者、有軽重不尽同者、試取相較、而得失之数可藉以証厥是非、是則求漢律之根源、更不可不研究夫漢律矣、惜漢律久亡、其散見於史伝者百不存一。
と、漢律収集の重要性を強調している。沈寄簃先生遺著甲編の『歴代刑法考』二二書中、この『漢律摭遺』が実に三

分の一の紙幅を占めている[12]。同書の一九一二年七三歳の自序は、沈氏没年の前年に当たる[13]。

かかる先覚の努力によって漢律の収集は進んだ。しかし今世紀初頭までの業績は、いわゆる簡牘の類を収集の対象とすることはできなかった。とくに秦代の律令を対象とするとなると、それは雲夢県睡虎地の秦墓から大量の秦律が出土するまでは、大きな制約がともなった。

睡虎地出土の秦律は、漢律さえもままならなかった律令の理解に大きく貢献した。しかしこの睡虎地の秦簡においても、「令文」を確認することはできなかった。

睡虎地竹簡中の『語書』に、「田令」の語が見えていることについては前述したが、これも令文がともなわず、秦令の具体的な位置付けを論じることは困難であった。このため秦律が大量に出土し、秦律の研究が大いに進展したにも拘わらず、秦令についてはこれまで隔靴掻痒の感が拭い難かった。

この秦代の「令」文が、最近公表された『奏讞書』中において確認されることになる。秦代に「秦令」が存在したかどうかさえ問題であった。その意味でも誠に貴重な存在である。それは、

【秦令―戦国秦・統一秦】

(1)令曰、獄史能得微難獄、上。（案例二二）

(2)令、所取荊新地、多群盗、吏所興与群盗遇、去北、以儋乏不闘律論。（案例一八）

の二例である。

『奏讞書』は、二二種の案例から構成されており、多くの法・牒・律令・比事等が引用されている。いずれも新たな発見である。漢代の律令をも含め列挙してみるとつぎのようになる。

【春秋衛・魯法】

〈衛獄法〉

①為君、夫人治食不謹、罪死。（案例一九、「獄法」）

〈魯法〉

②盗一銭到廿、罰金一両、過廿到百、罰金二両、過百到二百、為白徒、過二百到千、完為倡。（案例二〇、「魯法」）

③諸以県官事詑其上者、以白徒罪論之。（案例二〇、「有曰」②に続く）

④有白徒罪二者、駕（加）其一等。（案例二〇、③に続く）

【春秋魯国牒―礼】

⑤能治礼、灋（儒）服。（案例二〇、「上功牒」）

【戦国秦令】

⑥獄史能得微難獄、上。（案例二二、「令曰」）

【秦律】

⑦儋乏不鬬、斬。（案例一八、「律」）

＊［儋乏不鬬］、奪爵令戍、而毋法令。（案例一八）

⑧篡遂縦囚、死罪囚、黥以城旦、上造以上耐為鬼薪。（案例一八、⑦に続く）

⑨死夫以男為後、毋男以父母、毋父母以妻、毋妻以子女為後。（案例二一、「律曰」）

⑩諸有県官事、而父母若妻死者、帰寧卅日、大父母、同産十五日、（案例二一、「律曰」）

⑪敖（敖）悍、完為城旦舂、鉄纍其足、輸巴県塩。（案例二一、⑨に続く、「敖悍之律」）

⑫教人不孝、次不孝之律。（案例二一）

⑬不孝者棄市、棄市之次、黥城旦舂、当黥公士、公士妻以上、完之。（案例二一、「不孝之律」）

【秦令】

⑭奸者、耐為隷臣妾、捕奸者必案之校上。（案例二一、「次不孝之律」）

⑮死置後之次、妻次父母、妻死帰寧、与父母同法。（案例二一、「律」）

⑯所取荊新地、多群盜、吏所興、与群盜遇、去北、以儋乏不闘律論。（案例一八、「令」）

【秦律［令］、ないし決事比―律令等の明文なし】

⑰有生父而弗食三日、［子］当棄市。（案例二一）

⑱有死父、不祠其家三日、［子］不当論。（案例二一）

⑲有子夫聴生夫教、［子有罪］。（案例二一）

⑳［有子］不聴死父教、［子］毋罪。（案例二一）

㉑夫生而自嫁、取（娶）者、皆黥為城旦舂。（案例二一）

㉒夫死而妻自嫁、取（娶）者、毋罪。（案例二一）

㉓欺生夫、［妻有罪］。（案例二一）

㉔欺死夫、毋論。（案例二一）

㉕夫為吏居官、妻居家、日与它男子奸、吏捕之弗得、不当論。（案例二一）

㉖欺死父罪、軽於侵欺生父。（案例二一）

㉗［侵欺死夫罪、軽于侵欺生夫］。（案例二一では、「侵欺生夫罪、軽于侵欺死夫」―これは逆説的表現。＊生夫を欺いても現行犯でなければ無罪。死夫の場合は現行犯でなくても罪になるような律の運用を行うと、生夫を欺いた方が、死夫を欺いた方よりも軽くなる、の意）

【漢律】

①変（蛮）夷男子、歳出賨銭、以当繇（傜）賦、［非曰勿令為屯也］。（案例一、「変（蛮）夷律」）
②禁従諸侯来誘。［令它国毋得取（娶）它国人也］。（案例三、「律所以禁従諸侯来誘者、令它国毋得取（娶）它国人也」）
③取（娶）亡人為妻、黥為城旦、弗智（知）非有減也。（案例四、「律」）
④盗臧（贓）直（値）過六百六十銭、黥為城旦。（案例一五、「律」）
⑤賊殺人、棄市。（案例一六、「律」）
⑥謀賊人殺人、与賊同法。（案例一六、「律」）
⑦縦囚与同罪。（案例一六、「律」）

【漢令】

⑧諸無名数者、皆令自占書名数、令到県道官、盈卅日、不自占書名数、皆耐為隷臣妾、錮、勿令以爵、賞免、舎匿者与同罪。（案例一四、「令曰」）
⑨吏盗、当刑者刑、毋匿以爵減免贖。（案例一五、「令」）

【漢律令―律令等の明文なし】

⑩［奴］、楚時去亡、降漢、書名数為民、［非罪人］。（案例五）
＊［婢］、楚時去亡、降為漢、不書名数、［疑罪］。（案例二）

【決事比】

⑪人婢清助趙邯鄲城、已即亡、従兄趙地、以亡之諸侯、論。（案例三）

このうち、案例中で必ずしも律令であることが明示されていない場合も、決事にいたる拠り所については、当然律令ないしは決事比として周知、活用されていたものと考え列挙した。春秋・秦関係で二七、漢代に入って一一を数える。もちろん寥々たるものであるが、『奏讞書』所引の律令に睡虎地の秦律と龍崗の秦簡とをあわせると、これまで制約が多かった秦代の律令についても、より一歩踏み込んだ理解が可能になるかとも思われる。ついでは秦代の律令についてふれることとする。

三 「改法為律」

秦「改法為律」

『唐律疏議』と『大唐六典』は、商鞅が、魏の李悝の『法経』を秦に伝え、戦国秦においては「改法為律」、すなわち法律の呼称が魏における「法」から「律」に変更されたと伝えている。

ただ同じ唐代の編纂物であっても、『晋書』刑法志と『通典』とは、李悝の『法経』六篇の篇名すべてを「律」名で伝え、当然のことながら「改法為律」については言及していない。問題視されてはいるが[14]、『七国考』に引かれる後漢初の桓譚の『新論』でも、『法経』の六編は律名で呼ばれており、睡虎地秦簡の『為吏之道』においても、「魏戸律」と「魏奔命律」との二律が伝えられていて、魏の国法もまた律名で呼ばれていた。もちろん『為吏之道』の場合は、秦での著作物であり、律名にわざわざ「魏」の国名が冠されているなど、秦人による加筆、書き換えが想定されなくもない。しかし『為吏之道』での「魏戸律」・「魏奔命律」の引用は、

●廿五年閏十二月丙午朔辛亥、告相邦、(略)魏戸律。

●廿五年閏再十二月丙午朔辛亥、告将軍、(略)魏奔命律。

と、比較的原形が尊重されていた可能性もある。

一方、睡虎地や龍崗の秦簡では、秦の法律は律名で呼ばれており、『奏讞書』にも秦律が引かれている。しかし秦律の基礎を確立したと思われる商鞅の事跡を、『史記』商君列伝で確認してみると、有名な変法は、

　卒定変法之令。

と記され、「定令」以降も、

　令既具未布。

　卒令下。

　令行於民期年。

　言初令之不便。

　秦人皆趨令。

　民莫敢議令。

などと、多く「令」字を用いる一方で、また、

　太子犯法。

　法之不行、自上犯之。

　商君之法。

　為法之蔽。

などのように「法」とも記され、

　犯約。

のように「約」とも記されている。『漢書』刑法志でも、

　秦用商鞅連相坐之法。

と商鞅の法に「法」字が用いられているが、四川省青川県の戦国秦墓から出土した秦武王二（前三〇六）年の年号を持つ竹簡[15]では、『田律』の呼称が用いられていた。

法を「律」と呼ぶ用例は、『易経』師に「師出以律、失律凶也」とあり、孔穎達疏は「律、法也」とする。しかしここでの律は軍律の謂である。加藤常賢氏は、律は「一定の道の意である。説文に言うごとく音楽の律呂からきた意は後生義であると思う」と、律の原義を一定の道、則に求める。[16]国法をいつの時代から「律」と称するようになったかについて、これを特定するだけの決め手はない。しかし唐代の編纂物に見える、商鞅以後の秦にあって「法を改めて律と為した」との伝文も、同じ唐代の『晋書』刑法志等が、商鞅に先立つ李悝の魏法を律名で伝えていることからしてなお問題を残すことになる。

そして『史記』や『漢書』において商鞅の法が、律と呼ばれず、令や法、約などで呼ばれていた点についてであるが、商鞅に仮託される『商君書』の篇名においても、「更法」、「墾令」、「錯法」、「靳令」、「刑約」（篇文亡）、「慎法」と、同じく法・令・約などの文字が用いられている。銀雀山前漢墓（武帝時に埋葬）から出土した『守法等十三篇』の篇名にあっても、『守法』、『守令』、『兵令』、『李法』、『庫法』、『王法』、『委法』、『市法』、『田法』と、法や令の文字が用いられていた。[17]『守法等十三篇』は、戦国末から漢にかけての編纂物であり、当時の国法は、律名で呼ばれていたはずである。

このことからすると、公職にあって律令を手にする現場以外にあっては、「以吏為師」の風により、国法の呼称としての律字を用いて『守法等十三篇』がごとき私議を行うことには、なお憚られる側面が存在したというべきであるかも知れない。

令典の起源

もちろん「改法為律」は、国法の呼称如何に過ぎず、形式に亘る事柄でもある。これに対して令の問題は、国の基本法である律とは別に新たな法規が、令典としていつ導入、制度化されたかの問題である。

これまでこの問題については、漢の蕭何によって初めて令が令典（詔令集）として位置付けられたとする理解[18]と、秦代にすでに詔令集としての令典が存在していたとする理解[19]とがある。そして前者の理解にたつ中田薫氏は、漢令が単行令（教令之法）として懸札の形式で随時告知していたものを、律典（秩序的法典）と対立する一部の法典に編輯したもので、形式においてこそ前代に比して進化を示しているものの、その性格にいたっては、春秋時代の伝統を受け継いでいるとされている。確かに令典を、晋の『泰始律令』以降の令典と比較しての議論となると、令典が律典と区別される法典としてどの時期に導入されたかについては、単なる法の呼称如何の問題とは少しく次元を異にする。

ついでは秦代の令について考えてみることにする。

四　秦代の「不従令者、致以律」

「犯令」・「不従令」

「不従令者、致以律」の語は、睡虎地秦簡の『語書』に見える言葉である。睡虎地秦簡にあっては、「不従令」の語が頻出する。この点については、後掲する「犯令」とともに、令が律文を指していたとの事例として指摘されてきている[20]。ただ問題の記事でもあり、煩を厭わずつぎにその用例を列挙すると、

①「今法律令已具矣」、（略）挙劾不従令者、致以律。（『語書』）
②「百姓居田者毋敢醢（酤）酉（酒）、田嗇夫・部佐謹禁御之」、有不従令者、有罪。（『田律』）
③「為作務及官府市、受銭、必輒入其銭缿中、令市者見其入」、不従令者、貲一甲。（『関市律』）
④「官嗇夫、免、□□□□□□□其官亟置嗇夫、過二月、弗置嗇夫」、［県］令・丞、為不従令。（『内史雑律』）
⑤「有実官［府］、高其垣墻、它垣属焉者、独高其置芻廥及倉茅蓋者、令人勿紤（近）舍、（略）」、有不従令、而

亡・有敗・失火、官吏有重罪。（『内史雜律』）

⑥「●有興、除守嗇夫・叚（仮）佐居守者」、上造以上、不従令、貲二甲、●除士吏・発弩嗇夫、不如律、及発弩射不中、尉、貲二甲。（『除吏律』）

となる。そして「不従令」の「令」は、その前文にある「　」内を指している。すなわち①の場合は、秦によって公布された法律令を指すか、法律令の公布（発号）そのものを指すか定かではないが、②は、私人による酒の売買の禁止、③は、市における公金収受の手続き、④は、役人の任命手続き、⑤は、穀物を貯蔵している官府の管理、⑥は、役人の臨時勤務体制、等を指しており、①以外は、いずれも令字は律文中にある。

睡虎地秦簡にはまた、「不従令」に類似する語として「犯令」の語があるが、

①「今法律令已具矣」、（略）挙劾不従令者、致以律、論及［県］令・丞、有（又）且課県官、独多犯令、而［県］令・丞弗得者、以［県］令・丞、［上］聞。（『語書』）

②「城旦為安事、而益其食」、以犯令律、論吏主者。（『倉律』）

③「令敖［赦］史毋従事官府、非史子殹（也）毋敢学学堂」、犯令者有罪。（『内史雜』）

④「志馬、舍乗車馬、後、毋敢炊飾」、犯令、貲一盾。（『秦律雜抄』）

の四例中にあっても、①の場合は、「不従令」で引用した記事と同一で、令の理解に広がりがあるが、それ以外の「犯令」の令は、②の場合は、刑徒への不適切な食事の支給、③は、役人の選任資格と養成機関への入学資格、④は、公馬の管理規定となっている。「犯令」についてはまた、睡虎地秦簡の『法律答問』に、

可（何）如為犯令、法（廃）令、律所謂者、令曰勿為、而為之、是謂犯令、令曰為之、弗為、是謂法（廃）殹（也）、廷行事、皆以犯令、論。

とあり、「犯令」は、積極的動作（作為）の場合で、消極的動作（不作為）の場合の「廃令」と対比して、「犯令」の場合は、

罪に問われる（「犯令律」『倉律』）とのことが述べられている。

この点は「不従令」の場合も同様で、①は、「不従令者、致以律」と、律による制裁がともなっており、その他の「不従令」の事例も、④以外はいずれも量刑が明示されている。④は、ただ「為不従令」とあるのみであるが、これは「不従令」が、「犯令」における②「犯令律」と同様、論の対象になる罪刑として定着していたことを意味していると思われる。そして同じく『法律答問』中に見える、

灋（廃）令、犯令、遝（逮）免・徙、不遝（逮）、遝（逮）之。

においては、「犯令」とともに「廃令」もまた、官吏の場合、その任免・配転に影響があったとのことである。

いずれにしても『語書』に見える「不従令」・「犯令」を除くと、睡虎地秦簡の律文中に見える「不従令」・「犯令」の用例においては、令が律文の中において一体化して使用されていたことになる。

また龍崗秦簡中にも、

田、不従令者、論之、如律。（一九九七年刊『雲夢龍崗秦簡』一六二簡、二〇〇一年刊『龍崗秦簡』は一一七簡）

と、「不従令」が見えている。簡文が断片であって前後の事情を定かにし得ないが、この場合も論の対象とされており、睡虎地秦簡の「不従令」の用例と同一であったと思われる。

奏讞書の令文

それでは、『奏讞書』における秦令の位置付けは如何であろうか。案例には令と明記して、令文二条が引用されている。前節で整理した通りであるが、いま少し詳細に引用すると、案例一八の令文は、鞫語に続いて、

令、所取荊新地、多群盗、吏所興、与群盗遇、去北、以儋乏不闘律論。律、儋乏不闘、斬、篡遂縦囚・死罪囚、黥為城旦、上造以上、耐為鬼薪、以此当庫、●当之、庫当耐為鬼薪。

と、当（判決）の根拠として、律文とともに引用され、判決はこの令と律とにもとづき下されている。この案例は、秦が天下を統一した直後の始皇二七（前二二〇）年の治獄であって、事件の舞台は、当時の南郡の最南端、湖南省攸県と広西省蒼梧県である。事件の内容は、秦の新たな領域となった荊楚の地で起こった反乱討伐で、敵前逃亡した関係者の責任が問われており、長文の案例であるが、この治獄において決事の拠り所とされた「令」と「律」とは、令と律との役割の違い、位置付けを具体的に説明してくれている。

「令」ではまず、「荊楚の地は、群盗が多い。討伐に行った関係者（吏等）が群盗に遭遇し、逃げるようなことが起これば、『儋乏不闘律』を適用」するようにと律の運用が指示されており、続く「律」では、『儋乏不闘』罪の量刑と、事件に関連するいま一つの律、『篡遂縦囚・死罪囚』罪が紹介されている。

ここでの「令」は、明らかに「律」そのものではない。荊楚の反乱討伐という具体的事例に対しての律の運用如何が指示されたものである。(21)ついで案例二二の場合は、

［獄史］順等、求弗得、乃令挙闒代、毋微物、挙闒以智訮詗求得、其所以得者甚微巧、卑（俾）令盗賊不敢発、六年八月丙子朔壬辰、咸陽丞轂礼、敢言之、令曰、獄史能得微難獄、上、今獄史挙闒得微［難］獄、為奏廿二牒、挙闒毋害、謙絜敦愨守吏也、平端、謁以補卒史、勧它吏、敢言之。

とあり、令文は「令曰、獄史能得微難獄、上」で、獄史が難しい治獄を見事に解決した場合には、その旨を上報しなさい、との内容である。

この事件は、秦王政六（前二四一）年八月をさほど遡らない時期に発生している。女性が背後から斬りつけられ、気絶した間に千二百銭が奪われるという荒っぽい「賊盗」事件である。犯人は、日々市中に遊び、窃盗の常習犯で、犯行の際には、現場に市中の商人が用いる商品の値札、「賈人券」などを残し捜査を攪乱していた。この案例の事件でも、「百一十尺、尺百八十銭、銭千九百八十」と記入した販繒者が用いる繒の値札、「繒中券」を荊木で偽造し現場

に残した。このため最初に捜査した獄史順らは犯人を逮捕することができなかった。代わった獄史の挙闕が広く関係者に当たり、凶器となる刀など所持したことがないと言い張る犯人の帯ひもに、日頃刀を着けていた痕跡を確認する等、綿密な捜査を行い犯人を自供に追い込んだ。犯人は、完城旦の判決を受けている。

この案例は、一端迷宮入りした事件が、担当者を代え再調査の結果、解決した事件で、上級機関に決事を仰ぐ等、治獄の積み重ねをみた事件ではない。その意味では『奏讞書』の他の案例に比べ異例に当たるが、治獄に関連して関係獄吏についての「上」、上報がともなっている。このため讞の範疇に入れられたのかも知れない。あるいは迷宮入りした事件の再調査との点が重視されたのかも知れない。または漢代になって制度化された讞に比べ、未だ讞の運用に広がりが見られたということになるのかも知れない。睡虎地秦簡に見える讞にあっても同様、上級機関への上申一般を指していた㉒。

事件を無事解決した獄史挙闕については、「令」の定めにより咸陽県丞による上報が行われ、功により「卒史」に補せられたことが、「謁以補卒史」との上報によって明らかである。上報の書類は、二一枚の牒（簡）が使用されていた。ただ案例二二の簡数は、三一枚である。案例二二が上報の一部でないことはいうまでもない。

また引用される令文も、あるいは要約されているかも知れないが、それでも令の内容は、決事のために引用されている案例一八の令と性格を異にする。もちろん案例二二の令も、治獄の促進を意図するものではあったが、刑典に類するものではない。案例二二の令は治獄にともなう報奨である。迷宮入りをなくすことは治安維持の上で大きな懸案であるが、これは当然の職務でもある。このためかかる事項がいちいち国家の基本法である律に盛り込まれていたかどうかとなると、これは疑問である。時代の推移の中でかく「令」として対応せんとしたことも充分に考えられ得ることである。

以上、戦国秦と統一後の秦の二種の案例において令文が存在することを確認した。そして案例一八の場合は律と令とが並存している。これまで漢令を遡る令文が確認できないとされてきただけに貴重な史料というべきである。

睡虎地の秦令

魏法の場合、李悝が「撰次諸国法」（『晋書』刑法志）、「集諸国刑典」（『唐律疏議』）と、各国の法律を参考にして『法経』を作成している。睡虎地秦簡の『為吏之道』には、魏安釐王二五（前二五二）年の律二条が残され、王の告命によって必要に応じ魏律は作成されていた。

ただこれは魏国の場合であって、秦の場合は、商鞅が李悝の『法経』を秦に伝えたこと以外に魏律との関係を含め秦律の形成過程は明らかではない。そこで『奏讞書』中の案例一八の律と令とをもとに秦の律と令との関わりについて考えてみると、令では具体的な事案に対して刑罰の運用が指示され、律では罪に対する量刑が定められている。そうすると案例一八の令は、律においては想定されていなかった事情となり、律に対する追加法（単行令）的性格を帯びることになる。

時代に対応して出されたと思われる案例一八の令も同様であるが、令が王あるいは皇帝の命によって必要に応じ公布され、これが令として律とならび引用されるとなると、秦代において律と令とが全く同一に位置付けられていた、令が律文を指すとまでは言い難くなる。

そこで改めて「不従令」・「犯令」を含む律文の内容を考えてみると、『語書』に引かれる「不従令」・「犯令」の令は、律文そのものを指していたのではなかった可能性がある。その他の事例は、民間での酒の密売が横行することに対し役人をも含めた罪の適用。市での役人の銭の管理（銭箱である缿への投入）に売買に関わった民間人の確認も求める。役人任命の猶予期間を二ヶ月までに限定する。亡失や失火等に備えて穀物を管理するための建造物の構造や周辺の環境規制。戦時における役人の臨時勤務体制。通常あるいは通常以下の労役に従事している刑徒である城旦に通常以上の食事を支給することの禁止。罪を得て免職になった役人の再任禁止と公的な官吏養成機関への入学資格を役人の子弟に限定。公車馬の訓練は充分に鞭打ち、後で事故が起きないように対処する、等と、いずれも新たな事態への対応である。このためこれらが後になって令として新たに追加されたものであったとしても不自然さはない。

もちろん「犯令」③の官吏の養成についてなどは、郡県制を積極的に推進していた秦国の場合、早くから想定できなくもない。しかしこれまで公的な官吏養成機関の設置は、前漢景帝時の文翁による蜀郡での学官が注目される程度で、全国的な学校の設置は武帝時に降るとされていた。この意味で秦律における公的な官吏養成機関の存在は、官僚制の歴史を考える上で貴重な留意点ではある。ただ官僚制を模索した秦にあっても、このような公的な学校の普及はさほど進行していなかったのではと思われる。

さらに「不従令」と「犯令」を含む令文と、関連する律文とが並記されているものが、

①任法（廃）官者為吏、貲二甲、●有興、除守嗇夫・叚（仮）佐居守者、上造以上、不従令、貲二／甲、●除士吏・発弩嗇夫、不如律、及発弩射不中、尉、貲二甲。●発弩嗇夫、射不中／、貲二甲、免、［県］嗇夫任之、●駕騶除四歳、不能駕御、貲教者一盾、免、賞（償）四歳繇（徭）戍／、除吏律、●（後文、二六字）。／

②／（前文、二字）●傷乗輿馬、駃（決）革一寸、貲一盾、二寸、貲二盾、過二寸、貲一甲、●課駃騠、卒歳／六匹以下一到一匹、貲一盾、●志馬、舎乗車馬、後、毋敢炊飭、犯令、貲一盾、已馳馬不去車／、貲一盾、●（後文、二五字）。／

と二例ある。いずれもが『秦律雑抄』に分類されている。律文中の竹簡の区切りを／で示したが、もともと一つの律文か、利用上の便宜で複数の律文を一つに纏めたものか定かではない。内容は『除吏律』とされる律文と、律名不詳の公馬の管理規定とであるが、必ずしも律文の多くに、かかる「不従令」・「犯令」の語が挿入されているわけではない。たとえ利用者による律文の整理が加えられていたとしても、令が律に一体化されていた場合、律によって「不従

令」・「犯令」の類を残したり、削除したり、とのことまで無原則に行い得たであろうか。

秦令と秦律との合体、一体化——「犯令」・「不従令」形式の導入

事例が限られている中で、推論に亘ることは戒めなければならない。同時に睡虎地秦簡の秦律が、秦律の原形をどれほど留めるものかどうかも定かではない。睡虎地秦簡に見える『為吏之道』の魏律二種の形式、

①●廿五年閏再十二月丙午朔辛亥、告相邦、民或弃邑壄、人人孤寡、徼人婦女、非邦之故也、叚（仮）門逆呂（旅）、贅壻後父、勿令為戸、勿鼠（予）田宇、（略）魏戸律。

②●廿五年閏再十二月丙午朔辛亥、告将軍、叚（仮）門逆闒（旅）、贅壻後父、或衛（率）民不作、不治家屋、寡人弗欲、（略）魏奔命律。

を、青川県出土の秦の『田律』、

二年十一月己酉朔朔日、王、命丞相戊（茂）・内史匽、□□更脩為田律、田広一歩、袤八則為畛、畝二畛、一百（陌）道、（略）雖非除道之時、而有陷敗不行、相為之□□。

と比較してみると、青川『田律』の「更脩為田律」の部分を省略し、『田律』の律名のみを文末に移せば、青川『田律』の伝文も睡虎地秦簡の魏律二条とほとんど類似した律文の形式になる。国を異にしてはいるが、ほぼ時代を同じくし、法制面での関わりが伝えられる魏の律文との比較においてである。

睡虎地秦簡の秦律の場合もまた、試みに『奏讞書』案例一八の令と律、

令、所取荊新地、多群盗、吏所興与群盗遇、去北、以儋乏不闘律論。律、儋乏不闘、斬。

を、睡虎地秦律の「不従令」・「犯令」の形式に整理し直してみると、

新地、多群盗、吏所興、与群盗遇、勿敢去北、不従令（犯令）、斬、儋乏不闘律。

となる。睡虎地秦簡の秦律が、律文中に「令」字を留めるにいたる経緯の中には、かかる事情が存在していたのかも知れない。

そして令が律と一体化された後も、なお令の名が律文中に留められているとなると、これは、令が令としての法源を留め、令としての位置付けを明示しておく必要があったためと思われる。令が律と一体化され、律に吸収、一体化されてしまうものであったとすれば、律文の中に態々令字を留める必要はなかったはずである。

『奏讞書』の案例一八では、令と律とは分離されて表記されている。この案例一八も、原形のままではなく編集、整理を経ている可能性はあるが、それでもなお原形を大きく逸脱していたとも思われない。『奏讞書』の役割として案例作成の文例集としての位置付けがあったかも知れない。このため案例一八が令と律とを分離して引用していることは、令典としての自立性如何は明確ではないものの、令と律との関係を考慮する上で留意すべき点と考える。そして睡虎地秦簡の秦律に散見する、令と律とが一体化されている姿は、現場の役人が利用の便を図り、必要に応じ個別に整理を加えたものであったかも知れない。

一方、秦代の律についても、またこれが国家の基本法として導入当初のままであったかというと、前三〇九年に公布された青川『田律』のような令としての形態を留める事例がある。律の運用も柔軟に対処されていた。ただ『奏讞書』の案例一八の令は、明らかに並記される律の追加法(単行令)として存在する。追加法としての令も存在していたわけである。睡虎地秦律中の「不従令」・「犯令」の令もまた、追加法として位置付けられるものであった可能性はある。

先に引用した青川の『田律』は、王の「命」によって、更新し公布されている。青川の『田律』が、広く筆写、引用されて行く中で、王の命であることが強調され「律」を「令」と呼ぶことがなかったとも言い切れないが、睡虎地秦簡の『語書』に、

灋（廃）主之明法、（略）脩「法律令」・「田令」、及為「間私方（奸私法）」、而下之。

と見える「田令」にまでかかる事情を関連付けるとなると飛躍になる畏れがある。令の性格付けに深く関わりかねない「田令」の位置付けについての議論は、未だ困難である。

『語書』中、「田令」と並ぶ唯一具体性のありそうな「間私方（奸私法）」も、『語書』においては、

吏民、犯法為間私（奸私）者不止。

と、「奸私」を取り締まる必要性が繰り返し強調されてはいるものの、「奸私法」の称もここに見えるのみである。『語書』の記載、修辞には、秦の律令に対して、法・律・令・約等、多様な呼称が用いられており、国法の呼称に必ずしも厳密が期されていたとは言い難いのかも知れない。

秦の律令

出土文物を得て、秦代の律令についても多くの事情が明らかになった。それでも秦の律令については、国法の公的呼称は「律」であり、新たな国法の追加も律と呼ばれることがある。魏法は他国での記録、あるいは時代を経た後世の文献でしか存在していないが、国法には律の呼称が使用されていた可能性がある。一方、「令」は、王令、皇帝の詔（令）として命令一般を指すが、律の運用を補完するものとして活用される存在でもあった。

このため必要に応じて律と一体化され使用の便がはかられてはいるが、これによって令が律に吸収、一体化されたわけではなかった。「法」は、国法を含め広く法律一般を指して用いられていたが、秦では国法の公的呼称ではなかった、という程度が、これまでに与えられた史料においていい得る限界ではなかろうか。

このため追加法としての性格を残す律と令との区別について曖昧さが残り、令典の存在如何を論じるほどの確証もない。その意味では、新たな秦令の令文を得たとはいえなお明確な認識を示すにはいたらない(23)。

これには、史料上の制約もさることながら、法典編纂の歴史自体が当時なお浅く、形式にいたるまでの原則がいまだ確立されていなかったとのことも考慮されるべきであるかも知れない。

なお睡虎地秦簡の『法律答問』では「犯令」と「灋（廃）令」とがあり、「灋（廃）令」の場合は罪に問えない。令には、刑の予告をもって強制された法的義務をともなわないものもあったわけである。律にも「不従律」（一九九七年刊『雲夢龍崗秦簡』一三五簡、二〇〇一年刊『龍崗秦簡』は八簡）、「不如律」（睡虎地『除吏律』）の語が、当然のことながら見えている。しかし刑典のみに終始しない当時の律にあって、また「灋（廃）律」の語も存在し得たはずである。

ついで秦代の令は、漢代の令とどのような関係になるのであろうか。漢の令文はすでにこれまでも収集の対象とされてきているが、新出の『奏讞書』の令においても、案例一四（高祖八年）は、決事の根拠として令のみが引用され、案例一五（高祖七年）の場合は、令が律とともに引用されているものの、律とは独立した内容となっている。漢代の令典は、蕭何によって確立されたといわれてきているが、[24]『奏讞書』中の漢代の令文は、秦代の案例中の令文とは傾向を異にする。これが漢代の令典とどのような関わりを持つものであろうか等、漢代の律令についての理解を深める上で、江陵張家山から出土した漢律『（呂后）二年律令』の全貌が一日も早く明らかにされることを期待する。

〔附記〕公刊された張家山二四七号墓竹簡整理小組『張家山漢墓竹簡〔二四七号墓〕』文物出版社、二〇〇一年刊の呂后『二年律令』には『津関令』が含まれていた。この令は二〇例に及ぶが、いずれも他の律と異なり、

①一、御史言、（略）、令丞、令史（略）、以「□伝令闌令」論、（略）、●制曰可。

②二、制詔御史、其令〔諸関〕、（略）、有犯「令」。

③□、制詔御史、其令諸関、（略）不用此「令」。

④□、相国・御史請（略）、皆以「越塞令」論之。

⑤□、相国上内史書言、請（略）、●御史以聞、●制曰可、以□論之。

⑥　□、御史請（略）、●制曰可。
⑦　□、制詔相国・御史、（略）、具為「令」、相国・御史請（略）。
⑧　九、相国下［上］内史書言、（略）、内史奏、詔曰、（略）、●相国・御史復請、制曰可。
⑨　相国上中大夫書、請（略）、以「令」論、●相国・御史以聞、●制曰可。
⑩　□議、（略）、它如「律令」、御史以聞、請（略）、制曰可。
⑪　一二、相国議、（略）、皆以「馬賈（価）訛過平令」論、（略）●御史以聞、制曰可。
⑫　一三、相国上内史書言、（略）、●御史以聞、制曰可。
⑬　一五、相国・御史請（略）、皆以「詐（詐）偽出馬令」論、（略）、●制曰可。
⑭　一六、相国上長沙丞相書言、（略）、請（略）、●相国・御史以聞、請（略）、制曰可。
⑮　□、相国上南郡守書言、（略）、請（略）。
⑯　廿一、丞相上長信詹事書、請（略）、丞相・御史以聞、●制。
⑰　廿二、丞相上魯御史書言、（略）、請（略）、●丞相・御史以聞、制曰可。
⑱　●丞相上魯御史書、請（略）、它如「令」、●丞相・御史以聞、制曰可。
⑲　●丞相上魯御史書、請（略）、它如「令」、丞相・御史以聞、制曰可。
⑳　廿三、丞相上備塞都尉書、請（略）、皆比「越塞闌関令」、●丞相・御史以聞、制曰可。

と、具体的事情に対応するために、丞相や御史、相国からの「上書」「奏」・「請」・「以聞」をもとに、「制詔」・「制可」が行われたことが明記されている。各令文に対する番号は、呂后『二年律令』を整理した人物が便宜上付したものであろう。「犯令」の語も見える。

令文の構成は、睡虎地秦簡『為吏之道』の魏律や青川秦『田律』に通じる。張家山漢墓出土の呂后『二年律令』において、

「津関令」のみがなぜ令文として纏め残されているのかは問題である。呂后二年をさほど降らない時期に江陵県城外西南五キロの「江陵磚瓦」工場内に位置する漢墓に葬られていた。墓葬、副葬品から墓主は、下級官吏であったと考えられている。棺中に鳩杖が副葬されており七〇歳を越える高齢（呂后『二年律令』『傅律』に「受杖」の規程がある）で死去したようであるが、墓主が勤務した地域は「河津」に近接する。その意味で『津関令』は、墓主生前の職務に深い関わりがある令文と考える。『津関令』中には、河津の「津関」、「河塞」である扞関（長江流域四川奉節）・鄖于関（漢水上流湖北鄖）・函谷関・武関（丹水流域）・臨晋関（黄河渭水合流部）・夾谿関（黄河流域河南陝）等広い範囲の関名が見えている。ただこの二〇例の『津関令』中、①②⑤⑥⑧⑨⑩⑪⑫⑬⑮⑱⑳の一三例は津関の令文であるが、③④⑦の三例は関一般の令文で、残る⑭⑯⑲の三例は駅伝馬についての令文、⑰は、

廿二、丞相上魯御史書言、魯侯居長安、請得買馬関中、●丞相・御史以聞、制曰可。

と、魯侯が長安に居しており、魯の御史が関中で、用途は定かでないが、馬を購入することを願い出、丞相・御史を介して許可を得た令文である。関すべてに通じる令や駅伝の令も津関・河塞に関係があるが、⑰は趣が異なる。⑰は、文頭に「廿二」の通し番号が付されており、出土後の整理において他から混入したとも考え難い。魯御史が調達を希望した馬の用途を、呂后『二年律令』の整理者が、駅伝馬と解したが故のことであったかも知れない。

呂后『二年律令』を副葬していた墓主は、他に『暦譜』・『奏讞書』・『脈書』・『算数書』・『蓋廬』・『引書』等多数の書物を所持していた。その中でも『二年律令』と『奏讞書』とは、おそらく墓主の長い在任期間における実務に直結していたと思われる。その中で『津関令』は、勤務した墓主の地理環境とも密接に関わる。このため呂后『二年律令』の中に、一般の律令の他に、とくに津関・河塞に関係する令を、勤務の必要上、津関業務に携わる人物が、とくに取り纏めた部分が「津関令」ではなかったかと考える。このことは津関・河塞の法規が、地域性の高い法規であるため、『津関律』として未だ一般化されていなかったことを意味する。もちろん業務マニュアルとして実務関係者が便宜上作成した手持ち資料であり、律と対比される「令

典」の類に相当するものではない。

なお秦令として、二〇〇二年四月に発掘が開始された湖南省里耶古城から秦王政二五年～秦二世二年の紀年を持つ木牘が出土した。その概要は、湖南省文物考古研究所等「湖南里耶戦国―秦代古城一号井発掘簡報」『文物』二〇〇三年第一期に報告されている。この簡報において数例の秦簡が公表されているが、この中に、

①卅二年二月壬寅朔［朔］日、遷陵守丞都敢言之、令曰、「恒以朔日上所買徒隷数」、●問之毋当令者敢言之。

②廿七年二月丙子朔庚寅、洞庭守礼、謂県嗇夫卒史嘉・叚（仮）・卒史穀・属尉、令曰、「伝送委輸必先悉行城旦舂・隷臣妾・居貲贖責（債）、急事不可留、乃興繇」、●今洞庭兵輸内史及巴・南郡・蒼梧、輸甲兵当伝者多、節伝之、必先悉行乗城卒・隷臣妾・城旦舂・鬼薪・白粲・居貲贖責（債）・司寇・隠官・践更県者、田時殹、不欲興黔首、嘉・穀・尉各謹案所部県卒・徒隷・居貲贖責・司寇・隠官・践更県者簿、有可令伝甲兵、県弗令伝之而興黔首、［興黔首］可省少弗省少而多興者、輒劾移県、亟以律令具論、当坐者、言名史泰守府、嘉・穀・尉在所県上書、嘉・穀・尉令人日夜端（牒）行、它如律令。

と二例の令が含まれる。いずれも引用されたもので、令の原形を確認することはできず、他の秦令と令の形状を比較することはできないが、②の場合、令が事柄の前提でありながら、事態の推移において齟齬が生じた場合には、「以律令具論」と律令を以て対処することが求められている。里耶秦簡は、その一部が公開されたに過ぎないが、「以律令従事」の表現が一一箇所も見える。「以律令具論」は二箇所。他に「如律令」、「以律令」等の語句も見え、地方行政が律令によって統一的に運用されるとの体制が全国的に整っていた事実が窺える。

五　秦代の案例

これまで見てきた秦代の律令が、秦代の治獄においてどのように活用されていたかをついで紹介することにする。案例の一つは、法理に彩られており、今一つは、詳細な審理の積み重ねである。苛法とも称される秦の実像がこの二つの案例の中で窺えるようである。まず初めに前者の案例から紹介する。

案例の釈文は『文物』一九七五―三所収の「江陵張家山漢簡《奏讞書》釈文（二）」による。釈文中の（　）・〔　〕内は、釈文者である江陵張家山漢簡整理小組の付記。丸数字は訳文と対応させるために挿入した。

〔附記〕張家山二四七号漢墓竹簡整理小組『張家山漢墓竹簡〔二四七号墓〕』文物出版社、二〇〇一、張家山二四七号墓竹簡整理小組『張家山漢墓竹簡〔二四七号墓〕（釈文修訂本）』文物出版社、二〇〇六年により釈文を確認した。以下、前著は「二〇〇一年漢墓竹簡本」・後著は「釈文修訂本」と略称。

案例二一――杜県の密通事件

案例二一は、夫と死別した妻が葬儀も終わらない内に、ほかの男性と遺体のすぐそばで密通したとして、夫の母親に訴えられた事件である。現行犯逮捕ではなかったが、この案例では事実関係よりも律の運用如何が中心に問題とされている。密通をした相手の男性については何の言及もない。事実関係について、妻がこれを認めていたのかどうかも不明であるが、案例では妻の密通を前提に審理が始まる。決事についての明文はないが、廷尉府での協議の流れからして、夫が死亡していたことと、現行犯逮捕ではなかったこと、との二点で、訴えられた妻は減刑、あるいは無罪になった可能性が大きい。相手方の男性も罪に問われることはなかったと思われる。

案例では、事実関係を詳述する必要もなかったがためか、『奏讞書』の編集の過程で文頭に来るべき関係者全員に対する事実審理についての記載が省略されている。

【釈文】（文中の①②以下は行論の便宜上挿入した）

①故律曰、死夫（?）以男為後、毋男以父母、毋父母以妻、毋妻以子女為後、②律曰、諸有県官事、而父母若妻死者、帰寧卅日、大父母・同産十五日、勢（敖）悍、完為城旦舂、鉄纍其足、輸巴県塩、③教人不孝、次不孝之律、④不孝者棄市、棄市之次、黥為城旦舂、当黥公士・公士妻以上、完之、⑤奸者、耐為隷臣妾、捕奸者、必案之校上、⑥今杜滹女子甲、夫公士丁疾死、喪棺在堂上、未葬、与丁母素夜喪、環棺而哭、甲与男子丙、偕之棺後内中、和奸、明旦、⑦素告甲吏、吏捕得甲、⑧疑甲罪、⑨廷尉㝅・正始・監弘・廷史武等卅人、議当之、⑩皆曰、律、死置後之次、妻次父母、妻死帰寧、与父母同法、以律置後之次、人事計之、夫異尊于妻、妻事夫、及服其喪、資当次父母如律、妻之為後次夫・父母、夫・父母死、未葬、奸喪旁者、当不孝、不孝棄市、不孝之次、当黥為城旦舂、勢（敖）悍、完之、⑪当之、妻尊夫、当次父母、而甲夫死、不悲哀、与男子和奸喪旁、到之（釈文修訂本「之」→「次」）、不孝、勢（敖）悍之律二章、捕者、雖弗案校上、甲当完為舂、⑫告杜、論甲、⑬今廷史申繇（徭）使而後来、非廷尉当、⑭議曰、当非是、律曰、不孝棄市、有生父而弗食三日、吏且何以論子、廷尉㝅等曰、当棄市、有（又）曰、有死父、不祠其家三日、子当何論、廷尉㝅等曰、不当論、有子不聴生父教、誰与不聴死父教罪重、㝅等曰、不聴死父教、毋罪、有（又）曰、夫生而自嫁、罪誰与夫死而自嫁罪重、廷尉㝅等曰、夫生而自嫁、及取（娶）者、皆黥為城旦舂、夫死而妻自嫁、取（娶）者毋罪、有（又）曰、欺生夫、誰与欺死夫罪重、㝅等曰、欺死夫、毋論、有（又）曰、夫為吏居官、妻居家、日与它男子奸、吏捕之弗得、□之、何論、㝅等曰、不当論、⑮曰廷尉・史議、皆以欺死父罪軽於侵欺生父、侵生夫罪［軽］（釈文修訂本「［軽］」→「重」）於侵欺死夫、□□□□□□□与男子、奸棺喪旁、捕者、弗案上、独完為舂、不亦重虖（乎）、㝅等曰、誠失之。

この案例は、①〜⑤で、県での決事、判決に際し参考とされた律文が、三種引用され、ついで⑥県での治獄の際の「鞫」（事件の総括）、⑦県での治獄手続き（告訴と被告人の逮捕）、⑧県での結審がくるが、事件内容と関連する律との整合性を持たせることができなかったため、判決を確定することができなかった。そこで判断を上級機関に仰ぎ、⑨廷尉府での判決のための協議が開始される。協議の組織、人的構成（三〇人規模）も明示されている。⑩廷尉府での協議の内容が詳述される。⑪廷尉府での決事、⑫県への報、⑬廷尉府での協議に人的変更が生じ、協議のやり直しが開始される。⑭再協議の内容が詳述され、⑮廷尉府での最初の決事が破棄される、との内容になっている。

先秦の裁判形態―案例二一の特色

案例二一は、県での治獄の行程を簡略化し、上級機関（廷尉府）での協議の様子を詳細に記録しており、『奏讞書』の案例の中でも異色である。『奏讞書』に収められる漢代の案例では、治獄の通常の行程である、告劾（告訴）、事実審理、判決の流れの他に、讞の手続を示す常套語「敢讞之」や、上級機関からの報が見える。これに対し秦以前の案例[25]では、讞の手続きを示す常套語「敢讞之」がない。しかし治獄の流れは、形式すべてが整えられているわけではないが、

〈案例一七〉初審は、告―事実審理―鞫―論（判決）。
　再審は、乞鞫（再審請求）―事実審理―鞫―［上申？］―廷尉からの報。
〈案例一八〉御史からの文書で審理開始―事実審議―鞫―当（論）。
〈案例一九〉劾―事実審理―当（無罪、王が当を容認）―［事後の対応］。
〈案例二〇〉［劾を欠く］―事実審理―論当。
〈案例二一〉告―事実審理（検討された律文と鞫のみを引く）―疑罪―廷尉府での事実審理―廷尉からの報。

〈案例二二〉告—［事実審理は捜査の部分と重複するため、捜査過程を記して省略］—［判決の罪名（完城旦）］。

とあって、ほぼ告劾、事実審理、判決と、漢代の案例と比べ大きな変化はない。

ただその中でも案例の一九・二〇・二一のみは、文頭に判決の拠り所となる法文が記載され、その後に、治獄の経緯が述べられている。『奏讞書』の案例で律令が引かれる場合、多く審理の過程または決事の部分で引用されている。このため案例二一の場合、明文はないが、文頭の律文三種は県での治獄の過程が簡略化され、かかる記載形式になっているものと考えた。もちろん治獄の流れとしては告訴が初めにくるべきであるが、ここでは告訴と被疑者の逮捕が事件を総括する「鞫」とでも呼ぶべき記載の後に置かれている。このことは案例二一が、律令の運用如何を特色とする案例として意図的に編集されていたためであるかも知れない。

それでは案例一九・二〇の二種についても、なぜ案例の記載形式が異なっていたかであるが、案例二〇の場合は、やはり法の運用如何を主眼にしてはいる。これに対して案例一九は、事実確認の技術論に重きが置かれる。必ずしも案例の形状を一つにするものではないが、案例一九・二〇は共に春秋時代の案例である。春秋の案例となると、漢初にあっては貴重な存在となる。このため『奏讞書』の編集に当たり、春秋の案例に対してはとくに当時の法文に関心が払われ、文頭に各国の法文が引用されるということになったのかも知れない。

『奏讞書』案例の構成

『奏讞書』では、かかる春秋時代の案例二種のほか、漢建国当初の時務に対応する案例、

〔案例二・五〕　楚漢対峙の際の亡命者。

〔案例三〕　関中徙民。

〔案例一・一八〕　統一直後の少数民族問題。

〔案例四・一四〕　時事とは直結しないが案例二・五の亡命と関連する。

事実審理、捜査の技法を体得させるような案例、

〔案例一七・二二〕　春秋時代の〔案例一九〕もこの類。

法の運用を主眼とする案例、

〔案例二一〕　春秋時代の〔案例二〇〕もこの類。

各種留意すべき事件への対応を目的とする案例、

〔案例六～一三〕　事件の要約と論決のみでその他の部分は省略されている。

地方高級官僚の犯罪への対応を例示する案例、

〔案例一五・一六〕　県令の犯罪で内容はやや詳細。

等が含まれており、多様な事件内容をただ闇雲に網羅するだけではなかった。『奏讞書』の編者は、実務の上での緊急度を考慮し、簡にして要を得た案例集の作成に努力したことが窺える。

案例二一の訳文

もちろん『奏讞書』は、当時の社会の縮図でもあったが、案例二一の生々しい中央での議論は、下級機関での治獄にとって得難い情報であったはずである。以下案例二一の訳出に移る。

【訳文】

①　故律（前代の律）に曰く、「死夫（亡夫）あれば、男［児］を以て後［嗣］と為す。男［児］毋《な》ければ、父母を以てし、父母毋《な》ければ、妻を以てし、妻毋《な》ければ、女［児］を以て後［嗣］と為す」。

◇《「後嗣」の序列、死夫の場合》—家庭内の妻の地位

男［男児］→ 父母→ 妻→ 子女［女児］（［追記］呂后『二年律令』『置後律』簡号三七九～三八〇と相続の順位は同一）。

②律に曰く、「諸《それ》、県の官事（役所の事務）有り。而《しか》るに父母、若《も》しくは妻が死すれば、帰寧（凶礼での休謁、『漢書』高帝紀上「告帰」注「李斐曰、休謁之名、吉曰告、凶曰寧」、『漢書』哀帝紀「博士弟子父母死、予寧三年」師古注「寧謂処家持喪服」）は、卅日。大父母と同産とは、十五日。勢（敖）悍（帰寧に従わない、『淮南子』時則訓「（孟秋之月）、以出秋令、求不幸不悌、戮暴傲悍、而罪之、以助損気」）なれば、完して城旦舂と為し、鉄もて其の足を絭《つな》（絆）ぎ、巴県の塩［井・池］（製塩作業）に輸《うつ》す。

◇《寧》—服喪の家庭内の秩序

夫の寧 ——父母・妻 ——三〇日
　　　　——大父母（曾祖父）・同産（兄弟姉妹）——一五日

敖悍（帰寧に従わない場合）——完＋城旦舂・鉄絭其足・輸巴県塩

③人をして不幸なら教《し》むは、不幸の律に次ぐ。④不幸なれば棄市。棄市の次は（相当するものは）、黥して隷臣妾と為す。黥に［相］当するも、公士と公士の妻以上［の爵を有するもの］は、之を［減刑して］完（肉刑を加えない）となす。⑤奸（姦）なれば、耐（頬ひげをそる）して隷臣妾と為す。奸を捕うるには、必ず之を校（交）上（奸の現場）にて案《しら》べる。

◇《不孝と奸に対する量刑》—姑と嫁との関係、及び男女の密通

不孝 ——棄市
次不孝 ——黥＋城旦舂

次不孝（公士・公士妻以上）――――完＋城旦舂（有爵者は減刑）

奸　――――耐＋隷臣妾（必ず現行犯逮捕）

⑥今、杜［県］滹［里］の女子甲の夫、公士の丁が疾死（病死）し、喪［礼］のための棺が、堂上（正房内）に在《お》かれ、未だ葬［礼］は行われていない。丁の母、素は（素は母の名か。凶礼の服装も素＝白色で素衣、素裳、素冠。後者の場合は「素装束のままに」）、夜［間］も［服］喪し、棺を環《まわ》りて哭［礼］をなす。甲と男子の丙は、偕《とも》に棺の後の内（室家、部屋）の中に之《ゆ》きて、和奸（姦）す。明旦（明朝）、⑦素は（または「素装束のままに」）、吏に告（告訴）す。吏、捕えて甲を得る。

⑧疑うらくは、甲、罪あらん。

◇《県での鞫と論―有罪との認識はあるが、論決を確定することができなかった》

⑨廷尉の穀、正の始、監の弘、廷史の武等、卅人、議して之を［論］当す。

◇《廷尉府での疑罪（讞）に対する論当決事の開始》―決事関係者・役職名・人名・人数

⑩皆、曰く、「律に、『死して後［嗣］を置くの次［序］は、妻、父母に次ぐ。妻、死して帰寧すること、父母と法を同じくす』と。律の後［嗣］を置くの次［序］を以て、人事において之を計れば、夫は妻より異尊（尊異）さる。妻は夫に事《つか》う。其れ喪に服すに及べば、資（斉衰、喪服）は父母に次《なら》ぶこと律の如くたる当《べ》し。妻の後［嗣］と為るは、夫・父母に次ぐ。夫・父母が死して、未だ葬られざるに、喪の旁にて奸を行うは、不孝に当たる。不孝は棄市。次不孝（不幸の律に次ぐ）は、黥して城旦舂と為すに当つ（または「不孝の次、［論］当は、黥して城旦舂と為す」）。勢（敖）悍なれば、之を完［刑］にす。

◇《廷尉府での決事関係者の認識》―吏議

・夫妻の序――――妻事夫

・夫死の服喪（寧）――父母＝妻
・夫死の後嗣（家中の序列）――父母→妻
・夫死で未葬期間
　├奸―耐＋隷臣妾
　├不孝―棄市
　├次不孝―黥＋城旦舂（又は完＋城旦舂）
　└敖悍―完＋城旦舂

⑪之を［論］当するに、「妻は夫を尊ぶこと、父母に次ぐ当《べ》し。而に甲は、夫、死して、悲哀せず、男子と喪の旁にて和奸す。次不孝（不幸の律に次ぐ。釈文修訂本の釈文に従う）・𠢕（敖）悍（帰寧に従わない）の律二章に到《あた》る。捕うに、校上にて案ぜずと雖も、甲の［論］当は、完して舂と為す（「甲は完して舂と為す当《べ》し」）。

◇《廷尉府での決事の根拠》
・公士妻
　├現行犯逮捕でない奸
　├母服喪（母と同等の義務を放棄）―次不孝―完＋城旦舂
　└夫死（寧の不履行）―敖悍律―完＋城旦舂

◇《廷尉府での論当》
・完＋舂

⑫杜［県］に甲への論を告［報］（通達）す。

◇《県への論当の通達》

⑬今、廷史の申、繇（徭）使（『史記』項羽本紀「繇使屯戍」、『漢書』蓋寛饒伝「公卿貴戚及郡国吏、繇使至長安」）し、而して後、来《かえ》り、廷尉の［論］当を非とす。

◇《廷尉府での吏議構成員の変更と論当の変更開始》

⑭［廷史申］、議して曰く、「［論］当は、是に非ず。律に曰く、『不孝は棄市』と。生父、有り、而して食《くら》わざること三日、吏、且《まさ》に何をか以て子を論ぜん」と。廷尉の㱿等、曰く、「棄市に当つ」と。［廷史申］、有《また》（又）曰く、「死父、有り、其の家［廟］を祠らざること三日。子は何れの論に当たるか」と。廷尉㱿等、曰く、「論に当たらず」と。［廷史申、有《また》（又）曰く］「子、有りて生父の教を聴かず。誰《と》（問）う、死父の教を聴かざるの罪よりも重きや」と。［廷尉］㱿等、曰く、「死父の教を聴ずとも、罪毋《な》し」と。［廷史申］、有《また》（又）曰く、「夫、生［存］し、而も自ら嫁げば罪あり。誰《と》（問）う、夫、死して、而して自ら嫁ぐの罪よりも重きや」と。廷尉㱿等、曰く、「夫、生［存］し、而も自ら嫁ぐのもの、及び取《めと》（娶）りし者は、皆、黥して城旦舂と為す。夫、死して、而して妻、自ら嫁げば、取《めと》（娶）りし者とともに、罪毋《な》し」と。［廷史申］、有《また》（又）曰く、「生夫を欺く。誰（問）う、死夫を欺くの罪よりも重きや」と。［廷尉］㱿等、曰く、「死夫を欺くは、論毋《な》し」と。［廷史申］、有《また》（又）曰く、「夫、吏と為りて官［府］に居り、妻は、家に居りて、日《ひび》、它の男子と奸し、吏が之を捕うるを得ざれば、之を□、何れの論か」と。［廷尉］㱿等、曰く、「論に当たらず」と。

◇《廷尉府での吏議》

・生父――不孝（棄市）――子供――有罪
　死父――不孝――子供――無罪
・生夫――嫁・娶者（黥＋城旦舂）――妻・娶者――有罪
　死夫――嫁・娶者――妻・娶者――寧の後は無罪
　［死夫―敖悍（完＋城旦舂）］――妻・娶者――寧の間は有罪
・妻の奸―（耐＋隷臣妾）――妻――現行犯は有罪

妻の奸 ——妻 —— 非現行犯は無罪

⑮曰く、「廷尉・史、議し、皆、死父を欺くの罪は、生父を侵欺するよりも軽きを以て、生夫を侵すの罪は、死夫を侵欺するよりも重し（釈文修訂本の釈文に従う）。□□□□□□□、男子と棺喪の旁にて奸す。捕うも校上にて案ぜず。独り完して舂と為すは、亦、重からざる虖《や》（乎）」と。

◇《廷尉での決事の根拠》

・死父への欺 —— 罪は軽
　生父への侵欺 —— 罪は重
・死夫への侵欺 —— 罪は軽
　生夫への侵 —— 罪は重
・女子甲の和奸 ┬ 死夫の場合 —— 無罪
　　　　　　　 └ 生夫の場合（非現行犯）—— 無罪

◇《廷尉府での論当》—決事の変更

・完＋舂より軽罪（無罪か）
　女子甲 ┬ 死夫への敖悍 ┬ 罪を軽減（無罪か）
　　　　 └ 義母への寧中の不幸 ┘

［廷尉］榖等、曰く、「誠に之（論当）を失せり」と。

◇《前の論当に対する廷尉府の反省》

案例一七—盗牛を巡る冤罪事件

この案例は、秦代の案例であるが、年次の確定には異論[26]がある。事件の内容は、冤罪を受けた人物が、再審を乞い、冤罪を晴らすことができた事件である。冤罪が生じた背景には、県吏の治獄の進め方に問題があり、誤審によって被った損害に対しては、官がこれを可能な限り補償せんとしている。律文が多用される案例二一に比べると、案例一七は治獄における事実審理のあり方が中心となっているが、この案例も廷尉府にまでいたっている。

克明な事実審理の過程で、血なまぐさい拷問の様子も詳細に記載され、秦代の治獄、再審の実体を伝える貴重な案例である。

案例一七の釈文（附口語訳）

以下、案例の釈文は、案例二一のように一括表記せず、裁判の進行過程、審理の経緯が追えるよう小見出し別に分割整理した。釈文に付した訳文も、律令が多用される案例二一と異なり、逐語訳を離れて口語訳の表現を用いた。

Ⅰ【乞鞫―黥城旦講による初審の概要と再審の申し立て】

四月丙辰、黥城旦講气（乞）鞫曰「故楽人、不与士五（伍）毛謀盜牛、雍、以講為与毛謀、論、黥講為城旦、覆視其故獄」。

（四月丙辰に、雍県で黥城旦の罪を受けた汧県人の講が、廷尉に再審を申し出、「以前は楽人でありました。士伍の毛と共に牛を盗んではいません。雍県の裁判では、講は毛と相談して盗みを働いたと見なされ、黥城旦の罪を受けました。雍県での裁判を再審していただきたい」と述べた。）

Ⅱ【故獄―雍県での初審】

………《告訴》

①〈告訴―他県住民のため雍県の亭吏が告訴〉元年十二月癸亥、亭慶、以書言雍廷曰、「毛買（売）牛一、質、疑盗、謁論」。

（元年十二月癸亥に、亭吏の慶が、文書で雍県廷に、「毛が牛一頭を売りました。調べてみますに、盗みを働いたのではないかと疑われます。取り調べの上処断いただきたくお願いします」と訴えた。）

………《初審での審理》

②〈被告〉毛曰、「盗士五（伍）牝牛、毋它人与謀」。

（毛は、「士伍の牝の牛を盗みました。他の人と相談したりはしていません」と供述した。）

③〈証人〉牝曰、「不亡牛」。

（牝は、「牛を亡くしたことはありません」と述べた。）

④〈被告〉毛改曰、「迺已嘉平可五日、与楽人講盗士五（伍）和牛、牽之講室、講父士五（伍）処見」。

（毛は供述の内容を変え、「迺《この》嘉平＝臘祭の祀りの後五日ほどして、楽人の講と共に士伍の和の牛を盗みました。これを講の家に牽いて行き、講の父親である士伍の処と会いました」と述べた。）

⑤〈証人〉処曰、「守枡（汧）邑南門、已嘉平不識日、晦夜半時、毛牽黒牝牛来、即復牽去、不智它」。

（処は、「枡（汧）邑の南門の当番をしていました。嘉平＝臘祭の祀りの後、どのくらい日にちが経ってであったかは定かでありませんが、暗い夜半に、毛が黒い牝牛を牽いて来て、すぐに牽いたままで去って行きました。他のことは知りません」と述べた。）

⑥〈証人〉和曰、「縦黒牝牛南門外、迺嘉平時視、今求弗得」。

（和は、「黒い牝牛を南門外に放しておりました。迺《この》嘉平＝臘祭の祀りの折には見かけましたが、今は捜してもどこに行ったか不明です」と述べた。）

⑦〈盗牛の検証〉以毛所盗牛、献和。
（毛が盗んだ牛を、和のところに連れて行った。）

⑧〈証人〉和識曰、「和牛也」。
（和は、これを見て、「和の牛です」と述べた。）

⑨〈共犯容疑者〉講曰、「践更咸陽、以十一月行、不与毛盗牛」。
（講は、「咸陽に践更のために出向きました。十一月に出発し、毛と牛を盗んではいません」と述べた。）

⑩〈被告〉毛改曰、「十月中、与謀曰、南門外有縦牛、其一黒牝、類擾易捕也、到十一月、復謀、即識捕而縦、講且践更、講謂毛勉独捕牛、買（売）、分講銭、到十二月巳嘉平、毛独捕、牽買（売）雍、而得、它如前」。
（毛は更めて、「十月に共に、南門外に放し飼いの牛がいる。その内の一頭は黒い牝牛で、捕まえやすそうだと話し合いました。十一月になって、また相談し、捕まえようとしましたが、見つかり放しました。講は践更に行くことになり、講は毛に一人で牛を捕まえ、売りさばき講に銭を分けて欲しいと言いました。十二月になり、嘉平＝臘祭の祀も終わった頃、毛が一人で牛を捕まえ、引っ張って行き雍で売ろうとして捕らえられました。他はこれまで述べた通りです」と述べた。）

⑪〈詰〉●詰訊毛、于詰、詰［講］、［講］改辞如毛。
（供述内容が何度も変わるため毛を詰訊した。この詰に際して講をも詰した。講は証言を更めて毛の供述に合わせた。）

………《初審の鞫・論》

⑫〈初審の鞫〉其鞫曰、「講与毛謀盗牛、審」。
（雍県での取り調べの結果は、「講が毛と共に牛を盗んだことは審らかである」であった。）

⑬〈初審の論―判決〉二月癸亥、丞昭、史敢・銚・賜、論、「黥講為城旦」。

（二月癸亥に、雍県丞の昭、史の敢・銚・賜は、論当を行い、「講を黥して城旦の罪とする」とした。）

Ⅲ【再審】

①〈乞鞫〉今講曰、「践、十一月更外楽、月不尽一日下総咸陽、不見毛。（以下、初審の事情をⒶ～Ⓝと紹介する）」。
（今日、講は、「十一月に外楽府で践更し、一月に一日足らずでしたが、咸陽での任務に就きました。毛には会っていません。Ⓐ～Ⓝ」と述べている。）

………《乞鞫者による初審の再確認》

Ⓐ〈雍県吏―訊〉史銚、初訊、謂講、「講与毛盗牛。」
（雍県の史の銚は、最初の訊問で、講に「講は毛と牛を盗んだのではないか」と訊ねた。）

Ⓑ〈共犯容疑者〉講謂、「不也」。
（講は、「いいえ」と述べた。）

Ⓒ〈笞掠〉銚、即磔治（笞）講北（背）可□（釈文修訂本「□」→「十」）余、北（背）（釈文修訂本「北」→「伏」）、□（釈文修訂本「□」→「居」）数日。
（銚は、講を地面に腹ばいに伏せさせ、講の背を十数回鞭打ち、数日の間拘留した。）

Ⓓ〈雍県吏〉復［銚］謂講、「盗牛状何如」。
（再び銚は講に、「牛をどのようにして盗んだのか」と訊ねた。）

Ⓔ〈共犯容疑者〉講謂、「実不盗牛」。
（講は、「本当に牛を盗んではいません」と述べた。）

Ⓕ〈笞掠〉銚、有（又）磔講地、以水責（漬）講北（背）。

（銚は、また講を地面に腹ばいに伏せさせ、冬の寒さの中、講の背を水漬けにした。）

Ⓖ 毛坐講旁。

（毛は講の側に座っていた。）

Ⓗ〈雍県吏〉銚謂毛、「毛与講盗牛状何如」。

（銚は毛に、「毛は講と共に牛をどのようにして盗んだのか」と訊ねた。）

Ⓘ〈被告〉毛曰、「以十月中見講、与謀盗牛」。

（毛は、「十月中に講と会って、共に牛を盗もうと相談しました」と述べた。）

Ⓙ〈共犯容疑者〉講謂、「不見毛、弗与謀」。

（講は、「毛と会ったこともなければ、共に相談したこともありません」と述べた。）

Ⓚ〈雍県吏〉銚曰、「毛言而是、講和弗□」。

（銚は、「毛が言っていることが正しい。講和弗□」と述べた。）

Ⓛ講恐復治（笞）。

（講は、またむち打たれるのではないかと恐れた。）

Ⓜ〈共犯容疑者〉即［講］自誣曰、「与毛謀盗牛、如毛言」。

（そこで講は、自らを誣告して、「毛と共に牛を盗むことを相談しました。毛の言っている通りです」と述べた。）

Ⓝ 其請（情）、講不与毛謀盗牛。

（その実、講は毛と共に牛を盗むことを相談したことはありません。）

Ⅳ【再審——続き】

②〈診〉診講北（背）治（笞）紖（肕）大如指者十三所、小紖（肕）瘢相質五（伍）也、道肩下到要（腰）、稠不可数。

（講の背を調べてみると、鞭打たれすじ状になった傷跡で、指大ほどのものが十三箇所。細めの鞭打たれすじ状になった傷跡は、肩から腰にかけて、無数に入り交じっていた。）

③〈被告〉毛曰、「十一月不尽可三日、与講盗牛、識捕而復縦之、它如獄」。

（毛は、「十一月を三日ばかり残した頃、講と牛を盗もうとするも、牛を捕まえようとしたのが見つかり放しました。この他は初審の通りです」と述べた。）

④〈共犯容疑者〉●講曰、「十月不尽八日、為走馬魁都庸（傭）、与偕之咸陽、入十一月一日来、即践更、它如前」。

（講は、十月を八日残して、走馬の魁都のところで傭となり、その後みんなと咸陽に行き、十一月一日には、践更となりました」と述べた。）

⑤〈被告〉毛改曰、「誠独盗牛、初得□時、（以下、初審の事情をⒶ～Ⓛと紹介する）」。

（毛は、供述内容を更めて、「本当は一人で牛を盗みました。初め捕まって□の時、Ⓐ～Ⓞ」と述べた。）

………《盗牛犯による初審の再確認》

Ⓐ〈訊―雍県吏〉史騰訊毛謂、「盗牝牛」、騰曰、「誰与盗」。

（雍県の史の騰が毛を訊問して、「牝の牛を盗んだか」と訊ね、騰はまた、「誰と共に盗んだか」とも訊ねた。）

Ⓑ〈被告〉毛謂、「独也」。

（毛は、「一人で盗みました」と述べた。）

Ⓒ〈雍県吏〉騰曰、「非請（情）」。

（騰は、「事実と違う」と言った。）

Ⓓ〈笞諒〉即笞毛北（背）、可六伐、居八九日。

（直ちに毛の背を六回も鞭打ち、八、九日間も拘留した。）

Ⓔ〈雍県吏〉［騰］謂毛、「牝不亡牛、安亡牛」。

（騰は、毛に「牝は牛を亡くしていない。どうして盗まれた牛がいるのか」と訊ねた。）

Ⓕ〈被告〉毛改言請（情）曰、「盗和牛」。

（毛は、事情について供述を更え、「和の牛を盗みました」と述べた。）

Ⓖ〈雍県吏〉騰曰、「誰与盗」。

（騰は、「誰と共に盗んだのか」と訊ねた。）

Ⓗ〈被告〉毛謂、「独也」。

（毛は、「一人でしました」と述べた。）

Ⓘ〈雍県吏〉騰曰、「毛不能独盗」。

（騰は、「毛が一人で盗むことはできないはずだ」と言った。）

Ⓙ〈笞諒〉即磔治（笞）毛北（背）・殿（臀）・股。不審伐数、血下汙池（地）。

（そこで毛を地面に腹ばいに伏せさせ、背・臀部・太股を鞭打った。毛が鞭打たれた数は数知れず、血が地面に溜まるほどであった。）

Ⓚ〈被告〉毛不能支治（笞）疾痛、即誣指（釈文修訂本「指」字を挿入）講。

（毛は、鞭の痛みに耐えかね、ついに講を指して偽りの罪をかぶせた。）

Ⓛ講道咸陽来。

（講は咸陽から帰ってきていた。）

Ⓜ〈雍県吏〉史銚謂毛、「毛盗牛時、講在咸陽、安道与毛盗牛」。

（雍県の史の銚は毛に、「毛が牛を盗んだ時、講は咸陽にいた。どうして毛と牛を盗んだと言うのか」と言った。）

Ⓝ〈笞諒〉治（笞）毛北（背）。不審伐数。

（毛の背を鞭打った。その回数は数えきれないくらいであった。）

Ⓞ［其請（情）、毛］不与講謀［盗牛］、它如故獄。

（その実、毛は講と共に牛を盗むことを相談したことはありません、他は初審の通りです。）

Ｖ【再審―続き】

⑥〈証人〉和曰、「毛所盗牛、雅擾易捕、它如故獄」。

（和は、「毛が盗んだ牛は、温和しく捕まえ易かったです。他は初審の通りです」と述べた。）

⑦〈証人〉●処曰、「講践更咸陽、毛独牽牛来、即復牽去、它如獄」。

（処は、「講は咸陽に践更していて、毛が一人で牛を牽いてきて、すぐにまた牽いて行きました。他は初審の通りです」と述べた。）

⑪魁都従軍、不訊。

（魁都は従軍していて、訊問することはしなかった。）

⑫〈証人〉其妻租言、「如講」。

（魁都の妻の租は、「講の通りです」と述べた。）

⑬〈詰〉●詰毛、「毛笱（苟）不与講盗牛、覆者訊毛、毛何故不蚤（早）言請（情）」。

（毛を詰問して、「毛は講と牛を盗んでいないのに、再審の取調べで毛に訊問した際、毛はなぜ早く本当のことを言わなかったのか」と訊ねた。）

⑭〈被告〉毛曰、「覆者、初訊毛、毛欲言請（情）、恐不如前言、即復治（笞）、以此不蚤（早）言請（情）」。
（毛は、「再審の取り調べで、最初に毛に訊問があった時、毛は本当のことを言いたかったのですが、前言と違うことで、また鞭打たれるのではないかと思い、早く本当のことを言うことができませんでした」と述べた。）

⑮〈詰〉●詰毛、「毛笱（苟）不与講盗、何故言曰与謀盗」。
（毛を詰問して、「毛がもし講と共に盗んだのではないとすれば、なぜ共に相談をして盗んだと言ったのか」と訊ねた。）

⑯〈被告〉毛曰、「不能支疾痛、即誣講以彼治罪也」。
（毛は、「痛みに耐えかねて、講に偽りの罪を着せ、彼を罪に陥れました」と述べた。）

⑰〈診〉診毛北（背）笞絹（朋）瘢相質五（伍）也、道肩下到要（腰）、稠不可数、其殿（臀）瘢大如指四所、其両股瘢大如指。
（毛の背を調べてみると、鞭打たれすじ状になった傷跡が、肩から腰にかけて、無数に入り交じり、臀部には指大の鞭打たれた傷が四ヶ所、両股にも指大の鞭打たれた傷跡があった。）

………《雍県関係者による誤審の確認》

⑱〈県吏の初審での誤審〉騰曰、「以毛譾（謾）、笞、它如毛」。
（騰は、「毛が嘘をついていると思い鞭打ちました。他は毛の通りです」と述べた。）

⑲〈県吏の初審での誤審〉銚曰、「不智（知）毛誣講、与丞昭、史敢・[賜]、論、盗牛之罪」。
（銚は、「毛が講を誣告しているとは知りませんでした。丞の昭、史の敢・賜と共に、論当を行い、講を牛を盗むの罪にしました」と述べた。）

⑳〈問〉問、如講。
（事実関係を確認したところ、講の申し出の通りであった。）

㉑〈県吏の初審での誤審〉昭・敢・賜言、「如銚」。

（初審に関係した雍県の役人である昭・敢・賜は、「銚と同じです」と述べた。）

㉒〈問〉問、如辤（辭）。

（これで初審に関係した雍県の役人全員の言っている通りであることが確認できた。）

………《再審での鞫》

㉓〈鞫〉●鞫之、「講不与毛謀盗牛、吏笞諒（掠）毛、毛不能支疾痛、而誣指（釈文修訂本「指」字を挿入）講、昭・銚・敢・賜、論失之、皆審」。

（再審での審理を纏めると、「講は毛と相談して牛を盗んではいない。雍県の役人が毛を鞭打ったため、毛は痛みに耐えきれず、講を指して偽りの罪をかぶせた。雍県の初審に関係した昭・銚・敢・賜は、論当を誤った。全ては明白である」となった。）

Ⅵ【乞鞫に対する廷尉での決事―廷尉から汧県長官＝嗇夫への報】

〈廷尉の報〉●二年十月癸酉朔戊寅、廷尉兼、謂汧嗇夫、「雍城旦講、气（乞）鞫曰、故楽人、居汧畦中、不盗牛、雍以講為盗、論、黥為城旦、不当、覆之、講不盗牛、講殹（繫）子県、其除講以為隠官、令自常（尚）、畀其于於、妻子已売者、者（衍字）県官為贖、它収已売、以賈（価）畀之、及除坐者貲、貲□（釈文修訂本「□」↓「已」）人環（還）之、騰（謄）書雍」。

（二年十月癸酉戊寅に、再審を行った廷尉の兼は、無実の罪を着せられた講の本籍がある汧県の長官に、「雍県で黥城旦の罪を受けた講が、再審を願い出て、『以前楽人であって、汧県の畦里に居住していました。牛を盗んでいないのに、雍県の裁判では講が盗を働いたとし、黥城旦の罪を受けました。裁判は間違っております』とのことであった。廷尉府で再審を行ったところ、講は牛を盗んでいなかった。講は汧県で服役しているが、講を釈放して肉刑を受けた人が釈放後呼ばれる隠官＝庶人とし、元の生活が送れるように、於=住み家を与えよ。県に没収された妻子がすでに売られておれば、県の責任で買い戻して講と一緒に生活が行えるようにする。他に没収されて売却済みのものは、金銭で補償する。また連座で罰金刑を受けたものは、罪を除き罰金を返還する。この廷尉府からの文書は、書写して雍県にも送ること」と通達した。）

おわりに

以上、『奏讞書』中の秦代の令文を手がかりに、秦代の令をめぐる問題点を整理し、秦代の令は必ずしも律と一体化し、律に吸収されてしまう存在ではなかったとの点を指摘した。令典の存在如何についても、これを論じるだけの確証がないとの点に言及し、併せて秦代の案例二種を紹介した。限られた史料にもとづく小文であり、今後に課題は残されている。

注

（1）①漢代の令典は、令甲・令乙・令丙と重要度によって分類整理された詔令書である（中田薫「古法雑感」、「支那における律令法系の発達について」、「支那律令法系の発達について補考」『法制史論集』四、岩波書店、一九六四所収）。②漢令は詔書の書式を残すが、令典では事項別（令甲・令乙・令丙）に大別され各項目ごとに通し番号が打たれ事項別に分類されていた（宮宅潔「漢令の起源とその編纂」『中国史学』五、一九九五）、の両意見がある。

（2）注（1）中田薫。

（3）大庭脩『秦漢法制史の研究』第一編第一章、創文社、一九八二。

（4）堀敏一「中国の律令制と農民支配」『律令制と東アジア世界』汲古選書、一九九四。

（5）注（1）宮宅潔。

（6）江陵張家山漢簡整理小組「江陵張家山漢簡《奏讞書》釈文」『文物』一九九三―八、江陵張家山漢墓整理小組「江陵張家山漢簡《奏𤅊書》釈文（二）」『文物』一九九五―三。

（7）湖北省文物考古研究所、孝感地区博物館、雲夢県博物館「雲夢龍崗六号秦墓及出土簡牘」『考古学集刊』八、一九九四。［追記］龍崗秦簡の報告書は、この後、劉信芳・梁柱編『雲夢龍崗秦簡』科学出版社、一九九七、中国文物研究所・湖北省文物考古研究所編『龍崗秦簡』中華書局、二〇〇一、の二種の報告書が刊行された。両報告書では、『考古学集刊』八で公表された秦簡の釈文に修訂が行われており、これに従った。本文で引用した木牘の釈文では、文頭部分は当初「鞫之辟、死、論」と釈文されていたが、両報告書では「辟」が「辟」に改められ、「辟死」が人名と解されており、これに従った。また『考古学集刊』八、一九九七年刊『雲夢龍崗秦簡』科学出版社と二〇〇一年刊『龍崗秦簡』中華書局とでは簡号も異なる。本稿では、二〇〇一年刊『龍崗秦簡』の簡号を追記した。

（8）注（7）。龍崗秦簡の分類は、注（7）［追記］の『龍崗秦簡』中華書局、二〇〇一では、本稿で引用した『考古学集刊』八、一九九四の五分類を否定し、睡虎地秦律中の『田律』・『廄苑律』・『繇律』・『公車司馬獵律』等に該当するとしている。この点は、本書【Ⅱ】第五章でふれる。

（9）拙稿「湖北雲夢睡虎地秦墓管見」『中央大学文学部紀要』史学科二六、一九八一。本書【Ⅰ】第四章。

（10）劉信芳、鶴間和幸訳「秦代竹簡の発見」『日中文化研究』一〇、一九九六、は秦二世皇帝まで下るものを含むと。

（11）滝川政次郎「近世の漢律研究について」『史学雑誌』五二―四、一九三一。

（12）沈家本『歴代刑法考』中華書局、一九八五、の鄧経元、他「点校説明」。

（13）張国華・李貴連『沈家本年譜』北京大学出版部、一九八九。

（14）拙稿「李悝の法経について」『中央大学文学部紀要』史学科二九、一九八四。本書【Ⅰ】第三章。なお（明）董説・繆文遠訂補『七国考訂補』上海古籍出版社、一九八七、の「訂補」でも問題視する。

（15）于豪亮「釈青川秦墓木牘」『文物』一九八二―一。

（16）加藤常賢『漢字の起源』角川書店、一九七〇、白川静『字統』平凡社、一九八四、は「先秦の文には多く律呂の意とする。律令の制は秦漢以降のこと」とし、律呂を原義とする。

（17）拙稿「銀雀山漢墓出土守法等十三篇について」『東アジア古文書の史的研究』刀水書房、一九九〇。

（18）注（1）中田薫。注（3）大庭脩。

(19) 注(1)宮宅潔。

(20) 注(4)堀敏一。

(21) 拙稿「秦代の獄簿について」『五十周年記念東方学論集』東方学会、一九九七、本書【Ⅰ】第八章、では、この案例を紹介している。秦が六国を統一した直後の占領地支配、少数民族対策が詳述されている。治獄の推移は、県令が上奏を行い、事件への一定の判断を行ったが、御史からの書を契機に治獄が再開されている。問題の「令」文は、この再開された治獄の決事において引用されている。県令が上奏を行い、治獄の方向付けを行っている限り、県令の判断は、皇帝の意向を汲んでいたと思われるが、決事での「令」は、案例で問題になっている「荊楚新地」に対する内容である。このためこの「令」がどのような事情で出されていたかが問題となる。もし県令の上奏を契機としての令であれば、県令の判断が上意から外れていたことになるが、はたして墓穴を掘るような措置を選択したであろうか。あるいは御史までも乗り出してきた段階で、より具体化した内容の令が下達されたのかも知れない。またはすでにこのような令が存在したにも拘わらず、新たな対応を県令が模索しようと試みた結果が、県令による上奏であったのかも知れない。いずれにしてもこの「令」が出された事情を特定することはできない。

(22) 拙稿「漢代の瀧制について」『中央大学文学部紀要』史学科四〇、一九九五。本書【Ⅱ】第七章。

(23) 冨谷至氏「晋泰始律令への道―第一部　秦漢の律令」『東方学報　京都』第七二冊、二〇〇〇、は「整理の手が加わり固有の篇名が付けられる法典としての令は、漢にあっては、そしてもとより秦にあっても、未だ成立していなかった」と秦漢令典の存在を否定されている。滋賀秀三『中国法制史論集　法典と刑罰』創文社、二〇〇三、頁五三注三一、は秦漢の令について「一つだけ思い付くことを敢えて記すならば、立法的内容の詔をすべて何らかの仕組みで令篇に編集するという壮大なシステムがあったかのようには考えない方がよい」と令典の存在に慎重である。

(24) 注(1)中田薫の説も、これを確認する史料はない。

(25) 李学勤「《奏瀧書》解説(下)」『文物』一九九五―三、彭浩「談《奏瀧書》中秦代和東周時期的案例」『文物』一九九五―三。李学勤氏は、「正」字において避諱が行われておらず、漢初の案例とし、彭浩氏は、案例中に引用される律文が前漢呂后時の「二年律令」とは相違し、睡虎地秦簡に類似する、その他の理由で、秦代の案例とする。『奏瀧書』が漢代に書写、編纂されたものであった場合、李氏の理解のような秦代の避諱は必ずしも必要ではなくなる。

（26）注（25）李学勤。注（25）彭浩。李学勤氏は秦王政元（前二四六）年から同二年の間とし、彭浩氏は秦二世元（前二一〇）年から同二年の間とする。

［追記］張家山二四七号漢墓出土『二年律令』を中心に、拙稿「張家山出土呂后『二年律令』に見える妻の地位」呴沫集一一、二〇〇四、本書【Ⅱ】第五章で、家庭内における女性の地位について少しくふれた。案例二一の寡婦の事情とも関連する。

第二章　漢代における司法の展開—律令一定と法の公開

はじめに

本章は、廷尉平と直指繡衣使者とを通じて別に考察した[1]漢代の司法行政上の問題点を、さらに漢代における司法の展開、とくに律令一定と法の公開、普及との面から検討してみたいと考えている。

一　法運用の恣意性

三尺律令

前漢宣帝時における廷尉平の新設は、当時法の運用に不公平感、問題点が生じて来ていたためである。漢代の治獄制度は、一応、県道—郡（国）—廷尉—皇帝の四審制として整備されていたが、武帝時の直指繡衣使者設置に窺えるように、既存の体制だけでは繕いきれない現実が存在していた。

ここに「奉法循理之吏」（『史記』太史公自序）、すなわち法規定に忠実に従う循吏に対比される、いわゆる「厳削」（『史記』太史公自序）、すなわち通常ならざる強圧策を事とする酷吏の活躍が必要悪として容認されることになる。しかし酷吏の存在が許容されるにしても、これは司法行政の上からすると決して正常な方向性を持つものではなかった。

かかる現実を招来した事情については、当然司法の実態に何らかの欠陥が存在したと考えるべきであるが、この点について『漢書』朱博伝には、

（朱博）遷廷尉、職典決疑当讞平天下獄、博恐為官属所誣、視事、召見正・監・典法掾史、謂曰、廷尉本起於武吏、不通法律、幸有衆賢、亦何憂、然廷尉治郡断獄以来、且二十年、亦独耳剽日久、三尺律令、人事出其中、掾史試与正・監、共撰前世決事、吏議難知者、数十事、持以問廷尉、得諸君覆意之、正・監以為博苟強意未必能然、即共条白焉、博皆召掾史並坐而問、為平処其軽重、十中八九、官属咸服博之疏略材過人也。

とあり、成帝元延二（前一一）年に廷尉（『漢書』百官公卿表下、在位一年）となった朱博が、着任するや廷尉府の属官の信頼を得んとして、属官に「前世決事」（判令集）の中から数十事を抽出させ、これを「前世決事」通り殆ど正解して見せたという。

朱博は、治獄に当たって属吏から誣告されんことを畏れたわけであるが、この「前世決事」が依拠した肝心の「三尺律令」と称されるものは、『史記』杜周列伝に、

客有譲周曰、君為天子決平、不循三尺法、専以人主意指為獄、獄者固如是乎、周曰、三尺安出哉、前主所是、著為律、後主所是、疏為令、当時為是、何古之法乎。

とあって、武帝時の杜周の言によれば、また「前主三尺法」＝律と「後主三尺法」＝令（上意、追加法。例えば「詔曰、吏受所監臨以飲食、免、重、受財物、賤買貴売、論軽、廷尉与丞相、更議、著令」『漢書』景帝紀、元年の条）との二種が存在した。

ただこの律令も、『史記』酷吏列伝序語には、

漢興、破觚而為圜、斲雕而為朴、網漏於呑舟之魚、而吏治烝烝不至於姦。

と、漢興以来の法の疏略さが強調されている。

一方『史記』曹相国世家によれば、恵帝時、蕭何の推挙によって相国の地位にあった曹参は、

吏之言文刻深、欲務声名者、輒斥去之。

と、「刻深」の吏を排斥している。

律令は、漢初よりその運用如何では、「刻深」の事態をも生じかねないだけの「文」＝法文の存在がすでに認められるということになる。それにしてもこの「三尺律令」の運用は、前掲朱博の言にも「撰前世決事、吏議難知者、数十事」と伝えられる通り、専門の廷尉府の吏にしても、なお種々の問題点が存在していた。

廷尉の属吏に、法吏として「明律令」者が任用されていたことは、『漢旧儀』等にも見えているが、『漢書』児寛伝によれば、この他にまた、

時張湯為廷尉、廷尉府、尽用文・史・法律之史、而寛以儒生在其間見、謂不習事不署曹、除為従史、之北地、視畜数年。

とあり、武帝元朔二年に廷尉（『漢書』百官公卿表上）となった張湯時の廷尉府には、さらに文学（経学）・史学の史なども配されていた。

儒生児寛の場合は、結局、廷尉府では当初軽んじられ決事には関わらせてもらえなかったが、廷尉張湯は、儒学を好んだ武帝の意を得んがために、『史記』酷吏張湯列伝に、

（張）湯決大獄、欲傅古義、乃請博士弟子治尚書春秋、補廷尉史、亭疑法、奏讞疑事、必予先為上分別其原、上所是、受而著讞決法、廷尉挈令、揚主之明。

とあるごとく、ついには博士弟子の補任を請うなどの事態も現われている。

同伝にはまた、

所治、即上意所欲罪、予監史深禍者、即上意所欲釈、与監史軽平者。

とあり、張湯は上意に阿り、治獄の方向付けを意図して、廷尉府の属吏の配置にも、法の運用に「深禍者」と「軽平者」とを使い分けたとのことである。

このため張湯の場合は、「三尺律令」の運用に慎重を期すというより、「上意」に阿り法の運用を恣意的に操作するために、属吏にも多様な人材を活用していたことにもなりかねない。

もちろん上意も、「揚主之明」（『史記』酷吏張湯列伝）を傷わない範囲ではあるが、これがまた新たな「讞（決）法」集、契令（絜令・板令）を生みだすことになる。

契令は、大鴻臚・光禄勲をはじめ諸官府に存在していた。『史記』酷吏張湯列伝に伝えられる「廷尉絜令」は、廷尉が天子より裁下を受けた獄疑中心の決事集と見なす（『史記』酷吏張湯列伝、「絜令」正義注「按謂律令也、古以板書之、言上所是、著之為正獄、以廷尉法令、決平之」、『漢書』張湯伝、「絜令」顔師古注「絜、獄訟之要也、書於讞法、絜令、以為後式也、絜音口計反」）ことができるようであって、「前世決事」の類もまたかかる契令に準ずるものであったというべきかも知れない。

年を追って厖大な量の決事集が累積されて行く中で、『漢書』朱博伝によると、成帝時においては、

文学儒吏、時有奏、記称説云云、博見謂曰、如太守漢吏、奉三尺律令、以従事耳、亡奈生所言聖人道何也、且持此道帰、尭舜君出、為陳説之、其折逆人如此、視事数年、大改其俗、掾史礼節、如楚趙吏。

とあるように、「三尺律令」が法運用の中心に位置付けられ、『尚書』や『春秋』などの経書を拠り所とする聖人の道、古義（古法）重視派は厳しく論難される事態もみられるにいたっている。

舞文・曲文・枉法・上意

張朱博は、杜陵の人で、郡県の地方官を歴任した後、成帝時から哀帝時にかけて光禄大夫・廷尉・京兆尹・御史大夫・丞相と官位を極めた人であるだけに、朱博の「三尺律令」に対する理解は、当時の法運用の実態を窺い知る上で参考になる。古義と律令との関わりについては後述するが、このように次第に重きをなす「三尺律令」、「前後主三尺法」にしても、前掲の『漢書』朱博伝に見える、「平処其軽重」のような法の適用如何をめぐる単なる技術論の他に、『史記』酷吏張湯列伝によれば、武帝時の廷尉張湯にあっては、

所治即豪、必舞文巧詆、即下戸羸弱、時口言、雖文致法、上財察、（略）於故人子弟為吏及貧昆弟、調護之尤厚、其造請諸公、不避寒暑、是以湯雖文深意忌、不専平、然得此声誉。

とあり、被告人に対する個人的裁量でもって「舞文」、すなわち法文の恣意的運用が図られたとのことである。『漢書』厳延年伝にも、

貧弱雖陥法、曲文以出之、其豪桀侵小民者、以文内之、（略）治下無隠情、然疾悪泰甚、中傷者多、尤巧為獄文、善史書、所欲誅殺、奏成於手中、主簿、親近史、不得聞知、奏可論死、奄忽如神。

と伝えられているが、巧に獄文を操作し、意図はともあれ「曲文」、すなわち法文を故意に曲げてしまう、あるいは「所欲誅殺、奏成於手中」と、法を恣意的に運用するとなると、これは法の整備如何を離れた問題となる。

この厳延年の事跡は、宣帝時のことであるが、同じく宣帝時の京兆尹張敞の場合は、『漢書』張敞伝によれば、

臣前幸得備位死卿、待罪京兆、坐殺賊捕掾絮舜、舜本臣敞素所厚吏、数蒙恩貸、以臣有章劾当免、受記考事、便帰臥家、謂臣五日京兆、背恩忘義、傷化薄俗、臣竊以舜無状、枉法以誅之、臣敞賊殺無辜、鞠獄故不直、雖伏明法、死無所恨。

と、既存の治獄体制を無視し、私怨のために「枉法」をなすなどの暴挙も行われたようである。『漢書』路温舒伝では、

夫人情、安則楽生、痛則思死、棰楚之下、何求而不得、故囚人不勝痛、則飾辞以視之、吏治者、利其然、則指道以明之、上奏畏卻、則鍛練而周内之。

とあるように、また拷問によって獄吏の思い通りの自白を誘導する方途も採られていた。

法の恣意的運用については、武帝時のことであるが、『漢書』常山憲王舜伝に、

有司請誅（常山王）勃及憲王后脩、上曰、（略）忍致誅、有司請廃勿王、徙王勃以家属処房陵、上許之。

とあり、『漢書』広川恵王越伝にも、宣帝時に、

（鉅鹿詔獄）有司復請誅王（去）、（略）制曰、朕忍致王於法、議其罰、有司請廃勿王、与妻子徙上庸、奏可。

とあるがごとく、皇帝自らが侯王を誅殺するに忍び難く、公然と法を曲げんとした場合も存在している。

皇帝は、廷尉（有司）から獄疑（「諸獄疑、雖文致於法、而於人心不厭者、輒讞之」『漢書』景帝紀、中五年条）について、決事のための奏請、請讞があれば、『漢書』児寛伝にも伝えられているように、

会廷尉時、有疑奏、已再見卻矣、掾史莫知所為。

と、一度ならず決事案を拒否しこれを差し戻すことが可能であった。この間にあって皇帝自身の恣意（上意）もまた貫き通し得たわけであるが、『史記』張釈之列伝によれば、文帝時の廷尉張釈之の場合は、主上の警蹕を犯した長安県人某の処置に対して、文帝は、法の定めを越えた裁量を廷尉に求めた。これに対して張釈之は、

釈之曰、法者、天子所与天下公共也、今法如此、而更重之、是法不信於民也、且方其時、上使立誅之則已、今既下廷尉、廷尉天下之平也、一傾、而天下用法、皆為之軽重、民安所措其手足、唯陛下察之、良久上曰、廷尉当是也。

と、法を優先させ天子の恣意を抑えたとのことである。

同伝にはまた、先帝の宗廟の器物を盗んだ犯人に対しても、文帝が棄市でなく族刑を迫ったが、張釈之は、

釈之免冠頓首謝曰、法如是足也、且罪等、然以逆順為差、今盗宗廟器而族之、有如万分之一仮令愚民取長陵一杯土、陛下何以加其法乎、久之、文帝与大后言之、乃許廷尉当。

と、この文帝の恣意を容れず、ついに法を守ったとのことである。寛容をもって知られる文帝にしても、またかかる恣意が認められ、張釈之は、この天子の意向を「三尺律令」で制止し得たことになる。

請讞については、『漢書』宣帝紀、地節四年の条に、

其父母匿子、夫匿妻、大父母匿孫、罪殊死、皆上請、廷尉以聞。

とあるように、請讞について前もってそれを義務付けている場合も見える。特定の事柄に限定されてはいるものの、ややもすると既存の法に上意が超越しているがごとき感もあるが、この文帝の事例においては、当時すでに、天子の意向をも制禦し得るだけの法の権威が確立していたということになる。

それにしても、比較的限定されていたと思われる皇帝による恣意に対して、先に例示した官吏による法運用上の恣意は、日常的司法行政の中で、舞文・曲文・枉法・拷問等、その影響は少なからざるものがあったはずである。この点について『史記』汲黯列伝には、天下の世論として、

天下謂、刀筆吏不可以為公卿、果然、（略）而刀筆之吏、専深文巧詆、陥人於罪、使不得反其真、以勝為功。

と、武帝時における「巧詆」、すなわち人々を毀辱し故意に罪に陥れんとする「刀筆吏」の禍が伝えられている。『漢書』路温舒伝にもまた、宣帝時における市井の声として、

故俗語曰、画地為獄、議不入、刻木為吏、期不対、此皆疾吏之風、悲痛之辞也、故天下之患、莫深於獄、敗法乱正、離親塞道、莫甚乎治獄之吏。

と、宣帝時にあっては、治獄の吏に対する皇帝自らの認識、問題提起（『漢書』刑法志の廷平創置の詔、『漢書』宣帝紀元康二年夏五月の詔）もさることながら、人民の治獄の吏に対する不信、反感がすでに決定的となっていたとの事情が伝

えられている。拷問等に対しても、『漢書』宣帝紀、地節四年の条に、

其令郡国歳上繫囚、以掠笞若瘦死者所坐名県爵里、丞相御史課殿最以聞。

とあって、宣帝時以降、獄官の獄管理について、その監督の強化が講じられている。かかる宣帝時における厳しい現実を指摘した廷尉史路温舒であるが、これが対策としては、『漢書』路温舒伝に、

省法制、寛刑罰、以廃治獄、則太平之風、可興於世、永履和楽、与天亡極、天下幸甚。

とあるごとく、路温舒自身は、結局寛刑を訴えるに止っている。そしてこのような官吏による法運用の恣意的風潮の高まりが、別稿で問題とした宣帝時における廷尉平の新置に見られるような司法改革の背景の一つにもなっていた。

二　法の不備

旧令

治獄の混乱には、官吏による法運用の恣意がその一因となっていたが、また『漢書』蓋寛饒伝には、宣帝時のこととして、

先是時、衛司馬在部、見衛尉拝謁、常為衛官繇市買、寛饒視事、案旧令、遂揖官属以下行衛者、衛尉私使寛饒出、寛饒以令詣官府門、上謁辞、尚書責問衛尉、由是衛官不復私使候司馬、候司馬不拝、出先置衛、輒上奏辞、自此正焉。

とあり、衛尉府の職務体制について、衛司馬蓋寛饒が「旧令」を案じ、衛尉の属官（「候・司馬」）に対する「私使」、私的な使役について、「令」を拠り所として上奏し、衛尉による「私使」の慣行が廃されたという。

このことは、「旧令」、すなわち過去に出された法令の中には、中央官府にあってもこのように無視され、あるいは

「旧令」と呼称されていることからしてすでに忘れ去られた存在とでもいうべき現実が確認されるということになる。比較的杜撰な法の管理体制、法認識が罷り通っていたことになる。

もちろん『漢書』恵帝紀、四年の条に、

　赦天下、省法令妨吏民者、除挾書律。

とあり、また『漢書』宣帝紀、本始四年の条にも、

　律令有可蠲除、以安百姓、条奏。

とあり、律令は、時の政治的判断、安民に向け常に改廃が行われていたが、ここでの「旧令」は、かく「蠲除」された存在ではなかったものと思われる。

律令一定の欠如

それにしても『漢書』刑法志が、廷尉平新設をもってしてもなお残された問題として指摘している「律令一定」の欠如は、これまた治獄の混乱に通じ、法吏による恣意をも許容することになる。

『晋書』刑法志は、漢代法制の沿革として、高祖の『法三章』以後について、

　文帝時―刑厝之道（緩刑）。

　その後―犴逐情遷、科随意往（上意の恣意）。

　後漢末―曲刑威弁（法の無視）。

との流れを紹介している。この捉え方は主として法の運用を中心とする観点に立つものであるが、『後漢書』梁統伝や『晋書』刑法志に伝えられる後漢光武帝時の梁統の上奏にはまた、

　高祖―約令定律、誠得其宜。

文帝―除省肉刑・相坐之法。
武帝―姦吏弄法、故重首匿之科、著知従之律。
宣帝―臣下奉憲、無所失墜、因循先典。
元帝―法律少所改更。
哀帝―(丞相王嘉)虧除先帝旧約成律、穿令断律、凡百余事。

と、簡略ながら前漢時代の法改革の概要が紹介されている。

漢代の具体的な律令篇数の変遷についても、断片的な数字が残されているもの(2)の、『漢書』刑法志には、

今漢道至盛、歴世二百余載、考自昭宣元成哀平、六世之間、断獄殊死、率歳千余口而一人、耐罪上至右止、三倍有余、(略)今郡国被刑而死者、歳以万数、天下獄二千余所、其冤死者多、少相覆獄、(略)原獄刑所以蕃、若此者、礼教不立、刑法不明、民多貧窮、豪桀務私、姦不輒得、獄犴不平之所致也。

と、前漢後半の宣帝から平帝にいたってもなお、「刑法不明」との認識が伝えられている。

もちろん『漢書』刑法志にはまた、成帝時について、

此皆法令稍定、近古而便民者也。

と、「法令稍定」と伝えられているが、これは治獄に「近古」と、古義が重視されるようになったとの点を強調しているもので、当時の実態は、同志に、

不能因時広宣主恩、建立明科、為一代之法。

とあるように、未だ「一代之法」にはほど遠い存在であったと結論付けられている。

『漢書』刑法志には、このような前漢時代における法制の欠陥に対して、

(自建武永平)、断獄少於成哀之間、什八。

と、後漢に入ると治獄の回数が激減したことが附記されている。

この治獄の減少が必ずしも直ちに法の整備に結び付くとは限らない。それは後漢になってもなお、前漢時代の「五疾」が未だ排除されるにいたっていなかったことを、『漢書』刑法志自身が認めているためである。

前漢時代の五疾とは、

「刑法不明」

「獄犴不平」

「礼教不立」

「豪桀務私」

「民多貧窮」

のことである。

このため後漢に入ると、『晋書』刑法志に見える、王莽時の混乱からくる、

旧章不存、光武中興、留心庶獄、常臨朝聴訟、躬決疑獄、是時承離乱之後、法網弛縦、罪名既軽。

と、「旧章不存」、「法網弛縦」の事情も考慮されねばならなかったが、『後漢書』梁統伝によれば、梁統は、早速、厳刑、峻法に繋がるとして採択されなかったものの、季世（旧章）に因循することなく、

宣詔有司、詳撰其善、定不易之典、施無窮之法、天下幸甚。

と、「不易之典」・「無窮之法」の制定を新たに求めるにいたっている。

律令の空白—亡著令

「律令一定」が求められるこれら前漢時代の律令の実態についてであるが、断片的ながらその具体的事例を一、二

例示してみると、まず『漢書』馮奉世伝には、成帝時に上郡太守馮野王が大将軍王鳳に陥れられんとした事例をめぐって、

大将軍鳳風御史中丞劾奏野王、賜告養病、而私自便、持虎符出界帰家、奉詔不敬、杜欽時在大将軍莫府、欽素高野王父子行能、奏記於鳳、為野王言曰、竊見令曰、吏二千石告、過長安謁、不分別予・賜、今有司以為予告得帰、賜告不得、是一律両利、失省刑之意、夫三最予告、令也、病満三月賜告、詔恩也、令告則得、詔恩則不得、失軽重之差、又二千石病、賜告得帰、有故事、不得去郡、亡著令、伝曰、賞疑従予、所以広恩勧功也、罰疑従去、所以慎刑闕難知也、今釈令与故事、而仮不敬之法、甚違闕疑従去之意、即以二千石守千里之地、任兵馬之重、不宜去郡、将以制刑、為後法者、則野王之罪、在未制令前也、刑賞大信、不可不慎、鳳不聴、竟免野王、郡国二千石病、賜告不得帰家、自此始。

とあり、琅邪太守馮野王が賜告に際して、任地を離れ郷里杜陵の自宅に帰ることが妥当であるかどうかについて、「亡著令」と令に明文がなかった[3]ために、王鳳は法の空白を利用して馮野王を不敬罪にしようとした。しかし馮野王を擁護する立場からは、「故事」・「古伝」を引用して疑わしきは罰せずと主張した。結局は王鳳に押し切られ、馮野王は職を免ぜられることになる。

馮野王の賜告をめぐる事例は、律令の空白がどのように処理されていたかを知る上で格好の材料といえる。この場合は、「一律両科」と類似する事項が相矛盾しないよう整合がはかられ、「省刑之意」との法運用の建前の下に、「釈令与故事」と「故事」(「旧事」、「漢家制度故事」、「漢武帝故事」の類か。「朝廷之政、発号施令、百官奉之、蔵子官府、各修其職」『漢書』芸文志「旧事」)が令を補完するものとして位置付けられ、さらに今後の対応として「将以制刑」と空白を埋めるための新たな法の制定が考慮されている。

馮野王の場合は、「為後法者、則野王之罪、在未制令前也」との主張にも拘わらず、結局大司馬大将軍王鳳の意向

が優先されたが、この点について、『漢書』孔光伝には、成帝時の丞相・大司空の意見として、

以為令、犯法者、各以法時律令。

とあり、律令は「法時」、すなわち犯法時の律令が適用されるべきであるとのことで、法の空白に対しては、どうしてもその時の政治的判断が優先せざるを得なかった。

『漢書』王尊伝には、元帝初元中に、守塊里県令王尊が美陽県令を兼務していた時、

春正月、美陽女子告仮子不孝、曰、児常以我為妻、妬笞我、尊聞之、遣吏収捕、験問、辞服、尊曰、律無妻母之法、聖人所不忍書、此経所謂造獄者也、尊於是、出坐廷上、取不孝子、県磔著樹、使騎吏五人、張弓射殺之。

とあり、継母が前妻の子に妻同様に扱われたことについて訴えがなされたが、律に「妻母之法」が明記されておらず、「聖人所不忍書」と古義にもかかる事例にふれるところがなかったために、ついに「経」（師古注「晋灼曰、欧陽尚書有此造獄事也」）にもとづき「造獄」、すなわち通常ならざるの刑名として殺戮の刑に当て（「師古曰、非常刑名、造殺戮之法」）ている。

この『漢書』王尊伝の記事は、

告—収捕—験問—辞服—坐廷上（論）—磔・射殺（処刑）

との漢代における県での治獄の過程が具体的に伝えられていて注目されるが、ここでも同様に法の空白が問題とされ、王尊の場合は、これを「造獄」でもって処理している。

経義に附会しての決事は、すでに多く論じられているところであるが[4]、かかる法の空白に対しての判断は、獄疑として決事を順次上級機関に委ねでもしない限り、あるいは個々の裁量による専断、治獄における恣意が許容されかねない。

かかる法の空白、「亡著令」については、経義に比して、「三尺律令」の整備が重視され定着して行く一方で、また

『晋書』刑法志に引かれる『魏新律』の序略においては、

　旧律所難知者、由於六篇篇少故也、篇少則文荒、文荒則事寡、事寡則罪漏、是以後人稍増、更与本体相離。

と、『法経』六篇以来の法体系そのものの不備、「篇少」・「文荒」・「事寡」・「罪漏」等の諸事が指摘されることにもなっている。

三　律令の修得

律令の伝達

法の不備は、法運用の恣意性を一層容易ならしめたと思われるが、その中で、事態改善の道として「律令一定」が叫ばれたことは注目すべきことである。

それは、『漢書』刑法志によれば、この「律令一定」の狙いが、実は単なる法体系の整備に止まるものではなく、「愚民知所避、姦吏無所弄矣」と、姦吏の不正を塞ぐ上での、人民に対する法の滲透、理解の深まりをも意図していたがためである。

秦代の律令が、丞相や御史のところに保管されていたことは、蕭何が入関の際に、

　収秦丞相御史律令・図・書。（『史記』蕭相国列伝）

と伝えられていて明らかである。

この秦の律令が、郡県などの地方機関に広く普及、伝達されていたことは、『商君書』定分篇[5]や、雲夢睡虎地出土の戦国末から統一秦初にかけての県吏が所持した律文の存在、同南郡守騰の書信（『語書』）、その他によって、ある程度の事情は推測することが可能であるが、漢代に入ると、『漢書』文翁伝に、景帝末年に蜀郡太守となった文翁が、

見蜀地辟陋、有蛮夷風、（略）乃選郡県小吏開敏有材者張叔等十余人、親自飭厲、遣詣京師、受業博士、或学律令。

と、態々首都の長安に、律令を学ばせるために郡県の小吏を派遣したことが見えている。

このため比較的辺境の郡県では、律令が頒布、伝達されているにしても、漢初にあっては未だ郡県の官吏すらも律令に対する理解が充分ではなかったということになる。

「以吏為師」

ついでは、これら律令が、漢代において民間へどの程度滲透していたかが課題となる。この点について、『史記』・『漢書』の諸伝を中心に、法律の素養、知識が人々にどのように滲透、修得されて行ったかを確認し、その傾向を窺うことにする。

これには、大約つぎのような事情が存在する。

（別表一）

人名	時代	律令の修得	出典
①法家刑名の学を独自に学ぶ			
張敺	文帝時	以治刑名言、事太子、然敺雖治刑名家、其人長者	『史記』張叔列伝（『漢書』張敺伝）
河南太守呉公	文帝時	故与李斯同邑、而嘗学事焉、乃徴以為廷尉	『史記』太史公自序（『漢書』司馬遷伝）
賈誼	文帝時	賈生晁錯明申商［申韓］	『史記』賈生列伝（『漢書』賈誼伝）
鼂錯	文帝時	学申商刑名於軹張恢生所、与雒陽宋孟及劉礼（帯）同師、以文学為太常掌故、（略）太常遣受尚書伏生所	『史記』鼂錯列伝（『漢書』鼂錯伝）
韓安国	景帝時	嘗受韓子雑家説於鄒田生所、事梁孝王、為中大夫	『史記』韓長孺列伝（『漢書』韓安国伝）
②吏となって律令を学ぶ			

公孫弘	武帝時	少時為薛獄吏、（略）年四十余、乃学春秋雑説、（略）弘年六十、徴以賢良為博士、（略）習文法吏事、而又縁飾以儒術	『史記』平津侯列伝（『漢書』公孫弘伝）
路温舒	昭帝時	求為獄小吏、因学律令	『漢書』路温舒伝
尹翁帰	昭帝時	為獄小吏、暁習文法	『漢書』尹翁帰伝
弘恭・石顕	宣帝時	久典枢機、明習文法	『漢書』蕭望之伝
王尊	元帝時	能史書、年十三、求為獄小吏、数歳、給事太守府、問詔書行事、尊無不対	『漢書』王尊伝
孔光	成帝時	光以高第為尚書、観故事品式、数歳、明習漢制及法令	『漢書』孔光伝
薛宣	成帝時	少為廷尉書佐・都船獄史、後以大司農斗食属、察廉、（略）治果有名、以明習文法	『漢書』薛宣伝
③幼少より官吏の父から、あるいは父の関係で官府にて律令を学ぶ			
張湯	武帝時	其父長安丞、（略）視其［張湯］文辞如老獄吏、大驚、遂使書獄、父死後、湯為長安吏	『史記』酷吏列伝（『漢書』張湯伝）
杜延年	昭帝時	［父杜周、廷尉］、亦明法律、（略）補軍司空	『漢書』杜延年伝
于定国	昭帝時	其父于公、為県獄吏、郡決曹、決獄平、（略）定国、少学法于父、父死後、定国亦為獄史・郡決曹、（略）為廷尉、定国乃迎師学春秋	『漢書』于定国伝
厳延年	宣帝時	其父為丞相掾、延年少学法律丞相府、帰為郡吏、（略）尤巧為獄文、善史書	『漢書』厳延年伝
王禁	宣帝時	［父賀］為武帝繡衣御史、（略）少学法律長安、為廷尉史	『漢書』元后伝
④律令を学んで吏となる			
何比干	武帝時	［何氏家伝］、経明行修、兼通法律、為汝陰県獄吏決曹掾、（略）自汝陰徙平陵、代為名家	『後漢書』何敞伝李注
丙吉	武帝時	治律令、為魯獄史、（略）吉本起獄法小吏、後学詩礼、皆通大義	『漢書』丙吉伝
黄覇	武帝時	以豪桀役使、徙雲陵、覇少学律令、喜為吏、武帝末、以待詔入銭、賞官	『漢書』黄覇伝
鄭弘・鄭昌	宣帝時	好学、皆明経、通法律・政事、次卿（昌）為太原涿郡太守、弘為南陽太守	『漢書』鄭弘伝

鄭賓	元帝時	大族、世与王家相嫁娶、祖父以此言徙平陵、父賓、明法令、為御史、事貢公	『漢書』鄭崇伝
⑤その他（含獄吏経験者）			
曹参	秦時	獄掾	『史記』曹相国世家（『漢書』曹参伝）
任教	秦時	獄史	『史記』張丞相列伝（『漢書』任敖伝）
趙敬粛王彭祖	景帝時	心刻深、好法律	『漢書』趙敬粛王彭祖伝
杜周	武帝時	以為爪牙、挙為廷尉史	『史記』酷吏列伝（『漢書』杜周伝）
胡建	武帝時	守軍正丞	『漢書』胡建伝
淮陽憲王欽	宣帝時	好経書・法律	『漢書』淮陽憲王欽伝

これによると①の場合は、比較的前漢初期に集中しているが、申不害・商鞅・韓非・李斯など、いわゆる法家刑名の教えであって、漢の律令そのものを身に付けていたわけではなかった。これに対して②・③・④の場合は、明らかに漢の律令を身に付け、これを実際に活用せんとした人々であり、この事例は奇しくも武帝以後になって現われる。このことは律令の普及如何とも関わるかも知れないが、前漢初期に遡っても②・③などによる律令修得の事例は当然その可能性があったわけである。しかしそれがかかる傾向として現われてくるということは、律令に対する認識が前漢初期には、官界でそれほど高く位置付けられていなかったのではなかろうかとのことを窺わせる。

同時に律令自体の体系も未だ「古義派」が重きをなす、あるいは「古義派」を必要とする側面が存在し、律令が治政の上でその絶対的地位を確立するまでにいたっていなかったとのことを物語っているのかも知れない。このため民間にあっても、漢代における律令に対する関心は、王朝の成立当初はさほど高くなく、むしろ法家刑名の学の方が評価される存在と見なされていたのかも知れない。

これに対して、武帝以後になって現われてくる律令に対する関心の高まりについてであるが、これについても注意すべきは、その多くが、②・③の事例のごとく圧倒的に戦国時代以来の「以吏為師」、すなわち実務の現場を通じてこれが素養を身に付けていることである。

このことは、「以吏為師」が、元来、国法に対する私議を禁じるための処置であったことからして、未だ漢代にいたってもなお律令の修得が民間においては、それほど容易ではなかったことを窺わせるかのようである。比較的律令の修得が容易であったと思われる③にあっても、また未だこれが必ずしも父子相伝の家学とはなり得ていなかった。例えば酷吏でもって知られる廷尉張湯の場合は、『漢書』張湯伝に張安世・張賀・張延寿・張臨・張枚・張純とそれぞれの事迹が伝えられ、

安世子孫相継、自宣元以来、為侍中・中常侍・諸曹散騎、列校尉者凡十余人、功臣之世、唯有金氏張氏、親近寵貴、比於外戚。

と称えられる名家であるが、張湯の得意とした律令の学を継承したと思われるのは、五世代後の張純が、「明習漢家制度故事」と伝えられる程度で、張湯の子の安世は能書家、賀は幼少時の宣帝に対して詩経を学ばせたとのことである。

「明法令」の鄭賓の場合は、『漢書』鄭崇伝によれば、王族と通婚を重ねる大族であったが、子の崇は経学に通じ郡の文学史となり、父の学問を受け継ぐことはなかった。

これに対して張湯と並び称せられる酷吏杜周の場合は、『漢書』杜周伝によれば、子の延年が「明法律」、孫の緩が太常となり諸陵県での治獄を称えられ、曾孫の業は「数言得失」と政情に通じていた。ただ杜緩の弟の杜欽は経学を好んだとのことであるが、それでも杜氏は後世、杜律（杜周が大杜律、杜安世が小杜律）の学として尊重される家柄だけあって、比較的律令が家学として維持されていた。しかしそれにしてもかかる傾向がどれほど一般化していたかとなると、余り多くの事例を確認することはできない。

このように「以吏為師」の傾向を考えてみるにしても、④の事例は、一応、律令を学んだ後に官界に入ったことに

なっている。しかもこの④の事例にあって、鄭賓などは、御史台に出仕していた。あるいは武帝時に設けられた「明法」によって察挙されたかも知れない。しかし同じく④の鄭昌・鄭弘兄弟の場合は、「通法律」とはあるものの出仕との関わりが定かでない。その他の事例においても、律令を学んだとはいえ地方小吏になった程度で、郎官に任ぜられた者はなく、どれほど律令についての能力を持っていたかとなると定かではない。同時に、律令をどのようにして修得したかの経緯も不明である。

このため④の場合も、あるいは③のような方途で律令を学んだことも考えられなくもないが、何比干は地方で代々名家として知られ、黄覇や鄭賓も徙陵の三選に該当する家柄である。丙吉・鄭弘・鄭昌についてはこれらの事情を明らかにし得ないが、何比干・黄覇・鄭賓などについては、家柄の故をもって、あるいは独自に律令を修得する手立てが別に存在していたと見ることができるかも知れない。

四　律令の典籍化

家業としての律家

もし律令の修得が、官府以外において可能になっていたとすれば、これは戦国以来の「以吏為師」の伝統が徐々に変化して来ていることになる。これが契機としては、武帝時における察挙科目としての「明法」の創設が考えられることになる。

ただ「明法」科の創設がなされたにしても、武帝以後の律令の修得には、すでに見て来た通り依然として「以吏為師」として伝えられる場合が少なくなかった。この大勢が、前漢時代を通じて大きく変化したとは思われない。

この点について『後漢書』陳寵伝には、

曾祖父咸、成哀間、以律令、為尚書、平帝時、王莽輔政、多改漢制、咸心非之、（略）即乞骸骨、去職、及莽簒位、乃咸、以為掌寇大夫、謝病不肯応、時三子参豊欽、皆在位、乃悉令解官、父子相与帰郷里、閉門不出入、猶用漢家祖臘、人問其故、咸曰、我先人豈知王氏臘乎、其後莽復徴咸、遂称病篤、於是乃収斂其家律令書文、皆壁蔵之、咸性仁恕、常戒子孫曰、為人議法、当依於軽、（略）建武初、欽子躬為廷尉左監、早卒、躬生寵、明習家業、少為州郡吏、辟司徒飽昱府。

とあり、前漢成帝、哀帝の間に尚書となった陳咸が、律令の書文を家蔵していて、子や孫に対して法を論じ、これが曾孫陳寵にあっては、「家業」として受け止められていたとのことである。

陳咸に始まる陳氏の家学としての律令の継承は、更めて後述するが、この陳咸の場合は、律令を子孫に教えたとしても、これを広く一般の人に講じることはなかった。王莽の徴召を辞した陳咸が、所持していた律令を壁蔵したことは、始皇帝の焚書を免れるために尚書を壁蔵した伏生の場合（『漢書』儒林伝）とは性格を異にした。漢家の律令が王莽によって改変されて行くなかで、家蔵の律文が没収され、漢家の律令が亡失することを恐れてのことではなかったかと考える。

このことはまた、それだけ律令が、前漢末にいたってもなお市井にさほど多く広がっていなかったことをも意味することになる。陳咸が家蔵する律令、律学書は、かなりの貴重品で、これを市井の人々が閲覧することはなかなか困難であったと思われるが、職を辞してなお家蔵される私物の一つとしてのものであってみれば、これを余人の閲覧に供することは可能であったはずである。

この陳咸の事例は、家蔵される律令が、いずれ民間で書写され広がって行く上での一つの契機ともなり得るものであったと思われる。同時に『後漢書』陳寵伝にはまた、後漢和帝永元（八九～一〇四）中の陳寵の上奏に、

漢興以来三百二年、憲令精増、科条無限、又律有三家、其説各異、宜令三公・廷尉、平定律令。

とあって、当時、「律三家」の異なる律説が存在していたとのことである。

『晋書』刑法志には、後漢明帝永平年間に司徒となった鮑昱の法改訂を叙した後に、

　後人生意、各為章句、叔孫宣・郭令卿・馬融・鄭玄、諸儒章句十有余家、家数十万言、凡断罪所当由用者、合二万六千二百七十二条、七百七十三万二千二百余言、言数益繁、覧者益難、天子（魏明帝）於是下詔、但用鄭氏章句、不得雑用余家。

と、「章句十有余家」の存在が伝えられている。

先の「律三家」とこの「章句十有余家」とについては、これを同一の事情と理解するむきもあるが、[6]この間の事情はあまり定かではない。しかしそれにしても、これら後漢に入っての律令をめぐる研究の広がりが、果たしてどのように民間における律令の普及と連動していたか、当然留意すべき事柄である。

この点について、すでにふれた陳咸を祖とする陳氏の家系は、『後漢書』陳寵伝によれば、咸の孫、躬が廷尉左監となり、躬の子、寵が「明習家業」で廷尉から司空に、寵の子、忠が「明習法律」で尚書令となっていて、律令家として一応、家業が継承されている。

この陳寵と巻数を同じくする『後漢書』郭躬伝の場合は、

　家世衣冠、父弘、習小杜律、太守寇恂、以弘為決曹掾、断獄至三十年、用法平、（略）躬少伝父業、講授徒衆、常数百人、後為郡吏、辟公府、（略）元和三年、拝為廷尉、躬家世掌法。

とあり、郡決曹の子として父業を学んだ郭躬であったが、彼はこの父業、すなわち律令（小杜律）をさらに多数の人びとに講授している。郭躬は明帝永平（五九〜七五）中には辟召されており、郭躬が人々に広く講授したのは後漢も初期に当たることになる。

この郭氏一族は、『後漢書』郭躬伝に、

（別表二）

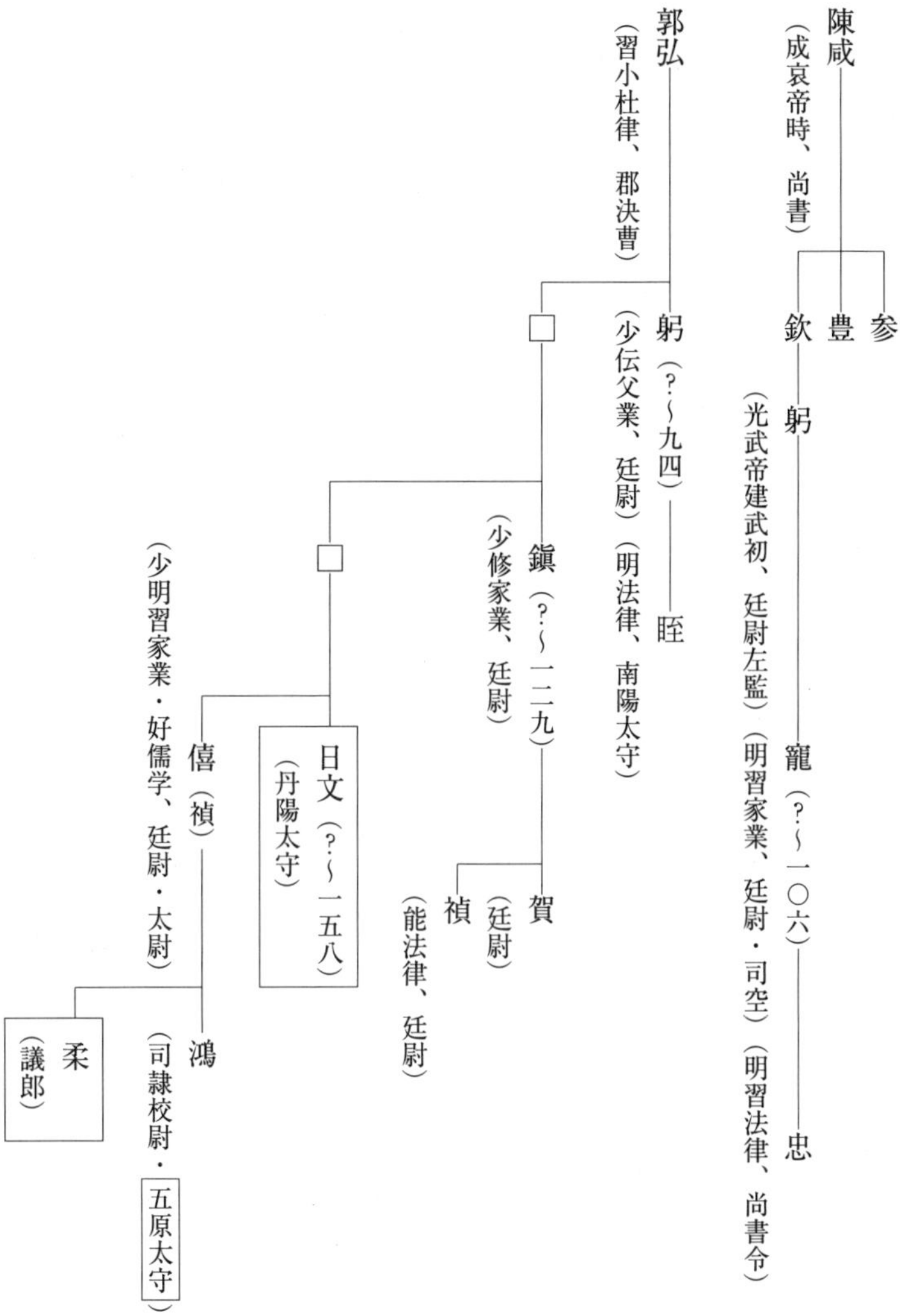

※ □内は王先謙『後漢書集解』により補う。

郭氏自弘後数世、皆伝法律、子孫至公者一人、廷尉七人、侯者三人、刺史・二千石・侍中・郎将者、二十余人、侍御史正・監・平者、甚衆、（略）法家之能慶延于世、蓋由此也。

とあり、（別表二）の通り家業の族的広がりが、陳氏に比べ一層、顕著になっている。

さらに『後漢書』郭躬伝は、かかる法律家がその地位を伝えた事例としてまた、

順帝時、廷尉河南呉雄季高、以明法律、（略）及子訢、孫恭、三世廷尉、為法名家。

と、「三世廷尉」の「法名家」、あるいは、

粛宗（章帝）時、司隷校尉下邳趙興、（略）子峻、太傅、以才器称、孫安世、魯相、三葉皆為司隷、時称其盛。

と、「三葉司隷」家などをも附載している。

前漢時代と異なり、後漢時代に入ると、次第に律令が家業として継承され、さらには律令を講授して生計を得る場合さえ認められることになる。前述の「律三家」、「章句十有余家」の場合も、あるいは多くの弟子を教育し、学派を形成するがごとき現象が見られたかも知れない。

律学書―律令一定へ

律令の民間への滲透、普及は、当然教材としての律学書を必要とする。この点について『隋書』経籍志は、

漢律久亡、故事駁議、又多零失、今録其見存可観者、編為刑法篇。

と、「漢律」は亡失してしまったとされるものの、「漢律」関係の現存する典籍として、

『律本』二十一巻　杜預撰

『漢晋律序注』一巻　晋僮長張裴撰

を収める。『晋書』刑法志にもまた、後漢末の応劭による、

献帝建安元年、応劭又刪定律令、以為漢議、表奏之曰、夫国之大事、莫尚載籍也、載籍也者、決嫌疑、明是非、賞刑之宜、允執厥中、俾後之人、永有鑒焉。

と、律令が典籍として広く普及することによって、初めて治獄の公平ももたらされるとの主張が伝えられている。『隋書』経籍志に収載される刑法書は、後漢末以降のものしか確認できない[7]が、律令の全容を典籍化することは困難であったとしても、後漢における律学の興隆とともに律令の典籍化が進み、これまで「以吏為師」に限定されていた律令の実態が、徐々に開示、普及して行ったことは想像に難くない。

律令・律説の書は、三国魏の如淳や孟康をはじめとする注釈家によっても引用され、その一端を知り得るが、これら律令の典籍化、法の普及は、当然また人民に律令の実態を知らせ、姦吏の恣意を封じることに繋がったと思われる。

『後漢書』陳寵伝には、

寵為昱、撰辞訟比七巻、決事科条、皆以事類相従、昱奏上之、其後公府奉以為法。

とあり、司徒辞曹陳寵の個人的撰著『辞訟比七巻』や『決事科条』が、国法として採用されている。このことは三国魏の明帝が、「章句十有余家、家数十万言」の著述のなかから結局、鄭氏の章句を公法として位置付けたことと同様である。

もちろん陳寵にしても「章句十有余家」にしても、勅命を得て著述を行ったものではない。このため『史記』叔孫通列伝に、

孝恵即位、廼謂叔孫生曰、先帝園陵寝廟、羣臣莫能習、徙為奉常、定宗廟儀法、及稍定漢諸儀法、皆叔孫生為太常所論著也。

と見える、前漢時、恵帝の命を受けての叔孫通の論著、『宗廟儀法』・『漢諸儀法』等とは性格を異にする。

『晋書』刑法志に見える董仲舒の作った『春秋折獄』もまた、

故膠東相董仲舒、老病致仕、朝廷毎有政議、数遣廷尉張湯、親至陋巷、問其得失、於是作春秋折獄二百三十二事。

とあって、武帝の命に対えたもので、則、国法との認知を受けたものである。李悝や商鞅の『法経』、蕭何の『九章律』の場合と同様である。

後漢になって確認される律令の典籍化は、当然それぞれ個人の責任において律説・章句が述べられて行くことになる。これがまた、これまで種々課題とされてきた「一代之法」・「律令一定」に寄与することになる。

最近、新たに出土した睡虎地秦律や張家山漢律が、これら律令の典籍化と系譜の上でどのように関わるかは興味の持たれるところである。これら副葬品は、墓主が、馬王堆古地図にも共通するが、余人をもってしては入手し難い貴重品として如何に愛蔵していたかを窺わせる。それだけに睡虎地秦律や張家山漢律が、秦から漢初にかけての律令の普及に繋がりを持つ典籍、書物としてどれだけ一般化していたかとなると、これについてはなお慎重を期したいと考える。

五　律令と古義

律令と古義

『漢書』酷吏伝、「贊曰」には、

張湯死後、罔密事叢、寖以秏廃、九卿奉職、救国不給、何暇論縄墨之外乎、自是以至哀平、酷吏衆多。

と、「罔密」の時期は、武帝時の張湯に始まり、哀帝・平帝にいたるとしているが、『後漢書』梁統伝は、後漢初、梁統の上奏を引き、

竊謂高帝以後、至乎孝宣、其所施行、多合経伝、宜比方今事、験之往古、聿遵前典、事無難改。

と、高祖より宣帝時までは「合経」で、法運用の強化は元帝以降と見なしている。
ただ『漢書』蕭望之伝には、梁統が「合経」と認めた宣帝時について、

初宣帝不甚従儒術、任用法律、而中書宦官用事、中書令弘恭・石顕、久典枢機、明習文法、（略）論議常独故事、不従望之等、恭顕又時傾仄見詘。

とあり、「不甚従儒術、任用法律」、儒学より法律を優先させたとあり、また『漢書』蓋寛饒伝にも、

方今用事之人、皆明習法令、言足以飾君之辞、文足以成君之過、（略）是時上（宣帝）方用刑法、信任中尚書宦官、寛饒奏封事曰、方今聖道寖廃、儒術不行、以刑余為周召、以法律為詩書。

とあり、「用刑法」、「儒術不行」と、宣帝は経学よりも法律の方を重んじたとの認識が伝えられている。
先の『漢書』蕭望之伝によれば、この宣帝時には佞臣の石顕等までが法律に習熟し、京師の諸儒から称賛を得ていた蕭望之に、「故事」（漢家制度故事）を持して相対したが、時に「傾仄」の議論が見られ宣帝に詘けられたという。皮肉の込められた伝文であるが、ただ当時の律令をもってしては、同時になおかかる「故事」、先例が、かなりの重きを占めねばならなかったということになる。

『漢書』循吏伝序語にも、

江東相董仲舒・内史公孫弘・児寛、居官可紀、三人皆儒者、通於世務、明習文法、以経術、潤飾吏事。

とあるように、武帝時にあっては、すでに儒者においてもまた律令に精通する存在が見られた。
このため法の運用において、「三尺律令」が重きを持つにいたる過程は、すでに朱博の事跡などを通じて前節においても見てきたが、律令と経学との両者の比重如何については、これをかく明確に分離し、時代を画して議論することは余り意味のないことかも知れない。
「罔密」の転機の一つに位置付けられる酷吏張湯にしても、彼がまた経学を重視していたことはすでに見てきた通

りである。前漢時代の廷尉の内、昭帝時に十八年[8]と異例の長期在任を誇る于定国なども、年少にして律令を修得したが、廷尉になるとやはり師について春秋を学んだという。

成帝時の丞相翟方進は、『漢書』翟方進伝に、

通文法吏事、以儒雅縁飾法律、号為通明相、天子甚器重之、奏事亡不当意。

ともあるように、経学でもって法律の正当性を飾り、「通明相」と称えられている。律令が経学でもって補完、潤飾されて行く事情は、当然、律令の不備、律令への馴染みの薄さ、儒学重視の風潮などとも関わっていたと思われるが、この傾向は結局後漢に入っても後退することはなかった。

すでに見た通り、後漢の陳寵が興漢以来三百二十年間の律令を三公・廷尉の両府で平定せんとした際にも、その基準とするところは「応経合義」であった。

『後漢書』鍾皓伝にあってもまた、

為郡著姓、世善刑律、皓少以篤行称、公府連辟、為二兄未仕、避隠密山、以詩・律教授、門徒千余人。

と、桓帝時に没したと思われる鍾皓は、刑律をもって知られる家柄であったが、この鍾皓が門弟に教授した内容には、律令の他に詩経も含まれていた。

これら儒法合一化への動き、とくに後漢に入っての諸儒章句家による律研究の高まりは、法の普遍性、体系化の深化に寄与することになるわけで、魏明帝は大儒鄭氏章句を国法として認知するにいたった。

それにしても礼楽と刑罰とは、これまでしばしば対比されてはいるものの、経学による律令の補完、潤飾において、これが必ずしも緩刑に結びつくとは限らない。それは大儒鄭玄等が、『晋書』刑法志に、

名儒大才、故遼東太守崔寔、大司農鄭玄、大鴻臚陳紀之徒、咸以為宜復行肉刑、漢朝既不議其事、故無所用矣。

とあるごとく、後漢末の天下争乱の中で、肉刑の復活を提議していることからも知り得ることである。

律令の普及と私議

後漢時代に入って民間に広く普及して行くことになる律令であるが、『三国志』魏志衛覬伝によれば、

明帝即位、（略）覬奏曰、九章之律、自古所伝、断定刑罪、其意微妙、百里長吏、皆宜如律、刑法者、国家之所貴重、而私議之所軽賤、獄吏者、百姓之所県命、而選用者之所卑下、王政之弊、未必不由此也、請置律博士、転相教授。

とあるごとく、どの時期まで遡るかは定かでないものの、少なくとも三国魏の明帝の時代にあっては、律令、とくに「刑法」などは、「私議之所軽賤」と、かつて問題視された「私議」においてすら、すでに識者から軽視される存在となっている。

このことは、律の公開・律学の普及との面からすれば、それだけ成熟期に入ったとのことにもなり、漢律（『九章之律』）が、「百里長吏」、すなわち県の令丞にまで徹底されていたことが明らかとなる。(9)

この後漢時代の律令は、『魏書』刑罰志に、

後漢二百年間、律章無大増減。

とあるごとく、前漢時代を受けての二百年間、これが体系に大きな変更を見ることはなかった。

おわりに

本章では、漢代における司法の展開を中心として、律令の不備（律令一定の欠如、他）と「以吏為師」による法の公開、普及の遅れ、これに附随する法の恣意的運用や治獄の乱れを、別に問題とした廷尉平や直指繡衣使者の新設、酷

吏活躍等の時代背景の一つと考えた。

併せて前漢末から後漢にかけての「以吏為師」からの脱皮、律学の高まり、律令の典籍化と法の公開その他の新たな展開についてもふれた。

同時に、廷尉平や直指繡衣使者のような既存の治獄体制と重複する緊急避難的行政措置についても、これがその役割を終え、後漢に入って是正されて行く事情についても言及した。

このことは、漢王朝の体制が次第に整備されて行く中で、前漢後半期に入ると司法行政上でもその強化が試みられ、後漢に入ると、さらに大きな転機、整合化への動きが認められるということになる。

ただこのように漢代の司法を概観したとして、肝心の漢律令の全貌が未だ判明しておらず、また対象とした課題も限定されている。このため試論の域を出ない。近年、秦律についで前漢初の漢律の出土も伝えられている（「追記」、張家山漢墓出土の呂后『二年律令』が、二〇〇一年一一月、張家山二四七号漢墓竹簡整理小組『張家山漢墓竹簡』文物出版社において公刊された）。

版本史料を中心に、少しく漢代の司法の大要について検討したが、今後、さらなる漢律の出土を俟ちたい。

注

（1）拙稿「廷尉平と直指繡衣使者—漢代の司法行政一斑」『中央大学文学紀要』史学科三二、一九八七。本書【Ⅱ】第七章。

（2）『晋書』刑法志が伝える、漢代律令篇条数の大要は、

蕭何『定律』九篇

叔孫通『傍章』一八篇

張湯『越宮律』二七篇

趙禹『朝律』六篇

の計六〇篇、以上前漢。
『決事令甲』以下三百余篇
鮑公『嫁娶辞訟決』
鮑公『法比都目』
凡九〇六巻（前漢六〇篇を含む＝『訳注中国歴代刑法志』創文社、一九六四、頁九六。「決事比」九〇六巻＝『資治通鑑』）。
叔孫宣・郭令卿・馬融・鄭玄「章句十有余家」二六二七二条（七七三二二〇〇余言）
以上後漢。
魏明帝は鄭氏「章句」に統一と。
また、浅井虎夫『支那ニ於ケル法典編纂ノ沿革』第三章、京都法学会、一九一一、汲古書院、一九七七。西田太一郎『中国刑法史研究』岩波書店、一九七四、頁八〇～八三。

(3)『漢書』高帝紀上序「告帰之田」の顔注に、「孟康曰古者名吏休仮曰告、告又音嚳、漢律、吏二千石有予告有賜告・予告者在官有功最、法所当得也、賜告者病満三月当免、天子優賜其告、使得帯印綬、将官属帰家治病、至成帝時、郡国二千石賜告不得帰家、至和帝時、予賜皆絶」、『漢書』馮奉世伝の顔注に「（如淳曰）律、吏二千石以上、告帰帰寧、道不過行在所者、便道之官、無辞」と。

(4)趙翼『廿二史劄記』「漢時以経義断事」。程樹徳『九朝律考』一九二五、他。

(5)拙稿「春秋戦国時代の罪刑法定化の動きと以吏為師について」『中国律令制の展開とその国家・社会との関係』刀水書房、一九八四所収。本書【Ⅰ】第一章。

(6)『後漢書集解』は、沈欽韓（『両漢書疏証』）の律三家と章句家との関わりを求める注解を引く。

(7)『韓非子』難三に「法者、編著之図籍、設之於官府、而布之於百姓者也」とあるが、この図籍は官府内に限定されるものである。『商君書』定分は、官府における法令の厳重な管理体制を伝える。

(8)『漢書』于定国伝。ただし『漢書』百官公卿表下は、「十七年」。

(9)邢義田「秦漢的律令学」『秦漢史論稿』東大図書公司、一九八七、で邢氏は、衛覬の上奏について、世族による律令学に対しての支持の喪失とその結果としての律令学の衰退、没落をも指摘される。しかしこの点は、世族、貴族の学術に対する関心如何の問題であって、律令の実態如何とは必ずしも連動するものではない。このため後漢末における律博士の登場も、律令学の地位の向上、発展の結果と捉え、邢氏の説かれるように律令学の没落を挽回するために設置されたものとまで理解する必要はない。また邢氏は、律令の修得が、漢初から私人を師として可能であったと考えられているが、その際、刑名法家の学と国法である律令とを同一視して論じられている。

第三章　蕭何の漢律三篇

はじめに

秦漢律令が、新出土簡牘によって、ある程度具体的に跡付けることができるようになったのは、最近三〇年ほどのことである。それまで、張家山の呂后『二年律令』を遡る漢初の律令は、蕭何の『律九章』を知るに過ぎなかった。この蕭何の『律九章』は、李悝の『法経』六篇に漢律三篇を加えたものとされるが、肝心の漢律三篇については、これまでは律名を知るのみで、漢律三篇の内容、位置付けについては、版本史料の中から推論される程度に過ぎなかった。

ただ最近の出土簡牘に含まれる秦漢律令は、この蕭何が漢初に編纂した漢律三篇についても、部分的ではあるが理解を深める糸口を提供してくれているかのようである。以下、蕭何の漢律三篇の位置付け、背景について少しく考えて見ることにする。

一　蕭何の『律九章』をめぐる諸問題

蕭何の『律九章』は、漢律令の開祖として名高く、種々の角度から検討されて来ている。その中で、

(1)蕭何の『律九章』は、どの時点で編纂されたか。いわゆる律令編纂の時期。

(2)蕭何の『律九篇』の内、李悝『法経』に蕭何が追加した律三篇の内容、『戸律』・『廏律』・『興律』はどのような律文か。いわゆる漢律三篇の具体的内容。

(3)蕭何の『律九章』と戦国秦漢時における「約」との関連如何。いわゆる「律令」と「約束」との関連性。

の三点については、これまで比較的研究の深化が見られた。

先ず(1)の『律九章』の編纂が行われた時期についてであるが、これについては小川（貝塚）茂樹氏が、「蕭何が正式に律令を制定したのは漢の統一後の事であらうが、既に高祖が関中に至る時分から、治国の法として、法律は作って居たのであらう。殊に軍馬の徴発、租税の徴収を定める事律三篇は楚漢戦線へ後方より兵力、軍資を補充した蕭何の必要とした所であるから、この時に原形を制定したものと考へられる」と、「原形」との言葉を用いてはいるが、漢による天下統一以前に漢律三篇が制定されていたとの理解を提示[1]されており、これに従う意見も多い。

増淵龍夫氏は、『史記』蕭相国世家の、

漢二年、漢王与諸侯撃楚、何守関中、侍太子、治櫟陽、為法令約束、立宗廟社稷宮室県邑、輒奏上、可、許以従事、（略）関中事計戸口転漕、給軍。

とある、楚漢対峙時の漢二（前二〇五）年に見える「法令約束」を、蕭何の「事律」三篇と考え、小川（貝塚）茂樹氏が、「事律」三律が楚漢戦線への後方支援のために制定されたとする見解を補強され、小川氏の「事律」三篇が「後

方より兵力、軍資を補充」するために必要であったとする事実への具体的事情説明としては、「計戸口転漕、給軍」の記載を指摘する。(2)

しかしこのように、漢が天下を統一する以前に蕭何の律令編纂が開始されていたとする理解については、『漢書』高帝紀下には、

天下既定、命蕭何次律令。

とあり、『漢書』刑法志にも、

相国蕭何、攈摭秦法、取其宜於時者、作律九章。

とあって、具体的に『律九章』の名を挙げてその編纂開始を伝える記事は、いずれも漢による天下統一（前二〇二）後、または蕭何が相国就任（前一九六、『漢書』百官公卿表上、前一九八、『漢書』百官公卿表上）後となっており、「事律」三篇の編纂自体は、楚漢抗争の渦中であったとは言い難い。

蕭何が楚漢対峙時に後方支援のために努力したことは間違いないが、『史記』蕭相国世家に見える「法令約束」は、秦代に通行していた「律令」や一時的な取り決め、「約束」事であって、戦乱の渦中に、「攈摭秦法、取其宜於時者」、すなわち秦律を吟味し宜しきを取りて新規の法典編纂に努力していたとまで考える必要はないと思われる。

ついで(2)の蕭何の漢律三篇については、『晋書』刑法志において『戸律』・『廏律』・『興律』の律名を知るのみであるが、村上貞吉氏は、これを『魏新律』「序略」や隋唐律中の『戸婚律』・『廏庫律』・『擅興律』等によってその内容を推論している。(3)

これに対して滋賀秀三氏は、『九章律』が初出する『漢書』刑法志は、史実を正確に要約したものではなく、『律九章』なるものの起源の説明として作文されたものである。『法三章』は、項羽が関中に攻め込むことで立ち消えになったが、『漢書』刑法志が大きく取り上げているのは、三章から九章へという数の面白さを狙った語り口で、九章など

というものはなかったはずで、漢の九を尊ぶ吉数意識が作用したもので、『律九章』の成立は、法律学が儒学の一分科として地歩を築いた前漢武帝の世が終わって宣帝の治世となった頃であったとされている。(4)

この滋賀氏の見解は、多数の編目を含む張家山の呂后『二年律令』の出土を踏まえての理解であるが、同じく多数の編目を含む睡虎地秦律の出土を踏まえて大庭脩氏は、蕭何の「事律」三篇は、新に出現した『田律』以下の諸律から、共通の規定を整理編纂して興・廏・戸律を纏めたのではなかったか。ただその際、他の秦律を廃止したのではなく、三篇に入らない律はそのまま継承したのではなかったかとされ、(5)蕭何の事律三篇についてこれを肯定的に捉えようとされている。

この蕭何の漢律三篇が、何らかの実態を持っていたかどうかの認識は、三律の具体的内容如何にも関わるわけで、この点は、蕭何の漢律三篇とされる『戸律』・『廏律』・『興律』が、漢建国当初において、果たして存在価値、必然性を有するものであったかどうかを検討する必要がある。

最後に(3)の「律令」と「約束」との関連如何であるが、この問題は、大庭脩、冨谷至両氏によって詳細な分析が行われている。この問題の発端は、増淵龍夫氏が、戦国秦漢時においては、集団内における「約」は、法的拘束力を持ち、『史記』蕭相国世家の「法令約束」も、蕭何の「事律」三篇を指す。『史記』汲鄭列伝の、

黯数質責湯於上前、曰、(略)何乃取高皇帝約束紛更之為、公以此無種矣。

に見える「高皇約束」も、高祖の定めた律令を指しており、「約束」の用語が国の法令に用いられていたと指摘し、「律令」と「約束」とが、同じ位置付けを持っていたとの理解を示されたことにある。

この増淵龍夫氏の理解に対して、大庭脩氏は、国家の「律令」と集団の「約束」とは別で、「律令」は「約束」に優先する存在とされ、(6)冨谷至氏は、増淵氏が「律令」と「約束」とにはっきりとした区別を設けず、ややもすると「約」が「律」に発展する、「約」が「律」の法源となるかの印象を抱かせるとして批判を展開され、「約」と「律」

とは次元を異にする規範であったと指摘されている。[7]

これらの諸課題の内、(1)蕭何三律が編纂された時期は、漢の天下統一後であったと考えて問題はなく、(3)の課題は、大庭脩、冨谷至両氏の分析で、問題は出尽くしていると考える。そこでここにおいては、この(3)の法理論の分野にも立ち入らず、(2)を中心に事実関係を確認することとする。

二　蕭何の『律九章』

『漢書』の『律九章』

蕭何は、劉邦に従い秦都咸陽宮に攻め入るや、『史記』蕭相国世家に、

沛公至咸陽、諸将皆争走金帛財物之府分之、何独先入収秦丞相御史律令・図・書蔵之、沛公為漢王、以何為丞相、項王与諸侯屠焼咸陽而去、漢王所以具知天下阸塞、戸口多少、彊弱之処、民所疾苦者、以何具得秦図書也。

と伝えられるがごとく、いち早く咸陽宮に所蔵される「律令・図・書」、法典・地図・公文書類を入手した。漢王となった劉邦は、この結果、地図によって「天下阸塞」・「彊弱之処」を知り、公文書によって「戸口多少」・「民所疾苦」を知ることができたと評価しているが、この時期に「律令」が果たした役割については、「図」・「書」に対するような言及は見えない。激動期における役割は、各地の状況を詳細に伝える地図や各種帳簿類の方が、「律令」よりも勝っていたのは当然である。

『史記』秦始皇本紀には、

趙高故嘗教胡亥書及獄律令法事、胡亥私幸之、高乃与公子胡亥・丞相斯陰謀、破去始皇所封書賜公子扶蘇者、而更詐為丞相斯受始皇遺詔沙丘、立子胡亥為太子。

とあり、始皇帝の後を継いだ胡亥と陰謀の立役者趙高との接点に『律令』が介在していた。帝位を狙う地位では、「律令」の習得が必須であったことになる。蕭何が咸陽宮で入手した「律令」は、胡亥も手にすることがあったかも知れない。

「律令」の重要性は、李斯が政務を取り仕切った秦代において、格別の位置付けを持っていたことは疑いない。漢の劉邦も、天下を統一するや、『漢書』高帝紀下には、

高祖不脩文学、而性明達、好謀、能聴、自監門戍卒、見之如旧、初順民心作三章之約、天下既定、命蕭何次律令、韓信申軍法、張蒼定章程、叔孫通制礼儀、陸賈造新語、又与功臣剖符作誓、丹書鉄契、金匱石室、蔵之宗廟。

とあり、蕭何にいち早く「律令」の編纂を命じている。項羽と天下を争った時期に役立った「図」・「書」に対して、「律令」の編纂は、天下を掌握した後、国を運営するに当たっては、用兵に関わる『軍法』・暦や度量衡に関わる『章程』・国家の『礼儀』・秦の滅亡と漢の建国に教訓を求めた『新語』等に先んじ位置付けられている。

蕭何の「律令」編纂が、漢建国後、重要な位置付けを持っていたことは疑いがない。それにも拘わらず蕭何の法典編纂の具体的な内容は、『史記』にはなく、『漢書』刑法志に、

漢興、高祖初入関、約法三章曰、殺人者死、傷人及盗抵罪、蠲削煩苛、兆民大説、其後四夷未附、兵革未息、三章之法不足以禦姦、於是相国蕭何、攈摭秦法、取其宜於時者、作律九章。

とただ『律九章』で構成されていたことを伝えるのみである。

漢初、蕭何の律令が、「九章」に尽きるかどうかは[8]、睡虎地『秦律十八種』や呂后『二年律令』が出土した今日、疑問視されて当然であるが、それを問題とする前に、『律九章』の具体的内容を把握する必要がある。

『晋書』刑法志の『律九篇』

『律九章』の具体的な構成が明らかになるのは、唐代に降る。『晋書』刑法志は、

其文（「秦漢旧律」）起自魏文侯師李悝、悝撰次諸国法、著法経、以為王者之政、莫急於盗賊、故其律始於盗賊、盗賊須劾捕、故著網捕二篇、其軽狡、越城、博戯、借仮不廉、淫侈、踰制以為雑律一篇、又以具律具其加減、是故所著六篇而已、然皆罪名之制也、商君受之以相秦、漢承秦制、蕭何定律、除参夷連坐之罪、増部主見知之条、益事律興・廏・戸三篇、合為九篇。

と、秦漢の律令が魏の李悝『法経』六篇に起源することを述べた後、蕭何が編纂した『律九章』の具体的律名を記載する。

『晋書』の編纂は唐代に遅れる。李悝『法経』の伝文は、『晋書』を始め唐代の編纂物において初めて認められる。このことから李悝『法経』の伝文については、これまで疑問を呈する向きもある。ただ李悝『法経』の伝文が、必ずしも全くの捏造ではなかったとの点は、『本書』【Ⅰ】第三章「李悝の法経」[9]で指摘した。

このため『晋書』刑法志に初見する蕭何の『律九章』の具体的律名についても、なぜ李悝『法経』六篇と、漢律『興律』・『廏律』・『戸律』の三篇であることが『晋書』刑法志で特定されていたかは、問題となるかも知れない。『晋書』刑法志の記載は、李悝『法経』が秦漢律の祖型であることを強調している。ここに吉数ともされる「九」の数字を求めた場合、『法経』の六篇（章）が優先され、漢律三篇（章）の選択には、単なる数合わせ以上の意味はなかったのかも知れない。

李悝『法経』六篇は、『盗律』・『賊律』・『雑律』と、これら犯罪への対応を整えた『網律』・『捕律』・『具律』の計六篇で、いわゆる刑罰法規を中心とする。これに対して漢律である『興律』・『廏律』・『戸律』の事律三篇は、いずれも行政的法規に類する。ただ新出の呂后『二年律令』二七律・一令では、『興律』と『戸律』は確認できるが、『廏律』は確認できない。これに対して睡虎地『秦律十八種』においては、『興律』・『戸律』共に確認できないが、漢律の

『廏律』と関連性があるかと思われる『廏苑律』と、その略称と思われる『廏律』[10]の律名は存在する。

『晋書』刑法志に蕭何の『律九章』の内容が伝えられるとしても、「九」に実数としての役割が伴っていなかったとすれば、漢律三篇について、これ以上の詮索をしても意味のないことになるが、李悝『法経』を初めて紹介してくれた『晋書』刑法志の伝文でもあるだけに、あるいは漢律三篇にも、何らかの現実的意味が含まれてはいないか気になる。

唐代の編纂物においては、李悝『法経』の流れを紹介する中で、蕭何の『律九章』については、『唐律疏議』一に、

漢相蕭何、更加悝所造戸・興・廏三篇、謂九章之律。

とあり、『大唐六典』刑部尚書に、

蕭何、加悝所増戸・興・廏三篇、謂之九章九（唐律九作之）律。

とあり、『通典』刑に、

漢承秦制、蕭何定律、除参夷連坐之罪、増部主見知之条、益事律興・廏・戸三篇、合為九篇。

とあり、いずれも蕭何が『戸律』・『興律』・『廏律』の三篇を、李悝『法経』六篇に増加し、『九章之律』・『律九篇』を編纂したことが相次いで伝えられている。

編纂年次の早い『晋書』刑法志に『唐律疏議』他が倣ったことも考えられ得るが、蕭何が採用したとされる漢律三篇は、『晋書』刑法志と『通典』刑とでは、「興・廏・戸三篇」の順で記載され、『唐律疏議』一と『大唐六典』刑部尚書とは、「戸・興・廏三篇」の順で記載されている。三律の種別に変化はないが、伝文での漢律三篇の記載の順序には、多少の異同が見える。

蕭何の『律九章』の前文に当たる、李悝の『法経』でも、

①盗・賊・網・捕・（軽狡・越城・博戯・借仮不廉・淫侈・踰制）雑律・具律。（『晋書』刑法志）

②盗法・賊法・囚法・捕法・雑法・具法。（『唐律疏議』一）
③盗法・賊法・囚法・捕法・褋法・具法。（『大唐六典』刑部尚書）
④盗律・賊律・囚律・捕律（軽狡・越城・博戯・借仮不廉・淫侈・踰制）雑律・具律。（『通典刑』）

と、律令の呼称が、「律」であったり「法」であったりと各文献で律令の表記が相違している。また李悝から商鞅、漢制への継承についても、

①商君受之以相秦、漢承秦制。（『晋書』刑法志）
②商鞅伝授、改法為律。（『唐律疏議』一）
③商鞅伝之、改法為律、以相秦、増相坐之法、造参夷之誅、大辟加鑿顛抽脅鑊烹車裂之刑、至漢。（『大唐六典』刑部尚書）
④商君伝習、以為秦相、漢承其制。（『通典刑』刑）

とあり、商鞅による「改法為律」（②・③）との律名呼称の変更や商鞅が新に導入したとされる「増相坐之法、造参夷之誅、大辟加鑿顛抽脅鑊烹車裂之刑」（③）との刑名の紹介等で、関係する各文献は、必ずしも同一の記載にはなっていない。

このため唐代においては、『晋書』刑法志も依拠した、今日すでに亡佚してしまった典拠が別に存在し、『唐律疏議』以下の各書は、李悝『法経』の構成や商鞅への魏律継承の経緯と共に、蕭何の『九章之律』・『律九篇』についても随時引用、紹介したものではなかったかと思われてならない。

三　蕭何の漢律三篇

蕭何が採用した漢律三篇は、
①『戸律』・『興律』・『廏律』。（『唐律疏議』一・『大唐六典』刑部尚書）
②『興律』・『廏律』・『戸律』。（『晋書』刑法志・『通典刑』刑）
の二種の排列が見えるが、『戸律』が最初に来るか最後かの相違である。睡虎地の『秦律十八種』は、

『田律』・『廏苑律』・『倉律』・『金布律』・『関市』・『工律』・『工人程』・『均工』・『繇律』・『司空』・『軍爵律』・『置吏律』・『効』・『伝食律』・『行書』・『内史雑』・『尉雑』・『属邦』。

の一八種であり、呂后『二年律令』は、

『賊律』・『盗律』・『具律』・『告律』・『捕律』・『亡律』・『収律』・『襍律』・『銭律』・『置吏律』・『均輸律』・『伝食律』・『田律』・『□市律』・『行書律』・『復律』・『賜律』・『戸律』・『効律』・『傅律』・『置後律』・『爵律』・『興律』・『繇律』・『金布律』・『秩律』・『史律』・『津関令』。

の二八種である。この睡虎地秦簡（『秦律十八種』）と張家山漢簡（呂后『二年律令』）との間の時期に位置付けられる龍崗秦簡の律文残簡は、睡虎地秦律との比較や龍崗律文残簡に見える律名とにおいて、

『田律』・『廏苑律』・『繇律』・『公車司馬猟律』・『盗入禁苑律（二〇・二一号簡）』（？）。

等の既存の律文から抜粋し、禁苑の管理に関わっていた墓主が、職務上所持していたものと見なされている(11)。

これら戦国秦から統一秦にかけての睡虎地秦律・龍崗秦律と蕭何の漢律三篇とを対比してみると、蕭何の漢律三篇中の『廏律』は、睡虎地『秦律十八種』並びに龍崗秦律残簡中に、関連するかと思われる『廏苑律』が確認できるが、

もし苑囿に限定されない『廏律』となると、公馬牛と関わりを持っていたとは思われるが『廏苑律』そのものではない。そうすると『戸律』と『興律』との律名は、秦漢律令においては、呂后『二年律令』で確認できるのみとなる。そして秦律中に『廏苑律』が存在する『廏律』は、これを呂后『二年律令』では確認できないことになる。

ただ秦漢律令が継承したとされる戦国魏律には、睡虎地秦簡の『為吏之道』[12]中に、

●廿五年閏再十二月丙午朔辛亥、告相邦、民或弃邑居壄（野）、人人孤寡、徼人婦女、非邦之故也、自今以来、叚（仮）門逆呂（旅）、贅婿後父、勿令為戸、勿鼠（予）田宇、三枼（世）之後、欲士（仕）士（仕）之、乃（仍）署其籍曰、故某慮贅婿某叟之乃（仍）孫。　魏戸律

とあり、戦国魏の『戸律』が見えている。この『戸律』は、前二五二年（一二月六日）に告示され、李悝の『法経』を降るが、戦国魏律においても、かかる行政的法規が付加されていたことを知ることができる。

『秦律十八篇』中には『戸律』を留めず、秦の『為吏之道』を述べるに当たり、態々、魏の『戸律』を引用する。秦の律令については、未だその全容を知ることはできず、今日確認できる新出秦漢律令も、副葬した墓主の職掌と関わりを持つ。このため『戸律』、さらには『興律』・『廏律』についても、秦律における存否を軽々に論じることは慎まなければならない。ただ『唐律疏議』の『廏庫律』には、

疏議曰、廏庫律者、漢制九章、創加廏律、魏以廏事散入諸篇。

とあり、『廏律』を漢制の「創《はじめて》」、創始と位置付け、同書『擅興律』でもまた、

疏議曰、擅興律者、漢相蕭何創為興律、魏以擅事附之、名為擅興律。

とあり、『興律』を漢蕭何の「創《はじめて》」、創始とする。これに対して『唐律疏議』の『戸律』では、

疏議曰、戸婚律者、漢相蕭何承秦六篇律後、加廏・興・戸三篇、為九章之律。

とあり、その来歴において「創」字を脱している。

『唐律疏議』は、李悝『法経』に関わる律文についても、各律文の来歴を、『賊盗律』は、

疏議曰、賊盗律者、魏文侯時、里悝首制法経、有盗法・賊法、以為法之篇目。

『雑律』は、

疏議曰、里悝首制法経、而有雑法之目。

『逋亡律』は、

疏、魏文侯時、里悝制法経六篇、捕法第四。

『断獄律』は、

疏議曰、断獄律之名、起自於魏、魏分里悝囚法、而出此篇。

と述べ、戦国魏法との関わりを明記している。このため『唐律疏議』によれば、『廏律』・『興律』の二律は、漢制において創始されたこととなる。

この点をも含め、蕭何の漢律三篇を、現在実見することができる新出秦簡律と対比し、存否の如何を質してみても、これには特段の意味はないことかも知れないが、『晋書』刑法志において、『律九章』として列記される漢律三篇（『戸律』・『興律』・『廏律』）について、新出史料で確認できる範囲で以下その概要を通覧し、併せて漢律三篇の位置付けについても検討してみたいと考える。

『戸律』

張家山二四七号漢墓竹簡整理小組が、呂后『二年律令』[13]において、『戸律』に該当するとされる律文（含残簡）は二二条である。

この二二条の律文は、

(1)末端の地方行政
①伍人組の編成（「自五大夫以下、比地為伍」〔簡号三〇五〕）。
②告姦の義務（「居処相察、出入相司、有為盗賊及亡者、輒謁吏」〔簡号三〇五〕）。
③里吏による里門の開閉・施錠（「典・田典更挾里門籥（鑰）、以時開」、「伏閉門」〔簡号三〇五～三〇六〕）。
④閉門時の通行禁止と特例（「止行及作田者」、「其献酒及乗置乗伝、以節使、救水火、追盗賊、皆得行」〔簡号三〇六〕）。
⑤刑徒と庶民との雑居の禁止（「隷臣妾・城旦舂・鬼薪白粲家室、居民里中者、以亡論之」〔簡号三〇七〕）。
⑥県治所の門番の募集と閉門時の通行制限（「募民欲守県邑門者」、「令以時開閉門、及止畜産放出者」〔簡号三〇八〕）。
⑦県治所の門番への住民の食費の負担（「令民共（供）食之、月二石」〔簡号三〇八〕）。
⑧門の管理に従事する人々の爵身分（「□□□□令不更以下、更宿門」〔簡号三〇九〕）。

(2)戸籍の登記
①住民（年齢）届の手続者と手続怠慢者への罰則。（「民皆自占年。小未能自占、而毋父母、同産為占者、吏以□比定其年」、「自占、占子、同産年、不以実三歳以上、皆耐」〔簡号三二五～三二六〕）。
②出生届の時期と届を失した場合の罰則（「産子者恒以戸時占其⧄⧄罰金四両」〔簡号三二七〕）。
③戸籍調査の時期と関係吏（「恒以八月」、「令郷部嗇夫、吏、令史相襍案戸籍、副臧（贓）其廷」〔簡号三二八〕）。
④戸籍調査が不正確な場合の罰則（「郷部嗇夫、吏主及案戸者弗得、罰金各一両」〔簡号三二九～三三〇〕）。
⑤住民移動の手続と関係吏への罰則（「[令郷部嗇夫、吏、令史]有移徙者、輒移戸及年籍爵細徙所、并封」、「留弗移、移不并封、及実不徙数盈十日、皆罰金四両」、「数在所正、典弗告、与同罪」〔簡号三二八～三二九〕）。

(3)戸の相続
①子や同居のいない寡夫・寡婦、一四歳未満の子、一八歳未満の寡子、夫妻共に病気、七〇歳以上の老年者関

係（「寡夫、寡婦毋子及同居、若有子」、「子年未盈十四」、「及寡子年未盈十八」、「及夫妻皆瘁（癃）病」、「及老年七十以上」、「毋異其李、今毋它子、欲令帰戸入養」、「許之」〔簡号三四二～三四三〕）。

②子を分異したり、他に子がいない場合、戸を立てるを辞め国の養を受ける（「毋異其子。今毋它子」、「欲令帰戸入養」、「許之」〔簡号三四三〕）

③人妻が戸主になるを禁止（「為人妻者不得為戸」〔簡号三四五〕）。

④戸の独立は八月の戸籍調査時（「民欲別為戸者、皆以八月戸時、非戸時勿許」〔簡号三四五〕）。

(4)財産相続

①親族への奴婢・馬牛羊・財物の贈与と台帳作成（「民大父母、父母、子、孫、同産、同産子、欲相分予奴婢、馬牛羊、它財物者、皆許之」、「輒為定籍」〔簡号三三七〕）。

②相続した孫が祖父母の扶養を怠ると、祖父母が財産を管理（「孫為戸、与大父母居、養之不善、令孫且外居、令大父母居其室、食其田、使其奴婢、勿貿売」〔簡号三三七～三三八〕）。

③孫の相続を孫の母親がした場合の制約条項。母親は孫の祖父母や婿子を家から追い出したり、子供の財産を勝手に処分したりすることを禁止（「孫死、其母而代為戸」、「令毋敢遂（逐）夫父母及入贅」、「及道外取其子財」〔簡号三三八～三三九〕）。

④相続者が父母・子・同産・主母・叚（仮）母に、主母・叚（仮）母が孽子、叚（仮）子に、それぞれ田を分与し戸を立てさせることが可能（「諸（?）後欲分父母、子、同産、主母、叚（仮）母」、「及主母、叚（仮）母欲分孽子、叚（仮）子田以為戸者」、「皆許之」〔簡号三四〇〕）。

(5)財産分与の遺言

①田宅・奴婢・財物の相続遺言書の作成（「民欲先令相分田宅、奴婢、財物、郷部嗇夫身聴其令、皆参辦券書之、輒上

如戸籍」〔簡号三三四～三三五〕）。

②相続争い時の遺言書の効力（「有争者、以券書従事。毋券書、勿聴」〔三三五簡〕）。

③戸を立てていない者が田宅を相続した場合の戸の確認時期（「所分田宅、不為戸、得有之、至八月書戸」〔簡号三三五〕）。

④遺言書を不当に作成しなかった場合の罰則（「留難先令、弗為券書、罰金一両」〔簡号三三五～三三六〕）。

(6)宅園戸籍・年細籍・田比地籍・田命籍・田租籍

①各種台帳の管理（「民宅園戸籍、年細籍、田比地籍、田命籍、田租籍、謹副上県廷、皆以篋若匣匱盛、緘閉、以令若丞、官嗇夫印封、独別為府、封府戸」、「不従律者罰金各四両」〔簡号三三一～三三二〕）。

②各種台帳の閲覧（「節（即）有当治為者、令史、吏主者完封奏（湊）令若丞印、嗇夫発、即襍治為、臧（蔵）府已、輒復緘閉封臧（蔵）」、「不従律者罰金各四両」〔簡号三三一～三三二〕）。

③各種台帳の管理や閲覧規定に違反したり台帳に偽造を加えたことを見落とした場合の罰則（「其或為詐（詐）偽、有増減也、而弗能得、贖耐」〔簡号三三三〕）。

④各種台帳の調査時期（上計直前）と罰則（「官恒先計讎、□籍□不相（？）復者、毄（繫）劾論之」〔簡号三三三～三三四〕）。

(7)田宅の受給

①田は、関内侯九五頃～公卒・士五・庶人各一頃、司寇・隠官各五〇畝。〔簡号三一〇～三一三〕

②宅は、関内侯一〇五宅（「宅之大方卅歩」）～公卒・士五・庶人各一宅、司寇・隠官各半宅。〔簡号三一四～三一六〕

③未受田宅者への田宅支給（「□□廷歳不得以庶人律、未受田宅者、郷部以其為戸先後次次編之、久為右、久等、以爵先

後、有籍県官田宅、上其廷、令輒以次行之」（簡号三一八）。
④国家に返還すべき田宅を偽って相続した場合の罰則と田宅の没収（「田宅当入県官而詐（詐）代其戸者、令贖城旦」、「没入田宅」（簡号三一九））。
⑤戸を立てる資格がないのに他人名義で田宅を所有した者への罰則と田宅の没収。自首した名義貸者への猶予（「諸不為戸、有田宅、附令人名、及為人名田宅者」、「皆令以卒戍辺二歳」、「没入田宅県官」、「為人名田宅、能先告、除其罪、有（又）畀之所名田宅」、「它如律令」（簡号三二三～三二四））。

(8)田宅の売買・譲渡・相続上の制約や手続
①宅買い増しへの制約（「欲益買宅、不比其宅者、勿許」、「為吏及宦皇帝、得買舎室」（簡号三二〇））。
②田宅の譲渡や売却への制約（「受田宅、予人若売宅、不得更受」（簡号三二一））。
③田宅の相続や売買での関係吏の文書手続（「代戸、貿売田宅」、「郷部、田嗇夫、吏留弗為定籍、盈一日、罰金各二両」（簡号三二二））。

(9)租税の免除規定
①爵一〇～一八級者（卿以上）への租税の免除（「卿以上所自田戸田、不租、不出頃芻稾」（簡号三一七））。

となり、『戸律』は、
①　(1)～(3)は戸を単位とする地域秩序
②　(4)～(8)は戸の財産管理
③　(9)は田租の特例規程
の三部から構成されている。

戸を単位とする地域秩序の内、①の(1)は聚落の秩序であり、(3)は、各戸内の構成である。戸の財産管理については、

②の⑷・⑸は各戸毎の資産管理であるが、⑹は国家による戸を単位とする資産の統一的把握であり、⑺・⑻は公田宅の支給規程である。③の⑼は建国当初の経過措置で特例であったと思われるが、上位有爵者への優遇策である。

以上によると、『戸律』は、主として戸と戸内の構成員、戸毎の財産に対する国家による実態把握、確認への根拠規程であったことが明らかとなる。

『興律』

呂后『二年律令』で、『興律』に該当するとされる律文は断簡九条である。この内、

県道官所治死罪及過失、戯而殺人、獄已具、勿庸論、上獄属所二千石官。二千石官令毋害都吏復案、問（聞）二千石官、二千石官丞謹録、当論、乃告県道官、以従事。徹侯邑上在所郡守。〔簡号三九七〕

は、張家山二四七号漢墓竹簡整理小組によると、「此条律文或当入《具律》」とされ、『興律』に該当するかどうかに疑問が呈されている（『張家山漢墓竹簡〔二四七号墓〕（釈文修訂本）』[14]の「注釈」では、この「此条律文或当入《具律》」の注記は削除されている）。この律文は、

県道令長（県道官）の治獄で死罪の判断が出た場合、過失や戯れでの殺人であれば、審理が終了しても、直ちに論決を行うのではなく、所属の郡守（二千石官）に、治獄の経緯を報告する。報告を受けた郡守（二千石官）は、信用がある「毋害都吏」に再審理を行わせ、「毋害都吏」から報告を受けた後、郡守（二千石官）と郡丞とで慎重に取り調べ（録囚）、論決が妥当であれば、県道令長（県道官）にその旨を告げ、論決を行わせ刑を執行させる。徹侯の邑でも当地の郡守に治獄の経緯を報告する。

で、県や徹侯邑の治獄を郡守に確認する手続である。「過失、戯而殺人」は、『賊律』で、

賊殺人、闘而殺人、棄市、其過失及戯而殺人、贖死、傷人、除。〔簡号二一〕。

とあり、同じ殺人でも、棄市か贖死かで大きく量刑が異なる。このような微妙な治獄においては、郡府への確認が必要とされていたことになる。県道での初審において、案件によっては、独自に結審することができなかったとの事実は、貴重な発見であるが、この律文が、『興律』に該当するかどうかは、今後に俟たねばならない。これ以外の律文は、

①戍卒が逃亡した場合の罰則（「当戍、已受令而逋不行盈七日」、「若戍盗去署」、「及亡盈一日到七日、贖耐」、「過七日、耐為隷臣」、「過三月、完為城旦」〔簡号三九六～三九七〕）。

②奔命を逃れた場合の罰則（「当奔命而逋不行」、「完為城旦」〔簡号三九九〕）。

③繇役に徴発されている車牛を亡失した場合の罰則等（「已（?）繇（徭）」、「及車牛当繇（徭）而乏之」、「皆貲日十二銭」、「有（又）賞（償）乏繇（徭）日」、「車▨」〔簡号四〇一〕）。

④繇役に関わる律文残簡（「▨繇（?）日（?）」〔簡号四〇二〕）。

⑤繇役（?）に関わる罰則（「□□□□□為城旦」。「▨罰有日及銭数者」〔簡号四〇〇〕・〔簡号四〇三〕）。

⑥辺境防塞での通行監視業務と罰則（「乗徼、亡人道其署出入、弗覚」、「罰金□▨」〔簡号四〇四〕）。

⑦烽燧での炬火と罰則（「守隧乏之」、「及見寇失不燔隧」、「燔鞭而次隧弗私〈和〉」、」皆罰金四両」〔簡号四〇五〕）。

と、いずれも兵役に関係する律文である。

『廏律』

これまで呂后『二年律令』に収められる『戸律』・『興律』の二律を見てきたが、呂后『二年律令』中には『廏律』を確認することができない。ただ漢律について、『晋書』刑法志には、三国魏明帝の『魏新律』の「序略」を引き、漢律の内容の一部を紹介する。その中には、蕭何の漢律三篇の内、『戸律』は確認できないが、『興律』と『廏律』と

が確認できる。『魏新律』「序略」の伝文は、

其序略曰、旧律所難知者、由於六篇篇少故也、篇少則文荒、文荒則事寡、事寡則罪漏、是以後人稍増、更与本体相離。

と、漢律について、李悝『法経』を踏襲したことによる法の不備を説き、

今制新律、宜都総事類、多其篇条、旧律因秦法経、就増三篇、而具律不移、因在第六、罪条例既不在始、又不在終、非篇章之義。

と、漢律が三篇を増した後も、『具律』の順序が不自然なままに放置され、法典としての体をなしていないとの指摘が行われ、ついで具体的に漢律中の『賊律』・『囚律』・『金布律』その他の問題点と魏新律における律文名の変更が列挙されている。この中で蕭何の漢律三篇中の『興律』については、

①（漢律『興律』）上獄之事→（『魏新律』）繋訊断獄律
②（漢律『興律』）擅興徭役→（『魏新律』）興擅律
③（漢律『興律』）乏徭稽留→（『魏新律』）乏留律
④（漢律『興律』）烽燧　→（『魏新律』）驚事律

『廏律』については、

①（漢律『廏律』）告反逮受［験］→（『魏新律』）告劾律
②（漢律『廏律』）乏軍之興　→（『魏新律』）乏（之）留律
「秦世旧有廏置、乗伝、副車、食廚、漢初承秦不改、後以費広稍省、故後漢但設騎置而無車馬、而律猶著其文、則為虚設、故除廏律、取其可用合科者、以為郵駅令」。
③（漢律『廏律』）上言変事　→（『魏新律』）変事令

④（漢律『廏律』）驚〔警〕事告急→（『魏新律』）驚事律等の律文の内容が伝えられている。

ただこれら『興律』・『廏律』の内容は、漢代において、「後人稍増、更与本体相離」（『晋書』刑法志、『魏新律』「序略」）の結果、『興律』・『廏律』として相応しくないとされ魏新律においては別の律名に改編を受けたものである。それでも『興律』の「擅興徭役」・「乏徭稽留」・「烽燧」等は、呂后『二年律令』でも確認できたように、主として兵役に関係する律文であったことに間違いはない。『興律』には、「上獄之事」についての条項も含まれていた。この点、『漢書』刑法志の構成は、その前半が軍制に割かれていることからも知られる通り、漢代にあっては兵事と罪刑とは密接な関係を有していた。沈家本『漢律摭遺』巻一「目録」では、

上獄之法未詳、疑是罪人入獄之事、人数既衆、則收管防護、非召集徒衆不可、故漢時罪興律也。

とあり、「上獄」は、獄を警護するための人民の徴集を指すとの理解もある。『魏新律』では『繫訊断獄律』に入れられている。『興律』の「上獄」が人民の徴発に関係していたかどうかは推論の域を出ないが、呂后『二年律令』の〔三九六～三九七簡〕が、『興律』に該当するかどうかも定かではない。ただもし「上獄之事」が、治獄の上級審への報告、確認であって、漢初の『興律』にこれが入れられていたとしても、これは『興律』本来の姿から見て、「後人稍増、更与本体相離」（『晋書』刑法志、『魏新律』「序略」）の結果で、相応しい律文ではなかったと思われる。

ともあれ「序略」が伝える『興律』の内容は、呂后『二年律令』と大きく乖離することはなかった。これに対して、睡虎地秦律、呂后『二年律令』共にその律名を見出せない『廏律』であるが、『魏新律』「序略」には、

秦世旧有廏置、乗伝、副車、食厨、漢初承秦不改、後以費広稍省、故後漢但設騎置而無車馬、而律猶著其文、則為虚設、故除廏律。

とあり、『廏律』が、後漢において削除されたことと、『廏律』が削除された経緯は、「騎置」において「車馬」の常

置が廃止されたことにあったと述べられている。

秦代における「廏置、乗伝、副車、食廚、騎置」等は、いずれも駅伝に関わる用語と思われ、呂后『二年律令』の『伝食律』にも、「乗置」・「乗伝」・「伝食」についての律文が確認できる。このことからすると、『廏律』の削除は、車馬の管理からの撤退と結び付くことになる。

『魏新律』「序略」が伝える『廏律』の内容は、「告反逮受」、「上言変事」、「驚事告急」のいずれもが、「反（叛）」・「変事」・「驚［警］事」と国家の一大事に対しての中央への報告、「告（逮受）」・「上言」・「急告」であり、いずれも駅伝との深い関わりを窺わせる。これに対して「乏軍之興」は、軍馬の徴発であるが、駅伝との関わりもまた、車馬との関わりを以ての故である。

このように見て来ると、『廏律』は、車馬を活用しての急事の連絡、軍馬の調達等となるが、これらは『魏新律』編纂において、「本体相離」（『晋書』刑法志、『魏新律』「序略」）、むしろ派生的任務と位置付けられた諸事である。同時に、『魏新律』の編纂時において、『廏律』への対応が議論になっていることから、後漢時における「除廏律」（『晋書』刑法志、『魏新律』「序略」）と『廏律』が削除されたとの伝文は、駅伝に関係する業務に限定して『廏律』が離脱したことを意味しているのかも知れない。そして『廏律』の本来業務は、車馬の各種派生的活用を生じた、廏舎の管理そのものであったのではと考える。

廏舎の管理は、馬だけではなく牛羊等にも及ぶが、秦漢においては北方遊牧民との対峙において軍馬の需要は喫緊の課題であった。この意味からした、『廏律』は、『興律』と共に治安、国防に関わる最重要課題を担わされていたに違いない。

四　蕭何の漢律三篇と劉邦の『法三章』

以上、蕭何が李悝『法経』六篇に追加したとされる、漢律『戸律』・『興律』・『廏律』の三律を見て来たが、『戸律』は、

①人民支配の組織化。

②公田の管理規程が際立ってはいるものの、課税のための農地等の資産の把握。

の二点に重点が置かれ、国家は『戸律』を通して、治安と税収とが確保できた。

一方、『興律』では、兵事への対応が確保できていた。軍馬を管理する『廏律』は、『興律』を支える上での律文であったが、国内の治安を維持する上でも威力を発揮する。

この意味で、秦漢交替期の動乱を制した劉邦政権にとって、漢律三篇は、秦律中に確立していた各種行政的法規の中で、治安・財政・兵事を掌中に収め得る役割を担い得た。建国当初の国家運用の過程で、漢律三篇の直前に約された『法三章』と並んで、漢律三篇は、まさに究極の律文として位置付けられ得るものである。

蕭何が『戸律』・『興律』・『廏律』の三篇を特に強調したことには、刑罰法規の要諦（盗賊への対応）を究めた建国者劉邦の『法三章』[15]に擬える意図が秘められていたかとも思われる。

『法三章』は「約」に類する。しかし『漢書』天文志では、

［漢元年］与秦民約法三章、民亡不帰心者、可謂能行義矣、天之所予也、五年遂定天下。

と、『法三章』は、「天与」と位置付けられ、漢五年の天下統一に繋がる象徴的存在であり、『漢書』高帝紀第一上でも、『法三章』は、

［漢元年十一月］父老苦秦苛法久矣、（略）与父老約、法三章耳、殺人者死、傷人及盗抵罪、余悉除去、（略）秦法秦民大喜、争持牛羊酒食献享軍士、沛公譲不受、曰、倉粟多、不欲費民、民又益喜。

と、その比重は大きい。『漢書』刑法志は、

漢興之初、雖有約法三章、網漏呑舟之魚。

とその欠陥を指摘するが、これは後世漢律が整備された時点での冷静な評価である。

蕭何が漢律三章を編纂した天下統一当初の『法三章』は、なお神格化された存在である。建国者劉邦の威令は格別であり、劉邦の『法三章』にあやかることは、蕭何が新規の漢律を公布し、人心を収攬するための恰好の方策であったはずである。蕭何が漢律三篇をもって、まさに新版『法三章』としての認知を狙っていたとしても不思議ではない。ここにおいて蕭何の漢律三篇には、単なる数あわせの領域を超えた実態、現実的背景が存在したということになる。

その結果が、李悝『法経』六篇と漢律三篇とで、『律九章』になる。『法三章』は、その本来の姿である李悝『法経』に戻された。『法三章』には、犯罪者を取り締まる法的手続きが省略されていた。楚漢抗争時の、スローガン的効果を期待した『法三章』の呼称も、その運用は李悝『法経』そのものであったはずである。『法三章』に代わる蕭何の新『法三章（＝「事律」三篇）』の認知を高める上でも劉邦の『法三章』は、李悝『法経』に埋没させてよかった。建国後の国家の舵取りのためには、刑罰法規だけでは行政組織が成り立たない。蕭何が、敢えて「事律」三篇で出発せざるを得なかった事情も汲み取るべきであると考える。六篇と三篇との数値は、さほど人民に負担を強いる数値でもなかった。

おわりに

もちろん呂后『二年律令』では、二八種の律令が確認できる。この現実と蕭何の漢律三篇とのギャップはどのように理解されるべきであろうか。

この点であるが、犯罪の大方を抑えた『法三章』も、その運用には、李悝の『法経』が適用されていたはずである。その意味では、『法三章』には、隠された実態が存在していたことになる。

蕭何の漢律三篇も、これはこれで、「治安・財政・兵事」を包括する行政の中枢をカバーしていた。それでも流動する現実の中で、秦律において引き継ぐべき律令が、全て拒否される必要はなかった。その意味では、蕭何の漢律三篇にあっても、隠された実態が存在したはずである。

それでも敢えて蕭何が「三律」に拘ったのは、『法三章』の呪縛が大きく作用していたためと考える。蕭何の漢律三篇も、当然、建国当初のあくまでも経過的措置に過ぎなかった。

それにも拘わらず、時代が降るにつれて、『律九章』の「九」の数値には、三（極小の数字）の倍数で、あるいは数の多さの極限としての意味、その他の理解が付加されて行く。このため『晋書』刑法志の『魏新律』の「序略」においても、

凡所定増十三篇、就故五篇、合十八篇、於正律九篇為増、於旁章科令為省矣。

と、漢律を指して、なお「正律九篇」の呼称が用いられている。『律九章』が漢律を総称する呼称となっていた。建国当初、人心収攬の手段として採用された「三」に「六」の数値を合体させた「九」が、次第に導入された本来の経緯から離れ、別の姿を生じることになる。

祖法『律九章（新法三章）』への神格化がなせる業である。

注

（1）小川（貝塚）茂樹「漢律略考」『桑原博士還暦記念東洋史論叢』弘文堂書房、一九三一。
（2）増淵龍夫「戦国秦漢時代における集団の「約」について」『中国古代の社会と国家』弘文堂、一九六〇。
（3）村上貞吉『支那歴代ノ刑制沿革ト現行刑法』一九三二年序、頁五五～五九。
（4）滋賀秀三『中国法制史論集　法典と刑罰』創文社、二〇〇三、頁三五～三九。
（5）大場脩『秦漢法制史の研究』創文社、一九八二、頁七九～八〇。
（6）注（5）、頁二二六～二三二。
（7）冨谷至『秦漢刑罰制度の研究』同朋舎、一九九八、頁三五三～三六四。
（8）注（4）頁三八は、「秦が六を尊んだのに対抗して漢は九を尊ぶという吉数意識が作用」していたとする。
（9）拙稿「湖北雲夢睡虎地出土の秦律―王室の家法から国家法へ―」『律令―中国朝鮮の法と国家』汲古書院、一九八六。本書【Ⅰ】第五章。
（10）拙稿「李悝の法経について」『中央大学文学部紀要』史学科二九、一九八四。本書【Ⅰ】第三章。
（11）中国文物研究所・湖北省文物考古研究所『龍崗秦簡』中華書局、二〇〇一、所収「雲夢龍崗六号秦墓及出土簡牘概述」。
（12）睡虎地秦墓竹簡整理小組『睡虎地秦墓竹簡』文物出版社、一九七八。
（13）張家山二四七号漢墓竹簡整理小組『張家山漢墓竹簡〔二四七号墓〕』文物出版社、二〇〇一。張家山二四七号漢墓竹簡整理小組『張家山漢墓竹簡〔二四七号墓〕（釈文修訂本）』文物出版社、二〇〇六。呂后『二年律令』の釈文は、注（13）の『釈文修訂本』に依拠した。
（14）注（13）、『張家山漢墓竹簡〔二四七号墓〕（釈文修訂本）』。
（15）拙稿「道不拾遺」『呴沫集』七、一九九二。本書【Ⅱ】第一章。

第四章　銀雀山『守法等十三篇』

はじめに

一九七二年四月に、山東省臨沂県銀雀山で二座の漢墓が発掘された。その内の一号墓からは、竹簡四九四二枚（残片若干を除外）・木牘五点、二号墓からは、竹簡三二枚が出土した。

この竹簡・木牘の釈文は、呉九龍氏によって『銀雀山漢簡釈文』[1]に全てが収録されている。同氏の分類によれば、簡牘の内容は、

『孫子兵法上篇下篇』
『孫臏兵法』
『尉繚子』
『晏子春秋』
『六韜』
『守法守令等十三篇』
『論兵論政之類』

『陰陽時令之類』
『其他之類』
『篇題木牘』（以上一号墓）
『元光元年暦譜』（二号墓）

となっている。

呉九龍氏は、山東省博物館臨沂文物組の一員として、『文物』一九七四―二に掲載された本漢墓の「発掘簡報」[2]にも関わられた。以来、呉九龍氏は、銀雀山漢墓竹簡に関係しておられるが、釈文の定本としては、現在別に『銀雀山漢墓竹簡』（全三冊、既刊「壱」冊）が刊行中[3]であり、既刊「壱」冊には、前述の簡牘の内容中、『孫子兵法上篇下篇』・『孫臏兵法』・『尉繚子』・『晏子』・『六韜』・『守法守令等十三篇』の釈文が簡牘の写真・摹本と共に収録されている。

銀雀山漢墓竹簡の研究も、これで本格化することになった。本稿では、そのための準備的作業の一つとして、法令に関係すると見なされている[4]『守法守令等十三篇』を検討してみたいと考えている。

一　漢墓一号墓の墓主

『守法守令等十三篇』を、生前に所持していたと考えられる漢墓一号墓の墓主は、副葬品中に、漢初の半両銭や建元元（前一四〇）年から同五年の間に鋳造された三銖銭が認められるが、元狩五（前一一八）年に新鋳された五銖銭は確認することができないことから、元狩五年をさほど降ることのない時期に埋葬されたと考えられている。

二号墓の墓主は、半両銭の他に、元光元（前一三四）年の暦譜が副葬されていたことから、この元光元年を上限とし、おそらく前漢武帝時に埋葬されたと考えられている[5]。

墓主の性別は、尸骨が腐朽していて定かではないが、副葬されていた漆耳杯の底部に「司馬」と刻印されるものがあり、墓主は司馬を姓とし、軍官である司馬職を歴任した家柄の人であろうと推定されている。(6) 刻印の「司馬」が、単に墓主の姓を指していたか、あるいはさらに墓主が生前に関わりを持っていた官府名をも指していたか、など必ずしも定かではないが、墓主が多数の兵書を副葬していたことから、刻印の「司馬」と軍職とが深い関わりを持つかと理解されている。

それにしてもこの一号墓の副葬品は、この兵書を除くと、陶器・漆器・銅鏡・半両銭・三銖銭など比較的日常品に限定されている。(7)

前漢の文帝時に埋葬され、同じく武官職にあったことが推測されている馬王堆三号墓墓主の副葬品と比較すると、馬王堆三号墓の場合は、古地図・駐軍図と並んで三八点もの兵器が副葬されていた。(8)

このため銀雀山漢墓一号墓の墓主は、例え指摘されているように軍職を歴任する家柄の人物であったとしても、武人としての格式を誇るような家柄の人物ではなかったのではなかろうか。

副葬される竹簡の内容は、ただ兵書のみに尽きるのではなく、政書・陰陽・時令・占候書・相狗書・医書・算書など、比較的多岐に亘っていた。本稿で取り上げんとする『守法守令等十三篇』も、これが必ずしも特定の職責に繋がる限定された性格を持つものとして捉える必要はない。

二　『守法守令等十三篇』の呼称をめぐって

『守法守令等十三篇』の呼称は、一号墓から出土した篇題木牘（長さ二二・九、幅四・六センチ）にもとづくもので、これには、

守法　守令　兵令
要言　李法　上篇
庫法　王法　下篇
王兵　委法　凡十三　□□□
市法　田法

と、十三種の篇名が墨書されていた。前掲の『銀雀山漢墓竹簡（壱）』は、これを「守法　要言　庫法　王兵　市法　守令　李法　王法　委法　田法　兵令　上篇　下篇　凡十三」と、上段・中段・下段毎に右から左へと横に釈読している。この釈読の仕方は、『文物』一九八五―四に、この篇題木績の釈文が最初に公表され[9]て以来、統一されている。

そうすると、この『守法』に始まる十三篇を総称する場合には、これまで篇題木牘の篇名を『守法守令等十三篇』と、縦一行に読んで来たことになる。篇題木牘に対する釈読の順序からするとこれは不自然である。

それでは何故、『守法守令等十三篇』の呼称が通行して来たかであるが、竹簡の釈文を整理する際に、最初に位置する『守法』と六番目の『守令』とを内容的に分離することができず、[10]（補注1）『守令』と『守法』とを一体化したままで処理したことから、釈文の最初に『守法』と『守令』とが位置することになり、十三篇全体の呼称としても、『守法守令等十三篇』の呼称が採用されるにいたったものと思われる。

ただこれでは、折角の篇題木牘の存在が生かされないこととなる。篇題木牘は、当然一つの纏りを持つ内容物に対しての表題として位置付けられるべきで、この表記を恣意的に改変することは好ましくない。このため『守法』以下十三篇の総称としての略称を求めるとするならば、これは『守法等十三篇』、あるいは『守法要言等十三篇』とすべきではなかったか。

『守法守令等十三篇』の呼称は、『文物』一九八五―四における釈文の公表に始まるが、それを遡る『文物』一九七四―二に掲載された、発掘簡報における山東省博物館臨沂文物組にあっては、この十三篇中の一部が『尉繚子』（『兵令』）[11]・『管子』（『王兵』）[12]・『墨子』（『守法・守令』）[13]の残簡として紹介されていた。

このことは、竹簡整理の初期の段階において、『守法』以下十三篇を一つの纏りのある存在として把握するとの方針が、未だ確立するにいたっていなかったということになるかも知れない。以来、篇題木牘の存在が無視されることになる。

そこで本稿においては、『守法』以下十三篇の略称としては『守法等十三篇』を使用する。本節においてこのように篇題木牘の存在に拘った理由は、後述するように、『守法等十三篇』が纏りを持つ著作物であったと考えてみたいがためである。

三　『守法等十三篇』の竹簡と書写様式

竹簡の形状

『守法等十三篇』の篇題木牘には、篇名を列記した最後の部分に「凡十三　□□□」と缺字が存在している。篇題は、当然内容全体を性格付けるものであり、缺字の存在は大きな不安材料である。

この点は、『守法等十三篇』を検討する上で常に留意すべき課題であるが、ここでは『守法等十三篇』を理解する上での一助として、十三篇が書写されていた竹簡とその書写様式とを見て置くこととする。

銀雀山漢墓出土竹簡には、三種の異なる長さが存在していた。

六九センチ　＝漢尺三尺

二七・六センチ＝漢尺一・二尺

一八センチ　　＝漢尺八寸

の三種である。漢尺三尺の竹簡には、二号墓の『元光元年暦譜』が書写され、『守法等十三篇』は漢尺一・二尺に書写されていた。(14)

漢尺一・二尺の竹簡は、『孫子兵法』・『孫臏兵法』・『尉繚子』・『晏子春秋』・『六韜』などにも用いられていたが、『守法等十三篇』と『六韜』との両者のみは書写様式を異にする。『孫子兵法』以下『晏子春秋』にいたる各篇が簡の天地に一〜二センチの空白を設けて書写されているのに対して、『守法等十三篇』と『六韜』とは、同じ長さの竹簡を用いながら天地の空白が全くなく、文字が隙間なく書写されていた。

知られているごとく簡の長さについては、

二尺四寸之律　　（『塩鉄論』詔聖、「秦国」）

三尺律令　　（『漢書』朱博伝）

尺一牘（詔書）(15)　（『漢書』匈奴伝）

など、一般の尺牘と対比して長さの如何を問題とする伝文も見えている。銀雀山漢墓竹簡においても、漢尺三尺の簡が暦譜に使用されていた。このことは暦譜が占める位置付けのほどを表示しているということになるのかも知れない。(16)

これに対して『守法等十三篇』は、比較的標準的な長さの竹簡が使用されていた。

時代的にも近く、隣接している二号墓から漢三尺の簡が確認されているだけに、使用される簡の長さは、『守法等十三篇』の性格にも影響を与える。秦律を含む雲夢睡虎地出土の竹簡にあっては、使用される簡の長さは二三〜二七・八センチ＝漢尺一〜一・二尺の間となっていた。(17)

このため二尺四寸、あるいは三尺律令の制が、何時の時代まで遡るか（四川青川戦国墓秦武王二年前三〇九年の更修田律木牘は、長さ四六センチ＝二尺[18]、また『守法等十三篇』が何時の時点で書写されたか、さらには『守法等十三篇』が簡の長さによって特別扱いされるような存在であったのかどうか、など竹簡の形状からだけでは解決できない課題が存在する。

それにしても、『守法等十三篇』と『六韜』とのみが、書写において他と様式を異にしている点は注目すべき事柄である。『守法等十三篇』と『六韜』との両者のみが、上端から下端まで隙間なく文字が書写されていた。これでは竹簡を紐で編み冊書体として保存し、利用に供することが困難となる。

睡虎地出土秦律の場合は、律文十八種の竹簡のいずれもが三箇所で紐で編めるように文字が空けてある。『守法等十三篇』の篇題木牘には、十三篇分の竹簡を一つに纏めていたと思われる縄状の紐が残されている。ただ『守法等十三篇』が冊書の形態をもって使用できたかどうかとなるとこれには問題が残るようである。

『守法等十三篇』が、もし使用頻度の高い存在であれば、当然冊書の形態が採用されていたはずである。同一の墓から出土した『孫子兵法』その他は、簡の天地を紐で編むことが可能となっている。このことは『守法等十三篇』が、『孫子兵法』などと異なる使用目的を有していたのではとのことを考えさせることになる。

『六韜』と『守法等十三篇』

ただその際、『守法等十三篇』と同様の書写様式を持つ『六韜』の存在をどのように考えるかが問題となる。『六韜』は、周の呂尚撰とされ、『武経七書』の一に数えられるもので、『孫子兵法』などと共通する性格を持つ。このためもし『守法等十三篇』が、『孫子兵法』などと使用目的を異にする存在であったとすると、『六韜』が何故『孫子兵法』などの書物との間に、書写様式の相違を生じたかが問題となる。

銀雀山漢墓竹簡整理小組は、この点について重要な指摘を行っている。それは、

①竹簡『六韜』には、現行本『六韜』中の兵法を論じた部分が存在していない（『漢書』芸文志に『六韜』の名は無く、『太公』二百三十七篇の「兵篇」を除く「謀・言両篇」か）。

②竹簡『六韜』の書体が、『守法等十三篇』と類似していて、『六韜』が『守法等十三篇』中の『上篇』・『下篇』に相当するのではなかろうか。[19]

との二点であって、②においては、『六韜』が『守法等十三篇』の一部であった可能性を示唆している。

然るに銀雀山漢墓竹簡整理小組は、慎重を期してか、竹簡『六韜』が、現行本『六韜』や古書所引『六韜』佚文によって『六韜』と確認されたとするに止め、『守法等十三篇』とは別の存在として整理している。

『六韜』は、これまで後代に偽作されたものとされて来た。この『六韜』が、前漢武帝時かと推測される時期に確認されたことになる。これだけでも重要な意味を持つが、竹簡の復原に当たって、『六韜』と『守法等十三篇』との関係如何は、なお残された課題となる。

それは『六韜』の部分に当たる竹簡が、『守法等十三篇』同様、冊書として繰り返し利用することが困難な形態で書写されていたことである。『六韜』が比較的特殊な目的で書写されていたことになり、『守法等十三篇』と『六韜』とには、共通する事情が存在していたのではと思われる。

ここにおいて『六韜』と『守法等十三篇』とは、書体の類似性と書写様式の特殊性とにおいて、同一の目的をもって作成されていたものと考え、『六韜』は、『守法等十三篇』の一部を構成するものではなかったかとの考えが払拭しきれない。この推測がもし許されるとするならば、『守法等十三篇』を分析する上で、新たな材料が追加されることになる。

四　『守法等十三篇』の典拠

『守法等十三篇』が、『尉繚子』・『管子』・『墨子』など諸子の著作と深い関係にあった点は、前述した通りすでに指摘されている。これに『六韜』がさらに関係を持つことになると『守法等十三篇』が、さらに多くの文献と関わりを持っていたことになる。

ただその場合、『管子』諸篇（「参患」・「七法」・「地図」等）と『守法等十三篇』中の『王兵』との比較において、『王兵』が『管子』の源流を研究する上で重要であり、[20]『王兵』と『管子』参患とを比較、例示すると、『王兵』が「結構完整、修理清楚」であるのに対し、『管子』参患は「文義不連貫」で、後人による「割裂併湊」の痕が見られ、『王兵』が参患より先に成立したと指摘されている。[21]

『守法等十三篇』が、関係する他の文献との比較において、何時の時点で成立したかとの問題にも関わる。ただこれだけ多数の文献と関わりを持つ『守法等十三篇』が、果たして関連する特定文献の源流となり得たであろうか。例示される『王兵』と『管子』参患とについても、指摘されるように『王兵』の方が、『管子』参患に比べ文体が整っていたとしても、これは『王兵』が『管子』参患を参照して文章を整理引用したためであるとのことも充分に考えられ得ることである。

『守法等十三篇』は、現在のところ十三篇全てに典拠を求めることはできない。その中に創作に係り独自性を持つ部分も認められると思われるが、各種文献をその一部とする点も事実であり、これが全くの創作物ではなく、比較的既存諸文献からの抜粋集的存在ではなかったかと思われる。

『守法等十三篇』を、既存文献からの抜粋集的存在と考えた場合、問題点として、十三篇中、

『守法』・『守令』↓「五百冊八」
『王法』　　　　↓「九百六」
『田法』　　　　↓「千六十四」

と、それぞれに数字が確認されていることがある。これらの数字は、竹簡の整理に際して各篇の最後に記載されている。それぞれの数字が、各篇の総字数を注記したものとの理解がなされているのもこれによる。

『守法等十三篇』に、律令が含まれていたとすると、戦国時代における法典の管理においては、『商君書』定分に、

有敢剟定法令、損益一字以上、罪死不赦。

とあるごとく、一字の文字さえその改竄は死罪に当たるとされていた。

法令に各篇の総字数が注記されていたとしても、あるいは特記すべきことでもないかも知れないが、比較的纏りを見る睡虎地出土秦律中においても、律文に字数を附記する事例は確認されていない。

戦国秦漢時代における法典の形態として、法令各篇に総字数を注記することが常制化されていたかどうかは未だ確認できないことではあるが、『守法等十三篇』は、これが冊書体としての形態をとっていなかったことと併せて、十三篇の書体が、『孫子兵法』など冊書体の書物と比べ斜体で比較的速写され、「草率」（怱卒）であるとも指摘されている。[22]

『守法等十三篇』が、未だ冊書として完成された姿を備えていなかったがためと思われる。一部の篇末に総字数の注記が確認されていることも、これは『守法等十三篇』が完成した存在ではなく、未だ字数を勘案しながら整理・編集中のものであったがためかも知れない。同時に、筆跡も全文類似していて、これが同一人の書写に係るものであったことが考えられ得る。

このように見て来ると、『守法等十三篇』は、例え墓主の手になるものではなかったとしても、これは転写され流

布していたものというよりも、未だ習作的存在で、各種文献を参照・抜粋しつつ編集されていたもので、その成立の時期は、関係する文献との関わりで、戦国末の『尉繚子』の時代を遡ることはないと思われる。

五　『守法等十三篇』と「改法為律」

『守法等十三篇』の成立については、これが、

①大国・中国・小国（『要言』・『市法』・『王法』・『田法』）にふれる。

②「戦国者、外脩城郭、内脩甲戟矢弩」（『守法』・『守令』）と戦国の形勢を反映している。

③周正、「以建子之月為歳首、以十月為歳終之月」（『王法』・『田法』）[23]で、十一月を正月とする。

④文中に戦国時代の銅器銘文中に常見する「工市」（『庫法』）が認められる。[24]

などの点から戦国末を降ることはないとの見解が示されている。

竹簡の書体は、早期隷書体に属し、前漢初期に書写されたと理解される[25]一方で、内容の成立時期については、商鞅の事蹟とされる「改法為律」（『唐律疏議』）との関係で、『守法等十三篇』は、「法」が「律」に改称される以前、すなわち秦における商鞅の変法以前に成立したとの理解も見える。[26]

これら『守法等十三篇』の成立をめぐる諸説の中には、前節の理解、戦国末の『尉繚子』の時代を遡ることはないとの指摘と異なる部分が含まれるが、「改法為律」と『守法等十三篇』との関係については、これが秦の六国統一以前の斉国において実施された法令であったがため、『守法等十三篇』においては、律名が使用されていなかったとの指摘も見える。[27]

『守法等十三篇』の成立については、「改法為律」との関わりが問題となるが、その書写年代についても、書体が早

期隷書体に属することでもって『守法等十三篇』の成立を決定することが可能であるかどうかについては、隷書体の起源そのものが、青銅文化の衰退によって筆でもって書かれることが主流となる戦国初期にまで遡るとの指摘[28]があり、必ずしも早期隷書体を前漢初期に限定することはできないようである。

このため『守法等十三篇』は、書写年代において戦国初期にまで遡ることが可能となるが、その場合、「改法為律」との関わりは、『守法等十三篇』の成立年代に決定的な根拠となり得るであろうか。

「改法為律」の伝文は、遅れて唐代の文献に初めて伝えられる。先秦時代の法制は余り定かではないが、『七国考』所引、漢桓譚『新論』の戦国魏の李悝『法経』においては、すでに律名が使用されていた[29]。睡虎地出土竹簡中にもまた「魏戸律」・「魏奔命律」と戦国時代の魏律が見えている。魏の法令が、早くから律名で呼称されていたとするならば、「改法為律」は、商鞅に始まるとは言い切れない。

「改法為律」についての確証がない中、秦漢の法典が、律名で呼ばれていたことは後代容易に確認でき得ることであり、詳細が朧気になって来ていた李悝の場合、法令が『法経』と総称されていたことから、後代において李悝の法令は「法」名をもって呼ばれていたとの想定の下に、かかる「改法為律」の伝文が生じたのではなかろうかとのことも考えられ得る。

ここにおいて、『守法等十三篇』の成立時期を、「改法為律」との関係で考定することは、未だしばらく慎重にならざるを得ない。同時に、法令を「律」名で呼ぶことについても、戦国諸国の法令を参照して編集（「集諸国刑典、造法経六篇」『唐律疏議』等）された李悝による魏律の存在が事実であったとするならば、法令を「律」名で呼称することが、魏律を受け秦国のみに限定されるかどうかも定かではないことになる。

戦国時代の斉が、法令を「律」名で呼んでいなかったとの推論を前提に、『守法等十三篇』を六国統一以前の斉国における法令と見なす見解も、これまた決定的とは言い難い。

このため前節で述べた『守法等十三篇』の成立について、これを戦国末の『尉繚子』の時代を遡ることはないとの理解も、今暫くは残して置きたいと考える。それにしても『守法等十三篇』が、「改法為律」との関わりで、その成立が論じられるためには、『守法等十三篇』が法令としての内容を備えるものであったかどうかが問題となる

六　『庫法』・『市法』・『委法』・『田法』

『守法等十三篇』の内容について、これを銀雀山漢墓竹簡整理小組の見解を中心に列記すると、[30]

①『守法』　守城の施設及びそれに関わる法令。↓『墨子』備城門・号令。
②『要言』＊　格言語彙集。
③『庫法』　庫蔵についての法令。
④『王兵』　用兵の道。↓『管子』参患・七法・幼官・軽重・兵法・地図
⑤『市法』＊　市廛についての法令。
⑥〔守令〕＊　①に同じ。
⑦『李法』　征伐刑戮の事。↓『黄帝李法』との関連は不明。
⑧『王法』＊　王者の道。
⑨『委法』＊　委積。①③④⑥⑩中に見える糧食・軍用物資の委積に関わるか。
⑩『田法』＊　土地についての法令。土地分配・賦税制度を含む。
⑪『兵令』　↓『尉繚子』兵令
⑫『上篇』＊　↓『太公』二百三十七篇（『六韜』）の謀・言両篇か。

⑬『下篇』＊　⑫に同じ。

となる。＊印の付いた篇名は、篇題木牘に見え、表題の竹簡が確認できない篇名で、各篇の内容は、いずれも篇名から、それに相応しい内容の簡文を分別整理した結果である。

篇名が先行した内容である。このことは、『守法等十三篇』の各篇の内容を理解する上で一定の制約となる。

ただ『守法等十三篇』全体を把握することにおいては、これも大きな障害とはならない。そこで先ず『守法等十三篇』の全体像についてであるが、呉九龍氏はこれを、

①先秦法制史上

②先秦社会経済史上

の新史料とされ、①については『守法』・『守令』・『庫法』・『市法』・『田法』の五篇がこれに当たるとされる。[31] この五篇に対する理解は、銀雀山漢墓竹簡整理小組の見解[32]とも一致するもので、劉海年氏は、これら五篇が戦国時代の斉国で実際に通行していた「法」や「令」であると断定されている。[33]

先秦時代の法令としては、近年雲夢睡虎地や四川青川で秦律が出土している。『守法』以下の五篇が、もし指摘されるように実際に通行していた法令であったとすると、これまた新たな法制史上の史料となるが、睡虎地出土秦律は、例え同一律名の場合でも毎条繰り返し律名が附記されており、青川秦律は『田律』のみであったが律文公布の経緯が付記されていた。

これに対し『守法等十三篇』中の法令とされる五篇は、睡虎地・青川のいずれの律文とも記載形式を異にする。このため『守法』以下の五篇が公的認知を受けた法令に当たるかどうかの決め手は、他の既存の律文との形式上の比較においてこれを導き出すことはできないことになる。[補注2]

同時に、『守法等十三篇』中の法令とされる五篇を除く他の八篇は、どのような位置付けを持つかであるが、劉海

年氏は、これを文書、論著類と理解されている。(34) すなわち劉海年氏は、『守法等十三篇』が、
①法令
②文書、論著類
とに大別されていたとの見解に立たれる。

それでは『守法等十三篇』の篇題木牘における篇名の配列に何故これら類別についての配慮が反映されていなかったのであろうか。気になる点である。法令とされる『守法』・『守令』・『庫法』・『市法』・『田法』の五篇についても、篇題木牘では特別の次序なく篇名の記載が行われている。

このため法令とされる『守法』以下の五篇についても、これは他の八篇と同様の意図で編纂され、共通する性格を帯びていたものと思われる。

そこで改めて、『守法等十三篇』の位置付けについて検討してみる必要がある。『守法等十三篇』は、前述したように多様な著作物と共に副葬されていた。兵書を各種副葬していたが、『守法等十三篇』が『六韜』に典拠を求めた際には、現行本『六韜』で確認される限りでは、どうも『太公』二百三十七篇中の「兵篇」が除外されていた。

このことから、『守法等十三篇』が、単なる兵法書を編纂するための抜粋集ではなかったことが明らかになる。それにしても『守法等十三篇』の依拠した文献が、判明する限りでは、『墨子』備城門・号令、『管子』参患・七法・兵法・地図、『尉繚子』兵令などその多くが用兵を論じたものであり、篇名中には「兵」や「守」の字を伴うものが『兵令』・『王兵』・『守法』・『守令』と四篇も存在していた。

この意味で『守法等十三篇』は、比較的兵制との関わりが拭い難いということになる。しかしこの十三篇中にあっ
『庫法』・『市法』・『委法』

ても、篇名から、あるいは人々の日常生活と直接に関わりを持っていたのではとの思いも残る。『庫法』・『市法』・『委（積）法』・『田法』の四篇が、この範疇に入る。そこで『庫法』・『市法』・『委（積）法』・『田法』の四篇については、用兵との関わりをも含め、『守法等十三篇』の性格を知る上で比較的重要ではないかと考える。

以下、少しくこの四篇について検討してみたいと考える。先ず『庫法』であるが、これは農作物の収穫物を収蔵する「庫」に、「田艾諸器」のような農具も収蔵されてはいたが、「庫」字の本義（「兵車蔵也」『説文解字』）の通り、また弩・戟・斧を始めとする多数の兵器が収蔵の対象とされていた。

このため「田艾諸器」と見える日常的農作業に従事する人々が、多数の武器とどのような関わりを持っていたかが問題となる。同時に、『庫法』に「倉」に関わる内容を分別した整理方法が、妥当であるかどうかも気になる。

そして『市法』は、「国市」、すなわち「中国利市、小国恃市」と、中・小の国が、市をもって富を得んとしたもので、「市必居邑之中」と、市は邑を単位に設けられ、市での取引は、

〔民□〕則諸侯財物至、諸侯財物至則小国富。

あるいは、

令諸侯・外邑来者毋遠□□。

と、諸侯国間の財物が対象とされていた。

ついで『委法』は、内容が特定できないとのことで、軍用物資との関わりが想定されている。あるいは『庫法』に対する『倉法』に該当するものではとも考えられるが、もちろんこれは推測の域を出ない。

『田法』

詳細を欠く『委法』を除く、『庫法』と『市法』とは、比較的富国強兵に繋がる国家的事業に類別できる。続く

『田法』は、国家経済の根幹に関わる土地制度の規定であり、当然注目される一篇である。

しかし篇名を記した竹簡は、『市法』も同様であるが、破損に帰したか確認することはできない。篇題木牘に記された篇名通り、総ての内容が揃っていたかどうかも定かではない。このためここでは、復原され『田法』に類別される記事をもとに考えて行くこととする。

『田法』は、その最初に、

量土地肥磽、而立邑建城、以城爯（称）［地、以地称人、以人称粟］、三相爯（称）、出可以戦。

との文が置かれている。これは銀雀山漢墓竹簡整理小組によって指摘されるように、『尉繚子』兵談とほぼ一致する。(35)「粟」に関わる文章であるため『田法』に当てたと思われるが、『田法』もまた部分的にこのような典拠を備えた文章が混入されている。

竹簡の整理の仕方とも関係するかも知れないが、復原された『田法』のままであったとすると、『田法』においてもまた兵書が典拠とされ、修辞に注意が払われていたことになる。

もちろん兵書に典拠が求められているからといって、これが『田法』の全てを規制するわけではない。『田法』中にまた、

①什八人作者王、什七人作者朝（覇）、什五人作者存、什四人作者亡。

②一人而田大畝廿［四者王、一人而］田十九畝者朝（覇）、［一人而田十］四畝者存、一人而田九畝者亡。

③王者一歳作而三歳食之、覇者一歳作而二歳食［之、存者一歳作□□□食］之、亡者一歳作十二月食之。

とあるなどは、王者・覇者・存者・亡者についてのあるべき姿、定義付けで、政論としては意味を持つものの、果たして律の規定に馴染むものであろうか。

さらに、

五十家而為里、十里而為州、十郷而為州（十州而為郷）、州郷以地次、受田於野。

とあるなどは、里（五〇家）―州（五〇〇家）―郷（五〇〇〇家）と、地方行政制度を述べたもので、これも戦国秦漢にかけて採用されていた地方行政制度として理解すると、何故かかる規定が存在するのか問題である。『田法』中には、別に県と国との役割が紹介されているが、これと里―州―郷との関わりが定かでない。同時に、この記事には、記載の前後関係からして当然「十州而為郷」とあるべきところが、「十郷而為州」と記載されている。これは『守法等十三篇』の書写の怱卒さとも関わるかも知れない。『田法』が、法令として位置付けられるには、内容的にも未だ整合性に欠け、充分に熟されたものではなかったということにもなる。

県と国とについては、『田法』に、

百里［而一］県、千里而一国。

との記載も見える。この里はいうまでもなく距離の里で、戸数を指す前掲の里とは別のものである。さらに前掲の里―州―郷は、「野」と関連付けられているが、野と県・国との関わりもこれまた明らかではない。

『田法』に見える、

食□七人上家之数也、食□六人中家之数也、食□五人下［家之数也］。

なども、これは農民個々人に帰せられる事柄というよりも、為政者としての心得、農民の活用法ということになる。

『田法』にはまた、

上家畜一豕、一狗、鶏一雄一雌、諸以令畜者、皆瓶（蔵）其本、齎其息、得用之。

とも見える。これは「上家」が、官畜を借用し繁殖を行った際に、生まれた子供は借用者の家畜とすることが許されるとの事情を記したものである。この種の事情は、家畜の再生産に公的関与が認められることになり興味深い伝文である。

この記事には続けて、

中家以下不能。

とも見え、官畜の借用が「中家」には許されず、「上家」のみの特権であったことを知ることができる。何故このような特権が「上家」のみに許されていたのか定かではないが、『守法等十三篇』における「上家」の位置付けを知る上で重要である。

「上家」、すなわち「食□七人」のための耕地の規定は確認できないが、この耕地については、

田中小畝畝廿斗、中歳也、上田畝廿七斗、下田畝十三斗、（略）以地次受田於野。

と、地味によると思われる収穫量を基準とする「地次」、三段階が記載されている。

前掲したように、耕地面積については、労働量に応じて、一人当たり、

大畝二四畝・一九畝・一四畝・九畝。

との区分もまた併記されている。「上家」・「中家」・「下家」の三家の耕地が、果たしてどのような基準で区分されていたか、規定の整合性上問題が残るということになる。

耕地は、「受田」の対象とされていた。このことは公権力が、農民を大きく覆っていたとのことにもなるが、その農民は、

五人為伍、十人為連。

と、十人組・五人組に組織され、

叔萿民得用之、稾民得用其什一、芻人一斗、皆瓶（蔵）於民。

と、稾・芻についても公入の規定があり、農民の手に残るのは、叔・萿と稾の内の十分の一、芻の一斗のみである。後述するが、「田入」、「余食」に対する穀物の納入が少ない場合は、その量に応じて「公人」（公家服役者）の身分

に降され、これが三百斗を越えるとさらに黥刑が付加された。

稾・芻公入の規定は、睡虎地出土の『田律』にも見えているが、田租の規定は、睡虎地出土の『田律』同様、この『田法』でも記載されていなかった。

また「民」か「公人」（公家服役者）か、その対象は定かではないが、

……粟九升、上為之出日大半升、以為卅日之休、（略）卒歳大息、上予之十人而一斗肉、使相食之、酒食自因其所。

と、一日分の穀物支給量（「大半升」）や休息日（「卅日之休」）、農民を労うための酒肉の給付などについても言及されている。「粟九升」の意味は不明であるが、「出日大半升」が、もし一日分の食事量であるとすると、『漢書』食貨志に見える李悝の月額一石半や、睡虎地出土『倉律』の隷臣妾禾月一石半・未能作者禾月一石などに比べてかなり少ない量となる。

ここでは休息の期間中ということで、プラスαの措置であったかも知れないが、それにしても穀物の支給が特記されていることは、「田入」規定の不明な点との関連で、睡虎地出土の秦律同様、日常的な穀物支給の措置も講じられていたと考えられるべきであるかも知れない。

またこの「受田」としての性格を備える耕地は、

二歳而均計定、三歳壱更賦田、十歳而民畢易田。

と、「易田」、すなわち換田の制が伴っていた。同時にまた、「賦田」とも称されている。受田地は「賦」としての性格を帯びていたことになる。

このため「民」は、「公人」（公家服役者）ならずとも、「賦田」、すなわち役の代替としての労働を義務付けられていた。「受田」を伴う「賦田」は、当然、私的な農耕地ではない。

賦は、兵役と密接な関係が知られているだけに、「賦田」としての位置付けを持つ『田法』は、これが兵制との関わりを更に深めるということになる。『田法』には、

外無諸侯之患。

とも見え、これら『田法』の趣旨が、富国強兵を目的とする政策の立案に深く繫がるものであったことが明らかとなる。

ここにおいて、『守法等十三篇』の内、『庫法』・『市法』・『委法』・『田法』共に、なお兵制との関わりが少なからず確認できるということになる。

七　邑嗇夫と県

『守法等十三篇』の内容は、この『庫法』・『市法』・『委法』・『田法』の四篇に集約されるものではない。その他の大要は、前節の初めに紹介した銀雀山漢墓竹簡整理小組の見解にほぼ尽きる。そこでついでは、『守法等十三篇』が備える時代相について少しく検討してみたいと考える。

『守法等十三篇』の時代相といっても、その典拠が明らかにされている『守法』・『守令』（『墨子』）・『王兵』（『管子』）・『兵令』（『尉繚子』）・『上篇』・『下篇』（『太公』）などの諸篇は、それぞれの典拠とされる文献について既に多くの書誌学的な研究が行われている。『守法等十三篇』の成立についても、これが戦国末をさほど遡るものではなかったとのことをこれまで述べてきた。

このため改めて時代相といっても、自ずから限界があるが、それでも未だ典拠を明らかにし得ない部分もあり、ここでは行政面を中心に整理したいと考える。

先ず比較的多様な地方行政制度を伝える『田法』によれば、

　邑之名山林可以為田器、及可以為国大器者、県不得之制也、恒山林□□□者、県得制之。

とあり、「恒山林」、すなわち一般の山林では県が材木の管理を行うが、「名山林」、すなわち良質の山林で田器や国の大器に当たるような材木については、県がこれに関わることはできないとなっている。県の権限に一定の枠がはめられていた。

　そしてこの記事では、「名山林」に「邑」の字が冠せられている。これが後文の「恒山林」にも係るかどうか定かではないが、県と共に記載される邑の存在は、注意すべき事柄である。この『田法』の中にまた、

　邑嗇夫・□□吏・邑□吏二人、与田嗇夫、及主田之所□参也、而課民之……。

と、文中に缺字が存在し文意になお問題が残されてはいるものの、「課民」に関わっていたと思われる吏名の中に、「邑嗇夫」・「邑□吏」など邑字を冠する吏名が記載されており、行政上、邑が具体的な実態を持っていたのではとの理解も生じかねない。

　「邑□吏」は、缺字が存するが、「邑嗇夫」の称は、『守法等十三篇』中、『田法』以外で、『庫法』・『市法』・『李法』などの各篇にも見えている。

　嗇夫の付く吏名は、「邑嗇夫」の見える各篇において、さらに「田嗇夫」（『田法』）・「庫嗇夫」（『庫法』）・「吏嗇夫」（『庫法』・『李法』）・「市嗇夫」（『市法』）などの称が見えている。このためこれら各種嗇夫の職掌を通じ、「邑嗇夫」、さらには邑の位置付けについても迫ることができればと考えるが、この内、『李法』の嗇夫関係の記事は、内容が余りに簡略で、その実態を明らかにすることが困難である。

　そこで残る『庫法』・『市法』・『田法』の三篇においてということになるが、先ず『庫法』の場合は、「県庫」の存在を中心に、

邑嗇夫与庫嗇夫、相参盾（循）行之、有生腐毀、［而□嗇夫］弗知、甚大事也。

とあり、「□嗇夫」には、缺字が存在するが、ここでは「邑嗇夫」と「庫嗇夫」とが共同で庫を巡回点検していた。また、

器成必試、乃瓶（蔵）、試器固有法、邑嗇夫与兵官之吏嗇夫・庫上市・庫吏。

と、器物（主として武具）納入の品質検査についても、法に従い検査が実施され、これに「邑嗇夫」以下の吏が立ち会っている。

「邑嗇夫」と共に器物の検査に立ち会った「兵官之吏嗇夫」は、「兵官之吏」と「嗇夫」との間で竹簡が別になっている。果たして「兵官之吏嗇夫」と繋がるものであったかどうかが問題となる。このため「邑嗇夫」と共に器物の検査に立ち会ったのは、「兵官之吏」、あるいは「兵官之吏嗇夫」[36]のいずれかとなる。

『庫法』には、さらに、

①固有歳課、吏嗇夫与為者、有重任、庫器処瓶（蔵）必高、繰湿適、牖戸必分節、出入器必以時。

②室屋毀敗、而吏嗇夫弗知、大罪也。

ともある。①は「繰湿適」以下で竹簡が別になっており、「歳課」もその前文との関わりが明らかではないため、吏嗇夫の職掌は限定しにくいが、②では「吏嗇夫」が庫の家屋の管理を義務付けられていた。

ここにおいて「邑嗇夫」は器物の管理、「吏嗇夫」は建物の管理との職務内容が確認できることになる。「庫嗇夫」は、「邑嗇夫」と共に庫の巡回に当たっているが、固有の職責は明らかでない。また「兵官之吏嗇夫」との吏名が存在し、「吏嗇夫」にも「兵官」の語が冠せられる可能性があったとするならば、器物の管理に「吏嗇夫」も関わっていたことになる。

ただ『庫法』には、「吏嗇夫」の名が散見するが、「兵官」など別の語が冠せられることはない。「兵官之吏嗇夫」

の呼称にはなお疑問が残り、「邑嗇夫」の職掌についても、「兵官之吏嗇夫」を前提に検討する必要はないことかと思われる。

ついで『市法』についてであるが、これには、

市嗇夫、使不能独利市、邑嗇夫……。

とあり、「市嗇夫」は、市での行動、すなわち「利市」に対して制約が加えられていたようである。これに対して「邑嗇夫」の名も見えているが、「邑嗇夫」についてはまた、

邑嗇夫［因］□至於市…。

とあり、缺字があるため具体的内容は定かではないが、これまた「邑嗇夫」が、市に関わる職責を有するものであったことは疑いがない。このため同じ『市法』における「邑嗇夫」・「市嗇夫」の存在であってみれば、これが市の運営において、これまたその職責にそれぞれの役割分担がみられたと思われる。

さらに『田法』について見てみると、先ず、

邑嗇夫、度量民之所田。

と、ここでは「邑嗇夫」の職掌として、耕地の計測に関係したことが見えている。

この『田法』には、「田嗇夫」も認められるが、前掲したように「田嗇夫」の記事（「邑嗇夫・□□吏・邑□吏二人、与田嗇夫、及主田之所□参也、而課民之」）では、ただ「田嗇夫」が「邑嗇夫」と共に、「課民」の業務に関わっていたことを知るのみである。

以上において、「邑嗇夫」の職掌としては、『庫法』では器物の管理や「庫嗇夫」と共に庫の巡回に当たる一方で、「吏嗇夫」には建物の管理責任が問われた。同じく「邑嗇夫」の存在が伝えられる『市法』では、「市嗇夫」の権限に対して一定の制約が見え『田法』では、「邑嗇夫」と「田嗇夫」とが「課民」において職務を共にする一方で、「邑嗇

夫」にはまた耕地の計測がその職責とされていた。

このことは、「邑嗇夫」が、「庫嗇夫」や「田嗇夫」など具体的職掌を冠する嗇夫と、職務において行動を共にし、責任を共にしたことが確認できるということになる。「市嗇夫」・「田嗇夫」についても、「邑嗇夫」が市での職責を帯び、『田法』では耕地の計測に当たる等のことであり、これまた「邑嗇夫」が市や田での職務に具体的に関わっていたことになる。

具体的職掌を冠する「市嗇夫」・「田嗇夫」との関係では、「邑嗇夫」と少なからず競合関係が生じかねない虞もあるが、「邑嗇夫」と他の具体的職掌を冠せられる嗇夫とが列記される場合には、いずれも「邑嗇夫」の方が前に位置付けられている。

「邑嗇夫」と具体的職掌を冠せられる嗇夫との関係は、同一組織体内で上下関係に位置付けられ、「邑嗇夫」が所轄内の職務において、広く共同責任を帯びていたとの理解が可能となる。銀雀山漢墓竹簡整理小組は、この「邑嗇夫」についてこれを県あるいは郷の「主管者」と位置付けている[37]。

「邑嗇夫」を郷と関連付けている点は、漢制の郷嗇夫との関連による理解かとも思われるが、県と「邑嗇夫」との関わりについては、他にその事例を求めることができない。睡虎地出土秦律にあっても、県と共に邑字がまた存在するものの、「邑嗇夫」は存在しない。ただ「県嗇夫」が見え、「県嗇夫」は県の組織の中で苑・廏・庫・皀・倉・田等々を冠せられる嗇夫に対して県令と理解されている[38]。

嗇夫は、関係する行政機関の主管者、負責人との理解がこれまでされているが[39]、『守法等十三篇』中の『庫法』と『田法』とにあっては、県が見えているのに「県嗇夫」は確認できず、ただ「邑嗇夫」のみが見えている。

『庫法』の県は、

大県―方百里・二万家・七〇乗[40]

中県―方七〇里・一万五千家

小県―方五〇里・万家・五〇乗

であり、『田法』の県は、

県―方百里

である。ここでは睡虎地出土秦律と異なり「邑嗇夫」が県の主管者に該当するのであろうか。同じ「邑嗇夫」が存在する『市法』には、県がなく「王者」・「覇者」・「中国」・「小国」の国が存在し、『李法』にも「国」・「国邑」のみが見え、『田法』には、

国―方千里

が県と共に記載されている。

県と国との混在については、『守法』・『守令』においても、

万乗之国―郭方［十］七里・城方九里・城高九仁（仞）・地□百歩

国―郭方十五里・城方五里・城高七仁（仞）・地広八〇歩

と並んで、

大県―二万家

とあり、家数は記載されていないが「中県」、「小県」も見える。『兵令』にも国と並んで県が見えるが、『要言』には「大国」・「中国」・「小国」、『王兵』にも「国」のみで、共に県は確認することができない。

睡虎地出土秦律では、「国」字は確認できず「邦」が見えているが、この場合の邦は国家に限定されている。県と共に邑も存在するが、地方行政制度は郡守に続いて県令または「県嗇夫」（京師は内史）となっている。

これに対して『守法等十三篇』は、国と県とが混在し、あるいは国・県の一方のみに片寄る。国にはまた県同様に

大・中・小の区分がなされているものもある。しかしこの国は、

仁義―大国
守戦―中国
事養―小国

の大中小の国（『要言』・『王法』）、あるいは、

本作―大国
便作―中国
便作為本作―小国（以上、『田法』）

あるいは、

利市―中国
侍市―小国（以上、『市法』）

など、国家としての品性、質的相違を基準とし、『要言』にあっては、国の善治者の心得として、四隣の国と対立することなく、

身不治、不能自葆、家不治、不能相冣（聚）、官不治、不能相使、国不治、非其主之有也。

と、身―家―官―国に対するそれぞれの取り組み方が列記され、国においては「国主」としての存在価値が問われることになっている。

しかしこの国もまた、『市法』にあっては、

国市之法、外営方四百歩。

との記載が見え、この「国市」は、

乃為市之広陜（狭）小大之度、令必侮（称）邑、便利出入之門、百化（貨）財物利之、市必居邑之中。

とあって、邑を単位に設けられている。「国市」の国は、また邑にも置き換えられる存在であった。『李法』には、「国邑」の語も見える。『田法』には「立邑建城」とあって、邑は城の形態を採る。このため『守法等十三篇』中にあっては、県と並んで単なる国＝国家以外に、国＝邑の存在も認められることとなり、『庫法』・『市法』・『李法』・『田法』などに見える「邑嗇夫」の存在は、かかる国＝邑との関わりが故のことであったかも知れない。

『守法等十三篇』では、県が存在しながら県嗇夫の称は確認できない。『田法』に見えるように、県の行政には、一定の制約が存在していた。これに対して睡虎地出土の秦律は、邑字が認められるものの、地方行政は県令・県嗇夫、または内史によって統一的に掌握されていた。

この睡虎地出土秦律と『守法等十三篇』との相違点は、県制に統一されていた睡虎地出土秦律に比べて、『守法等十三篇』は未だ邑制の色彩が濃厚ということになる。

『守法等十三篇』に認められる邑制との関わりは、これを地域性、すなわち斉国との関係に求めるべきか[41]、それとも時代性、すなわち県制の普及、滲透如何との関係に求めるべきか、などが課題になるが、前述したように『守法等十三篇』の成立を戦国末以降と考えるとするならば、この問題には、あるいは地域性との関係がより重要視されるべきであるとの見方も生じる。

しかしそれにしても『守法等十三篇』には、「庫嗇夫」・「吏嗇夫」・「市嗇夫」・「田嗇夫」などの具体的職掌を冠する嗇夫名が見えている。このことは職務内容において、それぞれの責任分担、職掌が次第に分化して来ているとのことにもなり、この点では秦律同様、行政組織上での進展が確認できるということになる。

ただ睡虎地出土秦律にも、これには少なからざる王室の家法としての限界が存在する[42]。『守法等十三篇』にも、県制の組織化が窺える一方で、また邑体制が充分に払拭しきれていない感がある。地方行政制度の方向性についてもまた、里―州―郷が混在するなど、必ずしも特定の方向性が確立されてはいなかった。

さらに『田法』中には、「受田」の言葉が見えている。この田地は、「民之所田」であると同時に「賦田」とも位置付けられ、

余食不入於上、皆䑛（藏）於民也。

と民間における「余食」の存在についても言及する。復原された簡文に従えば、続いて、「卒歳田入」について、

余食不入於上、皆䑛（藏）於民也、卒歳田入少入五十斗者、□之、卒歳少入百斗者、罰為公人一歳、卒歳少入二百斗者、罰為公人二歳、出之之歳［□□□□］□者、以為公人終身、卒歳少入三百斗者、黥刑以為公人。

とあり、「田入」の不足に応じて、

五〇斗　→□
一〇〇斗　→公人一歳
二〇〇斗　→公人二歳
三〇〇斗　→黥刑公人

と、小刻みに罰則規定が設けられている。規定通り田入が行われる、すなわち田租規定が存在しておれば、態々「余食」、すなわち食糧分以外の穀物の存在についてまで言及することもないはずである。

「田入」の規定が定かでない。一日分の穀物支給量「出日大半升」の記事が存在する等を併せ考えると、「受田」地の実態は、公田としての性格が色濃い。未だ邑制時代の性格が少なからず残存している。睡虎地出土の『田律』については、王室が所管する公田規定としての限定した性格を考定したが、[43]『守法等十三篇』の『田法』においてもまた同様の側面が窺えるということになる。

ここにおいて『守法等十三篇』は、県制への移行が不充分であるだけではなく、田制においてもまた、公田管理を

前提としていたと思われる。同時に『庫法』・『市法』・『委法』・『田法』などの比較的特定された分野が対象とされ、その在り方が試行されれんとしていることは、これらが政治上の課題として意識され、その充実が図られんとする動きを反映しているということになる。

これらの事情は、『守法等十三篇』が映し出す時代相となる。秦による天下統一後の秦制、さらにはこれを継いだ漢制にしても、これがどれほど前漢初期の時点で各地に定着していたかということになるとこれは定かではない。

同時に『守法等十三篇』自体、これは未だ習作としての存在である。依拠する文献からの脱皮も未だしの感がある。邑制を残し、周正を留める。時代の大勢を必ずしも正確に反映したものではなかった。近年、公表された張家山漢墓出土の呂后『二年律令』と比較しても、『守法等十三篇』は、秦漢律令とはほど遠い存在である。『守法等十三篇』は、冊書としての体裁も整えられてはいなかった。『六韜』と共に、草稿として整理中との見方もできなくはないが、それも全てではない。篇題を備える『守法等十三篇』であって見れば、編者自身の思いとしては、いずれは冊書としての利用を思い描いていたかも知れない。ただその成立には、これを特定の地域性や時代性と関わらせる必要はないことになる。それにしてもその内容は、些か兵制との関わりが際立つ。

おわりに

『守法等十三篇』は、新たな法制史料の出現として注目された。『要言』中にも「大国事明法制」と見え、十三篇の篇名の多くに「法」字が付されていた。『守法等十三篇』の編者が、法制との関わりを意識していたとのことは否定しきれない。

しかしこれまでにおいては、実際に実施された法令というよりも、これは編者の個人的関心、あるいは職務との関連においてか、種々の文献を参照しつつ新たな方向性、規範作りを試行した著作物（草稿）ということになる。

その編者については、これがもし墓主本人であったとしても、これは可能性がある。漢律に人々が比較的関わりを持つようになったのもこの前漢武帝時あたりからである(44)。

『守法等十三篇』の内容が、比較的兵制との関わりを色濃く秘めていたことも、これは、後漢時代の著書である『漢書』刑法志が、なおその前半で兵制を述べ、後半において刑罪・律令に及ぶがごとく、兵と刑とが同一線上に捉えられていたこととこれまた軌を一にする。律名を使用していなかったのは、あるいはこれが公的認知を得たものでなかったことを意識しての故であったかも知れない。

もちろん墓主が、編者であったことを特定しようとするものではない。それにしても『守法等十三篇』は、戦国時代から前漢初期にかけての新たな規範作りにおける一つの具体例とはなる。あるいは単なる創作物としての位置付けを越え、これが漢時代における律学の動向を窺う上での具体的事例としての役割を担うということになるのかも知れない。

注

（1）『秦漢魏晋出土文献』シリーズ中の一冊、文物出版社、一九八五。
（2）「山東臨沂西漢墓発現《『孫子兵法』》和《『孫臏兵法』》等竹簡的簡報」『文物』一九七四―二。
（3）『銀雀山漢墓竹簡（壱）』文物出版社、一九八五。
（4）劉海年「戦国斉国法律史料的重要発現―読銀雀山漢簡《守法守令等十三篇》」『法学研究』一九七八―二。
（5）注（1）。
（6）注（1）。
（7）注（2）。

(8) 高至喜「兵器和駐軍図」『馬王堆漢墓研究』湖南人民出版社、一九八一。
(9) 銀雀山漢墓竹簡整理小組「銀雀山竹簡《守法》、《守令》等十三篇」『文物』一九八五―四。
(10) 注(3)「編集説明」。ただ注(9)の「守法(守令)」の部分の注文①は、「守法守令」として　整理されている七六七～八一二号簡について、七六七～七九二号簡と七九三～八一二号簡とで簡の字体と内容とにおいて別の簡となり得る可能性があり、さらに七六八～七七五号簡と七七六～七九二号簡、八〇二～八〇六号簡と八〇七～八一二号簡、の両部分においても、また簡の形状と内容とにおいて前後の関連性が緊密ではないとのことを指摘している。
(11) 銀雀山漢墓竹簡整理小組「銀雀山簡本《尉繚子》釈文(附校注)」『文物』一九七七―二・三。
(12) 銀雀山漢墓竹簡整理小組「臨沂銀雀山漢墓出土《王兵》篇釈文」『文物』一九七六―一二。
(13) 注(9)。
(14) 注(3)「銀雀山漢墓竹簡情況簡介」。
(15) 「尺一牘」は、匈奴単于の「尺二寸牘」に対比しての語であり、即、詔書を指すものであったかどうかであるが、『後漢書』陳王伝の李賢注では、「尺一、謂板長尺一、以写詔書也」とある。
(16) 注(1)。
(17) 雲夢睡虎地秦墓編写組『雲夢睡虎地秦墓』文物出版社、一九八一、頁一二。もちろん雲夢出土秦律についても、これが公的性格をもつ書写物であったかどうかは定かではない。
(18) 四川省青川県文化館「青川県出土更修田律木牘―青川県戦国墓発掘簡報」『文物』一九八二―一。
(19) 注(3)「編輯説明」。
(20) 注(12)。
(21) 注(3)「編輯説明」。
(22) 注(3)「編輯説明」。
(23) 注(3)「編輯説明」。
(24) 注(1)。
(25) 注(1)。

(26) 注（1）。
(27) 注（4）。
(28) 小木良一・加藤泰弘「睡虎地秦墓竹簡の研究」『東京学芸大学紀要第五部芸術体育』四〇、一九八八。
(29) 拙稿「李悝の法経について」『中央大学文学部紀要』史学科二九、一九八四。本書【Ⅰ】第三章。
(30) 注（9）。注（3）「編輯説明」。
(31) 注（1）。
(32) 注（3）「編輯説明」。
(33) 注（4）。
(34) 注（4）。
(35) 注（9）。
(36) 裘錫圭「嗇夫初探」『雲夢秦簡研究』中華書局、一九八一、は、「兵官之吏嗇夫」が吏嗇夫と同一かと。また「庫法」の吏嗇夫は、庫嗇夫と同一と。
(37) 注（9）・(36)。
(38) 睡虎地秦墓竹簡整理小組『睡虎地秦墓竹簡』文物出版社、一九七八、頁三六注文④。
(39) 注（38）頁一六注文②。
(40) 商鞅の県制は、大県万家。拙稿「商鞅の県制―商鞅の変法(1)」『中央大学文学部紀要』史学科二二、一九七七。『中国古代の聚落と地方行政』汲古書院、二〇〇二、【地方行政編】第二章。
(41) 注（4）・(36)。田昌五「談臨沂銀雀山竹書中的田制問題」『文物』一九八六―二。
(42) 拙稿「湖北雲夢睡虎地の秦律―王室の家法から国家法へ―」『律令制―中国と朝鮮の法と国家』汲古書院、一九八六。本書【Ⅰ】第五章。
(43) 拙稿「湖北雲夢睡虎地秦墓管見」『中央大学文学部紀要』史学科二六、一九八一。本書【Ⅰ】第四章。
(44) 拙稿「漢代における司法の展開について―律令一定と法の公開―」『中国古代の法と社会』汲古書院、一九八八。本書【Ⅱ】第二章。

（補注1）本稿脱稿後、李学勤「論銀雀山簡《守法》《守令》」『文物』一九八九—九、が発表され、李氏は、『守法』・『守令』とされる七六七〜八一二号簡について、銀雀山漢墓竹簡整理小組の指摘（本稿注（10）に紹介）を踏まえ、七九二号簡以前を『守法』、七九三号簡以降を『守令』と推論する。

（補注2）睡虎地秦律・青川秦律の後、新たに出土した里耶秦律（湖南省文物考古研究所「湖南龍山県里耶古城一号井発掘簡報」『文物』二〇〇三—一。同『里耶発掘報書』岳麓書社、二〇〇七）や龍崗秦律（湖北省文物考古研究所等「雲夢龍崗六号秦墓及出土簡報」『考古学集刊』八、一九九四。劉信芳・梁柱『雲夢龍崗秦簡』科学出版社、一九九七。中国文物研究所・湖北省文物考古研究所『龍崗秦簡』中華書局、二〇〇一）は、条文毎の律名は確認できない（里耶秦律の公刊は出土木牘中の一部）が、律文公布の年月を含むものが混在する。呂后『二年律令』（張家山二四七号漢墓竹簡整理小組『張家山漢墓竹簡（二四七号墓）』文物出版社、二〇〇一）には、律文公布の年月や条文毎の律名もなかった（令文は、令文が出される際に関係した官吏の職名が記載される）。伝えられる秦漢律文の記載形式は一様ではなかった。

〔追記〕本稿は、三上次男先生追悼号として刊行された『中国古代史研究第六』のために本年（一九八九）三月、中国古代史研究会で報告したものであるが、本報告書（唐代史研究会報告Ⅶ集『東アジア古文書の史的研究』刀水書房、一九九〇）に掲載し三上先生の学恩に謝す。

第五章　呂后『二年律令』をめぐる諸問題

はじめに

張家山呂后『二年律令』の研究は、邦訳を含め多様な研究が進められている。この呂后『二年律令』に関連し、かつて漢律との関連で、睡虎地の秦律は未だ「王室の家法」としての性格が留められているとのことを指摘した。本著の第Ⅰ部第五章の「王室の家法から国家法へ—雲夢睡虎地秦律」（一九八五年執筆）においてである。この小文を校正中に、呂后『二年律令』出土の報に接し、文末にその旨を追記した。ただ漢律の公表は遅れた。

その後、統一秦の律文を含む龍崗秦簡（一九九四年一二月刊）、里耶秦律（二〇〇三年一月刊）や呂后『二年律令』（二〇〇一年一一月刊）等が公刊された。この結果、今日においては、戦国末の秦律（雲夢睡虎地秦律・里耶秦律）、統一秦の秦律（雲夢龍崗秦律）、漢初の漢律（呂后『二年律令』）を比較検討する環境が、ある程度整って来た。このため本書に収めた第Ⅰ部第五章を補う意味で、戦国末から漢初にいたる律令の推移について確認する。

ついでは、拙著『中国古代の聚落と地方行政』（汲古書院、二〇〇二年）を纏めていた二〇〇一年の暮れ、呂后『二年律令』を含む張家山二四七号漢墓竹簡整理小組『張家山漢墓竹簡〔二四七号墓〕』（文物出版社、二〇〇一年）の刊行が近いことを知り、翌年早々に入手した。すでに拙著の本文は校了済みであったが、史料紹介の意味をも含め地方行政に関連する事項を中心に急ぎ補足した。ただ時間的な事情もあり、ここで更めて先の補足を再整理した。以上の事情を踏まえ、本書と前拙著とに関わる呂后『二年律令』をめぐる幾つかの課題について、通観しておくことにする。

一　睡虎地秦律と龍崗秦律

一九九四年に、湖北省文物考古研究所等「雲夢龍崗六号秦墓及出土簡報」『考古学集刊』八、一九九七年に、劉信芳・梁柱編著『雲夢龍崗秦簡』科学出版社が刊行され、統一秦の律文を含む竹簡断簡二九三が、『禁苑』・『馳道』・『馬牛羊』・『田赢』、『その他』分類不可の五種の律文名で分類されている。その後、中国文物研究所・湖北省文物考古研究所『龍崗秦簡』中華書局、二〇〇一が、詳細な「注釈」・「考証」に現代語訳に相当する「大意」を付して公刊された。一九九七・二〇〇一年両書共に簡牘の文字写真を収録する。二〇〇一年刊『龍崗秦簡』では律名を付しての分類はされておらず、一九九七年刊『雲夢龍崗秦簡』と二〇〇一年刊『龍崗秦簡』とでは釈文に少なからず相違がある。本稿の釈文は、二〇〇一年刊『龍崗秦簡』に依拠した。簡号も両書で異なる。このため引用律文の後に〔 〕を付し、上段に二〇〇一年刊『龍崗秦簡』の簡号、下段に一九九七年刊『雲夢龍崗秦簡』の簡号を記載した。

この龍崗律文中には、睡虎地の『田律』中に見える禁苑管理の条文、

百姓犬入禁苑中、而不追獣及捕獣者、勿敢殺、其追獣及捕獣者、殺之、河禁所殺犬、皆完入公、其它禁苑殺者、食其肉而入皮。

が、

黔首犬入禁苑中、而不追獣及捕▨▨者、勿□▨▨殺、其追獣▨▨及捕▨▨獣者、▨殺之、河禁所殺犬、皆完入公、

其□□它禁苑、食其肉而入其皮。（七七～八三）（四八～四九）

と闕字が多いがほぼ同文で見える。この条文中、龍崗秦簡では睡虎地の『田律』の「百姓」が「黔首」と変えられていた。龍崗秦簡には、「廿四年正月甲寅以来」（前二二三年）や「廿五年四月乙亥」（前二二二年）と、秦による天下統一以前の律（令）文も存在するが、「黔首」の律文は統一後の秦律であったことになる（二〇〇一年刊『龍崗秦簡』は、墓葬の時期を秦二世二年九月から漢三年九月の間とする）。

『田律』の禁苑管理規定が、龍崗秦簡では、何律に分属されていたかは不明である。龍崗秦簡の断簡の多くが、律あるいは令であったことは間違いないと思われるが、龍崗秦簡には、

廿四年正月甲寅以来、吏行田贏律（?）詐（詐）□。（一一六）（一〇二）

と、「律」字に疑問符付きではあるが「田贏律」と釈文される律名が見えている（また「苑律論之」（二一一）（五七）ともあり、上に来る文字が定かではないが『苑律』が律名であった可能性がある）。ただ二〇〇一年刊の『龍崗秦簡』の注釈では、「行田」は「行猟、進行狩猟活動」で、「贏律」は「超過法律規定」・「超出法規規定」の義と解し、一九九七年刊の『雲夢龍崗秦簡』の理解と異なる。断簡のため真偽は今後に俟たねばならないが、もし律名『田贏律』が見えるとすれば、睡虎地『田律』との関連が気になるが、この龍崗秦簡の断簡中には、

「禁苑田」（二五）（一三九）
「黔首田」（一五七）（一五九）

と、耕地に対する二種の呼び名が見えている。律令文における「田」の性格如何は、睡虎地の『田律』を考える上でも重要である。睡虎地『田律』は、

①耕地（公田）の管理
②禁苑（山林・禽獣）の管理

③芻稾の徴収と芻稾の管理
④公馬牛の管理
⑤百姓の売酒の禁止

で構成されていたが、②は統一後の龍崗秦律でも、前述したが禽獣の管理についてほぼ同様の条文が確認できた。①の耕地の管理規定は、龍崗秦律では、公田（「禁苑田」）の他に、一般庶民の耕地（「黔首田」）も存在し、農耕地全体の管理規定が統一秦では編成されていたことを示唆する。

龍崗秦簡では、

「盗田」〔一二四・一二六・一七五〕〔一〇八・一二四・一三二〕　他の人の持ち田を勝手に耕作する。

「盗徙封、侵食冢廬」〔一二一〕〔二四二〕　鄰接する田に自分の土地の境界を移動させ自分の耕地を広げたり、墓地や田舎（あるいは居宅）の土地を削ったりする。

「匿田」〔一四七・一六五〕〔一二三・一五三〕　税金逃れに土地の所有面積をごまかす。

「侵食道・千（阡）邵（陌）、及斬入疇企（畦）」〔一二〇〕〔一五七〕　鄰接する道路やあぜ道、他人の農地を自分の土地に取り込む。「黔首、皆従千（阡）佰（陌）彊（疆）畔之」〔一五四〕〔一六〇〕は、土地が阡陌でもって区切られていたことを示している。

等の「田」をめぐる違法行為や、

「黔首、銭仮其田」〔一五五〕〔一六六〕　一般農民が金銭（「銭」）を払って耕地を借り受ける。

「諸以銭財它物、仮田」〔一七八〕〔一六八〕　金銭（「銭」）や物品（「財它物」）を払って耕地を借り受ける。

「為詐（詐）偽写田籍、皆坐臧（贓）」〔一五一〕〔一〇四〕「田籍」（土地台帳）の作成でごまかしや偽造をすれば、賄賂を受け取ったと同様の罪とする。

等も見え、耕地には貸借を跡付ける「仮田」が存在し、土地の小作も可能であった。「田籍」、土地台帳の改ざんも行われている。土地台帳の改ざんは、税負担を回避するための「匿田」、他人の耕地を自分の持ち物にすり替える「盗田」や「盗徙封」の横行によって裏付けられている。耕地の国家管理という観点からすると、地域社会の流動性が比較的進行していたことになる。睡虎地『田律』のように土地の管理権が王室にある公田においては、考えられない事態が龍崗秦簡の律文には反映されている。

また睡虎地『田律』③の芻藁の納入については、芻藁の管理規定、「禾、芻藁徹木荐、輒上石数県廷、勿用、復以荐蓋」が存在した。睡虎地秦墓竹簡整理小組の注釈は、この条文を、倉に保管された芻藁の管理規定と解している。この理解に従うと、『倉律』でも「入禾稼・芻藁、輒為廥籍、上内史」と、倉の管理台帳である「廥籍」で芻藁の管理が行われていたことと抵触しかねない。

睡虎地の同じ秦律で『田律』と『倉律』との両者に、芻藁の管理規定が重複することになる。このため『田律』の芻藁管理規定は、倉収蔵後ではなく上納前の芻藁管理を指示した規定ではなかったかとも考えているが、『田律』にもし倉の管理規定が混入していたとすると、この場合も秦統一以前の律文の不整合さが指摘できることになる。

睡虎地『田律』の③についてはまた、『田律』で芻藁の納入規定が存在するのに、田租の納入規定がないことを疑問として来た。この点、龍崗秦簡では、

不遺程・敗程租者。〔一二五〕〔一一六〕

（未納の田租や基準より低い税率の田租）

程田以為臧（贓）、与同灋（法）。〔一三三〕〔一一七〕

（耕地面積を測り納税額を決める際、賄賂を受け取り租税額を減額するために手心を加えた場合は、法によって処罰する）

及虚租希（稀）程者、耐城旦舂。〔一二九〕〔一三二〕

（嘘をついて低い基準額で田租を納入すれば、耐して城旦舂の罪とする）

虚租而失之。

（嘘をついて田租の額を申し出て納入を逃れる）

租不能実□。〔一三六〕〔一四〇〕

（田租額が正しくない）

然租不平、而劾者。〔一四一〕〔一三三〕

（田租が正しく徴収されておらず、関係の役人が訴えられた場合）

皆以匿租者、詐（詐）毋少多。〔一四二〕〔一四一〕

（皆、田租を隠匿して納入しない者は、ごまかしの量の多少に関係なく）

坐其所匿税臧（贓）、与灋（法）没入其匿田之稼。〔一四七〕〔一二二〕

（田税を隠匿し所蔵している罪に坐せば、法に従い隠した土地の収穫物を没収する）

租者且出以律、告典・田典、典・田典令黔首皆智（知）之。〔一五〇〕〔一三七〕

（田租は律に従い、里典や田典に通知する。里典や田典は黔首全員に田租の納入を通知する）

租匿田。〔一六五〕〔一五三〕

（隠している耕地に田を課す）

と、多数の「租」に関係する律文が残されており、田租は、「匿田」によって税を回避することが可能であった。この耕地が、睡虎地『田律』のように「受田」を経たものであれば、「受田」面積は隠しようがない。龍崗秦簡の「租」が対象とする耕地は、私田以外にあり得ない存在である。龍崗秦簡中には、後述する禁苑内の禽獣管理において引用したが、禁苑に鄰接する「人田」〔一一二〕〔九七〕、私人の田が見えている。

睡虎地『田律』での「百姓」の日常生活の責任者は、「田嗇夫」・「部佐」であった。「田嗇夫」は県吏であり、嗇夫所轄の下吏が部佐で、いずれも県吏である。これに対して龍崗秦簡の田租の対象となる「黔首」への対応は、里の「典（里典）」・「田典」が登場している。日常生活で関わる行政組織も相違していた。

龍崗秦簡は、統一前の秦律と、統一後の秦律とが混在していた。秦が六国を統一し天下に号令したといっても十数年の短命さである。龍崗秦簡に見える秦律の実態は、南郡という占領地下の禁苑に勤務する地方吏が所持した律令ではあるが、実務において活用していた律文である。統一秦の律令の実態を伝えるものと理解して間違いないと思われる（睡虎地秦律中の地名は関中に集中し、秦の天下統一以前の関中で睡虎地秦律は作成されたと考えられるが、龍崗秦簡中には「南郡用節不給時令」〔二一四〕〔一四八〕と南郡では時節に従い時令を誤らずとの南郡を対象とする律文が確認できる。「時令」には「田時」〔一一八・一二三〕〔一五五・一八〇〕も含まれる）。

ついで睡虎地の『廄苑律』に関わる龍崗秦簡であるが、馬牛の健康管理に関わるような律文はない。ただ禁苑における禽獣管理についての規定は幾種か存在する。

諸禁苑為耎（壖）、去苑卌里、禁毋敢取耎（壖）中獣、取者其罪与盗禁中［同］。〔二七〕〔一二〕

（禁苑は、耎（壖、苑辺垣柵外の立ち入り禁止の空地）を置く。その幅は苑外四〇里で、耎内では自由に禽獣の捕獲を行ってはいけない。捕獲を行えば苑内で捕獲したのと同じ盗罪で罰する）

と、禁苑の禽獣は、苑外周辺においても四〇里、一六キロにわたり外部の人間が勝手に捕獲してはならなかった。耎外で禽獣を殺した場合の規定も、

諸禁苑為耎（壖）者、□去耎（壖）廿里、毋敢毎（謀）殺□。〔二八〕〔一九〕

（禁苑は、耎を置く。□耎から外二〇里では、自由に□を殺してはいけない）

とあり、禽獣の殺害禁止地域は、捕獲禁止地域耎の外、さらに二〇里、八キロ（禁苑の垣柵から六〇里、二四キロ外）も

拡大されていた。また、

亡人挟弓・弩・矢、居禁中者、棄市。〔一七〕〔一六〕

（亡人（無断で立ち入った者）が、弓・弩・矢を所持し、禁苑内に入れば、棄市する）

と、許可なく弓矢を所持して禁苑に入れば、それだけで死刑になる。

例外もある。

殴（驅）入禁苑中、勿敢擅殺。〔一三〕〔一一〕

（馬牛等の家畜が放牧の間に駆けて禁苑内に入ってしまった場合、直ぐさまその闖入した馬牛等を殺してはならない）

と、私人の家畜が、禁苑内に駆け込んだ場合は、駆け込んだ家畜を即座に殺害してはならないとなっている。家畜が、止めようもない状況で駆けて禁苑に入ったとしても不可抗力である。馬牛等の場合は、あり得る事態であるが、これに対して高圧的な対応は取られていなかった。さらに、

諸取禁中豺・狼者、毋罪。〔三二〕〔一三〕

（禁中で豹・狼を捕獲しても罪しない）

取其豺・狼・豲（獾）・貈（貉）・狐・狸・㲉・雉・兔、毋罪。〔三四〕〔一二〕

（禁苑関連の禽獣捕獲禁止地域で、豹・狼・豲（獾）・貈（貉）・狐・狸・㲉・雉・兔を捕獲しても罪しない）

等と、「豹」・「狼」等の猛獣は禁苑で許可なく捕獲しても許されている。禁苑内で狩猟を担当した人物は、一般私人ではなかったと思われるが、それでも禽獣の種類によっては捕獲に制約が設けられていなかった。

「豹」・「狼」のような危険性のある動物は、

従皇帝而行、及舎禁苑中者、皆（？）□□□□□□。〔一五〕〔一六〕

（皇帝に従いて行き、禁苑中に舎《とど》まる者は、皆）

と、皇帝の行幸もある禁苑であり、捕獲が自由に認められたとしても理解できるが、「狐」・「狸」・「雉」・「兎」等の比較的小動物がなぜ自由に捕獲できたかは気になる。「狐」・「狸」は共にイヌ科で肉食性がある。馬牛羊の分娩時には外敵と見なされたかも知れない。「兎」も、大なるは「如狸而毛褐」と李時珍『本草綱目』獣之二では『事類合璧』を引いている。大型の野ウサギの場合、地下茎を食し、植物（あるいは作物）を大きく損なう虞はある。『雉』は、『説文解字』によると一四種を数えるという。播種を損なう虞はあろうが、その端正な容姿の故か「不失其節」（『周礼』大宗伯、鄭玄注）ともいわれる。また細長さを感じさせる容姿のためか、李時珍『本草綱目』禽之二は、「陸禋続水経云、蛇雉遺卵于地、千年而為蛟龍之属、似蛇四足、能害人、［任昉述異記云］冬則為雉、春復為蛇、晋時武庫有雉、張華曰、必蛇化也」と、雉と蛇とが一体化することによるマイナスイメージの説話も引く。いつ頃まで遡り得る説話かは不明である。ただ「雉兎」は、「彭蒙曰、雉兎在野、衆人逐之、分未定也、雞豕満市、莫有志者、分定故也、物奢則仁智相屈、分定則貪鄙不争」（『尹文子』）ともあり、庶人が狩猟に戯れる際の代表的禽獣である。禁苑において「雉兎」の捕獲に制限が加えられていなかった背景をどのように理解すべきか興味がある。

　これら禁苑の規定が対象とする地域は、

　禁苑、在関外□▨。〔五二〕〔四二〕

（禁苑の関外に在りて□▨）

と、六国占領過程でも四関の外に禁苑が設けられたと思われるが、統一後の律となれば当然のことであるが、関中のみに限定された規定ではなかった。

　禁苑の管理は、

　禁苑嗇夫・吏、数循行、垣有壊決獣道出、及見獣出在外、亟告県。〔三九〕〔三二〕

（県吏の禁苑嗇夫や吏は、しばしば禁苑内を見回る。苑周辺の人々は、垣柵が壊れて禁苑の動物が苑外に出ているのを見つけ

た場合、急いで県に知らせなさい）

禁苑吏・苑人及黔首、有事禁苑中。〔六〕〔三二〕

（県吏の禁苑吏や苑内の労務を担う苑内在住の人、及び黔首が、禁苑中で用務に従事する）

と、禁苑を所轄する県は、禁苑専掌の「禁苑嗇夫」や「禁苑吏」を置いて、禁苑の管理に当てている。ただ「禁苑嗇夫」は、禁苑内の禽獣全般の管理であって、禁苑内に存在した馬牛を飼育する廏舎とどのような関わりを持っていたかは不明である。

もちろん馬牛に関わる規定も、

馬牛羊、食人□之□□（略）。〔九九〕〔九四〕

（馬・牛・羊が、住民の□□を食す）

牧県官馬牛羊、盗□之。〔一〇〇〕〔八九〕

（県の公馬・牛・羊を放牧す。□盗す）

馬牛殺之、及亡之、当償而誶□□（略）。〔一〇一〕〔九〇〕

（馬牛を殺したり、逃がしたりすれば、弁償をし、□責任を問う）

没入私馬牛〔羊〕〔駒〕犢羔県道官。〔一〇二〕〔八五〕

（個人の馬・牛・羊・駒《こうま》・犢《こうし》・羔《こひつじ》を県道官府に没収する）

諸馬牛到所、毋敢穿穽及置它機、敢穿穽及置它〔機〕能害▨。〔一〇三〕〔八三〕

（馬・牛の移動する範囲に、落とし穴や他のワナを設けてはいけない。もし落とし穴や他のワナを設けて傷害を与えれば）

▨馬牛羊犬彘、于人田▨。〔一一一〕〔九七〕

（馬・牛・羊・彘が、私人の耕地で）

亡馬牛駒犢［羔］、亡馬牛駒犢［羔］皮及□皆入禁□□（略）。〔一一二〕〔八六〕

（馬・牛・駒・犢・羔を逃亡させた場合、逃亡した馬・牛・駒・犢・羔に相当する皮革及び□を、禁苑の係に納入する）

敢行馳道中者、皆䙴（遷）之、其騎及乗車・軺車⧄⧄牛、牛⧄⧄車□⧄⧄輓車行之、有（又）没入其車馬牛県道［官］、県道⧄。〔五四〜五八〕〔六二・一〇〇・六三・六六〕

（勝手に馳道を通行すれば徙遷刑に当てる。騎馬・乗馬牛車・軺車⧄⧄牛、牛⧄⧄車□⧄⧄、輓車が、馳道を行けば、車・馬・牛を県道の官府に没収する。県道）

盗牧者、与同罪、⧄⧄盗馬牛、帰□（之）⧄。〔一一四〜一一五〕〔八七・九八〕

（放牧している馬・牛を盗めば、同罪に処す。盗んだ馬・牛を返還すれば）

等、多く見えるが、馬牛の飼育や管理に関わるものではない。ただここに見える「馬牛羊」他の家畜に関係する規定は、禁苑に勤務した吏人が所有していた律（令）文である。このため律（令）文の牛馬は、「官馬牛」の語も見えるように禁苑内で飼育されていた公馬牛を含む。もちろん禁苑近鄰の「私馬牛」も出てくる。禁苑には、垣柵を設けていたが、人間だけではなく、周辺の馬牛や禁苑中の馬牛も、禁苑の規定を遵法するとは限らない。馬牛をめぐるトラブルは少なくない。禁苑を舞台に繰り広げられる種々の禽獣や人間のドラマは誠に多様である。

禁苑には、多様な動物が居住していたが、禽獣に対する取り締まりも、

時来鳥、黔首其欲弋射耎（堧）獣者、勿禁。〔三〇〕〔二一〕

（渡り鳥が飛来し、黔首が、禁苑周辺の堧地で鳥獣を射ようとした場合、禁じてはならない）

と、禁苑の堧域ではあったが、渡り鳥の捕獲が禁じられていなかった。「来鳥」は、季節に応じて飛来し、禁苑の住人ではないとの認識があってのことかと思われる。時代を遡る律文ではあるが、人として抱く価値判断は、時代を超えて共感するものがある。

以上、龍崗秦律を睡虎地秦律との関連で概観したが、『廏苑律』との関係では、公馬牛の廏舎での飼育管理の事情を確認することができなかった。龍崗秦簡が、これを所持した故人の職掌と具体的にどのようにして関わるか分からない側面もあるが、禁苑事項だけではなく、耕地管理や馳道管理などに関係する律文も含まれていた。この意味では、これだけ馬牛関係の律文がある中で、公馬牛の飼育についての律文が皆無であることも意外である。呂后『二年律令』でも、『廏苑律』のみならず『廏律』さえも認められない。統一秦から漢代にかけて、『廏苑律』の位置付けに変化が生じていたが故ではとの思いを抱かせる。

また『田律』に関しては、断簡ではあるが、禁苑内の耕地（公田）と一般黔首の耕地の両者を視野においた律文が存在していたことを窺わせ、多様な田租の律文も確認できる。公田の税収と一般庶民の耕地を対象とした税収は、いわゆる帝室財政と国家財政との両者に関わる。納入のルートも異なっていたはずである。ただ県吏としては、県内に公田と一般庶民の田とが混在する中で、耕地の管理に当たっていたと思われる。その際、睡虎地の『田律』が公田と一般庶民の耕地とを含む形で再編成されて行った場合、所謂『田律』の構成はどのようになっていたかが問題となる。次節で少しく論じたが、この点は呂后『二年律令』の『田律』の位置付けと密接に関わる。

睡虎地秦律と呂后『二年律令』との対比は後でもふれるが、秦律と漢律との相違を強調するだけではない。龍崗秦簡においても、秦律と漢律との類似性を認めることができる。龍崗秦簡の、

諸馬・牛到所、毋敢穿穽及置它機、敢穿穽及置它〔機〕能害⧄⧄人馬、牛者⧄⧄雖未有殺傷殴（也）、貲二甲、殺傷馬⧄⧄与為盗⧄⧄殺人、黥為城旦舂、傷人、贖耐。〔一〇三～一〇九〕〔八三・八四・五八・五九〕

は、断簡であるが、呂后『二年律令』の『田律』、

諸馬・牛到所、皆毋敢穿穽、穿穽及置它機、能害人・馬・牛者、雖未有殺傷也、耐為隷臣妾、殺傷馬・牛、与盗同法、殺人、棄市、傷人、完為城旦舂。

と、近似する。龍崗秦簡では、律文それぞれの律名が確認できないため、律名での比較はできないが、漢律が龍崗秦律を継承する側面を持っていたことは間違いない。同時に本節の最初でふれた、「百姓犬入禁」で始まる睡虎地『田律』の禁苑管理規定と、「黔首犬入禁」で始まる龍崗秦簡の禁苑管理規定との比較において、戦国末期の秦律と統一秦の秦律との類似性が確認できた。今この統一秦と漢初の律文に見える馬牛放牧地での穿穽禁止を確認することによって、戦国末の秦律、統一秦の秦律、漢初の漢律が、全く無関係で成立したものでなかったことが明らかとなる。

ただ呂后『二年律令』には『廏苑律』の律名はなかった。それでも次節でもふれたように、禁苑内に廏舎が存在していたことは呂后『二年律令』においても確認できる。また呂后『二年律令』の各種律令文中に散見する公馬の調達において、関中地域の「廏苑馬」、あるいはそれを引き継いだと思われる廏舎の馬が、公馬として広く重要視される存在になっていたことも明らかとなった。

問題は、出土した呂后『二年律令』に『廏苑律』と『倉律』とが含まれていなかったことである。ついでは、呂后『二年律令』中の馬牛と倉について考える。

二　馬牛と倉

呂后『二年律令』の全文が、二〇〇一年に張家山二四七号漢墓竹簡整理小組『張家山漢墓竹簡〔二四七号墓〕』（文物出版社）において公刊された。律文は、『賊律』・『盗律』・『具律』・『告律』・『捕律』・『亡律』・『収律』・『襍律』・『銭律』・『置吏律』・『均輸律』・『伝食律』・『田律』・『□市律』・『行書律』・『復律』・『賜律』・『戸律』・『効律』・『傅律』・『置後律』・『爵律』・『興律』・『繇律』・『金布律』・『秩律』・『史律』・『津関令』の二八種に上る。

漢初蕭何の『九章律』には、『賊律』・『盗律』等の李悝『法経』以来の刑罰法規の他に、『興律』・『廏律』・『戸律』

の行政的法規が新たに入っていた。それにも拘わらず『九章律』には、睡虎地秦律に見える『田律』その他の『秦律十八種』中のほとんどの行政的法規が含まれていなかった。このことから秦律と漢律との相違点に、「王室の家法」から国家法への変化が認められるのではと推論した。

睡虎地『秦律十八種』と呂后『二年律令』との律名の対比は、

(1)『秦律十八種』と『二年律令』とで同一の律名八種（刑罰法規等も含めると一八種）。

『田律』・『金布律』・『関市〔律〕』（『□市律』）・『繇律』・『置吏律』・『効〔律〕』・『伝食律』・『行書〔律〕』。

（『二年律令』の『賊律』・『盗律』・『具律』・『告律』・『捕律』・『亡律』・『収律』・『襍律』は、雲夢睡虎地竹簡中の『法律答問』中で確認できる。『秦律十八種』中の『関市』は『二年律令』中の闕字があるが『□市律』に該当するか。また『秦律十八種』には含まれないが、睡虎地秦律として確認される『捕盗律』は、『二年律令』の『賊律』・『盗律』。同じく『除吏律』、『傅律』も『二年律令』中の『置吏律』、『傅律』に該当するか）

(2)『秦律十八種』に見え呂后『二年律令』にはない律名一〇種。

『廏苑律』・『倉律』・『工律』・『工人程』・『均工』・『司空』・『軍爵律』・『内史雑』・『尉雑』・『属邦』

（『秦律十八種』には含まれないが、睡虎地秦律として確認される『齎律』・『遊士律』・『除弟子律』・『中労律』・『蔵律』・『公車司馬猟律』・『牛羊課』『敦表律』・『戍律』も、呂后『二年律令』にはない）

(3)呂后『二年律令』に見え『秦律十八種』にはない律（令）名一一種。

『銭律』・『均輸律』・『復律』・『賜律』・『戸律』・『置後律』・『爵律』・『興律』・『秩律』・『史律』・『津関令』

（『二年律令』以外の張家山竹簡に見える律名『奴婢律』・『変（蛮）夷律』等）

となる。(2)『秦律十八種』に見え呂后『二年律令』にはない律名一〇種、『廏苑律』・『倉律』・『工律』・『工人程』・『均工』・『司空』・『軍爵律』・『内史雑』・『尉雑』・『属邦』が、なぜ呂后『二年律令』に見えないかが注目される。

もちろん呂后『二年律令』は、地方役人が個人的に所持した律令集であり、漢律を網羅していたわけではない。また『軍爵律』・『属邦』の二律は、漢制には必要ない。

他は律名だけで見れば、漢制に引き継がれても問題はなかったと思われるが、漢律が秦律の律名を継承することが全てではない。再編の過程で律名を変えても秦律を引き継ぐ部分がどの程度漢律に存在するかが確認できればよい。また呂后『二年律令』として公刊されている律名と律文との相互関係についても、張家山二四七号漢墓竹簡整理小組『張家山漢墓竹簡〔二四七号墓〕（釈文修訂本）』（文物出版社、二〇〇六）に収録される、彭浩「談《二年律令》中幾種律的分類与編連」によれば、なお検討の余地がありそうである。

馬牛と苑

このためここでは、本書第Ⅰ部第五章と関連する廏苑と倉とに関係する律文において、呂后『二年律令』と秦律とがどのように関わりを持つかを概観する。まず廏苑に関係しては、呂后『二年律令』の『秩律』に、吏名として、

都官之稗官及馬苑、有乗車者、秩各百六十石、有秩毋乗車者、各百廿石。

と、「馬苑」が見える。この「馬苑」は、苑囿での公馬に関わるかと思われる。『漢書』地理志、北地郡の属県、帰徳県に、「堵苑」・「白馬苑」の苑名が見えるが、白馬苑は白馬に因んでの苑名で「馬苑」の称に該当するかは定かではない。ただ関中に北鄰する北地郡にも漢代において苑囿が置かれ、「白馬」の語が冠せられていることから馬の飼育が行われていた可能性は大きい。その意味では「馬苑」と呼べるかも知れない。また呂后『二年律令』の『䌛律』には、

乃発公大夫以下子、未傅年十五以上者、補繕邑□、除道橋、穿波池、治溝渠、塹奴苑。

と県の徭役の一つとして「塹奴苑」が見える。張家山二四七号漢墓竹簡整理小組の注釈では、「奴」に『水経注』の

「不流曰奴」を当てており、「塹奴苑」は「苑」の底の泥を掘り出す作業で、爵大夫以下の子弟等が当てられている。道や橋、水池、河川の修復と並んで「塹奴苑」への役負担が述べられていたわけである。「苑」への動員も、「苑」を抱える県にとっては避けられない徭役となるが、この「苑」も、苑囿、禁苑と関連するものであったかも知れない。

馬牛を管理する廏の存在は、

①□□馬、日匹二斗粟、一斗叔（菽）、伝馬・使馬・都廏馬、日匹叔（菽）一斗半斗。（『金布律』）

②馬・牛、当食県官者、犙以上牛、日芻二鈞八斤、馬、日二鈞□斤、食一石十六斤、□□稾□、乗輿馬、芻二稾一、牨・玄食之、各半其馬・牛食、僕牛、日芻三鈞六斤、犢半之、以冬十一月稟之、尽三月止、其有県官事、不得芻牧者、夏稟之如冬、各半之。（『金布律』）

③公車司馬、大倉治粟、大倉中廏、未央廏、（略）秩各八百石、有丞尉者半之。（『秩律』）

④長秋謁者令、右廏、霊州楽府、寺、車府、内官、圜陰、東園主章、上林騎、秩各六百石、有丞尉者半之。（『秩律』）

⑤〼室僕射、室僕射大官、未央食官、食監、長信[食]〼宦三、楊関、長信詹事、和（私）官長、詹事祠祀長、詹事廏長。（『秩律』）

⑥軽車司馬、候、廏、有乗車者、秩各百六十石、毋乗車者、及倉、庫、少内、校長、髳長、発弩、衛（衛）将軍、衛（衛）尉士吏、都市亭厨、有秩者及毋乗車之郷部、秩各百廿石、李公主・申徒公主・栄公主・傅公、家丞秩各三百石。（『秩律』）

とあり、①日々の飼料が規定されている「廏馬」は、官馬ではあるが、駅伝馬等の役割を担っていて苑馬とは異なる。②の馬牛への飼料は、「県官」から支給されていて公馬牛であるが、苑との関わりは特定できない。

一方「大倉中廏」（③）・「未央廏」（③）・「右廏」（④）・「詹事廏長」（⑤）等は、吏名から、皇帝の車馬を管理する

「未央廏」、皇后の車馬を管理する「中廏」、皇后・太子の車馬を掌った「詹事廏」、軍馬を管理した「［軽車］廏」⑥等の廏が存在していた。「右廏」も見える。「右廏」は、「長秋」関係の吏や、楽府、内官等の間に列記されており、「右廏」で管理される車馬は、後宮関係者の利用に供せられたかも知れない。「上林騎」④と上林禁苑との関わりを示す騎馬も見えるが、これが上林禁苑の廏舎で飼育された馬であったか、上林禁苑を警備する騎馬であったか定かではない。

以上、廏の存在を示す律文は少なくないが、この内「大倉中廏」③・「未央廏」③・「右廏」④・「詹事廏長」⑤等は、廏苑に関わると思われるが、具体的な廏運営の規定は見えない。

①②の『金布律』に見える飼料の規定は、「伝馬」・「使馬」・「都廏馬」に対するものであるが、睡虎地の秦律でこれに類似する規定を求めるとすれば、『倉律』に見える、

駕伝馬、一食禾、其顧来有（又）一食禾、皆八馬共、其数駕、毋過日一食、駕県馬労、有（又）益壺（壱）禾之、倉律。

との、「伝馬」への飼料支給規定が近いかも知れない。

ついで馬牛自体については、

Ⓐ船人渡人、而流殺人、耐之、船嗇夫・吏主者、贖耐、其殺馬牛、及傷人、船人贖耐、船嗇夫吏贖遷、（略）流殺傷人、殺馬牛、有（又）亡粟米它物、不負。（『賊律』）

と、県（「船嗇夫」）が管理する船で、搬送中の馬牛の傷害や死亡事故に対する役人への責任が規定されている。人や粟米も積載されていた。このような官営の渡し船が、住民サービスのために運営されていたどうか疑問である。船を利用できる人は、限定されていたと思われる。馬牛も伝馬・車牛等の公馬牛ではなかったか。

Ⓑ郡守二千石官、県道官言辺変事急者、及吏遷徙、新為官属・尉・佐以上、毋乗馬者、皆得為駕伝、県道官之計。

（『置吏律』）

Ⓒ丞相・御史、及諸二千石官使人、若遣吏、新為官、及属尉・佐以上、若遷徙者、及軍吏・県道、有尤急言変事、皆得為伝食、車大夫粺米半斗、参食、従者糲米、皆給草具、車夫醤四分升一、塩及従者、人各廿二分升一、食馬如律、禾之比乗伝者馬、（略）諸吏乗車以上及宦皇帝者、帰休若罷官、而有伝者、県舎食人・馬、如令。（『伝食律』）

このⒷⒸ二条は、駅伝馬に関わる。Ⓑは、緊急事態に役人が、「有乗車」の資格がない場合、「伝馬」を使用する。Ⓒは、役人の赴任時や緊急事態が生じた場合、「伝馬」には「食馬如律」「県舎食人馬如令」と飼料が「律・令」にもとづき支給されている。いずれも「県道官」管理下の公馬である。

Ⓓ諸馬・牛到所、皆毋敢穿穽及置它機、能害人・馬・牛者、雖未有殺傷也、耐為隷臣、妾殺傷馬・牛、与盗同灋、殺人、棄市、傷人、完為城旦舂。（『田律』）

は、落とし穴やワナについての規定である。通行の多い道路では禽獣捕獲のための仕掛けを設けるような危険性を冒す可能性は低い。馬牛の放牧地での取り締まり規定ではないかと思われる。

ただそれにしてもこの放牧地は、人が入り馬牛に危険がないような場所にワナを仕掛けること自体は問題としていない。禁苑内の事情とは異なる。廏苑地域以外の放牧地が存在していたと思われる。

Ⓔ馬・牛・羊・獳・彘、食人稼穡、罰主金馬・牛各一両、四獳・彘、若十羊、彘当一牛、而令撟（?）稼償主、県官馬・牛・羊、罰吏・徒主者、貧弗能賞者、令居県官、□□城旦舂・鬼薪白粲也、笞百、県官皆為賞（償）主、禁毋收彘。（『田律』）

は、「馬牛羊獳彘」が、一般の田畑で作物を食べた場合、飼い主に罰金が科せられ、損害分を補償しなければならない。県の「馬牛羊」の場合は、役人と飼育人とが罰せられる。貧しく補償能力の無い者は、公役に従い、県が代わりに補償している。

家畜には、私人の所有物と官有との二種が存在した。官有馬牛羊の場合、管理者としての責任は問われるが、損害の補償は謳われていない。あるいは官有馬牛羊が与えた分の補償も行われていたかも知れないが、家畜に対する管理責任が私人に対してだけではなく官側にも問われている。一方的な視点のみではない。

Ⓕ官各以二尺牒、疏書一歳馬・牛・它物用稾数、余見芻稾数、上内史、恒会八月望。（『田律』）

は、馬牛の飼料である「芻稾」の量が内史に報告されている。報告者の「官」は、県官であろう。牛馬は県官馬牛である。

Ⓖ民大父母・父母・子・孫・同産子、欲相分予奴婢・馬・牛・羊・它財物者、皆許之、輒為定籍。（『戸律』）

は、個人の財産分与の規定に「馬牛羊」が含まれている。

Ⓗ馬・牛、当食県官者、犙以上牛、日芻二鈞八斤、馬、日二鈞□斤、食一石十六斤、□□稾□、乗輿馬、芻二稾一、犕・玄食之、各半其馬・牛食、僕牛、日芻三鈞六斤、犢半之、以冬十一月稟之、尽三月止、其有県官事、不得芻牧者、夏稟之如冬、各半之。（『金布律』）

Ⓘ□□馬、日匹二斗粟、一斗叔（菽）、伝馬・使馬・都廏馬、日匹叔（菽）一斗半斗。（『金布律』）

このⒽⒾ二条は、前述したとおり県官馬への飼料の規定である。

Ⓙ長信詹事丞、家馬、長信祠祀、長信倉、大匠官司空、長秋中謁者、長信尚浴、長信謁者、祠祀、大宰、居室、西織、東識、長信。（『秩律』）

は、吏名として「家馬」が見える。太后関連の長信宮関係者に挟まれて記載されており後宮関連の官馬を掌った可能性がある。

Ⓚ御史請諸出入津関者、詣入伝□□吏（？）里年長物色□瑕見外者及馬職（識）物関舎人占者、津関謹閲、出入

之、県官馬勿職（識）物者、与出同罪、●制曰可。（『津関令』）

は、津関を県官馬が出入する場合、馬には確認のための「職（識）物」、身分証等が必要であった。

Ⓛ相国上中大夫書、請中大夫謁者・郎中・執盾・執戟家、在関外者、買私買馬関中、有県官致上中大夫・郎中、中大夫・郎中、為書、告津関、来、復伝、津関、謹閲出入、馬当復入不入、以令論、●相国・御史以聞、●制曰可。（『津関令』）

Ⓜ十五　相国・御史請、郎騎家在関外、騎馬節（即）死、得買馬関中人一匹以補、郎中為致告買所県道官、県道官聴為質（致）告居県、受数、而籍書馬職（識）物・歯・高、上郎中、節帰休・繇使、郎中為伝出津関、馬死、死所県道官診上、其詐（詐）貿易馬及偽診、皆以詐（詐）偽出馬令論、其不得□及馬老病不可用、自言郎中、郎中案視、為致告関中県道官、売更買、●制曰可。（『津関令』）

Ⓝ廿一　丞相上長信詹事書、請湯沐邑在諸侯、属長信詹事者、得買騎・軽車・吏乗・置伝馬関中・比関外県、丞相・御史以聞、●詔。（『津関令』）

Ⓞ廿二　丞相上魯御史書言、魯侯居長安、請得買馬関中、●丞相御史以聞、制曰可。（『津関令』）

Ⓟ●丞相上魯御史書、請魯中大夫謁者得私買馬関中、魯御史為書告津関、它如令、●丞相・御史以聞、制曰可。（『津関令』）

Ⓠ●丞相上魯御史書、請魯郎中自給馬騎、得買馬関中、魯御史為伝、它如令、●丞相・御史以聞、制曰可。（『津関令』）

は、Ⓛ～Ⓠいずれもが「関中」での「買馬」についての令である。ⓁⓅに「私買馬」の語もあるが、「中大夫謁者」・「郎中」等の官吏が「相国」・「丞相」を介しての馬の購入であり、公的に認められた身分としての「有乗車者」に供される馬の購入であったと思われる。Ⓜは、たまたま「郎官」の騎馬が死亡したための補充用の馬の購入であるが、

「郎中［令］」が購入先（「関中」）の「県道官」に購入の申し入れを行い、死亡した馬は死亡した現地（「関外」）の「県道官」が検死を行っている。馬の死亡に「偽診」がないかどうかや「馬老病不可用」等の買い換えの正当性が厳密に確認されている。公馬であったが故の手続きであろう。購入用の公馬は県道で飼育や管理が行われていたことになる。「関中」で馬を購入する場合の手続きは、「相国」や「御史」の上奏を介して皇帝の「制可」を得、「県道官」に文書で「致告」をする必要があったわけで、これら公馬の飼育や管理が行われていた「関中」の廄舎は、あるいは廄苑を指していたかも知れない。「制可」を得ての「関中」での「買馬」に、偽りの理由付けが行われていた場合、「詐（詐）偽出馬令」で罪に問われている。これだけ頻出する「関中」での「買馬」には特別の重みがあったように思われる。

Ⓡ□議、禁民毋得私買馬、以出扜関・鄖関・函谷・武関、及諸河塞津関、其買騎・軽車馬・吏乗・置伝馬者、県各以所買名匹数、告買所内史・郡守、内史・郡守、各以馬所補名、為久久馬、為致告津関、津関謹以籍・久案閲、出、諸乗私馬入、而復以出、若出而当復入者、出、它如律令、御史以聞、請許、及諸乗私馬出、馬当復入而死亡、自言在県官、県官診及獄訊、審死亡、皆津関、制曰可。（『津関令』）

Ⓢ十二　相国議、関外郡、買計・献馬者、守各以匹数、告買所内史・郡守、内史・郡守、謹籍馬職（識）物・歯・高、移其守、及為致告津関、津関案閲、津関謹以伝案出入之、詐偽出馬、馬当復入不復入、皆以馬賈（価）訛過平令論、及賞捕告者、津関吏卒・吏卒乗塞者智（知）、弗告劾、与同罪、弗智（知）、皆贖耐、●御史以聞、制曰可。（『津関令』）

このⓇⓈ二条は、共に「内史・郡守」管理下の馬を購入している。Ⓢでは「関外」の郡が上計の際、献上する馬を購入する必要から「内史・郡守」で馬を購入しようとしている。これにも「制可」が伴っている。長安に上計するための馬であり、「内史」は三輔、「関中」であるが、残る「郡守」も「関中」に鄰接する西北辺の北地郡等の諸郡ではなかったと思われる。「関中」の馬が求められる背景には、長安に献上するための馬を遠路連れ歩く煩瑣さを省く上での利便性だけではなく、廏苑馬の質的優良さがあったかも知れない。

Ⓡは県が「騎・軽車馬・吏乗・置伝馬」を「内史・郡守」で購入している。購入した馬には、「内史・郡守」から各地の津関が通行できるように公的証明の手配がなされている。Ⓡの「内史・郡守」も、「制可」にもとづいており、Ⓢと同様の地域で、購入される馬は廏苑馬ではなかったかと思われる。

またⓇによると、「禁」令で「民」が「私買馬」を得て、津関を通行することはできなかった。ただ「乗私馬」の存在であるが、津関の出入において、「若出而当復入者」と「若」、仮定の事態として津関の出入が生じた場合、「出」のままで、再入は認められていない。私馬に乗車して津関を出て、再入しようとして馬が死亡した場合は、県官に「自言」（自首）し、「獄訊」（裁判）を受け、馬の死亡が間違いなければ、「皆津関」、脱字が有るかと思われるが、津関の再入に何らかの特例が講じられたものと思われる。ここでの「私買馬」・「私馬」は、「民」に関わるもので、公馬ではなかった。

Ⓣ十六　相国上長沙丞相書言、長沙地卑湿、不宜馬、置缺不備一駟、未有伝馬、請得買馬十、給置伝、以為恒、●相国・御史以聞、請許給買馬、●制曰可。（『津関令』）

は、長沙国では、湿地が多く、馬の飼育が困難であり、「駟馬」どころか「伝馬」さえもいない。せめて馬を一〇頭買って駅伝に置きたいとの「長沙丞相」からの願い書を「相国」が仲介し、「買馬」への「制可」が下りている。長沙国は北部に洞庭湖が広がり、「卑湿」ではあるが、南部は地形も上がり、伝馬すらないとは理解し難いが、「長沙丞相」からの申し出であり認めるより他ない。この場合の「買馬」先も関中の廏苑であったかも知れない。渭水盆地とそれに鄰接する西北部が、良質の馬の供給地として全国的に知られていたことがこの背景にあると思われる。

Ⓤ巳（?）繇、及車牛当繇、而乏之、皆貲日十二銭、有（又）賞（償）乏繇日、車。（『興律』）

Ⓥ発伝送、県官車牛不足、令大夫以下有訾者、以貲共出車牛及益、令其毋訾者、与共出牛食・約・載具、吏及宦皇帝者、勿与給伝送、事委輸、伝送重車重負日行五十里、空車七十里、徒行八十里、免老・小未傅者・女子及諸有除者、県道勿敢繇使、節（即）載粟、乃発公大夫以下子・未傅年十五以上者、補繕邑□、除道橋、穿波池、治溝渠、塹奴苑、自公大夫以下、勿以為繇、市垣道橋、命市人不敬者為之、県弩、春秋射各旬五日、以当繇、戍有余及少者、隤後年興□□□□為□□□□及発繇戍不以次、若擅興車牛、及繇不当繇使者、罰金各四両。

（『繇律』）

右のⓊⓋ二条は、「車牛」の条文である。Ⓥに県の駅伝の「車牛」が不足しておれば、資産がある爵大夫以下の人々に負担させる。資産がない場合は牛の飼料や装備品を出させると、県の装備品である駅伝の「車牛」が、住民の負担になっている。徭役の代替としての位置付けを持たせているのかも知れないが、税の二重取りの感もある。ともあれ徭役に当てられる牛と車とであり、いずれも公牛・公車であるが、牛の供給地を窺わせる記載はない。

以上Ⓐ～Ⓥにかけての馬牛の事項を含む二二種の律令を、馬牛の飼育・管理の側面から見て来たが、Ⓡに民間の私的な馬への規制が見える以外は、すべて公馬牛の規定である。そして肝心の公馬を供給する廏舎は、多く関中並びに鄰接する西北辺の諸郡であったと思われる。

その意味では、秦の渭水盆地を中心とした『廏苑律』を漢初においても継承していたことになる。ただ県の伝馬等に使用される公馬の管理担当者として律令に現われる官府は、「県道官」までで、禁苑との関係如何を窺い知ることはできない。睡虎地の『廏苑律』に該当するような馬牛の管理規定も呂后『二年律令』では見出せなかった。

倉

ついで呂后『二年律令』に見える倉に関係する律文を確認する。倉の存在は、

㋐公車司馬、大（太）倉治粟、大（太）倉中廏、未央廏。（『秩律』）

㋑長信詹事丞、家馬、長信祠祀、長信倉、大匠官司空、長秋中謁者、長信尚浴、長信謁者、祠祀、大宰、居室、西織、東識（織）、長信私官、内者。（『秩律』）

㋒軽車司馬、候、廏、有乗車者、秩各百六十石、毋乗車者、及倉、庫、少内、校長、髳長、発弩、衛（衛）将軍、衛（衛）尉士吏、都市亭厨、有秩者及毋乗車之郷部、秩各百廿石、李公主・申徒公主・栄公主・傅公、家丞秩各三百石。（『秩律』）

等の『秩律』に、「太倉」㋐・「長信倉」㋑・「倉」㋒等が見えるが、睡虎地の『倉律』と比較するには、県が管理する「倉」が必要になる。しかし㋒の「倉」も実態が不明である。

倉の施設は存在していた。例えば、

㋓賊燔城・官府、及県官積冣（聚）、棄市。（『賊律』）

は、「倉」の呼称はないが、張家山二四七号漢墓竹簡整理小組は、「積聚」に対して、『漢書』荊燕呉伝「焼其積聚」の師古注「倉廩芻稾之属」を引く。「県官積聚」が県の倉を指していたことは事実であろうが、『賊律』に分類されている。

㋔□□馬、日匹二斗粟、一斗叔（菽）、伝馬・使馬・都廏馬、日匹叔（菽）一斗半斗。（『金布律』）

㋕馬・牛、当食県官者、犙以上牛、日芻二鈞八斤、馬、日二鈞□斤、食一石十六斤、□□稾□、乗輿馬、芻二稾一、犻・玄食之、各半其馬・牛食、僕牛、日芻三鈞六斤、犢半之、以冬十一月稟之。（『金布律』）

㋖県道有尤急言変事、皆得為伝食。車大夫粺《はい》米半斗、参食、従者粺米、皆給草具、車大夫醬四分升一、塩及従者、人各廿二分升一、食馬如律。（『伝食律』）

の㋔㋕㋖三条は、県による駅伝馬等への飼料や関係者に対する食物の支給規定で、秦律の『倉律』に近いが、呂后

『二年律令』では、『金布律』に分類されている。呂后『二年律令』には、『倉律』の律名が見えず、これらが呂后『二年律令』のいずれの律名に分属していたかを問題とする段階ではない。

㋗二千石吏食 糳（糳）粲・穤（糯）各一盛、醯・醬各二升、介（芥）一升。（『賜律』）

は、『賜律』に分類されている。『賜律』にはこの他にも「米」や「飯」等を下賜する条文がある。秦律の『倉律』も「委賜」の条文を含む。この意味では倉に保管される物品の下賜は『倉律』とも関係が生じるが、漢の『倉律』の実態は、今後を俟たねばならない。

「王室の家法」としての色彩を帯びるかとして検討を加えた睡虎地秦律中の『倉律』は、二六条を有し、睡虎地秦律中でも圧巻である。この『倉律』の律名が、呂后『二年律令』には見出せなかった。隔靴搔痒の感が拭い難い。

本稿で同じく取り上げた睡虎地秦律の『廏苑律』も、呂后『二年律令』には見えないが、蕭何『九章律』中に『廏律』が見えている。当時の漢律に『廏律』が存在した可能性は大きい。

別に『秦律十八種』中の『田律』でも、「王室の家法」としての要素を指摘したことがある（注（4））。この『田律』は、幸い呂后『二年律令』でも確認できたが、呂后『二年律令』の『田律』は、後述するように秦律と同様になお公田管理規定としての色彩を留める律文であった。

呂后『二年律令』が漢律の全てを含んでいなかったことは、張家山二四七号漢墓竹簡に見える『蛮夷律』や『奴婢律』等が、呂后『二年律令』に含まれていなかったことからも明らかである。それでも出土地の近い、地理的条件の似通った土地柄で、年代もそれほど隔たっていない睡虎地の『秦律十八種』に存在した律名が、呂后『二年律令』でなぜ多く確認できないか少しく理解に苦しむ。

『廏律』の場合は、湖北省南部地区（「南郡」）の馬牛の管理体制が、秦代に比べ変化したためと見なすことも可能かも知れないが、『倉律』の欠落は、なぜこの地区で『倉律』の必要性が乏しかったのか説明がつき難い。『倉律』は、役に関わる呂后『二年律令』中の『繇律』・『興律』と並んで、人民管理、租税（田租）徴発の上で欠かせない律文であったと思われる。

『倉律』と表裏一体化する『田律』が、呂后『二年律令』に存在するだけに、呂后『二年律令』を所持した吏人の職掌の故との理解を取ることも無理がある。秦代と漢代とで倉の機能に変化が生じ、秦律の『倉律』を漢が継承する上で困難な事情が生じていたと考えるべきであろうか。

三　地方行政

伍制

伍制に関しての律文は、『戸律』に、

> 自五大夫以下、比地為伍、以弁[券]為信、居処相察、出入相司、有為盗賊及亡者、輒謁吏、典・田典更挟里門籥（鑰）、以時開、伏閉門、止行及作田者、其献酒及乗置乗伝、以節使、救水火、追盗賊、皆得行、不従律、罰金二両。

と伍と告姦の制が見える。これによると伍の編成は、「比地為伍」と、居住している「地」（地縁）、近鄰関係（鄰組）によって編成されていた。それも爵級九等の「五大夫」以下に伍制の適用は限定されていた。五大夫は官爵の最下位の等級であるが、それ以下（第八等級「公乗」以下）は官位を持たない庶民であり、伍制は多く庶民層を対象に組織されていたことになる。この律文だけで伍の組織の全貌を、このように理解してよいかどうか問題が残るかも知れないが、もしこれが伍制の全体像であったとすれば、漢初の伍制に対して、新たな知見を提供する。

この伍制が、「居処相察、出入相司、有為盗賊及亡者、輒謁吏」と告姦の機能を備えていたことは、秦制を引き継ぐものである。「謁」、すなわち「告」を行う窓口について、張家山二四七号漢墓竹簡整理小組は「輒謁吏・典」と標点を行い、「吏・典」を告の窓口と見なしている。ただ告姦は、県廷による治獄に繋がるものであり、告を受理する窓口に、県吏ではない「典」を含めるのは問題と思われる。「典」は里の役人で、後文の里門の管理を「田典」と共に行っていたのではと考え、標点を改めた。

「[里]典」、「田典」は、里門の鍵を管理し、決まった時間に里門の開閉を行い、人の通行や里門外での野良仕事は、里門が閉められた後は行うことができなかった。

伍の主要な機能は、盗賊や住所不定者への監視、告姦の制であったが、里門が閉ざされた後でも、献酒や駅伝、節を奉じての使者、水火等の災害、盗賊の追跡での通行には制限がなかった。伍人がこれらを遵守しない場合は、律に従い罰金が科せられた。

『戸律』の伍制の規定は、伍の組織を総合的に窺う上で恰好の規定であるが、『捕律』には、

羣盗・盗賊発、告吏、吏匿弗言其県廷、言之而留盈一日、以其故不得、皆以鞫獄故縦論之。

と、盗賊が発生すれば、「告吏」、吏に告を行うと見えている。この「告吏」は、先に引用した『戸律』の「謁吏」に相当するが、「告吏」を行うべき人には、当然告姦の任を帯びる伍人が含まれていた。

この律文は、吏が「告」を受けた後の手続き規定で、「告」を受けた吏が「県廷」すなわち県の治獄関係者に治獄開始の手続きを速やかに取らず、丸一日の間放置すれば、「故縦」、罪人を見逃した罪で罰せられている。『銭律』では、

盗鋳銭及佐者、棄市、同居不告、贖耐、正典・田典・伍人不告、罰金四両、或頗告、皆相除、尉・尉史・郷部[嗇夫]・官嗇夫・士吏・部主者、弗得、罰金四両。

と、貨幣の偽造を行ったり手伝ったりした者に対して、「正典・田典・伍人」に県廷への「告」が義務付けられてい

た。

伍人の告姦は、五人（五家）組内での規定である。このためここでの「告」は、里全体に責任を負う「正典・田典」（張家山二四七号漢墓竹簡整理小組の「注釈」では「正典」を「里典」と解し、『戸律』の「数在所正典弗告」の「正典」は「里正・田典」と解している。『置後律』では「典若正」ともあり、「典」と「正」とは異なる吏名となっている。「正典」は里吏ではあろうが、律文上での用語である。「正典」、「里典」、「里正」等の吏名の整合性は残された課題である）とは任務を異にし、伍人は自分が所属する伍を超えて「告」を行う義務はなかったと思われる。伍には『戸律』で「追盗賊、皆得行」のような任務も課せられていたが、これも所属する伍に関係ある場合に限られての義務ではなかったか。里の住民を指す言葉として、伍の枠組みを超え、里全体を指す場合は、『置後律』に、

　令典、若正・伍・里人毋下五人任占。

と見える、「里人」の語が該当したと思われる。

告を受けた県廷では、犯人を逮捕するために、県吏である「尉・尉史・郷部［嗇夫］・官嗇夫・士吏・部主者」が総動員で捜査している。物々しい捜査態勢であり貨幣偽造に対する対応の厳しさが窺い知れる。『□市律』には、

　市販匿、不自占租、坐所匿租臧（贓）為盗、没入其所販売及賈銭県官、奪之列、列長・伍人弗告、罰金各一斤、嗇夫・吏主者弗得、罰金各二両。

と、市区で税隠しが起これば盗罪と見なし、市区の肆列の責任者である「列長」の他に「伍人」にも「告」の責めが問われている。市区にも「列長」の下に伍の制度が置かれていた。一般の住民が里吏（里典・田典）の下で、伍に編成されていたと同様である。

『置後律』には、

　嘗有罪耐以上、不得為人爵後、諸当拝（拜）爵後者、令典、若正・伍・里人毋下五人任占。

とあり、耐以上の罪を受けた人は、爵を継承（相続）することができなかった。爵を継承（相続）し里の構成員（戸主）となる場合には、里の責任者である「[里]典」あるいは「[里]正」、伍を共にすることになる伍人、それに里の住民五人（あるいは五人以上）が共同で、爵継承の「占」、申請（登記）に当たった。

「伍里人毋下五人」は、伍と里人とを別の人々とせず、伍を編成する里の住民が五人（戸主）を下回らないようにと、「毋下五人」は「伍」編成の枠組み、連坐範囲の維持を指示していると理解できなくもない。この場合、伍の編成に欠陥が横行していたことになる。伍と里人を別の住民とした場合は、里人の選任基準が定かでないことになる。事は里が住民を有爵者として受け入れるかどうかの手続きである。

伍制の構成員は、告姦連坐で運命共同体の関係にあった。里の人々も日常を共にする里の住民構成については他人事でない。里の住民の身分に共同責任を取る人々が、里吏と伍人だけではなく里人五人が加わった場合、里の住民十人は、「什」組としてこれまた秦制でも確認できる伝統ある鄰組の組織となる。

このため『置後律』の「伍里人毋下五人」は、五人組の編成に欠陥が横行していたと見なすよりも、伍と伍に近隣する里人五人と考え、伍や里中の住民構成、住環境に対しては、生活を共にする人々に細やかな配慮が払われていたと理解すべきかも知れない。

『津関令』の、

相国・御史請、縁関塞県道、羣盗・盗賊及亡人、越関・垣離（籬）・格塹・封刊、出入塞界、吏卒追逐者、得随出入服迹窮追捕、令将吏為吏卒出入者名籍、伍人閲具、上籍副県廷、事已得道出入所、出人盈五日不反、伍人弗言将吏、将吏弗劾、皆以越塞令、論之。

と見える「伍人」は、羣盗・盗賊・亡人が、関や塞に隣接する県・道の「関・垣離（籬）・格塹・封刊」を許可なく侵入した際、「将吏」が吏卒を率いて追捕に当たった時の編隊組織である。この「伍人」は、『捕律』に、

羣盗殺傷人・賊殺傷人・強盗、即発県道、県道亟為発吏徒足以追捕之、尉分将、令兼将、亟詣盗賊発及之所、以窮追捕之、毋敢□界而環、吏将徒、追求盗賊、必伍之、盗賊以短兵殺傷其将及伍人、而弗能捕得、皆戍辺二歳、卅十日中能得其半以上、尽除其罪。

と見える「伍人」と同様と思われる。『捕律』の「伍人」は、「羣盗・強盗」の追捕で、「県尉」が県「吏」を「必伍之」と五人を一組に編成したものである。『津関令』の罪人追捕も、「将吏為吏卒出入者名籍」と「将吏」が「吏卒」を伍人に編成している。「将吏」による追捕隊の編成は県の責任で行われており、「将吏」は『捕律』の「県尉」に相当すると思われ、吏卒編成の中での「伍人」は、里や市中の隣組の伍制とは別の組織である。

伍関連の律文は少なくないが、呂后『二年律令』には、伍長や什制は見えない。什制は商鞅変法時に採用された強権的な手法であったことが、この呂后『二年律令』においても確認できる。なお『盗律』では、

盗五人以上相与功（攻）盗、為群盗。

とあり、五は「群」に置き換えられる数値でもあった。

郵制

『行書律』に、

十里置一郵、南郡江水以南、至索（?）南水、廿里一郵、一郵十二室（家）、長安広郵廿四室（家）、敬（警）事郵十八室（家）、有物故・去、輒代者有其田宅、有息、戸勿減、令郵人行制書・急書、復勿令為它事、畏害及近辺不可置郵者、令門亭卒・捕盗行之、北地・上・隴西、卅里一郵、地険陜（狹）不可郵者、得進退就便処、郵各具席、設井磨、吏有県官事、而無僕者、郵為炊、有僕者、叚（仮）器、皆給水漿。

とあり、郵の配置基準並びに郵の業務を掌る郵人の職務規定や待遇が見える。郵や付属する宿舎（郵人の人数に対応）

の配置基準は、

①　十里　一郵　［一郵十二室］　通常の体制
②　廿里　一郵　一郵十二室　南郡江水以南、至索南水（漸水、湖南省）（新開地）
③　［十里　一郵］　一郵廿四室　長安広郵（首都圏）
④　［十里　一郵］　一郵十八室　敬事郵（警事、要所）
⑤　卅里　一郵　［一郵十二室］　北地・上・隴西（人口過疎地）

と、邑里の数（「里」を距離とする理解もあるが、後掲の「郵間相去二里半」との整合性が難しい）を基準（①〜⑤）としたが、地域の特性を勘案して（②〜⑤）、邑里の数や付属する宿舎の数には差異が見られた。

ただこの律文は、郵の配置を伝える清孫星衍校、後漢衛宏『漢旧儀』の、

五里一郵、郵間相去二里《きょり》半。

や、『史記』留侯世家の唐司馬貞索隠所引の『漢旧儀』、

五里一郵、郵人居間、郵間相去二里半。

との関係が問題となる。漢初の「十里一郵」と後漢初の衛宏が伝える前漢の制「五里一郵」との相違については、あるいは郵の体制が、漢代において徐々に整備充実されて行った結果と見るべきであるかも知れない。

「郵人」の任務は、『行書律』では、

郵人行書、一日一夜、行二百里、不中程半日、笞五十過、半日至盈一日、笞百、過一日、罰金二両、郵吏居界過書、弗過而留之、半日以上、罰金一両。

とあり、一昼夜二百里に相当するスピードで公文書（「制書」・「急書」・「獄辟書、五百里以上」）の伝送に当たった。危険地域での行書は郵人ではなく亭吏が担った。『繇律』には、

事委輸・伝送、重車重負日行五十里、空車七十里、徒行八十里。

と、日中の徭役として官物の「伝送」に従事する場合、歩行が最も早く八〇里と規定されている。郵人の行書は、馬行か、徒歩かは明示されていないが、馬車を利用すると歩行よりも時間を要した。

「郵人」は、『漢旧儀』にも、「郵人居間」と見える。この「郵人居間」は、『行書律』に見える「郵吏居界」に相当するものであろう。「居界」は次の郵への移書、「過書」を確認する行為に関係している。このことから「居」の字義は、郵の役人が常駐していた施設と考えるべきで、「居間」、「居界」に共通する理解として、「郵間」、「郵界」は、所轄する郵の区域内で、「居間」、「居界」の「居」は、「郵間相去二里半」内の郵舎に常駐する様を指していたものと思われる。

「郵人」は、この「郵間」内の「居」、郵舎で移書の業務を担っていた。『尹湾漢牘』の「東海郡属県郷吏員定簿」には、郵の役人として「郵佐」一〇人が見えるが、同「集簿」では、三四郵で「[郵]人」四〇八人が見え、一郵には一二郵人が配されていた。『行書律』の「一郵十二室」に相当するが、「郵佐」と「郵人」とでどのような職掌上の差異があったか定かではない。『行書律』の「郵吏」は、移書の管理責任者として各郵に必要である。郵の設置数を下回ることはない。このことから『尹湾漢牘』の郵設置数を下回る「郵佐」の存在も課題である。

郵は、「吏有県官事」と、郵は「行書」業務だけではなく、「県官事」、他の公務による移動をも補助した。この郵には、「田宅」が付属していた。寝床（「席」）や飲食の施設（「井」・「臼」）も用意されていた。郵の「田宅」は、郵人が交替すれば新たな郵人に引き継がれており郵に付属する公的存在であったと思われる。「宅」は、郵に附設される「室」を指していた。「田」は、「宅」と同様、郵関係者の日常を支えたはずである。郡県の吏は、官舎在住中、県官から食材が給付されていたと思われるが、末端組織の郵では、郵に付属する「田」を耕し自給する必要があった。

ただ『行書律』には、

　復蜀・巴・漢中・下弁・故道、及雞劍中五郵、郵人勿令繇（徭）戍、毋事其戸、毋租其田一頃、勿令出租・芻稾。

とあり、蜀・巴・漢中等、秦嶺越えの西部地区では、郵人（含む「戸」、家族）の徭役と租（田租・芻稾）の納入とが免除されていた。この地区は険峻の地で、行路に桟道を必要とする。このため郵人にも特殊な行路（桟道）管理の技能が要求された結果の特別措置であろう。ただ郵に付属する「田」は当然租の対象外である。しかも田租を免除される耕地は、「毋租其田一頃」と一頃分に対してのみである。

　この田租が免除される田が、もし郵付属の田であったとすると、郵付属の公的な田に一定の上限を設けて税を課すことは不自然である。郵人が郵に付属する「田」以外に、耕地を私的に所有していたがための規定と思われる。私的耕地に対しては、当然税が課せられる。郵人も私有地を所有していたことが明らかとなる。租税や徭役の免除は、蜀・巴・漢中等、険峻辺遠の地の郵人に対してのみの特例となる。『行書律』では、公私両種の耕地の存在が確認できることになる。

里制

　里に関しては、『襍律』に、

　越邑里・官・市院垣、若故壊決道出入、及盗啓門戸、皆贖黥、其垣壊高不盈五尺者、除、捕罪人及以県官事徴召人、所徴召・捕越邑里・官市院垣、追捕・徴者得隨迹出入。

と、越城（越里）の規定が見える。邑里、官府、市区（「邑里」は邑《まち》・里《むら》あるいは邑中の里。「官」について張家山二四七号漢墓竹簡整理小組の注釈は、「官舎」としている）それぞれの墻壁（「垣」）が越城の対象とされている。

　注目すべきは、越城の対象となる墻壁に、「不盈五尺」（一尺＝二三㎝）と、高さ一メートル程の崩れ落ち墻壁としての機能を備えていないような情況が存在した。この「不盈五尺」のような墻壁の邑里、官府、市区では、越城の規定が免除されていた。

ただ越城の対象から除外されるような粗末な障壁は、官府、市区においては恐らく考えられないことである。当然邑里における多様な情況の障壁が主として考慮されていたと思われる。版本史料に現われる「無城郭」の邑里も、越城免除の範疇に入る。聚落が、必ずしも充分な城、墻壁を備えていなかったことを明らかにしてくれる。

『銭律』には、

盗鋳銭及佐者、棄市、同居不告、贖耐、正・典・田典・伍人不告、罰金四両。

とあり、里中の責任体制として、正・典・田典・伍人が見える。この点は前述の「伍」制でふれた。邑里には、『田律』に、

盗侵巷・術・谷巷・樹巷、及豤（墾）食之、罰金二両。

と、「巷」（『説文解字』「里中道也」）、「術」（『説文解字』、「邑中道也」）、「谷巷」（張家山二四七号漢墓竹簡整理小組の注釈は「疑指溪水旁的小路」）、「樹巷」（張家山二四七号漢墓竹簡整理小組の注釈は「樹木間的小路」）等の道路が公道として認知され、私的に形状を変更することは禁じられていた。里中への道路は、『戸律』に、

典・田典、更挟里門籥、以時開、伏閉門、止行及作田者。

とあり、里の役職者（「典・田典」）が、鍵を保管し、里中への道路を里門において朝夕開閉管理していた。

『戸律』にはまた、

隷臣妾・城旦舂・鬼薪白粲家室、居民里中者、以亡論之。

とある。官舎に拘置されるべき隷臣妾・城旦舂・鬼薪白粲等の罪刑者が、一時的にせよ家族を求めてか、居処（「家室」）を一般庶民と同じ里に持つことは、「亡」（亡命）罪として禁じられていた。

『奏讞書』の案例二二には、「女子婢冣里中奪銭」と、婢という名前の女性が、白昼、冣里で所持金を強奪された事

件で、捜査が繰り広げられ、「疑為盗賊者」・「貧急窮困」・「出入不節」の不審者に対して遍く検証が行われた。この時、里中での強奪事件の容疑者の中に「僕隷臣」や「隷妾」が含まれていた。隷臣や隷妾が白昼里中で自由に行動できたことになるが、この場合は、民間での私的な存在で、刑徒ではなかったかも知れない。

この案例は、統一秦を遡る前二四一（秦王政六）年の事件であり、前一八六（呂后二）年とでは五五年の間隔がある。ただ統一秦から漢初にかけての混乱期においては、隷臣妾等の刑徒の処遇にも弛緩が生じ、ややもすると「民里」中に隠れ住むことがまかり通っていたのかも知れない。

里の戸籍編成については、『戸律』に、

恒以八月、令郷部嗇夫・吏・令史、相襍、案戸籍、副臧其廷、有移徙者、輒移戸及年籍・爵細徙所、幷封、留弗移、移不幷封、及実不徙、数盈十日、皆罰金四両、数在所正・典弗告、与同罪、郷部嗇夫・吏主、及案戸者、弗得、罰金各一両。

とあり、毎年八月に、県の「郷部嗇夫」・「吏」・「令史」が戸籍の調査に当たった。本籍を移動する場合は、戸の家族構成や年齢、爵等の詳細を封印して転居先に通知した。転居先への公文書に封印を忘れたり、移動手続きをしたのに一〇日を過ぎても転居をしなかったりしたら、担当の県吏は罪を受ける。本籍のあった里の「正」・「典」も住民の移転に齟齬が生じていないかに確認の義務を負う。戸籍の調査や移転手続きに際して、不適切な対応が生じれば県吏である「郷部嗇夫」・「吏主」、「案戸者」は罪が問われている。

戸籍調査に当たった「郷部嗇夫」・「吏」・「令史」と、住民の移動手続きで責任が問われる「郷部嗇夫」・「吏主」、「案戸者」とで吏の呼称が一部異なるが、前者は吏名、後者の「吏主［者］」・「案戸者」は職掌による呼称であって、同一の担当者であったと思われる。

八月案比の事実は、知られていたが、住民の移動手続きについての詳細は新たな知見である。

郷制

『具律』には、

諸欲告罪人、及有罪先自告而遠其県廷者、皆得告所在郷、郷官謹聴、書其告、上県道官、廷士吏亦得聴告。

とあり、県治所から遠く離れた住民の「告」（告訴）を県や道に代わって地元の「郷官」（郷吏）が受理し、県道廷に関係文書を送達している。治獄のための告訴は、県道官（令・長）に行われるのが原則であるが、県道廷への道のりが遠く不便な場合、特例として郷吏が、住民の「告」を「聴」（聴取）し、「書」（文書化）して「県道官」（令・長）に送付した（県道廷の県吏「士吏」も、事情があって令長の受告が困難な時には、「告」を聴取することができた）。郷が県の業務を一部代行していたことになる。

また『具律』には、

其令・長・丞、或行郷官、視它事、不存、及病、而非出県道界也、及諸都官令・長・丞、行離官、有它事、而皆其官之事也、及病、非之官在所県道界也、其守丞、及令・長、若真丞存者所属断治論有不当者、令真令・長・丞不存及病者皆共坐之、如身断治論及存者之罪、唯謁属所二千石官者、乃勿令坐。

とある。この律は、県の「令」・「長」・「丞」が不在の折、代理で「守令」・「守長」・「守丞」・「真丞」が断獄に従事した場合、不在の「令」・「長」・「丞」も責任を負うことが規定されている。「令」・「長」・「丞」が不在であった理由としては、病欠の他に、所轄内の郷や支所への巡行（「行郷官」・「行離官」）が挙げられている。県道官による郷への視察が比較的常態化していたことを窺わせる。

郷部嗇夫

郷部嗇夫の関係では、『戸律』に、

①恒以八月令郷部嗇夫・吏・令史相襍案戸籍、副臧（蔵）其廷、有移徙者、輒移戸及年籍爵細徙所、并封、留弗移、移不并封、及実不徙数盈十日、皆罰金四両、数在所正・典弗告、与同罪、郷部嗇夫、吏主及案戸者弗得、罰金各一両、民宅園戸籍・年細籍・田比地籍・田命籍・田租籍、勤副上県廷、皆以篋若匣匱盛、緘閉、以令若丞・官嗇夫印封、独別為府、封府戸、節（即）有当治為者、令史・吏主者完封奏令若丞印、嗇夫発、即襍治為、臧（蔵）府已、輒復緘閉封臧（蔵）、不従律者、罰金各四両、其或為詐（詐）偽、有増減也、而弗能得、贖耐、官恒先計讎、□籍□不相（?）復者、毄（繫）劾、論之。

②民欲先令相分田宅・奴婢・財物、郷部嗇夫身聴其令、皆参弁券書之、輒上如戸籍、有争者、以券書従事、毋券書、勿聴、所分田宅、不為戸、得有之、至八月書戸、留難先令、弗為券書、罰金一両。

とある。①は毎年の戸籍編纂の手続き、②は遺言書作成の手続きである。先の里制でもふれたが、戸籍の編纂は、

①恒以八月、案戸籍。

②至八月書戸。

等と見え、八月に県吏である郷担当の「郷部嗇夫」と「吏」や「令史」（「郷部嗇夫」・「吏主」・「案戸者」）が戸籍作成に当たり、里の「正」・「典」も協力している。戸籍の編纂が行われる八月は、『戸律』にまた、

為人妻者、不得為戸、民欲別為戸者、皆以八月戸時、非戸時、勿許。

とあり、「戸時」とも称され、戸籍の変更はこの「八月戸時」に限定されていた。

漢初においても「戸籍」は、県吏の責任で作成し、

Ⓐ民宅園戸籍　（戸毎の宅地や園地の台帳）

Ⓑ年細籍　（穀物作付の台帳）

Ⓒ田比地籍（張家山二四七号漢墓竹簡整理小組の注釈は「記録田地比鄰次第的簿籍」）

Ⓓ田命籍（田地耕作者の台帳）

Ⓔ田租籍（田租額の台帳）

等の種々の年度毎の台帳と同様、県の文書室で厳重に保管（「副臧」）されていた。ただ呂后『二年律令』では、後に戸籍編成を担当することになる戸曹等、県における列曹の存在は未だ確認することができない。

漢代の戸籍は、従来、郷あるいは里で作成されたとも理解されて来たが、私見では県吏が直接戸口調査に当たったと考えてきた。この点、呂后『二年律令』でも県吏が直接戸籍編纂を行っていた。

戸籍担当の県吏の内、責任者と思われる「郷部嗇夫」は、呂后『二年律令』中に複数見える。『賊律』に、

賊燔城・官府及県官積㝡（聚）、棄市、賊燔寺舍、民室屋廬舍積㝡（聚）、黥為城旦舂、其失火延燔之、罰金四両、責（債）所燔、郷部〔嗇夫〕・官嗇夫・吏主者、弗得、罰金各二両。

とあり、『銭律』に、

盗鋳銭及佐者、棄市、同居不告、贖耐、正典・田典・伍人不告、罰金四両、或頗告、皆相除、尉・尉史・郷部〔嗇夫〕・官嗇夫・士吏・部主者、弗得、罰金四両。

とあり、『田律』に、

郷部〔嗇夫〕、主邑中道、田〔嗇夫〕、主田道、道有陥敗不可行者、罰其嗇夫・吏主者、黄金各二両。

とあり（張家山二四七号漢墓竹簡整理小組の注釈は「田」を「田典」としている）、『戸律』に、

①□□廷歳不得以庶人律未受田宅者、郷部〔嗇夫〕、以其為戸先後次次編之、久為右、久等、以爵先後、有籍県官田宅、上其廷、令輒以次行之。

②代戸・貿売田宅、郷部〔嗇夫〕・田嗇夫・吏、留弗定籍、盈一日、罰金各二両。

③民欲先令相分田　宅・奴婢・財物、郷部嗇夫身聴其令、皆参弁券書之、輒上如戸籍。

とあり、『秩律』では、

①〔胡・夏陽・朐忍、他〕、秩各八百石、有丞・尉者、半之、司空・田〔嗇夫〕・郷部〔嗇夫〕二百石。

②〔汾陰・汧・杜陽・沫・上雒・商・武城・翟道・烏氏・朝那・陰密、他〕、秩各六百石、有丞・尉者、半之、
田〔嗇夫〕・郷部〔嗇夫〕二百石。

③田〔嗇夫〕・郷部〔嗇夫〕、二百石、司空二百五十石、中司馬、郡司馬、騎司馬、中軽車司馬、備盗賊。

④陰平道・蜀（甸）氏道・県（緜）遞道・湔氏道長、秩各五百石、丞・尉三百石、太医・祝長、及它都官長・黄
（広）郷長・万年邑長・長安厨長、秩各三百石、有丞・尉者二百石、郷部〔嗇夫〕百六十石。

⑤軽車司馬・候・廏、有乗車者、秩各百六十石、毋乗車者、及倉・庫・少内・校長・髳長・発弩・衛（衛）将軍・
衛（衛）尉士吏、都市亭厨有秩者及毋乗車之郷部〔嗇夫〕、秩各百廿石。

とあり、秩高が二百石（『秩律』①②③）・百六十石（『秩律』④）・百廿石（『秩律』⑤）と異なる「郷部嗇夫」が見えている。「郷部嗇夫」が、県吏であることは、「郷部嗇夫」が他の吏名と並記される際、

Ⓐ郷部〔嗇夫〕・官嗇夫・吏主者。（『賊律』）

Ⓑ尉・尉史・郷部〔嗇夫〕・官嗇夫・士吏・部主者。（『銭律』）

Ⓒ郷部〔嗇夫〕・田〔嗇夫〕・吏主者。（『田律』）

Ⓓ郷部〔嗇夫〕・田嗇夫・吏。（『戸律』②）

Ⓔ司空・田〔嗇夫〕・郷部〔嗇夫〕二百石。（『秩律』①）

Ⓕ田〔嗇夫〕・郷部〔嗇夫〕二百石。（『秩律②）

と、ⒶⒷは「官嗇夫」よりも上位、ⒸⒹは「田嗇夫」よりも上位に記載されている。ⒺⒻは、「郷部嗇夫」が「田嗇

夫」に次いで記載されているが、ⒺⒻでは、「郷部嗇夫」と「田嗇夫」の秩は同額である。

この「郷部嗇夫」と共に並記される「官嗇夫」・「田嗇夫」は、共に県吏である。

これらのことからして、「郷部嗇夫」もまた、県内の郷を管轄する県吏となる。

呂后『二年律令』には、「郷部嗇夫」の他に「官嗇夫」・「田嗇夫」・「船嗇夫」・「伝嗇夫」・「津嗇夫」などが見える。県吏である嗇夫に所轄の職掌名を冠する形式は、秦制を継承している。

長吏・少吏

『賊律』に

以県官事殴若詈吏、耐、所殴詈有秩以上、及吏以県官事殴詈五大夫以上、皆黥為城旦舂、長吏以県官事詈少吏▨
者、亦得毋用此律。

とあり、長吏と少吏とが対比して用いられている。「長吏」は本官で、「少吏」は吏である。張家山二四七号漢墓竹簡整理小組の注釈は、長吏を、

少吏、小吏。『漢書』武帝紀、「少吏犯禁」注引文穎曰、「少吏、小吏也」。王先謙『漢書補注』引何若瑤曰、「百官表秩四百石至二百石為長吏、百石以下有斗食佐史之秩為少吏」。

と何若瑤により「四百石至二百石」に限定しているが、「長吏」は県の令長丞尉から郡の守尉にも及ぶ呼称である。

四　『史律』―有用文字

有用文字数については、『説文解字』に見える「諷籀書九千字、乃得為史」（『尉律』）の「九千字」の「九」は、類

似する字形の誤写ではないかと考えてきた。呂后『二年律令』でも、『史律』に、

試史学童以十五篇、能風（諷）書五千字以上、乃得為史、有（又）以八体試之、郡移其八体課大史、大史誦課、取冣（最）一人、以為其県令史、殿者勿以為史、三歳壱并課、取冣（最）一人、以為尚書卒史、卜学童能風（諷）書史書三千字、誦卜書三千字、卜六発中一以上、乃得為卜、以為官佐（処）、其能誦三万以上者、以為卜、上計六更、缺、試脩法、以六発中三以上者補之、以祝十四章試祝学童、能誦七千言以上者、乃得為祝、五更、大祝試祝、善祝・明祠事者、以為冗祝、冗之、不入史・卜・祝者、罰金四両、学佴二両。

と見え、

Ⓐ風（諷）書		五千字以上	史
Ⓑ風（諷）書	史書	三千字	（卜六発中一以上）卜
Ⓒ誦	卜書	三千字	（卜六発中一以上）卜
Ⓓ能誦		七千言以上	祝五更・（試祝）大祝・（明祠事）冗祝
Ⓔ能誦		三万以上	卜六更（試脩法、以六発中三以上者補之）
Ⓕ誦課		［五千字以上］八体	（最一人）県令史・（三歳壱并課、最一人）尚書卒史

等の役人としての必要字数が見えるが、「能諷籀書九千字以上」に該当する字数は見えない。「九千字」の「九」は「五」の誤写であったかも知れない。あるいは呂後『二年律令』が、漢初の律令であることを考慮しなければならないかも知れない。

また学制に関して、『史律』には、

史・卜子年十七歳学、史・卜・祝学童学三歳、学佴将詣大史・大卜・大祝、郡史学童詣其守、皆会八月朔日試之。

と、「郡史学堂」が見える。郡の属吏養成が漢初から行われていたとすると、景帝時に始まるとされる『漢書』文翁

伝の、

　乃令天下郡国、皆立学校官、自文翁為之始云。

との、郡国の「学校官」との関連が問題になる。

睡虎地『内史雜』では、

　令敫（赦）史毋従事官府、非史子殹（也）、毋敢学学室、犯令者有罪、内史雜。

と、「史」吏の子供は、「学堂」で学習することが可能となっていた。これに対して文翁に始まる郡国の「学校官」は、吏の子供に限定されるものではなく、広く開放されていた。この点で、文翁の学校と秦律『内史雜』の学校とは内容を異にしていた。先の『史律』も、「史・卜子年十七歳学」と役人である史や卜の子供が一七歳で就学している。「郡史学童」も、郡史の子供が対象となっていた。秦律の官吏養成体制を継承するものである。

五　田　制

受田宅

『戸律』では、

　□□廷歳不得以庶人律未受田宅者、郷部以其為戸先後次次編之、久為右、久等、以爵先後、有籍県官田宅、上其廷、令輒以次行之。

とあるが、張家山二四七号漢墓竹簡整理小組の注釈では、文頭の「□□廷□不得以律」（釈文と異なる）から「以爵先後」までの文は判読が困難とされている（写真版でも「庶人律」から「以爵先後」までは不明瞭）。このため釈文の通りであれば「受田宅」の語も含まれ、注目されるが残念である。

ただ公表されている釈文に従えば、「為戸」（戸籍の登記）が行われた時期の前後によって、居住期間の「久」者（長期居住者）は「右」、受田順位の上位の戸と位置付けられている。「為戸」（戸籍の登記）の時期が同じ場合は、受爵の時期（年齢や爵級の上下と関係）が基準とされていた。

「為戸先後次」・「爵先後」の順序付けは、郷部嗇夫が担当している。郷部嗇夫は、この「為戸先後次」・「爵先後」台帳によって、「未受田宅者」に田宅の授与を行い、「以次行之」と「右」者または受爵の上位戸から順次実施したものと思われる。

郷部嗇夫が案分する田宅については、これが「有籍県官田宅」と、県官（「国家」）に登記されている田宅はと断った上で、県官管理の田宅は、県廷に配分の結果が報告されると特記されている。このことは、国家に登記され、県廷に対して、人々への案分を報告する義務がある田宅以外に、別の田宅が存在していたことを暗示する。

それにしても、その背景を伝えると思われる肝心の、

□□廷歳不得以庶人律未受田宅者。

の理解が、釈文の当否と併せてなお問題を持つ（釈文通り「庶人律」と読め、これが熟語であったとすると、『亡律』に「奴婢律」がある）。

この注目される「未受田宅者」については、『戸律』にまた、

①関内侯九十五頃、[大][庶][長][九][十][頃]、[駟]車庶長八十八頃、大上造八十六頃、少上造八十四頃、右更八十二頃、中更八十頃、左更七十八頃、右庶長七十六頃、左庶長七十四頃、五大夫廿五頃、公乗廿頃、公大夫九頃、官大夫七頃、大夫五頃、不更四頃、簪裹三頃、上造二頃、公士一頃半頃。

②公卒・士五（伍）・庶人各一頃、司寇・隠官各五十畝。

③不幸死者、令其後先擇田、乃行其余、它子男欲為戸、以為其□田予之。

④其已前為戸、而毋田宅、田宅不盈、得以盈、宅不比、不得。

と、①で爵に対応した田の面積、②では無爵者に対する田の面積、③では田の相続のあり方、④では田宅がない、あるいは不足している戸に対する田宅の支給が見え、「未受田宅者」は、④の「毋田宅」・「田宅不盈」に相当する。「庶人律」でもって郷部嗇夫が案分した田の支給面積は、①②の有爵・無爵に対しての面積となり、宅は「宅不比、不得」と、隣接することが条件となっていた。③の田の相続については、『戸律』にまた、

諸（?）後、欲分父母・子・同産・主母・叚（仮）母、及主母・叚（仮）母、欲分孽子・叚（仮）子田以為戸者、皆許之。

とあり、戸籍を立て田を相続させる対象が、父母・子・同産・主母・叚（仮）母・孽子（庶子）・叚（仮）子（前妻の子）等と列記されている。

宅の面積は、『戸律』に、

①宅之大方卅歩、徹侯受百五宅、関内侯九十五宅、大庶長九十宅、駟車庶長八十八宅、大上造八十六宅、少上造八十四宅、右更八十二宅、中更八十宅、左更七十八宅、右庶長七十六宅、左庶長七十四宅、五大夫廿五宅、公乗廿宅、公大夫九宅、官大夫七宅、大夫五宅、不更四宅、簪褭三宅、上造二宅、公士一宅半宅。

②公卒・士五・庶人一宅、司寇・隠官半宅、欲為戸者許之。

とあり、①で有爵者の宅の面積、②で無爵者の宅の面積が見え、「一宅」は、三〇歩四方であった。この宅の買い増しは、『戸律』に、

欲益買宅、不比其宅者、勿許、為吏及宦皇帝、得買舎室。

とあり、吏や皇帝の側近が官舎を買い増しする場合以外は、宅地に隣接する土地でなければ許可されなかった。同様の規定は、『置後律』にも、

女子為戸、毋後而出嫁者、令夫以妻田宅盈其田宅、宅不比、弗得、其棄妻、及夫死、妻得復取以為戸、棄妻、畀之其財。

とあり、妻が結婚の際に所有していた田宅は夫の名義となるが、妻の所有した宅が、夫の宅地に隣接していなければ夫の名義とすることはできなかった。贅を禁じる趣旨を含むものであったかも知れない。

『田律』には、

田不可田者、勿行、当受田者欲受、許之。

と受（授）田の規定と、

田不可豤（墾）而欲帰、毋受償者、許之。

と還田の規定が見え、受（授）田、還田共に田所有者の「欲受」、「欲帰」と意向が尊重され、「欲受」も「当受田者」とその該当者が限定されていた。田の還授が、全ての人々を対象とするものではなく、その還授も強制を伴うものではなかった点が注目される。

この「受田宅」はまた、『戸律』では、

受田宅、予人若売宅、不得更受、代戸、貿売田宅、郷部［嗇夫］・田嗇夫・吏、留弗定籍、盈一日、罰金各二両。

と、他者への譲渡または売却、すなわち「予人」、「売宅」・「貿売田宅」が可能であった。ただ受田地を他者に譲渡または売却した場合は、更めて別に受田することは許されなかった。これら田宅の名義の変更は、郷部嗇夫以下の役人が「籍」、台帳を作成し（「定籍」）管理していた。台帳作成の遅れが一日を過ぎると罰則が科せられており、還授の対象とされる田宅は厳重に管理されていた。

返還された田宅は、

田宅当入県官而詐（詐）代其戸者、令贖城旦、没入田宅。

と、田宅が「当入県官」、国家に帰属する場合は、偽って相続したように見せかけたりすると没収された。ただこのように制約を受ける田宅は、「当入県官」と、県官に返還すべき田宅との特記があり、県官に帰属しない田宅も存在したことが明らかとなる。

さらに『戸律』では、

諸不為戸、有田宅、附令人名、及為人名田宅者、皆令以卒戍辺二歳、没入田宅県官、為人名田宅、能先告、除其罪、有畀之所名田宅、它如律令。

とあり、田宅の所有は戸（「為戸」、戸籍の登記）を単位としていた。受（授）田地が、「不為戸、有田宅、附令人名」と、独立した戸でなく田宅を所有する資格がないのに別人の名義で田宅を入手した、あるいは「為人名田宅」と、規定以上の田宅を別人の名義で入手した場合は、戍辺の罪を科し、田宅は国家に没収された。他人の名義で入手した田宅でも、発覚する前に自首すれば罪は除かれ、罪を除かれた後、独立した戸を立てればそれまで不正に所有していた田宅の所有が公認された。戸毎の田宅の面積は、上限枠においても罪刑をもって厳しく制限されていた。

爵（卿以上、左庶長以上）に応じて、『戸律』には、

［卿］以上所自田戸田、不租、不出頃芻稾。

とあり、田租や芻稾納入の対象外となる田（「自田戸田」、自己の責任で耕作している戸毎の受田地）が存在した。

呂后『二年律令』の田宅の規定は、睡虎地などの秦律に比べ細部に亘るが、かかる還授の規定が全国の田宅すべてに該当するとなると、富人による「連仟佰」がごとき耕地の集中などは起こり得ない。その上、宅にまで還授の規定が及んでいる。田と共に宅の返還も伴うと、生産手段だけではなく雨露をしのぐ場さえ失う。

呂后『二年律令』の田宅の規定には、「当受田者」・「有籍県官田宅」・「田宅当入県官」との特記を伴う田宅の存在が確認できる。還授が行われる田は、「欲受」・「欲帰」とあくまでも人々の任意に委ねられていた。田宅の還授に預

かる人々の生活の基盤は、農業以外に考えられない。還授が行われる田宅以外に、生活を維持できる田宅が他にあってこそ初めて還授が現実となる。田に対する「欲受」・「欲帰」の恣意も可能となる。

呂后『二年律令』に見える還授を伴う田宅は、公有地以外に考えられないことになる。この点は、睡虎地『田律』の禁苑管理規定と一体化されている田規定と軌を一にする。

『漢書』食貨志には、

①民受田、上田夫百晦、中田夫二百晦、下田夫三百晦、歳耕種者、不易上田、休一歳者、為一易中田、休二歳者、為再易下田、三歳更耕之、自爰其処、農民戸人、己受田、其家衆男為余夫、亦以口受田如比。（受田面積）

②士工商家受田、五口乃当農夫一人、此謂平土、可以為法者也。（非農家の受田）

③若山林藪沢原陵淳鹵之地、各以肥磽多少為差。（山林等非農地の利用）

④有賦有税、謂公田什一、及工商・衡虞之入也。（税目）

⑤賦共車馬甲兵士徒之役、充実府庫賜予之用、税給郊社宗廟百神之祀・天子奉養・百官禄食庶事之費。（賦・税の支出先）

⑥民年二十受田、六十帰田、七十以上、上所養也、十歳以下、上所長也、十一以上、上所強也。（田の還授）

⑦種穀必雑五種、以備災害、田中不得有樹、用妨五穀、力耕数耘、收穫如寇盗之至、還廬樹桑、菜茹有畦、瓜瓠果蓏、殖於彊易、鶏豚狗彘、毋失其時。（農作物や家畜の管理）

⑧女修蠶織、則五十可以衣帛、七十可以食肉。（女性の家内労働と待遇）

と、有名な「井田制」が伝えられる。この「井田制」における「受田」は、

各受私田百晦、公田十晦、是為八百八十晦、余二十晦、以為廬舎。

とあり、「私田」と「公田」との両種に分かれる。「受田」地には「廬舎」も付随する。まさに呂后『二年律令』の

「受田宅」に該当する。税も徴収され、「公田」は十分の一税である。

⑥には、「民年二十受田、六十帰田」と年齢に対応した還授の規定が存在する。これも呂后『二年律令』『田律』の「欲受」、「欲帰」の「田」規定に該当する。「井田制」がどの程度現実を反映するものであったかは議論が重ねられて来たが、呂后『二年律令』『田律』に田の還授規定が存在したことは、『漢書』食貨志の「井田制」との関連で説かれる、⑥「民年二十受田、六十帰田」の規定が、空文ではなく、漢初にあっては、現実の制度として運用されていた可能性が高まった。『漢書』食貨志の井田規定が、何時の時期まで遡り得るかが問題となるが、少なくとも戦国末の睡虎地『田律』においては、かかる還授規定を伴う「公田」が存在し、律文に反映されていたと思われる。

『漢書』食貨志の「井田制」に見える還授規定については、王先謙『漢書補注』に沈欽韓と葉徳輝の二説が引かれる。沈説は、「六十帰田、疑非也」と還田を否定する。その理由は、「一夫受田、其長男則為永業矣、非戸絶与遷徙、不得還於公家、余夫壮有室、猶受百畝之田、豈老者不得還授其子」と、受田地はその地に住み続ける限り子々孫々に受け継がれるもので還田はあり得ない。魏晋以降の還受田は、「有還受之限者、原以墾荒招亡、使定土着之籍、公田有限、既集其事、則任其営生意、非主乎養民也」と、荒廃した地域への住民招致の策であり、公田にも限度があったためとする。

これに対して葉徳輝は、「六十帰田、謂帰公田、非帰私田」と、還田は「公田」においてで、「私田」に対してではないと解し、沈説を否定している。ただ「井田制」の還田は、「私田」・「公田」共に及ぶ。「井田制」の「私田」は、受田した農地を共同作業ではなく戸単位で個別に経営するの義に過ぎない。必ずしも私有地を意味してはいない。葉説の「私田」も「井田制」の枠内での田である。このためなぜ還授の規定から「私田」を外したかに問題が残るが、この「井田制」に反映される還授規定においても、還授対象の田の他に、私有地が存在したと考えれば、沈説のような杞憂も解消できる。

呂后『二年律令』の還授を伴う田も、公田においてこその運用が可能となる。この公田には、「井田制」でも「廬舍」が付随する。呂后『二年律令』『行書律』でも、郵人に対して、「有物故・去、輒代者有其田宅」と、その職にある限り、郵に付随する公田と共に「宅」(「室」)が貸与されていた。郵に附設される宅(「室」)は、郵業務のためにも利用可能な官舎に相当したかも知れないが、公田に付随し還授の対象となる宅は、「廬舍」のイメージに近く、農作業小屋程度と見なすべきかも知れない。

『田律』

呂后『二年律令』の田宅の規定は、宅の規定を含むことから『戸律』にも亘るが、呂后『二年律令』の『田律』を睡虎地の『田律』と比較してみると、

①田の利用状況の国への報告。

〈睡虎地秦律〉雨為湗(澍)、及誘(秀)粟、輒以書言湗(澍)稼、誘(秀)粟及豤(墾)田　毋稼者頃数、稼已生後而雨、亦輒言雨少多、所利頃数、早(旱)及暴風雨、水潦・蚉(螽)蚰・群它物傷稼者、亦輒言其頃数、近県令軽足行其書、遠県令郵行之、尽八月□□之、田律。

〈呂后『二年律令』〉田不可田者、勿行、当受田者、欲受、許之、県道已豤田、上其数二千石官、以其数嬰之、毋出五月望、田不可豤而欲帰、毋受償者、許之、盗侵巷・術・谷巷・樹巷、及豤食之、罰金二両。

②芻稾(芻三石、稾二石)の納入。

〈睡虎地秦律〉入頃芻稾、以其受田之数、無豤(墾)不豤(墾)、頃入芻三石、稾二石、芻自䵚及蘑束以上皆受之、入芻稾、相輸度、可殹(也)、田律。

〈呂后『二年律令』〉入頃芻稾、頃入芻三石、上郡地悪、頃入二石、稾皆二石、令各入其歳所有、毋入陳、不

従令者罰黄金四両、収入芻稾、県各度一歳用芻稾、足其県用、其余令頃入五十五銭、以当芻稾、芻一石当十五銭、稾一石当五銭、芻稾節貴於律、以入芻稾時平賈入銭、卿以下、五月、戸出賦十六銭、十月、戸出芻一石、足其県用、余以入頃芻律入銭、官各以二尺牒疏、書一歳馬・牛它物用稾数、余見芻稾数、上内史、恒会八月望。

③春夏時の伐材木山林、進隄水泉、燔草為灰、取産麛卵鷇、殺其縄重者、毒魚の禁止。

〈睡虎地秦律〉春二月、毋敢伐材木山林及雍（壅）隄水、不夏月、毋敢夜草為灰、取生荔、麛䴢（卵）鷇、毋□□□□□□毒魚鼈、置穽罔（網）、到七月而縦之、唯不幸死而伐綰（棺）享（槨）者、是不用時、邑之紤（近）皂及它禁苑者、麛時毋敢将犬以之田、百姓犬入禁苑中、而不追獣及捕獣者、勿敢殺、追獣及捕獣者、殺之、河（呵）禁所殺犬、皆完入公、其它禁苑殺者、食其肉而入皮、田律。

〈呂后『二年律令』〉禁諸民吏徒隷、春夏毋敢伐材木山林、及進［壅］隄水泉、燔草為灰、取産麒（麛）卵毋㝅（鷇）、殺其縄重者、毋毒魚。

④穿穽・罠設置の制限（制限の目的は異なる）。

〈睡虎地秦律〉［不夏月、毋敢］置穽罔（網）、到七月而縦之。（禁苑内の禽獣保護）

〈呂后『二年律令』〉諸馬牛到所、皆毋敢穿穽、穿穽及及置它機、能害人・馬牛者、雖未有殺傷也、耐為隷臣妾、殺傷馬牛、与盗同法、殺人、棄市、傷人、完為城旦舂。（馬牛放牧の保護）

⑤馬牛等家畜の飼料をめぐる課題。

〈睡虎地秦律〉乗馬服牛稟、過二月弗稟、弗致者、皆止、勿稟、致、稟大田而毋恒籍者、以其致到日稟之、勿深致、田律。（馬牛の飼料支給）

〈呂后『二年律令』〉馬牛羊䝈彘、彘食人稼穡、罰主金馬牛各一両、四䝈彘若十羊、彘当一牛、而令撟（？）稼償主、県官馬牛羊、罰吏徒主者、貧弗能賞（償）者、令居県官、□□城旦舂・鬼薪白粲也、笞百、県官皆為

　　賞（償）主、禁毋牧彘。（馬牛が無断で作物を食す）

等となり、両『田律』ともに受（授）田地を対象とするが、①②③では律文の内容が比較的近似し、④⑤も類似する側面を持つ。もちろん睡虎地『田律』にある、穀物や芻稾の管理規定や、農民の密造酒の取り締まり規定は呂后『二年律令』には見えない。一方呂后『二年律令』の田の還授の規定や土地区画、農地の環境整備の規定は睡虎地『田律』には見えない。

　睡虎地『田律』③に見える「禁苑」の語も、呂后『二年律令』『田律』には見えないが、この『田律』が対象とする田は還授を伴う存在であった。もちろん睡虎地秦律、呂后『二年律令』の『田律』が、当時の『田律』の全てを含むものとは限らない。

　呂后『二年律令』『田律』に見える、

　①田広一歩、袤二百卌歩、為畛、畝二畛、一佰（陌）道、百畝為頃、十頃一千（阡）道、道広二丈。

　②恒以秋七月除千（阡）佰（陌）之大草、九月大除道□阪険、十月為橋、脩波（陂）堤、利津梁。雖非除道之時、而有陷敗不可行、輒為之、郷部主邑中道、田主田道、道有陷敗、不可行者、罰其嗇夫・吏主者、黄金各二両、□□□□□□及□土、罰金二両。

　③毋以戊己日興土功（土功は②の「為橋、脩波（陂）堤、利津梁」）。

が、睡虎地秦律では確認できないが、青川秦律の『田律』（「秦武王二（前三〇九）年十一月己酉朔朔日」）に、呂后『二年律令』『田律』①②に近似する規定が、

　①田広一歩、袤八則為畛、畝二畛、一百（陌）道、百畝為頃、一千（阡）道、道広三歩、封高四尺、大称其高、捋高尺、下厚二尺。

　②以秋八月修封捋、正疆畔、及芟千百（阡陌）之大草、九月大除道及除澮、十月為橋、修波隄、利津梁、鮮草離、

　非除道之時、而有陷敗、不可行、輒為之。

と見える。睡虎地秦律では確認できないとしても、秦律中に類似する規定が存在したことは明らかである。なお呂后『二年律令』『繇律』にも、

　未傅年十五以上者、補繕邑□、除道橋、穿波（陂）池、治溝渠、塹奴苑。

と陂池の工事が見えている。

田租と匿田

睡虎地の『田律』には、芻稾徴収の規定があるが、租の徴収規定がない。禁苑の管理規定と一体化している等このことから、睡虎地の『田律』が対象とする田が、私田であるかどうかを問題とした。呂后『二年律令』の『戸律』には、

　民宅園戸籍・年細籍・田比地籍・田命籍・田租籍、勤副上県廷、皆以篋若匣匱盛、緘閉、以令若丞・官嗇夫印封、独別為府、封府戸。

と、県の令・丞・官嗇夫が封印し厳重に管理する「民」（戸）に対する「田租籍」が存在した。呂后『二年律令』では、『□市律』に、

　市販匿不自占租、坐所匿租臧為盜。

とあり、市肆での税も「租」と呼ばれていた。『金布律』では、

　①采銀租之

　②租其出金

　③租売穴者

④民私采丹者租之

等々、銀・金・丹砂の採取や鉱山の売り渡しへの税も「租」と呼ばれているが、『戸律』の「田租籍」は「民」（戸）の田に対して課せられた「租」であることは間違いない。

田租の存在は、遡って睡虎地秦簡の『法律答問』において、

部佐匿者（諸）民田、者（諸）民弗智（知）、当論不当、部佐為匿田、且可（何）為、已租者（諸）民、弗言、為匿田、未租、不論□□為匿田。

とあり、「部佐」（睡虎地秦墓竹簡整理小組の注釈では「郷佐」）が「民田」の面積を実際より少なく報告し、徴収した「租」（睡虎地秦墓竹簡整理小組の注釈では「田賦」）を私的に流用する罪が「匿田」と呼ばれたと定義している。

「匿田」の語は、龍崗秦律中にも、

坐其所匿税臧（贓）、与灋（法）没入其匿田之稼。〔一四七〕〔一一二〕

と、田「税」を隠匿した場合は罪に坐し、隠した田の収穫物が没収されている。「匿田」の横行は、龍崗秦律に、

租匿田。〔一六五〕〔一五三〕

と断片ではあるが、租と関連した「匿田」の存在が見えている。

田の面積を過小申告するためには、土地台帳を作成する役人を巻き込む必要があったと思われる。事実、龍崗秦律には、

租者且出以律、告典・田典、典・田典令黔首皆智（知）之、及▨。〔一五〇〕〔一三七〕

とあり、田租の納入は、里の「典」・「田典」が「律」にもとづき通達を受け、これを人民（「黔首」）に周知している。田租を納入する上での「律」は、県吏が作成する「田租籍」をもとにしていた。農民個人での「匿田」はかなり困難である。それでも龍崗秦律には、

　田及為詐（詐）偽写田籍、皆臧（贓）与盗□▨。〔一五一〕〔一〇四〕

と、「田籍」の偽造が行われていた。官民一体となっての所業であろうか。また、

　皆以匿租者、詐（詐）毋少多、各以其▨。〔一四二〕〔一四一〕

と、「匿租」も見える。ここでの「匿租」は、田租に限定できるかどうかは不明であるが、田租の隠匿も、詐った額の「多少」に関係なく処断されたと思われる。租の隠匿は、当然、

　入及虚租希（稀）程者、耐城旦舂□□□▨。〔一二九〕〔一三二〕

とあり、「虚租」、詐って税額を「希（稀）程」（減額）することになる。結果は「耐城旦舂」に処せられている。このような税額をめぐる攻防は、

　上、然租不平而劾者、□□□□租（?）之（?）□▨。〔一四一〕〔一三三〕

は、「租不平」、と田租の納入額にも正確さを欠く結果を招くことになったはずで、「刻」（調査）の必要が生じることになる。

この秦律に見える「匿田」や「匿租」、「詐偽写田籍」、「虚租」、「租不平」等は、田租逃れ、あるいは田租隠しに繋がる不正行為であるが、かかる現実は、還授を通じて面積が確認されている「受田」地においては起こり得ない事柄である。

睡虎地秦簡『法律答問』においても「匿田」と繋がりを持つ「民田」が存在した。呂后『二年律令』『戸律』においても「民」の田に対して租の台帳（「田租籍」）や地籍（「田比地籍」）が存在した。秦漢を通じて私的所有の田が存在したことは間違いない。それでも漢初にいたっても未だ公田と私田との規定は、「当受田者」・「有籍県官田宅」・「田宅当入県官」との特記を伴う場合もあるが、律文の上では比較的一体化されていた。

県吏が、並存する公田と私田との管理において、還授等、運用が厳しく規定されている公田に比べて、私田は田租

額と地籍（田面積）とを把握しておれば、他に律でさほど縛り付ける必要はなかった。「詐偽写田籍」や「虚租」等への対応は必要であるが、私田と公田との規定が一体化していても、地域の事情に精通する県吏にとって問題が生じる余地はなかったと思われる。『行書律』に、

復蜀・巴・漢（?）中・下弁・故道、及雞劍中五郵、郵人勿令繇戍、毋事其戸、毋租其田一頃、勿令出租・芻槀。

と見える、西南地区での郵人に対する私田への田租免除規定は特例に入る。

私田

先に「匿田」や「匿租」、「詐偽写田籍」、「虚租」、「租不平」等は、還授を通じて面積が確認されている「受田」地においては起こり得ないと述べた。「受田」地は、当然、公田（苑囿地、帝室直轄地）で、租税逃れが画策できる土地は私田である。

呂后『二年律令』の『田律』や『戸律』その他に見える田宅管理規定を、国内全ての田宅に対して一様に適用するとすれば、土地国有制から私有制への転換期を想定したり、名田制論を導入する等、（補注1）多様な議論も必要となるが、本稿では、公田と私田との両種が並存し、律令としての規定整備で、両種の田宅管理規定が混在していると理解した。

この場合、私田に対する国家による管理規定は、公田に比べると少ない。私田には、還授のような煩瑣な手続は必要なかった。私田に対して、国家が人民の権利保護を講じる必要などはさほどなかったはずである。それでも私田は、国家の重要な財政基盤である。治安と徭役に対しては、「戸籍」が存在したが、この田（農耕地）に対しても同じく必要な対応は講じられていた。

『戸律』に見える、

恒以八月令郷部嗇夫・吏・令史相襍案戸籍、副臧（藏）其廷、有移徙者、輒移戸及年籍・爵細徙所、并封、留弗

移、移不并封、及実不徙数盈十日、皆罰金四両、数在所正・典弗告、与同罪、郷部嗇夫・吏主及案戸者弗得、罰金各一両、民宅園戸籍・年細籍・田比地籍・田命籍・田租籍、勤副上県廷、皆以篋若匣匱盛、緘閉、以令若丞・官嗇夫印封、独別為府、封府戸、節（即）有当治為者、令史・吏主者完封奏（湊）令若丞印、嗇夫発、即襍治為、臧（蔵）府已、輒復緘閉封臧（蔵）、不従律者罰金各四両、其或為詐（詐）偽、有増減也、而弗能得、贖耐、官恒先計讎、□籍□不相（？）復者、毄（繫）劾論之、民欲先令相分田宅・奴婢・財物、郷部嗇夫身聴其令、皆参辨券書之、輒上如戸籍。

では、「戸籍」と共に、「民宅園戸籍」、「年細籍」、「田比地籍」・「田命籍」・「田租籍」等の簿籍、台帳が作成されていた。長文の引用であるが、簡号は三二八〜三三五と連続している。「年細籍」については後述するが、いずれも田宅に関わる台帳で、これらが国家の財政基盤を支えることになっていた。

田宅に関わる各種台帳と共に併記される「戸籍」には、その編成に携わった県吏が詳述されている。担当したのは、県吏の郷部嗇夫・吏・令史であった。この『戸律』には、また住民の住所変更に必要な事務手続も述べられており、これには戸籍（名数）のある里の正・典と、県吏の郷部嗇夫・吏主・案戸者とが関係していた。これら県吏と里吏とは、手続に遅滞が生じた場合、責任を問われることになっていたが、「戸籍」関連の事務に責任を持つ県吏は、郷部嗇夫と吏＝吏主、令史＝案戸者で、同一の県吏が担当していたと思われる。

戸籍（名数）のある里の正・典は、里吏で、戸籍編成において県吏への協力義務が課せられていたのであろうが、「戸籍」に続く「民宅園戸籍」、「年細籍」、「田比地籍」・「田命籍」・「田租籍」については、編成に関係した吏人が明記されていない。

ただ「戸籍」関連の責任者として見える郷部嗇夫は、『戸律』においてまた、田宅に関係する事務手続で、

□□廷歳不得以庶人律未受田宅者、郷部以其為戸先後次次編之、久為右、久等、以爵先後、有籍県官田宅、上其

　廷、令輒以次行之。

あるいは、

　代戸、貿売田宅、郷部・田嗇夫・吏、留弗為定籍、盈一日、罰金各二両。

とあり、「以其為戸先後次次編之」や「貿売田宅の定籍」等の田宅の管理にも関係していた。この二種の田宅に対する事務手続の規定は、前者が公田に対してであり、後者は売買可能な土地、公田や私田に対してであった。

　このことから郷部嗇夫が、「以其為戸先後次次編之」や「貿売田宅の定籍」等の田宅関連事の「籍」の編成にも関係していたことが明らかとなり、「民宅園戸籍」、「年細籍」、「田比地籍」・「田命籍」・「田租籍」等の田宅関係の台帳においても、郷部嗇夫が「戸籍」編成に当たった県吏、吏＝吏主、令史＝案戸者と共にその編成作業を担っていたと思われる。「民宅園戸籍」、「年細籍」、「田比地籍」・「田命籍」・「田租籍」の編成担当者が省略されているのは、同一の関係者を繰り返し記載する煩を避けたためである。

「戸籍」が作成された後、『戸律』では、

　①副臧（蔵）其廷。

と副本が県廷で管理された。一方、「民宅園戸籍」、「年細籍」、「田比地籍」・「田命籍」・「田租籍」でも、

　②勤副上県廷、皆以篋若匣匱盛、緘閉、以令若丞・官嗇夫印封、独別為府、封府戸、節（即）有当治為者、令史・吏主者完封奏（湊）令若丞印、嗇夫発、即襍治為、臧（蔵）府已、輒復緘閉封臧（蔵）、不従律者罰金各四両、其或為鎗（詐）偽、有増減也、而弗能得、贖耐。

と副本が県廷に収蔵されている。「戸籍」は郷部嗇夫が核になって作成していた。「民宅園戸籍」、「年細籍」、「田比地籍」・「田命籍」・「田租籍」は、その後に続く記載、田宅等の相続手続において郷部嗇夫が登場する。②においては、①に比べて県廷での収蔵過程が詳細に記載されているが、①の「戸籍」の場合も、県吏が作成した文書であり、同様

の手続が県廷での収蔵に必要であったと思われる。各種台帳の県廷での管理手続では、②の方にその詳細が纏めて記載されている。

各種文書の県廷での管理責任は、令もしくは丞と、官嗇夫が担当した。収蔵後の各種台帳を使用する必要が生じた場合は、「嗇夫発、即襍治為」と、嗇夫級の県吏で開封することができた。この場合、嗇夫単独ではなく他の吏人と共同で開封しているが、これは台帳に対する改竄を虞れての故であろう。

それにしても①②共に正本の所在が明示されていない点は問題となる。このことで考えられる事情は、正本の所在が、更めて記載するまでもなく、これら台帳を作成し、これら台帳によって日常の業務を遂行していた県吏の部署、郷部嗇夫の手許において管理されていたがためであったと思われる。

ただ「民宅園戸籍」、「年細籍」、「田比地籍」・「田命籍」・「田租籍」と列記される簿籍の内、「年細籍」については検討を要する。同『戸律』中には、民が住所変更を行う場合、「戸及年籍・爵細」と、「戸籍」・「年籍」・「爵細」を新住所の県に通知することが義務付けられていて、この文書中に「年籍」の語が見えている。このため「年籍」と先の「年細籍」とを関連付け、「年細籍」を住民の年齢の簿籍ではと推論する解釈もあるが、「年細籍」は、「戸籍」とは別に、田宅関係の台帳類と一緒に並記されていた。また「戸籍」とは別に、住民の年齢だけを記載した帳簿が作られているのも腑に落ちない。

睡虎地『封診式』の「覆」には、亡命者に対して、旧住所での前歴を調査する手続が見える。この際、「名事里」・「坐論」・「罪赦」・「覆問」・「籍亡」・「亡幾可」「逋事幾可」が調査されている。この調査項目の内、「名事里」・「坐論」・「覆問」は、『封診式』中の「有鞫」・「告臣」・「黥妾」でも本人確認のための必須事項として見えている。『戸律』に見える住民の移住に関する必要文書、「戸籍」・「年籍」・「爵細」と、この睡虎地に見える旧住所に対する確認事項、「名事里」・「坐論」・「罪赦」・「覆問」とを対比してみると、

①戸及年籍・爵細。

②名事里。

が共通項となる。②の「名事里」は、氏名、生計、住所である。「名事里」には、類似する語句に「名事邑里」（睡虎地『倉律』）や「名県爵里」（『漢書』宣帝紀）などもあるが、「事」は、「職事」で、「里」は「県邑里」であり、「名事里」の「名」と「里」は、当然「戸籍」の記載事項に該当する。他の「事」は、生計如何を確認する言葉であって、「名県爵里」の「爵」とも関連がある。「名事里」・「名県爵里」は、いずれも「戸籍」の記載事項であったと思われる。

先の『戸律』中の「参辨券」も、「皆参辨券書之、輒上如戸籍」と、「参辨券」記載事項は、「戸籍」の内容に従うことになっていた。司法・行政上の人定手続においては、「名事里」、「名県爵里」の確認が基本となっていたことになる。

このように考えると、①の「爵細」は、爵の詳しい内容であって、これが②の「事」に相当し、①の「戸及年籍」は、②「名里」に該当するとすると、①「戸及年籍・爵細」②「名事里」の全てが、「戸籍」の記載事項であったことになり、田宅関係の諸台帳と列記される「年細籍」が、住民の年齢を調査した独立した台帳であるはずがない。

このため「民宅園戸籍」、「年細籍」、「田比地籍」・「田命籍」・「田租籍」中に見える「年細籍」は、作付けの詳細を記録した台帳であったと考えた。「年」が、「穀」（穀物）、稔りの義を持つことはいうまでもない。

ここにおいて「民宅園戸籍」は、宅地や菜園（庭園）の台帳、「年細籍」は穀物の作付け状況の台帳、「田比地籍」は、耕作地の所在確認の台帳、「田命籍」は、耕作者名を記載した台帳、「田租籍」は、穀物の作付け状況を踏まえた租税の台帳ということになる。

かかる各種の台帳の作成は、県吏が担当した。そしてこの県吏の中には、「案戸者」と呼ばれる吏人もいた。これら種々の台帳が、「戸籍」と並んで戸を単位として作成されていたがためと思われる。

これら戸を単位とする各種田宅関係の台帳には、公田だけではなく、当然、私田も含まれる。『戸律』に見える「先令」、遺言、相続に関わる物件は、

民欲先令相分田宅・奴婢・財物、郷部嗇夫身聴其令。

とあり、田宅は当然、重要な物件の一つである。そしてこの相続事務に関係した郷部嗇夫は、田宅を調査し、その各種台帳を作成した当事者であった。

「戸籍」並びに「民宅園戸籍」、「年細籍」、「田比地籍」・「田命籍」・「田租籍」は、戸を単位として編成されていたと指摘した。この点について、龍崗秦律中には、

入及虚租希（稀）程者、耐城旦舂□□□▨。〔一二九〕〔一三二〕

とあり、「虚租稀程者」、偽って規定に満たない額の租税を納入した者は、耐城旦舂に当てられている。不正な租税の納入を行った責任は、「虚租稀程者」、すなわちその当事者である個人（戸）が負うことになっている。

「田租籍」は、県吏によって作成されたが、租税の個別の納入額は、龍崗秦律に、

租者且出以律、告典・田典、典・田典令黔首皆智（知）之、及▨。〔一五〇〕〔一三七〕

とあり、律に従って決められ、里吏である典・田典が、里内の「黔首皆智（知）之」、すなわち住民各戸（「黔首」）に周知していた。

このことから、私田に対する国家管理は、戸（「黔首」）を単位として行われていたことになり、私田に課せられる責任、財政の基盤を担う租税も、個々の戸（「黔首」）の責任において果たさねばならなかった。『行書律』に見える、

復蜀・巴・漢中・下弁・故道、及雞劍中五郵、郵人勿令繇（徭）戍、毋事其戸、毋租其田一頃、勿令出租・芻稾。

は、たまたま特別の地区に在勤する郵関係の戸のみに対して、耕作する私田の一定面積の租税を免除する優遇規定であったが、これも私田とその租税とが、地域社会で戸を単位として管理、運用されていたがために可能な措置となる。

六　龍崗秦律と禁苑をめぐる胡平生説

前節において、秦漢時の田制を概観したが、最後に中国文物研究所・湖北省文物考古研究所編『龍崗秦簡』所収の「雲夢龍崗六号秦墓及出土簡牘概述」に見える龍崗秦律の位置付けについて付言する。

「雲夢龍崗六号秦墓及出土簡牘概述」は、「一　墓葬与簡牘出土概況」、「二　竹簡内容簡論」、「三　木牘、墓主与墓葬年代」の三点にふれる。この内「一」は、李天虹・陳振裕氏、「二、三」は、胡平生氏の文責にかかる。ここでは「二　竹簡内容簡論」を中心に紹介するが、胡平生氏による龍崗秦律の位置付けは、睡虎地秦律（『田律』・『廏苑律』・『徭律』・『公車司馬猟律』等）との比較において、墓主が所管していた禁苑管理のための規程集であったと結論付けられている。

この点については、『本書』【Ⅰ】第四章「雲夢睡虎地秦墓管見」において、睡虎地の『田律』は、禁苑とその公田管理に関する規定で、他の『廏苑律』、『関市律』、『工律』など一連の官営諸事業と同一の性格のものであったことを指摘したことがある。

胡平生氏は、龍崗秦律の性格に重点を置いたものであるが、その前提として、睡虎地の『田律』を始めとする諸律を禁苑管理規程との関連で把握されている点は、睡虎地秦律の位置付けを理解する上でも重要であり、本章でこれまで通覧してきた、睡虎地から呂后『二年律令』にいたる秦漢律令の理解においても影響を持つ。

そこで以下、胡平生氏の見解を整理してみると、先ず劉信芳・梁柱編『雲夢龍崗秦簡』が、龍崗秦律を、『禁苑』・『馳道』・『馬牛羊』・『田贏』・『其他』の五種に分類した点について、これを否定する。

胡平生氏によると、龍崗秦簡は、睡虎地秦律の関係する条文との比較や龍崗秦律残簡中に見える律名等から、禁苑管理に関係する律文を、

『田律』・『廏苑律』・『繇律』・『公車司馬猟律』・『盗入禁苑律（簡号二〇～二一）』（?）

から抜粋し、禁苑の管理に関わっていた墓主が、職務上必要とする律文を所持していたものと見なしている。

その根拠として、睡虎地の『内史雑』、

県各告都官在其県者、写其官之用律、内史雑。

を引用する。この『内史雑』に従えば、職務に応じた律文の抜粋は、県廷が行い県内の各機関に配布されていたことになる。

龍崗秦簡は、禁苑の管理に必要とされる律文であったが、⑴禁苑管理に直接関係する律文、⑵禁苑管理に間接的に関係する律文、⑶禁苑事務に関係する律文の三種が確認できるとする。

⑴の律文は、睡虎地の『廏苑律』・『田律』等に類し、龍崗秦簡、

黔首犬入禁苑中、而不追獣及捕▨▨者、勿□▨▨殺、其追獣▨▨及捕▨▨獣者、▨殺之、河禁所殺犬、皆完入公、其▨▨它禁苑、食其肉而入其皮。〔七七～八三〕〔四八～四九〕

は、睡虎地『田律』の、

春二月、毋敢伐材木山林及雍（壅）隄水、不夏月、毋敢夜草為灰、取生荔、麛𪊲（卵）鷇、□□□□□□毒魚鼈、置穽罔（網）、到七月而従之、唯不幸死而伐綰（棺）享（槨）者、是不用時、邑之紤（近）皁及它禁苑者、麛時毋敢将犬以之田、百姓犬入禁苑中而不追獣及捕獣者、勿敢殺、其追獣及捕獣者、殺之、河（呵）禁所殺犬、皆完入公、其它禁苑殺者、食其肉而入皮、田律。

の最後の一節を抜粋している。また龍崗秦簡、

禁苑嗇夫、吏数循行、垣有壊決獣道出、及獣出在外、亟告県。〔三九〕〔三一〕

は、睡虎地『繇律』の、

県葆禁苑、公馬牛苑、興徒以斬（塹）垣離（籬）散及補繕之、輒以效苑吏、苑吏循之、未卒歳或壊陕（決）、（略）
其近田恐獣及馬牛出食稼者

に相当する。

ついで(2)の律文は、龍崗秦簡、

敢行馳道中者、皆䙴（選）之其騎及以乗車軺車▨、▨牛、牛▨▨車□▨▨輓車、行之、有没入其車馬牛県道［官］
県道▨。〔五四～五八〕〔六二・一〇〇・六三・六六〕

と、龍崗秦簡の、

▨有行馳□▨▨道中而弗得、貲官嗇▨▨□［夫］二甲、或入。〔六三～六五〕〔六四・二二四〕

とで、秦王が禁苑行に使用するための馳道管理の規程であった。龍崗秦簡の、

諸馬牛到所、毋敢穿穽及置它機、敢穿穽及置它［機］能害▨▨人馬牛者▨▨雖未有殺傷殹（也）、貲二甲、殺傷
馬▨▨与為盗▨▨［殺］人、黥為城旦舂、傷人、贖耐。〔一〇三～一〇九〕〔八三・八四・五八・五九〕

と、

▨馬牛羊犬彘、于人田▨。〔一一一〕〔九七〕

と、

亡馬牛駒犢［羔］、馬牛駒犢［羔］皮及□皆入禁□□（官）□▨。〔一一二〕〔八六〕

とは、睡虎地『廏苑律』に、公馬牛を放牧する規程があり、これら龍崗秦簡も禁苑の馬牛についての律文で、睡虎地の『廏苑律』に相当する。また龍崗秦簡、

廿四年正月甲寅以来、吏行田嬴律（?）詐（詐）▨。〔一一六〕〔一〇二〕

は、「行田」、すなわち狩猟の規程で、禁苑と関係がある。睡虎地『田律』も、狩猟と農地の両者の内容を含んでいた。睡虎地『田律』の、

不夏月、毋敢夜草為灰、取生荔、麛䴠（卵）鷇、□□□□□□毒魚鼈、置穽罔（網）、到七月而従之。

は、狩猟を指し、

入頃芻藁、以其受田之数、無豤（墾）不豤（墾）、頃入芻三石、藁二石。

は、農地を指している。さらに龍崗秦簡、

而輿軏（?）疾敺（驅）入之、其未能祧（逃）、亟散離（?）之、唯毋令獣□▨。〔一一九〕〔七〇〕

は、睡虎地『秦律雑抄』の『公車司馬猟律』、

●射虎車二乗為曹、虎未越泛蘚、従之、虎環（還）、貲一甲、虎失（佚）、不得、車貲一甲、虎欲犯、徒出射之、弗得、貲一甲。

と内容が類似している。

(3)について、龍崗秦簡の農地に関わる律文は、主として農民の「租佃田地」、小作地と租税納入に関する法律であるが、官吏が租税を徴収する際に法を曲げ貪るような行為を取り締まる法律も含まれる。農地と禁苑事務とは深い関係がある。

秦漢時代の史料においては、禁苑と農耕地をめぐる紛争の記載が少なくなく、『史記』滑稽列伝には、

始皇嘗議欲大苑囿、東至函谷関、西至雍・陳倉、優旃曰、善、多縦禽獣於其中、寇従東方来、令麋鹿觸之足矣、始皇以故輟止。

とあり、『史記』蕭相国世家には、

相国因為民請曰、長安地狭、上林中多空地、弃、願令民得入田、毋收稾為禽獣食、上大怒曰、相国多受賈人財物、乃為請吾苑、乃下相国廷尉、械繫之。

とあり、農耕地が禁苑になったり、禁苑が農耕地になったりしている。禁苑と農地とは相互に増減があったことが窺える。

また商鞅によって国家の山林川沢が人民に解放され、「仮税」が徴収された。漢代には、水害があると禁苑の田地を貧民に「仮与」しており、龍崗秦簡では、秦代に禁苑外周の広大な土地が禁苑の官吏の管理下に置かれていた。

龍崗秦簡の、

諸禁苑為耎（堧）、去苑卌里、禁毋敢取耎（堧）中獣。〔二七〕〔一二〕

諸禁苑有耎（堧）者、□去耎（堧）廿里毋敢毎（謀）殺。〔二八〕〔一九〕

では、禁苑内と禁苑の周囲の垣墻外六〇里（卌里＋廿里、二四キロメートル）の土地が、農民に貸し出され、租税が禁苑の官吏に納められていた。このため禁苑の官吏は、農耕地の管理や租税の徴収に関する法律を必要とした。禁苑事務に関わるものである。

龍崗六号秦墓の墓主は、禁苑管理の役人として、常にこれら禁苑に関係する法律と接し、禁苑に関係する法律を抄録、収集していたと指摘している。

以上が胡平生氏の龍崗秦律に対する理解である。胡平生氏が、睡虎地の『田律』その他や龍崗秦律の秦律に禁苑との関わりを認める見解は正鵠を得ていると考える。ただ龍崗秦律には、「匿田」等、これまで見てきた通り、禁苑中の公田のみではなく、私田に関わる律文も含まれていた。また禁苑の周垣外の地域六〇里を禁苑の管理下の農地とまで言えるかどうかも、龍崗秦律で確認できる限りでは断定できない。禁苑の周垣外の地域六〇里は、この点もすでに見てきた通り、禽獣管理に関してのみの規程で、農地の管理についての明文はない。

おわりに

張家山呂后『二年律令』は、張家山二四七号漢墓竹簡整理小組『張家山漢墓竹簡〔二四七号墓〕』文物出版社、二〇〇一、が公表されて以降、この釈文に依拠して多くの研究が進められてきたが、二〇〇六年五月に張家山二四七号漢墓竹簡整理小組『張家山漢墓竹簡〔二四七号墓〕（釈文修訂本）』が刊行され、釈文に大幅な修訂が加えられた。『釈文修訂本』の修訂箇所は、文意の変更を伴う個所が少なくない。本稿の釈文では、『釈文修訂本』の釈文に依拠したが、釈文変更の経緯については、遺憾ながら「未能一一注明」（「後記」）とされる。

また劉信芳・梁柱編著『雲夢龍崗秦簡』科学出版社、一九九七、の秦律の釈文・簡号についても、二〇〇一年に刊行された中国文物研究所・湖北省文物考古研究所『龍崗秦簡』中華書局とでは、釈文・簡号に異同が見える。本稿では、釈文は後者の中華書局本に依拠し、簡号は両者を併記した。

今後釈文の拠り所である簡牘のより鮮明な写真版の公表や簡牘自体の実見が、必要となるかと思われる。

（補注1）中国社会科学院簡帛研究中心『張家山漢簡《二年律令》研究文集』広西師範大学出版社、二〇〇七、は中国での呂后『二年律令』の代表的な研究を収録するが、この論文集に収められる高敏「従張家山漢簡《二年律令》看西漢前期的土地制度」は、前漢前期を土地国有制から土地私有制への転換期で、名田(名占田)制は土地私有制であったとする。また朱紹侯「論漢代的名田（授田）制及其破壊」は、呂后『二年律令』の授田、名田制は軍功爵の高低によって授田される軍功地主に対してであって、受田・受宅の制度が崩壊するのは王莽以降とする。

第六章　呂后『二年律令』に見える妻の地位

一　『胎産書』と尹湾漢牘『集簿』の男女人口比

『胎産書』

一人の女子学生が、中国古代の出産儀礼を卒業論文で書きたいと相談に来た。これまで種々の卒業論文に接してきたが、出産を取り上げた学生は始めてである。その学生は、湖南馬王堆三号墓から産科関係の書物が出土しており、中国の古医書『産経』との比較も行ってみたいと言う。

『産経』は、今日散佚し、平安時代に編纂されたわが国最古の医学書『医心方』（丹波康頼撰、九八四年奏進）の中で確認できる程度である。馬王堆三号墓から医書関係の史料が出ていたことは承知していた。カラフルに再現された『導引図』等は印象に残っていたが、改めて馬王堆三号墓の古医書を見直してみると、『足臂十一脈灸経』・『陰陽十一脈灸経』（甲乙本）・『脈経』・『陰陽脈死候』・『五十二病方』・『却穀食気』・『陰陽』・『導引図』・『養生方』・『雑療方』・『胎産書』・『十問』・『合陰陽方』・『雑禁方』・『天下至道談』の一五種が出土していた。

馬王堆漢墓は長沙軑侯国の丞相夫妻とその子息の墓として知られる。三号墓は、三〇歳余で他界した子息の墓ではと考えられ、母親が葬られていた一号墓と寄り添うように隣りして葬られていた。母親である貴婦人は、今なお湖南省博物館で生前の姿を留め静かな眠りについている。これまでに二度、湖南省博物館でこの女性と対面し、一九八二年には小高い墳墓上にも足を運んだ。

学生が調べてきた『産経』に先立つ産科関係の新出土書とは『胎産書』（書名は馬王堆帛書整理小組が命名）のことである。急いで自宅の本棚を探してみると、周一謀・蕭佐桃主編『馬王堆医書考注』（天津科学技術出版社、一九八八）と馬継興『馬王堆古医書考釈』（湖南科学技術出版社、一九九二）の二種のかなり詳細な解説付きの注釈書が見つかった。もちろん『胎産書』もこの二種の注釈書に含まれる。学生にコピーを提供し、幾個所かを学生と共に訳読した。その中で、これほど具体的な医学知識が、当時すでに纏められていたのかと認識を新たにした。

これら古医書を所持していた高級官僚の子息は、前一六八年に埋葬され、その副葬品から武将ではないかと推測されている。馬王堆には一・二・三号墓以外に隣接する墓所は報告されていない。二号墓は丞相利蒼が葬られており、利蒼夫妻の子息は、未婚のまま他界したのかも知れない。母親は、心筋梗塞で五〇歳前後に急死している（「冠状動脈痙攣、急性心肌缺血」。湖南医学院「長沙馬王堆一号漢墓古尸研究総合報告」『馬王堆漢墓研究』湖南人民出版社、一九八一）。若き武将が、これほどの医学知識を必要とした。三〇歳余の貴公子が、未だ独身であったとすると、婚期も遅すぎる（彭衛『漢代婚姻形態』三秦出版社、一九八八、頁八九は、漢代一般の初婚年齢を一四から一八歳の間とする）。また三〇歳余で他界したとすると、死因は、手負いか病死でしかない。今は何れとも決しがたいが、女性必携の『胎産書』までを含む多様な医学書であり、病弱な子息が母親から、これら古医書を譲り受けていた可能性も消し難い。

『胎産書』は、「妊娠に適した時期」・「胎児の発育状況」・「妊婦の飲食起居」・「産後の胎衣処理とその埋蔵」・「食物による男女の生み別け」・「不妊治療」・「産後の母子の健康維持」・「子供が授かり難い人への埋胎法」等で構成されている。同じ馬王堆から出土した『雑療方』中にも、「禹蔵埋胎図法」の一節があり、「産後の胎衣処理とその埋蔵」を述べる。『胎産書』中の「人字図」は、誕生日により嬰児一生の命運を占う役割を担っていた。湖北睡虎地秦墓竹簡の『日書』にも同類の「人字図」が描かれている。古医書にあっても、『日書』（日時をもって吉凶禍福を占う）に類する側面が拭い難い。

出産に対する知識は女性にとって必須である。もちろんこれらの医学知識は、嬰児の無事な出産と生まれた子の順調な生育を願う側面も色濃い。必ずしも女性保護の観点からのみ出発しているとは言い難い。それでも妊娠・出産への医学的知識は、馬王堆の貴婦人も所持していたと推論したが、女性にとっては福音である。『漢書』外戚伝に霍光の夫人顕の言葉として、出産（「免乳」）は「十死一生」の大事と表現されている。

前出、馬継興氏の解説（頁二五）によると、『胎産書』に見える「一月名流形」・「二月如膏」・「三月始脂」・「四月始成血」・「五月始成気」・「六月始成筋」・「七月始成骨」・「八月始成膚」・「九月始成毫毛」との胎児の成長過程は、後世の『産経』・『諸病源候論』・『備急千金要方』等多数の著書に受け継がれていると言う。『胎産書』を手にする女性は限られていた。それでもこれだけの医学知識が存在した。産科書に接する内に、更めて女性の時代性について関心が沸いてきた。

尹湾漢牘『集簿』の人口統計

馬王堆三号墓の貴公子に対して健康上の不安を述べたが、医学書を副葬していたとして、全てを病弱者と結び付ける必要はない。漢初の呂后二年を余り降らない時期に埋葬された湖北張家山二四七号漢墓からも、『脈書』や『引書』等の医学関係書が出土している。張家山二四七号漢墓の墓主は、官吏ではと推測されている。ある程度の知識人は、案外、多様な医学書を健康維持のために所持していた可能性がある。

このことを暗示させる史料が出土している。前漢晩期（前一〇年を上限とする）に埋葬された江蘇尹湾六号漢墓に副葬されていた『集簿』である。『集簿』は、郡から中央に報告（上計）するための郡内統計資料で、前漢成帝時に比定される東海郡の人口統計が含まれていた。これによると、九〇歳を越える人口は、総人口一、三九七、三四三人中、一一、六七〇人で、総人口の〇・八四％に当たる。この九〇歳を越える人々の比率は、総務省統計局の二〇〇三年一〇月一〇日現在推計の日本の総人口に占める九〇歳以上の数値〇・六八％（一九九九年の数値は〇・五％）に比べてもかなり高い。

中国では面白い地図が作られている。地図は、歴史研究において必須の工具である。ロシア製の中国の一〇万分の一の地図が、広く輸入されている中で、なぜ中国が自国の一〇万分の一の地図を販売しないのか残念である。中国の研究者を含め、常日頃この話をするが実現しない。残された課題であるが、高齢者の総人口に占める比率の高さを知る上で、手許にある衛生部老年医学研究所・衛生部北京医院編『中華人民共和国老年人口地図集』（地図出版社、一九八六）を開いてみると、一九八二年の統計で九〇歳以上の長寿者が多く居住している地域は、西蔵・新疆を除くと、比較的沿海地方に偏っている。尹湾漢牘『集簿』の東海郡も江蘇省北部に位置し沿海に当たる。また同済医科大学公共衛生学院主編『中国人口主要死因地図集』（中国地図出版社、一九九〇）によると、馬王堆の貴婦人も患っていた冠状動脈性心臓病死亡率も、一九七〇年代前半の統計では東海郡地方は比較的低い数値になっている。

このように現在でも、長寿や死因に結びつく健康事情に地域的偏りがある。尹湾漢牘の『集簿』だけで、前漢時代の長寿を論じることは危険かも知れない。それでも東海郡の総人口百四〇万人は、全人口の約四〇分の一である。

長寿のためには、当然、社会的安定、食生活や衛生環境等の諸条件が、ある程度整わなければならない。

ただ尹湾漢牘『集簿』では、当時の平均寿命を知ることができない。『西漢人口地理』（人民出版社、一九八六）の著者葛剣雄氏は、前漢時代の平均寿命を三〇歳くらいと見なしている（頁四一）。この点でも尹湾漢牘『集簿』の年齢構成だけで、前漢時代の人口構成一般を論じることは、危険かも知れないが、葛剣雄氏の推論も、時代が下る旧中国や現代中国の人口推移に依拠している。尹湾漢牘『集簿』は、葛剣雄氏の前掲著書より遅れ、一九九六、七年にかけ公

表された（連雲港市博物館「尹湾漢墓簡牘釈文選」『文物』一九九六年八期、連雲港市博物館等『尹湾漢墓簡牘』中華書局、一九九七）。

このため、これまで取り上げてきた古医書の普及は、口コミを含むにしても、当時の衛生環境への関心に、多少は関連を持ち、尹湾漢牘『集簿』に見える長寿との関連において、評価すべき余地を残すと言えるかも知れない。ただ馬王堆の貴婦人の体内には、鉛や水銀が蓄積されていた（前掲「長沙馬王堆一号漢墓古尸研究総合報告」）。丹薬を用いる風習は、この後も上層階層では続けられて行く。古代医学の限界である。それでも前漢時代の墓から出土する医学書は、自然科学のレベルの高さを垣間見せる。貴重な存在である。

尹湾六号漢墓の人口統計では、高齢者の総人口比率に占める高さの他に、今ひとつ気になる点がある。それは男子七〇六、〇六四人、女子六八八、一三二人と男女比において、男子よりも女子の人数が少ないことである。嬰児の出生比では、今日も一般にわずか男児の方が多いが、男女別総人口においては、女子の人数が男子を上回る（総務省統計局の二〇〇三年一〇月一〇日現在推計統計で、男子四八・九％、女子五一・一％）。

漢代の人口統計において、これまで男女比を具体的に示す数値は伝えられていなかった。『漢書』食貨志には「高祖、乃令民売子就蜀漢」と、前漢の高祖が「売子」を容認したことが見えている。痛ましい記事である。さらに出生において、男児が重んじられ、女児が軽んじられる傾向は、先秦時代から窺える（溺女については、古く桑原隲蔵「支那の人口問題」『東洋史説苑』弘文堂、一九二七。また葛剣雄前掲書、頁三七〜三八。『韓非子』六反「父母之於子也、産男則相賀、産女則殺之、此倶出父母之懐衽、然男子受賀、女子殺之者、慮其後便、計之長利也」、『漢書』刑法志「淳于公無男、有五女、当行会逮、罵其女曰、生子不生男、緩急非有益也」、『漢書』外戚伝成帝趙皇后「初生時、父母不挙、三日不死、迺収養之」等）。尹湾簡牘に見える男女比の問題が、これら女児を軽んじる傾向と関係があるかどうかは分からないが、溺女の風はこの前漢時代においても否定できない。

『日書』等の占いによる嬰児の間引きは、突き詰めれば無知に帰すが、子供の軽視や溺女の風は多く経済的弱者に偏る。社会的倫理観にのみ帰すべきではない。多様な古医書の世界とは、多少肌合いを異にする。しかし次に取り上げる湖北張家山出土の呂后『二年律令』（以下『二年律令』と略称）に見える女性の姿も、これまた一つの現実である。

二　妻による夫への暴力

『二年律令』は、一九八三年、張家山二四七号漢墓（『張家山漢墓竹簡〔二四七号墓〕』文物出版社、二〇〇一）から出土した。呂后は、言うまでもなく前漢高祖の后で、その二年は、前一八六年である。『二年律令』の竹簡の数は、五二六枚、簡長は三一センチメートルである。二七種の律と一種の令を含む。睡虎地秦律（『律十八種等』）に接してはいたが、蕭何の『九章律』に慣れ親しんできた者にとって、『二年律令』との出会いは、やはり感慨を新たにする。

この『二年律令』を読んで行く中で、つい「母」・「妻」・「婦」・「女子」等の言葉が気になるのは、『胎産書』を多少読んだ影響であるかも知れない。ただ『二年律令』の女性に関わる律文を総合的に紹介するとなると、この小文では覆いきれない。そのためここでは、女性の社会的位置付けに関わると思われる律文の一部を取り上げる。

妻の殴

「妻による暴力沙汰」の小見出しとなり、物騒であるが、『二年律令』には、

妻殴夫、耐為隷妾。　〔簡号三三〕【賊律】

（妻が夫に暴力を振るうと、耐隷妾＝官奴隷の罪に処す。）

との律文がある。この律文では、妻が夫に暴力を振るう事態が想定されている。『二年律令』は、一昨年前から数人

で読んでいる。共同研究は視野が広がる。色んな意見が出て面白いが、この律文を見た時、つい中国で聞いた「気管炎（妻管厳）」を思い浮かべた。中国では、自宅前の路上で奥さんから怒鳴りつけられ、しょげ返っている亭主の姿を幾度か目撃した。夫婦喧嘩なら家の中ですれば済むものをの思いが一瞬過ぎったが、邦訳もあるA・H・スミスの『支那的性格』（中央公論社、一九四〇）を読んでいたこともあり、スミスが指摘する中国人の演劇的天性の然らしむるところかなとも考えてみた。しかし「気管炎」の側面もホントかなと思うこともあった。

『二年律令』『賊律』には、また、

妻悍、而夫殴笞之、非以兵刃也、雖傷之、毋罪。〔簡号三二〕【賊律】

（妻が悍で、夫が妻をむち打っても、刀剣などを用いなければ、例え傷を負わせたとしても罪にはならない。）

ともある。夫が妻に向かっての反撃に、「兵刃」までもが持ち出されている。これはただ事ではない。その上、「兵刃」を用いなければ、妻に傷を負わせたとしても夫は罪に問われないと言う。

「兵刃」まで持ち出されると、夫婦喧嘩も想定などとは言っていられない。そこで夫婦喧嘩の引き金になった「悍」の実態が問題となる。「悍」が男性に対して使用される用例を見ると、「勇ましい」等、比較的肯定的な意味合いとなるが、女性に用いられると、「悍室」等、どちらかと言うと否定的で、「根性が悪い」・「気性が荒い」の意味になる。挙式にも、娶った妻が「悍」や「妬」になる日が、睡虎地『日書』にも態々記載されている。よほどの事情がない限り、妻が「悍」や「妬」になる日は、挙式の日からは外される。

この「妻悍」については、戦国末から統一秦初（律文の成立は戦国時）にかけての睡虎地秦律（『睡虎地秦墓竹簡』文物出版社、一九七八年版、頁一八五）にも、

妻悍、夫殴治（笞）之、夬（決）其耳、若折支（肢）指、胅體、問夫可（何）論、当耐。〔簡号四四九〕【法律答問】

（妻が悍で、夫が妻をむち打ち、耳に裂傷が生じたり、手足や指を骨折させたり脱臼させたりした場合、夫の罪はどのように裁くべ

きでしょうか。耐罪に処す。）

とあり、やはり妻の「悍」は、夫婦間での傷害事件に発展している。ただ睡虎地秦律の場合、妻の悍を引き金とする同じ夫婦喧嘩で、「兵刃」を用いたかどうかに関係なく、妻を傷つけた夫は、微罪ではあるが耐（頬ひげを剃る）罪を受けている。睡虎地秦律から前漢初期の『二年律令』にいたる間に、悍を引き金とする夫婦喧嘩で、夫の立場が強化されていたことになる。

『二年律令』は、女性である呂后執政時の律文である。しかし呂后個人に女性の味方を期待する考えは正しくない。悪女と言われるが、女性の身で政権を掌握したが故の中傷の部分も差し引かなければならない。権力闘争は、何時の世も同じで、凄まじい軋轢が繰り広げられる。宮中における女性同士の嫉妬や恨みなどの個人的次元で呂后を論じてはいけない。呂后が一派の頂点であれば、高祖亡き後、宮中の他の女性がまた別の一派の頂点に立つ。あるいは立たされる。このような情勢は、個人の意志に関係なく進むこともある。呂后を個人の次元で論じることは、政治の実態を見落とした論である。

睡虎地秦律にはまた、妻が夫を殴打した際の律文はない。ただ睡虎地秦律は、当時の律文全てを網羅したものではない。このため秦律に、妻が夫を殴打した際の律文がなかったとは言い切れない。しかし夫婦関係において、前漢初の律文が夫の立場を強化しているとなると、妻が夫を殴打する律文が、睡虎地秦律後に新たに追加されたとの理解も成り立つ。

妻による反撃は、夫だけとは限らない。『二年律令』『賊律』には、

婦賊傷毆詈夫之泰父母、父母、主母、後母、皆棄市。　〔簡号四〇〕【賊律】

（妻が、夫の泰父母＝大父母、父母、主父母、後母に対して、傷を負わせたり、叩いたり、罵ったりすれば、棄市に処す。）

とあり、祖父母、父母、主母、後母に対しても、妻からの反撃が封じられていた。妻による家族構成の上位者への反

逆であり、家秩序の破壊である。処罰の内容は死罪となる。この律文中の「婦」は、夫に対して用いられており、妻を指す。『二年律令』の『戸律』でも、「寡夫寡婦」と夫妻が夫婦に置き換えられている。

このように妻による夫や夫の親族への暴力を引き合いに出してくると、あたかも当時の女性が、亭主を尻に敷き、やりたい放題であったかの誤解を生みかねない。問題は、睡虎地秦律、『二年律令』共に、妻に対して『二年律令』〔簡号三三〕『賊律』で条文化（「妻が夫に暴力を振るうと、耐隷妾の罪に処す」）されているような、夫の側からの、妻への一方的な暴力についての律文が全く欠落していることである。

当然、夫による妻への暴力があったはずである。近年「ドメスチックバイオレンス」等の言葉が聞かれるが、夫婦間で問題となるのは夫による妻への暴力である。社会的啓蒙運動において、「ドメスチックバイオレンス」等と言っても、啓蒙の対象となる肝心の問題家庭の構成員が、このようなカタカナ言葉を理解できるかどうか。独りよがりな運動にならなければとお節介な心配も感じるが、夫から妻への暴力は、母系制社会の時代は別（？）として、時代を越えおしなべてと言う訳ではないが、大きく変わることはなかったと思われる。それにも拘わらず律文中に夫による妻への一方的な暴力を抑止する規程が見い出せない。

ただ同じ妻による夫の親族に対する暴力でも、『二年律令』『賊律』では、

〔妻殴〕夫父母同産、夫之同産、若〔夫〕殴妻之父母、皆贖耐。　〔簡号四二〕【賊律】

（妻が、夫の父母の同産＝兄弟姉妹や夫の同産を殴打したり、夫が妻の父母を殴打したりすると、各々贖耐に処す。）

とあり、夫の父母でも同産に対してであれば罪は軽微である。夫の同産に対しても同罪である。これに対して夫の場合も、妻の父母に対する暴力では処罰規定が設けられていた。それでも妻であれば、死罪となる暴力行為が、贖罪で済んでいる。親族との関係においても、明らかに妻の地位は夫より低い。また『二年律令』『告律』には、

子告父母、婦告威公、奴婢告主、主父母妻子、勿聴、而棄告者市。　〔簡号一三三〕【告律】

（子が両親を訴えたり、妻が夫の両親を訴えたり、奴婢が主人や主人の両親・妻子を訴えたりしても、受理せず、訴えた者は棄市に処す。）

とあり、妻が婚家の家族秩序に逆らうことは、死罪に当たる。同様の法的措置は、睡虎地秦律（『睡虎地秦墓竹簡』文物出版社、一九七八年版、頁一九六）においても、

子告父母、臣妾告主、非公室告、勿聽、（略）而行告、告者罪。〔簡号四七四〕【法律答問】

（子が両親を訴えたり、臣妾が主人を訴えたりしても、「非公室告」に当たり、受理してはいけない。……訴えを行えば、訴えた者は罪に処す。）

とあり、子や臣妾（奴婢）が父母や主人を訴えることを禁じていた。しかし妻への規定は見えない。先に「妻悍、夫毆笞之」の場合、睡虎地秦律に比べて『二年律令』の方が、妻への保護意識が後退していると指摘したが、このいわゆる「非公室告」の面でも『二年律令』では、妻の地位が貶められている。戦国末から漢初にいたる間に、妻に対する法的差別が強化されていたことは明らかである。

三　妻の財産権と相続権

妻の財産権

妻に対する法的差別は、次の『二年律令』『置後律』において、別の側面からも指摘することができる。それは、

女子為父母後、而出嫁者、令夫以妻田宅盈其田宅、宅不比、弗得、其棄妻、及夫死、妻得復取以為戸、棄妻、畀之其財。〔簡号三八四〕【置後律】

（女子が、父母の相続人になっていて、嫁いだ場合、婚姻相手の夫は、妻となった女子の田宅を自分の田宅に繰り入れる。妻

の居宅が、遠距離にある場合は、夫の持ち物にならない。夫が妻を一方的に離縁したり、夫が死亡した場合には、妻は夫に委ねた田宅を自分のものとし、戸主に戻ることができる。一方的に離婚した妻には、財産を与える、……。）

である。『置後律』は、相続についての規程である。引用した律文には、さらに後文があったと思われるが、最後の六文字を除くと、父母から女性が田宅を相続していた場合、結婚すると妻の田宅は夫の管理下に繰り入れられていた。ただ「宅不比、弗得」、すなわち妻が婚姻前に所持していた住居のみは、婚家から離れていると、婚姻後その家は夫の持ち家にならないと言う。面白い内容である。律文が想定する「宅」は、収入源となる「田」とは異なり、管理するだけの資産価値もない存在で、今日われわれが考える住宅とは次元を異にしていた。近くにあって、手間隙掛からず利用できれば、夫の管理下に繰り込まれるが、遠くにある宅は、管理に出かけて行くだけの手数ももったいない。放置するに如かずである。婚家の身勝手さ、当時の「宅」の実態、多く黄土を外壁とする住宅の様を思い浮かばせもするが、『二年律令』の『戸律』には、

宅不比、不得。　［簡号三一三］【戸律】

（居宅は、隣接していなければならない。）

あるいは、

欲益買宅、不比其宅者、勿許。　［簡号三二〇］【戸律】

（居宅を買い増しする場合は、自分の宅地に隣接していなければ許されない。）

ともある。立法の趣旨には実態如何は別として、贅を禁じる意向も働いていたかも知れない。

相続は、睡虎地秦律、『二年律令』共に、世代関係も考慮されているが、原則として男系親族が優先されていた。しかし後述するが女性にも相続権はある。『二年律令』『置後律』では、

死毋後、而有奴婢者、免奴婢以為庶人、以□人律□之□主田宅及余財、奴婢多、代戸者毋過一人。

（死亡して、嗣子や親族がなくても、奴婢を所有しておれば、奴婢を免じて庶人とし、……奴婢が多数おれば、戸を継がせることができるのは、一人だけである。）〔簡号三八二〕【置後律】

とあり、欠字があって意味のとれない部分もあるが、律文の趣旨は、奴婢にも相続の権利を認めた点にある。もちろん相続する身内がない場合のことで、しかも身分を「庶人」に変更してである。律文中の「庶人」の語は、『二年律令』中にも複数みえ、『史記』・『漢書』中での用法もほぼ同様であるが、多く無爵の人を指す。有爵者の最下位「公士」よりも下で、社会的位置付けは低い。ただ「庶人」になれば奴婢からは解放されたことになる。

この律文で、奴婢に戸を立てる権利がなかったことが明らかになる。換言すれば奴隷にさえ身分を変え相続権を認めている。妻が相続権を有するからと言って、妻への保護意識、社会的立場がさほど高かったとは言えない。相続には、身分相続や財産相続とあわせ、祖先（宗祧）の祭祀を継承するための祭祀相続としての役割が、強く意識されていた。相続を身分や財産に対する権益保護の観点からのみ捉えるべきではない。

別の『置後律』では、殉職者の爵位や戸の相続について、

□□□□為県官有為也、以其故死、若傷二旬中死、皆為死事者、令子男襲其爵、毋爵者、其後為公士、毋子男以女、毋女以父、毋父以母、毋母以男同産、毋男同産以女同産、毋女同産以妻、諸死事当置後、毋父母・妻子・同産者、以大父、毋大父以大母与同居数者。〔簡号三六九～三七一〕【置後律】

（公務のために死亡、または傷を負って二〇日以内に死亡した場合は、「死事者」＝殉職者として、子男に死亡した者の爵を継がせる。もし無爵者であれば、公士の爵に上げて継がせる。子男がいなければ子女に継がせる。〈以下爵の継承順位のみを記す〉↓父↓母↓男系同産↓女系同産↓妻。「死事」の場合、必ずその戸を相続する。父母・妻子・同産がいなければ大父に相続させる。大父がいなければ、大母や同一の戸籍に記載されている人々に相続させる。）

とある。この場合、爵の継承権は、夫が死亡した後、嗣子以下、両親、同産の後に妻の継承権が位置付けられていた。「子男↓子女↓父↓母↓男系同産↓女系同産↓妻」の順である。妻の爵継承順位は、限りなく低い。律文後段の戸の相続では、父母・妻子・同産・大父母・同居同戸籍者となっているが、嗣子である子男女が妻の後に記載されており、相続権の順位を記したものではない。続いて述べる戸の相続においても、妻の順位は、それほど上位に位置付けられてはいなかった。

それでも離縁されたり、夫が死亡すれば、妻自身が両親より相続し婚姻前から所持していた田宅を取り戻せたことは新たな発見である。この際、夫婦間に嗣子がいて妻が一方的に離縁されたらどうなるか。引用した律文中からは明らかでないが、この点に言及されていないことから、嗣子への分与よりも妻個人の財産回復の方が優先されたと思われる。当然である。女子の地位が、全て婚家に隷属するものでなかったことを明らかにしてくれる。

妻の相続権

先に引用した『二年律令』〔簡号三六九～三七一〕『置後律』では、爵の継承は、「子男↓子女↓父↓母↓男系同産↓女系同産↓妻」と、妻の順位は低かった。ただ次の『二年律令』『置後律』では、戸の相続について、

死母子男代戸、令父若母、毋父母令寡、毋寡令女、毋女令孫、毋孫令耳孫、毋耳孫令大父母、毋大父母令同産子代戸、同産子代戸、必同居数、棄妻子不得与後妻子争後。〔簡号三七九～三八〇〕【置後律】

（戸主が死亡し、戸主となるべき子男がいなければ、父か母、父母がいなければ寡＝後妻＝寡妻、寡がいなければ女、女がいなければ孫、孫がいなければ耳孫、耳孫がいなければ大父母、大父母がいなければ同産の子が戸主になる。同産とその子が戸主になる場合は、戸籍上同居している者に限られる。棄妻と棄妻の子は、後妻や後妻の子と戸主の座を争うことはできない。）

となっている。「嗣子（「子男」）↓父↓母↓妻（「寡」・「後妻」）↓娘（「女」）↓孫↓耳孫↓大父母↓同居同戸籍の同産↓

同居同戸籍の同産子」の順位であり、爵の継承に比べると、娘と同産の順位が下がり妻の順位が上がる。「代戸」（相続）が生じる以前の戸主は、子男＝嗣子の父であろう。相続権者は、子男がいなかったため、父→母→妻以下の順位になっているが、爵の継承が婚家の血族を優先するのに対して、戸の相続では、日常生活の実態が優先されていた。それでも妻の順位は、四位に下る。

さらに女性が婚家に入れば、『二年律令』『戸律』では、

為人妻者、不得為戸、民欲別為戸者、皆以八月戸時、非戸時勿許。　〔簡号三四五〕【戸律】

（妻である限り、戸を別に立てることはできない。それ以外の民で、戸を独立したい場合は、戸籍調査が行われる八月に受理する。この時期以外では戸を別に立てることを許可しない。）

とあり、「人妻」は戸を新たに立てることはできなかった。「人妻」の語は律文中に頻出するが、「寡妻（婦）」に対して使用される。この律文の規程は、夫が存命中に、妻が戸主となることを禁じたもので、戸が男性を上位とする仕組みになっていたことを意味する。同時にこの律文では、戸籍上、分異・生分をはじめ新たに戸を届け出る時期が、「案比」・「案戸」とも呼ばれる「戸時」、毎年の戸籍調査が行われる八月（農作物収穫後の農閑期）に限定されていたと記載されている。戸籍制度についての新たな知見である。

同『戸律』にはまた、

孫為戸、与大父母居、養之不善、令孫且外居、令大父母居其室、食其田、使其奴婢、勿売買、孫死、其母而代為戸、令毋敢遂（逐）夫父母、及入贅、及道外取其子財。　〔簡号三三七〜三三九〕【戸律】

（孫が戸主になれば、祖父母も同じ家で一緒に暮らす。祖父母を大切にしない場合は、孫を家から出し、祖父母が住み慣れた家で暮らす。耕地や働き手の奴婢は、勝手に売買してはいけない。孫が死亡し、その母が戸主になった場合には、夫の父母や入り婿を家から追放したり、不当に子の財産を取り込んだりしてはいけない。）

ともある。孫の死後、相続権者になっている「母」とは誰から見た母であろうか。律文の最後には、「入贅」（入り婿）や「其子」が見える。「大父母」・「夫父母」・「夫」・「其母」・「入贅」・「其子」・「孫」の家族関係で、「大父母」は孫との関係である。孫がおれば、孫の両親がいたはずで、その両親の片方が入り婿であろう。そうなると孫の母親が律文中、どの語かが問題になる。「其母」を孫の母とすると、「其母」は、戸主となったとたんに自分の夫（入り婿）を追い出さないかと案じられている。律はある程度、一般化した事態を想定しているはずで、戸主となった妻が、夫を家から追い出すことが律で想定されているのは不自然である。「其母」は、「夫父母」の「夫」の妻であり、孫の母親、「其子」と表記されている娘の「母」である可能性が大きい。孫の母が「其子」であったとすると、律文の戸は、大父母（「大父母」・「夫父母」）↓夫妻（妻は「其母」）↓娘夫妻（娘は「其子」・夫は「入贅」）↓孫との家族関係になる。

このため、考えられる律文（簡号三三七〜三三九）の構図は、夫亡き後、夫の両親や妻、娘ではなく孫が戸主になっていた。その後、戸主となった孫が死亡し、娘の母親が相続することになった、とのことになる。

その際、娘の生死は不明であるが、夫の両親は健在である。夫の両親と妻との相続順位は、前掲『二年律令』（簡号三六九〜三七一）『置後律』の爵の継承、同（簡号三七九〜三八〇）『置後律』の戸の相続において、「嗣子男女↓夫の両親↓妻」あるいは「嗣子↓夫の両親↓妻↓娘↓孫↓大父母」とあり、夫の両親（「大父母」・「夫父母」）の方が妻（「其母」）より上位相続権者である。また孫と娘との順位では、娘に優先的相続権がある。それにも拘わらず、夫の両親や妻、娘を越えて、孫に相続を優先させていることは、孫の父が入り婿であったが故のことかも知れない。孫の死後では、娘の母より孫の嗣子や娘に相続権が優先されるが、ここでは祖母が相続している。孫の嗣子や娘は、孫が死亡した時点で存在していなかった（娘は死亡、孫は未婚）か、娘が相続を辞退したためと思われる。

以上を相続順位のみで整理すると、夫の死後は、「夫」↓「夫父母」↓「其母」（妻）↓「其子」（娘）↓「孫」。孫の死後は、「孫」↓「其子」（母親）↓「其母」（祖母）↓「大父母」（曾祖父母）となるべきが、実態では、「夫」↓「夫父母」→「其母」→「其子」→「孫」において、「夫父母」→「其母」→「其子」の相続関係が不明で、孫の死後は、「孫」→「其母」となる。

ここでは【戸律】〔簡号三三七～三三九〕の「入贅」を入り婿で、「其母」の娘の夫と解したが、「入贅」を家族構成から切り離し、「其母」が戸主になった場合、贅子（養子）を取ってはいけないの意味に取ると、家族構成は、「大父母」・「其母」・「孫（其母の子）」となる。この場合も、戸の相続は、「孫」よりも「大父母」・「其母」の順序が先になる。「大父母」に相続する上での何らかの問題があったとしても、「其母」は「孫」の死後、相続者に比定されており、なぜ「其母」より「孫」の相続が優先していたかに問題が残る。

ただ寡婦の戸の相続については、先に『置後律』〔簡号三七九～三八〇〕を引用したが、『置後律』にはまた、

寡為戸後、予田宅、比子為後者爵、其不当為戸後、而欲為戸以受殺田宅、許以庶人予田宅、毋子、其夫、夫…毋子、其夫而代為戸。夫同産及子有与同居数者、令毋貿売田宅及入贅。其出為人妻若死、令以次代戸。
〔簡号三八六～三八七〕【置後律】

（寡婦が戸を相続した場合、授与される田宅は、子が相続した場合の爵位に相当する面積とする。有爵の戸を相続する資格がなく、戸を相続することになった場合、授与される田宅の面積は、減らされて庶人に与えられる面積とする。子とその夫がなく……、子とその夫がなく、代わって寡婦となった妻が戸主になった場合、夫の同産や戸を独立していない同産の子は、寡婦が相続した戸に対して、田宅の売買に関与したり、贅子を迎えさせたりしてはいけない。寡婦が婚家を出て、他家の人妻となったり、死亡した場合は、寡婦に次ぐ資格の相続人が戸を相続する。）

が見える。この寡婦は、有爵者の戸を相続する場合で、妻が亡夫の爵を相続する順位は、『置後律』〔簡号三六九～三七〇〕に、「子男→子女→父→母→男系同産→女系同産→妻」とある。しかし妻が亡夫の戸を相続する順位は、『置後律』〔簡号三七九～三八〇〕に、「子男→父→母→妻」とあって、寡婦となった妻が、戸を相続しても、即爵の相続には繋が

らない場合が生じる。この場合、この【置後律】〔簡号三八六〜三八七〕では、爵を相続できない寡婦に授与される田宅は、【戸律】〔簡号三一二〕の「庶人各一頃」と【戸律】〔簡号三一六〕の「庶人一宅」の規定が適用されるとなっている。

併せて【置後律】〔簡号三八六〜三八七〕には、亡夫の同産関係者が、寡婦の相続した戸の田宅の売買に口を挟んだり、「入贅」に関係したりしてはいけないとの規定が見える。この「入贅」は、亡夫の同産関係者が、寡婦に対して贅子を迎えることを強要してはいけないの義であろう。亡夫の同産関係者が、意中の人物を贅子として送り込み、戸の相続を私物化することを畏れての規定であって、寡婦が、相続した戸において将来に亘り贅子を迎えることを禁止した規定ではなかったと思われる。

戸の将来設計は、戸主である寡婦の裁量に委ねられるべきものである。亡夫の同産等他家からの介入が排除されていることは理に適った対応である。このことからすると、『戸律』〔簡号三三七〜三三九〕の、「令毋敢遂〔逐〕夫父母、及入贅」と見える「入贅」についても、戸主となった「其母」が、戸を相続した後、将来に亘って養子を迎えることを禁止する規定と理解する必要はないと思われる。このため『戸律』〔簡号三三七〜三三九〕の「入贅」に関わる規定は、夫の両親と共に入り婿を家から追い出すことを禁止するの義と理解した。

『二年律令』『戸律』では、

寡夫寡婦、毋子及同居、若有子、子年未盈十四、及寡子年未盈十八、及夫妻皆瘁〔癃〕病、及老年七十以上、毋異其子、今毋它子、欲令帰戸入養、許之。〔簡号三四二〜三四三〕【戸律】

（寡夫や寡婦で子や同居者がいない。子がいても一四歳未満である。両親が死亡し資産も全くないような孤児で一八歳未満である。夫婦共に障害者である。年齢が七〇歳を越えていて、戸を独立した子や、他に頼って行く子もいない。このような場合、独立した戸を棄てて養＝養子・養老等を願い出れば、これを許す。）

ともあり、夫の両親がもし七〇歳を過ぎていれば、戸主になること自体問題になる。『二年律令』『戸律』〔簡号三三七～三三九〕に見える家族関係、舅姑の年齢や孫が相続するにいたった事情等は定かでないが、孫の後を「其母」〔孫の祖母〕が継いでいることから、相続の順位で相続資格がある「其母」が、夫の死後、孫にこれを譲っていたことだけは間違いない。相続権の運用には、かかる裁量が相続権者に委ねられていたことになる。

いずれにしても、娘の母が孫の相続人になっている訳であるが、その律文では、夫家の両親や入り婿を追い出したり、家財を自分勝手に扱ったりしてはいけない、と態々言及されている。年老いた夫の両親への配慮は肯けるが、律文にまでかかる事情を盛り込む徹底さは、妻に対する不信感そのものである。孫とは違い長年生活を共にした嫁である。例え嫁姑の問題があるにしても、ここまでもと言う気はする。妻の婚家における地位の低さは、この妻への不信感に起因する側面が大きい。

ここで再び、夫婦間の暴力沙汰に帰ると、女性がひと度婚家に入れば、妻の立場は弱かった。夫の一方的暴力にたいして、国家からの保護は講じられていなかった。もちろん張家山の『二年律令』は、一官吏の私的な副葬品に過ぎない。このため張家山の『二年律令』のみでもって、一概に呂后『二年律令』の全容を云々することは危険である。それでも婚姻後の妻の位置付けを知るにつけ、呂后『二年律令』そのものに、夫から妻に対する一方的な暴力行為を抑止する条文は、存在していなかったのではなかろうか。

四　妻への離縁と分異

棄妻

前掲『二年律令』〔簡号三八四〕の『置後律』に見えるような、夫から一方的に離縁された、すなわち「棄妻」の事例だけではなく、漢代には、妻の方から夫を離別する場合も存在する（劉増貴『漢代婚姻制度』華世出版社、一九八〇、頁二四）。睡虎地秦律（『睡虎地秦墓竹簡』文物出版社、一九七八年版、頁二二三）にも、「棄妻」史料の他に、

女子甲、去夫亡、男子乙亦闌亡、相夫婦、甲非告請（情）。　〔簡号五三七〕【法律答問】

（女性甲が、許しなく夫から逃げました。男性の乙も不法に本籍地を離れ、甲乙は夫婦になりました。女性は自分の事情を男性に話していませんでした。）

甲取（娶）人亡妻、以為妻、不智亡、有子焉。　〔簡号五三八〕【法律答問】

（甲は、許しなく逃げた人妻を妻にしました。不法逃亡者であることを知らず、子供もあります。）

等、妻が夫から逃亡した事例も見えているが、これは不法行為である。妻が合法的に夫から離別するためには、女性側に自立するだけの家庭的後ろ盾や財力も必要となる。張家山『二年律令』においては、「棄妻」の事例（簡号三八〇・三八一・三八四）しか見えない。

そしてこの棄妻された女性は、前掲の『二年律令』『置後律』に、

棄妻子不得与後妻子争後。　〔簡号三八〇〕【置後律】

（棄妻と棄妻の子は、後妻や後妻の子と戸主の座を争うことはできない。）

とあり、婚家との権利関係が、その実子（母親と共に生家を出た子供）にいたるまで全て剝奪されていた。『二年律令』『置後律』には、断簡であるが、

後妻毋子男為後、乃以棄妻[子]。[男]　〔簡号三八一〕【置後律】

（後妻に子男がなく、相続をすることになった場合、離婚した元の妻の子男は、……）

と後妻の相続については、さらに別の条文も用意されていた。ここでは「後妻」が「毋子男」の場合、自らが相続人になっている。棄妻やその子供との関連がありそうだが、詳細は不明である。律文中に見える「妻子」については、

妻だけの義もあるが、『二年律令』では、妻は「妻」・「婦」と記載されており、「妻子」は妻とその子であったと思われる。

『置後律』にはまた、同産の相続について、

同産相為後、先以同居、毋同居乃以不同居、皆先以長者、其或異母、雖長、先以同母者。〔簡号三七八〕【置後律】

（同産は、全て相続者になれるが、同居している同産が優先される。同産で同居している者がいなければ、同居していない者を相続者とする。同居不同居共に、年齢の高い者を優先する。異母がいる場合の同産は、年齢の高下ではなく、同母如何が優先される。）

とある。同産の相続では、同居者が優先され、年齢の上下はこれに次ぐ。母を異にする同産の相続は、生母毎に順位（同腹同産は年齢差）付けられる。律文中の「同母」は、同母と年齢差とが共存しており、妻妾等の場合であろう。いずれにしても異母子が、同産として相続権を認められていることは、母親が離縁されても、子が生家に残れば、『二年律令』〔簡号三七九〜三八〇〕『置後律』の「棄妻子」の場合とは、相続上の扱いが異なってくる。

同産の相続権では、「同居」如何が優先していた。この同産と「同居」如何との関係は、いわゆる「分異」の問題と関わる。

分異―胥浦出土の遺言書

江蘇儀徴胥浦一〇一前漢墓（揚州博物館「江蘇儀徴胥浦一〇一西漢墓」、陳平・王勤金「儀徴胥浦一〇一西漢墓《先令券書》初探」『文物』一九八七年一期）から、「高都里朱君」で書き出される「衣物券（遣冊）」木牘や「賻贈記録」木觚等の文字史料と共に『先令券書』が出土した。「先令」とは遺言であるが、これには、

元始五年九月壬申朔辛丑、高都里朱夌［廬］居新安里、甚接其死、故請県、郷三老、都郷有秩、左（佐）、里陌（師）、田譚等為先令券書、夌自言、有三父、子男女六人、皆不同父、［欲？］子各知其父家次、子女以君、子真、子方、僊君、父為朱孫、弟公文、父呉衰近君、女弟弱君、父曲阿病長賓、嫗言、公文年十五去家、自出為姓、遂居外、未嘗持一銭来帰、嫗予子真、子方自為産業、子女僊君、弱君等貧無産業、五年四月十日、嫗以稲田一処桑田二処、分予弱君、波田一処分予僊君、于至十二月、公文傷人為徒、貧無産業、于十二月十一日、僊君、弱君各帰田于嫗、譲予公文、嫗即受田、以田分予公文、稲田二処桑田二処、田界易如故、公文不得移売田予他人、時任知者、里陌（師）、伍人譚等及親属孔聚、田文、満真、先令券書明白、可以従事。

（前漢平帝元始五年九月壬申朔辛丑日＝西暦五年九月一〇日に、高都里に本貫のある朱夌が、新安里にて死期が迫り、県吏や郷の三老、都郷の有秩や佐、里吏、隣組の田譚等に依頼し、遺言書を作成した。夌は、「六人の子供達には三人の父親がおり、それぞれ父を異にしています。子供達には、父親が誰であるかを知らせなければと思います。娘の以君・子真・子方・僊君の父は朱孫です。年下の男の子である公文の父は呉の衰近君です。妹の弱君の父は曲阿の病長賓です」と言いました。母親は、「公文は一五歳で自分で家を出、「為姓」＝戸籍をつくり、その地で独立しました。これまで一銭のお金を家に入れたこともありません。私は、子真と子方に自立して生計が立ち行くようにいたしました。娘の僊君と弱君とは貧しく生計の道を持っていません。五年四月一〇日に、私は、稲田一区画と桑田二区画を弱君に分け与え、陂田一区画を僊君に分け与えました。一二月までであります。公文が人に傷害を与え、徒刑を受け服役しておりますが、貧しく生計の道がありません。一二月一一日には、僊君と弱君とが田を私に帰しにくることになっています。公文に譲るためで、娘から田を受け取れば、その田を公文に与えます。稲田二区画と桑田二区画です。田の界易＝境界は、元のままです。公文には田の境界を動かしたり田を売却して他の人に渡したりしてはいけないと言ってあります」と話しました。遺言作成の立会人である、里吏と伍人の譚等、並びに親族の孔聚、田文、満真が、遺言書を確認した。相違ありません。）

と、異父子同産に対する遺言が記載されている。この中で、妟は、子供達（子女は以君・儒君・弱君、子男は子真・子方・公文の六人。朱妟については、これを子男女六人中に含める説がある。そうなると同産中の嗣子妟が戸主、嫗は戸主の母親となる。朱妟を子男女六人中に含めなければ、朱妟は後父で子供がいなかったことになる）の各父親への認知を述べるに止める。死を目前にしての遺言であったためかも知れないが、稲田・桑田・陂田（波＝陂は人工池であるが、田字が付く。稲田とは区別される。養魚用か）の子男女への分与や返還（「予田」・「受田」・「帰田」）、金銭の授受如何等、具体的な財産管理は、戸主の妻または母親である「嫗」が当事者として説明し、県郷里の吏や伍人、親族が立ち会い、遺言の確認を行っている。朱家の同産には、複雑な家庭事情が存在していた。このため敢えてかかる遺言書を必要とした。それにしても戸主の妻または母親に当たる「嫗」が、財産管理の当事者となっている点は面白い。『先令券書』の相続（遺贈）で、関係し合う子供達の父親は、三父とあるが、母親については言及がない。子男女六人は「嫗」の同腹の子であったと思われる。

この三度ないし四度の婚姻歴を持つ「嫗」が、朱家の家財に対し一定の裁量権を持っていた。事情は定かでない。婚家での妻の地位の低さからして、戸主の妻または母親の立場にある「嫗」が、相続での公的手続きにおいて、裁量権が認められている事実は、通常の相続手続きの姿とも思われ難い。あるいは「嫗」が、婚姻の際これら農地を所持していて、朱家の資産への関わりで、特別の権限を保有していたとすれば貴重な例証となる。離婚歴の多さとも併せ、妻（女性）の地位を理解する上で影響を持つ。

妻固有の田宅について、『二年律令』『置後律』では、

寡為戸後、予田宅、（略）其出為人妻若死、令以次代戸。（簡号三八六～三八七）【置後律】

（寡＝未亡人になって相続人となれば、田宅が与えられる……未亡人が再婚したり死亡すれば、婚家の相続権の序列に従って戸主を変更する。）

とあり、夫が他界し、残された妻が戸主となることによっても田宅への管理権が生じている。ただ「媼」は、遺言の当事者（戸主）ではない。そして夫から寡婦が相続しても、婚家を離れる（再婚等）と、その田宅は婚家の新たな相続人の管理下に入れられたに違いない。

この遺言書の作成に、県以下の地方役職者や隣組（連坐範囲）代表・親族等が関係していたことも、貴重な発見である。相続が律令、戸主の遺言に則り実施されるものであったことを物語る。『二年律令』『戸律』では、この遺言（「先令」）による財産の分与について、

民欲先令相分田宅・奴婢・財物、郷部嗇夫身聴其令、皆参辨券書之、輒上如戸籍、有争者、以券書従事、毋券書、勿聴。　〔簡号三三四〜三三五〕【戸律】

（人々が、田宅・奴婢・財物の分与を先令＝遺言しておきたいと希望すれば、県吏である郷部嗇夫がその遺言を聴取し、関係者＝遺言者、郷部嗇夫、県の戸籍書類保管者で参辨券＝三分割し合うための簡牘に、遺言内容を記載し、戸籍編成の手続きと同様に上申しなさい。分与で紛争が生じたら、関係者間で三分割し合った券書＝簡牘の記載通りにし、券書がなければ取り上げてはいけない。）

とあり、遺言書は、県吏（郷部嗇夫）が立会いの労を取って「参辨券」（睡虎地『金布律』「嗇夫即以其直（値）銭分負官長及吏、而人与参辨巻」・龍崗秦簡「□于禁苑中者、吏与参辨券□」（一二）（五三）と見える）の形式で作成、保管され、田宅等の分与の際の証拠とされた。

その際、戸主から見た財産分与対象者として、同『戸律』では、

民大父母・父母・子・孫・同産・同産子、欲相分予奴婢、馬牛羊、它財物者、皆許之、輒為定籍。
〔簡号三三七〕【戸律】

（民の祖父母・両親・嗣子・孫・嗣子の兄弟姉妹・同産の子が、同意の上で、奴婢や・馬牛羊・その他の財物を分与したいと

思えば、これを許し、確定した内容を記載した文書を作成する。)

とあり、祖父母・両親・嗣子・孫・嗣子の同産(兄弟姉妹)・同産の子が例示されているが、この例示される財産分与対象者の中に妻はいない。

『先令券書』ではまた、稲田・桑田・陂田と称される耕地が「売田」の対象となっていた。家産に対する私権との関わりにも関連する。同時に、戸主朱㚖が死亡する前に、公文が「年十五去家、自出為姓、遂居外」と、自立(分異・生分)し一五歳で戸を独立していたことも、戸の分化を考える上で重要である。

公文は、遺言作成の時点では、傷害事件を起こし、徒刑に服していて、資産もなかったため、放っておくわけにもいかず、母親が娘二人に分与していた稲田・桑田を帰してもらい、今後、分異した公文に分与することになっていたことが、遺言に明記されている。公文は、母親が「未嘗持一銭来帰」と非難めいたことを述べていることから、問題児であったかも知れないが、親ばかを通している点は、時代を越え親としての悲しい性である。

複雑な家庭であるだけに、母親の苦労も人一倍大変であったと思われる。ただ成人した男子が戸主の庇護から離れ、戸籍を独立させる、いわゆる「分異」の習自体は、家庭の複雑さとは関係ない。当時、すでに一般化していた。

この遺言書では、律で定められた通常の相続権(相続順位)にまでは立ち入らず、遺言を必要とする分異によって立てられた戸への財産分与と、それにいたる経緯に限定されている。公文自身、「出為姓」と戸主になっていた。この戸主は一五歳に過ぎないが、算賦や力役が課せられる年齢(共に一五〜五六歳)には達していた。前述『戸律』(簡号三四二)にあるような、「養」の対象となる年齢(一四歳)も越えていた。朱家には多少の資産があり、貧困のみの分異とも言い切れない。このように分異の年齢や家庭環境が具体的に確認できる史料は稀である。

家庭に入った女性が、婚家でどれほど幸せな一生を送れたか。これは律文外の要素が大きい。『二年律令』における女性の権益保護を評価する考えもある(『光明日報』二〇〇二年一一月五日掲載、高凱「《二年律令》与漢代女性権益保護」

は、短文であるが、『二年律令』を「渉及保護女性権益的成文法」と評価)。これを否定することもないが、律文の世界で、戸の相続や爵の継承が認められていても、その順位は低い。戸の相続は、奴婢にまで拡大されていた。夫婦間、妻と婚家親族との間の不祥事では、妻への締め付けが戦国末に比べ強化さえされている。妻固有の資産が、離縁された後、自己の資産として回復されているからと言って、律文が、女性の権益保護を認めていたと評価する点にも違和感がある。時代的制約を無視するわけではないが、婚姻前の妻の資産が、婚姻の際に夫の資産に吸収されること自体、女性、妻への権利の侵害である。『二年律令』に、女性の権益保護を謳うほどの画期性はない。ただ先にふれた溺女への心配には、社会環境の未整備、無知や貧困の故が少なくない。この無知や貧困による社会のゆがみは、女性にだけ向けられるものでもなかった。

五　木を見て森を見ず

林と森

「木を見て森を見ず」の諺は、英語圏からの訳語（森は「wood」の訳）である。近年次々と出土する戦国秦漢三国時の法律関係史料は、唐令さえ散佚した今日、確かに注目され、精力的に研究が進められること自体、慶ぶべき事柄である。

しかし里耶秦簡・走馬楼呉簡等、未だその全容が明らかでない簡牘も少なくない。同時に、出土する律令は、断片に類する。新出土律令の研究が、「木を見て森を見ず」の例えに陥らないとも限らない。

「森」まででなくとも、せめて「林」程度でもと願わなくもないが、その「森」字自体、時代を遡ると、案外、使用頻度は少ない。古代中国人による接点は、多く「林」までで尽きていた。森字にあやかる意味で、中国古代における森字使用の変遷について言及する。

最近、森林が題名にくる書物を見ると衝動買いしたくなり、以前購入したままになっていた同類の書物も引っ張り出したりし、斜め読みするようになった。山家育ちとは言え、森林の話にそれほど強い郷愁を感じている訳でもないが、更めて中身を拾い読みすると、森林の荒廃を嘆く言葉に多く出会わす。

文字遊びの誹りを免れないかも知れないが、森までもがと嘆きたくなる。戒めとして「木を見て森を見ず」の諺が思い浮かんだ際、気になっていた中国人と「森」字との関わりが蘇ってきた。（清）顧藹吉『隷辨』や佐野光一『木簡字典』（雄山閣出版、一九九一、二版）、陳建貢・徐敏『簡牘帛書字典』（上海書画出版社、一九九一）、湯余恵『戦国文字編』（福建人民出版社、二〇〇一）等では林はあるが森字は出てこない。遡る文字で容庚『金文編』（中華書局、一九八五）を見ても、林はあるが森字はない。金文簡牘類で森字が確認できないから、森字の出現は林よりも遅れるかと言うと、中国科学院考古研究所編『甲骨文編』（中華書局、一九六五）には、林と並んで数は少ないが森字も収録（林字は一三字形、森は二字形）されている。

中国人が、甲骨文の時代から林とは別に、森の景観を意識していたことは事実である。それでは何故、金文簡牘類に森の字が余り使用されていないかである（「余り」と表現したのは、引用した簡牘字書で、居延・武威・睡虎地・銀雀山・馬王堆等の簡牘文字はほぼカバーできているが、曾侯乙墓・睡虎地・包山の検字書類、あるいは郭若愚『戦国楚簡文字編』上海書画出版社、一九九四、滕壬生『楚系簡帛文字編』湖北教育出版社、一九九五等、手近にある工具書を見ても森字はない。ただ甲骨文にある限り金文簡牘文字中に森字がないとは言い切れない）が、日常生活において、林の景観と分けて樹木が生育する別の景観、森字を必要としなかったがためではなかろうか。

二四、五年前になる。政府奨学金で本務校（中央大学理工学部）に在籍していた中国人留学生と、家内の提案で奥多摩の二千メートルほどの雲取山に登ったことがある。私自身は登山など好きではなかったが、あるいは留学生が山の緑を喜んでくれるかなとも思い誘ってみた。付き合ってくれ頂上で昼食をとった際、その留学生は、日本人は何故登山を喜ぶのですか。私たちは山はどちらかと言えば怖い感じがあり、余り登山などはしませんと呟いた。私も敬遠したい方で意気投合した。

中国古代の地理書として、三世紀頃の『水経』に注を施した（北魏）酈道元『水経注』は、多くの地名が楊守敬によって（清）胡林翼『大清一統輿図（大清輿地図）』（一八六三成る）上に落とされている。可能な限りの現実性が追求されていた結果である。

これに対して同じ地理書でも、戦国時代から漢代にかけて成立した『山海経』は、非中国を描く海経は別として、中国を対象とした山経の場合にあっても、中国古代の原始的な山岳思想を色濃くとどめ、後世、荒唐無稽な妖怪・快神を列挙する多様な山海経図を生み出して行くことになる。

水経と山経とに対する視点の相違は、古代中国人の生活実感そのものを反映していたはずである。山に対する恐怖心、あるいは畏敬の念も、登山を共にした留学生に限ったことではないのかも知れない。

森の字は、（後漢）許慎の『説文解字』には見えているが、一八、一五一字と『説文解字』のほぼ二倍の文字数を収める（三国魏）張揖の『広雅』では、森字はない（両字書とも林字は収録）。諸橋轍次『大漢和辞典』も、「森」字の出典は、『方言』・『蒼頡訓纂篇』等の字書で知られる前漢末揚雄「甘泉賦」を遡らない。『説文解字』には「林、平土有叢木、曰林、従二木」・「森、木多皃（貌）、従林従木」とあり、字形の通り林よりは森の方が、鬱蒼と多くの樹木が覆い茂った様である。山奥に不気味さを抱く中国人留学生の意見が、中国人の意識をどれだけ代弁するものかは分からないが、金文簡牘時代の人々も、案外、林と接する程度の生活で満ち足りていたのではなかろうか。

甲骨文の世界では、林だけでなく森（甲骨文の「森」の字義も『説文解字』と同じ。于省吾『甲骨文字詁林』中華書局、一九九六）にも接していた。殷代の人々が、生活の中で森の存在を意識する。林だけに限定できない事情が存在していたものと思われる。甲骨に記載された文字であり、一般住民の生活をどれほど反映していたかは注意しなければならないが、狩への比重が森字の背景の一つにあったことは否定できない。

それでは、何故金文簡牘の時代において、森が人々の意識から遠のいたかであるが、おそらく日々の生活の中で、行動様式に変化が生じたためと思われる。多くの人々にとって、農耕技術の進歩もあり、禽獣や盗賊への危険を冒してまで、森の領域に出かける必要は少なくなったと思われる（王や皇帝による典礼としての狩猟を別とすれば、狩猟を題材とする詩歌は、『詩経』では十余首を数えるが、秦代以降減少し、漢魏から南朝斉梁にかけ純粋な狩猟詩は一首もない。これを農業文明発展の必然的結果とする。北朝から唐代にかけ、娯楽的傾向を持つ狩猟詩が中興する。李炳海「民族融合与中国古代狩猟詩的中興」『東北師大学報』哲学社会科学版、一九九六年五期）。

森からの別れは、人々の生活様式の変化、向上とも繋がる。中国広播電視出版社から刊行されている正史の一字索引『史記索引』・『漢書索引』・『後漢書索引』・『三国志索引』（本文のみ。注は除外）で確認してみると、劉宋（志は晋）時に降る『後漢書』を除くと森字は皆無である。念のために中央研究院の「漢籍全文資料庫」で『史記』・『漢書』・『三国志』の一字検索（注文まで検索可能）を試みてみると、森字は『漢書』の（東晋）郭璞と（唐）顔師古の注文、『三国志』の（東晋）孫盛の注文に各一個所見えるだけである（十三経の経文中にも森字は無い）。

後代に編纂が降る『後漢書』・『晋書』ではもとより、南北朝の正史においては森字は頻出する。この時代に降ると、人々が林と認識していた木々が乱伐され、否応なしに森に直面せざるを得なかったためかも知れない。あるいは宗教（道教）的必要性において、新たな景観が求められたことも考えられなくはない。いずれにしても森の景観が、南北朝以降、人々の意識に強く入り込んでくるようになったことは間違いない。森と林の文字の変遷は、単なる文字遊びの次元を越え、殷周秦漢南北朝にかけての人々の生活様式と深く結び付いていたはずである。

律文と時代相

本稿では、主として漢律を用いて、妻の婚家での地位を考えた。その際、このような迫り方が、「木を見て森を見ず」に陥る危険性はないかと案じた。『隋書』経籍志の「刑法」の項に、「春秋伝曰、在九刑不忘、然則刑書之作久矣、蓋蔵于官府、懼人之知争端而軽於犯、肆情越法、刑罰僭濫、至秦、重之以加虐、先王之正刑滅矣、漢初蕭何定九章律、其後漸更増、令甲已下、盈溢架蔵」とあり、先秦時の法典は、人々が法典の網の目を潜り抜けようとするような不埒者が出かねないからと官府に秘蔵されていたと記載されている。また前漢武帝時を遡る知識人と律令との関わりを確認してみると、多くは申不害・商鞅・韓非等々法家刑名の学を身につけ（張毆・河南太守呉公・賈誼・鼂錯・韓安国等）、実定法である漢律との関わりに言及する事例は前漢後半以降、後漢に降る。

武帝元狩五（前一一八）年をさほど降らない時期に埋葬された、山東銀雀山漢墓から出土した『守法等十三篇』の場合も、『守法』・『王法』等の軍法令の他に、『庫法』・『市法』・『田法』等、実定法に近い篇名を含みながら、その内容は、多く『墨子』・『管子』・『尉繚子』等、先秦諸子の典籍に依拠する法制研究書に過ぎなかった。『二年律令』が出土した今、銀雀山漢墓の『守法等十三篇』が、漢代の実定法と乖離していたことが明らかとなる。

戦国末から前漢初期にかけて、睡虎地秦律、張家山漢律のような詳細な律令が整備されながら、何故秦漢の律令が表だって知識人に受け入れられなかったのであろうか。秦漢時の律令が、版本史料で欠落している事実は、諸国の法を集大成したとされる戦国魏の李悝『法経』が、未だ霧（闇とまでは言えない）に包まれている事情とも一致している。

律令の整備が、王や皇帝の令を経るにしても、現実は実務行政官僚のマニュアルとして整備され、法家刑名の学のように、知識人の関心を強く引くことは少なかった。このことが、戦国秦前漢期にかけて、律令が版本史料の表舞台に華々しく出にくかった所以ではなかろうか。後漢の「律三家」のような風潮を待つには、しばらく時間がかかったと言わざるを得ない（拙稿「中国古代の法典編纂について」『アジアに於ける法と国家』中央大学出版部、二〇〇〇、本書

【総論】）。

「以吏為師」は、吏が実務マニュアルに通じ、律令の運用者であったことを意味するに止まり、特別高い社会的位置づけを現わす四字句でもなかった。

このように律令形成期の律令に対して、政治の中枢にあるべき知識層の人々が、未だ必ずしもその重要性を認識し得ない、あるいは回避する中で、文字も読めない多くの無辜の住民が、果たしてどれほど『二年律令』に関心を持ち、これを理解し得たであろうか。

版本史料が、前漢高祖の『法三章』を称える時期に、睡虎地秦律から『二年律令』にかけては、妻への規制強化が進行していた。文字史料が抱える皮肉さである。『二年律令』等、新出土戦国秦漢の律令をもって、即国家による地域社会、最末端の家庭内にいたるまでの支配強化を主張するようなことはなかろうが、律令研究は、ややもすると皮相な時代観に繋がりかねない。戦国秦漢律令の落し穴である。

撃壌歌

（晋）皇甫謐の『帝王世紀』に見える、帝堯の「作楽大章」に仮託した、

百姓無事、有五［八・九］十老人、撃壌於道、（略）老人曰、吾日出而作、日入而息、鑿井而飲、耕田而食、帝何力於我哉。

（人々は何の心配事もない。五［八、九］〇歳になった老人も、田んぼの縁で、大地を杖で突きながら、「お日様が出れば畑の手入れ、お日様が沈めば家の中で横になる。土地を穿てば冷たい水にもありつける。大地が下さる作物のお蔭で食べるものにも事欠かない。天子様にご厄介をお掛けするようなこともない」と呟くように歌う。）

との世界（『芸文類聚』。引用書により字句が異なる。撃壌には遊戯の意味もある）を、全てとするわけではない。もちろん

心休まる「撃壌歌」であるが、律令の新出土史料だけで、素直に喜び切れない複雑な思いも残る。「木を見て森を見ず」を更めて自らの戒めとしたい。

第七章　漢代の治獄——廷尉平と直指繡衣使者

はじめに

漢代の治獄（裁判、司法と行政とが比較的一体化されていた。治獄は逮捕から刑の執行までのすべてが含まれる）制度は、県——郡国——廷尉——皇帝の四審制が基本となっていた。

この治獄体制は、漢代を通じて大きく変化することはなかった。ただこの間にあっても、前漢武帝時を境にしての隆刑峻法、酷吏衆多の現象は、この治獄をめぐる司法行政の上で、少なからざる影響が認められ得る。

このため本稿では、その一端として廷尉平と直指繡衣使者との新設を確認し、これが背景となる漢代における司法の展開についても、稿を改めたい(補注)と考えている。

一　廷尉平

廷尉平

『漢書』百官公卿表上によると、廷尉平は、

廷尉秦官、掌刑辟、有正・左右監、秩皆千石、景帝中六年、更名大理、武帝建元四年、後為廷尉、宣帝地節三年、初置左右平、秩皆六百石、哀帝元寿二年、復為大理、王莽改曰作士。

とあって、廷尉（二千石）の属官で、廷尉左右平、秩六百石として、宣帝地節三（前六七）年に新設された。『漢書』宣帝紀、地節三年の条には、

十二月、初置廷尉平四人、秩六百石。

とあり、その定員は四人であった。

これに対して『続漢書』百官志には、

廷尉卿一人、中二千石、本注曰、掌平獄奏当所応、凡郡国讞疑罪、皆処当以報、正・左監各一人、左平一人、六百石、本注曰、掌平決詔獄、右属廷尉、本注曰、孝武帝以下、置中都官獄二十六所、各令長名、世祖中興皆省、唯廷尉及雒陽有詔獄。

とあり、後漢においては、廷尉平は左平一人に定員が減少されていて、南朝梁の劉昭の注によれば、

前漢有左右監・平、世祖省右、而猶曰左。

と見え、後漢の光武帝が、廷尉右平を省いたためという。そして廷尉左平の職掌は、ただ詔獄のみを担当することになっている。

官職の沿革を比較的詳細に伝える『宋書』百官志には、

廷尉一人、丞一人、掌刑辟、凡獄必質之朝廷、与衆共之義、兵獄同刑、故曰廷尉、舜摂帝位、咎繇作士、即其任也、周時、大司寇為秋官、掌邦刑、秦為廷尉、漢景帝中六年、更名大理、武帝建元四年、復為廷尉、哀帝元寿二年、復為大理、漢東京初、復為廷尉、廷尉正一人、廷尉監一人、正・監並秦官、本有左右監、漢光武省右、猶云左監、魏晋以来、直云監、廷尉評一人、漢宣帝地節三年、初置左右評、漢光武省右、猶云左評、魏晋以来直云

評、正・監・評、並以下官礼敬廷尉卿、（略）評六百石、廷尉律博士一人、魏武初建魏国、置。

とあり、廷尉平を「廷尉評」に統一して記し、廷尉の名称の由来と共に、「廷尉律博士」が新たに設けられたことをも伝えている。

「律博士」設置の時期は、魏武すなわち曹操時となっているが、『三国志』魏志衛覬伝では、

明帝即位、（略）覬奏曰、九章之律、自古所伝、断定刑罪、其意微妙、百里長吏、皆宜如律、刑法者、国家之所貴重、而私議之所軽賤、獄吏者、百姓之所県命、而選用者之所卑下、王政之弊、未必不由此也、請置律博士、転相教授、事遂施行。

と、魏の明帝の即位後、衛覬が上疏し施行されたことになっている。

『通典』職官諸卿上、大理卿の条には、

評事、漢宣帝地節三年、初於廷尉置左右平、員四人、（三輔決録注云、何比干、漢武帝為廷尉右平、謬矣）、後漢光武省右平、唯有左平一人、掌平決詔獄、冠法冠、魏晋以来無左右、而直謂之廷尉評、後魏北斉及隋、廷尉評各一人、開皇三年罷、至煬帝、乃置評事四十八人、掌与司直同、其後官廃、大唐貞観二十二年、褚遂良議重法官、復奏置評事十員、掌出使推覆、後加二人為十二員。

とあり、廷尉平が、「廷尉評」として置廃を繰り返しながら唐代まで引き継がれて行く事情の他に、廷尉平の「法冠」についてもふれるところがある。

この「法冠」については、『続漢書』輿服志に、

法冠、一曰柱後、高五寸、以纚為展筩、鉄柱巻、執法者服之、侍御史、廷尉正・監・平也、或謂之獬豸冠、獬豸神羊、能別曲直、楚王常獲之、故以為冠、胡広説曰、春秋左氏伝、有南冠而縶者、則楚冠也、秦滅楚、以其君服、賜執法、近臣・御史、服之。

とあり、元来、楚俗に源するもののようで、是非曲直を神判する神羊、「獬豸《かいち》」に由来するという。獬豸は、劉昭の注によれば、

異物志曰、東北荒中、有獣名獬豸、一角、性忠、見人闘則觸不直者、聞人論、則咋不正者、楚執法者所服也。

とあり、一角獣で、『淮南子』主術訓に、

楚文王好服獬冠、楚国効之。

と見える「獬冠」に対する高誘注には、

獬廌之冠、如今御史冠。

ともあり、また「獬廌《かいたい》」にも通じるようである。

いわゆる法の古字、灋字にも含まれている廌獣、すなわち『説文解字』にいう、

廌、解廌獣也、似牛一角、古者決訟、令觸不直者。

とも一致し、法官の服装としてそれ相応に意義付けられている。

以上によれば、廷尉左右平が、前漢の宣帝地節三年に定員四名で新設されたが、後漢に入ると廷尉左平一人に減じられ、その職掌は、廷尉府及び雒陽にあった詔獄を担当することになっている。

前漢時代の廷尉平の役割については、後述するところであるが、『漢旧儀』の伝えるところによれば、これら廷尉平はまた、

選廷尉正・監・平、案章取明律令、(略)皆試守、小冠、満歳為真。

あるいは、

廷尉正・監・平、物故、以御史高第補之。

とあって、「明律令」者が当てられていて、欠員があれば御史台よりこれの補充が行われていた。

京師諸府の獄

廷尉の職掌は、刑辟、治獄を掌る。この点、同じく律令を運用し、監察と関わりを持つ御史台であるが、「掌副丞相」（『漢書』百官公卿表上）に位置付けられる御史大夫とは当然職務を異にする。

前漢時代の御史大夫は、いわゆる三公の一として、監察とは切り離された存在となっていた。そして肝心の監察権は、御史大夫の属官である御史中丞が専管していた。後漢において御史大夫が、司空となって独立すると、御史台は、この御史中丞が統轄し、侍御史・治書侍御史などを属官として、引き続き監察の任を果たすことになる(1)が、これもまた、監察権に限定されるものである。

また同じく律令に関わり、不法者を取り締る官府として、中尉（執金吾）府が、

掌徼循京師。（『漢書』百官公卿表上）

あるいは、

掌宮外戒司非常水火之事、月三繞行宮外、及主兵器、吾猶禦也。（『続漢書』百官志）

と存在するのであるが、これも御史台同様、治獄を専管するわけではなかった。

しかし『漢旧儀』によれば、

（少府・光禄勳・執金吾・衛尉）四官、奉宿衛、各領其属、断其獄。

とあり、中尉はもとより少府・光禄勳・衛尉にも断獄、すなわち治獄を事とする部署が存在していたとする。

これに類することは、さらに典客（大鴻臚）にあっても、『漢書』百官公卿表上に引かれる如淳注に、その属官として、

漢儀注、別火、獄令官、主治改火之事。

と、「獄令」の官が見えている（獄は未決囚を拘置）。
　このことは、中央官府の場合、後宮を含む宮殿の護衛に当たる少府や郎中令（光禄勳）、京師の警備に当たる中尉、城門の衛兵を司る衛尉のみではなく、さらにその他の官府にあっても、自己の管轄内での断獄を独自で行うことが可能であったことになるが、通常時においては、限定された所轄内での断獄であったと見なすべきではなかろうか。
　沈家本は、これら中央諸官府の獄として、少府に若盧・考工・居室・永巷・[左右司空]、宗正（宗伯）に都司空（左右都司空）[2]・内官、典客に別火・郡邸、中府に寺互・都船、水衡都尉に水司空（上林詔獄）、詹事に家令、掖廷に暴室、さらには長安市の東市獄（京兆尹）・西市獄（左馮翊）、中塁校尉の北軍獄などの官獄を捜集し、これをいわゆる「長安中都（諸）官獄二（三）十六所」（『続漢書』百官志、『漢書』宣帝紀注所引『漢儀注』）に当てている[3]。

三公曹尚書の沿革

　『漢書』成帝紀、建始四（前二九）年の条に見える、

　　初置尚書員五人。

に対する顔師古注に引かれる、後漢衛宏の『漢旧儀』によれば、

　　尚書四人為四曹、常侍尚書、主丞相御史事、二千石尚書、主刺史二千石事、戸曹尚書、主庶人上書事、主客尚書、主外国事、成帝置五人、有三公曹、主断獄事。

とあり、尚書員の一人に三公曹が、前漢の成帝時に新設され、「断獄」を主ったとのことである。『漢書』百官公卿表上によれば、少府の属官である尚書について、

　　成帝建始四年、（略）初置尚書員五人、有四丞。

と、また本紀と同様に尚書員五人の存在を伝えているが、『続漢書』百官志には、

尚書六人、六百石、本注曰、成帝初置尚書四人、分為四曹、常侍曹尚書、主公卿事、二千石曹尚書、主郡国二千石事、民曹尚書、主凡吏上書事、客曹尚書、主外国夷狄事、世祖承遵、後分二千石曹、又分客曹為南主客曹・北主客曹、凡六曹。

とあって、これら諸曹の内訳を列記しているものの、ここには三公曹の存在が伝えられてはいない。

それでも、『後漢書』光武帝紀上、更始二（二四）年の条に引かれる後漢応劭の『漢官儀』には、

尚書四員、武帝置、成帝加一為五、有侍曹尚書、主丞相御史事、二千石尚書、主刺史二千石事、戸曹尚書、主人庶上書事、主客尚書、主外国四夷事、成帝加三公尚書、主断獄事。

とあり、『漢旧儀』同様、断獄を専掌する三公（曹）尚書が成帝時に設けられたことになっていて、『後漢書』陳忠伝にも、後漢安帝時に、

司徒劉愷、挙忠明習法律、宜備機密、於是擢拝尚書、使居三公曹。

とあり、李賢注には、

成帝、置五尚書、三公曹尚書、主知断獄也。

とあって、同じく成帝時の三公曹尚書新設が確認されることになっている。

このため『続漢書』百官志が、なぜ三公（曹）尚書を脱したかが問題となるが、『晋書』職官志によれば、

至成帝建始四年、罷中書宦者、又置尚書五人、一人為僕射、而四人分為四曹、通掌図書秘記章奏之事、各有其任、其一曰常侍曹、主丞相御史公卿事、其二曰二千石曹、主刺史郡国事、其三曰民曹、主吏民上書事、其四曰主客曹、主外国夷狄事、後成帝又置三公曹、主断獄、是為五曹。

とあり、『通典』職官尚書省にもまた、

成帝建始四年、罷中書宦者、置尚書五人、一人為僕射、四人分為四曹。

とあって、いずれも成帝建始四年の尚書員五人は、尚書僕射を含むとする。とくに『晋書』職官志の場合は、三公曹尚書の創置を同じ成帝時ながら、四曹創置よりはさらに時期が遅れるとの解釈をとっている。

この元帝時、唐代の編纂に係る『晋書』・『通典』を遡る、南朝斉、沈約の『宋書』百官志にはまた、

漢成帝建始四年、初置尚書員四人、増丞亦為四人、曹尚書其一曰常侍曹、主公卿事、其二曰二千石曹、主郡国二千石事、其三曰民曹、主吏民上書事、其四曰客曹、主外国夷狄事、光武分二千石曹為二、又分客曹為南主客曹・北主客曹、改常侍曹為吏曹、凡六尚書、減二丞、唯置左右二丞而已。

とあって、未だ『続漢書』百官志の記述を踏襲することになっている。

このことは、⑴『漢官儀』が伝えるように、尚書四員・四曹が、すでに武帝時に置かれていた（『漢旧儀』も時期を明記しないが、成帝時以前に四曹の設置を認める）か、それとも『漢官儀』以外の諸文献が伝えるように、尚書諸曹の設置は成帝時に下るものであったか、また⑵成帝建始四年に創置された一員は、尚書僕射であって（『晋書』職官志・『通典』）、三公曹尚書は、成帝時ではあるものの尚書僕射よりは遅れて置かれた（『晋書』職官志）ものか。それとも成帝時の尚書改革では、三公曹尚書の設置が一度行われただけ（『漢旧儀』・『漢官儀』）なのか、などで理解に相違が見られるだけではなく、さらに⑶成帝時に新置された尚書の員数でも、これが一人であった（『漢旧儀』・『漢官儀』）か、四人であった（建始四年置、『続漢書』百官志・『宋書』百官志）か、それとも五人であった（五人共に建始四年置。『漢書』成帝紀・『漢書』百官公卿表上・『通典』）か、さらには最初四人で遅れて一人置かれたものであった（四人は建始四年置。『晋書』職官志、）か、などにおいても対立が見られる。[4]

このような伝文の混乱について、『漢書』百官公卿表上に見える、

僕射、秦官、自侍中・尚書・博士・郎、皆有。

に従えば、先ず尚書僕射については、尚書はいうまでもないが、僕射もまたこれは秦官を継承したものとなっていて、

これを成帝時に創設された官号と理解する必要はない。王先謙（『漢書補注』）も、尚書僕射の事例として、

案元帝時、石顕為尚書僕射。

と、すでに成帝に先立つ元帝時に、尚書僕射が存在したことを指摘している。

この元帝時、石顕の場合は、『漢書』佞幸石顕伝によれば、

以選為中尚書、宣帝時、任中書官、（略）顕為僕射。

とあり、宦者として中尚書のことを掌らせ、宣帝時に中書僕射となったものである。中書は尚書と同じく少府の属官であるが、『続漢書』百官志によれば、

尚書令、（略）武帝用宦者、更為中書謁者令。

とあり、『漢書』佞幸石顕伝にも、

以為尚書百官之本、国家枢機、（略）故用宦者、非古制也、宜罷中書宦者。

とあって、武帝以降、尚書のことを中書の宦者が掌握していた。『漢書』蓋寛饒伝には、宣帝時のことであるが、中書と尚書とが一体化していたためか、『漢書』佞幸石顕伝と同様に、

上方用刑法、信任中尚書宦者。

と、「中尚書」の称が見えている。このため王先謙が中書僕射を尚書僕射の事例と見なしたことも強ち否定しきれないことになる（『漢書』佞幸石顕伝には元帝時に、「中書僕射牢梁」とある）。

尚書僕射の事例としてはまた、成帝時になってであるが、『漢書』孔光伝に、

成帝初即位、（略）光以高第為尚書、観故事品式、数歳明習漢制及法令、上甚信任之、転為僕射・尚書令、（略）後為光禄勲。

とあり、孔光が任じられている（『漢書』百官公卿表下によれば、孔光は成帝永始二年に光禄勲となっている）。『漢書』百官

公卿表下には、成帝元延三年に、

尚書僕射超亡〔玄〕少平、為光禄勲。

とあって、尚書僕射超玄の事例が見えている。

さらには成帝時以降、

哀帝擢為尚書僕射。（『漢書』鄭崇伝）

尚書僕射成公敞。（『漢書』孔光伝、哀帝時）

尚書僕射唐林。（『漢書』孫宝伝、哀帝時）

尚書僕射宗伯鳳。（『漢書』王嘉伝、哀帝時）

等と、比較的頻出する尚書僕射であってみれば、『晋書』職官志や『通典』が、成帝建始四年初置の尚書員に僕射を数えることも、あるいはかかる事情が反映していたのかも知れないが、この点については、なお検討の余地が残されている。

そして肝心の三公曹尚書についても、これに関わる具体的事例は、わずかに前掲の後漢、陳忠の場合を見る程度であるが、前漢時代の事情は別にするとしても、『続漢書』百官志・『宋書』百官志が、この陳忠の事例に照らしても、三公（曹）尚書の名を脱漏していることは明らかである。

尚書諸曹についてのこれら錯綜する諸文献については、これを充分に整合する決め手が見当たらないが、本稿で問題となる三公曹尚書については、これが成帝時に新たに設けられた尚書の一曹であったとの事実だけは、後掲の別表に整理したごとく比較的諸史料に明記されており、これを信じてもよいのではと考える(5)。

『晋書』職官志には、この三公曹尚書の推移について、さらに、

後漢光武、以三公曹主歳尽考課諸州郡事、改常侍曹為吏部曹、主選挙祠祀事、民曹主繕修功作塩池園苑事、客曹

主護駕羌胡朝賀事、二千石曹主辞訟事、中都官曹主水火盗賊事、合為六曹、并令僕二人、謂之八座、尚書雖有曹名、不以為号、霊帝以侍中梁鴻為選部尚書、於比始見曹名。

とあり、後漢の光武帝が、三公曹の職掌を「考課諸州郡事」に変更したことが見え、『宋書』百官志にも、応劭の『漢官儀』を引いて、

応劭漢官云、尚書令、左丞、総領綱紀、無所不統、僕射、右丞、掌稟仮銭穀、三公尚書二人、掌天下歳尽集課、吏曹掌選挙斎祀、二千石曹掌水火盗賊詞訟罪法、客曹掌羌胡朝会、法駕出、護駕、民曹掌繕治功作塩池苑囿、吏曹任要、多得超遷。

とあり、後漢の三公（曹）尚書が二人に増員される一方で、その職掌が同じく「集課」（官吏の銓衡・評価）に変更されている。

もちろんこの『宋書』百官志に引かれる『漢官儀』の記事は、光武帝による六尚書の制を説明する形で引用され、この記事の後には、

則漢末曹名及職司、又与光武時異也。

との記述があり、後漢時の尚書組織を叙したものであったと思われる。

また『続漢書』百官志の劉昭注に引かれる後漢蔡質の『漢儀』（『漢官典職儀式』）には、

蔡質漢儀曰、典天下歳尽集課事、三公尚書二人、典三公文書、吏曹尚書、典選挙斎祀、属三公曹、霊帝末、梁鵠為選部尚書、［常侍曹尚書］主常侍黄門御史事、世祖改曰吏曹、［二千曹尚書］掌中都官水火盗賊辞訟罪眚、［民曹尚書］典繕治功作監《塩》池苑囿盗賊事、［南北主客曹］天子出猟駕御府曹郎属之。

とあって、「典天下歳尽集課事」は、この記事のすぐ前に、

漢旧儀曰、初置五曹、有三公曹、主断獄。

があり、おそらくこの『漢旧儀』の三公曹の職掌に続くものと思われ、ここでの三公（曹）尚書は、さらに三公府の文書をも掌っている。

この蔡質の『漢儀』の記事は、諸曹の職掌からして後漢、光武帝時の改制を経た後の伝文であったと思われる。そうするとこれらは、後漢の光武帝時の尚書諸曹の改革を境に、断獄を専掌していた前漢時代の三公曹尚書が、その職掌を変更され、断獄ではなく州郡の考課や三公府の文書事務などに関わる官職へと変更されたことになる。

後漢の二千石曹尚書

この光武帝時の尚書の改制においては、また新たに二千石曹尚書の職掌に、

中都官水火盗賊辞訟罪法事。（蔡質『漢儀』）

が見えている。二千石曹尚書は、それまで「刺史二千石事」に関わっていたが、改制の後は、管轄範囲が中都（京師）へと縮小され、任務も具体的で、またそれだけに限定されることになっている。

このため三公曹尚書の職掌が、二千石曹尚書に移し変えられた観もあるが、二千石曹尚書の辞訟は、これまた中都官（中都全域か、尚書府のみか不明）に限定されたものである。そして尚書諸曹は、この光武帝の改制によって、職掌の変更だけではなく、それぞれの序列にも、それまで各文献共通して、

常侍尚書―二千石尚書―戸曹（民曹）尚書―主客尚書、三公曹尚書。

との順で記載されていたものが、光武改制後は、

三公（曹）尚書―吏曹―民曹―南主客曹―北主客曹―二千石尚書。

あるいは、

三公（曹）尚書―吏曹―二千石曹―客曹―民曹。

と変更を見ることになっている（別表参照）。

【別表】 表中の①②……は、史料における官名の記載順序。『晋書』職官志の中都官曹は、『漢官典職儀式』では二千石曹の職掌の一となっているため、本表では二千石曹の欄に併記する。『晋書』職官志は、客曹を二分せず二千石曹を二分したものであろう。

常侍尚書 （丞相御史事）	二千石尚書 （刺史二千石事）	戸（民）曹尚書 （庶人（民）上書事）	主客尚書 （外国事）	〈成帝置〉 三公曹 （断獄事）	『漢旧儀』 四人四曹→（成帝）五人
侍曹尚書 （丞相御史事）	二千石尚書 （刺史二千石事）	戸曹尚書 （人庶上書事）	主客尚書 （外国四夷事）	〈成帝加〉 三公尚書 （断獄事）	『漢官儀』 （武帝）四員→（成帝）五員
②吏曹 （選挙・斎祀）	③二千石曹 （水火盗賊詞訟罪法）	⑤民曹 （繕治功作塩池苑囿）	④客曹 （羌胡朝会法駕出護駕）	①三公尚書二人 （天下歳尽集課）	光武改制
〔常侍曹尚書〕 （常侍黄門御史事） （世祖改） 吏曹 （選挙斎祀、属三公）	〔二千石曹〕 （中都官水火盗賊辞訟罪眚）	民曹尚書 （繕治功作監池苑囿盗賊事）	南北主客曹 （天子出猟駕御府曹郎属之）	〔三公曹〕 （天下歳尽集課事） 三公尚書二人 （三公文書）	『漢官典職儀式』 ＊〈霊帝〉 選部尚書
常侍曹尚書 （公卿事）	二千石曹尚書 （郡国二千石事） 〈世祖〉 分二千石曹	民曹尚書 （凡吏上書事）	客曹尚書 （外国夷狄事） 〈世祖〉 南・北主客曹		『続漢書』百官志 （成帝）四人四曹 光武改制、六曹
常侍曹 （丞相御史公卿事）	二千石曹 （刺史郡国事）	民曹 （吏民上書事）	主客曹 （外国夷狄事）	〈後成帝又置〉 三公曹	『晋書』職官志 （成帝建始四年）五人、含僕射、四曹

↓（後成帝）五曹					（断獄）
光武改制、六曹 ＊〈霊帝〉 選部尚書	②吏部曹 （選挙祠祀事）	⑤二千石曹 （辞訟事） ⑥中都官曹 （水火盗賊事）	③民曹 （繕修功作塩池園苑事）	④客曹 （護駕羌胡朝賀事）	①三公曹 （歳尽考課諸州郡事）
『宋書』百官志 （成帝建始四年）員四人	常侍曹 （公卿事）	二千石曹 （郡国二千石事）	民曹 （吏民上書事）	客曹 （外国夷狄事）	
光武改制、六尚書	吏曹	分二千石曹為二		南・北主各曹	

三公辞曹・決曹と三公曹尚書の断獄

後漢の二千石曹尚書が、辞訟に関わったとしても、これは中都官に限定されたものと考えた。これに対し三公曹尚書は、光武帝時に、断獄事から諸州郡の考課へと大きく変更されたが、この三公曹尚書の職掌の変更と関連して注目されることは、『続漢書』百官志の太尉公の条に、その「諸曹掾史属二十四人」の内訳として、

西曹主府史署用、東曹主二千石長吏遷除及軍吏、戸曹主民戸祠祀農桑、奏曹主奏議事、辞曹主辞訟事、法曹主郵駅科程事、尉曹主卒徒転運事、賊曹主盗賊事、決曹主罪法事、兵曹主兵事、金曹主貨幣塩鉄事、倉曹主倉穀、黄閣主簿録省衆事。

が伝えられ、この中に「辞訟」を主る辞曹、「罪法」を主る決曹が見えていることである。

この太尉府諸曹の組織は、『続漢書』百官志の場合、太尉に続く司徒・司空の掾属が省略されているものの、『後漢書』陳寵伝に、陳寵が、

（司徒）昱高其能、転為辞曹、掌天下獄訟、其所平決、無不厭服衆心。

と司徒辞曹になったことが見えている。さらに李賢注によれば、

続漢志曰、三公掾属二十四人、有辞曹、主訟事。

とあって、三公の掾属数を一律に二十四人としている点は問題であるが、太尉諸曹の組織を三公、すなわち太尉・司徒・司空共通の機構と見なしている点は従うべきである。

三公の制は、『通典』職官歴代官制要略の宰相の条に、

成帝改御史大夫為［大］司空、与大司馬・丞相是為三公、皆宰相也。

とあり、『漢書』成帝紀によれば、綏和元（前八）年四月に、

益大司馬・大司空奉、如丞相。

と、大司馬（太尉）・大司空（御史大夫）の俸禄が、丞相と同等になったとのことである。

ただ如淳の注によれば、

律、丞相・大司馬・大将軍、奉銭月六万、御史大夫、奉月四万也。

とあり、「律」においては、大司馬と丞相とが俸禄を同じくし、御史大夫のみは、丞相や大司馬とは俸禄に差異が見られる時期もあったようである。王先謙（『漢書補注』）は、この点について、洪亮吉による、この律文を宣帝地節三年に大司馬の俸禄が減じられる以前で、武帝時の制であろうとの説を引用している。

『漢書』哀帝紀、元寿二（前一）年五月の条には、

正三公官、分職。

とあり、この時に三公（元寿二年に丞相を大司徒と改称）の職掌が、後漢の三公に近く、大司馬は兵事、大司徒は人民事、大司空は水土事と分担付けられた（「分職」）との考え（『資治通鑑』漢紀哀帝元寿二年の胡三省注）も見え、あるいは三公の組織の等質化が、すでに前漢末から進行していたということになるのかも知れない。

後漢における三公は、『後漢書』陳忠伝に、後漢の安帝時のこととして、

漢典旧事、丞相所請、靡有不聴、今之三公、雖当其名、而無其実、選挙詠賞、一由尚書、尚書見任、重於三公、陵遅以来其漸久矣。

とあり、三公の形骸化が述べられている。『後漢書』仲長統伝によれば、この形骸化は、

（昌言法誡篇）光武皇帝慍数世之失権、忿彊臣之竊命、矯枉過直、政不任下、雖置三公、事帰台閣。

と、すでに光武帝時に遡るとのことである。

この三公形骸化に伴い、代わって実権を掌握するのが、すでに知られているごとく尚書である。このことは前漢成帝時における、新たな三公制の成立と尚書諸曹の増員・充実とが相前後していることにおいて注目されるだけではなく、成帝時における尚書諸曹の増員に、三公曹尚書と三公を冠する曹名が含まれていたことも、また三公と尚書（台閣）との関わり、その後の展開・方向性を暗示させるものがある。

三公曹尚書は、光武帝時に機能が変更されている。この光武帝による尚書諸曹の改革は、

（常侍曹尚書）丞相御史公卿事→（吏曹尚書）選挙斎祀事。
（二千石曹尚書）刺史郡国二千石事→（二千石曹尚書）中都官水火盗賊辞訟事。
（戸曹・民曹尚書）吏民上書事→（民曹尚書）繕治功作塩池苑囿事。
（客曹尚書）外国夷狄事→（南北主客曹尚書）羌胡朝会天子出駕護駕事。
（三公曹尚書）断獄事→（三公尚書）天下歳尽考課諸州事。

と、改革後にあっては、比較的限定された分野で、それもまたそれだけに実務面での進出が認められるが、他の諸曹に比べ、三公（曹）尚書の場合は、吏曹と共に依然として国政全般に関与することになっていた。

三公（曹）尚書の職掌は考課であった。この三公（曹）尚書による考課について、後漢の三公もまた、『続漢書』百官志によれば、太尉は「四方兵事」、司徒は「四方民事」、司空は「四方水土」と管轄にそれぞれ相違は見られるもの

の、共通した職掌として、

功課、歳尽則奏其殿最、而行賞罰、凡郊祀之事、（略）凡国有大造大疑、則（太尉）与司徒司空、通而論之、国有過事、則与三公通諫争之。

と、功課（考課）・郊祀・大造大疑・諫争などに関わっていた。三公（曹）尚書の考課は、三公の職掌である功課とも一致する。尚書の組織に、三公を冠する部署が置かれていたこと自体注意すべきであるが、その職掌までもが、また一致することになっている。

考課は、その結果として「行賞罰」を伴うとしても、従来の三公曹尚書の任務であった、「断獄事」を専掌する場合とは、性格を少しく異にしたことはいうまでもない。後漢における三公と尚書との微妙な関係を予測させることにもなるが、一方、三公曹尚書が、これまで担っていた断獄の任務はとなると、『続漢書』百官志の三公の諸曹中にまた、

辞曹　主辞訟事

決曹　主罪法事

などの部署が確認されることになっている。そして考課については、これを直接に担当する部署は、三公府の諸曹中には明記されていない。

この三公（曹）尚書と三公府との関わりについて、三公（曹）尚書が、光武帝の尚書改革によって、考課や三公の文書事務など三公府との関係を深めて行くに伴い、それまで専掌していた断獄は、その設置時期は前漢末か光武帝時か明確でないものの、三公府に、別に辞曹や決曹などの専任官を見ることから、これら三公府諸曹との整合性のために、断獄の任務を三公（曹）尚書は回避したというべきかも知れない。

そうすると、これまで問題としてきた三公曹尚書の断獄事は、これを後漢においては確認できないことになる。(6) 同

時に、限られた期間ではあったが、前漢末に三公曹尚書が担当したと思われる断獄の任務は、これが背景としてまた、繁獄、治獄の増加があったためかも知れない。そして三公曹尚書の断獄は、三公の任務である「大疑」を担当した辞曹の場合と同様、治獄一般に常時関わることではなかろうか。

このように見てくると、三公曹尚書は、三公の称を冠するだけあって、前漢時代にも少なからず三公府と連動していたとの推論を否定しきれない。同時にまた、後漢になって、これまで見てきたように、三公曹尚書に恰も三公府の職務の一部を代行するがごとき側面が見られることは、あるいは先に問題とした『続漢書』百官志などが、尚書の組織として三公（曹）尚書の存在を脱漏するがごとき事態とも繋がりを持つかも知れない。

光武改制を契機に、三公曹尚書が、多くの文献で三公尚書と曹字を脱して記載され、またすでに見たごとく尚書諸曹中、第一位に列せられていることなども、これまた意味のあることかも知れない。

廷尉正・廷尉監

ここにおいて漢代を通じて、廷尉が治獄の中心となっていたことが、ほぼ確認できるが[7]、この廷尉府の構成において、廷尉の下には、前述した廷尉平のみでなく、廷尉正と廷尉監との両属官が置かれていた。そしてこの両属官の役割については、正史の志類に特段の記載を見出すことはできないが、これまでまま、廷尉正は決獄に携わり、廷尉監は逮捕を担当したとの指摘がなされてきた[8]。

そこでその根拠となる史料であるが、廷尉正については、

天子遣大鴻臚・丞相長吏・御史丞・廷尉正、雑治巨鹿詔獄、奏請逮捕去及后昭信。（『漢書』広川王去伝）

聞覇持法平、召以為廷尉正、数決疑獄、庭中称平。（『漢書』黄覇伝）

などで、廷尉監については、

上遣侍御史、廷尉監逮躬、撃雒陽詔獄。(『漢書』息夫躬伝)

上遣廷尉監与淮南中尉、逮捕太子。(『漢書』淮南王安伝)

などが指摘されている。

この廷尉府の両属官の職掌については、『漢書』宣帝紀の序語に、

曾孫(宣帝)雖在襁褓、猶坐収繫郡邸獄、而邴吉為廷尉監、治巫蠱於郡邸、憐曾孫之亡辜、使女徒復作淮陽趙徴卿、謂城胡組更乳養、(略)内謁者令郭穰、夜至郡邸獄、吉拒閉、使者不得入、曾孫頼吉得全。

と、廷尉監が巫蠱の乱に際して、治獄に当たったことが見えている。この廷尉監邴吉は、『漢書』邴吉伝によれば、

治律令、為魯獄史、(略)稍遷至廷尉右監、坐法失官、帰、為州従事、武帝末、巫蠱事起、吉以故廷尉監徴、詔治巫蠱郡邸獄。

とあり、かつて廷尉監であったが故に、巫蠱の乱後の治獄に当たり、再び廷尉監に復職させられた人物である。

郡邸獄とは、『漢書』宣帝紀の顔師古の注によれば、

拠漢旧儀、郡邸獄、治天下郡国上計者、属大鴻臚、此蓋巫蠱獄繁、収繫者衆、故曾孫寄在郡邸獄。

とあって、大鴻臚所轄であるが、巫蠱の乱は関係者が多数に上ったために、他機関の留置所に出向き、廷尉監が治獄を担当したもののようである。

『史記』酷吏張湯列伝(『漢書』張湯伝)でも、

奉事(疑獄)即讞、湯応謝、郷上意所便、必引正・監・掾・史賢者、曰、固為臣議、如上責臣、臣弗用、愚抵於此、(略)聞即奏事、上善之、曰、臣非知為此奏、乃正・監・掾・史某為之、其欲薦吏、揚人之善、蔽人之過・如此、所治、即上意所欲罪、予監・史(『漢書』、吏)深禍者、即上意所欲釈、与(『漢書』、予)監・史(『漢書』、吏)軽平者。

と、廷尉監が、廷尉・廷尉正・掾・史などと共に疑獄の上奏文の作成に当たる一方で、また治獄にも当たっていたが、この張湯伝の場合、とくに廷尉正が治獄の担当者から除かれている。

これに対して『漢書』何武伝には、

［何］武在見誣中、大理正檻車、徴武、武自殺。

とあって、誣告された何武の逮捕のために、大理（廷尉）正の檻車が赴いており、ここでは廷尉正が囚人護送車を備えていて、囚人の逮捕・護送に当たっていたことになる。

『漢書』広川王去伝の場合は、比較的詔獄の経緯が詳細に伝えられていて、

（宣帝）本始三年、①相・内史奏状、具言赦前所犯、②天子遣大鴻臚・丞相長史・御史丞・廷尉正、雑治鉅鹿詔獄、③奏請逮捕去及后昭信、④制曰、王后昭信、諸姫奴婢証者、皆下獄、辞服、⑤有司復請誅王、⑥制曰、与列侯・中二千石・二千石・博士議、議者皆以為去悖虐、（略）大悪仍重、当伏顕戮以示衆、⑦制曰、朕不忍致王於法、議其罰、⑧有司請廃勿王、与妻子徙上庸、⑨奏可。

となっているが、この場合、①国相・内史の奏状、告訟を受けての詔獄に際し、最終的には④⑦⑨と皇帝の意向が法に優先している。

皇帝の裁可が出るまで、決事案の奏上が繰り返されることは、詔獄以外の獄疑においても同様で、『漢書』児寛伝にも、

会廷尉時有疑奏、已再見卻矣、掾史莫知所為。

と見えている。

この詔獄ではまた、②大鴻臚・丞相長史・御史丞・廷尉正、さらには⑥列侯・中二千石・二千石・博士が治獄に関係していて、問題の②の廷尉正らの治獄にしても、これは先ず③の関係者の逮捕の手続きから始められている。この

ため治獄において、決獄と逮捕とをこれまでのように異なる担当者によるものとして、これを区別して論じることはあまり意味のないことかも知れない。

そして『史記』平準書（『漢書』食貨志下）によれば、

而楊可告緡徧天下、中家以上、大抵皆遇告、杜周治之、獄少反者、乃分遣御史・廷尉正・監、分曹往、即治郡国緡銭。

とあり、武帝時の告緡令に関わる不正申告事件を、廷尉府の正・監が御史台の官吏と共に現地に出張して「治」している。これは中家以上の家がほとんどその対象となったとのことで、地方の治獄に混乱が生じたための特例であろうが、この場合も御史関係者は、監察に分類されるとしても、廷尉正・廷尉監もまた共同で治獄に当たっていた。

この告緡令に関わる史料は、多少事実関係の詳細を欠くが、それでも前述したように、廷尉正と廷尉監との職掌を、決獄と検察・逮捕とに明確に区分することには少しく問題が残ると思われる。

そうすると、廷尉正と廷尉監とは、ともに秩六百石の廷尉府の属官として、廷尉の指揮の下で、治獄の諸般に当たっていたということになり、両者の間には、序列の上で正が上位、監が下位、程度の区分が存在したに過ぎなかった。そして廷尉の属官としては、さらに「廷尉史」・「奏讞掾」・「奏曹掾」・「文学卒史」・「従史」・「書佐」・「騎吏」などの吏名も見えており、[9]『続漢書』百官志注に引かれる『漢官』によれば、廷尉府の員吏は、

員吏百四十人、其十一人四科、十六人二百石廷史文学、十六人百石、十三人獄史、二十七人佐、二十六人騎吏、三十人仮佐、一人官医。

となっていた。この員吏百四十八人は、当時としては決して小さい組織ではなかった。[10]

それでも『漢書』杜周伝によれば、武帝時のこととして、

至周為廷尉、詔獄亦益多矣、二千石繫者、新故相因、不減百余人、郡吏太府挙之廷尉、一歳至千余章、章大者、

連逮証案数百、小者数十人、遠者数千里、近者数百里、会獄、（略）於是聞有逮証皆亡匿、獄久者、至更数赦十余歳、而相告言、大氐尽詆以不道、以上、廷尉及中都官、詔獄逮至六七万人、吏所増加、十有余万。

とあり、廷尉杜周の時、獄に繋がれた二千石の高官が、新旧合わせて百余人と、まさに劇獄の事態で、年間、郡や公府から送られてくる獄事は千余件に上った。

関係する証人は、一件につき数十人から数百人で、遠きは「数千里」の地からも上京することになる。このため証人が逃亡して、治獄が十余年に及ぶ場合もあった。それでも廷尉と中都官とで取り調べを受けた者は六、七万、吏の判断で追加された人数は十余万に及んだ。治獄繁多のほどが偲ばれよう。

廷尉平創治の背景

ついでは本節の最初で取り上げた廷尉平が、宣帝地節三年、建国後百三十余年を経た廷尉の組織に、なぜ新設されねばならなかったかを問題とする。

この点について『漢書』刑法志は、

廼下詔曰、間者吏用法、巧文寖深、是朕之不徳也、（略）今遣廷史、与郡鞠獄、任軽禄薄、其為置廷平、秩六百石、員四人、其務平之、以称朕意。

との宣帝の詔を掲げ、治獄の吏による法の運用に問題があったためとの事情を伝えている。

この宣帝の詔は、廷史路温舒による、

秦有十失、其一尚存、治獄之吏是也。（『漢書』刑法志・同路温舒伝）

との、治獄の吏に対する問題提起を受けてのことであったが、この詔に対して涿郡太守鄭昌は、『漢書』刑法志によれば、

今明主躬垂明聴、雖不置廷平、獄将自正、若開後嗣、不若刪定律令、律令一定、愚民知所避、姦吏無所弄矣、今不正其本、而置廷平、以理其末也、政衰聴怠、則廷平将招権而為乱首矣。

と、廷平（廷尉平）の創置を、「乱首」の兆しとして批判している。

『漢書』刑法志によれば、黄覇が「明察寛恕」をもって、宣帝時に廷尉平に任じられており、『漢書』馬宮伝によれば、馬宮もまた前漢末に「高潔」をもって廷尉平に任ぜられている。廷尉平選任の基準、方向性が確認できるが、この宣帝による詔とそれに対する鄭昌の上奏とには、また廷尉平をめぐる興味深い事実が胚胎していた。

その一つは、「廷史」すなわち廷尉史が、当時、郡に派遣され、「鞫獄」に当たっていることである。鞫獄とは、『漢書』刑法志に引かれる如淳注によれば、

以因辞、決獄事、為鞫、謂疑獄也。

とあり、李奇は、

鞫、窮也、獄事窮意也。

とし、顔師古は李奇に組みしている。鞫獄は、「獄事」に誤りがないことを最終確認する手続きであるが、廷尉史が郡に派遣され、この「鞫獄」に当たっている事実は、中央の廷史が郡関係者と共に決獄に不当がないよう公平を期したものと思われる。

廷尉平は、薄禄・下級の廷史が充分に役割を果たすことができないため、新たに六百石の官として廷史鞫獄の仕事を補完することが期待されていたが、廷尉府の官吏が郡に出向き治獄に関わることは、後述するように郡（国）県の治獄体制の上からすると少しく異例に属する。

なぜかかる異例を見るにいたったか、問題である。また廷尉平に先立ち、「今遣廷史、与郡鞫獄」（『漢書』刑法志）と廷史が郡の鞫獄に派遣されたのは、「今」と記載されるようにさほど以前から恒常的に行われていたことではなかっ

た。宣帝の廷尉平創置についての詔が出された当時と、さほど大きく隔らない時期と理解して大過ないと思われる。

ついでいま一つ注意すべきは、屋上屋を重ねる観のある廷尉平であるが、これが新たに設けられたことに対して、「律令一定」（『漢書』刑法志）の欠如が指摘されている。吏民共に法に対する理解が充分でない状況で、廷尉平が新設されても、廷尉平による権力の乱用を生みかねないとの危惧にも繋がる。

これに代わる「律令一定」、法整備への要請と並んで、「愚民知所避」（『漢書』刑法志）ともある。未だ当時人民への法の衆知がさほど浸透していなかったとのことをも意味する。そこでついでは、この廷尉平新設をめぐって伝えられる、当時の治獄、裁判制度の実態と法の整備とについて、少しく考えて見る必要がある。

同時にまた、この廷尉平が結局後漢においては、単に詔獄の担当者に限定され、その定員も四分の一に減少されるにいたった事実についても、以下の考察、直指繡衣使者の動向と関連しこれまた注意すべき事柄と考える。

二　郡県における治獄と直指繡衣使者

県・郡国・廷尉・皇帝の四審制

前漢時代の治獄制度は、『漢書』刑法志にその概要が伝えられている。それによると、

高皇帝七年、制詔御史、獄之疑者、吏或不敢決、有罪者久而不論、無罪者久繫不決、自今以来、県道官獄疑者、各讞所属二千石官、二千石官、以其罪名当報之、所不能決者、皆移廷尉、廷尉亦当報之、廷尉所不能決、謹具為奏、傅所当比律令以聞。

とあって、「獄之疑者」（判決のための法的根拠が確定していない裁判）(11)について、その審理、決事が、

県→郡国→廷尉→皇帝

と、必要に応じ順次遡って重ねられることになる[12]。

諸侯王国の場合は、『漢書』何武伝に、

(御史大夫司空何武)与丞相方進共奏言、往者諸侯王断獄治政、内史典獄事、相総綱紀輔王、中尉備盗賊、今王不断獄与政、中尉官罷、職幷内史、郡国守相委任、所以壱統信、安百姓也、今内史位卑而権重、威職相踰、不統尊者、難以為治、臣請相如太守、内史如都尉、以順尊卑之序、平軽重之権、制曰可。

とあり、哀帝時のことであるが、諸侯王は治獄の権なく、王国の政治は国相・内史に委任されていた。治獄の進め方もまた、郡の場合と変わるところはなかった。

ただそれにしてもこの記事によれば、「往者」は、王自身が内史の補佐を得て治獄の権を握っていたようである。このため「往者」についてであるが、『漢書』膠西于王端伝によれば、膠西国の場合、

相二千石至者、奉漢法以治、端輒求其罪、告之、亡罪者、詐薬殺之、(略)相二千石従王治、則漢縄以法、故膠西小国、而殺傷二千石甚衆。

とあり、呉楚七国の乱の年(景帝前三年、前一五四)に立てられた于王端が、暴戻で奸智に長けていて、中央から派遣された相が「漢法」を奉じて治獄に当たろうとしたが、王は自己の非を飾り、また治獄にも介入を行った。しかし中央は漢法を基準と判断したため、王の恣意を認めた二千石で、罪を受け殺傷されるものが甚だ多かったとのことである。

この場合、呉楚七国の乱を余り下らない時期に、すでに王国の治獄が中央派遣の国相に握られていたことが明らかである。先の『漢書』何武伝の記事に伝えられる、諸侯王が直接治獄に当たった「往者」とは、呉楚七国の乱を遡る事情をさしていたものと思われる。

ここにおいて、県郡、呉楚七国の乱後の王国、廷尉、皇帝が、共に統一的法規、漢律をもとに治獄機関としての機

能を果たし得るものであったことが明らかとなる。しかしこの場合、皇帝については、いわゆる詔獄のように治獄を独自に詔命した場合も含め、訊問などの事実審理に直接関わらなかったと思われることから、治獄の等質性には問題が残るかも知れないが、皇帝も獄疑についての裁量を行っており、ここでは治獄機関の一とし四審制の称を用いることとした。そしてこのような治獄の体制は、漢代を通じて基本的に大きく変化することはなかった。

ついでは、この県↓郡国↓廷尉↓皇帝による治獄が、どのような手順で行われたかであるが、廷尉と皇帝とについては、前節でその一端にふれたため、本節では、前漢時代の郡県を中心に概観することにする。

長安城内の虎穴—県の治獄

先ず県の治獄についての事例を掲げると、『漢書』尹賞伝には、

賞以三輔高第、選守長安令、得壱切便宜、従事、賞至、①修治長安獄、穿地方深各数丈、致令辟為郭、以大石覆其口、名為虎穴、②乃部戸曹掾史、与郷吏亭長里正父老伍人、雑挙長安中軽薄少年悪子、無市籍商販作務、而鮮衣凶服、被鎧扞、持刀兵者、悉籍記之、得数百人、③賞一朝会長安吏、車数百両、分行収捕、皆劾以為通行飲食羣盗、④賞親閲見十置一、其余尽以次内虎穴中、百人為輩、覆以大石、⑤数日壱発視、皆相枕籍死、便輿出瘞寺門桓東、楬著其姓名、⑥百日後、廼令死者家各自発取其尸、親属号哭、道路皆歔欷、長安中歌之曰、安所求子死、桓東少年場、生時諒不謹、枯骨後何葬、⑦賞所置、皆其魁宿、或故吏善家子、失計随軽黠、願自改者、財数十百人、皆貰其罪、詭令立功以自贖、⑧尽力有効者、因親用之、為爪牙、追捕甚精、甘耆姦悪、甚於凡吏、賞視事数月、盗賊止。

と見えている。この記事は、成帝の永始・元延年間（前一六～前九）の頃、長安城中が、

姦猾浸多、閭里少年、羣輩殺吏、受賕報仇、（略）城中薄暮塵起、剽劫行者、死傷横道。（『漢書』尹賞伝）

と、大きく治安が乱れていたことから、県の令長を経験し、「治劇」に秀でていた尹賞が、守長安県令に任じられ、長安城中の治安の回復に努めた際の事情を伝えたものである。

このため少しく荒治療の面もあるが、尹賞は①既存の獄舎を整備する一方、新たに「虎穴」と称される地下式の獄を穿ち、多数の拘置に備え、②県の役人の他に郷吏・亭長・里正・父老・伍人が協力して、数百人の被疑者リストの作成、「籍記」を行い、③県吏が一斉に逮捕し、④県令自身が取り調べに当たっている。

この④の時に、放免する者、無罪とすべき者が確定されているから、おそらく④において一応の審理、論罪が行われたと考えるべきであるかも知れない。そして有罪者は百人を単位に「虎穴」に収監されている。

これにより県としての論決は一応終了したわけであるが、尹賞の場合は、⑤「虎穴」の収監者に水や食事を与えず全員を獄死させている。しかしこのことで尹賞自身、何らの法的措置も受けていないようであるから、「虎穴」の収監者たちは、暴虐の限りを尽くしていたことでもあり、あるいは死罪に相当するとの論が下されていた可能性もある。ただ刑の執行は後述するように冬月を原則とする。この尹賞の場合は、収監を行った季節を明らかにすることはできないが、収監者に水や食事を与えず全員を獄死させる行為は、見せしめそのもので、正規の措置とは思えない。

ついで⑤「虎穴」での刑死者は、県の寺門の「桓」、すなわち標識の東に各人の名札を立てて埋葬し、⑥再審請求期間の百日[13]を過ぎた後に親族に引き渡された。埋葬場所は市中これを「少年場」（少年とは無頼漢）と称したという。

⑦尹賞が釈放した人々は、首魁・故吏・良家の子弟で自省した場合と、少しく恣意的であるが、⑧この釈放者のうちで、自贖に務めた者は、さらに「爪牙」として親用し、姦悪者の摘発に活用したという。

県の治獄と郡太守

この尹賞の治獄は、版本史料においては比較的数少ない県での治獄の具体的事例であるが、論告から刑の執行にい

たる間の事情が少しく特異である。『漢書』薛宣伝にはまた、薛宣が成帝の時、左馮翊になった際、

宣得郡中吏名罪名、輒召告其県長吏、使自行罰、暁曰、府所以不自発挙者、不欲代県治、奪賢令長名也。

と、管轄下の県での「行罰」、すなわち治獄については、県の令長の審理を先行させ、「不欲代県治」と郡が県に先行しないようにしたとのことである。このことは治獄における県と郡との前後関係を確認する上で参考になる。なお同伝にはまた、

池陽令挙廉吏獄掾王立、府未及召、聞立受囚家銭、宣責譲県、県案験獄掾、廼其妻独受繫者銭万六千、受之再宿、獄掾実不知、掾慙恐自殺。

と、郡府に昇任されることになった県の獄掾の妻が、囚人の家から多額の収賄を行っていたとのことが伝えられてもいる。獄掾が、県の令長の論罪に少なからざる影響力を持っていたことを物語る。

県の属吏（獄掾・獄史・辞曹・獄司空・賊曹・賊捕掾など）と治獄との関わりについては、郡の属吏（決曹・案獄仁怒掾・辞曹・賊曹・賊捕掾、あるいは門下督盗掾・門下賊曹）、さらには郷吏（游徼）、亭吏（亭長・亭佐・亭侯・求盗・亭父）とその獄犴の存在をも併せ、すでに厳耕望氏の研究がある。[14]

また『漢書』尹翁帰伝によれば、

翁帰、治東海明察、郡中吏民賢不肖、及姦邪罪名、尽知之、①県県各有記籍、自聴其政、有急名、則少緩之、吏民小解、輒披籍、県県取黠吏豪民、案致其罪、高至於死、②収取（罪）人、必於秋冬課吏大会中、及出行県、不以無事時、③其有所取也、以一警百、吏民皆服、恐懼、改行自新、（略）④以高第入守右扶風、満歳為真、選用廉平、疾姦吏、以為右職、接待以礼、好悪与同之、其負翁帰、罰亦必行、治如在東海故迹、姦邪罪名、亦県県有名籍、盗賊発其比伍中、翁帰輒召其県長吏、暁告以姦黠主名、教使用類推迹盗賊所過抵、類常如翁帰言、無有遺託、緩於小弱、急於豪彊。

とあり、宣帝時に尹翁帰が、東海太守に赴任した際のことであるが、①所轄の県の賢不肖、および姦邪者のリスト「記籍」を所持し、「自聴其政」、すなわち顔師古が、

師古曰、言決断諸県姦邪之事、不委令長。

と解するがごとく、県の治獄を俟たずして、郡太守自らが治獄に乗り出したとのことである。治獄において県廷を無視し、郡の治獄が先行した事例であるが、尹翁帰の場合は、②「秋冬課吏大会中」・「出行県」と、吏の考査時、または地方巡行の際に限られ、③「以一警百」と特例に属する。ただ尹翁帰は、この手法を、彼が首都右扶風に遷任された後も、④所轄の各県の犯罪者「名籍」を用意して、盗賊が発生すると、下級審に当たる県の長吏（令長丞尉）に姦黠者の首魁の動勢を的確に教示するなど、引き続き生かされている。

郡が所轄の県に強い影響力を持っていたことは、『漢書』咸宣伝の場合、咸宣が、

宣為左内史・其治米塩、事小大皆関其手、自部署県各曹宝物、官吏令丞、弗得擅揺、痛以重法縄之、居官数年、壱切為小治弁、然独宣以小至大、能自行之、難以為経。

と、武帝元封元年に、左内史と京師東部地域を所轄した際、管轄下の県の諸曹の宝物まで咸宣が管理し、令丞も勝手に動かすことができなかったという。

ただこの成宣の場合は、「難以為経」ともいわれているように、これを一般化して捉えることは、これまたできないことかも知れない。

陵県の治獄

県の治獄で注意すべきは、諸陵の県の場合である。『漢書』杜周伝には、杜周の孫の杜緩の事跡として、

拝為太常、治諸陵県、毎冬月封具獄日、常去酒省食、官属称其有恩（師古曰、獄案已具、当論決之、故封上）。

とあり、太常であった杜緩が、陵県の論決に関係していた。太常は宗廟の儀礼を司るため、『漢書』百官公卿表上にも、太常の条に、

諸陵県、皆属焉、（略）元帝永光元年、分諸陵邑、属三輔。

とあるごとく、元帝永光元（前四三）年にいたるまでは、陵県をも所轄していた。この間、陵県の治獄は、太常が所轄していたことになるが、陵県の決事を令長に代わって行ったものではなく、冬月、陵県秋審後の請讞を受け、その決事を「封」、密封して上奏したことを指すと思われる。陵県においては、県→郡国→廷尉→皇帝の再審手続きが、元帝永光元年までは、県→太常→皇帝となっていたことになる。

郡の治獄と爪牙

ついでは郡での治獄であるが、『史記』酷吏列伝（『漢書』酷吏王温舒伝）には、武帝時のこととして、

［王温舒］遷為河内太守、素居広平時、皆知河内豪姦之家、及往、以九月而至、①令郡県私馬五十匹、為駅、自河内至長安、②部吏如居広平時方略、③捕郡中豪猾、郡中豪猾相連坐千余家、④上書請大者至族、小者乃死、家尽没入償臧、⑤奏行不過二三日（『漢書』、二日）、得可、事論報、⑥至流血十余里、河内皆怪其奏、以為神速、尽十二月、⑦郡中毋声、毋敢夜行、野無犬吠之盗、其頗不得、失之旁郡国、黎来、会春、温舒頓足歎日、嗟乎、令冬月益展一月、足吾事矣。

と見えている。

王温舒は、亭長・廷尉史・郡都尉を歴任し、とくに治獄に優れ、郡太守にまで昇進した人物であるが、王温舒の河内郡での治獄は、九月に着任すると、先ず①河内郡（河南省沁陽県）から長安まで私設の駅伝体制を整えた。既存の駅伝の効率が悪かったがためであろう。河内郡から長安までの距離、約四五〇キロの間に、王温舒は五〇匹の「私馬」、

私的駅伝馬を用意していた。

ついでは②郡内での取り締り方法であるが、これは広川郡に在任中の、

択郡中豪敢、任（『漢書』、往）吏十余人、以為爪牙、皆把其陰重罪、而縦使督盗賊。（『史記』酷吏列伝、『漢書』酷吏王温舒伝）

のごとく、部吏に郡中の渠魁豪悪の吏を「爪牙」として重用し、地域の暗部を督察するのに効果を上げた。前掲尹賞の治県に共通するものがある。

『漢書』蓋寛饒伝にも、

寛饒為人剛直、高節、志在奉公、家貧、奉銭月数千、半以給吏民、為耳目言事者、身為司隷、子常歩行、自戍北辺。

とあり、蓋寛饒は、「爪牙」に類似する「耳目」者に私財を給し活用している。

この地域に精通した「耳目」・「爪牙」の活用は、王温舒の場合、③郡中の豪悪吏を多数逮捕し、④族刑・死刑、さらには家財の没収など、「獄疑」に関わる案件であろうが、中央（廷尉、皇帝）に裁可を仰いでいる。この時、⑤京師への往復には二日しかかからなかった。中央の裁可を得ると、直ちに「論報」、すなわち論決が行われ、⑥刑が執行された。この間、中央の裁可を得るのがあまりにも迅速で、人々はこれを「神速」と称し、不思議がったとのことである。

これでは助命のための裏工作も効を奏さなかったであろう。刑の執行は十二月で終了せざるを得なかった。⑦近隣の郡への逃亡者が、年内に逮捕できない場合、王温舒は冬月を一ヶ月延長することができればと残念がったという。

秋審

王温舒の執念もすさまじいが、ここでも刑の執行の時期が問題となっている。この点については、すでに『春秋左氏伝』襄公二六年に、

刑以秋冬。

と見え、これが漢代にも大筋踏襲されている。『後漢書』陳寵伝にも、

漢旧事、断獄報重（死刑）、常尽三冬之月、是時（『後漢書』章帝紀、元和二年七月）、帝（章帝）、始改用冬初十月而已、（『後漢書』魯恭伝、安帝以後は「大辟之刑、尽冬月乃断」）、（略）殷周断獄、不以三微、而化致康平、無有災害、自元和以前、皆用三冬、（略）秦為虐政、四時行刑、聖漢初興、改従簡易、蕭何草律、季秋論囚、倶避立春之月。

とあるように、後漢の章帝元和二（後八五）年以前は、季秋（九月）に論決し、冬三月（十月〜十二月）に死刑の執行を行った。

『漢書』張敞伝には、宣帝時のことであるが、

冬月已尽、延命乎、廼棄舜市、会立春、行冤獄使者出、舜家載尸、並編敞教、自言使者、使者奏敞賊殺不辜。

とあって、冬月を過ぎ立春になると、冤獄の調査のために、「冤獄使者」が地方に派遣され、冤獄があれば、これを奏上させていた。[15]

それでも『漢書』諸葛豊伝には、元帝時のことであるが、

豊、以春夏繋治人、在位多言其短。

とあり、非難を受けてはいるものの、司隷校尉であった諸葛豊の場合は、春夏にも「繋治」と治獄（刑の執行もか）が行われていたようである。

『漢書』李尋伝には、哀帝時にもまた、

間者、春三月治大獄、時賊陰立逆、恐歳小収。

と、春三月の治獄が見えている。
王温舒の場合も、「季秋論囚」については、これが厳格に守られていたかどうかは定かではないが、先に見た『漢書』王温舒伝の事例には、「論報」をめぐる手続が比較的詳記されている[16]。

郡の治獄と沈命法

ついで『漢書』厳延年伝に見える郡における治獄の事例であるが、これは厳延年が宣帝時に涿郡太守となった際のことである。郡掾の趙繡が、郡中の大姓高氏を取り調べ死罪に当たることを知りながら、高氏一族が、「寧負二千石、無負豪大家」と怖れられていたことより、趙繡は、

心内懼、即為両劾、欲先白其軽者、観延年意怒、廼出其重劾、延年已知其如此矣、趙掾至、果白其軽者、延年索懐中、得重劾、即収送獄、夜入、晨将至市、論殺之。

と、両劾をなさんとして発覚し、夜、獄に送られ、翌朝には棄市されたという。治獄に丸一日をかけることもなかった。郡太守の専断が際立つということになるかも知れない。

一方『漢書』于定国伝には、宣帝時に廷尉となった于定国の父、于公が郡の決曹として決獄に関わった際、

其（于定国）父于公、為県獄吏、郡決曹、決獄平、羅文法者、于公所決、皆不恨、郡中為之生立祠、号曰于公祠。

とあり、治獄も運用如何では、公平さの故であるが、生祠が造られるような場合も見られた。

この事例は、稀な事例と考えるべきであるかも知れないが、『漢書』咸宣伝によると、武帝時のことであるが、南陽郡に梅免・百政、楚に段（殷）中・杜少、斉に除勃、燕趙に監廬・范主などの盗賊がいて、

①大羣至数千人、擅自号、攻城邑、取庫兵、釈死罪、縛辱郡守・都尉、殺二千石、為檄告県、趨具食、②小羣以百数、掠鹵郷里者、不可称数。

と、①数千人規模の大群盗は、郡城を攻め、武器を取り、死刑囚を放ち、郡太守を殺し、県からは食糧を提供させ、②数百人程度の小群盗は、郷里などの小聚落を中心に掠奪を行った。このため武帝は、この危機に対処するために、

於是、作沈命法、曰羣盗起、不発覚、発覚而弗捕満品者、二千石以下至小吏主者、皆死。

と、「沈命法」を発し、盗賊の逮捕を促進するために地方官吏の責任を厳しくしたが、

其後小吏畏誅、雖有盗、弗敢発、恐不能得、坐課累府、府亦使不言、故盗賊寖多、上下相為匿、以避文法焉。

と、その結果は、孟康の注にも

県有盗賊、府亦幷坐、使県不言之也。

とあるごとく、責任が郡府に波及するのを避けるため、県に盗賊の告発を控えさせることになったとのことである。「沈命法」の公布は、逆効果で、郡県双方で犯罪者の検挙や治獄を回避する皮肉な事態を招き、司法の権威を大きく傷つけた。

直指繡衣使者

郡県の治獄体制は、それでも一応原則通り運用されているものの、郡県の対応如何では、常に問題を孕む事態が想定され得る。この中で、『漢書』武帝紀には、

(天漢二年) 泰山琅邪羣盗徐勃等、阻山攻城、道路不通、遣直指使者暴勝之等、衣繡衣、杖斧、分部逐捕。

とあり、武帝天漢二(前九九)年に、泰山琅邪への「直指使者」の派遣が伝えられている。『史記』平準書(『漢書』食貨志下)にもまた、

直指夏蘭之属、始出矣、而大農顔異誅。

とあって、同じく「直指」の派遣が伝えられている。

「直指」夏蘭の場合は、紀年が定かでないが、『漢書』百官公卿表下によれば、大農令顔異が誅殺されたのは、武帝元狩六（前一一七）年となっている。

『漢書』百官公卿表上によれば、この「直指使者」は、

侍御史、有繡衣直指、出討姦猾、治大獄、武帝所制、不常置。

とあり、武帝によって創設され、侍御史に所属し、姦猾者の討伐だけではなく、「治大獄」と治獄にも関わり、顔師古注に引かれる服虔注には、

服虔曰、指事而行、無阿私也。

と見えている、臨時の官職で、「直指」・「直指使者」・「繡衣直指」、さらには後掲の史料に見えるように「直指繡衣使者」・「繡衣御史」・「繡衣執法」など種々の呼称（以下、「直指繡衣使者」と呼ぶ）が伝えられている。

この官職が設置されるにいたった背景としては、『史記』酷吏列伝（『漢書』酷吏義縦伝）に、

後会更五銖銭・白金起、民為姦、京師尤甚、（略）其治所誅殺、甚多、然取為小治、姦益不勝、直指始出矣。

とあり、これは既存の体制が「小治」で、姦邪を排除し治安を維持することが困難であると判断されてのことである。

同様の事情は、『後漢書』鮮卑伝にも、

議郎蔡邕議曰、（略）［武帝］乃興塩鉄酒榷之利、設告緡重税之令、民不堪命、起為盗賊、関東紛擾、道路不通（李注、武帝天漢二年、泰山琅邪羣盗徐勃等、阻山攻城、道路不通）、繡衣直指之使、奮鉄鉞、而並出。

とあり、「繡衣直指」を必要とする治安の乱れについて、先の貨幣の改革（白金、前一一九、五銖銭、前一一八）の他に、専売（塩鉄、前一一九、酒、前九八）や告緡（前一一七）などの経済的重圧が指摘されている。

そこでかかる「小治」の事態に対応するために、『漢書』咸宣伝では、

乃使光禄大夫范昆、諸部都尉、及故九卿張徳等、衣繡衣、持節虎符、発兵以興撃、斬首大部或至万余級、及以法

誅通行飲食、坐相連、郡甚者数千人。

とあり、『漢書』王訢伝にもまた、

武帝末年、軍旅数発、郡国盗賊羣起、繡衣御史暴勝之、使持斧逐捕盗賊、以軍興従事、誅二千石以下。

とあるごとく、直指繡衣使者は、「以法誅」と、一応、常制に近い治獄体制を取りつつも、ついには発兵・軍興と、刑の本源には関わるものの、非常措置を講じるまでにいたっている。

もちろん直指繡衣使者は、必ずしも強権を縦にする事例のみではなく、『漢書』元后伝に、

〔王賀〕為武帝繡衣御史、逐捕魏郡羣盗堅盧等党与、及吏畏懦逗遛当坐者、翁孺等皆縦不誅、它部御史暴勝之等、奏殺二千石、誅二千石以下、及通行飲食坐連及者、大部至斬万余人、語見酷吏伝、翁孺以奉使不称、免。

とあるように、結局免職されてはいるものの、畏服を主として誅殺を回避した場合もあった。『漢書』雋不疑伝でも、「直指使者」暴勝之に雋不疑が、

威行施之以恩。

と、恩情をもって臨むよう窘めてもいる。

『漢書』江充伝には、武帝時に、

拝為直指繡衣使者、督三輔盗賊、禁察踰侈、貴戚近臣多奢僭、充皆挙劾、（略）充出、逢館陶長公主行馳道中、充呵問之、（略）逢太子家使、乗車馬行馳道中、充以属吏。

とあって、直指繡衣使者は、三輔を中心に個別の事件に当たるのみではなく、馳道を濫りに使用した者の規制など、比較的長期間に亘る任務を帯びる場合もあった。

そして直指繡衣使者は、御史台の所属だけに、前掲の『史記』平準書（『漢書』食貨志下）では、武帝元狩六年に大農令顔異を誅殺している。『漢書』趙充国伝には、宣帝時に、

使客諫充国曰、(略)一旦不合上意、遣繡衣、来責将軍、将軍之身、不能自保。

とあり、地方に派遣された官吏の監察にも当たっていた。

直指繡衣使者は、『漢書』百官公卿表上に見えるごとく、当然これは常置される存在ではなかったが、前漢末の平帝時にあっては、『後漢書』譙玄伝に、

(平帝元始四年)、玄為繡衣使者、持節与太僕任惲(『漢書』恩沢侯表、王惲)等、分行天下、観覧風俗、所至専行誅賞、事未及終、而王莽居摂。

とあり、「分行天下、観覧風俗」と、特定の事情、事件のためというより、比較的平常時にあっても地方の巡察を行っている。

王莽時にいたるとさらに、『漢書』王莽伝中には、

(始建国三年十二月)、中郎将・繡衣執法、各五十五人、分塡縁辺大郡、督大姦猾擅弄兵者。

とあり、同伝中にはまた、

(天鳳二年)、中郎将・繡衣執法、在郡国者、並乗権勢、伝相挙奏。

ともあり、『後漢書』伏湛伝にも、

[伏湛]至王莽時、為繡衣執法、使督大姦。

とあって、職務内容に大きな変化は見られないものの、「繡衣執法」、すなわち直指繡衣使者が、「分塡」・「在郡国者」など各地郡国に恰も常置されていたかの観さえ呈するにいたる。

このことは、直指繡衣使者の必要性が、武帝以後も次第に増加こそすれ、減じることにはならなかったとの事情を伝えてくれると共に、この時期における郡県の治獄の実態、あるいは廷尉平設置の背景とも併せ、これを暗示させるものがある。

それにしても直指繡衣使者の場合は、治獄のみでなく、また治安維持全般に関わっていた。このため、廷尉などの治獄機関と同一に論じることには、あるいは懸念が感じられるかも知れない。

地方の郡県の場合は、治獄のみならず治安全般を担った。直指繡衣使者の任務とも共通する。このため直指繡衣使者が、既存の治安・治獄体制の欠陥を補い、これを支える役割を果たしていたとのことにもなる。「討姦猾」に重きが置かれていたきらいはあるが、司法と行政とが未分化な当時とすれば、「討姦猾」が類を、厳密に治安対策として治獄と分離するのではなく、これをも治獄の一範疇、刑の本源に遡り得るものとして捉え、理解することも可能である。

漢代の治獄を考える上で、考慮すべき事柄であると考えるが、この直指繡衣使者も、王莽時には、「乗権勢」と少しく擅断の弊が見られたようである。ただこの直指繡衣使者の存在は、『後漢書』宗室四王三侯伝に見える、更始時の、

［更始時］、繡衣御史申屠建、随献玉玦。

以後、後漢においては、これを確認することはできなくなる。

おわりに

以上本稿では、治獄の中心的存在であった廷尉府に、宣帝時になぜ新たに治獄の公平を任務とする廷尉平が設けられ、これが後漢に入るとなぜまた創設時の役割を失い単なる詔獄の担当者に変更され、その定員も四人から一人へと減少されて行ったか。

さらには地方の治獄にあっても、武帝時に直指繡衣使者のような強権を委ねられたポストが、更始帝時にかけてと

比較的限定された時期になぜ新設されねばならなかったかなどを課題とし、あわせて漢代における司法の展開にも及ばんとした。

注

（1）桜井芳朗「御史制度の形成」『東洋学報』二三―一・三、一九三六。御史大夫と三公との関わりについては、伊藤徳男「前漢の三公について」『歴史』八、一九五四。

（2）王先謙『漢書補注』伍被伝は、「左右司空」（少府の属官）と「都司空」（宗正の属官）とに区分する。従うべきか。

（3）沈家本『歴代刑官考』一九〇九叙。ただ導官は、顔師古の解（『漢書』張湯伝顔師古注）、

導、択也、以主択米、故曰導官、事見百官表、時或以諸獄皆満、故権寄在此署繫之、非本獄所也。

による。沈家本はまた、請室（静室）にも獄を認める。

冨田健之「漢代における詔獄の展開」『古代文化』三五、一九八三、は甘泉居室（ただ『漢書』衛青伝の張晏注は「居室、甘泉中徒所居也」と）を別に加える。

（4）和田清（桜井芳朗）『支那官制発達史』中華民国法制研究会、一九四二、頁五六～五七、鎌田重雄「漢代の尚書官」『東洋史研究』二六―二、一九六八、は、『晋書』を重視する。僕射の創設について、和田（桜井）氏は武帝時、鎌田氏は成帝時。

（5）注（4）和田（桜井）氏は、三公曹尚書が綏和元年に創置されたとする。理由は常侍曹と三公曹との職掌が重複するためとのことであるが、両者の職掌に重複する点はない。

（6）李賢が、陳忠（『後漢書』陳寵伝）の三公曹に、成帝時の「主知断獄」をもって注記していることは問題である。

（7）注（3）沈家本は、本稿でふれなかった中央の司法関係機関としてまた、請室令・尚符爾郎中・軍司空をあげる。

（8）雷禄慶『中国法制史上』台湾商務印書館、一九七二、頁七四～七五。安作璋・熊鉄基『秦漢官制史稿上』斉魯書社、一九八四、頁一五四。

（9）注（3）沈家本。注（8）安作璋等。

（10）例えば孫星衍校『漢官』に、諸官府の員吏の数が見える。

(11) 獄疑への配慮は、『漢書』景帝紀、中五年の条に、
諸獄疑者、若雖文致於法、而於人心不厭者、輒讞之。

とあるごとく、すべてを既存の法文で裁決すると、ややもすれば「人心」に悖ることにもなりかねない。このため治獄への慎重を期さんがためである。

(12) 獄疑については、関係上級機関に、順次審理が委ねられて行くことになる。この手続において、廷尉と皇帝との関係については本文でもふれたが、他機関（中都諸官府・郡国）から廷尉への移書については、『漢書』景帝紀、後元年の条に、
獄疑者、讞有司、有司所不能決、移廷尉、有令讞而後不当讞者、不為失。
と、移書の前に論決に対しての検討、案文（讞）が試みられていた。移書の後、獄疑についての論決は、廷尉に委ねられたが、『周礼』秋宮訝士の鄭注によれば、
謂讞疑弁事先来詣、乃通之於士也、士主謂士師也、如今郡国亦時遣主者吏、詣廷尉議者。
とあり、郡国での獄疑に対して、郡国の治獄担当者（主者吏）が廷尉に出向き、協議・指示を仰ぐことも見られた。ただ詔獄・中都官獄の場合が、四審判の例外であったことは　云うまでもない。

(13) 論決に対する再審請求（乞鞫）については、王符『潜夫論』愛日に、
郡県既加冤枉、州司不治、令破家活、遠詣公府、公府不能照察真偽、則但欲罷之以久困之資、故猥説［設］一科、令此注［比満］百日、乃為移書、其不満百日、輒更造数［遭赦］、（略）以羸民与豪吏訟、其勢不如也、（略）以一人与一郡訟、其勢不如也、故州与郡幷、而不肯治、故乃遠詣公府爾、公府不能察、而苟欲以銭刀課之、則貧弱少貨者、終無以曠旬満祈、豪富饒銭者、取客使往、可盈千日、非徒百日也、治訟若此、為務助豪猾而鎮貧弱也。（［　］内は清汪継培箋）
とあり、冤枉（冤獄）の場合は、論決後百日を過ぎておれば、刑が確定となっているためであろう、上級機関に移書させて、獄疑の場合と同様に上級審（『潜夫論』の場合は、郡県での冤獄であるから、上級機関は中央の公府、主として廷尉か）で審理することになる。論決後百日以内であれば、冤獄を行った当事者（『潜夫論』では郡県）の責任で再審し、これを釈放させることが律の一科として定められていた。これは再審の手続をどの機関で行うかを規定したものであるが、この場合も論決後百日が刑確定の期限とされている。
また『周礼』秋官朝士鄭注には、

鄭司農云、謂在期内者聴、期外者不聴、若今時徒論決、満三月不得乞鞫。

とあり、ここでは三ヶ月で刑が決定することになっている。刑の決定に百日と三ヶ月との両者が存在するが、季秋論決、冬三月で刑の執行、との手順を考えると、三ヶ月を越えると刑の執行が終了している場合もある。百日と三ヶ月とに例え差があったとしても、冬三月と異なるものではなかったはずである。

なお『潜夫論』では、郡県吏の不正で冤獄が解決されないため、仕方なく中央の公府に上訴することが行われたようである。この場合は、「銭刀」（金銭）が必要とされている。『漢書』薛宣伝では、公府での審理について、

宣為相、公府辞訟例、不満万銭、不為移書、後皆遵用薛侯故事。

とあり、一万銭が必要とされている。再審請求は、本人（自告）あるいは家属によって行われる。公府が多額の納銭を義務付けていることは、審理繁多を回避するためであったかも知れないが、公府の治獄が、豪富者に加担する結果となる。

(14)　厳耕望『中国地方行政制度史上編(1)(2)』中央研究院歴史語言研究所、一九六一。ただ『漢書』百官公卿表上には、

［郷］嗇夫職聴訟。

とあり、恰も郷において治獄が行われていたかのようでもある。たしかに郷にも犴と呼ばれる獄の存在が知られている。ただ『続漢書』百官志では、

（嗇夫一人）皆主知民善悪、（略）以興善行。

とある程度で「聴訟」にふれる部分は見当たらない。通常、治安に関わる郷游徼や地方の亭長は、県吏の指示を受けることになっていた。郷の実態はさほど明らかではないが、郷嗇夫が郷人のトラブルの調定に関わったりはしているものの、肝心の郷での刑の執行は伝えられていない。漢代の郷嗇夫が治獄に関わった場合、これは県での治獄に協力する程度と思われる。

(15)　冤獄に対する処置は、郡守が

秋冬遣無害吏、案訊諸囚、平其辠法。（『続漢書』百官志）

と、無害吏（劉昭注、「公平吏」）を秋冬の論決・刑の執行期に、所轄の県（「所主県」『続漢書』百官志）に派遣し、法運用の正確を期している。州刺史設置（武帝元封五年）後は、

①条察州。（『漢書』百官公卿表上）

②常以八月、巡行所部郡国、録囚徒。（『続漢書』百官志）

③刺史班宣、用行郡国、省察治政、詘陟能否、断理冤獄、以六条問事、（略）三条、二千石不卹疑獄、風属殺人、怒則任刑、喜則淫賞、煩擾苛暴、剝截黎元、為百姓所疾、山崩石裂、妖祥訛言。（『漢官典職儀式選用』）

と、刺史が所轄の郡国に対して毎年八月に「録囚徒」を行い、冤獄についての査察を行っている。この体制は、郡が県を、州が郡をと、上級行政単位が下級行政単位の監視に当たっていることになる。

冤獄についてはまた、『漢書』魏相伝の宣帝時の上奏によれば、

漢興已来、国家便宜行事、及賢臣賈誼・鼂錯・董仲舒等所言、奏請施行之、曰、（略）竊伏観先帝聖徳、仁恩之厚、（略）遣諫大夫・博士、巡行天下、察風俗、挙賢良、平冤獄。

と、漢初以来、武帝時にいたるの間、冤獄を平治するために、「諫大夫」・「博士」が地方に派遣されていた。このことは、皇帝の仁恩によるものであるため、どの程度制度化されていたかは不明であるが、『漢書』宣帝紀、五鳳四年の条には、

復遣丞相・御史掾二十四人、循行天下、挙冤獄、察擅為苛禁深刻不改者。

とあって、「丞相・御史掾二十四人」が冤獄査察のために地方に派遣されている。『漢書』孔光伝にも、

成帝初即位、挙為博士、数使録冤獄、行風俗、振贍流民、奉使称旨。

と、「博士」が地方の冤獄の調査に当てられている。

本文に引用した『漢書』張敞伝の「冤獄使者」は、

会立春、行冤獄使者出。

と、たまたま（「会」）とのことであり、皇帝による「冤獄使者」が定制化されていたかどうかは定かではない。

(16)　訊獄・案験（取り調べ）の時期について、『後漢書』章帝紀、建初元年に、

罪非殊死、須立秋案験。

とあり、後漢建初元年の詔では、死刑相当の取り調べは、即刻開始するが、その他の場合は立秋を俟ってから開始することになっている。このことは、従来「季秋論囚」とはいえ、秋審に向けての訊獄が、逮捕時直後から開始されていたことを示唆する。

また『後漢書』魯恭伝には

旧制、至立秋、乃行薄刑、自永元十五年以来、改用孟夏、（略）盛夏徴召農人、拘対考験、連滞無已、（略）而近於春月、

分行諸部、託言労来貧人、而無隠惻之実、煩擾郡県、廉考非急、逮捕一人、罪延十数、上逆時気、下傷農業、（略）月令、孟夏薄刑、（略）臣愚以為、今孟夏之制、可従此令、其決獄案考、皆以立秋為断。

とあって、軽罪者を長期に拘置することを避けるため、和帝永元一五年以後、「孟夏断薄刑」が一時行われていたようであるが、これも盛夏に農民を考験して農事を損わしめることを慮り、安帝時には「旧事」の立秋行刑に戻されている（哀宏『後漢紀』は魯恭の上奏を安帝永初元年とする）。

『後漢書』質帝紀、永嘉元年五月には、

其令中都官繋囚、罪非殊死、考未竟者、一切任出、以須立秋。

とあり、中都官獄においてであるが、死刑に該当しない拘置者の場合は、取り調べ終了後、立秋行刑時まで、「任出」（恵棟、「謂責保出囚」）と、任保（保証）付きで仮釈放の措置が取られている。

なお武帝太初改暦以前は、『続漢書』百官志劉昭注に、

盧植礼注曰、計断九月、因秦以十月為正故也。

と、九月（年末）の行刑が伝えられている。

なお行刑については、沈家本『行刑之制考』、西田太一郎「刑罰と陰陽・季節」『中国刑法史研究』岩波書店、一九七四。

（補注）拙稿「漢代における司法の展開について―律令一定と法の公開」『中国古代の法と社会―栗原益男先生古稀記念論集』汲古書院、一九八八。本書【Ⅱ】第二章。

第八章　漢代の讞制——江陵張家山『奏讞書』の出土によせて

はじめに

治獄（裁判）における讞は、論・論決・決事・判（判決）を行うに際して、拠り所とする律・令（法）や比（判例）等がなく、判断に迷うような、いわゆる「獄疑」の場合、上級審に対して決事の判断を仰ぐことである。この制度は、漢にあっては高祖七年に実施されたことになっているが、その実態はこれまであまり定かではなかった。

この点について、一九九三年八期『文物』に、湖北省江陵県張家山二四七号漢墓出土の『奏讞書』の一部が公表された。この漢墓からは、『二年律令』と題記される前漢呂后時の律令も出土しており、(1)『奏讞書』と並んで法制史上貴重な収穫である。

本稿では、一部ながら公表された『奏讞書』を理解する上で、まず漢代における讞制一般について整理を行い、併せて新出『奏讞書』の案例についても言及したいと考えている。

なお『奏讞書』の書式については別稿「江陵張家山『奏讞書』について」で纏めた。(2)

〔追記〕張家山二四七号漢墓出土の竹簡は、張家山二四七号漢墓竹簡整理小組『張家山漢墓竹簡〔二四七号墓〕』文物出版社、二〇〇一、張家山二四七号漢墓竹簡整理小組『張家山漢墓竹簡〔二四七号墓〕（釈文修訂本）』文物出版社、二〇〇六で、竹簡の写

真版（二〇〇一年刊）に釈文・注釈を付して全文が公表された。本稿は一九九四年に執筆されているが、『奏讞書』の釈文は二〇〇六年刊の『釈文修訂本』に依拠した。

一　讞制の詔

高祖七年の詔

『漢書』刑法志によると、高祖七（前二〇〇）年に、

制詔御史、獄之疑者、吏或不敢決、有罪者、久而不論、無罪者久繫不決、自今以来、県道官獄疑者、各讞所属二千石官、二千石官、以其罪名当報之、所不能決者、皆移廷尉、廷尉亦当報之、廷尉所不能決、謹具為奏、傅所当比・律令、以聞。

とあり、治獄において、獄疑、すなわち論決のための法的根拠等が確定していない場合には、県・道は郡に、郡は廷尉に、廷尉は皇帝にと、決事の判断を上級審に求める、「讞」の制度が公布されている（「讞」・「讞」字は、史料に応じて使い分けたが、地の部分では「讞」字を用いた）。

この高祖七年は、高祖が垓下の戦いに勝利を収め、天下を統一した翌々年に当たるが、また叔孫通が、儀礼の制定を請うなど、王朝の諸制度が次第に意識されてきていた時期でもあった。そこで讞制がこの時期になぜ導入されねばならなかったかであるが、『漢書』刑法志は、獄疑の故に「吏或不敢決」と、当時、吏が判断の分かれる論決を避け、治獄を大幅に遅滞させている現実があったと指摘している。

雲夢睡虎地秦簡の「讞」

漢制は、多く秦制を継承しているとされる。統一秦の裁判制度は余り詳らかではないが、戦国末から統一秦初にかけて生存していた人物の所持する雲夢睡虎地秦簡の『法律答問』中には、訴訟手続きとして、

辞者、辞廷、今郡守為廷不為、為殴、辞者、不先辞官長・嗇夫、可謂官長、可謂嗇夫、命都官曰長、県曰嗇夫。

と「辞」(告訴)を行う場合には、郡も受理するが、先ずは県に対して行うべきであることが明示されている。

秦においても県を初級審とし、郡をその上級審として位置付けていたことが知られる。ただ郡への上訴も許されるが、この場合は、あくまでも原告による上訴であって、吏による上級審への讞とは実態を異にする。

それでも雲夢睡虎地秦簡の『法律答問』には、

有投書、勿発、見輒燔之、能捕者、購臣妾二人、毄(繫)投書者、鞫審讞之、所謂(律文)者、見書而投者不得、燔書、勿発、投者[得]、書不燔、鞫審讞之之謂殹。

とあり、匿名の投書は、消却処分にし、投書をした者が逮捕されれば、獄に繫留し、「鞫審」(鞫審については後述)を行うが、この際、「讞」がこれに伴ったと見えている。同じく『法律答問』中にはまた、

擅殺・刑・髡其後子、讞之、可(何)謂後子、官其男為爵後、及臣邦君長所置為後大(太)子、皆為後子。

と、父母が「後子」(嗣子)を罪した際にも、「讞」が必要とされている。

父母が、子を罪することについては、『法律答問』中に、

子盗父母、父母擅殺・刑・髡子及奴妾、不為公室告。

あるいは、

主擅殺・刑・髡其子・臣妾、是謂非公室告、勿聴。

とあり、父母や家長が子や奴妾を罪した場合には、「家罪」であって、正規の告発の対象にはならない[3]のであるが、「讞」のみは必要とされていた。

『法律答問』中の「投書」の「讞」は、繫—鞫審—讞と、後述する治獄の行程とも類似性がある。睡虎地秦墓竹簡整理小組の注釈では、讞は「説文、議罪也、古書也写作讞或献」とし、「定罪」と訳出されているが、治獄における手続きの一つと位置付けられていた。後者の「非公室告」も私的に行われる断罪行為ではあるものの、「非公室告」としての確認のためにか、讞の手続きのみは義務付けられていたことになる。

その意味では、「非公室告」の「讞」も、公的治獄の讞と深い関わりを持っていたことになるが、雲夢睡虎地出土の『繇律』では、

①「県毋敢擅壊更公舎・官府及廷、其有欲壊更殹、必讞之」、②「欲以城旦舂益為公舎・官府及補繕之、為之、勿讞」、県為恒事及讞有為殹、吏程攻（功）、贏員及減員自二日以上、為不察、（略）度攻（功）必令司空与匠度之、毋独令匠、其不審、以律論度者、而以其実為繇（徭）徒計。

と、公舎や官府の改築、あるいは補修に際して、前者①は讞を必要とし、後者②はそれを必要としなかったとのことが見えている。この『繇律』も「不察」、「不審」如何によっては、「以律論度」と断獄と関わりをもつ律文であるが、「讞」の手続き自体は、公的施設の管理について一定の規制があり、事情に応じてこの讞と呼ばれる手続きでもって上級機関の判断を確認することが必要とされていたことを示している。治獄、獄疑に伴う讞とは少しく面もちを異にする。睡虎地秦墓竹簡整理小組の注釈は、この『繇律』の「讞」を「請」と解釈している。

このように見てくると雲夢睡虎地竹簡に見える「讞」の字義には、広がりが見えるものの、漢高祖七年の讞制導入以前にあっても、すでに断獄に伴う手続きの一つとして讞と呼ばれる手続きが存在していたことになる。

景帝時の詔

漢代の讞制は、高祖七年の詔では、治獄遅滞の解決策として建国早々この讞制導入の詔が出され、『漢書』景帝紀、

後元（前一四三）年正月の条にあっても、

詔曰、獄、重事也、人有智愚、官有上下、獄疑者、讞有司、有司所不能決、移廷尉、有令讞而後不当、讞者不為失、欲令治獄者、務先寛。

と、重ねて讞制に関わる詔が出されている。高祖七年の讞制の詔からしてほぼ六〇年がたっているが、獄疑に対する讞の運用が必ずしも円滑に行われていなかったことを窺わせる。

『漢書』刑法志は、高祖七年の詔の公布後も、「吏猶不能奉宣」と、吏が讞の趣旨を生かし切ることができなかったとのことを指摘している。この点について景帝後元年の詔は、讞の内容が「不当」と見なされ、讞を行った治獄関係者がその責任を問われることを畏れたとのことが示唆されている。

讞の運用が、漢初においてなお、さほど長い時間的経過を経てはいなかったことを窺わせるが、『漢書』景帝紀、景帝中五（前一四五）年九月の条には、

諸獄疑、若雖文致於法而於人心不厭者、輒讞之。

との詔が見え、景帝後元年の詔の直前にも、たとえ適法であっても、「人心」に悖ると思われる事情があれば、讞の対象にすべきであると、讞運用の拡大が求められている。

この景帝中五年の詔は、『漢書』刑法志によると、公布の後も、

其後獄吏、復避微文、遂其愚心。

とあって、治獄者が自分の裁量を優先させ、讞によって客観性を求めるようなことをしなかったとのことが指摘されている。讞が不当と断ぜられる、あるいは判断を他に仰ぐことによって自己の能力が低くみられることを危倶した等があったかも知れないが、景帝時におけるこれら度重なる詔公布の結果、『漢書』刑法志によれば、景帝後元年の詔の後、

自此之後、獄刑益詳。

とあり、漸くにして治獄も「益詳」、より客観性を持つようになって行ったという。治獄の「益詳」に讞制が寄与したことはいうまでもない。

二　讞の字形・字義

字形

これまで『漢書』景帝紀や『漢書』刑法志において引用した讞の事例は、言偏の「讞」字であったが、雲夢睡虎地の竹簡では、水偏の「瀗」字が用いられている。後漢、許慎の『説文解字』には、「瀗」字の方が収録されており、

議辠也、从水獻、与灋同意。

と解字され、罪を議定する意味で、法と同義であるとし、清の王玉樹の『説文拈字』は、

今俗作讞、非是。

と、讞字を俗字とし、清の邵英の『説文解字羣経正字』は、

正字当作瀗、議辠当如水之平、故从水。

と、灋字との関連で水平の義を重んじて、瀗字の方が正字であったとしている。

江陵張家山の『奏讞書』もまた、「瀗」字になっている。武威漢簡の『王杖十簡』も「瀗」字であって、竹簡や木簡の字形では、多く瀗字が用いられていたようである。漢語大字典編輯委員会『漢語大字典』もまた、讞字の項で、

疑罪、後作讞。

と瀗字を後出の字形と位置付けている。(4)後掲の『史記』・『漢書』・『礼記』等々では讞字が用いられているが、いずれ

も版本としてのものである。

讞・讝は、『集韻』ではまた、「囐」字と同じとされている。邵英の場合は、灋字との関連で氵に重きを置いているが、讞・讝・囐などの字形の変遷においては、意符としてはむしろ旁の獻の方に重きが置かれていたようである。

〔追記〕讞・讝の字形、字音については、本書【Ⅱ】補論「『奏讞書』の音読をめぐって」で論じた。

字義

獻（献）は、奏の義があり、讞・讝と同様、上意を求める行為であるが、讞・讝の字義については、
① 『漢書』景帝紀「諸獄疑、（略）輒讞之」師古注「讞、平議」。
② 『後漢書』襄楷伝李注所引『広雅』「讞、疑也、謂罪有疑者讞於廷尉也」。
③ 『後漢書』孔融伝「一門争死、郡県疑不能決、乃上讞之」李注所引『漢書音義』「讞、請也」。
④ 『後漢書』百官志二「廷尉卿」劉注「（後漢）胡広曰、讞、質也」。
⑤ 『礼記』文王世子「獄成、有司讞于公」鄭玄注「讞之、言白也」。
⑥ 『晏子春秋』内篇問上「左右多道、獄讞不中、則強鷙暱侍」。
⑦ 『漢書』于定国伝「冬月請治讞、飲酒益精明」（讞は秋審・論決）。
などが散見する。いずれも治獄と関連のある用例となっている。このうち『礼記』や『晏子春秋』の事例は、先秦に遡る故事であるが、『礼記』、『晏子春秋』共にその成立は前漢に降るものである。

讞・讝の字義と関わりのある、献（奏）・疑・請・白・質などの事例にまで拡大すれば、より多様な事情を確認することになるが、こと讞・讝字に限定すれば、これは字義①〜⑦のような比較的限定された用字として使用されていたようである。

三　讞制の推移と運用

讞制の推移

前漢景帝の時期に、漸くにして認識の深まりが見られたとされる讞制であったが、『後漢書』襄楷伝に見える桓帝延熹九（一六六）年に襄楷が行った上疏には、

頃数十歳以来、州郡翫習、又欲避請讞之煩、輒託疾病、多死牢獄、長吏殺生、自己死者、多非其罪、魂神冤結、無所帰訴。

とあり、地方の裁判にあっては、マンネリ化のために讞が行われず、多くの冤罪が生じていることが指摘されている。讞が数十年にも亘って無視されているという現実は、治獄の形骸化にも通じる。後漢末、応劭の『風俗通義』（『太平御覧』二二六）においても、

頃者廷尉多牆面、而苟充茲位、治書侍御史、不復平議、讞当糾紛、豈一事哉、里語曰、県官漫漫、冤死者半。

と、治獄において讞が充分に機能していなかった様子が伝えられている。

後漢の和帝・安帝の時代にあっても、『後漢書』魯恭伝によると、

孝章皇帝深惟古人之道、助三正之微、定律著令、冀承天心順物性命、以致時雍、然従変改以来、年歳不熟、穀価常貴、人不寧安、小吏不与国同心者、率入十一月、得死罪不問曲直、便即格殺、雖有疑罪、不復讞正、一夫吁嗟、王道為虧、況於衆乎、易十二月、君子以議獄緩死、可令疑罪使詳其法、大辟之科、尽冬月乃断、其立春在十二月中者、勿以報囚、如故事。

とあり、地方の小吏が正規の裁判を行わずに刑を執行し、讞によって疑罪を正すようなことも行われていなかったと

のことである。ただこのときの事情は、『後漢書』魯恭伝によると、

和帝末（永元一五年）、下令麦秋得案験薄刑、而州郡好以苛察為政、因此遂盛夏断獄。

と和帝末年に、立秋案験の慣行・旧制が「改変」され、麦秋（四月）に「案験薄刑」を実施したために生じた、異例の事態においてであったが、ここにおいても「詳其法」のための讞の重要性は、引き続き認識されるところとなっている。

讞制の運用

『漢書』刑法志の高祖七年の詔では、県―郡―廷尉―皇帝と讞が順次行われて行くことになっていたが、『続漢書』百官志二によれば、

廷尉卿一人、中二千石、本注曰、掌平獄奏当所応、凡郡国讞疑罪、皆処当以報。

とあり、『周礼』秋官訝士、

訝士掌四方之獄訟、論罪刑于邦国、凡四方之有治於士者、造焉。

の（後漢）鄭玄の注にも、

謂讞疑弁事、先来詣、乃通之士也、士、主謂士師也、如今郡国亦時遣主者吏、詣廷尉議者。

とあり、廷尉府が、讞を受理する場合、これは郡国からの讞で、県から直接廷尉に上呈されることはなかった。廷尉への讞は、鄭玄の注によると、「時」、すなわち必要に応じて郡国の担当の吏（「主者吏」）が、これを廷尉府の「議者」（「正・監・掾・史」。後述）に届け出たようである。『漢書』杜周伝によると、武帝時、廷尉に昇った杜周の事跡として、

至周為廷尉、詔獄亦益多矣、二千石繋者新故相因、不減百余人、郡吏大府挙之廷尉、一歳至千余章、章大者連逮

証案数百、小者数十人、遠者数千里、近者数百里、会獄、吏因責如章告劾、不服、以掠笞定之、於是聞有逮証、皆亡匿、獄久者至更数赦十余歳、而相告言、大詆尽詆以不道、以上、廷尉及中都官、詔獄逮至六七万人、吏所増加十有余万。

とあり、廷尉に上げられる案件は、郡吏（太守）や大府（丞相府・御史府）の比較的高い官職の決事、詔獄だけでも一年に千余件にも上ったとのことである。未だ官僚制度形成期にあったとはいえ、廷尉府の繁忙さが窺える。

廷尉府に届けられた讞は、「議者」の処理を経、廷尉の責任において郡国に「報」が届けられたが、廷尉から皇帝への讞については、『続漢書』百官志三の、

治書侍御史二人、六百石、本注曰、掌選明法律者為之、凡天下諸讞疑事、掌以法律、当其是非。

に対する劉昭注によると、前漢、宣帝時の事情として、

蔡質漢儀曰、遷御史高弟、補之、胡広曰、孝宣［帝］感路温舒言、秋季後請讞時、帝幸宣室、斎居而決事、令侍御史二人、治書御史起此、後因別置、冠法冠、秩百石、有印綬、与符節郎共平廷尉奏事、罪当軽重。

とあり、宣帝への讞は、「秋季後」と、秋季案験が行われた後で、獄疑の案件のみが「請讞」されている。

「請讞」を受けた皇帝は、後述する路温舒の上言もあって、宣室において、

［侍御史］掌察挙非法、受公卿羣臣吏奏事、有違失挙劾之。（『続漢書』百官志）

と、侍御史二人を陪席させ、斎戒して決事に当たったようである。陪席者の侍御史は、後、治書侍御史が別置され、これが当たるようになったが、印璽・虎符を掌管する符節使も、決事を廷尉に下すためか、皇帝の決事に関わっていた。

皇帝が決事を行ったとされる宣室は、未央宮中の殿北に位置する正室（『三輔黄図』・『三輔故事』・『史記』賈生列伝集解）である[5]。

以上は讞の受理についてであるが、ついで讞を上呈する側について、『史記』酷吏張湯伝には、武帝時の廷尉、張湯の事例が、

是時上方郷文学、湯決大獄、欲傅古義、乃請博士弟子治尚書・春秋、補廷尉史、亭疑法、奏讞疑事、必予先為上分別其原、上所是、受而著讞決法廷尉挈令、揚主之明、奏事即譴、湯応謝郷上意所便、必引正・監・掾・史賢者、曰固為臣議、如上責臣、臣弗用、愚抵於此、罪常釈、聞即奏事上善之、曰臣非知為此奏、乃正・監・掾・史某為之、其欲薦吏揚人之善、蔽人之過如此、所治即上意所欲罪、予監・史深禍者、即上意所欲釈、与監・史軽平者、所治即豪、必舞文巧詆、即下戸羸弱、時口言、雖文致法、上財察、於是往往釈湯所言。

と見え、これによると廷尉府での讞の作成には、廷尉属吏の正・監・掾・史らが当たり、廷尉府の史には、博士弟子中の尚書・春秋を習得した人物が選任されている。

漢初、蕭何が定めた『尉律』は、廷尉府の考試に関わる律ではないかとされているが、これによると一七歳以上の学童中から九千字以上を読み書きできる者が基準とされていた[6]。廷尉の属吏に『尚書』・『春秋』の知識が要求されたのは、「疑法」を平議する上で『尚書』・『春秋』などの経義を引いて獄疑を断ずることが[7]、法制未整備の中で重んじられていたことによる。

張湯の場合、廷尉による讞は、意図的に「舞文巧詆」して方向付けたり、特定の結論を導くために讞の担当者である監・史の人選に手心を加えることも行われているが、「疑法」とされる案件だけに、決事を恣意的に操作することも比較的容易であったのかも知れない。

讞には、「為上分別其原」(『史記』酷吏伝)と、皇帝決事のために廷尉府としての判断、根拠を付記することが重要である。経義の引用もこの部分に当たる。廷尉府の判断が不当とされると、皇帝から「譴責」を受けることになる。当然、譴責は文書で行われたと思われ、その責任は廷尉に帰することになるが、張湯の場合は、皇帝に直接、口頭で

釈明の機会が与えられていた。文書での讞と並行して「口言」、口頭で讞の内容について付言することが可能であった。

この口頭による皇帝との直接の接触は、讞制上、おそらく異例に属したはずである。『漢書』路温舒伝では、路温舒の上奏に、

秦有十失、其一尚存、治獄之吏是也、（略）故治獄之吏、皆欲人死、非憎人也、自安之道、在人之死、（略）上奏畏郤、則鍛錬而周内之、（略）故俗語曰、画地為獄、議不入、刻木為吏、期不対、此皆疾吏之風、悲痛之辞也、故天下之患、莫深於獄、敗法乱正、離親塞道、莫甚乎治獄之吏。

とあり、治獄の乱れは秦代の流れを汲むものとされてはいるが、張湯による「舞文巧詆」のような恣意的な法運用もその具体的な例証であったはずである。宣帝時の決事が、この路温舒の上奏によって特に厳格に行われるようになったことは、すでに述べた通りである。

なお前掲の『史記』酷吏張湯伝では、

上所是、受而著讞決法廷尉挈令。

と、讞によって得た皇帝の決事が、「廷尉挈令」として保管されており、その後の参考に供されたと思われるが、『続漢書』五行志一（『太平御覧』七一一、『風俗通義』佚文と同文）には、

霊帝建寧中、京都長者、皆以葦方笥為粧具、下士尽然、時有識者、竊言、葦方笥、郡国讞篋也、今珍用之、此天下人皆当有罪、讞於理官也。

と、郡国の讞で、廷尉より報ぜられたものを所蔵する場合、葦製の箱（「葦方笥」）に収蔵したようで、「讞筐」との言葉が用いられていた。理官とは獄官の謂である。

四　「南郡讞」―鮑昱決事比

これまでは讞を手続き面から見てきたが、ついでは讞の具体的内容、構成についてふれることにする。もちろん讞は、個々の案件によって内容を異にするが、公文書として形式上の統一はある程度考慮されていた。

この点については、江陵張家山二四七号漢墓の『奏讞書』が、比較的その詳細を伝えてくれるが、これまで讞の具体的内容を示す事例が存在しなかったかというと、断片的ではあるがその姿が伝えられていた。

後漢末、応劭の『風俗通義』は、『隋書』経籍志に三〇巻、録一巻とあるが、今日は一〇巻を存するのみである。ただ散佚した二〇巻の篇目と幾ばくかの佚文が収輯されている。この散佚した篇目の中に、「折当」があり、これに分別される佚文中に、[8]

(1)南郡讞、女子何侍為許遠妻、侍父何陽、素酗酒従遠仮求、不悉如意、陽数罵詈、遠謂侍、汝翁復罵者、吾必揣之、侍曰、共作夫婦、奈何相辱、揣我翁者、搏若母矣、其後陽復罵、遠遂揣之、侍因上堂搏姑耳再三、下司徒鮑宣（昱）、決事曰、夫婦所以養姑者也、今聟（婿）自辱其父、非姑所使、君子之於凡庸、不遷怒、況所尊重乎、当減死論。（『北堂書鈔』一二〇、『太平御覧』六四〇）

との鮑昱決事の一文が見える。「折当」とされる佚文の中にはまた、断片であるが、

(2)平原郡讞、鞠譚取周碧為妻、譚陰陽不属、令碧与李方、張少姦通、冀得其子。（『芸文類聚』三五）

がある。「某郡讞」の呼称はないが、鮑昱決事は、この他にも、

(3)陳国有趙祐者、酒後自相署、或称亭長、督郵、祐後於外騎馬将絳幡云、我使者也、司徒鮑昱決獄云、騎馬将幡、起於戯耳、無他悪意。（『太平御覧』八四六。『北堂書鈔』一二〇は「陳国趙祐、酒後与人争、出外将竹馬持絳幡云、我使

者也」)

(4)汝南張妙会杜士、士家娶婦、酒後相戯、張妙縛杜士、捶二十下、又懸足指、士遂致死、鮑昱決事云、酒後相戯、原其本心、無賊害之意、宜減死也。(『意林』、『太平御覧』八四六は文字に異同あり)

等々が残されている(「鮑昱決事」以外にも、『風俗通義』佚文中には「丞相邴決獄」などがある)。

そこで一応の体裁を整えている「南郡讞」の場合を見てみると、これには、文頭に「讞」であることが明示され、ついで案例の内容、鮑昱の決事、論決が記載される。事件は、女子何侍の父親何陽が酒乱であった。常々何侍の夫の許遠を罵った。たまりかねた許遠が何陽を捶《むちうち》したため、何侍は夫の母親の耳を数度手で搏《ぶ》ち、獄に繋がれた。讞を受理した鮑昱は、決事にいたる根拠を、姑には何の罪もなく、大切にすべき存在であるとし、「当減死論」との論決を下した。

司徒鮑昱は、後漢の明帝永平一七(七四)年に司徒になっているが、『後漢書』鮑昱伝の李注に引かれる『東観漢紀』によると、

時司徒例訟、久者至数十年、比例軽重、非其事類、錯雑難知、昱奏定辞訟七巻、決事都目八巻、以斉同法令、息遏人訟也。

とあり、『辞訟』七巻と『決事都目』八巻とを編纂している。『晋書』刑法志にはまた、

司徒鮑公、撰嫁娶辞訟決、為法比都目。

とあって、『嫁娶辞訟決』と『法比都目』とが見える。『辞訟』と『嫁娶辞訟決』、『決事都目』と『法比都目』とは同一のものであったかも知れない。

そして『嫁娶辞訟決』(『辞訟』)は、書名からしてであるが、あるいは「南郡讞」と関連するような「嫁娶」に関する決事が集められていた可能性がある。『風俗通義』に引かれる各種の「鮑昱決事」についても、鮑昱の『嫁娶辞訟

決』から引用されたとの理解がある（沈欽韓『漢書疏証』）。

なお『後漢書』陳寵伝によると、

寵為昱撰辞訟比七巻、決事科条、皆以事類相従、昱奏上之、其後公府、奉以為法。

とあり、陳寵が『辞訟比』七巻を鮑昱のために編纂し、鮑昱がこれを皇帝に奉ったとなっている。この『辞訟比』七巻と鮑昱の編纂物『辞訟』七巻＝『嫁娶辞訟決』との関係如何が問題となるが、おそらく両者同一の著作と思われる。陳寵の編纂物が鮑昱の編纂として通行したことになる。しかし決事の当事者は鮑昱である。編纂者は陳寵であっても事例提供者は鮑昱となる。『嫁娶辞訟決』（『辞訟』・『辞訟比』）が鮑昱の編纂物と通行したとしても当然である。『辞訟』七巻等の決事比集は、皇帝に奉られた後、官府における論決の際の「法令」・「法」と位置付けられることになる。

鮑昱は、守県長―県長―司隷校尉―汝南太守―司徒―太尉と官を進めたが、汝南太守の時には、永平三（六〇）年の楚王英の反乱があり、「繋者千余人」（『後漢書』鮑昱伝）もの大獄に遭遇している。『風俗通義』佚文中の(1)の「下司徒鮑宣（昱）、決事曰」、(3)の「司徒鮑昱決獄」、(4)の「鮑昱決事」等と伝えられる鮑昱の決事・決獄は、長年決事の実務に関わった司徒鮑昱が関係した決事比として長く活用されたものと思われる。

『風俗通義』に引かれる讞は、必ずしも公文書としての形式を整えた正規の讞ではなかった。実例にもとづく治獄案例とは思われるが、鮑昱、あるいは陳寵が「錯雑難知」を避けるために要点のみを整理し直したものである。

それにしても『風俗通義』に引かれる各種の決事は、

①讞であることの表示（(1)「南郡讞」、(2)「平原郡讞」）。

②事件の概要（(1)～(4)）。

③決事の根拠（(3)(4)「鮑昱決事」）。

④論決（(1)「当減死論」(4)「宜減死」）。

から構成されている。これを後述の『奏讞書』と比較した場合、『奏讞書』も、

①讞であることの表示。

②訊問を通じての事件の概要。

③決事の根拠（律・令・比など）。

④論決。

となっており、讞の構成はほぼ一致する。ただ③の部分は、『奏讞書』の場合、県や郡の吏による種々の判断が記載されている。讞の書式としては、「奏讞書」の方がより実態に近い。

五　『奏讞書』中の案例二種――讞の構成

「南郡讞」を収めていたと考えられる『嫁娶辞訟決』（『辞訟』・『辞訟比』）は、『東観漢紀』や『後漢書』陳寵伝に見えるように、公府において「法令」・「法」として受けとめられていたが、陳寵の手になる編纂物である。この点、江陵張家山の『奏讞書』も、公文書そのものではなかったが、より当時の原形を留めるものである。そこで以下「奏讞書」の中の案例を少しく例示する。(9)

【案例Ⅰ】

公表された一六の案例の中には、当時ならではの世相を反映するものが少なくない。その中でも楚漢対峙時の住民の動向と、西楚滅亡後の住民把握の実態とは、大いに関心の持たれるところであるが、これに関わる具体的案例が存

在する。案例Ⅰ・Ⅱである。漢王朝形成時の地域の実態を知る上で貴重な史料である。

①十一年八月甲申朔丙戌、江陵丞鶩、敢潚之、②三月己巳、大夫禒辤（辞）曰、六年二月中、買婢媚士五点所、賈（価）銭万六千、廼三月丁巳、亡、求得媚、媚曰、不当為婢、③●媚曰、故点婢、楚時去亡、降為漢、不書名数、点得媚、占数復婢媚、売禒所、自当不当復受婢、即去亡、它如禒、④●点曰、媚故点婢、楚時亡、六年二月中、得媚、媚未有名数、即占数、売禒所、它如禒・媚、⑤●詰媚、媚故点婢、雖楚時去亡、降為漢、不書名数、点得、占数媚、媚復為婢、売媚当也、去亡、何解、⑥●媚曰、楚時亡、点乃以為漢、復婢、売媚、自当不当復為婢、即去亡、毋它解、⑦●問、媚年卌歳、它如辤（辞）、⑧●鞫之、媚故点婢、楚時亡、降為漢、不書名数、点得、占数、復婢、売禒所、媚去亡、年卌歳、得、皆審、⑨●疑媚罪、它県論、敢潚之、⑩謁報、署史廥発、⑪●吏当、黥媚顔（顔）頯、畀禒、或曰、当為庶人。

とあり、案例の構成は、

①潚を行った年月日と責任者。
②原告からの告辞。
③被告の供述。
④証言。
⑤吏による問責（詰）。
⑥被告の供述。
⑦訊問の補足と総括（問）。
⑧事実関係の確定（鞫）。
⑨疑罪であることの表示。

⑩讞の筆記・発送の責任者。
⑪県の論決。
とからなっている。ついで案例の内容は、
①［漢高祖］十一年八月甲申の朔、丙戌（三日）、江陵の県丞、驁、敢えて之（獄疑）について讞を申し上げます。
②三月己巳（十四日）、大夫（爵称）の禒が告辞して曰うに、「［高祖］六年二月中に、婢の媚を、士五（無爵の成人）の点の所より買いました。価は万六千銭でした。迺《こ》の［十一］年三月丁巳（二日）に、逃亡いたしました。媚を捜求して捕得しましたが、媚は、婢［身分］には該当しないと曰います」と。
③［県廷において］媚が曰（供述）うに、「故《もと》、［媚は］点の婢でありましたが、西楚の時に亡命し、投降して漢側となりました。［媚は亡命後］名数（戸籍）の書（登記）をしておりませんでした。点は、媚を捕得して、数（戸籍）を占（申告）し、婢［身分］としての媚に復し、禒の所に売却しました。自《おのず》から（当然に）、［媚は］復して婢［身分］を受くるには当たりません。即《そこで》、逃亡いたしました。它は、禒［の告訴の辞］の如くです」と。
④点が曰（証言）うに、「媚は、故《もと》、点の婢でした。西楚の時に、亡命しました。六年二月中に、媚を捕得しましたが、媚は、未だ戸籍を有《も》っておりませんでした。即《そこで》、数（戸籍）を占（申告）し、禒の所に売却しました。它は禒［の告訴の辞］と媚［の供述］の如くです」と。
⑤媚を詰するに、「媚は、故《もと》、点の婢である。西楚の時に亡命し、投降して漢側に為《な》ったとしても、戸籍の書（登記）をしていない。点に捕得され、［点が］媚を占数（戸籍申告）して、媚は復《ふたた》び［点の］婢と為《な》っている。［点が］媚を売却するのは正当である。何れの解（判断。『説文解字』には「解、判也、从刀判牛角、一曰解、廌獣也」と。廌は、罪を判断する能力を持つ一角獣）があろうか」と。
⑥媚が曰（供述）うに、「西楚の時に、亡命しました。点も乃ち漢側と為《な》るを以て、復《ま》た婢とし、媚を売却いた

しました。自《おのず》から（当然に）、復して婢となすには該当していません。即《そこで》、逃亡しました。它に解はありません」と。

⑦問するに、「媚の年は四〇歳。它は、辞（告訴の辞、詰訊）の如くである」。

⑧之（媚・点への訊問）を鞫（窮理）するに、「媚は、故《もと》、点の婢である。西楚の時に、亡命し、投降して漢側となったが、名数（戸籍）の書（登記）をしていなかった。点が［媚を］捕得して、数（戸籍）を占（申告）し、復《ま》た婢とし、禒の所に売却したが、媚は逃亡した。年は四〇歳で、得（逮捕・収監）されている。皆《すべて》は、審（窮尽・明白・正鵠）である」。

⑨疑うらくは、媚、罪あらん。它は、県の論決（決事・決罪・判）にあり。敢えて之（媚の疑罪）について讞を申し上げます。

⑩報（論）を謁《おねが》（請）いします。［讞書へは］、［獄］史の噲と署《しょめい》（官職氏名を署名。『漢書』蘇武伝「酒図画其人於麒麟閣、法其形貌、署其官爵姓名」師古注「署、表也、題也」）し（「署名は、獄史噲で」）、［讞書を］発《おおく》（移書）りいたします。

⑪吏（県令）による当（疑罪に関わる論決）は、「媚の顔《かお》（顔）の頯《ほほぼね》（頯）に黥して、禒に畀《あた》（与）える。或《あるひと》は、庶人となすべしとも曰う」。

となる。

この案例Ⅰは、高祖一一年三月に審理されているが、取り扱われる事件そのものは、高祖六（前二〇一）年二月に遡る。高祖六年は、垓下の戦いで劉邦が項羽に勝利を収めたのが高祖五年一二月のことであるから、西楚が滅亡してから数ヶ月がたった時期に当たる。秦末の二世元（前二〇九）年七月以降、各地で繰り返された内乱は、垓下の戦いにいたるまでの間、約六年半に及んだ。このため高祖六年といえば、漢による全国統一への歩みも緒についたばかりの時期となる。

案例Ⅰでは、この楚漢抗争の時期に、西楚から漢の支配地域へ亡命した住民は、その亡命先で新たに戸籍を申告、登記することが必要とされていた。

『奏讞書』に収められる「[高祖]八年一〇月己未、安陸丞忠、刻」の案例Ⅵ（後掲）では、戸籍の無いものは、三〇日以内に占数（戸籍の申告・登記）をしなければならないとの「令」が引用されており、本籍を無断で逃亡・離脱した亡命者は当然、全てがこの「令」の適用を受けたはずである。

ただこの「令」は、高祖八年の案例に伝えられるもので、はたして媚が楚から漢に亡命してきた時期（高祖六年を遡る時期）において、かかる「令」が存在していたかどうかは不明である。しかしこのような無戸籍者、亡命者に対する措置は、戦乱下での住民把握、地域社会の立て直しのためには焦眉の事柄であり、楚漢対峙後の比較的早い時期に、かかる「令」が公布されていた可能性は大きい。

『奏讞書』中には、二種の楚から漢への亡命者による案例が収められており、いま一つの案例（案例Ⅲ）は後掲するが、これら亡命者による戸籍の新規登録においては、身分の変更、婢や奴を脱して庶人となることが可能であった。

もちろんこれは、西楚から漢に亡命してきた場合であって、西楚支配下に居住したままで漢の行政機構に引き継がれて行った場合は、婢や奴の意志だけで身分の変更はできなかったと思われる。なぜならば、婢の媚の場合、一時的には亡命によって婢の所有者から解放された状態にあったが、もとの主人が、婢を捕らえて逃亡先で新たに戸籍を作り、婢（媚）に対しての所有権を主張すれば、裁判での吏による詰訊では、媚の主人点の主張の方が取り上げられており、西楚支配下の主従関係、個人の財産権は、漢の支配下に移った後も、亡命でもして婢の側から身分変更の手続きを踏んでいない限り、そのまま容認されるものであったことが窺い知られる。

亡命者に対する新規の戸籍は、雲夢睡虎地の『封診式』「覆」では、

覆、敢告某県主、男子某辞曰、士五（伍）、居某県某里、去亡、可定名事里、所坐論云可（何）、可（何）罪赦、［或］覆問毋有、幾籍亡、亡及逋事各幾可（何）日、遣識者当騰、騰皆為報、敢告主。

とあり、漢を遡る時期ではあるが、役所が「去亡」者であることの自己申告を受けると、亡命前の居住地に「識者」を派遣し、前科の有無、亡命の回数などを調査し、亡命先で戸籍を作成することになっていた。

しかし案例Ⅰの場合は、楚漢対峙時の時期である。前歴を無視した戸籍の登記が可能であったものと思われる。ただ治獄では、従来の身分関係の変更を伴う争いであっただけに疑罪ともされ、決事比の一例に加えられたものと思われる。

この案例の媚は、たまたまもとの主人も漢に亡命して来たために捕まり、戸籍の申告・登記を怠っていた、あるいはその手続きを充分に承知していなかったのかも知れないが、媚が新規の古籍を取得していなかったために、庶人としての身分を獲得できるかどうかに疑義が生じた。

誠に不運を嘆くべきであるが、それにしても媚は、椽の家で五年間、婢として生活をしていた。なぜ五年を経過した後、椽の家から逃亡し、婢身分からの解放を訴えたのであろうか。もし楚漢抗争の過程で、漢側への逃亡が婢身分からの解放に繋がるとの情報を得ていたとすれば、庶人となり得る千載一遇の機会を失したことになる。これまた無知の故であろうか。

【案例Ⅱ】

ついでは、高祖が、天下統一早々に実施した関中徙民にまつわる案例を掲げる。この案例は、時代の世相にも直結するが、同時に獻としての体裁においても詳細で参考になる。

①●十年七月辛卯朔癸巳、胡状、丞憙、敢獻之、②刻（劾）曰、臨菑（淄）獄史闌、令女子南、冠繳（縞）冠、詳

(佯)病臥車中、襲大夫虞伝、以闌出関、③●今闌曰、南、斉国族田氏、徙処長安、闌送行、取(娶)為妻、与借帰臨菑(淄)、未出関得、它如刻(劾)、④●南言如刻及闌、⑤●詰闌、闌非当得取(娶)南為妻也、而取(娶)以為妻、与借帰臨菑(淄)、是闌来誘及奸、南亡之諸侯、闌匿之也、何解、⑥闌曰、来送南而取(娶)為妻、非来誘也、吏以為奸及匿南、罪、毋解⑦●詰闌、律、所以禁従諸侯来誘者、令它国毋得取(娶)它国人也、闌雖不故来、而実誘漢民之斉国、即従諸侯来誘也、何解、⑧闌曰、罪、毋解、⑨●問、如辤(辞)、⑩●鞫、闌送南、取(娶)以為妻、与借帰臨菑(淄)、未出関、得、審、⑪疑闌罪、毄(繋)、它県論、敢讞之、⑫●人婢清、助趙邯鄲城、已即亡従兄趙地、以亡之諸侯論、今闌来送従者、即誘南、⑬●吏議、闌与清同類、当以従諸侯来誘論、●或曰、当以奸及匿黥舂罪論、⑭十年八月庚申朔癸亥、大(太)僕不害行廷尉事、謂胡嗇夫讞獄史闌、讞固有審、⑮廷以聞、⑯闌、当黥為城旦、它如律令。

とあり、案例の構成は、

①讞を行った年月日と責任者。
②劾。
③被告の供述。
④証言。
⑤吏による問責(詰)。
⑥被告の供述。
⑦吏による問責(詰)。
⑧被告の供述。
⑨訊問の総括(問)。

⑩事実関係の確定（鞫）。
⑪疑罪であることの表示。
⑫比（判例）。
⑬県の論決。
⑭讞に対する廷尉府の審理。
⑮讞に対する皇帝への上奏。
⑯讞に対する罪名の報。
とからなっている。そして案例の内容は、

①［高祖］十年七月辛卯の朔、癸巳（三日）、胡［県令］の状、丞の憙、敢えて之（獄疑）について讞を申し上げます。

②［某氏が］劾して曰うに、「臨菑（淄）［県］獄史の闌は、女子の南に繳《きぬ》（縞。白繒）製の冠を冠《かぶ》らせ、伴《いつわ》って車中に病臥させ、大夫（爵称）の虞から伝（通行許可書）を襲《う》（流用）け、以て闌は関を出ようとしました」と。

③今、［県廷において］闌が曰（供述）うに、「南は、斉国で田氏に族（身内）しており、徙遷によって長安に処《す》んでおります。闌は、［徙遷に際して臨淄より］送《おく》行ってきて、［南を］娶り妻としました。［闌・南は］与偕《とも》に臨菑（淄）に帰ろうとしましたが、未だ関を出ずして捕得（逮捕）されました。它は、劾の如くです」と。

④南が言（供述）うに、「劾および闌の［供述の］如くです」と。

⑤闌を詰するに、「闌は、南を娶って妻と為すを得るには該当しない。而るに、［闌は南を］娶って以て妻とし、与偕《とも》に臨菑（淄）に帰ろうとした。是れ闌は、誘（『淮南子』精神訓漢高誘注「誘、猶惑也」、『風俗通義』過誉「誘、巧詐也」）、および奸（『説文解字』、「奸、犯婬也」段注「謂犯姦婬之罪」）を来《いた》（致）した。南は、亡《に》げて諸侯に之《ゆ》か

んとす。闌は、之（南）を匿したことにもなる。何れの解があろうか」。

⑥闌が曰（供述）うに、「南を来送《おく》ってきて、而して娶って妻と為《いた》しました。［無理に］誘を来《いた》したのではありません。［治獄の］吏は、以《かんが》うるに、奸および南を匿したと為《いた》しております。罪あり（罪は認めます）、［它に］解はありません」と。

⑦闌を詰するに、「律が、［亡国の］諸侯［の徙遷］に従ったものが誘を来《いた》すことを禁じているのは、它国［の人］が、它国の人を娶るを得さしめないためである。故意に来《し》たのではなくとも、而し実［際］は、漢の民を誘し、斉国に之《ゆ》かんとしたことになる。即《そこで》、［闌の場合は、亡国の］諸侯［の徙遷］に従って誘を来《いた》したことになる。何れの解があろうか」。

⑧闌が曰（供述）うに、「罪あり、解なし」と。

⑨問するに、「辞（劾の辞、詰訊）の如くです」。

⑩鞫するに、「闌は、南［の徙遷］を送致して、［南を］娶り以て妻と為し、与偕《とも》に臨淄に帰らんとし、未だ関を出ずして、捕得（逮捕）された。審（窮尽・明白・正鵠）である」。

⑪疑うらくは、闌、罪あらん。［すでに］毄《つな》（繫、逮捕）がる。它は、県の論決（決事・決罪・判）あり。敢えて之（闌の疑罪）について讞を申し上げます。

⑫［某］人の婢であった清は、趙の邯鄲城で助《はた》（助耕、生計を立つ）らかんとし、已《もっ》て即ち、従兄の趙の地に亡《に》げ、亡《に》げて諸侯［国］に之《ゆ》くを以て論決が行われた。今、闌は、徙遷する者を来送《おく》り、即《そこで》、南を誘した。

⑬吏（県令）による議（論決）は、「闌と清とは、同類である。［故に闌は、亡国の］諸侯［の徙遷］に従って誘を来《いた》した故を以て論決を行うに該当する。或《あるひと》は奸および黥舂［である罪人］を匿した罪を以て論決を行うに該当するとも曰う」。

⑭十年庚申の朔、癸亥（四）日、［趙］太僕の［公上］不害は、廷尉の事（職掌）を行（執行）し、謂らく、胡［県］の嗇夫（県令）より獄史の闌についての讞があった。讞は、固《まこと》に審（窮尽）有り。

⑮［廷尉の府］廷より［皇帝に］以聞す。

⑯「闌は黥して城旦に当つ。它（南や不正に伝を発給した虞などの事件関係者への論当か）は、律令の如し」。

となる。

この案例は、前者と異なり讞に対する上級審からの報や「廷以聞」（皇帝への上奏）が附記されている。『奏讞書』が決事比としての役割を果たすのも、疑罪に対するこの報があってのことである。これらの案例の構成一般については、後述するとして、この案例は、最初にもふれた通り、有名な高祖による関中への徙遷と関連がある。[10]

関中への徙遷は、『漢書』高帝紀高祖九（前一九八）年一一月の条に、

徙斉楚大族昭氏・屈氏・景氏・懐氏・田氏五姓関中、与利田宅。

と伝えられており、この案例Ⅱの前年に当たる高祖九年に、旧斉国の田氏が関中に徙遷されていた。斉や楚の「大族」については、同様の事柄を述べた『史記』劉敬列伝に、

徙斉諸田、楚昭・屈・景、燕、趙、韓、魏後、及豪桀名家、居関中。

とあって、戦国燕・趙・韓・魏などの後裔と共に、斉の田氏・楚の昭氏・屈氏・景氏もまた「後」、戦国時の旧諸侯家と位置付けられていた。

この関中（長陵）への徙遷は、強幹弱枝を目的とし、「三選七遷」（班固『西都賦』）との言葉が残されているように、前漢宣帝時まで続く帝陵徙遷に先鞭をつけた形となっている。三選者とは、高官・富人・兼併家である。

この高祖九年の際は、漢統一当初の特殊事情ということもあり、「三選」に該当する「豪桀名家」に併せて、旧諸侯家の後裔もまた徙遷の対象とされていた。

それにしてもこの案例では、「大族」の徙遷に、「獄史」が随行していた。田氏の一族であった女子の南は、吏議において「匿黥舂」と罪人（黥舂）と認識されていた。このことは諸侯家後裔の人々が、一種の罪意識、罪人として捉えられていたことを物語る。注目すべき事実である。

「三選七遷」は、従来強制的ながらも名誉・恩典と位置付けられて来た。このことからすると諸侯家後裔は、帝陵を汚さない人々と称されているものの、その対応、実態はかくも冷厳に遇されていたことになる。

獄史闌は、漢の地方行政に連なる人物で、案例では「漢民」と称されている。南との結婚も、「漢民」であったが故に罪とされた。律で「它国」の人が「它国人」を娶ることを禁じているのは、旧諸侯の一族を長安に徙遷するに際して、亡国の後裔を外界から遮断し、一族の勢力を封じ込めようと意図したものであったかも知れない。

ついで私婢（「人婢」）清の比事が、獄史闌と田氏一族の女子南との結婚騒ぎに比事として引用されている点であるが、獄史闌と女子南との結婚は、「漢民」が「它国人」と結婚した罪に当たるとされている。この点、婢清と実兄との間の問題であったと考えると、結婚に関しては該当する部分が見出せない。このため婢清との関係で結婚問題を考えるとすると、「兄」でなく「従兄」（年上のいとこ）でなければならない。

そして今一つの罪、旧「諸侯」国に勝手に出奔することを「そそのかした（「誘」）」点については、婢清が、従兄の居住する趙（旧諸侯国）の邯鄲城に誘い出されたことであったと思われる。婢清が、邯鄲城に居住していたと理解すると、従兄、あるいは兄が「亡」の当事者となるが、従兄、あるいは兄が正式に旅行許可書が取得できない理由が不明である。旅行の目的は、婢清と違法な婚姻関係を結ぶため等、態々違法な旅行目的を持ち出さなければ旅行許可書の取得に問題はない。「亡」の当事者は、婢清でなければならない。

そこで婢清の比事は、清の主人某から清が逃げだし、趙の邯鄲城で従兄と結婚して家庭を持とうと、従兄が居住する趙の地に「亡（命）」したとなると、婢清は主人の許可がなければ結婚できない立場で、従兄との違法な結婚を図ったことになり、獄史闌と女子南との違法な結婚と符合する。この際、獄史闌は、徙遷に同行した後、故郷に帰らんとしている。獄史闌の帰省に問題はない。ただ結婚相手を同行したことで問題が生じた。

主人から逃げ出した婢清が、従兄と所帯を持とうとした場合、趙への移動が正規に許可される可能性はない。従兄自身は、「亡（命）」を犯す必要のない立場である。婢清の「亡（命）」が問題を生じたものと思われる。婢清の比事では、清や従兄の責任がどのように問われたかは定かでない。ただ獄史闌が田氏の南を関中から不法に連れ出そうとした治獄において、婢清の比事が参考にされていることからすると、従兄が婢として自由に結婚できない清を「そそのかして（「誘」）」、趙の邯鄲城へ不法に「亡（命）」させた図式が考えられ得る。

ここにおいて婢清の比事は、獄史闌と田氏一族の女子南の治獄において、婚姻関係（「奸」・「匿婢」）、所在地の異動（「誘」・「亡」）共に恰好の比事となり得た。

吏議で「闌与清同類」と指摘されているのは、違法な結婚や亡命を主導した人物が、獄史闌と婢清であったかの印象を与えるが、婢清が、趙に在住する従兄の「亡（命）」をそそのかすのは意味がない。清の「亡（命）」は、従兄の誘いに応じた結果と考えた。獄史闌と田氏南、婢清と従兄は、いずれも対となって罪に問われるべき存在である。吏議での「闌与清同類」は、闌と清二人のみの事情に類似性を求める限定した議論ではなかったと思われる。

婢清の比事では、清や従兄への罪は定かではなかったが、獄史闌の場合、県による論は、「従諸侯来誘論」と「奸及匿黥舂罪論」との二者で判断が分かれた。その結果、黥城旦の罪となっている。婢清の比事では、この二者をめぐる論罪で明確な整理ができていなかったことになる。

讞に対する「報」が、二者何れの「論」をとったか定かではない。もちろん黥城旦の罪は両論勘案されての断罪であろうが、廷尉の行事においては「有審」との認識が示されている。この「有審」が「鞫」に対してであれば別であるが、もし吏議に対してであれば、副次的に位置付けられている「奸及匿黥舂」ではなく、「誘」の罪により重きが置かれた可能性も出て来る。

この「誘」に重きが置かれた感のある案例Ⅱは、たまたま斉国に関わるが、この案例が出土した江陵はまた、旧楚国の有力諸族と深い繋がりのある地域でもあった。

この案例Ⅱは、詰において、

律、所以禁従諸侯来誘者、令它国毋得取（娶）它国人也。

と律が引かれ、疑罪の認識に併せ決事比（婢清の比事）も引かれる。事情の特異性があったかも知れないが、審理の精緻さを窺わせる。

秋審後の讞が一〇年七月二日に行われ、同年八月四日には廷尉府での審理が行われている。県からの讞は、まず郡に行き、ついで郡から廷尉へ、廷尉から皇帝へと移書されて行くが、この案例では、県から廷尉までの所要期間は約一ヶ月である。県への報は、さらに皇帝への「以聞」を経た後である。案例Ⅱは、讞が廷尉・皇帝にまで届いたことを示す具体的事例となる。

六　『奏讞書』中の案例六種

『奏讞書』の中の案例は、比較的書式が整っているものが八種。他はかなり簡略化されている。決事比としては、事件の内容と、罪名とが判明すれば充分である。煩瑣な讞の書式をいちいち残す必要はなかった。

そこで前節では、内容の時代性に加え比較的書式を整える二種を、讞の構成を確認する意味で治獄の流れを区分し、完訳を行った。ただ比較的書式が整っている案例が『奏讞書』中には他に六種収められている。以下、その概要を紹介する意味で、残された案例の紹介を行う。案例の引用は、案例Ⅲ・Ⅳを除き、部分的な釈文の引用と抄訳とに止めた。

【案例Ⅲ】

この案例も案例Ⅰと同様に楚漢抗争時の住民の動向に関わる。

①●十年七月辛卯朔甲寅、江陵余、丞驁、敢讞之、②迺五月庚戌、校長池曰、士五（伍）軍告池曰、大奴武亡、見池亭西、西行、池以告、与求盗視追捕武、武格闘、以剣傷視、視亦以剣傷武。③●今武曰、故軍奴、楚時去亡、降漢、書名数為民、不当為軍奴、視捕武、誠格闘、以剣撃傷視、它如池、④●視曰、以軍告、与池追捕武、武以剣格闘、撃傷視、視恐弗勝、誠以剣刺傷武而捕之、它如武、⑤●軍曰、武故軍奴、楚時亡、見池亭西、以武当復為軍奴、即告池所、曰武軍奴、亡、告誠不審、它如池・武、⑥●詰武、武雖不当受軍弩（奴）、視以告捕武、武宜聴視而後与吏弁是不当状、乃格闘、以剣撃傷視、是賊傷人也、何解、⑦●武曰、自以非軍亡奴、毋罪、視捕武、心恚、誠以剣撃傷視、吏以為即賊傷人、存吏当罪、毋解、⑧●詰視、武非罪人也、視捕、以剣傷武、何解、⑨視曰、軍告武亡奴、亡奴罪当捕、以告捕武、武格闘傷視、視恐弗勝、誠以剣刺傷捕武、毋它解、⑩●問、武士五（伍）、年卅七歳、診如辤（辞）、⑪●鞫之、武不当復為軍奴、軍以亡弩（奴）、告池、池以告与視捕武、武格闘、以剣撃傷視、視亦以剣刺傷捕武、審、⑫●疑武・視罪、敢讞之、⑬謁報、署獄史廥発、⑭●吏当、黥武為城旦、除視、⑮●廷以聞、武当黥為城旦、除視。

とあり、その内容は、

①十年七月辛卯の朔、甲寅（二十四日）、江陵［県令］余、丞の驁、敢えて之（獄疑）について讞を申し上げます。②迺《さる》、五月庚戌（一九日）、校長（亭吏。後掲案例に「亭校長」の称あり）の池が曰（告言）うに、「士伍の軍が、池に告げて、大（成人）奴の武が逃亡し、池の［管轄する］亭の西方に現われ、西方へ行った、と曰いました。池

は告を以《う》けて、求盗（亭吏）の視と与《とも》に武を追捕しましたが、武は格闘し、剣を以て視を傷つけましたので、視も亦、剣で以て武を傷つけました」と。

③今、武が曰（供述）うに、「故《もと》、［武は］軍の奴でありましたが、西楚の時に亡命し、漢に投降し、名数（戸籍）を書（登記）し、［庶］民と為《な》りました。軍の奴と為《な》るには当たりません。視が武を捕らえようとしましたので、誠に格闘し、剣で以て視を撃ち傷つけました。它は、池の［告言の］如くです」と。

④視が曰（供述）うに、「軍よりの告をうけ、池と与《とも》に武を追捕しましたが、武が剣を以て格闘し、視を撃傷しました。視は、勝《た》うる（あるいは勝《か》つ）ことができないのではと恐れ、誠に剣で以て武を刺傷し、而して之（武）を捕らえました。它は、武の［供述の］如くです」と。

⑤軍が曰（証言）うに、「武は、故《もと》、軍の奴で、西楚の時に亡命し、池の［管轄する］亭の西方に現われました。武は、復《ふたた》び軍の奴と為る当《べ》きと以《かんが》え、即《ただちに》、池の所に告げ、武という軍の奴が逃亡しておりますと曰いました。［軍の］告は、誠に不審（不正確）であります。它は、池・武の［告言・供述の］如くです」と。

⑥武を詰するに、「武が軍の奴としての［処遇を］受けるに当たらないからと雖《い》っても、視は、［軍からの］告を以て武を捕らえようとしたのであるから、武は宜しく視から［追捕の事情を］聴いて、而る後、吏（視）と［追捕を受けるのが］是か、［そのような］状況には該当しないか、を弁（協議）じなければならなかった。［武が］乃《さき》に格闘し、剣を以て視を撃傷したのであるから、これは人を賊傷した［罪］になる。何れの解があろうか」。

⑦武が曰（供述）うに、「自《おの》ずから（当然）、［武は］軍から逃亡した奴に非ざるを以て、罪なし。［しかるに］視が武を捕らえようとしたので［武は］心、恚《いか》り、誠に剣で以て視を撃傷しました。［ただ治獄の］吏は以《かんが》うるに、即《ただちに》、人を賊傷した［罪と］為《な》しております。吏［の判断］に存《あ》っては［武が］罪に当たることになりま

す。［它に］解はありません」と。

⑧視を詰するに、「武は罪人に非《あら》ず。視が捕らえんとして剣を以て武を傷つく。何れの解があろうか」と。

⑨視が曰（供述）うに、「軍は、武が逃亡した奴であると告げました。亡奴は罪ありて捕に該当します。告がありましたので武を捕らえようとし、武が格闘して視を傷つけましたので、視は、勝《た》うる（あるいは勝《か》つ）ことができないのではと恐れ、誠に剣で以て刺傷し、武を捕らえました。它の解はありません」と。

⑩問するに、「武は、士伍で、年は三七歳。診《しらべ》るに辞の如くである」。

⑪之（武）を鞫するに、「武は、復《ふたた》び軍の奴と為《な》るに当たらない。軍は、武が逃亡した奴であると池に告げ、池は告を以て視と与もに武を捕らえんとした。武が格闘し、剣で以て視を撃傷したので、視も亦、剣で以て刺傷して、武を捕らえた。審である」。

⑫疑うらくは、武・視、罪あらん。敢えて之（獄疑）について讞を申し上げます。

⑬報（論）を謁《おねが》（請）いします。獄史の巤と署《しょめい》し（「署名は、獄史巤で」）、［讞書を］発《おおく》（移書）りいたします。

⑭［県］吏の当（論当）は、「武を黥して城旦となし、視は［罪を］免除する」。

⑮廷による以聞では、「武は、黥して城旦に当つ。視は［罪を］免除する」。

とあり、西楚から亡命した奴身分の武が、亡命後、新たに戸籍を作り、庶民としての登記を済ませていたため、元の主人（軍）が西楚滅亡後の高祖一〇年五月になって、奴の武を発見したものの、裁判では、「武不当復為軍奴」と、奴の身分からすでに解放されていることが確認されている。

奴の元の所有者は、楚漢抗争時に、楚地の戸籍を離れ（亡命し）、漢側で新に戸籍を得ることによって、身分の変更が可能となっていた事情、あるいは奴がすでに庶人となる手続を終了していた事実を知らず、西楚滅亡後、亭吏に誤った情報を入れたわけで、「告、誠不審」を認めざるを得なかった。前節の案例Ⅰと対比し、楚漢抗争時における、これまで未知であった新たな戸籍再編の実態が明らかとなる。

西楚からの亡命者が、漢の支配領域で新たに戸籍の申告を行えば、西楚政権で認められていた身分の変更が可能であった事実は、当然西楚支配の否定に繋がる。漢にとって西楚下の戸籍の否定は、新体制を人々に印象付ける象徴的な存在になり得たはずで、案例Ⅰ・Ⅲは、漢王朝の形成過程を窺う上での貴重な史料となる。

「告、誠不審」が認定されている。誤った告訴をした場合、奴の元の主人（軍）は当然、誣告に問われるべきであるが、この讞の中ではその処遇には触れられていない。混乱の中で、武が庶人の身分を得ていたことを、軍が知らずして告を行ったが故と思われる。この讞書は、亭吏の公務執行の正当性如何と無実者の抵抗が正当防衛に当たるかどうかが疑罪とされ、これに限定した内容となっている。

それにしても武は、無実の嫌疑で亭吏の追捕に遭い、武力で抵抗したため、結局「賊傷」の罪に問われた。政権交代時における制度的混乱が招いた悲劇である。

【案例Ⅳ】

これは少数民族（四川盆地の民）に対する兵役の案例である。

①十一年八月甲申朔己丑、夷道𣲙、丞嘉敢讞之、②六月戊子、発弩九詣男子毋憂、告為都尉屯、已受致書、行未到、去亡、③●毋憂曰、変（蛮）夷大男子、歳出五十六銭、以当繇（徭）賦、不当為屯、尉窯遣毋憂為屯、行未到、去亡、它如九、④●窯曰、南郡尉発屯有令、変（蛮）夷律、不曰勿令為屯、即遣之、不智（知）亡故、它如毋憂、⑤●詰毋憂、律、変（蛮）夷男子歳出賨銭、以当繇（徭）賦、非曰勿令為屯也、及雖不当為屯、窯已遣、毋憂即屯卒、已去亡、何解、⑥毋憂曰、有君長、歳出賛銭、以当繇（徭）賦、即復也、存吏、毋解、⑦●問、如辤（辞）、⑧●鞫之、毋憂変（蛮）夷大男子、歳出賨銭、以当繇（徭）賦、窯遣為屯、去亡、得、皆審、⑨●疑毋

憂罪、它県論、敢𤅊之、⑩謁報、署獄史曹発、⑪●吏当、毋憂当要（腰）斬、或曰、不当論、⑫廷報、当要（腰）斬。

とあり、この内容は、

①十一年八月甲申の朔、己丑（六日）、夷道［令］の汘、丞の嘉、敢えて之（獄疑）について𤅊を申し上げます。

②［高祖十一年］六月戊子（四日）、発弩（軍吏）の九が、男子の毋憂を［道廷に］詣《いた》らしめ、告すに、「［毋憂は］都尉の屯卒と為《な》り、已に致書（通知書）を受け取り、［任地へ］行きましたが、未だ到らずして、去亡（逃亡）しました」と。

③毋憂が曰（供述）うに、「蛮夷の大（成人）男子は、歳ごとに五十六銭を出して、以て繇（徭）賦に当てており、［毋憂は］屯卒となるには該当しません。尉の窯は、毋憂を［徴］遣（徴発）し屯卒としようとしましたので、行きましたが、未だ到らずして去亡しました。它は、九の［告の］如くです」と。

④窯が曰（証言）うに、「南都の尉が、屯卒を［徴］発したのは、令（上級機関からの指示。あるいは皇帝の令）があったからです。蛮夷律には、［賨銭納入者を］屯卒となさ令《し》む勿れとは曰っておりません。即《そこで》、之（毋憂）を［徴］遣（徴発）しました。逃亡した故（理由）は知りません。它は、毋憂の［供述の］如くです」と。

⑤毋憂を詰するに、「律では、蛮夷の男子は、歳ごとに賨銭を出せば、以て繇（徭）賦に当てるとなっているが、屯卒と為す勿れとは曰っていない。乃《もし》、屯卒と為《な》るに当たらないと雖も、窯が、［徴］遣（徴発）を已《き》め、毋憂も即《ただち》に屯卒となったのであって、已《きま》ってから去亡したことになる。何れの解があろうか」。

⑥毋憂が曰（供述）うに、「君長、有りて、歳ごとに賨銭を出し、以て繇（徭）賦に当つ。即ち復（役の免除）されるべきです。吏に存《あ》りては［別の判断がありますが］、［これ以上它に］解はありません」と。

⑦問するに、「辞（告言と詰）の如し」と。

⑧之を鞫するに、「毋憂は、変夷の大（成人）男子で、歳ごとに賨銭を出し、以て繇（徭）賦に当てている。窯が［徴］遣（徴発）し屯卒と為《な》るも、逃亡し、捕得されました。皆《いずれ》も、審である」。

⑨疑うらくは、毋憂、罪あらん。它に県での論当があります。敢えて之（獄疑）について讞を申し上げます。

⑩報（論）を謁《おねが》（請）いします。獄史の曹［の名前］を署《しょめい》し（［署名は、獄史曹で］）、［讞書を］発《おおく》（移書）りいたします。

⑪吏の当（論決）は、「毋憂は、腰斬に当たる。或《あるひと》は論に当たらずとも曰う」。

⑫廷よりの報は、「腰斬に当たる」。

とあり、賨銭を納入している少数民族の徴兵の是非が問題とされている。夷道は、江陵のすぐ西に位置し、江陵の辺りでも関係の深い案例であったと思われる。賨銭は、『説文解字』によると、

賨、南蛮賦也。

とあり、『華陽国志』巴志にも、

漢興、亦従高祖定秦、有功、高祖因復之、専以射白虎為事、戸歳出賨銭口四十、故世号白虎覆夷、一曰板楯蛮、今所謂弜頭虎子者也。

とあり、四川盆地（特に巴）の少数民族に対する賦であった。

ここではこの賨銭が、兵役の免除にまで及ぶかどうかが焦点であると思われるが、案例では、この肝心の判断が回避され、「窯、遣為屯」と、徴兵がすでに決定された後との理由で、県廷は腰斬の罪とし、上級審（郡廷、あるいは廷尉廷）もこれを支持している。

高祖は、三秦の平定に当たり賨人の協力を得たが、その後もかかる決事を踏まえ、賨人は徐々に兵役の負担を強い

られて行くことになったのであろう。漢王朝の兵役は、傜戍（戍辺毎年三日）の場合、過更銭によって免除されていたが、正卒としての兵役に対しては、原則として免除の道は存在しなかった(11)。

この意味からすると、賨銭に兵役の免除が含まれていたかどうかが問題となる。賨人側の理解は別として、徴兵の現地責任者であった尉の窯の主張では、蛮夷律には、屯卒に対する賨銭との関わりが明確に規定されていなかったことになる。結果は、政権側の有利な解釈に押し切られている。少数民族に限定された事柄ではなかったかも知れないが、権力の側に有利になるよう操作されて行く法運用の危うさが明示されている。

【案例Ⅴ】

これまでは比較的詳細に『奏讞書』案例を訳出したが、讞の様式もこれまでにおいてほぼ理解できる。以下は残された案例の梗概に止める。

「●胡丞憙、敢讞之」で始まる案例Ⅴは、大夫莇の家に隷属していた女子の符が逃亡し、戸籍がないと詐って、「自占書名数」と、自分で戸籍（「名数」）を登記（「書」）し、大夫明の隷（婢）となって、隠官（前科者。黥・刖の肉刑を加えられている）の解に嫁した。

後、元の主人である莇の知るところとなり、県への告訴が行われた。いわゆる二重戸籍が容易に可能であったわけである。混乱期の特殊事情があってのことかも知れない。符を妻とした解は、符が「亡人」（許可なく本籍地を逃亡した亡命者）であることを知らなかった。

このため詰では、

律、取（娶）亡人為妻、黥為城旦、弗智（知）、非有減也。

（律、亡人を娶りて妻と為せば、黥して城旦と為す。智（知）ら弗《ざ》るも、減ずること有らざるなり）。

との律が引用されているが、県での判断（「吏議」）は、

①符有［名］数明所、明嫁為解妻、解不智（知）其亡、不当論。

（符は、数（戸籍）を明の所に有し、明は、［符を］嫁がせて解の妻と為す。解は、その亡なるを知らず。論に当たらず）。

②符雖已詐（詐）書名数、実亡人也。解雖不智（知）其請（情）、当以取（娶）亡人為妻論、斬左止（趾）為城旦。

（符は、已に詐って名数を書（登記）すると雖も、実は亡人なり。解は、その事情を知らずと雖も、当然、亡人を娶って妻と為すの論を以て、左趾を斬り城旦と為すべし）。

と判断が分かれた。

このため讞が行われ、最終判断では後者②が支持されている。

引用される律からすると、当然、隠官の解は有罪となるべきで、上級審からの報においても、

律白、不当讞。

と、律に明確に規定してあるのに、疑罪として讞を行ったことの不適切さが指摘されている。ただ肝心の告発者である大夫菥に対する措置が、この案例Ⅴでは言及されていない。

【案例Ⅵ】

「●●八年十月己未、安陸丞忠刻（劾）」で始まる案例Ⅵは、無戸籍者を自宅に匿った罪を問われたものである。

この事件は、

令曰、諸無名数者、皆令自占書名数、令到県道官、盈卅日、不自占書名数、皆耐為隷臣妾、錮、勿令以爵、賞免、

舎匿者与同罪。

（令に曰く、「諸《それ》、名数（戸籍）無き者は、皆、自ら占（申告）して名数（戸籍）を書（登記）せ令《し》め、県道の官に到ら令《し》む。

三〇日を過ぎて、自ら占（申告）して名数（戸籍）を書（登記）せざれば、皆、耐して隷臣妾と為す。［禁］錮とし、爵を以て賞（償）免せ令《し》む勿れ。［亡命者を］舎匿せし者は、罪を同じくする）。

によって決事されている。これもまた亡人と関わりをもつ案例である。

【案例Ⅶ】

「●七年八月己未、江陵丞（丞→忠、『釈文修訂本』）言」で始まる案例Ⅶは、県令が私的に舎人を使って「県官米二百六十三石八斗」を一万五千五十銭で売却したもので、

律、盗臧（贓）直（値）過六百六十銭、黥為城旦。

（律、盗臧（贓）すること値六六〇銭を過ぐれば、黥して城旦と為す）。

令、吏盗、当刑者刑、毋得以爵減・免・贖。

（令、吏の盗は、刑に当たる者は刑し、爵を以て減、免、贖を得る毋し）。

の律と令とによって、県令の罪が断ぜられている。

【案例Ⅷ】

「●淮陽守行県掾新郪獄」で始まる案例Ⅷは、長文であるが、内容は県令による殺人事件である。

長文であるのは、事件関係者が、

主犯の新郪県令の「信」

殺害実行犯である髳長の「蒼」

殺害共犯の求盗で大夫の「布」

殺害共犯の新鄭県令信の舍人で簪裹の「余」
真相を知りながらも犯人達を見逃した公梁亭校長の「丙」
真相を知りながらも犯人達を見逃した発弩の「贅」
新鄭県令信の舍人で離郷の舍を守り翏を行った小簪裹の「逌」
事件の発端となる被害者の動向を新鄭県令信の耳にいれた舍人の「萊」
新鄭県令信の不興を買い殺害された獄史の「武」
無実であるのに連座させられかけた求盗の「甲」
この事件に不審を抱いた淮陽郡守の「偃」

と、総勢一一人にのぼる複雑な事件のためである。

事件は、県令の信が地方の郷に巡行した際、自分の身辺に同行していた舍人の逌を獄史の武が、信に断りなく翏（雨ごい）の行事のために連れて行ったことから、信は武を責めた。これに対して武がきちんと謝罪しなかった（「不跪」）ため、剣で威嚇したところ、武は逃亡した。その一〇日余り後、信の舍人が、武は信の行為を丞相や郡守に告言すると言っていると信に伝えたために、信は蒼と謀議して武を殺害した。真相を知った亭の校長らも県令に協力して事件のもみ消しに動いたのであった。

ただこの事件も、郡守の偃が不審を抱き、新たな県令によって審理が進められ（求盗布は後、死亡。舍人余は逃亡で、論から除外）、髳長蒼は、

律、賊殺人、棄市。

（律、人を賊殺すれば、棄市）。

の律で、新鄭県令信は、

律、謀賊殺人、与賊同法、［棄市］。

（律、人を賊殺するを謀れば、賊と法を同じくし、［棄市］）。

の律で、校長丙・発弩贅は、
律、縦囚、与同罪、［棄市］。

（律、縦囚（罪人を見逃す）すれば、与《とも》に罪を同じくし、［棄市］）。

の律で、それぞれに棄市の論決が出されている。

県令の犯罪は、特異なことではないが、この新郪県での事件は、犯人が楚爵（信は広武君、蒼は壮平君、贅は威昌君、等）を有していたことが治獄において取り上げられ、
故楚爵、属漢、以比士、非諸侯子。

（故《もと》の楚爵は、［今は］漢［の支配下］に属し、以て士に比す。諸侯子に非ず）。

と、楚爵が全て否定されている。淮陽郡は西楚の領域であったが、楚漢抗争の過程で、楚の身分体制が漢王朝によって完全に否定されていたことを窺わせる。この案例が『奏讞書』中に収められた背景には、楚漢交替期の楚制に対する対応如何を例示する目的があったかも知れない。案例Ⅰ・Ⅲにおいて楚支配下の戸籍が否定されて行く過程が例示されている事情と軌を一にする。当時ならではの特殊事情を反映する案例ということになる。

七　案例と漢代の治獄

『奏讞書』では、以上八種の他に、簡略化されてはいるが漢代の案例八種が確認できる。ここではそれぞれの内容の紹介は割愛するとし、(12)ついでは、各種案例によって知られる治獄の実態について概述しておくことにする。

告

讞の書式については別稿で整理し、併せて治獄の進め方についても言及した(13)。それによると漢代の治獄は、

告・劾―訊〔某曰または某言・詰・訊・問〕―鞫―当〔議・論〕

となっており、「告劾」は、告訴のことで「告」・「自告」や「劾」がある。自告は、自首のことであるが、劾は、『説文解字』では、

劾、灋有辠也。

とあり、段注は、

法者、謂以法施之、広韻曰、劾、推窮罪人也。

と、有罪者を法に照らして審理することと解しているが、「劾」にはまた、「劾奏」、「告劾」、「挙劾」など、官吏の非を弾劾する意味がある。『奏讞書』での「刻」(劾)」は、いずれも官吏に対しての告発となっている。

もちろん『史記』酷吏張湯伝に、

〔張〕湯掘窟、得盗鼠及余肉、劾鼠・掠治・伝爰書・訊・鞫・論報、井取鼠与肉、具獄、磔堂下。

とあって、「劾鼠」と、「劾」も官吏に対する告のみに限定されない用法もあった。

訊

告・劾が受理されると、訊問が開始される。被告や証人の供述・証言、さらには治獄の吏による「詰」・「訊」・「診」・「問」がある。

「詰」は、『説文解字』では

詰、問也。

とあり、『広雅』釈詁一下では、

詰、責也。

とある。「問」はまた、「診問」とも呼称されている。『説文解字』では、

訊、問也。

とあり、『詩経』小雅正月の漢毛亨注では、

訊、問也。

とあり、『春秋公羊伝』僖公十年の漢何休注では、

上問下、曰訊。

等々とあり漢代における問の字解は、多く訊と同一視されていた。

ただ『奏讞書』の案例では、「詰」・「訊」・「診」・「問」が、訊問の内容に応じて使い分けられている場合がある。「訊」・「診」・「問」等については汎用の事例がないではないが、「詰」は供述が一定しない場合、「訊」は疑問点への再確認、「診」は身体検査的確認、「問」は審理の補足や最終確認等々、多少意識した使い分けも見える。雲夢睡虎地秦簡の『封診式』「訊獄」では、治獄において「詰」が慎重に運用されるべきであることが強調されている。

鞫

被告の供述から「問」までは、訊問の範疇と考えた。『奏讞書』の案例においては、問についで鞫が記載される。『漢書』鄒陽伝では、鄒陽が梁国の孝王によって獄に下され、「卒従吏、訊」と、獄吏によって「訊」を受けているのであるが、顔師古は、この「訊」に対して、

訊、謂鞫問。

と注記し、鞫を問とともに「訊」の範疇に入れている。

しかし先に引用した『史記』酷吏張湯伝の「訊鞫」に対する三国魏の張晏の解釈では、

訊考三日、復問之、知与前辞同不也、鞫、一吏為読状、論其報行也。

とあり、「訊」は、「訊考」、訊拷で、『隋書』刑法志によると、

自前代相承、有司訊考、皆以法外、或有用大棒・束杖・車輻・鞵底・圧踝・杖桄之属、禁毒備至、多所誣伏。

と、「訊考」においては、多く拷問が伴った。「訊」は、「訊考」を含め広く被告に対する取り調べそのものである。張晏の解釈では、「訊」は、「訊考」後、三日をおいて「問」を行い、「訊考」による供述の再確認を行うまでの行程となる。

「鞫」は、「訊」の後、吏が確定した調書を読み上げる手続きである。「訊」とは別の段階と見なされていた。『爾雅』釈言によると、

鞫、究窮也。

とある。晋の郭璞は、これに注して「皆、窮尽也」とする。「鞫」は、究明し尽くした事実関係ということになる。このため「鞫」に対しては、訊による新たな供述や証言が介入する余地は無いことになる。

張晏によると、「鞫」は、吏によって被告に対して読み上げられることになっているが、この手続きはまた、「読鞫」とも称されていた。「読鞫」について、後漢の明帝・章帝時の鄭司農は、論決に際しこの「読鞫」が行われたとし、『周礼』秋官小司徒、

附于刑、用情訊之、至于旬、乃弊之、読書則用灋。

の鄭玄の注に引用されているが、

（訊、言也、用情理言之、冀有可以出之者、十日乃断之）、鄭司農云、読書則用法、如今時読鞫已乃論之。

と述べている。ただ唐の賈公彦は、同疏文において、

漢時、読鞫已、乃論之者、鞫謂劾囚之要辞、行刑之時、読巳、乃論其罪也。

と、漢代の「読鞫」は、行刑に際して行われたとする。清の孫詒譲は、正義において、

謂其獄訟既定、則録先後訊辞及其所当之罪為書、使刑史対衆宣読、囚不反覆、聴者亦無弁論、則是情允当、乃用法署其牘、明刑定也、（略）賈疏謂行刑之時、当読刑書・罪状、則用法刑之、非経義。

と、行刑の時に「読鞫」をするのではなく、「訊辞」と「当罪」とを刑史が囚人と「衆」（治獄に立ち会っている人々）とに読み上げ、囚人と「衆」の双方に異議がないことを確認してから、刑を確定したとしている。論決と刑の執行とが時間的に接近した場合には、結果として賈公彦の解釈も生きるのかも知れないが、「鞫」の朗読が、論決の前提となる手続きであったことは明らかである。

この点についてはまた、三国魏の如淳も、『漢書』景武昭宣元成功臣表の顔師古の注に引かれているが、

鞫者、以其辞、決罪也。

と、「鞫」が、決罪（論）を行う上での前提になる調書であったことを指摘している。如淳は、漢律に通じていたが、『漢書』刑法志「今遣廷史与郡鞫獄」の顔師古注にも引用され、

以囚辞、決獄事、為鞫、謂疑獄也。

とも述べている。「囚辞」が、被告人の供述であることは言うまでもないが、ここでは「鞫」が、決事の一部と見なされている。如淳はさらに、これが「疑獄」の手続きにおいて執られたと解している。

この場合の「鞫」は、獄疑に関してではあっても、決事にいたる手続きとしての鞫の位置付けが、獄疑に限定されるものでなかったことはいうまでもない。顔師古は、この如淳の注に続けて、李季の

鞫、窮也、獄事窮竟也。

を引き、李説を是としている。

『奏讞書』の案例では、「鞫」で始まる行文はすべて「審」字で結ばれている。ここでの「審」は、「鞫」を承けての結語であり、当然、「窮尽」の義を持っていたと思われる。いわゆる、「審」字は、

審、明也。（『淮南子』本経訓後漢高誘注）

審、正也。（『呂氏春秋』処方高誘注）

審、実也。（『呂氏春秋』先己高誘注）

等とも理解されているように、公用常套語として慣用され、前述した雲夢睡虎地秦簡の『法律答問』の「鞫審、讞之」のように、「鞫審」の語を生むことにもなっている。

当

ついでは治獄の最終段階となる、「当」あるいは「議」についてである。如淳の解は、『漢書』賈誼伝の顔師古注に引用されているが、

決罪、曰当。

と、当は「決罪」、論決の意味であるとする。『史記』張釈之伝には、

廷尉、奏当。

とあり、廷尉の決事もまた「当」と称されていた。「議」については、『周礼』秋官郷士の「各麗其灋、以議獄訟」に対する鄭玄の注に、

各附致其法、以成議也。

と見え、法をもって獄訟に対する「議」を作成するとあって、「議」もまた「当」と同様に決罪・論決を指す語であった。

王充の『論衡』別通にも、

法令之家、不見行事、議罪不［可］審。

とあり、黄暉の校釈によると、「行事」は、「故事比決」、決事比のことであり、「行事」によって結審される「議罪」とは、決罪、論のことである。

前掲した張湯の事跡では、「鞫」に続いて「論報」があり、張晏はこれに、

論其報行也。

と注し、『史記会注考証』では、

中井積徳曰、説文、報、当罪人也、論報是一事。

と解している。『説文解字』もまた、

報、当辠人也。

と、「報」と「当」とを同義に解している。『漢書』胡建伝顔師古注所引の三国魏の蘇林も、「報」については、

報、論也、断獄為報。

と解釈しており、「報」には、「論」の義があった。張湯の事跡に見える「論報」の「報」も、「論」の義に解すべきであると思われる。

『奏讞書』では、讞の結果を上級機関から答報する場合に「廷報」等、「報」字が用いられている。この讞に対する上級機関からの「報」も、単なる上級機関からの通知、答報の意味ではなく、上級機関での「論」としての位置付けを持っていたと思われる。当然、県から上級機関に発書、移書される讞に記載される常套語「謁報」の「報」も、単

なる答報の意味ではなく、上級機関の「論」を指していた。「謁報」は、上級機関に「報（論）」を謁《もと》（請）める言葉であった。

『奏讞書』の中の案例には、讞の書式として、疑罪であることの確認や、「謁報」、さらには「廷報」などが記載されているが、これは讞固有の事柄で、これら事実審理以外の記載を削除すれば、ほぼ完全な治獄の流れが、鮮やかに再現される。

この後は、行刑を残すのみである。(14)

讞と再審

この讞において残る問題は、讞によって答報がもたらされ、罪名が確定した場合、被告による上級審への告が可能であったかどうかである。もし被告の告により、讞を経た案件に対しても再審が可能であったとすると、讞の位置付けが不明確となる。

ただ治獄担当吏が疑罪と判断し讞を行った案件も、郡での「報」と、皇帝に上聞されての「報」とでは、同じ「報」でも位置付けが異なる。郡での「報」に対しても被告による上告を一律に制約すると、再審制の原則に問題が生じる。讞と再審との関係については、今後の検討課題である。

おわりに

江陵張家山の『奏讞書』は、讞の実態と併せ、当時の治獄の一端を明らかにしてくれた。雲夢睡虎地の『法律答問』は、決事比としての性格を帯びながらも、また律の疏議としての性格をも兼ねていた。この『奏讞書』中の案例は、公文書としての体裁を留めると共に、決事比としての役割、治獄の実態をも垣間みせることになっている。(15) 他に類例のない史料だけに今回の出土は貴重な収穫である。

注

（1）江陵張家山漢簡整理小組「江陵張家山漢簡《奏讞書》釈文」『文物』一九九三―八。張家山漢墓竹簡整理小組「江陵張家山漢墓概述」『文物』一九八五―一。同前小組「江陵張家山漢簡《脈書》釈文」『文物』一九八九―七。同前小組「江陵張家山漢簡《引書》釈文」『文物』一九九〇―一〇。彭浩「湖北江陵出土前漢簡牘概説」・李学勤「江陵張家山二四七号漢律竹簡について」『漢簡研究の現状と展望』関西大学出版部、一九九三。

（2）拙稿「江陵張家山『奏讞書』について」『堀敏一先生古稀記念論集中国古代の国家と民衆』汲古書院、一九九五。本書【Ⅱ】第十章。

（3）公室告については、太田幸男「睡虎地秦墓竹簡に見える。「室」・「戸」・「同居」をめぐって」『西嶋定生博士還暦記念論集』山川出版社、一九八四。堀敏一「中国古代の家と戸」『明治大学人文科学研究所紀要二七』一九八八。松崎つね子「睡虎地秦簡に於ける「非公室告」・「家罪」」『中国古代史研究六』研文出版、一九八九。

（4）漢語大字典編輯委員会『漢語大字典第三巻』四川辞書出版社、一九八五。

（5）宣室に獄の解あり。『淮南子』本経訓「破紂牧野、殺之于宣室」の高誘注に「宣室殷宮名、一曰、宣室、獄也」。

（6）拙稿「漢代の有用文字について―官吏と識字」『多賀秋五郎博士喜寿記念論文集アジアの教育と文化』巌南堂書店、一九八九。『中国古代の聚落と地方行政』汲古書院、二〇〇二、【地方行政編】第九章。

（7）趙翼「漢時以経義断事」『廿二史箚記』。程樹徳「漢以春秋決獄之例」『九朝律考』漢律考。

（8）王利器校注『『風俗通義校注』中華書局、一九八一。

（9）『奏讞書』中の案例については、以下の研究がある。李学勤「奏讞書解説（上）」、彭浩「談奏讞書中的西漢案例」、共に『文物』一九九三―八。干支は、張培瑜『中国先秦史暦表』斉魯書社、一九八七。

（10）注（9）。

(11) 平中苓次「漢代の官吏の家族の復除と軍賦の負擔」『中国古代の田制と税法』東洋史研究会、一九六七。

(12) 省略した案例の中の「河東守讞」に、

獄史令賢求、弗得、斅（繫）母嬐亭中、受豚・酒臧（贓）九十、出嬐。

（獄史、［士吏］賢を求め令めんとし、母の嬐を亭中に繫ぐ。酒・豚を受け、臧（贓）すること九十銭。嬐を出す）

と、追捕を命じられた賢が、逃亡した被疑者の母を、被疑者をおびき寄せようとして亭中に係留し、母が釈放してもらうために、獄史に対して豚や酒などの賄賂を贈ったことが見えている。

亭には「犴」と呼ばれる獄があったとされている。『漢書』翟方進伝にも、同様の事情で、

取其母、与豭豬、連繫都亭下。（師古注「以深辱之、豭牡豕也」）。

と、同じく都亭に被疑者の母が拘留されている。ここではとくに辱めを与えるためか、母親は豭豬と一緒に繫がれているが、「河東守讞」の案例も、最末端の亭での獄、「犴」での拘留を伝える。

(13) 注（2）。

(14) 鄭司農は行刑について、『周礼』秋官郷士「獄訟成、士師受中、協日刑殺、肆之三日」の鄭玄注にあって、

鄭司農云、士師受中、若今二千石受其獄也、（略）協日刑殺、協合也、和合支幹善日、若今時望後利日也、肆之三日、故春秋伝曰、三日棄疾請尸。

と、漢代の行刑は、後利日、すなわち吉日を選ぶという。『周礼』では、刑殺後の尸は、三日後に関係者に渡すとあるが、『漢書』尹賞伝では百日後の事例が見える。なお鄭司農が引く春秋伝は、『春秋左氏伝』襄公二二年の条である。

(15) 漢代の治獄については、拙稿「廷尉平と直指繡衣使者―漢代の司法行政一斑」『中央大学文学部紀要』史学科三二、一九八七、本書【Ⅱ】第七章、でも言及した。

第九章　『奏讞書』概観

一　『奏讞書』とは何か

一九八三年から八四年にかけて、長江中流域の湖北省江陵張家山で大量の竹簡が発掘された。『奏讞書』は、その中に含まれていた。この竹簡には、この他に律令、暦、医学書、数学書、兵法書なども含まれていた。その中でとくに律令は、漢の高祖の妻であった呂后が実権を握っていた時代のもので、この裁判記録とも深い関わりがある。中国では、唐令ですらすでに散逸し、わが国に伝えられている令をも含めその捜集、復元作業が試みられているほどであり、漢代の律令が出土したとなると大ニュースであるが、その全容は永く深いベールに閉ざされ公表は遅れた。

この竹簡を副葬していた墓主は、生前官吏であり前一九四年に退職している。法律に精通していたことが考えられる。北京で刊行されている月刊誌『文物』の一九九三年八期と一九九五年三期に公表された『奏讞書』も、墓主生前の職責と深く関わっていた可能性があるが、この裁判記録の中身は、紀元前七世紀から紀元前三世紀、中国の春秋時代から前漢初期にかけて行われた裁判が集められている。それもすんなりと裁けなかった複雑な事件が、告訴から判決にかけて記録されている。

中国の名裁判は、宋代に編纂された裁判故事集『棠陰比事』が岩波文庫に入っていて、容易に読むことができる。

この『棠陰比事』は、江戸時代の『大岡政談』にも材料を提供していることで有名であるが、唐代以前で、多少内容的に纏まった裁判記録となると、今回、発掘された『奏瀧書』が唯一のものである。睡虎地秦簡『封診式』も纏まった裁判記録ではあるが、多く治獄の一部、「爰書」の部分に限定される。

『奏瀧書』には、二二の裁判が収められている。どこまで事実を反映しているかは今後の課題であるが、裁判が行われた当時の歴史的事実をかなり生々しく伝えており、全くの創作物とも言い切れない。また中国では、古く先秦の裁判制度を伝える記事として、『尚書』呂刑や『周礼』司寇などの記事が知られていたが、その成立については諸説が見られた。『奏瀧書』は、この点について示唆を与える。『尚書』呂刑については、先にその成立が春秋時代に遡るものであったことを論じた（「春秋時代の治獄について—魯・衛の新出土例—」中央大学東洋史学研究室『アジアにおける制度と社会』刀水書房、一九九六。本書【Ⅰ】第二章）。『周礼』司寇についても、これが先秦の事情を多く反映するものであったことを窺わせる。

『奏瀧書』の史料的な価値は高いと思われる。

二　『奏瀧書』と官僚制—古代の国家支配

前漢時代末の人口は、戸籍で把握されている人々だけで六千万人に近い。春秋時代から前漢初期にかけての人口は定かでない。秦が天下を統一するまでは、戦乱が相次いだ。前漢二〇〇年の間も、秦以前ほどではないにしても、天災や匈奴との戦争を初めとする周辺対策等、人口の減少が強いられるような状況が続いた。このため前漢初期の人口も、相当の規模であったと思われる（不確かであるが五、六千万人の説もある）。唐代最盛期の人口も五千三百万人ほど、明になっても、最盛期で六千六百万位であり、前漢代の人口は、中国歴代王朝に比して決して少なくない。

国の領域は、内郡に限れば現在の中国の領域にほぼ匹敵する。住民の実数と歴代王朝が把握していた人口とには、開きがあったはずである。広大な領土で、人々の戸籍を整備することは容易なことではない。このことを考えると前漢王朝が六千万近い人口を戸籍で把握していたことは、中央集権国家形成間もない王朝としては驚異的である。

これだけの規模の国家を統一的に支配する仕組みが、官僚制の整備にあったことはよく知られている。しかしこの官僚制も、官吏任用の制度や、機関毎の組織化など、制度的な整備は、この前漢初期の段階ではこれからの状態であったと思われる。それでも人口の把握、戸籍整備の驚異的な実態からして、前漢王朝の国家支配、官僚制を軽視することはできない。今回出土した中国の裁判記録は、このような国家支配の実相を、これまで知ることのできなかった末端の日常的行政において明らかにしてくれた。

中国における官僚制は、春秋戦国時代に発達し、統一帝国秦漢に至って大枠ができあがる。前漢末（哀帝時）の役人は、丞相から下級属吏にいたる役人が十二（三）万を越えると伝えられている。この数は郡県の役人をも含む数とは思えない。県の数だけで千を越える。一県の吏員数（郷亭里を含む）を少な目に百人としても、これだけで十万人になる。中央官庁から地方行政組織にいたる役人の数は相当数に上る。この大きな官僚制を支える力は、その頂点に立つ強大な王や皇帝の存在であるが、この組織を維持して行くためには法、律令の発達が不可欠である。中国における法典の編纂は、官僚制の発展と並行して史料に現われる。

それでも問題は残る。法を運用するのは人、役人である。現在の中国においても、「法治」ではなく「人治」が横行していると問題視されている。官僚制が整備されても、それで法治国家ができあがるわけではない。中国の政治制度の特色として、監察制度の発達がある。これも官僚制と並行して存置された。孫文の五権憲法の一つとして民国に入っても監察制度は重視されているが、この制度は、官僚が職責を充分果たしているかどうかを取り締まるために設けられたものである。

官僚制が機能するためには、幾重にもわたる補助的機能、チェック機能が必要になる。それだけにまた官僚の実態は、ややもすると闇の中に閉ざされがちである。まして紀元前の統一国家が成立してまもなくの事情となるとなおさらである。天下を統一した秦には、広大な植民地が広がっていた。続く漢も、領土の統一的な支配は、秦の事情と大差ない。このため、春秋時代から前漢初期にかけての裁判記録は、人々の日常と直結しており、整備されつつある官僚制の実態を知る上で恰好の材料になる。

『奏讞書』の中で、当時の律令がどのように運用され、裁判がどのように進められていたかが、ここで問題となる。官僚制が、律令にもとづきどのように機能していたかの問題である。これは『奏讞書』本文を読んでいただくより他ないわけであるが、最初に公刊された前漢初期[1]の裁判においても、律令の運用が、実に公正、慎重に進められ、いわゆる「人治」の世界とはほど遠い存在である。

数千万の人口を組織する国家となると、軍事集権国家などという荒っぽい行政手腕だけでは成り立っていなかったことが明らかとなった。ついで公刊された裁判記録[2]は、春秋時代から統一秦にかけてであったが、この時代の裁判記録も、裁判が、如何に厳正、客観的に進められようとしていたかが具体的に伝えられている。

『奏讞書』の出現は、まさに「法治」国家の出現である。もちろんこれは、裁判を担当する役人のために編纂された書物である。法を曲げる役人がいるからこそこのような書物も必要になる。これは時代を越えての問題である。ここでは官僚制の方向が、大きく歪み役割を見失うような不安定さを秘めた状況ではなかったことが確認できればよい。

三　『奏讞書』の事件内容

裁判は、いつの時代も人間の性（さが）、社会の実相を浮かび上がらせる。裁判記録は、史料として恰好の題材を提供してくれるが、このような記録はまた、弱者の世界に属する事情が少なくない。もちろん権力者による犯罪もある。『奏讞書』中の裁判記録（案例）の内容を紹介すると、

案例一　蛮夷の男子が屯戍から逃亡。
案例二　楚漢対峙時に、漢側に亡命した女奴隷の売買。
案例三　関中に徙民された斉の女性と護送してきた獄史との駆け落ち。
案例四　私家の女奴隷が逃亡し、偽って戸籍を作り他家に嫁ぐ。
案例五　楚漢対峙時に、漢側に亡命し解放された男奴隷が、元の主家によって発見され、逮捕にきた役人を傷つける。
案例六　役人（吏）が釈放されるはずの官有の男奴隷をむちで打ち殺す。
案例七　逃亡した男奴隷の主人が、銭を受け取り逃亡の事実を隠す。
案例八　男奴隷が逃亡し、役人（吏）の管理上の責任が問われる。
案例九　役人（吏）が刑徒の男子を私事に使い、官役であると役所の書類を書き換える。
案例一〇　役人（吏）が刑徒の男女を私事に使い、官役であると役所の書類を書き換える。
案例一一　役人（吏）が他の馬の通行手形を不正使用。
案例一二　郵の役人（吏）が文書の移送を滞らせ、役所の伝達記録を書き換える。
案例一三　公文書を盗み逃亡している犯人の母から、拘留している役人（吏）が賄賂を受け取る。
案例一四　獄の役人（史）が戸籍を持っていない男子を匿う。
案例一五　県の長官が官有の穀物を横流しする。
案例一六　県の長官が獄の役人を私情で殺害する。

案例一七　牛泥棒に関する冤罪。
案例一八　辺境の反乱討伐で、敵前逃亡に関する責任問題。
案例一九　国君夫妻の料理に異物が混入し、関係者の責任が問われる。
案例二〇　役人（上功職）が、官有の穀物を盗む。
案例二一　寡婦が、夫の死亡直後に私通する。
案例二二　女子を傷つけ、銭を奪う。

であり、案例一五・一六・二〇の三例は、確かに県令や上功職と比較的地位の高い官僚による犯罪であるが、犯罪の内容は横領や私情にもとづく殺人である。他に吏による犯罪もあるが、事件の内容は、歴史上、特筆されるような大事件ではない。

中でも奴隷（案例二・四・五・六・七・八・一九）や住所不定者（案例一四）・強制的な徙遷民（案例三）・刑徒（案例九・一〇）、さらには少数民族（案例一・一八）等の裁判記録については、どちらかといえば社会の底辺に位置する人々の事情であって、これが記録として残されることは非常に少ない。その意味でも『奏讞書』が、これまでにない新しい位置付けを持つ史料であることは間違いない。出土文物が持つ強みである。

四　『奏讞書』案例一から一六で確認できる裁判手続き

裁判が充分に機能するためには、裁判の中正が維持されねばならない。このため裁判制度が、それぞれの時代にどのような実態を持っていたかは関心の持たれるところである。

この『奏讞書』に伝えられる裁判手続きについては、すでに別に論じたことでもあり、その詳細については重複をさけるが、理解しやすいように、次のように小分けしてみた。

各事件の裁判記録、とくに案例一から案例一六は、漢初のもので、時期的に近く、記載形式においても、ある程度の共通性が認められる。そこで裁判の流れを含む大方の案例の構成を整理してみると、『奏讞書』の編者による案例の転写、編集の際の精粗は避けがたいが、一応、

一　裁判記録全体の性格を示す見出し─【表題─県道や郡から上級機関への讞や県での再審理等】。
二　裁判の申し立て─【告訴や弾劾の内容】。
三　被告人の供述や裁判を担当している役人による訊問など取り調べの内容─【審理の過程】。
四　年齢、住所、身分、職場環境、前科など事実審理以外で、量刑を判断する上で必要であったと思われるような事項についての訊問（「問」と記されている）─【審理の補足】。
五　事実審理が、すべて終了した後の取り調べ事項、調書に対しての最終的な確認（「如辞」と記されている）─【審理の確認】。
六　事件の全容を纏めて、事件関係者にも告知し、判決の判断基準となる資料（「鞫」と記される）─【事件の総括】。
七　被告人が有罪であることの確認─【有罪の確認】。
八　上級機関に伺いをたてることの必要性がない結審済みの判決─【関連事項の判決】。
九　上級機関への判決についての伺い─【県や郡からの讞】。
一〇　判決の拠り所となる律令や判例─【関係のある判例や法令】。
一一　上級機関への文書の送達─【文書の移送】。
一二　上級機関への伺いが行われることになった判決。当然のことながら一つにまとまらない事例が紹介されて

いる――【県や郡の判決】。

一三　上級機関による判決――【廷尉などの判決】。

一四　県や郡で裁判を担当者した人たちの構成――【県や郡での裁判担当者】。

一五　上級機関への移送文書である簡牘の枚数――【讞のための移送文書の形態】。

となる。この案例の構成について、それぞれに【　】の「小見出し」を付してみた。当時の裁判の手順も窺い知ることができる。

もちろんすべての裁判記録が、このような構成になっているとは限らない。とくに案例八から案例一五は、省略や前後の移動が甚だしい。同時に、このような小分けが、問題を孕まないかと言えば、そうとも言い切れない。『奏讞書』の県による「敢讞之」で始まる裁判記録は、「告・劾」から「史（吏）当」にいたる諸手続を県による裁判と考え、上級機関からの「廷報」が末尾に来ていると理解した。ただ案例六から案例一三は、郡守による「讞」であることが文頭に明記されている。この場合は、当然、【事件の総括】から【有罪の確認】に当たる「疑罪」、「有罪にすべきではないかと疑われます」までが郡による裁判手続きで、末尾に上級機関の「廷報」がきている。

案例六から案例一三について、事件の概要が纏められている部分に【事件の総括】と呼称を付した。これらの裁判記録には「鞫」の語が含まれていないが、『奏讞書』の編者が、かかる裁判記録集の編集において、裁判記録の原本からか、転写されたものからかは不明であるが、事件の概要のみを抜粋しようとした場合、「鞫」の部分が最もまとまりを持っていたはずである。このため案例六から案例一三についての事件の概要も、「鞫」の部分に該当する可能性が大きいと考え、【事件の総括】との「小見出し」を付した。

このような理解に対して、県による「敢讞之」で始まる裁判記録の中にも、上級機関の具体的な審理、郡の判決などが認められるとの理解も出されている。案例一・二・五に見える難解な「署獄史曹発」・「署如廥発」・「署獄如廥発」

の「発」を、上級機関の獄関係者が「開封する」あるいは「見る」と読むと、「発」の後にくる判決、「吏当」は、下級審での審理を受けての上級審（ここでは郡）での判決となる。ただこの場合、案例一・二もそうであるが、郡での「当」、判決に際しての混乱のみが裁判記録において強調されることになりかねない。もちろん「吏当」だけでなく、【告訴や弾劾の内容】・【審理の過程】をも含め、「敢讞之」の後すべてを郡での裁判記録とすることも可能かも知れない。しかしここでは、この「吏当」についても、県での審理と共に、「讞」の発端となった県の「当」、判決の不統一性が記録として残され、上級機関で検討の基礎的資料とされたと考えた。また「署獄史曹発」・「署如廥発」・「署獄史廥発」の理解も、「如」字が「史」である可能性も考えられる。どのように読むべきか写真版の公表が待たれた（公表された写真版でも「如」字は不鮮明である）が、試みにこの問題部分についても、「発」を上級機関へ讞の文書を送り届けるの意と解釈した（張家山二四七号漢墓竹簡整理小組『張家山漢墓竹簡〔二四七号墓〕（釈文修訂本）』文物出版社、二〇〇六、では問題とした「如」字二ヶ所は、「史」字に訂正されている）。

問題山積である。他に類例を見ない史料であるだけに、今後さらに慎重に検討されるべき課題が残されている。『奏讞書』は、春秋時代から漢初と、長期にわたる多数の裁判記録を含み、いずれの裁判も、事実についての審理を尽くし、判決に当たっては「律令」や「比事」を拠り所としていたことが明らかである。恣意・私情に流れ、あるいは多く「経義」を引いての裁判等が想定されなくもなかったが、中国の裁判は、早くから「律令」を整え、事実関係の確認作業を徹底し、公正な裁判の具現化に努力していた。中国における成文法の制定は、『春秋左氏伝』によれば春秋時代に遡る。中国において身分制度が弛緩し、礼による秩序が崩壊へと向かう春秋時代は、政治制度全般にわたり新たな方向が指向されていた。

五　『張家山漢墓竹簡〔二四七号墓〕』の刊行

以上のように『奏讞書』は、誠に貴重な史料である。一九九六年に刊行した『江陵張家山漢簡奏讞書―中国古代の裁判記録―』（中国の歴史と地理第一集）では、『文物』一九九三年第八期に掲載された『奏讞書』の釈文を参照し、竹簡の写真版は未だ公表されていなかった。

このことは、問題を今後に残した。ただこの点、幸いなことに二〇〇一年一一月に、張家山二四七号漢墓竹簡整理小組『張家山漢墓竹簡〔二四七号墓〕』文物出版社が出版され、『暦譜』・『二年律令』・『奏讞書』・『脈書』・『算数書』・『蓋廬』・『引書』・『遣策』の八種の竹簡が、写真（図版）・釈文・注釈を付して公開された。

竹簡は、総数一二三六枚（残片は含まれない）で、巻末に竹簡の出土位置を示す情況図が添付されている。

張家山二四五号漢墓は、一九八三年に発掘され、その概要は、荊州地区博物館「江陵張家山三座漢墓出土大批竹簡」『文物』一九八五年第一期において紹介された。以後、『脈書』（『文物』一九八九年第七期）・『引書』（『文物』一九九〇年第一〇期）・『奏讞書』（『文物』一九九三年八期・一九九五年三期）等の釈文が公表されてきたが、二〇〇一年一一月にいたって二四七号墓竹簡の全貌が明らかとなったことになる。

『張家山漢墓竹簡〔二四七号墓〕』は、書名の通り竹簡を中心とする報告書である。「前言」において二四七号墓の概略に触れられてはいるが、発掘報告書としては簡略である。睡虎地秦簡の場合も、竹簡の公表が先行し、その後、包括的な報告書が刊行され、包山楚簡の場合は、湖北省荊沙鉄路考古隊『包山楚簡』文物出版社、一九九一年一一月と併行して、別に包山楚簡全文を収録する湖北省荊沙鉄路考古隊『包山楚簡』（上下二冊）文物出版社、一九九一年一〇月が刊行された。

張家山漢墓二四七号墓の場合も、いずれ包括的な報告書の刊行が別に予定されているのかも知れない。包括的な報告書の刊行が待たれるが、『張家山漢墓竹簡〔二四七号墓〕』の刊行は、出土以来一八年の歳月が流れ、待望久しかっただけに注目を受けることは間違いない。

『張家山漢墓竹簡〔二四七号墓〕』においては、釈文が、釈文者と注釈者とで相違している箇所がある（戸律の釈文「□□廷歳不得以庶人律」三一八簡は、注釈者は「□□廷□不得以律」と釈文）。また竹簡の写真も、表題の竹簡「二年律令」（簡番号一）の注記には「補拍、故与原正面形状略有不同」とあり、表裏の形状が異なっている。

『奏讞書』の竹簡においても、『張家山漢墓竹簡〔二四七号墓〕』の「附録　竹簡整理號与出土號對照表」によると、竹簡の出土番号（「出土號」）Ｅ一五八（整理番号一二・四二）・Ｅ九（整理番号二〇四・二二一）の二簡が、整理番号から見て表裏に文字が記載されていた竹簡ではないかと思われるが、Ｅ九（整理番号二〇四・二二一）の竹簡の表裏の形状には相違が見える。

さらに『文物』に公表された釈文と、『張家山漢墓竹簡〔二四七号墓〕』の釈文とでは心配していた通り相違がある。その多くは一九九六年版訳注の作業において対処できていた。ただ旧釈文で「史当」（案例二）となっていた部分が新釈文では「吏当」に変えられていた。この釈文の変更は、「史当」の用例は一例のみで、他は「吏当」となっており、「史当」を「吏当」に統一すること自体は整合性があると思われるが、肝心の竹簡の写真版との照合においては「史当」の旧釈文もあるいは生き残れるかも知れない。

このように新釈文の文字の変更には、なお検討すべき点が残されている（張家山二四七号漢墓竹簡整理小組『張家山漢墓竹簡〔二四七号墓〕（釈文修訂本）』文物出版社、二〇〇六、では釈文に文字の変更が多数加えられている）。

この新旧釈文の問題において、竹簡の脱落部分が存在していたことが、写真版の公表によって明らかとなった。新釈文において、旧釈文にはなかった竹簡二枚が新たに追加されていた。この竹簡が脱落していた部分（案例一八）は、旧釈文の訳注において難渋した部分であった。

待望の『張家山漢墓竹簡〔二四七号墓〕』の刊行であった。特に『二年律令』は『奏讞書』と深い関わりを持つ。『二年律令』の具律には、治獄に関係する多数の律文が含まれていた。前漢高祖時の裁判記録である『奏讞書』と呂后時の『二年律令』とは時期的に近い。

新出漢律の理解は慎重を要する。本章の初めの部分で、中国古代の国家支配についてふれた。このことと関連して試みに『二年律令』の関係する部分を例示、引用すると、『二年律令』には、

偽写皇帝信璽、皇帝行璽、要（腰）斬以匀（徇）。〔簡番号九〕

撟（矯）制、害者、棄市、不害、罰金四両。〔簡番号一一〕

諸上書及有言也而謾、完為城旦、其誤不審、罰金四両。〔簡番号一二〕

等の皇帝に関わる律文が見えている。いずれも『賊律』に属しているが、注目すべきは、皇帝の権威を損なう行為があった際に、「腰斬」、「棄市」、「完城旦舂」等の厳しい罰則が科せられている一方で、「不害」、「誤不審」と実害がなければ、「罰金四両」で済まされている。

皇帝の権威が決して犯すべからざるものとして神格化、絶対視されていたものではなかったことが明らかとなる。ここに皇帝支配の実相が垣間見えると同時に官僚制の機能があらためて脚光を浴びることになる。

注

（1）江陵張家山漢簡整理小組「江陵張家山《奏讞書》釈文（一）」『文物』一九九三―八。

（2）江陵張家山漢簡整理小組「江陵張家山《奏讞書》釈文（二）」『文物』一九九五―三。

第十章　『奏讞書』の構成

はじめに

一九九三年第八期『文物』に、湖北省江陵県張家山二四七号漢墓出土の『奏讞書』の一部、一六件の案例が公表された。[1] いわゆる春秋戦国から秦漢時代にいたる裁判記録の発見であり、これだけ詳細な裁判、治獄記録は確認されていなかった。この江陵張家山二四七号漢墓は、一九八三年一二月から翌年一月にかけて発掘調査された三座の漢墓の一つで、同墓には『二年律令』の表題をもつ呂后二年時の漢律二八種と、この『奏讞書』（竹簡二二七点）、さらには『蓋廬』・『脈書』・『引書』・『算数書』等々も副葬されていた。[2]『奏讞書』は、『二年律令』と並んで漢代の法制を窺う上で貴重な収穫である。

この張家山では、一九八五年八月から翌年一月にかけても二座の漢墓が発掘されており、そのうちの三三六号漢墓からは、漢律一五種（竹簡三七二点）が出土している。[3]

このため全容はなお、今後を俟たねばならないが、本稿では、『奏讞書』の漢代関係の案例をもとに、漢代における讞の一端を考えることとする。なお『奏讞書』の讞字は、秦漢時代に関係する版本史料では讞字となっている。讞字と讞字とは同義である。本稿は新出土史料の『奏讞書』を整理したものであり、多く讞字を用いた。

本稿では、『奏讞書』を中心に取り上げたが、関連する漢代の讞制一般については、別稿「漢代の讞制について」で整理した(4)。

［追記］張家山二四七号漢墓出土の竹簡は、張家山二四七号漢墓竹簡整理小組『張家山漢墓竹簡〔二四七号墓〕』文物出版社、二〇〇一、張家山二四七号漢墓竹簡整理小組『張家山漢墓竹簡〔二四七号墓〕（釈文修訂本）』文物出版社、二〇〇六で、竹簡の写真版に釈文・注釈を付して全文が公表された。本稿は一九九四年に執筆しているが、現状を踏まえ文章を整えた。

一　『奏讞書』の案例

『風俗通義』には、佚文ではあるが鮑昱の『辞訟決（比）』から引用したと思われる「南郡讞」他、が収められている。これら鮑昱の決事は、公府において、「法」として受けとめられていた（『後漢書』陳寵伝）とされるが、これも書物として編集されたものである。それでもこれまでは、讞を考える上で貴重な存在であったが、近年発見された江陵張家山の『奏讞書』は、後述するようにある程度の整理を経たものであるとはいえ、『風俗通義』に見える「南郡讞」に比べてみると、さらに詳細な讞の書式、構成を確認することができる。

『奏讞書』の各種案例

『奏讞書』は、二二の案例からなっており、春秋時代の案例二（衛の史鰌決事、魯の柳下恵決事）、秦の案例三（秦王政二、六、始皇二七〜二八年案例）、他一（案例二一、年次不詳。睡虎地秦簡に類似する）(5)を含むが、漢代の案例は、前漢高祖の時期に属する。

この度、この二二の案例中、つぎの一六の釈文が公表された（一九九三年第八期『文物』は、後掲前漢案例⑯の竹簡の写真を公表。一九九三年に『文物』で公表された案例の釈文は一六であるが、『奏讞書』に収められる前漢関係の事情は、公表された一六の案例で尽きる)。

そこで各案例の文頭の部分と案件の概要を略記すると、

①「十一年八月甲申朔己丑、夷道𣲙、丞嘉敢讞之」—蛮夷の徴征・軍屯。
②「十一年八月甲申朔丙戌、江陵丞鶩敢讞之」—楚から漢に亡命した婢。
③「●十年七月辛卯朔癸巳、胡状、丞憙敢讞之」—誘娶。
④「●胡丞憙敢讞之」—亡命した女隷。
⑤「●十年七月辛卯朔甲寅、江陵余、丞鶩、敢讞之」—楚から漢に亡命した奴。
⑥「●●漢中守讞」—奴の笞殺。
⑦「●●北地守讞」—贈賄。
⑧「●●北地守讞」—奴の亡命。
⑨「●●蜀守讞」—徒の私的流用。
⑩「●●蜀守讞」—徒の私的流用。
⑪「●●蜀守讞」—私馬の伝（割り符）を詐り用う。
⑫「●●河東守讞」—郵での書類伝送の遅滞。
⑬「●●河東守讞」—収賄。
⑭「●●八年十月己未、安陸丞忠刻（劾）、（八年四月甲辰朔乙巳、南郡守強敢言之）」—戸籍のない者を匿。
⑮「●七年八月己未、江陵忠言、（南郡守強、守丞吉、卒史建舎治）」—県令による官米の盗。
⑯「●淮陽守行県掾新郪獄、（新郪甲、丞乙、獄史丙、治、為奉（奏）当十五牒上謁、請謁報、敢言之）」—県令による獄吏の謀殺。

となる（①②等の丸数字を付した案例は、以下「前漢案例①②」と略記する）。このうち前漢案例④⑥—⑬は紀年がないが、発掘時の竹簡の配列の位置からして高祖の時期に位置するという。[6] とくに前漢案例⑥—⑬は前述の鮑昱決事「南郡讞」にも似て、記載が簡略で、主として事件の概要と論決部分のみである。詳細な発掘報告書は未だ出されていない。公表された『奏讞書』の案例の配列は、必ずしも年代順にはなっていない。

いわゆる高祖六年の案例

前漢案例⑯も紀年はないが、案例中に記載される「六月壬午」・「七月乙酉」の干支と「淮陽郡」の存在した時期とからして、高祖六年に比定されている。[7]

この前漢案例⑯の高祖六年の紀年は、事件が発生した時点から、郡守の告劾を受けて審理が再開されるにいたった時期である。郡守から告劾を受けたのは七月甲辰（二一日）。告劾にもとづく再審理が終了し、讞が行われた時期は不明であるが、もし再審理後の讞が高祖六年に行われたとすると、前漢案例⑯は、『漢書』刑法志に見える高祖七年の讞制導入の詔よりも遡る。

高祖六年は、一〇月が歳首である。前漢案例⑯は、六月二九日が事件の発端で、七月二日に新郪県令信の爰書が作成されている。七月二一日に郡からの告劾を受けるまでの間、県では「獄告出、入廿日、弗窮訊」と、事件の究明を放置したままであった。郡がどのような事情のもとで県に対して告劾を行ったのかは定かではない。案例中には、「淮陽守行県掾新郪獄」とあり、この読みについては、「淮陽郡守が県の掾に県での獄について行書す」[8]と解すか、「淮陽郡守が県に巡行し県獄の事情を視察し」[9]と解すか、の何れをとるかによっても理解が異なる。前者の解であれば、郡の告劾を促すために関係者から郡への働きかけがあったことになり、行県の際となると、現地で郡守が調査を行う中で事情が判明した可能性も出てくる。

前者の解は、県令が事件の当事者になったため治獄のための行書が県掾に対して行われたとのことであるが、郡守が行県する事例も少なくない。ただこの治獄の構造は、県令信が被告人になってのことで、「淮陽郡守が県の掾に県での獄を行わしめ」んと告劾し、県令信が審理の対象者となる中で、実際の治獄は、「新郪甲、丞乙、獄史丙」が担当したものであったと思われる。当然、県令信は交代していた。治獄を担当した新県令や丞等の実名は省かれているが、このあたりは『奏讞書』の編者が手を加えたもので、『奏讞書』中の案例が、一種の編纂物で治獄の記録そのものでなかったことを物語る。

ともあれ県令が免じられたとなると、県令の任免に係る県の属吏もまた新たな選任が必要となる。県の人事が一新した後に審理が再開されたことになり、県から郡への讞は、高祖七年にずれ込んだ可能性がないでもない。新郪県令信は自分自身の不利益になる讞を行うはずがない。当然、県の人事が一新された後に、再審理が行われての讞となる。ただ前漢案例⑯が高祖七年の讞制導入直前の高祖六年に行われた讞であっても問題はないかも知れない。そうすると『奏讞書』には、前漢奏讞導入前後の案例、始皇帝時代、さらには春秋時代の案例が含まれていたことになる。この意味では、讞の変遷を窺う上で前漢案例⑯の存在は重要となる。雲夢睡虎地の『法律答問』中には治獄（鞫審）と関連を持つ讞の事例が伝えられてもいる。

讞が行われる月

以上一六件の案例中、紀年が明記される案例は、高祖六年、ないし七年から一一年の間となる。そしてそれぞれの案例において讞が行われた月としては、四月（前漢案例⑭）、七月（前漢案例③⑤）、八月（前漢案例①②⑮）の三例が存在する。

讞は、『続漢書』百官志劉注に引かれる、後漢の安帝以降六帝に仕えた胡広の言に、秋季後、請讞。

とも見えているように、秋審の後に讞が行われることになっていた。この秋審の慣行は先秦に遡る（『春秋左氏伝』襄公二六年）。秋審の後、行刑までの百日（三ヶ月）以内は審理を行った機関への被告側からの「乞鞫」（再審請求）が可能である。

もちろん『史記』酷吏義縦列伝の場合は、

徙［義］縦為定襄太守、縦至、掩定襄獄中重罪・軽［罪］、繫二百余人、及賓客昆弟私入相視、亦二百人、縦一捕鞫曰、為死罪解脱、是日皆報、殺四百人。

とあり、顔師古注の孟康の引く漢律、「諸囚徒、私解脱桎梏、加罪一等」に依拠してか、脱獄を幇助したと見なされた賓客・昆弟は、共に「鞫」、すなわち「窮治」（師古注）が行われ、結審を踏まえて即日、「報」、すなわち「奏請、得報而論殺」（師古注）と讞とが行われ、中央からの論決を得た後、刑が執行されている。

この場合の讞、「奏請」は、二百人にも及ぶ賓客・昆弟を、同罪と見なし得ることができるかどうかが獄疑に当たるとされたためと思われる。この義縦の治獄の場合でも、讞の結果が判明するまでは郡での論決に対して乞鞫を行うための時間的余裕はあったことになる。

秋審の後、乞鞫、あるいは讞、さらには「無害吏」・「冤獄使者」の派遣や「録囚徒」など、種々、冤罪防止策が講じられていたが、その時期は、無害使の派遣は秋冬、冤獄使者の派遣は立春後、録囚徒は秋八月となっている。[10]

この場合、『奏讞書』に収録される案例の内、前漢案例⑭の四月の讞は、秋審にしては余りにも遅れ、行刑の時期を失することになる。ただ漢代において秋審の原則自体が全てに貫かれていたかというと、春夏に治獄が行われた事例もある。秋季の秋審が全てではなかった。[11]

二　案例と讞

讞の事例

それでも秋季秋審の原則があったわけであるから、その意味では前漢案例⑭の事例は異例に属す。そこで治獄の実態を知る上で参考になると思われるので、讞の具体的内容の紹介をかねて前漢案例⑭の案例全文を見てみると、

Ⓐ八年十月己未、安陸丞忠刻（劾）、獄史平、舎匿無名数大男子種一月、Ⓑ平曰、誠智（知）種無［名］数、舎匿之、罪、它如刻（劾）、Ⓒ種言如平、Ⓓ問、平爵五大夫、居安陸和衆里、属安陸相、它如辤（辞）、Ⓔ鞫、平智（知）種無名数、舎匿之、審、Ⓕ当、平当耐為隷臣、錮、毋得以爵、当賞免、令曰、諸無名数者、皆令自占書名数、令到県道官、盈卅日、不自占書名数、皆耐為隷臣妾、錮、勿令以爵賞免、舎匿者与同罪、以此当平、Ⓖ南郡守強、守丞吉、卒史建舎治、Ⓗ八年四月甲辰朔乙巳、南郡守強、敢言之、上奏七牒、謁以聞、Ⓘ種県論、敢言之。

とあり、

Ⓐ告劾の年月・告劾者名（安陸県丞忠）、被告名（獄吏平）、事件の概要（戸籍を有さない成人男子種を舎匿。舎匿については『漢書』淮南王長伝に、亡命者に対しては「及舎匿者、論皆有治」と）。

Ⓑ被告、平の訊問に対する供述（「曰」）＝無戸籍者の舎匿の事実と有罪であること、告劾は誣告ではなく正確である（「它如刻」）の三点を認める。

Ⓒ事件関係者の供述（「言」）＝平の供述を認める（「如平」）。

Ⓓ治獄者による審理の総括、験問、清問（「問」）。『漢書』文三王梁平王立伝に、「選上徳通理之吏、更審考清問、著不然之効、定失誤之法、（略）冬月迫促、貪生畏死、僵仆陽病、（略）時冬月尽、其春大赦、不治」と。梁平王立は哀帝時）。審理

の総括では、平の身分（爵五大夫）、居住地（安陸和衆里）と、これまでの供述を確認（「它如辞」）。

Ⓔ治獄者による事実関係の確定（「鞫」）＝無戸籍者の舎匿の事実と治獄全行程の遺漏無きことの確認（「審」）。

Ⓕ郡としての論決内容（耐・隷臣・錮。爵による賞免なし）と、その法的根拠（「令曰」）。

Ⓖ治獄担当者名（南郡守強、守丞吉、卒史建）。

Ⓗ讞を行った年月日、讞の責任者（南郡守強）。「敢言之」は公文書の常套語。讞（「上奏」）文書の竹簡数（『奏讞書』は筆写、再整理したもので、七枚は讞文書本来の形態。『奏讞書』での竹簡数は六枚）。「謁以聞」は「謁報」と並び公文書の常套語。郡から廷尉への讞であるが、「上奏」・「以聞」の用語が用いられている。

Ⓘ讞に直接関係しない治獄関連事項（種は「盈卅日、不自占書名籍」と、戸籍を自己申告しなかった罪で、別に「県論」あり）。「敢言之」は公文書の常套語。


の九項目から構成されている。

これによると前漢案例⑭は、八年四月に讞（「上奏」）が行われた後、乞鞫期限の百日も過ぎた時点で告劾がなされ、八年四月の讞の当事者であった南郡守強が、廷尉からの報を受けることもなく再審に当たっていたことになる。同時にこの案件において、なぜ四月に讞が行われなければならなかったかについての特別な事情も明示されてはいない。このため前漢案例⑭においては、前漢当初の事例ではあるが、当時、治獄の運用がかなり柔軟に行われていたことを示唆することになるのかも知れない。

廷報

前漢案例⑭の構成において『奏讞書』中の各種案例の書式は一応理解できるが、なお少しく讞の構成を整理しておくと、まず前漢案例⑭ではⒽで、かつて讞が行われたものであったことを伝えているが、上級審の報はなく、再審後の讞についても言及がない。

告劾・再審は、讞と並行していて、再審後の讞は無かったのかも知れないが、他の事例では、讞に対しては、上級審（前漢案例①②③④⑤⑯は郡。他は廷尉）からの回答である「廷報」（前漢案例①④⑥～⑬。前漢案例③⑤は「廷以聞」は皇帝の決事を経ての報か）が付記されている。「廷報」の内容は、前漢案例③のように「十年八月庚申朔癸亥、大傅不害、行廷尉事、（略）讞固有審」と、「廷報」の語の前に「廷報」を決定した時期（讞が行われてから一ケ月後）と決事者の名とが明記されるものもあるが、他は決事、主として罪名を簡潔に書き留めたものである。

前漢案例⑯の場合は、郡守からの告劾を受け新郪県にて審理が再開され、「為奉十五牒、上謁、請謁報、敢言之」と、その結果について讞（「為奉」。前漢案例⑭は「上奏」）が行われているが、「報」はない。もちろん「廷報」は讞そのものの書式にはない。「報」を決事比として保管するために付記したものであろう。「廷報」の語は、郡の決事、廷尉の決事いずれにおいても用いられる。

吏当

「廷報」の前には、「吏当」（前漢案例①②⑤。前漢案例③④は「吏議」。前漢案例⑭⑮は「当」）として、治獄を行った郡や県による論決（二種、「或曰」がある場合は前漢案例①②③④。一種の場合は前漢案例⑤⑭⑮⑯。前漢案例⑯は「吏当」の語はないが「吏当」に当たる記載がある）が、「令」（前漢案例⑭）や「律」（前漢案例⑮⑯）をも引用しながら述べられている（前漢案例②⑮は吏当はあるが「廷報」なし。前漢案例⑥～⑬は「吏当」はないが「廷報」がある）[12]。

「廷報」は、下級審の判断を踏まえてのことで、下級審の論決の範囲内で行われている。前漢案例④のように「吏議」に対し「律白・不当讞」の認定もある。この事例は、県の判断が誤っているというよりも、讞を行う必要がないとのことであった。それでもあるいは、『史記』酷吏張湯伝に見えるような、讞に際しての「不当」、「譴」の対象とされるものがあったかも知れない。

治獄担当者

『奏讞書』に収められる讞は、この「吏当」と「廷報」とによって締め括られる。ただ前漢案例⑭の場合はⒾと、讞と関連する決事が追加されている。前漢案例⑭のⒼの治獄担当者は、再審の際の関係者であるが、類似する再審理の前漢案例⑯にも治獄担当者の記載が見える。前漢案例⑮にも治獄担当者が付記されているが、この案例が再審の事例に当たるかどうかは不明である。ただ前漢案例⑮は、県令による犯罪であって、郡において治獄が担当されている。しかし前漢案例⑯は同じ県令による犯罪であったが、そのための治獄は県で実施されている。

前漢案例⑮の場合、なぜ県でなく郡で初審が行われているかというと、醴陽令は居住していた江陵県丞から「告言」を受けたが、他郡の県令であったために江陵県の属する南郡で治獄が行われたと解されている。[13] 県令が任地とは別に他県で居住していること自体、漢初のこととはいえ注目されるが、[14] 前漢案例⑯のこともあり、前漢案例⑮においても初審が県で行われた可能性もあったはずである。前漢案例⑮には、郡守の治獄にいたるまでの事情が、あるいは省略されているのかも知れない。

敢讞之

ついで『奏讞書』の案例では、文頭に讞を行った年月日（前漢案例①②③⑤）、機関・職名（前漢案例①～⑬）と責任者（前漢案例①～⑤）が記載され、「敢讞之」（前漢案例①～⑤。前漢案例⑥～⑬は「讞」）の常套語が続いている。前漢案例⑭⑮⑯はこの常套語を缺くが、文末に、前漢案例⑭は初審の讞、前漢案例⑯は再審理後の讞についての記載がある。前漢案例⑮は、文頭の「江陵丞言」の「言」を讞字に通じるとすると、他の事例との整合性もでるが、ここでは「告言」（劾）の意に解した。それでも『奏讞書』に収められる案例であるから、前漢案例⑮の場合は讞の事情が省略されていると解すべきであろう。

告言

文頭の讞を明示する言葉については、治獄の行程が列記される。その第一は、事件についての「告言」（前漢案例②は「辞曰」。前漢案例③⑯は「刻曰」。前漢案例⑤は「曰」。前漢案例⑥は「自告」。前漢案例①④⑦⑨は「告」。前漢案例⑭は「刻」。前漢案例⑮は「言」。前漢案例⑯は「告曰」）が来る。告言には年月が明示（前漢案例②は「三月己巳、大夫祿」。前漢案例④は「十二月壬申、大夫莤」。前漢案例⑤は「五月庚戌、校長池」。前漢案例⑭は「八年十月己未、安陸丞忠」。前漢案例⑮は「七年八月己未、江陵忠」。前漢案例⑯は「七月甲辰、淮南守偃」・「(七月) 求盜甲」）されているものもある。

前漢案例⑧⑩〜⑬は、「告言」に当たる語はないが、「告言」にもとづく事件の概要が記載されている。前漢案例⑯の求盜甲の告は初審の際（審理再開前）の「新郪信爰書」に記載される事情で、案例全文は淮南郡守偃の「告劾」が発端となっている。

「某曰」と「詰」

告言を受けて関係者に対する訊問が行われ、前漢案例⑭のⒷⒸで例示したように被告の供述（前漢案例①〜⑤⑭⑯に「某曰」。前漢案例③④⑭⑮⑯には「某言」がある）や証人の証言（前漢案例①②「某曰」など）が記載される。前漢案例⑭は、各人一回の供述によって起訴事実が全面的に容認されたため、前漢案例⑮の場合も同様であるが、これで訊問が終了している。しかし事実認識に相違が生じている場合（前漢案例①②③④⑤）、あるいは事実関係が輻輳し、隠蔽が行われているような場合（前漢案例⑯）には、供述が繰り返し記録され、供述と供述との間に、治獄担当者による事実認識、法的根拠を背景とする被告者への追求が、「詰」として挿入（前漢案例①②③④⑤⑯）されている。「詰」の中には「律」（前漢案例①③④）が引用されている事例もあり、「詰」の最後は、全てにおいて「何解」（前漢案例①②③④⑤⑯）と、「詰」において示された認識に対して被告への確認が行われ、これに異論ある場合には、さらに「詰」（前漢案例③）が繰り返されている。

問

被告の供述が、「存吏、毋解」（前漢案例①）・「毋它解」（前漢案例②⑤）・「罪、毋解」（前漢案例③④⑯）・「解」（前漢案例④）・「存吏当罪、毋解」（前漢案例⑤）・「罪、它如刻」（前漢案例⑭）・「罪、它如書」（前漢案例⑮）などと、治獄吏とは認識を異にするがこれ以上新たな供述はない（前漢案例①②⑤）、あるいは罪を全面的に認めた（前漢案例③④⑭⑮⑯）場合には、「問」（前漢案例①〜⑤⑭⑮）・「診問」（前漢案例⑯）の記述、段階に移る。

この「問」・「診問」の語で始まる部分は、被告に対する供述の最終確認で、年齢（前漢案例②⑤）・前科（前漢案例④）・爵級（前漢案例⑤⑭⑯）・住所（前漢案例⑭⑯）・盗品の律による限度（睡虎地秦簡『法律答問』に「過六百六十銭」の規定（前漢案例⑮）・共犯者の「不訊」の事実（前漢案例⑮）・連座者の論（前漢案例⑯）などの事実確認と、「如辞」（前漢案例①③）・「它如辞」（前漢案例②④⑭⑮⑯）・「診如辞」（前漢案例⑤）と供述に遺漏なきことが常套語で表される。

同時に「診問」・「不訊」・「診如辞」などの用語において、告言を受けて後、問にいたるまでの間の審理が、診・訊と呼称されていたことが明らかになる。診と訊とは同義であろう。なお「問」が、「診問」とも称されている点についてであるが、「診問」とは診＝訊に対しての総括的な確認の義であろう。『説文解字』にも「問、訊也」とあり、「問」は訊の手続きの一環であろう。

鞫

問については「鞫」の項が設けられる。「鞫之」（前漢案例①②⑤⑯）・「鞫」（前漢案例③④⑭⑮）の語で始まり、治獄者自身による審理全体の総括、確定である。その内容は、事実関係（前漢案例①～⑤⑭⑮⑯）と、「皆審」（前漢案例①②）・「審」（前漢案例③④⑤⑭⑮⑯）との、全容を究明し詳審である（「審」）との認識で結ばれる。『史記』酷吏張湯伝には、

劾鼠、掠治、伝爰書、訊、鞫、論報。

と、有名な治獄の行程、劾―掠治―伝爰書―訊―鞫―論報が伝えられているが、『漢書』王尊伝にも、

美陽女子告仮子不幸、（略）吏遣収捕、験問、辞服、（略）尊於是、出坐廷上。

と、県における告―収捕―験問―辞服―出廷（県令の論）の手続きが伝えられている。

これらの伝文を『奏讞書』の案例において確認してみると、これまで見てきた案例では告―訊問（「曰」・「詰」・「問」）―鞫となっており、問は辞服、すなわち「如辞」でもって結ばれている。そして鞫は、『爾雅』釈言に「鞫、窮也」とあり、『漢書』景武昭宣元成功臣表「（新時侯趙弟）坐為太常、鞫獄不実」の師古注には、

如淳曰、鞫者、以其辞、決罪也。

とあり、漢律に通じていた如淳だけあって、鞫が「決罪」、論決の前提になる手続きであったことを伝えてくれている。

疑罪

通常の治獄であれば、ここで論決に移っていいはずであるが、讞の事例であるだけに、例示した前漢案例⑭にはないが鞫については「疑罪」の言葉がくる。ここでは「疑某（被告某）罪」（前漢案例①～⑤）・「疑罪」（前漢案例⑥～⑬）との語の後に、「它県論、敢讞之」（前漢案例①②）・「繫、它県論、敢讞之」（前漢案例③④）・「敢讞之」（前漢案例⑤）な

ど疑罪で讞に相当するものであることが示され（前漢案例⑥～⑬は「疑罪」の語のみ）、併せて吏当、論決の根拠となる比事を付言（前漢案例③）するものもある。

ただ律・令・比事の類は前述したように多くは詰や吏当の項に記載される。なお前漢案例⑯には「疑罪」の語はないが、鞫の項が「審」と結ばれた後、「敢言之」との語がある。吏当に該当する語もないが、続いて律を引用した県としての論が示されている。このため前漢案例⑯の鞫に続く記載は、疑罪・吏当に相当する内容を含むものであったことが知られる。

謁報、署獄吏発

疑罪であるとの認識が示され、讞を行うに当たっては、続いて吏当が付記されることになるのであるが、疑罪の項と吏当との間に、讞の上呈、移書を意味したと思われる「謁報」（前漢案例①②⑤）の語と、讞への署名ならびに移書に当たった担当者が「署獄史曹発」（前漢案例①）・「署史廥発」（前漢案例②）・「署獄史廥発」（前漢案例⑤）と記載されている。

三　讞の書式と『封診式』「訊獄」

讞の書式

『奏讞書』に収められる各種案例には、記載にかなりの繁簡が見られるが、これは『奏讞書』の編者が治獄、あるいは讞作成の手引として、参考になると思われる公文書に編集を加えたものである。讞本来の書式に、さほど多様な体裁があったとは考えられない。そこで以下、公文書としての讞の書式を、『奏讞書』に収められる漢代の案例にお

いて例示してみると、

Ⓐ讞上申の年月日。

Ⓑ治獄機関（廷尉・郡・県）と治獄担当者の職責（郡であれば守・丞）・人名。

Ⓒ「敢讞之」の常套語。

Ⓓ告言（「告」・「劾曰」・「自告」・「辞曰」他）。

Ⓔ被告・事件関係者の供述・証言（文頭に「某曰」・「某言」）。

Ⓕ治獄担当者による事実認識、法的解釈にもとづく責問（「詰」～「何解」）。

Ⓖ被告の供述終了の確認（「解」・「毋辞」・「毋它解」・「罪、毋解」・「存吏当罪、毋解」他）。

Ⓗ被告の供述の総括（「問」～「它如辞」・「診如辞」他）。

Ⓘ治獄担当者による事実関係の確定（「鞫」～「審」・「皆審」他）。

Ⓙ疑罪で讞に相当するものであることを明示（「疑罪」・「疑其罪」～「敢讞之」・「繋、它県論、敢讞之」他）。

Ⓚ讞への署名と讞移送担当者（「謁報」～「署獄史某発」）。

Ⓛ決事（文頭に「当」・「吏当」・「吏議」）。

Ⓜ讞に関連する治獄の讞対象者以外の決事（「県論、敢言之」）。

と続き、

Ⓝ讞に対する上級審からの報がもたらされると、その決事、罪名を「廷報」・「廷以聞」の語の後に追記。

となる。このようにして作成された讞文書、治獄記録は、文箱、「葦方筐」に管理された。保管された治獄記録は、今後の決事比として活用されることになったのであろう。Ⓔ・Ⓕは、訊問の事情に応じて繁簡が生じる。

『封診式』「訊獄」

この讞の書式を、雲夢睡虎地出土の『封診式』「訊獄」と比較してみると、治獄の行程、ならびに用語の斉一性が注目させられる。「訊獄」では、

凡訊獄、㋐必先尽「聴其言」而書之、㋑各「展其辞」、㋒雖智其訑勿庸輒「詰」、㋓其辞已尽而「毋解」、㋔乃以「詰」者詰之、㋕詰之有尽聴書其解辞、㋖有（又）視其「它毋解」者、㋗復「詰」之、㋘詰之極、而数訑、㋙更言不服、㋚其律当治諒者、乃治諒、㋛治諒之必書曰、爰書、以某数更言、毋解辞、治訊某。

とあり、「訊」の手続きは、

㋐「聴言」—㋑「展辞」—㋓「毋解」—［㋔「詰」—㋕「書其解」］。

となる。「毋解」の場合は、これで訊は終了するが、「它毋解」の場合は、

㋐「聴言」—㋖「它毋解」—㋗「詰」—㋘「数訑」—㋙「不服」—㋚「治諒」—㋛「爰書（更言・毋解辞・治諒）」。

と、㋒で禁止されていた「詰」が繰り返され、それでも言を左右にし、しばしば訑（あざむく）ようだと、治諒（笞掠）という手荒い手段まで採られる。治諒については、『封診式』の「治獄」にまた、

治獄、能以書従迹其言、毋治諒而得人請為上、治諒為下、有恐為敗。

とあり、供述の記録と併せ、治諒（笞掠）を廃し、人の「請（情）」、真意を重視すべきことが述べられている。そして㋒で禁止されている「詰」が、「毋解」においても結局㋔で実施されていることについて、これは、もし必要があればと、確認の意味での詰と位置付けられていたようである。

『奏讞書』の案例においては、『封診式』「訊獄」の「毋解」のように起訴事実を全面的に容認した場合（前漢案例⑭⑮）、詰の記録は残されていない。例え確認のための詰を行ったにしても、記録を必要とするような事情がなかったためであろうか。これに対して㋗の詰は、厳しく究明することで、治諒同様、出来得れば避けるべき行為と位置付け

られていた。そうすると『奏讞書』の案例中に見える「詰」の性格についてであるが、詰の事例は、いずれも被告の側に申し分、私見の開陳があった場合で、最後に「何解」と駄目詰めの語がきていて、その後で再び被告の供述が記録されている。

この詰後の供述は、前漢案例④⑯では、詰に対してこれを全面的に容認しているが、前漢案例①②③⑤の場合は、詰の後もなお詰の内容に対して全面的に従ってはいない。詰が行われた後の供述は、かく事情が分かれる。

『奏讞書』前漢案例①②③④⑤⑯の事例は、『封診式』「訊獄」に見える㋗の詰に該当するものとなっている。

訊獄の過程では、「聴言」・「詰」共に記録することが義務付けられており、治諒が加えられた場合は、その理由（吏言・毋解辞）と治諒の事実を爰書に記載することとなっていた。これを『奏讞書』の案例において確認してみると、

「聴言」の記録は、「某曰」として認められ、「詰」については前述した通りである。

訊問の展開を大きく左右する「毋解」と「它毋解」との相違について、『奏讞書』では類似する用語として、前述「讞の書式」Ⓖにおいては、「解」・「罪、它如書」・「罪、它如劾」・「罪、它如某」・「罪、毋解」・「毋它解」・「存吏、毋解」・「存吏当罪、毋解」等々が確認できる。後の三例は、「問」の直前においても自説が記録されている。『奏讞書』の「毋它解」と『封診式』の「它毋解」とは同様の事情を示す言葉で、「存吏当罪」、すなわち吏の立場では有罪であろうが、自分なりの認識はこれまで述べてきた通りでこれ以上申し述べることはない、と被告が自説を留保しているような場合に使用されていたようである。

「解」・「罪、它如書」・「罪、它如劾」は、『封診式』の「毋解」に相当しているが、「罪、毋解」は一様でなく、「毋解」に相当している場合（前漢案例④⑥）もあるが、前漢案例③においては「罪、毋解」とするも事情説明を行ったため「詰」に会い、あらためて「罪、毋解」で「問」に移っている。「罪、毋解」には「它毋解」の義が含まれることもあったのであろう。「罪、它如某」も「詰」を受けている。そして『封診式』では、「它毋解」の場合には、治諒

を行うこともあり得たわけであるから、『奏讞書』においても、「毋它解」や「存吏当罪、毋解」の場合は、訊問の過程で治諒が加えられた可能性が出てくる。

おわりに

江陵張家山での『奏讞書』出土を契機に、漢代の讞制の一端を整理し、併せて治獄の実体についても言及したが、『奏讞書』中の前漢案例は漢王朝も未だ草創時のものである。それでも治獄全般に関わる讞の出土は貴重な存在である。

同時に、『奏讞書』の各種案例には、楚漢対峙時の特殊事情、あるいはその後遺症として、楚の支配下にあった人々の中に亡命者として戸籍の自己申告を義務付けられていた人々がいたこと（前漢案例②③⑭）。そしてこの戸籍の再登録に際しては、自己申告の時に、たとえ奴・婢であっても庶人として登録することが可能であった（前漢案例②③）など、漢王朝による統一化、秩序付けの過程を具体的に示してくれる側面もある。

また人々の生活実感に迫る、「五月中、天旱不雨、令民雩」と、日照に対する雨乞い（雩）の行事も紹介されている（前漢案例⑯）。個々の案例の内容には興味深いものも少なくないが、本稿では讞の書式、構成の問題に限定した。

注

（1）江陵張家山漢簡整理小組「江陵張家山漢簡《奏讞書》釈文」『文物』一九九三―八。

（2）張家山漢墓竹簡整理小組「江陵張家山漢墓概述」『文物』一九八五―一。同小組「江陵張家山漢簡《脈書》釈文」『文物』一九八九―七。同前小組「江陵張家山漢簡《引書》釈文」『文物』一九九〇―一〇。彭浩「湖北江陵出土前漢簡牘概説」・李学勤「江陵張家山二四七号漢律竹簡について」『漢簡研究の現状と展望』関西大学出版部、一九九三。

（3）陳躍鈞「江陵張家山漢墓竹簡」『中国考古学年鑑一九八七』文物出版社、一九八八。
（4）拙稿「漢代の讞制について—江陵張家山『奏讞書』の出土によせて—」『中央大学文学部紀要』史学科四〇、一九九五。本書【Ⅱ】第八章。
（5）彭浩「談《奏讞書》中秦代和東周時期的案例」『文物』一九九五—三、は案例二一を秦代の案例とする。
（6）彭浩「談奏讞書中的西漢案例」『文物』一九九三—八。
（7）李学勤「奏讞書解説（上）」『文物』一九九三—八。
（8）注（7）。
（9）注（6）。
（10）秋審・乞鞫・無害吏・冤獄使者・録囚徒については、拙稿「廷尉平と直指繡衣使者—漢代の司法行政一斑—」『中央大学文学部紀要』史学科三二、一九八七。本書【Ⅱ】第七章。
（11）注（10）。
（12）論決に際し「読鞫」が行われたとする。後漢、明帝・章帝時の鄭司農は、「訊、言也、用情理言之、冀有可以出之者、十日乃断之、（略）鄭司農云、読書則用法、如今時読鞫已、乃論之」（『周礼』秋官小司徒注）と。
（13）注（6）。
（14）賜告により任地から帰家したことが問題とされている。拙稿「漢代における司法の展開について—律令一定と法の公開—」『栗原益男先生古稀記念論集中国古代の法と社会』汲古書院、一九八八。本書【Ⅱ】第二章。

補論　『奏𤅊書』の音読をめぐって

はじめに

北京の文物出版社から発行されている月刊誌、『文物』の一九九三年第八期と一九九五年第三期とに、江陵張家山漢簡整理小組によって整理された『奏讞書』が公表された。春秋時代から前漢初にいたる裁判記録で注目されている。ただここで取り上げるのは、裁判記録の内容についてではなく、この史料に含まれる「𤅊」字についての問題点である。

張家山から出土した竹簡では、この裁判記録の表題は、『奏讞書』と書かれていたのではなく、『奏𤅊書』と墨書されていた。『文物』の釈文では、𤅊の字はこの書物の表題に対してだけではなく、『奏𤅊書』の内容についても「讞」に統一されている（全文に亘る写真版は公表されていない。公表された写真版に限っては讞字が𤅊になっている[補注]）。

なぜこのような整理方法が用いられたかも興味深いが、実はこの𤅊の字の音読についても考えさせられるものがある。このため以下、𤅊の字をめぐって、字形・字音について述べておくことにする[1]。

もちろん『奏𤅊書』以外の簡牘においても、湖北省雲夢県から出土した睡虎地秦簡や甘粛省の武威漢簡などでも𤅊の字形が確認できる。

一　瀛・讞両字の字形の変遷

讞の字は、漢字の字書の類には、ほぼすべて収録されている。しかし瀛は、ほとんど収録されていない。わが国で刊行され比較的広く流布している字書で、瀛の字が収録されているのは、重野安繹等監修『漢和大字典』(2)、上田萬年・栄田猛猪等の『大字典（新大字典）』(3)と諸橋轍次の『大漢和辞典』（一二冊・附索引二冊・補巻）(4)、諸橋轍次等の『広漢和辞典』（三冊・附索引）(5)くらいではなかろうか。中国でも民国以降の出版物では、民国四年刊の陸費逵等の『中華大字典』(6)と、台北の中文大字典編集委員会（張其昀監修）編の『中文大字典』（三八冊・索引二冊）(7)、それに文革後刊行された徐仲舒主編の『漢語大字典』（八冊）(8)、羅竹風主編の『漢語大詞典』（一二冊・附索引）(9)と、八万五千余字を収める冷玉龍・韋一心主編の『中華字海』(10)くらいで、新旧両版『辞源』(11)・『辞海』(12)や、中国大辞典編纂処編の『国語詞典』（四冊）(13)にも瀛の字は収録されていない。

これが時代を遡ると、後漢の許慎の『説文解字』には、

瀛、議辠也、从水獻、与灋同意。

と瀛が見え、三国魏の張揖の『広雅』にも、

瀛、疑也。

と瀛の字が見えているが、讞は逆に出てこない。

時代が降って、宋の陳彭年等重修の『大広益会玉篇』においては、

瀛、魚列切、議也、与讞同。

讞、魚烈・牛箭切、獄也、説文、作瀛議辠也。

と𤅊の字と並んで讞が収録され、宋の司馬光等の『類篇』にも、

𤅊、魚列切、議罪也、文一。

讞、語蹇切、評獄也、又魚戦切、議罪也、又魚列切、文二重音二。

と𤅊の字と並んで讞が見えている。

明代の字書に降れば、𤅊・讞両字についての比較的詳細な紹介が、張自烈の『正字通』に、

讞、乃殄切、年、上声、議獄、議所疑也、（略）去声、尼殿切、又、入声、尼葉切、並義同。

𤅊、魚列切、音臬、説文、議辠也、与法同意、又、羅泌路史曰、丹壺書、自無懐降、所叙、与名山記大同、此予之史篇、所取𤅊者也、与法同、旧註、此字有从言者、从水者、从言、以言議罪也、从水、議罪如水之平也、義各有取、周伯温曰、俗作讞、非誤、按経史、並从讞、説文、贅作𤅊、趙宧光曰、因艸書、譌作讞、必欲廃讞从𤅊、誤与正譌同、［洪武］正韻五屑、扜讞刪𤅊不載、韻会小補、讞註、引集韻、作囐啐、尤誤。

と見えており、とくに讞、𤅊両字をめぐる正譌についての議論が列記されている。(14)

これによると、宋の羅泌（『路史』）は、讞、𤅊の両字は、異なる字義を有する別々の文字であると位置付け、元の周伯琦（字伯温）（『説文字原』・『六書正譌』）の場合は、経史が讞の字を用いていることから、『説文解字』が収録している𤅊の字は、例外的な文字であると決めつけている。これに対して明の趙宧光（『説文長箋』）は、草書体での筆写の間に、𤅊が讞に誤ったものであると、周伯琦とは異なる理解に立っている。

『正字通』に引用されるこれら三者の見解は、結論から言えば、趙宧光の理解が正しいと思われる。まず周伯琦の見解は、経史において讞字が用いられていることを根拠にしているが、周伯琦が目にした経史は、版本、すなわち印刷された書物であった可能性が大きい。このため筆写が重ねられた後代の版本の経史でもって、『説文解字』の文字を論じたとしても、これでは決め手にはならない。同時に、『説文解字』の時代に𤅊の字が通行していなかったかの

ような理解も、近年、出土する戦国秦漢時代の簡牘において、讞字が確認できず、灋字の方が通行していた事実からして成り立たない。

また羅泌が主張するように、讞・灋の両字が、異なる字義を有していたとする点も、もしそのような事情があれば、当然、讞・灋の両字にそれなりの熟語が残されていてしかるべきである。しかし熟語故事を捜集した『佩文韻府』にも、讞字は収録され、関係する数多くの熟語が集められているが、灋字は出てこない。後代、讞が通行する中で、灋が通行していた時代の熟語や故事も、讞字の熟語として吸収されてしまったためと思われる。

今日刊行されている大部の字書の類においても、灋字の出典は、中国で版本が普及する以前に限れば、字書として字形に深く注意が払われたと思われる『説文解字』、『広雅』に限定されている。もちろん『玉篇』は、南朝梁の顧野王の手になるものであるが、今日零本のみとなっており、増字された宋代の『玉篇』を本稿では引用している。もはや讞・灋両字についての『玉篇』のもとの姿を確認することはできない。

それでは讞の字体は、どの時代に現われたかであるが、『広雅』以降で、版本が普及する以前の事情は確認できない。このため推論を挟まざるを得ないが、筆写が重ねられる中で、灋字の氵（さんずい）偏が言（ごん）偏に誤写されたとする趙宧光の見解は、充分考えられることである。そしてこの場合、版本において讞の通行がかなり定着していたと見られることから、讞の字は、経史が版本となって広く人手に渡るようになるかなり以前に作り出され、それまでの灋字は、一般には使用されない文字となっていた可能性が大きい。転写の過程で新たに生み出された（誤写された）讞の字が、それまでの灋に取って代わって通用することになったわけである。

以上は、『正字通』に引かれる宋元明三代に亘る議論であるが、宋の徐鍇の『説文解字繋伝』においても、

臣鍇曰、如水之平也、今相承従言訛也、魚滅反。

と、また讞が誤った字形であることが指摘されている。徐鍇はその根拠として、「如水之平也」を挙げているが、こ

の点について清の邵英は、『説文解字羣経正字』において、

正字当作𤅊、議皋当如水之平、故从水。

と、𤅊の字体を正字と位置付けた上で、裁判、「議皋」において正確な判断、すなわち「水平」を維持するために氵(さんずい)偏が使用されていると、より具体的に説明している。確かに『説文解字』では、この𤅊と同義とされる灋(法の古文)もまた、「灋、刑也、平之如水、从水」と、𤅊字同様、氵(さんずい)偏に作られていた。灋と同義の𤅊がなぜ氵(さんずい)偏であったかについても、「水平」において共通点があったわけである。

ここにおいて讞の字は、𤅊よりも遅れて使用されだした可能性が大きくなる。それでは𤅊がなぜ讞に変化したかが問題となるが、この点については、すでに指摘したように趙宧光の推論が最も妥当性を持つと思われる。しかも𤅊の字義には、前漢高祖七年に出された詔、「県道官獄疑者、各讞所属二千石官」(『漢書』刑法志)からも窺われるように、新たに公用語としての立場が加わった。讞は、判決、決事の判断を上級審に求める手続きである。このため讞にある、「讞之言白」(『礼記』文王世子後漢鄭玄注)、「讞、徐魚列反、言也」(唐陸徳明『経典釈文』)等、「言白」・「言」、上申手続きの義とも関係して、言(ごん)偏の讞が正字と見なされる事情が、草書体としての紛らわしさに加えて存在していた可能性もある。

ここで引用した『経典釈文』は、唐の陸徳明が、おもな古典に音義を付した書物で有用であるが、この『経典釈文』では讞字となっている。しかし今日目にする『経典釈文』は、宋刻本である。

字典の類以外では、ほとんど出番を失っていた𤅊が、最近、簡牘の出土によって突然脚光を浴びることになった。しかし文字はあくまでも伝達、媒介のための道具である。『文物』で『奏讞書』の釈文が、讞で統一されている事実も一つの見識である。

二　潚・讞両字の字音

潚・讞両字の変遷に関連して、もう一つ問題がある。それは両字の字音についてである。この点について『説文解字』と『広雅』は、潚の音を伝えていない。ただ宋の徐鍇は、『説文解字繋伝』（小徐本）において、

潚、疑罪也、従水、獻声、与法同意。

と、兄の徐鉉が校訂し、今日通行している『説文解字』（大徐本）と異なり、「従水獻」の「獻」の後に「声」字を挿入して、「獻」を潚の音符と見なしている。大徐本でも、多く「从○、□声」の形式がとられており、小徐本のように「声」字が挿入されていた可能性はある。ただ徐鍇自身は、「伝」において別に「魚滅反」との反切を付している。

このため小徐本のテキストとしての妥当性如何は別としても、まず「獻」の声が「魚滅反」に当たるかどうかは問題となる。「獻」は、『説文解字』では、「从犬、鬳声」とあり、段注では「許建切」と反切が付されている。小徐本の「伝」の潚に対する反切「魚滅反」と、潚の音符とされる獻に対する段注の反切「許建切」との関係如何が問題となるが、宋代の韻書においては、宋の陳彭年等重修の『広韻』に、

潚、議獄。（魚蹇切、獮韻）

讞、正獄、説文、作獻、議辠也、与法同意。（魚列切、薛韻）

潚、正獄、説文、作獻、議辠也、与法同意。（魚列切、薛韻）

とあり（元泰定本。宋本は薛韻の「潚」が「獻」になっている）、宋の丁度・司馬光等の『集韻』においても、

讞、評獄也。（語蹇切、獮韻）

讞、議罪也。（魚戦切、綫韻）

瀱、讞、囐、嵲、説文議罪也、或从言从口亦作嵲。（魚列切、薛第十）

とあって、瀱と並んで讞が収録され、瀱の字音は徐鍇の反切に類して「魚列切」となっている。讞字にも、瀱の字音と共通する反切「魚列切」が存在しているが、瀱の方には、讞の「魚蹇切」に該当する字音が認められない。

この伝えられる瀱と讞との字音の種類を比較してみると、讞には字音の種類に幅があるのに対して、瀱は字音が限定されている。このことは瀱字の使用が、讞に比べて短かったことを物語っているのか、さもなくば瀱字の字音がすべて伝えられていないのか、のいずれかになろう。

それでも瀱の音に、なぜ「魚滅反」に当たる字音が生じたかは考えておく必要がある。瀱の音符が讞字のどの部分に当たるかの問題でもあるが、小徐本のように「獻」を音符と見なした場合、「獻」が音符として瀱の字音にどのように生かされていたかが問題となる。「獻」の反切は、『広韻』では、「許建切（願韻）」・「素何切（歌韻）」、『集韻』では、「許建切（願韻）」・「桑何切（歌韻）」・「魚羈切（支韻）」・「虚宜切（支韻）」となっている。ただここでは、「獻」に「魚滅反」に該当する字音があればよいわけであるが、これについて清の宋保の『説文諧声補逸』には、

瀱、獻声、説文、与法同意、則与臬字音義同、凡読同、臬之字、多从獻声、巘即甹、巘之字獻声、重文作櫱、齾缺歯也獻声、瀱与法同意、獻声、元寒桓刪山仙、与月曷末黠鎋薛、一声之転。

とあって、「獻」にもまた「櫱」に繫がる字音が確認できるとのことである。[15] また清の王念孫の『広雅疏証』は、『広雅』の「瀱、疑也」に、

漢書鼂錯伝、通関去塞、不孽諸侯、「如淳注云、孽疑也、去関禁、明無疑於諸侯」、孽与瀱義亦相近。

と注解を行い、清の朱珔の『説文仮借義証』は、この王念孫の疏証を拠り所にして、

孽与瀱音義亦相近、孽当為瀱之仮借。

と、瀱と孽とを字義においてだけではなく、字音においても同一であると見なしている。孽の音は、「ゲツ」である。

ともあれ『説文解字』のテキストは、灋の部分の記載については小徐本のように「獻声」と声字を挿入した体裁で問題がないことになる。清の朱駿声の『説文通訓定声』も、

灋、議辠也、从水、獻、与瀍同意、獻亦声字、亦作讞。

と、「獻」を音符と見なしている。そして灋の字に、讞にある「魚蹇反」に当たる字音が確認できないことは、讞が灋から自立して通行する中で、灋は字音においても讞字から切り離され、多くの人から忘れ去られた存在になっていたことを窺わせる。灋・讞両字が、もし並行して使用されていたならば、「獻」が音符であった可能性の高い灋字に、「魚蹇反」に相当する字音があってもよいはずである。いずれにしても今日においては、秦漢時代にどのように音読されていたかが定かではなく、唐宋において、灋の字音が魚列反・魚滅反等の反切で伝えられるのみである。なお『康熙字典』は、

灋、唐韻・集韻、並魚列切、音孼、(略)。

讞、広韻・集韻・韻会・正韻、並魚列切、音孼、(略)。

又広韻、魚蹇切、集韻・韻会、語蹇切、並音孼、上声。

又集韻、魚戦切、韻会、疑戦切、正韻、倪甸切、並音彦、義並同。

と、多くの韻書から、灋・讞両字の反切を集めてくれている。

三　灋の音読

本稿を試みた本当の目的は、ここから始まる。灋・讞両字のそれぞれの字形の変遷、字音の確認は終わったが、二千年余の眠を覚まされた『奏灋書』に、どのような音読のルビをふるかが残された課題である。別に、問題とするま

でもなく讞・讞両字に共通する「ゲツ」音を採用し、「ソウゲツショ」と読めば字書上の問題はない。しかしわが国の字書で、讞字を含む熟語において、讞字は、ほぼ「ゲン」と読まれている。それにも拘わらず『奏讞書』『奏讞書』の場合だけは、讞字を含む「奏讞」の熟語が地下から出てきたために、「奏讞」までも「ソウゲツ」と読むことになる。少なからず唐突である。

わが国で「奏讞」の熟語に音読を付している字書は、管見の限りでは上田萬年・栄田猛猪等の『大字典（新大字典）』と諸橋轍次の『大漢和辞典』くらいである。この両書において「奏讞」の読みがどのようになっているかと言えば、前者は「ソウケン（『新大字典』はソウゲン）」、後者は「ソウゲツ」と、両書が異なる読みを付している。もちろん「奏讞」の語句を収める字書はない。諸橋『大漢和辞典』（含、補巻）も讞で始まる熟語一四例はすべて「ゲン」と読み、「定讞」・「請讞」・「上讞」・「詳讞」・「訊讞」などでも讞は「ゲン」または「ケン」[16]と音読されている。讞字を収録する他の字書も同様である。なぜ諸橋『大漢和辞典』が、この統一を崩して「奏讞」を「ソウゲツ」と読んだかであるが、讞の字が熟語の頭にきていない場合、一部「平讞」・「刺讞」・「訊讞」などでも讞を「ゲツ」と読み、「信讞」では讞に「ゲン」・「ゲツ」両音を併記している。諸橋『大漢和辞典』では、讞で始まる熟語でない場合、讞の読みには一部不統一さが見られるようである。

比較的広く長期に亘って利用されてきた、東川徳治の『典海（増訂支那法制大辞典）』[17]においても、法制上の用語としての讞の読みは「ケン」とされている。漢和辞典の類では、塩谷温の『（改訂増補）新字鑑』[18]も讞を「ケン」と濁らないで音読しているが、いずれにしても「讞」の音は、わが国では「ゲン」あるいは「ケン」と慣用され、熟語において「ゲツ」と音読されることは、諸橋『大漢和辞典』の「奏讞」を始めとする一部の事例を知るのみである。

それにしても二千年を越えて眠り続けた竹簡は、わが国の字書において数少ないと思われる音読の混乱を、あたかも突くかのごとく、「奏讞」の文字が記載されていた。以前、「奏讞」の語を諸橋『大漢和辞典』で確認したとき、一瞬こんな読みがあったのかと戸惑った。もちろん浅学の故である。今回、『奏讞書』の讞の読みを確認する過程で、あらためて『大漢和辞典』の慧眼に敬服したりもした。讞・讞両字に共通する字音を、今日確認できる字音の範囲内で求めるとすれば、字書の許容範囲としては確かに「ゲツ」が妥当となる。

しかし讞の字は、長らく文字としての役割を失い、字書の片隅で生き延び、章炳麟のような古典学者の文章に用いられている（「讞獄」『高先生伝』）に過ぎない。讞字の「ゲツ」音に、これまで比較的慣用化されてきた讞の読み「ゲン」音を捨ててまで合わせることになる。文字の役割について考えさせられる問題である。

この点について悩んできた。戦国秦漢の簡牘においては、これまでのところ讞の字は確認できず、讞の字体で統一されている。讞の字音は単に『奏讞書』の読みのみの問題ではなくなっている。讞字で表記される版本を中心とした時代では、これまで同様、「ゲン」と音読したとして、簡牘を利用する時代の研究では、版本の讞は「ゲン」、簡牘の讞は「ゲツ」と読み分けるわけにも行かない。このため字書上の整合性のために戦国秦漢史において讞が「ゲツ」音に統一されるようなことになると、時代を超えて中国史を理解しようとした場合、読みの統一性に混乱が生じないであろうか。

讞の読みについて悩んできた原因の一つがここにある。さらに『奏讞書』の中においてはまた、讞字が相応しいのでは思われる個所が、「言」となっている場合がある。⒆ 讞の字音の中に、「言」に相当する字音が含まれていたのではと疑いたくもなる。「獻」が音符と見なされていることからして、「言」に相当する字音があったとしてもおかしくはない。ただ今日伝えられている讞の字音からは確認できない。このため讞の字音が、今日伝えられる唐宋以降の反切に限定されていたかどうかについては、なお疑問として残しておきたい。

ただこのような議論では、解決のない迷路に入り込んでしまいかねない。しかし中国の字書において、この難問は、すでに解決済みとなっている。徐仲舒主編の『漢語大字典』と羅竹風主編の『漢語大詞典』とにおいてである。この両書は、陸費逵等の『中華大字典』（𤅊は「魚列切」、讞は「魚列切」「語蹇切」「魚戦切」）や張其昀監修の『中文大辞典』（字音は後述）まで引きずってきた𤅊と讞との反切の相違を、

𤅊　yàn《広韻》魚列切、入薛疑、月部。（徐仲舒主編『漢語大字典』）

𤅊［yàn《广韵》魚列切、入薛、疑］。（羅竹風主編『漢語大詞典』）

と、讞の拼音字母（以下、拼音）と同じ“yàn”に統一しているのである。すなわち𤅊・讞両字共にyànの拼音になっている（冷玉龍・韋一心主編の『中華字海』の場合は、讞だけyànの拼音を付し、𤅊には拼音が付されていない）。

徐仲舒主編の『漢語大字典』と羅竹風主編の『漢語大詞典』とでは、『広韻』薛韻の「魚列切」に属する𤅊・讞を含む孼櫱蠥[illegible]闑旹钀櫱龓[illegible]の一二字は、先韻の「古賢切」にも収められる龓と、獮韻の「魚蹇切」にも収められる讞とは、jian と yàn の拼音が採用されているが、それ以外の「魚列切」に対しては、𤅊を除くすべてが niè の拼音となっている（旹钀龓の三字は、羅竹風主編の『漢語大詞典』には収められていない）。しかし張其昀監修の『中文大辞典』は、『集韻』𤅊字の反切「魚列切、音孽、屑、入声」に対して、ウェード式ローマ字表記が“nieh”となっている（讞は、『広韻』・『集韻』・『韻会』・『正韻』魚列切、音孽、屑、入声、nieh.『広韻』魚蹇切、『集韻』・『韻会』語蹇切、音巘、銑、上声、yean.『集韻』魚戦切、『韻会』疑戦切、『正韻』倪甸切、音彦、霰、去声、yann）。nièh は拼音の niè に該当する。𤅊に yèn の拼音を選択した背景に、讞の字音との関連はなかったであろうか。[20]

「魚列切」に yàn の拼音が付された経緯は定かでないが、この結果、中古音のために讞と𤅊とを yàn と niè とに読み分けたり、あるいは耳慣れない niè 音の方に統一したりと、無用な混乱を招くことはなくなった。𤅊に讞の字音を採用した中国の措置は英断である。『文物』における『奏𤅊書』の釈文が、讞で統一されていることも、当然、字音の統一と軌を一にすると思われる。

わが国でも、𤅊・讞両字が混在することになった戦国秦漢史において、当然、検討されるべき課題ではなかろうか。

その場合、各字書によってほぼ慣用化されてきた讞の字音「ゲン」(「ケン」)が、字書編纂の不統一さによって選択された「奏讞」(ソゥゲツ)の音読に制約されるのも不自然である。それとも簡牘と版本とが混用される時代については、字書との整合性のために、讞字はすべて「ゲツ」に統一されるべきであろうか。文字学の素人が論じる問題ではないが、長年受け入れられてきた讞の字音「ゲン」が、特定の時代においてのみ「ゲツ」に置き換えられるのも残念である。実用から遠ざかっていた瓛字であるだけに、讞の字音はせめて「ゲン」とし、「奏讞」も「ソウゲン」と音読したい。そして瓛字も『漢語大辞典』・『漢語大詞典』の英断に準じて、「ゲン」と音読したいが、わが国の既存の字書から離れることが許されないとの意見が出ることは必至である。ただこれでは引き続き「奏瓛(讞)」にソウゲン・ソウゲツの二種の音読が混用されることになり、生きた言葉としては無意味と考える。いずれ新しい中国の字音に合わせ、瓛が「ゲン」と音読される字書がわが国においても編纂されることを俟ちたい。

おわりに

ここでは瓛・讞両字の字音に限定しているが、簡牘類が大量に出土することになった今日、今後も同様の問題が生じる可能性がある。このため瓛・讞両字のみに限定された議論として、この問題を終わらせたくはない。多少誇張気味かも知れないが、蘇った文字、字音への対応である。簡牘には字書に残されていない字音字義不明の文字も存在する。敢えて試論を行った所以である。文字学の面からすると、このような考えは、暴論の誹りを免れないかも知れない。ただ事柄の故に、なれない音韻の世界を垣間見た。理解に誤りなきかと畏れる。

注

（1）拙稿「讞制について─江陵張家山『奏讞書』の出土によせて」『中央大学文学部紀要』史学科四〇、一九九五、本書【Ⅱ】第七章、に「雲夢睡虎地竹簡の𤅆」・「讞の字形・字義」について言及した。
（2）重野安繹等監修『漢和大字典』三省堂、一九〇三。熟語には音読を付さない。
（3）上田萬年・栄田猛猪等『大字典』啓成社、一九一七。同『新大字典』講談社、一九九三。
（4）諸橋轍次『大漢和辞典』（一二冊・附索引）大修館書店、一九五五～一九六〇。（修訂本、一二冊、附索引二冊）一九八四～一九九〇。（鎌田正・米山寅太郎『大漢和辞典補巻』二〇〇〇）。
（5）諸橋轍次等『広漢和辞典』（三冊・附索引）大修館書店、一九八一～一九八二。
（6）陸費逵等『中華大字典』中華書局、一九一五。
（7）中文大辞典編集委員会（張其昀監修）『中文大辞典』（三八冊・索引二冊）中国文化学院出版部、一九六二～一九六八。
（8）徐仲舒主編『漢語大字典』（八冊）四川辞書出版社・湖北辞書出版社、一九八六～一九九〇。
（9）羅竹風主編『漢語大詞典』（一二冊・附索引）上海辞書出版社、一九八六～一九九四。
（10）冷玉龍・韋一心主編『中華字海』中華書局・中国友誼出版公司、一九九四。
（11）陸爾奎・方毅等『辭源』商務印書館、（正編）一九一五～（続編）一九三一。（修訂本）広東広西湖南河南辞源修訂組・商務印書館編輯部編、商務印書館、一九七九～一九八三。
（12）舒新城等『辞海』中華書局、一九三六。（三巻本）辞海編輯委員会編、上海辞書出版社、一九七九、（増補本）、一九八三。
（13）中国大辞典編纂処『国語詞典』（四冊）商務印書館、一九三七～一九四五。
（14）『正字通』に先立つ、明の梅膺祚の『字彙』は、簡略であるが、反切は、𤅆「魚列切、音臬」、讞「語蹇切、年上声」・「去声、倪殿切」・「入声、魚列切」となっている。
（15）高田忠周『漢字詳解』西東書房、一九〇九、訂正再版一九二四、は獻は古字、𤅆・讞は後出の文字とする。
（16）注（4）『補巻』は、「讞」は、「ゲン」と音読し、讞で始まる熟語は、すべて「ゲン」で読んでいるが、「詳讞」・「上讞」・「訊讞」での讞は、「ケン」と読んでいる。諸橋『大漢和辞典』では、讞に「ケン」の字音を採用していないだけに混乱が見られる。
（17）東川徳治『典海』法政大学出版部、一九二九。同『増訂支那法制大辞典』松雲堂、一九三三。

(18) 塩谷温『(改訂増補) 新字鑑』高等教育研究会、一九五七。

(19) 『奏讞書』の案例一四・一六などに見える、「敢言之」の語句では、「言」が「讞」に置き換えられる、あるいはその方が適当と思われる個所がある。

(20) 注(7)の第八冊には、「中古音字表」が付されており、頁五二三四の「yàn」の中に「魚蹇切」の讞と並んで、「魚列切」の讞が収められている。頁五一二六の niè 音に属する「魚列切」の文字とは、讞が意識的に区別されていたことが明となる。

(補注) 『奏讞書』を含む湖北省江陵張家山出土漢簡の全写真版は、二〇〇一年一一月刊の『張家山漢墓竹簡〔二四七号墓〕』文物出版社、において公表された。この張家山出土漢簡の写真版においても「讞」字は確認できず、「讞」字で統一されていた。

【Ⅲ　中国古代の出土文物と地域社会】

第一章　出土文物による先秦史研究——文革後の新動向

一　概観

新中国成立後の先秦時代に関わる出土文物の紹介は、一九五九年以前（建国十年）については、張長寿「商殷」、王世民「西周春秋」、林寿晋「戦国」、黄展岳「秦漢」（『新中国的考古収獲』文物出版社、一九六一）に詳細な纏めが行われており、一九七九年にいたる建国以来三十年については、文物編集委員会による、『文物考古工作三十年』（文物出版社、一九七九）が豊富な資料を提供してくれる。

後著は、省・自治区単位に叙述されているが、巻末に国家文物局研究室資料組による「文物考古工作三十年記事」が付され、年月順に全国の重要な考古学上の動向が判るようになっている。そして、「筆談建国三十年来的文物考古工作」（『文物』一九七九—一〇）では建国以来三十年の出土文物の特集を行っている。

また夏鼐氏による、夏鼐「考古学和科学史—最近我国有関科技史的考古新発現」（『考古』一九七七—二、『考古学与科技史』中国科学出版

社、一九七九）
夏鼐「三十年来的中国考古学」（『考古』一九七九—五）
も、簡潔ではあるが主要な出土文物を網羅する。
〔追記〕関連する文献として、
中国社会科学院考古研究所『新中国的考古発現和研究』（文物出版社、一九八四）
は、『新中国的考古収獲』（文物出版社、一九六一）、の体裁を引き継ぎ、殷瑋璋・張長寿・王世民・張亜初・劉観民・謝端琚「殷商時代」、高煒・黄展岳・盧兆蔭・楊泓・孟凡人・王世民・烏恩「秦漢時代」で建国以来三十年の考古学的成果を総合的に紹介する大著。

吉林大学歴史系考古専業等の、
『工農考古基礎知識』（文物出版社、一九七八）
の、下編、「歴代考古基本知識」は、考古作業員の教材であり、かつて中国科学院考古研究所によって編集された、
『考古学基礎』（科学出版社、一九五八）
の体裁を継ぐものであるが参考になる。そしてこれら出土文物を収録する図版集として、
『新中国の出土文物』（外文出版社、一九七二）
出土文物展覧工作組『文化大革命期間出土文物第一輯』（文物出版社、一九七二）
があり、前者は解放後の出土文物の総合的な図録で、殷・戦国間で四六点を収めるのに対し、後者は一九六五年から一九七一年と限定された期間であるが、山東省益都蘇埠屯殷墓・陝西省岐山賀家村出土西周青銅器・湖北省京山鄭河水庫中干渠出土西周青銅器・河南省洛陽北塙龐家溝西周墓・湖南省長沙瀏城橋春秋墓・山西省侯馬喬村戦国墓など重点的に出土文物が収められている。

啓蒙書であるが、

中国歴史博物館『簡明中国歴史図冊』（天津人民美術出版社、一九七八年以降）全一〇冊

があり、第二冊の「奴隷社会」と第三冊の「封建社会—戦国」とが本稿に関わる。また、

『中国文化大革命期間の出土文物』（外文出版社、一九七三）

とその続編、

『中国の新出土文物』（外文出版社、一九七九）

さらには、

王子雲『中国古代離塑百図』（人民美術出版社、一九八一）

も参考になる。

以上は、解放後の比較的長期にわたる期間を対象としたものであるが、中国歴史学年鑑編集組『一九七九年中国歴史学年鑑』（三聯書店、一九八〇）所収の、

黎樹「一九七九年的中国歴史学」

王思治「中国古代史分期問題討論述評」

王世民「中国考古研究」

李学勤「先秦史研究」

などは、一九七九年度を中心とする先秦史の回顧である。また同書巻末に付される「中国史新書再版書書目輯覧」・「中国史部分論文索引」は、地方新聞にもわたる比較的詳細な文献目録で有用であるが、中国人民大学による『復印報刊資料』などによっても、なおわが国で見ることのできないものがかなりある。また一九八〇年度においては、『一九八〇年中国歴史学年鑑』の要旨なるものが『北京周報』一九八一年二〇号に「一九八〇年の新発見三〇」とし

て掲載されており、

王世民「一九八〇年中国考古研究」（『考古』一九八一—三）

も一九八〇年度の概況を伝える。

［追記］『中国歴史学年鑑』は、一九七九年版に次いで一九八一年版以降毎年刊行されているが、一九八〇年版は、刊行されなかった。

ついで地方単位に出土文物を収録紹介するものとして、

楚文物展覧会『楚文物展覧図録』（北京歴史博物館、一九五四）

『五省出土重要文物展覧図録』（文物出版社、一九五八）

南京博物館等『江蘇省出土文物選集』（文物出版社、一九六三）

内蒙古文物工作隊『内蒙古文物資料選集』（内蒙古出版社、一九六四）

湖南省博物館『湖南省文物図録』（湖南人民出版社、一九六四）

などは比較的早いものであるが、一九七〇、八〇年代の出土文物については、

河北省文物管理処『河北省出土文物選集』（文物出版社、一九八〇）

黒竜江省文物工作隊『黒竜江古代文物』（黒竜江人民出版社、一九七九）

広西壮族自治区文物管理委員会『広西出土文物』（文物出版社、一九七八）

汪寧生『雲南考古』（雲南人民出版社、一九八〇）

新疆維吾爾自治区博物館『新疆出土文物』（文物出版社、一九七五）

同『新疆歴史文物』（文物出版社、一九七七）

天戈『北京出土文物』（北京出版社、一九八〇）

などがあり、

武伯綸『西安歴史述略』(陝西人民出版社、一九七九)
童恩正『古代的巴蜀』(四川人民出版社、一九七九)
侯仁之等『北京史話』(上海人民出版社、一九八〇)
呉貴芳『古代上海述略』(上海教育出版社、一九八〇)
蔣贊初『南京史話』(江蘇人民出版社、一九八〇)
王果等『長沙史話』(湖南人民出版社、一九八〇)
廖志豪等『蘇州史話』(江蘇人民出版社、一九八〇)
鄭雲山等『杭州与西湖史話』(上海人民出版社、一九八〇)
張益桂等『桂林史話』(上海人民出版社、一九七九)
孔立『度門史話』(上海人民出版社、一九七九)
莫傑『南寧史話』(広西人民出版社、一九八〇)

など各地で刊行されている史話の類も簡潔ではあるが先秦史にふれる。

さらに、これら先秦時代の出土文物を専論した最近の研究書としては、

北京大学歴史系考古教研室商周組『商周考古』(文物出版社、一九七九)

が好著である。本書は鄒衡氏を中心に編纂され、殷から春秋末にいたる考古学の成果が纏められているが、二十余年の歳月をかけて推敲、完成されただけに恰好の入門書となる。鄒衡氏はこの他、氏自身のこれまでの研究を、

『夏商周考古学論文集』(文物出版社、一九八〇)

として刊行されたが、この度再版された、

郭宝鈞『中国青銅器時代』（三聯書店、一九六三年初刊、一九七八年再刊）も、考古学をふまえての殷から戦国にいたる概説書としてなお貴重である。また、

楊寛『戦国史』（上海人民出版社、一九八〇）は、旧著（一九五五年刊）を最近の考古学の成果をもとに全面的に書き改められており、紙幅もほぼ倍になっていて力作である。

閻麗川『中国美術史略』（人民美術出版社、一九八〇）は絵画・彫塑・工芸・建築に重点がおかれるが、本書も一九五八年刊の旧書を、その後二十年にわたる新出土文物をもとに改修されており、便利である。そして、

林甘泉「従出土文物看春秋戦国間社会変革」（『文物』一九八一―五）は、この春秋戦国の間を奴隷制から封建制への変革期と見る立場でもって出土文物にふれる。

なお一九七九年四月三日に、西安において中国考古学会の結成大会が開催（夏鼐氏が理事長、中国考古学会第二年次会は一九八〇年一二月下旬に武漢で開催）されたが、その際八二の論文が提出されたと伝えられる。そしてこの度、この論文のうち四六篇が、

『中国考古学会第一次年会論文集（一九七九）』（文物出版社、一九八〇）

として公刊され、先秦に関わる論文がほぼ三分の二を占めている。

以上本節では、出土文物に重点をおいた先秦史の動向について、比較的全般にわたる文献を中心に掲げて来た。ついでは出土文物の個々について最近の成果を少しく紹介する。

二　甲骨・金文・簡牘

中国における考古分期には、「石器時代考古」・「商周考古」・「戦国秦漢考古」・「魏晋南北考古」・「隋唐考古」・「宋元考古」との区分が見える（前掲『考古学基礎』・『工農考古基礎知識』など）。これは春秋時代を奴隷制社会とし殷周考古に含ませているためであるが、ここでは先秦史として殷から戦国時代までについて二、三概観することにする。

原始文字

まず文字を伴う出土文物についてであるが、郭沫若は、

郭沫若「古代文字弁証的発展」（『考古』一九七二―三）

において、半坡仰韶遺跡で発見された五、六〇種の符号を、文字的性格を持つ花押、または族徽の類かと述べ、

汪寧生「従原始記事到文字発明」（『考古学報』一九八一―一）

石興邦『半坡氏族公社』（陝西人民出版社、一九七九）

も半坡の原始符号と文字の起源との関係について論じている。また同時期の姜寨遺跡からは三八種の符号が確認され、関係論文として、

築啓明「姜寨遺址考古発掘的主要収獲及其意義」（『人文雑誌』一九八一―八）

がある。もちろんこの問題はまだ試論の域を出ないが、一九七三年冬から一九七四年秋にかけての、江西省清江呉城村殷代遺跡の調査において発見された六六の陶文・石刻文字・符号の場合は、甲骨文字に先行する文字として注目され、関係論文として、

江西省博物館等「江西清江呉城商代遺址発掘簡報」（『文物』一九七五—七）
唐蘭「関于江西呉城文化遺址与文字的初歩探索」（『文物』一九七五—七）
趙峰「清江陶又及其所反映的殷代農業和祭祀」（『考古』一九七六—四）

がある。この甲骨文字（殷墟にも刻文陶器八〇点、刻文七〇種がある）に先行する文字としては、字数は少ないが、また一九七三年に河北省藁城台西村遺跡からも陶文一二字が発見され、その報告が、

季雲「藁城台西村商代遺址発現的陶器文字」（『文物』一九七四—八）

に見える。

〔追記〕王蘊智「史前陶器符号的発現与漢字起源的探索」『華夏考古』一九九四—三に、その後の漢字の起源をめぐる研究史が詳細に紹介されている。

甲骨文

呉城遺跡や藁城台西村遺跡出土の陶文などは断片的で、殷代の纏まった史料となるとやはり殷墟他で出土する甲骨卜辞に及ぶべくもなく、この甲骨の出土は、これまで一〇余万片ともいわれる。この彪大な数の甲骨のうち、中国内外の所蔵になる五万片弱が、一九七九年より四、五年間の予定で、

郭沫若主編『甲骨文合集』（本文一三・附篇八巻、中華書局）

として集大成され、釈文・重要項目の索引が附されることになった。大事業であり、わが国最大の所蔵を誇る京都大学人文科学研究所の甲骨三二四六片が、

『甲骨文字研究』（同朋舎、一九八〇）

として刊行されたことと併せ、甲骨学の進展に寄与すること多大である。

また最近の甲骨の出土例としては、一九七三年三月から一二月にかけての河南省安陽小屯村南地での発掘において、甲骨七千余片、刻字五〇四一片（卜甲七〇・卜骨四九五九・牛肋条四・未加工の骨料八）が発見された。その概要は、

中国科学院考古研究所安陽工作隊「一九七三年安陽小屯南地発掘簡報」（『考古』一九七五―一）

に見える。これは解放後最大の刻字甲骨として注目されており、この度、

中国社会科学院考古研究所『小屯南地甲骨』上下（中華書局、上冊一・二は、一九八〇、下冊一〜三は、一九八三）

として利用に供されることになった。

これら最近の甲骨文字研究の概況については、

王宇信『建国以来甲骨文研究』（中国科学出版社、一九八一）

があり、過去八十年の甲骨文主要著録目や建国以来甲骨文論著簡目も付されていて有用である。なお小冊子であるが、

孟世凱『殷墟甲骨文簡述』（文物出版社、一九八〇）

蕭艾『甲骨文史話』（文物出版社、一九八〇）

なども刊行されており、後者には附録として「甲骨文大事年表」が付されている。また殷墟の発掘作業は、近年西区を中心に多数の墓が調査されているが、

中国社会科学院考古研究所安陽工作隊「一九六九―一九七七年殷墟西区墓葬発掘報告」（『考古学報』一九七九―一）

は、この殷代遺跡関係の報告書であり、

河南省安陽市文化局『殷墟―奴隷社会的一個縮影』（文物出版社、一九七六）

も啓蒙書であるが殷墟の概観に便利である。

金文付青銅器

この甲骨学は、二〇世紀になって開かれた分野であるが、ついで述べる青銅器銘文の場合は、北宋（欧陽脩『集古録跋尾』一〇巻）以来その多くのものが集録されて来たにも拘わらず、現在も毎年多数の青銅器が各地で発見されている。このなかで、一九七六年一二月に、刻文二八四字という長文の銘を持つ西周恭王時の「史墻盤」が、陝西省扶風荘白で発見された。この荘白遺跡（荘白一号窖蔵）からは、同時に一〇八点の西周青銅器が出土し、銘文を持つものが七四点で、周廷の史官微氏（国）に関するものが五五点を占め、周の政治制度・社会経済に関する重要な史料を提供することになった。この簡報には、

陝西周原考古隊「陝西扶風荘白一号西周青銅器窖蔵発掘簡報」（『文物』一九七八―三）

がある。

この陝西省荘白遺跡出土の青銅器群は、近年においては比較的纏まって出土した事例であるが、荘白遺跡の位置する扶風県一帯はまた、全国的にみても青銅器が多数出土することで注目されている。青銅器銘文中、最も長文の四九七字の「毛公鼎」を出土した陝西省岐山県もまたこの扶風に近隣し、扶風とならび青銅器の出土地として知られる。扶風・岐山一帯は、周の文王が豊に都を徙すまで周の中心であったが、この西周文化発祥の地である渭水盆地では、この他一九六九年に藍田県泄湖で出土した、共王一二年造の土地争いへの判決文に関係する一二三字の銘を持つ「永盂」、

唐蘭「永盂銘文解釈」（『文物』一九七二―一）

一九七二年眉県楊家村出土の銘文二七字の大鼎、

史言「眉県楊家村大鼎」（『文物』一九七二―七）

や、一九七五年に岐山県董家村で出土した、三七点の青銅器の内で、租田・易地・獄訟・盟誓などの詳細な記録を持つ「𠑇匜」など三〇点の青銅器、

岐山県文化館等「陝西省岐山県董家村西周銅器窖穴発掘簡報」（『文物』一九七六—五）
林甘泉「対西周土地関係的幾点新認識」（『文物』一九七六—五）
唐蘭「陝西省岐山県董家村新出西周重要銅器銘辞的訳文和注釈」（『文物』一九七六—五）
唐蘭「用青銅器銘文来研究西周史」（『文物』一九七六—六）
盛張「岐山新出𠐑匜若干問題探索」（『文物』一九七六—六）

さらには一九七六年に臨潼零口西段で出土した六〇点の青銅器のうち、「珷征商」と伐殷の銘を持ち西周最古の青銅器と称される「利簋」、

臨潼県文化館「陝西臨潼発現武王征商簋」（『文物』一九七七—八）
唐蘭「西周時代最早的一件銅器利簋銘文解釈」（『文物』一九七七—八）

など、解放後だけでも、四〇以上の市や県から、三千点を越える殷周青銅器が出土している。一九七九年以降、これら陝西省出土青銅器のうち千余点の図録が、

陝西省考古研究所等『陝西出土商周青銅器』（全六巻、文物出版社）

として逐次刊行されることとなった。第一巻には巻頭に、

呉鎮烽「陝西出土商周青銅器概述」

が付されている。

もちろん青銅器の出土は、陝西省以外においても少なくない。殷代においても、すでに南方では湖南省常寧で牲首獣面紋方尊が出土しており、

『中国の新出土文物』（外文出版社、一九七九）

に紹介がある。なお、

「長江下游商周青銅器的若干発現及研究」（『文物』一九八〇—八）には、その特集が組まれ、江西省清江呉城殷代遺跡をはじめ戦国時代にいたる長江下流出土の青銅器にもふれる。

北方では、一九七三年に遼寧省克什克騰旗土城子で出土した弦文甗、克什克騰旗文化館「遼寧克什克騰旗天宝同発現商代銅甗」（『考古』一九七七—五）があり、一九七四年には近接の喀左でも青銅器が出土し、喀左県文化館等「遼寧省喀左県山湾子出土殷周青銅器」（『文物』一九七七—一二）と、その広がりを見るが、これら全国にわたる漢以前の青銅器のうち、文革後を中心に、その主要な青銅器九六点（戦国以前は七八点）が、『中国青銅器選』（文物出版社、一九七六）に収録されており、

李学勤『中国青銅器的奥秘』（外文出版社、一九八〇）も入門書となる。

張長寿「殷周時代的青銅器」（『考古学報』一九七九—三）は、器形に重点をおいた研究であり、

北京鋼鉄学院冶金史組「中国早期銅器的初歩研究」（『考古学報』一九八一—三）は、素成を中心とした研究であるが共に有用である。また、

杜廼松『中国古代青銅器小辞典』（文物出版社、一九八〇）は、小冊子であるが、礼器から農工具・楽器・兵器・車馬器・度量衡・符節・雑器（灯・鏡・帯鈎など）・紋様など、広範囲におよぶ手頃な解説書である。

一九五七年、安徽省寿県春秋蔡国君主墓（後述）出土の舟車二種の楚国の通関手形である「鄂君啓節」、一九六五年、四川省成都花潭中学十号戦国墓出土で、

四川博物館「成都百花潭中学十号墓発掘記」（『文物』一九七六—三）

に紹介される「錯嵌燕射水陸攻戦画象壺」（一九三五年河南汲県山彪鎮戦国墓出土水陸攻戦銅鑑紋に類似）。また一九七七年には、陝西省鳳翔高王寺戦国窖蔵から鑲嵌射宴壺が出土した。

韓偉等「陝西鳳翔高王寺戦国銅器窖蔵」（『文物』一九八一—一）

に紹介される。一九七七年、河北省中山王譽墓西庫出土の、解放後発見された金文中、最長の字数である四六九字の銘文を持つ「中山王譽十四年鼎」、

張守中『中山王譽器文字編』（中華書局、一九八一）

など、最近にいたるまでの主要な青銅器が、

『中国青銅器選』（文物出版社、一九七六）

において図版で紹介される。

かつて、

雲南省博物館『雲南省博物館銅鼓図録』（文物出版社、一九五六）

において紹介が行われた雲南の青銅器関係では、

『雲南青銅器論叢』（文物出版社、一九八一）

が近刊される。

簡牘

以上は殷周に遡る史料であるが、続く簡牘は、戦国秦漢を中心としたもので、一九五一年に湖南省長沙五里牌四〇六号戦国墓で竹簡三八が出土して以来、長沙一帯で五里牌も含め竹簡一五二（一九五三年に湖南省長沙仰天湖戦国墓で竹簡四二、一九五四年に湖南省長沙揚家湾M〇〇六号戦国墓で竹簡七二）が出土し、

中国科学院考古研究所『長沙発掘報告』（科学出版社、一九五七）

湖南省文物管理委員会「長沙仰天湖第二五号木槨墓」（『考古学報』一九五七―二）

楊譁「長沙楊家湾M〇〇六号墓清理簡報」（『文物』一九五四―一二）

一九五七年に、河南省信陽長台関戦国墓で竹・木簡二二九、

河南省文化局文物工作隊第一隊「我国考古史上空前発現」（『文物』一九五七―九）

河南省文化局文物工作隊『河南信陽楚墓出土文物図録』（河南人民出版社、一九五九）

一九六五年に湖北省江陵望山一・二号戦国墓で竹簡三六、

湖北省文化局文物工作隊「湖北江陵三座楚墓出土大批重要文物」（『文物』一九六六―五）、他

一九七三年に湖北省江陵藤店一号戦国墓で竹簡二四、

荊州地区博物館「湖北江陵藤店一号墓発掘簡報」（『文物』一九七三―九）

が出土した。この簡牘関係については、

大庭脩「中国出土簡牘研究文献目録」（『関西大学文学論集』二八―四）

舒学「我国古代竹木簡発現出土情況」（『文物』一九七八―一）

が関係する文献を網羅する。後述するが一九七八年に、戦国曾侯墓からも竹簡が大量に出土した。また遺跡の年代は降るが、一九七二年に山東省臨沂銀雀山前漢墓から大量の竹簡が発見され、

銀雀山漢墓竹簡整理小組『孫臏兵法』（文物出版社、一九七五）

銀雀山漢墓竹簡整理小組『孫子兵法』（文物出版社、一九七六）の成果を得、一九七五年に湖北省雲夢睡虎地一一号秦墓から出土した一千点を越える竹簡である、睡虎地竹簡整理小組『睡虎地秦墓竹簡』（文物出版社、一九七八）も、先秦史に関わる史料である。写真版は、『睡虎地秦墓竹簡』（文物出版社、一九七七）があり、拙稿「湖北雲夢睡虎地秦墓管見」（『中央大学文学部紀要』史学科二六、本書【Ⅰ】第四章）に関係論文を引く。

なお最後に帛書、玉石朱書にふれると、一九七三年に湖北省長沙馬王堆三号前漢墓で発見された帛書のなかに、馬王堆漢墓帛書整理小組『老子』（文物出版社、一九七六）

馬王堆漢墓帛書整理小組『戦国縦横家書』（文物出版社、一九七六）

などの諸書が認められた。写真版、

馬王堆漢墓帛書整理小組『馬王堆漢墓帛書（壱）』（文物出版社、一九七四）

の第一輯に「老子」、第三輯に「戦国縦横家」・「春秋事語」を収録。また一九六五年に山西省侯馬市の晋の都城の新田で出土した一千余（文字の識別可能は六五六点）の玉や石に朱書された春秋後期の晋の趙氏に関わる盟書も、

山西省文物工作委員会『侯馬盟書』（文物出版社、一九七六）

として利用に供され、江村治樹「侯馬盟書考」（『内田吟風博士頌寿記念東洋史論集』）に関係論文を収める。

［追記］簡牘関係では、銀雀山漢墓竹簡整理小組『銀雀山漢墓竹簡（壱）』文物出版社、一九八五、雲夢睡虎地秦墓編写組『雲夢睡虎地秦墓』文物出版社、一九八一、馬王堆漢墓帛書整理小組『馬王堆漢墓帛書（壱・三・四）』文物出版社、一九七四〜八五、等の報告書が刊行されている。その後の簡牘類の出土は、龍崗秦簡、張家山漢簡等多数に上る。

三　聚落遺跡と墓葬

都市（城墻）遺跡

ついでは聚落遺跡についてであるが、まず都市遺跡から見て行くと、一九五五年秋に発見された河南省鄭州殷代故城遺跡、

河南省博物館等「鄭州商代城遺址発掘報告」（『文物資料叢刊』一九七七—一）

一九七四年に調査された湖北省黄陂盤竜城（発見されたのは一九五四年）、

湖北省博物館「一九六三年湖北黄陂盤竜城商代遺址的発掘」（『文物』一九七六—一）

湖北省博物館等「盤竜城一九七四年度田野考古紀要」（『文物』一九七六—二）他

などの故城は、殷代中期に遡る。

この両故城は、一九七七年春に河南省登封陽城遺跡、

中国歴史博物館考古調査組「河南登封陽城遺址的調査与鋳鉄遺址的試掘」（『文物』一九七七—一二）

で発見された城堡遺址などのように、夏代か、とされる遺跡を別とすれば、今日、城墻を伴う最も古い都市遺跡となる。この鄭州故城・盤竜城の他、安陽・堰師二里頭などではまた、殷代の宮殿建築の基礎も確認され、構造物の復原では、安陽小屯甲四基址宮殿、

石璋如「殷代地上建築復原之一例」（『国立中央研究院刊』第一輯）

があり、堰師二里頭・盤竜城宮殿は、

楊鴻勲「従盤竜城商代宮殿遺址談中国宮廷建築発展的幾個問題」（『文物』一九七六—二）

がある。
殷代以降を一括紹介すると、西周岐山・扶風宮殿、
傅熹年「陜西岐山鳳雛西周建築遺址初探」（『文物』一九八一―一・二）
楊鴻勲「西周岐邑建築遺址初歩考察」（『文物』一九八一―三）
春秋秦の雍城宮殿、
楊鴻勲「鳳翔出土春秋秦宮銅構―金釭」（『考古』一九七六―二）
秦の咸陽宮殿、
陶復「秦咸陽宮第一号遺址復原問題的初歩探討」（『文物』一九七六―一一）
がある。
少し時代が遡るが、
「東洋建築史文献目録一九三六―一九六六」（『建築雑誌』八四―一）
に関係論文が収められている。
これに対し西周の都市遺跡の調査は、その事例が欠落していたが、一九七六年に陜西省岐山・扶風周原遺跡の発掘が行われ、岐山鳳雛村で西周時代の大規模な宮殿遺跡が発見された。翌一九七七年四月にはこの鳳雛村の窖穴で甲骨一万五千余片、うち文字を有するもの一七〇余片が出土した。
陜西周原考古隊「陜西岐山鳳雛村西周建築基址発掘簡報」（『文物』一九七九―一〇）
陜西周原考古隊「陜西岐山鳳雛村発現周初甲骨文」（『文物』一九七九―一〇）
陳全方「早周都城岐邑初探」（『文物』一九七九―一〇）
また扶風召陳村でも、西周時代の建築遺跡一五ヶ所が発掘され、

陝西周原考古隊「扶風召陳西周建築群基址発掘簡報」(『文物』一九八一—三)

陝西省鳳翔豆腐村では、一九七三年から一九七四年にかけ、秦の雍城故跡と関係すると思われる宮殿遺跡が発掘された。

鳳翔県文化館等「鳳翔先秦宮殿試掘及其銅質建築構件」(『考古』一九七六—二)

陝西省雍城考古隊「陝西鳳翔春秋秦国凌陰遺址発掘簡報」(『文物』一九七八—三)

続く春秋戦国時代の都市遺跡は、解放前から比較的多くの調査が行われ、その報告を見るもの約四〇。臨淄斉国故城・曲阜魯国故城・侯馬晋国遺跡・楚紀南城遺跡・鄭韓故城・邯鄲趙王城・燕下都遺跡（以上は春秋戦国時代の故城遺跡中、全国重点文物保護単位となった遺跡）など、著名な故城も少なくないが、これについては、

関野雄『中国考古学研究』(東京大学出版会、一九五六)

伊藤道治「先秦時代の都市」(『研究』三〇)

飯島武次「東アジアの都城の系譜」(『日本古代学論集』一九七九)

建築科学研究院建築史編委会組織『中国古代建築史』(中国建築工業出版社、一九八〇)

など、これまで多くの研究、紹介が行われており、中国でも、などで部分的であるが概述されている。

そこで、ここでは河北省易県の東南に位置し、燕の下都故城跡かと推定されている戦国時代の都城級故城を例示する（この故城の調査は、一九三〇年以来、一九六五年までに五次にわたり行われ報告も多い）と、故城の構造は、

河北省文化局文物工作隊「河北易県燕下都故城勘察和試掘」(『考古学報』一九六五—一)

によると、板築の城壁が東西約八、南北約四キロメートルで、中央部を南北に運河と城壁とが走り、西城と東城とに区切る。西城は二つの住居地と数基の墓と多数の武器が発見されるのみで、空地が多い（練兵施設か）。これに対して

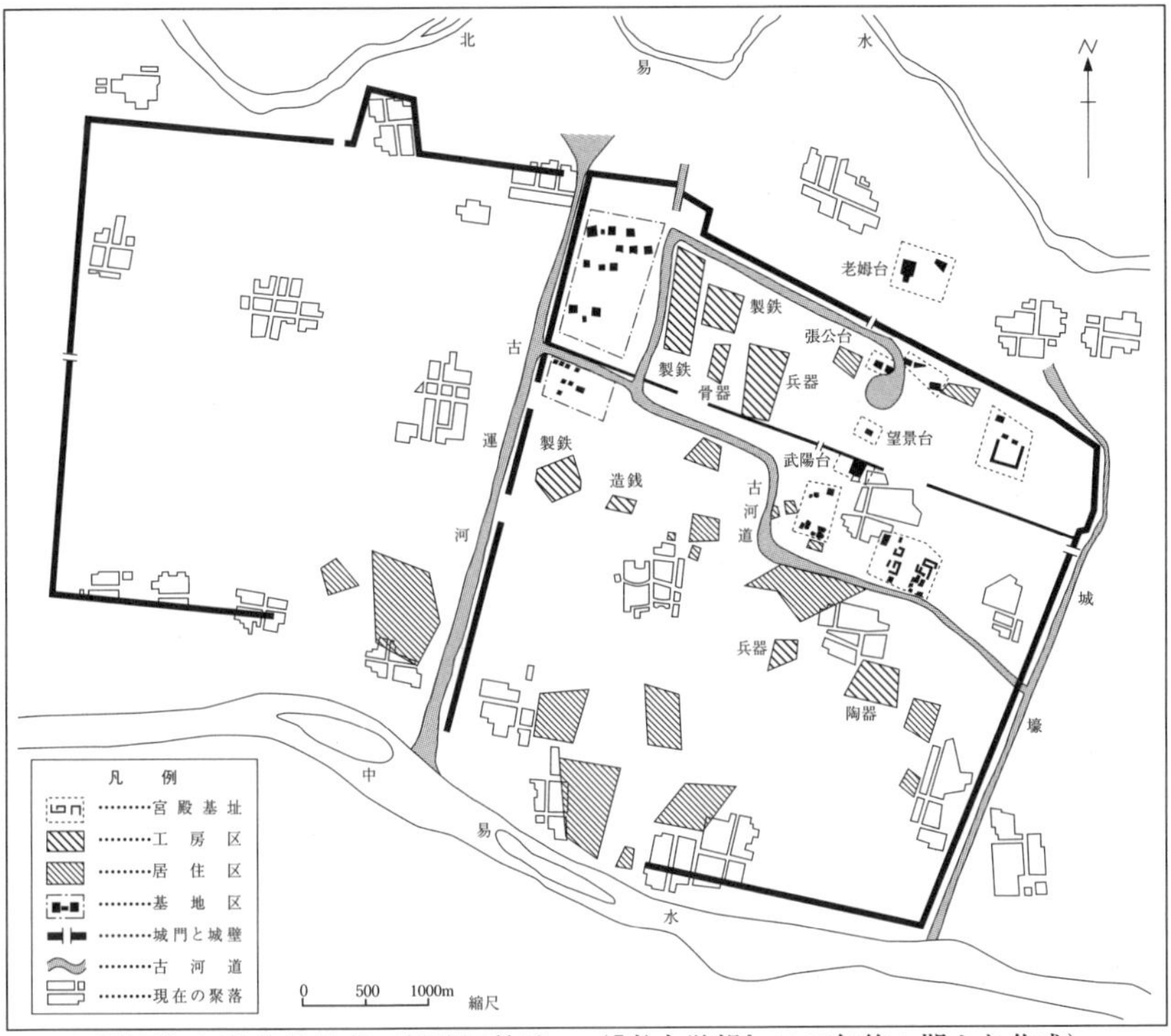

〔附図〕河北省易県燕下都戦国故城　（『考古学報』1965年第１期より作成）

東城は、宮殿—武陽台・望景台・張公台・老姆台と、工房—製鉄・兵器製造・造銭・陶窯・骨器製造、居住区、墓地（二三基）、井戸、窖穴などが確認され、点在する居住区からは、鏟・錐の他、犁なども出土する。また城内の各所で鉄の首伽や足伽をされた骨架の小土坑墓が発見されている。そして宮殿・工房の大部分と居住区・墓地とを区切るように水溝が存在する。

以上がこの燕の下都の概観であるが、隋唐の条里がはっきりしている都城と異なり、城内の居住区などに一定の次序は確認できず、空地も多く（城内に耕地も存在したか）、都城といっても未だ戦国時代にあっては牧歌的である（附図参照）。

同時にこれら先秦の故城は、都城としての政治性を強く帯びていたため、その政治的使命を終えると、一九七二年に河北省邯鄲市で調査された戦国・漢代の邯鄲大北故城（東西

三、南北四・八キロメートル）の場合、

邯鄲市文物保管所「河北邯鄲区古遺址調査簡報」（『考古』一九八〇―二）に簡報が見えるが、邯鄲が一般県城化され、政治的地位が軽減されると、漢以後の遺物が減少し、遺跡の範囲も縮小して、その衰微のほどを窺わせることになる。

村落遺跡

以上の都市遺跡に対して村落遺跡はとなると、新石器時代の聚落遺跡は比較的豊富である（拙稿「石器時代の聚落」『中国聚落史の研究』、刀水書房、一九八〇、拙著『中国古代の聚落と地方行政』【聚落編】第一章、汲古書院、二〇〇二）が、殷周以降についてはあまり多くの事例を見出し得ない。ただその中で、比較的注目されているのは、一九七二年から一九七三年にかけて調査された河北省藁城台西村殷代遺跡で、家屋址一四のうち、分室家屋が混在するなど社会分化の進展を窺わせると共に、隕鉄製品（鉄刃青銅鉞）や、これまで殷代に確認されたことのない漆器（朱漆に黒漆で饕餮・夔文・雷文などを描く）の残片の出土が伴う等の成果も見られ話題をよんだ。

河北省博物館等『藁城台西商代遺址』（文物出版社、一九七七）

河北省文物管理処台西考古隊「河北藁城台西商代遺址発掘簡報」（『文物』一九七九―六）

なお一九七二年から一九七五年にかけ、七次の調査が行われた河南省鄭州大河村遺跡は、新石器時代から商代にかけての遺物が確認され、分室・単室の混在する二二基の家屋址が出土した。遺物も一千五百余と多く、今後聚落の構成を検討する上で貴重な材料を提供することになった。

鄭州市博物館「鄭州大河村遺址発掘報告」（『考古学報』一九七九―三）この家屋址のなかには、同一場所に繰り返し家屋を建築した例もある。

また西周時代の遺跡としては、一九五五年以来、調査が継続されている陝西省長安張坡村灃河西岸地区があり、中国科学院考古研究所『灃西発掘報告』（文物出版社、一九六二）が公刊され、一五基の家屋址が発見され、中国社会科学院考古研究所灃西発掘隊「一九七六―一九七八年長安灃西発掘簡報」（『考古』一九八一―一）では、三ヶ所の比較的大規模な建築址が確認されている。

一九五九年に調査された、河北省磁県下潘汪遺跡、河北文物管理処「磁県下潘汪遺址発掘報告」（『考古学報』一九七五―一）も、新石器時代から漢代にいたる遺跡・遺物を含み注目される。この磁県下潘汪遺跡では、家屋址五基をはじめ比較的遺物の多い西周時代の場合は、家屋は次序なく点在し、生産工具は石器が中心であり、二四二個の灰坑のなかには井戸灌漑用と推定されるものの他、殺された三人の人骨や頭のない馬骨が灰坑内で確認された。王仁湘「奴隷制生産方式的又一新見証―河北磁県下潘汪西周文化遺存試析」（『文物』一九七七―二）は、当時の社会情況を想定させることにもなっている。

ついで戦国時代になると、一九五七・一九六二・一九六三年の三次にわたる調査により、戦国時代の家屋址が、吉林省長蛇山遺址で一五基発見された。吉林省文物工作隊「吉林長蛇山遺址的発掘」（『考古』一九八〇―二）これによると各家屋は、三～五、近いものは二メートル間隔で位置し、半地穴式で、家毎に石墻、さらには補助的小墻を設け、聚落全体の周墻は確認できない。出土品からは住民間の格差が認められ、聚落内の貧富の分化も想定されている。

また一九七五年には、吉林省猴石山でも家毎に石墻を持つ戦国時代の半地穴式家屋三基が発見されている。

吉林地区考古短訓班「吉林猴石山遺址発掘簡報」（『考古』一九八〇―二）

一九五七年から一九七八年にかけ山東省滕県を中心に調査された、新石器時代から漢代にかけての八六の遺跡の分布は、

中国社会科学院考古研究所山東隊等「山東滕県古遺址調査簡報」（『考古』一九八〇―一）

の簡報によれば、多く自然の河川に近く、馬王堆出土古地図に見える里の状況と類似する。これは自然の河川が豊富な地域では、井戸灌漑などの人為的灌漑よりも、自然の河川が優先利用されたことによる。

墓葬

先に引用した北京大学歴史系考古教研室商周組『商周考古』によれば、

①殷代早期墓は、河南省の鄭州・陜県・鞏県・安陽、河北省藁城、湖北省黄陂などで八〇余基。

②殷代晩期墓は、河南省の安陽・輝県・温県・鄭州・洛陽・孟県・上蔡・淮陽、河北省の磁県・武安・邢台・藁城、山東省の益都・長清・済南・歴城・鄒県・泰安・滕県・平陰・恵民・浜県などで約三千基。

③西周から春秋初期墓は、陜西省宝鶏台・長安灃西、河南省洛陽瀍西・浚県辛村・三門峡市上村嶺、北京房山黄土坡をはじめ千基近く。

と殷周時代の既発掘の墓多数を掲げ、それぞれについて分析が加えられている。

前述の「一九六九―一九七七年殷墟西区墓葬発掘報告」も、九三九基におよぶ殷代の墓葬と五基の車馬坑とを紹介している（この地区では戦国以降の墓も二〇〇近く発掘されている）。春秋戦国時代の墓葬になると、一九五〇年から一九五二年にかけて発掘された河南省輝県趙固戦国魏一・二・三号墓、

中国科学院考古研究所『輝県発掘報告』（科学出版社、一九五六）

一九五五年に発掘された、安徽省寿県春秋晩期蔡国君主墓、

安徽省文物管理委員会等『寿県蔡侯墓出土遺物』（科学出版社、一九五六）

一九六五年に発掘され、越王勾践の剣出土で知られる湖北省江陵望山戦国一号墓（前出）、一九七三年に発掘され、越王州勾の剣が出土した江陵藤店春秋晩期墓、

荊州地区博物館「湖北江陵藤店一号墓発掘簡報」（『文物』一九七三—九）

など、王陵級の大墓も発掘されているが、最近の、

李学勤「秦国文物的新認識」（『文物』一九八〇—九）

張剣「従河南淅川春秋楚墓的発掘談対楚文化的認識」（『文物』一九八〇—一〇）

高至喜等「楚人在湖南的活動遺迹概述」（『文物』一九八〇—一〇）

兪偉超「先楚与三苗文化的考古学推測」（『文物』一九八〇—一〇）

沈仲常「新都戦国木椁墓与楚文化」（『文物』一九八一—六）

などには、この時期の秦墓と楚墓（最近この長江流域の調査は新石器時代に遡り活発である。『文物集刊㈠』文物出版社に長江下流新石器時代文化の特集）とについて総括が見える。

楊錫璋等「従考古学上看秦和東方各国的社会差別」（『考古』一九七四—五）

は、春秋戦国時代の秦国と東方諸国との差異を、副葬品・人殉葬・貨幣鋳造などの面から分析しており、

張増祺「従出土文物看戦国至西漢時期雲南和中原地区的密切聯系」（『文物』一九七八—一〇）

は、雲南と中原との関係を副葬品から分析する。そして、

兪偉超「古史分期問題的考古学観察〈一・二〉」（『文物』一九八一—五・六）

には、人殉から人俑への変遷についての纏めが、奴隷制との関連で試みられている。

安陽亦工亦農文物考古短訓班等「安陽殷墟奴隷祭祀坑的発掘」（『考古』一九七七―一）では、一九七六年に武官村北地で一九一基の殷代祭祀坑が発掘され、一一七八人（実際は一四五八人か）の成人男子を主とする被殺人骨が確認されている。また春秋末から戦国初の人殉の事例として最近の調査に、後述の曾侯墓の他、

固始侯古堆一号墓発掘組「河南固始侯古堆一号墓発掘簡報」（『文物』一九八一―一）

においても確認できる。

これら多数の先秦墓において、最近の重要な収穫を掲げるとすれば、一九七六年に発掘された安陽殷墟の婦好墓、一九七四年から一九七八年にかけて発掘された河北省平山県の戦国中山国王陵、一九七八年に発掘された湖北省随県の戦国曾侯乙大型木槨墓、あたりであろうか。このうち婦好墓、

中国社会科学院考古研究所安陽工作隊「安陽殷墟五号墓的発掘」（『考古学報』一九七七―二）

は、武乙時の王墓で、四四〇余点の青銅器、五九〇余点の玉器の他、象牙器をも出土し、この時期の社会経済・工芸・礼制を知る上で、殷墟における解放後最大の収穫とされ、

中国社会科学院考古研究所『殷墟婦好墓』（文物出版社、一九八〇）

の報告書がある。また中山国王陵、

河北省文物管理処「河北省平山県戦国時期中山国墓葬発掘簡報」（『文物』一九七九―一）

は、戦国諸侯国の一で、中山国の王都に位置し、一号墓（王䜌墓）からは銘文青銅器六〇余点、青銅板の「兆域図」、また六号墓からは幾種かの天幕の部品が出土した。

中山国は、これまでその社会・文化など、必ずしも明らかでなかったが、今次の発掘で研究の進展が期待できよう。ただ中山国が白狄の国とされる点では、天幕の部品（中山国のテントは円形で包を想定させる）などが関わるであろうか。ただ一九七五年に山東省長清崗辛戦国墓からも二組の方形のテントが出土しているが、

山東省博物館等「山東長清崗辛戦国墓」（『考古』一九八〇―四）

朝覲・軍旅用と見なされている。

また中山国一号墓（王嚳墓）の青銅器に見える銀象嵌双翼神獣は、南方文化を想定させ興味をひく。兆域図も古建築史上特筆されるもので、傅熹年、楊鴻勲氏による兆域図復原の研究が見える。

傅熹年「戦国中山王嚳墓出土《兆域図》及其陵園規制的研究」（『考古学報』一九八〇―一）

楊鴻勲「戦国中山王陵及兆域図研究」（『考古学報』一九八〇―一）

ついで曾侯墓、

随県擂鼓墩一号墓考古発掘隊「湖北随県曾侯乙墓発掘簡報」（『文物』一九七九―七）

は、戦国曾国の王墓で、六四点の編鐘セットをはじめ多数の楽器が出土したことで注目されたが、また青銅礼器・兵器と共に竹簡二四〇余枚（六六〇〇字）が副葬されていた。この曾侯墓については、

湖北省博物館『随県曾侯乙墓』（文物出版社、一九八〇）

の図録集も公刊されている。

塞北・嶺南の墓葬について付言すると、最近の匈奴墓では、一九七二年に内蒙古自治区桃紅巴拉、一九七四年に同区玉隆太、一九七九年に同区西溝畔と呼魯斯太などで戦国時代の匈奴墓が発掘されており注目されている。

田広金「桃紅巴拉的匈奴墓」（『考古学報』一九七六―一）

田広金「内蒙古阿魯柴登発見的匈奴遺物」（『考古』一九八〇―四）

内蒙古博物館等「内蒙古準格爾旗玉隆太的匈奴墓」（『考古』一九七七―二）

伊克昭盟文物工作姑等「西溝畔匈奴墓」（『文物』一九八〇―七）

塔拉等「呼魯斯太匈奴墓」（『文物』一九八〇―七）

嶺南については、一九七四年に広西壮族自治区銀山嶺で戦国墓一一〇・漢墓四五・晋墓一が発掘された。このうち戦国墓は、百越文化の特色を示すが、兵器を大量に含む青銅器三七七点、生産工具（鋤・斧・錛など）を中心とする鉄器一八一点、と豊富な出土品を見る。

広西壮族自治区文物工作隊「平楽銀山嶺戦国墓」（『考古学報』一九七八―二）

四　貨幣・鉄器・その他

貨幣

青銅器一般についてはすでにふれた。ここでは銅銭をはじめ各種貨幣についての最近の出土例を紹介しておく。まず殷のいわゆる貝貨については、

賈谷文「商品貨幣与殷商奴隷制」（『考古』一九七六―一）

戴志強「安陽殷墟出土貝貨初探」（『文物』一九八一―三）

があり、楚の金版（郢称・陳称・鄟称・潁称・覃称など）・金餅については、

安志敏「金版与金餅―楚漢金幣及其有関問題」（『考古学報』一九七三―二）

が、これまでの出土例を網羅的に分析し便利である。蟻鼻銭も含めた楚国の貨幣一般については、

李家浩「試論戦国時期楚国的貨幣」（『考古』一九七三―二）

がある。

一九七四年に、河南省扶溝古城村で、春秋晩期から戦国時代にかけての銀布一八点（三〇七二・九グラム）、金版一九五点（郢称・陳称・鄗称など）、金餅一九七点（金幣合計八一八三・三グラム）と大量の金銀幣が出土した。

湖南省博物館等「河南扶溝古城村出土的楚金銀幣」（『文物』一九八〇―一〇）

その内、実・空首銀布は、中国で最古の銀幣となる。また一九七九年には安徽省寿県戦国晩期遺跡で金郢称・盧称など一八点が出土した。

涂書田「安徽省寿県出土一大批楚金幣」（『文物』一九八〇―一〇）

刀銭については、一九六〇年に河北省滄県肖家楼で、戦国時代の一〇三三九枚もの明刀銭が出土し、

天津市文物管理処「河北滄県肖家楼出土的刀幣」（『考古』一九七三―一）

一九七二年には、山東省海陽汪格荘で、斉・安陽・即墨などの刀銭一八〇〇余枚が出土した。

朱浩「談山東海陽出土的斉国刀貨」（『文物』一九八〇―二）

この山東を中心とする斉幣の分析については、

朱浩「従山東出土的斉幣看斉国的商業和交通」（『文物』一九七二―五）

孫善徳「山東海陽出土一批斉刀貨」（『文物』一九八〇―二）

がある。布銭については、一九六一年に山東省祁県で二四～二五キロもの方足布が出土し、戦国韓魏趙のものが多い。

傅淑敏「祁県下王荘出土的戦国時代布幣」（『文物』一九七二―四）

曾庸「若干戦国布銭地名之弁釈」（『考古』一九八〇―一）

比較的出土例の少ない空首銭についても、一九七〇年に河南省伊川富留店西地の陶瓮内から春秋早・中期の空首布が七五三枚、一九七一年には河南省新安牛丈村西から春秋中期の空首布が四〇一枚、

洛陽博物館「洛陽附近出土的三批空首布」（『考古』一九七四―一）

が出土した。

共に洛陽の遠郊であるが、春秋時代の早期にこのように大量の金属貨幣が出土したことは、これまであまり例のな

いことである。なお周秦漢三代にわたる貨幣史の大著である、

王献唐遺著『中国古代貨幣通考』三冊（斉魯書社、一九七九）

が刊行を見た。

鉄器

ついで鉄器についてふれると、鉄器の製練は、殷代に遡る隕鉄の加工を別とすれば、長沙竜洞坡五二・八二六号墓出土の鉄削、江蘇省六合程橋二号墓出土の鉄条、長沙識字嶺三一四号墓出土の鉄鍬など、块練鉄系であるが、春秋時代、前六、七世紀の間、楚の範囲内に確認でき、六合程橋一号春秋末期墓出土鉄魁の場合は、すでに白鋳鉄である。

黄展岳「関于中国開始冶鉄和使用鉄器的問題」（『文物』一九七六—八）

ただ、

楊寛「試論中国古代冶鉄技術的発明和発展」（『文史哲』一九五五—二）

楊寛『中国古代冶鉄技術的発明和発展』（上海人民出版社、一九五六）

は、春秋中期、北方中原に鉄器出現の開始を求める。

白鋳鉄の開始はわずかに降り、前五、六世紀とされるが、河南省洛陽水泥製品廠戦国早期灰坑からも鋳鉄の鏟（斨）が出土している。

李衆「中国封建社会前期鋼鉄冶煉技術発展的探討」（『考古学報』一九七五—二）

この戦国時代に入っての鉄器で注目される遺跡は、一九六五年に河北省易県で発掘された燕下都の四四号墓である。

この発掘報告は、

河北省文物管理処「河北易県燕下都四四号墓発掘報告」（『考古』一九七五—四）

であるが、出土文物一四八〇余点中、貨幣の一三六〇余枚についで、鉄器が七九点（胄一・剣一五・矛一九・戟一二・鐏一一・匕首四・鋤一・钁四・帯鈎三・環七・鈎一）と多く、北京鋼鉄学院圧力加工専業の調査、

北京鋼鉄学院圧力加工専業「易県燕下都四四号墓葬鉄器金相考察初歩報告」（『考古』一九七五―四）

では、鉄器九点中、三点は鋳鉄であるが、六点は鍛鉄であった。

また三点の鋳鉄中には、酸化して表面部分だけ炭素を脱して鍛鉄化（柔化処理）したものもあるとのことで高い水準を示している。なおこの柔化処理については、すでに一九七五年に、湖南省長沙長楊六五号春秋晩期墓から炭素含有率〇・五％の高温処理された鉄剣が出土し、同長沙長窖一五号の春秋戦国の際の墓からはまた、白鋳鉄の鉄鼎形器が出土した。

長沙鉄路車站建設工程文物発掘隊「長沙発現春秋晩期的鋼剣和鉄器」（『文物』一九七八―一〇）

兵器の出土例では、一九七一年に調査された湖南省長沙瀏城橋一号墓も一〇余種八〇余点と大量の兵器を出土したが、青銅器兵器である。

湖南省博物館「長沙瀏城橋一号墓」（『考古』一九七二―一）

楊泓『中国古兵器論叢』（文物出版社、一九八〇）

車制については、

孫機「従胸式系駕法到鞍套式系駕法―我国古代車制略説―」（『考古』一九八〇―五）

がある。

また一九六五年以来、湖北省大冶銅緑山一帯で春秋戦国時期の鉱山遺跡（複数）が調査されてきている。一九七三年の調査、

湖北省博物館「湖北古鉱冶遺址調査」（『考古』一九七四―四）

一九七四年の調査、

銅緑山考古発掘隊「湖北銅緑山春秋戦国古鉱井遺址発掘簡報」（『文物』一九七五—二）

一九七九年の調査、

中国社会科学院考古研究所銅緑山工作隊「湖北銅緑山東周鉱遺址発掘」（『考古』一九八一—一）

黄石市博物館等『銅緑山—中国古鉱冶遺址』（文物出版社、一九八〇）

がある。

この鉱山遺跡は、坑木を組んだ坑道（地下五〇メートルの階段式竪坑も存在）が設けられるなど本格的なものであるが、ここでも鋳鉄の鉄製工具（鉄鋤・鉄錘・鉄耙）が出土している。旧聞に属するが、河北省石家荘市荘村戦国趙国遺址で出土した鉄・石・骨・蚌などの生産用具の場合は、鉄製農具が六五パーセントを占めており、

河北省文物管理委員会「河北省石家荘市市荘村戦国遺址的発掘」（『考古学報』一九五七—一）

河北省興隆大副将溝の戦国晩期遺跡からは、钁・鋤・鎌・斧・鑿・車具などの鋳型四〇組八七点が出土し、

鄭紹宗「熱河興隆発現的戦国生産工具鋳範」（『考古』一九五六—一）

一九七七年の河南省登封陽城遺跡でも、戦国時代の熔鉄炉が出土し、農具を含む一三種の鋳型が確認され、

中国歴史博物館考古調査組等「河南登封陽城遺址的調査与鋳鉄遺址的試掘」（『文物』一九七七—一二）

生産工具への鉄器の進出を窺わせる。

雷従雲「戦国鉄農具的考古発現及其意義」（『考古』一九八〇—三）

なお本項の主題から少しく離れるが、農具・農耕に関わる最近の研究を紹介すると、

李仰松「中国原始社会生産貢献試探」（『考古』一九八〇—六）

于省吾「従甲骨文看商代的農田墾殖」（『考古』一九七二—四）

游修齢「対河姆渡遺址第四文化層出土稲穀和骨耜的幾点看法」（『文物』一九七六―八）
華泉「対河姆渡遺址骨制耕具的幾点看法」（『文物』一九七七―七）
宋兆麟「河姆渡遺址出土骨耜的研究」（『考古』一九七七―二）
陳振中「殷周的耒耜」（『文物』一九八〇―一二）
北京鋼鉄学院理論学習小組「先秦両漢時期的冶鉄技術与儒法闘争」（『考古』一九七四―六）
陳文華「光輝燦爛的中国古代農業科技」（『文物』一九八〇―八）
李昆声「雲南牛耕的起源」（『考古』一九八〇―三）
王大道「雲南滇池区域青銅時代的金属農業生産工具」（『考古』一九七七―二）
楊式梃「関于広東早期鉄器的若干問題」（『考古』一九七七―二）
張振新「漢代的牛耕」（『文物』一九七七―八）
宋兆麟「西漢期農業技術的発展」（『考古』一九七六―一）
劉志達「考古材料所見漢代的四川農業」（『文物』一九七九―一二）
山東省博物館「山東萊蕪県西漢農具鉄範」（『文物』一九七七―七）
呉梓林「従考古発現看中国古稲」（『人文雑誌』一九八〇―四）

などがある。

そして、
雷従雲「三十年来春秋戦国鉄器発現述略」（『中国歴史博物館館刊』一九八〇―二）
は、これら解放後の鉄器出土遺物を網羅していて便利であるが、
北京鋼鉄学院中国古代冶金編写組『中国古代冶金』（文物出版社、一九七八）

北京鋼鉄学院中国冶金簡史編写組『中国冶金簡史』（科学出版社、一九七八）
劉雲彩「中国古代高炉的起源和演変」（『文物』一九七八―二）
雲南大学歴史系等『雲南冶金史』（雲南人民出版社、一九八〇）
夏湘蓉『中国古代砿業開発史』（地質出版社、一九八〇）

などにも先秦時代の鉄器についての紹介、分析が見える。

紡織

紡織については、すでに新石器時代の浙江省呉興銭山漾遺跡で、一九五八年に蒙麻布が発見されている、
浙江省文物管理委員会「呉興銭山漾遺址第一・二次発掘報告」（『考古学報』一九六〇―二）
が、殷墟、その他からはかなり精緻な絹織物が出土した。
胡厚宣「殷代的蚕桑和絲織」（『文物』一九七二―一一）
高漢玉等「台西村商代遺址出土的紡織品」（『文物』一九七九―六）
陳娟娟「両件有絲織品花紋印痕的商代文物」（『文物』一九七九―一二）

一九七五年には、陝西省宝鶏市の両座西周前期奴隷殉葬墓から、刺繍のされた平紋・菱形紋の絹織物が発見され、
李也貞等「有関西周絲織和刺繍的重要発現」（『文物』一九七六―四）
これによりこれまでの西周時代の空白が埋められた。

原始青瓷

原始青瓷などと呼ばれる瓷器についても、殷代のものが殷墟や鄭州銘功路で発見され、西周のものも長安普渡村の

西周墓、
陝西省文物管理委員会「長安普渡村西周墓発掘」(『文物』一九七二―一〇)
洛陽龐家溝の西周墓、
洛陽博物館「洛陽龐家溝五座西周墓的発掘」(『文物』一九七二―一〇)
など、各地で確認されるにいたっている。
安金槐「対于我国瓷器起源問題的初歩探討」(『考古』一九七八―三)
そして、
紹興県文物管理委員会「浙江紹興富盛戦国窯址」(『考古』一九七九―三)
は、原始青瓷や硬陶などの出土を伴う戦国時代の窯遺跡の報告である。

ガラス

ガラス器具については、一九七二年に河南省洛陽荘淳溝の西周早期墓、
洛陽博物館「洛陽龐家溝五座西周墓的清理」(『文物』一九七二―一〇)
から珠、一九七五には陝西省宝鶏茹家荘の西周早期墓、
宝鶏茹家荘西周墓発掘隊「陝西省宝鶏市茹家荘西周墓発掘簡報」(『文物』一九七六―四)
から管や珠と、西周早期―前一一世紀にガラスが確認され、ガラスの中国自創説が主張されるにいたった。
楊伯達「関于我国古玻璃史研究的幾個問題」(『文物』一九七九―五)
戦国時代に入ると、ガラス器具の種類も、璧・瓉・杯・瑗・珠・管・印章・剣飾と多様化し、出土例も多くなる。
湖南省博物館「湖南常徳山楚墓発掘報告」(『考古』一九六三―九)

漆器・楽器・文房具・絵画・その他

殷代の漆器については前述したが、漆器の存在は、さらに時代を遡って新石器時代においても、一九七七年発掘の遼寧省敖漢旗大甸子古墓や、一九七八年発掘の浙江省余姚河姆渡村遺跡において考定されている。

王世襄「中国古代漆工雑述」（『文物』一九七九—三）

西周時代になると、一九五八年に湖北省圻春毛家嘴遺跡から漆杯が出土しており、

中国科学院考古研究所湖北発掘隊「湖北圻春毛家嘴西周木構建築」（『考古』一九六二—一）

春秋戦国時代には、江陵・長沙・信陽等の楚墓を中心に、優れた器物が多数出土している。前述した墓葬の楚墓でふれたが、纏まった著書としては、遡るが、

商承祚『長沙出土漆器図録』（上海出版公司、一九五五）

がある。

またこの春秋戦国時代の文物には、これ以外にも優れた遺物が少なくなく、多様な楽器—鐘・声・鼓・琴・瑟・笙・笛・排簫が、前述の曾侯墓他、

王克芬『中国古代舞路史話』（人民音楽出版社、一九八〇）

楊蔭瀏『中国古代音楽史稿上下』（人民音楽出版社、一九八一）

に見え、毛筆は一九五四年に発掘され、

河南省文物管理委員会「長沙左家公山的戦国木椁墓」（『文物』一九五四—一二）

硯と墨は、前述の雲夢睡虎地秦墓から出土している。一九五七年には、簡牘の制作用文具—鋸・鉼・刀・削・錐が出土し、

河南省文化局文物工作隊『河南信陽楚墓出土文物図録』（河南人民出版社、一九五九）

一九七八年には春秋墓からも出土した。

河南省博物館等「河南信陽市平橋春秋墓発掘簡報」（『文物』一九八一―一）

帛書（絵画）は、すでに一九四〇年代から長沙で、一九四二年の子弾庫楚墓の繒書、一九四九年の陳家大山楚墓の人物夔風帛画、

商承祚「戦国楚帛書述略」（『文物』一九六四―九）

などが発見されているが、一九七三年にも長沙南子弾庫楚墓中から、人物御竜帛書が出土し注目されている。

湖南省博物館「新発現的長沙戦国楚墓帛画」（『文物』一九七三―七）

欒禄璋『芸用服飾資料』（遼寧美術出版社、一九八一）

この他の先秦科学技術の最近の動向について、第一節で掲げた諸文献の他、啓蒙、概説書に類するものであるが、

化学発展史編写組『化学発展史』（科学出版社、一九八〇）

曹元宇『中国化学史話』（江蘇科学技術出版社、一九七九）

自然科学史研究所『中国古代科技成就』（中国青年出版社、一九七八）

楊友智等『中国古代的発明創造』（上海人民出版社、一九七六）

の他、上海科学技術出版社の『中国科技史話叢書』に、

『紡織史話』（一九七八）

『航運史話』（一九七八）

『造船史話』（一九七九）

『橋梁史話』（一九七九）

『地学史話』（一九七九）
『天文史話』（一九八一）
などがあり、また、
申力生『中国石油工業発展史一―古代的石油与天然氣』（石油工業出版社、一九八〇）
中国社会科学院考古研究所『中国古代天文文物図集』（文物出版社、一九八〇）
重慶市博物館等『水文・沙漠・火山考古』（文物出版社、一九七七）
孟繁興等『地震与地震考古』（文物出版社、一九七七）
戴応新『関中水利史話』（陝西人民出版社、一九七七）
王文才「東漢李氷石像与都江堰水則」（『文物』一九七四―七）
秦中行「秦鄭国渠渠首遺址調査記」（『文物』一九七四―七）
武漢水利電力学院等中国水利史稿編写組『中国水利史稿上』（水利電力出版社、一九七五）
長江流域規劃弁公室長江水利史略編写組『長江水利史略』（水利電力出版社、一九七九）
張仲葛「出土文物所見我国家猪品種的形成和発展」（『文物』一九七九―一）
なども見える。

五　夏文化をめぐって

最後となったが、夏文化をめぐる動向についてふれることにする。中国では文献上から夏王朝の活動の中心地として洛陽の嵩山附近と伊洛河流域、それに晋南一帯とを考えている。

一九五六年、鄭州洛達廟遺跡を試掘したところ、殷文化の遺跡であるが、また河南竜山文化の要素をも若干見られたため、いわゆる「夏墟」の考古調査が注目されることになり、一九五九年以降は、河南省堰師二里頭遺跡が、夏代の可能性を持つ遺跡として調査、研究されるにいたった。

二里頭遺跡は、殷の王都亳に比定される向きもあり、殷前期の遺物が大量に出土し、宮殿の基壇も発見されている。この遺跡の後期（第三・四期）は、殷中期の鄭州二里岡遺跡の文物と類似するが、第一・二期の陶器にあっては、河南竜山文化の器形と近く、放射性炭素年代測定でも三五五五±八〇、または三五七〇±九五で、夏代の時期に該当するという（前掲『中国考古工作三十年』湖南省の項、湖南省博物館文責）。そしてこの見解は、鄒衡氏の「試論夏文化」他、前掲鄒衡氏『論文集』や、

　鄒衡「鄭州商城即湯都亳説」（『文物』一九七八—二）

を始め多くの中国学者に支持されている。

他に二里頭文化の全時期を、さらには二里頭文化全時期と河南竜山文化晩期とを夏文化と考える説もあるが、

　周永珍「略談夏文化」（『歴史教学』一九八〇—九）

のように、正確なところは不明であるとの意見もある。

おわりに

以上は、出土文物の報告書を中心に、主として文革直後の中国における先秦史研究の動向を紹介したが、限られた紙幅のためその一端にふれるにすぎない。ただ少しく空白の時期をへての動向であり、遡って新中国成立以降、一九五〇、六〇年代の文献にも言及した。また通史に類するもので他の時代と重複するものも見えるが、この点は繁をい

とわなかった。

〔補記〕　つぎの両著も、本稿（一九八一年執筆）と関連する先秦時代の出土文物にふれる。

京都大学人文科学研究所（林巳奈夫編）『漢代の文物』京都大学人文科学研究所、一九七一。

孫機『漢代物質文化資料図説（中国歴史博物館叢書二）』文物出版社、一九九一。

第二章　中国における都市史研究

一　七大古都

『中国古都研究』（第一～三輯、浙江人民出版社、一九八五～七）の編者で知られる中国古都学会は、このたび第六回総会において、これまで六大古都と呼びならわされて来た歴代王朝の首都である北京・西安・洛陽・開封・南京・杭州に、殷の都とされる河南省安陽市を新たに加え七大古都と呼ぶことにしたという。

六大古都については、中国古都学会の設立総会が開催されたと同じ年に、

陳橋駅主編『中国六大古都』（中国青年出版社、一九八三）

が啓蒙書として刊行されており、

劉徳岑『古都篇』（西南師範大学出版社、一九八六）

などは、六大古都についての基本的な参考文献目録が附載されていて便利であった。

陳橋駅主編「中国歴史名城」（中国青年出版社、一九八六一）

閻崇年等『中国歴史名都』（浙江人民出版社、一九八六）

閻崇年等『中国歴代都城宮苑』（紫禁城出版社、一九八七）

なども、全国五〇（前者）、二〇（中者）、一七（後者）の主要な都市の沿革を個別に紹介しているが、通史として都市史を概観する場合には、

李沽萍編『中国古代都城概況』（黒龍江人民出版社、一九八一）

葉驍軍『中国都城発展史』（陝西人民出版社、一九八八）

も手頃であろう。とくに後者は最近の考古学的成果が取り入れられており、新知見に富む。

董鑒泓『中国古代城市建設』（中国建築工業出版社、一九八八）

は、先秦都市から明清北京城にいたる都市史に併せて、少数民族地区の都市、古代地方都市、古代商工業都市、都市の道路、都市の商業、都市の居住区、古代都市規劃の変遷にも言及する。

また、

傅崇蘭『中国運河城市発展史』（四川人民出版社、一九八五）

は、運河沿いと地域を限定しての都市研究であるが、また都市史の通史にもなっている。

陝西省博物館（武伯綸）編「西安歴史述略」（陝西人民出版社、一九五九、増訂一九七九）

王崇人『古都長安』（陝西人民出版社、一九八一）

武伯綸『古城集』（三秦出版社、一九八七）

劉慶柱『長安春秋』（人民出版社、一九八八）

は、漢唐長安城を含む西安の都市史、

王学理『秦都咸陽』（陝西人民出版社、一九八五）

は、秦都咸陽の建設から、咸陽城の構造や日常生活に及ぶ好著。

二　都市の景観

建築史

中国の都市研究は、四つの現代化の中で、新しい都市建設を行うために古代都市建設の遺産を如何に継承するかが一つの課題とされている。このため自然科学面からの都市研究も活発であって、

同済大学城市規劃教研室編『中国城市建設史』（中国建築工業出版社、一九八二）

は、大学生用に編集された都市計画を中心とする通史、教科書であるが、これまであまり類書を見ないものであった。また建築史の分野での労作も、都市を立体的に知る上で有用である。

劉敦禎主編『中国古代建築史』（中国建築工業出版社、一九八〇）

は、七年の歳月と八回に亘る原稿の書き替えを経て完成された共同研究の成果であり、大学生の教材として編纂された。

『中国建築史』（中国建築工業出版社、一九八二）

も、南京工学院を主編とするもので有益である。

山西省古建築保護研究所編『中国古建築学術講座文集』（中国展望出版社、一九八六）

は、論文集であるが、都市建設史を通覧する上で貴重な研究が多数収録されている。

都市図

前近代の中国の都市を視覚的に捉えようとする場合、宋代の汴京、開封ではないかと伝えられる張択端の『清明上

画像河図』のような都市図があれば便利であるが、唐代以前についてはかかる精緻な描写は残されていない。もちろん画像磚（石）や壁画の類は、部分図であったり、簡略にすぎたりで物足りないが、都市生活を窺わせる材料としては利用できる。

この関係では最近、

『山東漢画像石選集』（斉魯書社、一九八二）
『漢画選』（天津人民美術出版社、一九八二）
『密県漢画像磚』（中州書画社、一九八三）
『徐州漢画象石』（江蘇美術出版社、一九八五）
『河南漢代画像磚』（上海人民美術出版社、一九八五）
『南陽漢代画像石』（文物出版社、一九八五）
『洛陽漢画像磚』（河南美術出版社、一九八六）
『洛陽漢代彩画』（河南美術出版社、一九八六）
『武氏祠漢画像石』（山東美術出版社、一九八六）
『四川漢代面像石』（巴蜀書社、一九八七）
『四川漢代画像磚』（上海人民美術出版社、一九八七）
『四川漢代画像芸術選集』（四川美術出版社、一九八八）
『嘉峪関壁画墓発掘報告』（文物出版社、一九八五）

［追記］各地の画像を捜集した全集が刊行された。

『中国画像石全集』（山東美術出版社、二〇〇〇）、第一～三巻『山東漢画像石』、第四巻『江蘇・安徽・浙江漢画像石』、第五巻

『陝西・山西漢画像石』、第六巻『河南漢画像石』、第七巻『四川漢画像石』、第八巻『石刻綫画』。

また、画像磚についても全集が刊行された。

『中国画像磚全集』（四川美術出版社、二〇〇六）で、『河南画像磚』、『四川画像磚』、『全国其他地区画像磚』がある。

など一〇点を超える刊行物があり、とくに、

『和林格爾漢墓壁画』（文物出版社、一九七八）

は、後漢時代の五つの県城図を収録していて特筆されるべきである。

劉志遠他『四川漢代画像磚与漢代社会』（文物出版社、一九八三）

などは、これら画像を利用してのユニークな社会史に関する研究成果である。

楊鴻勳『建築考古学論文集』（文物出版社、一九八七）

は、新石器時代から唐代にいたる建築物について詳細な復原図を多数収めており、古都の宮殿の威容を再現せんとするに役立つ。

［追記］馬王堆三号墓出土の古地図、

馬王堆漢墓帛書整理小組『古地図』（文物出版社、一九七七）

は、都市が方形、村落が円形で表示され、「駐軍図」は治県の城郭の形態が、望楼を含め描写されているが、内部構造は不明である。この馬王堆の古都図の中で、「城邑図」とも呼ばれてきた都市図が、

傅熹年「記顧鉄符先生復元的馬王堆三号墓帛書中小城図」（『文物』一九九六―六）

で公表された。混乱の中で散佚し、断片的な復元ではあるが、貴重である。

家屋

一般住民の家屋については

『広州漢墓』（文物出版社、一九八一）

のような考古報告書の類に多数の明器が紹介されているが、現代の住宅を集大成した中国建築工業出版社からの、

『浙江民居』（中国建築工業出版社、一九八四）
『吉林民居』（中国建築工業出版社、一九八五）
『雲南民居』（中国建築工業出版社、一九八六）
『福建民居』（中国建築工業出版社、一九八七）
［追記］『窯洞民居』（中国建築工業出版社、一九八九）
『広東民居』（中国建築工業出版社、一九九〇）
『蘇州民居』（中国建築工業出版社、一九九一）
『上海里弄民居』（中国建築工業出版社、一九九三）
『新疆民居』（中国建築工業出版社、一九九五）
『湘西民居』（中国建筑工業出版社、一九九五）

なども各地の建築様式の特性を考える上で参考になる。この民居の紹介は、他の出版社からも多数の企画刊行が見える。

都市規劃

都市研究には、歴史学・地理学・土木工学・建築学、その他多方面からの貢献が窺えるが、これら比較的総合化された研究としては、大著、

中国科学院自然科学史研究所主編『中国古代建築技術史』（科学出版社、一九八五）
がある。また、
賀業鉅『考工記営国制度研究』（中国建築工業出版社、一九八五）
賀業鉅『中国古代城市規劃史論叢』（中国建築工業出版社、一九八六）
も、両書を通読することによって宋代以前が概観できるようになっている。

都市関係史料

ここでは、一九八〇年代に入っての、手許にあるやや総合的、通史的な都市研究を中心に紹介してきたが、もちろんこれを遡る時期にも数多くの業績が存在する（中村治兵衛「中国聚落史関係研究文献目録」唐代史研究会編『中国聚落史の研究増補版』刀水書房、一九九〇）。また中華書局から刊行中である『中国古代都城資料選刊』、

孟元老撰、鄧之誠注『東京夢華録注』（中華書局、一九八二）
顧炎武、于杰点校『歴代宅京記』（中華書局、一九八四）
徐松、高敏点校『河南志』（中華書局、一九八四）
徐松、張穆校補『唐両京城坊考』（中華書局、一九八五）
周城、単遠慕点校『宋東京考』（中華書局、一九八八）
［追記］駱天驤、黄永年点校『類編長安志』（中華書局、一九九〇）
李濂、周宝珠・程民生点校『汴京遺跡志』（中華書局、一九九九）
程大昌、黄永年点校『雍録』（中華書局、二〇〇二）
何清谷『三輔黄圖校釋』（中華書局、二〇〇五）

孟元老『東京夢華録箋注』（中華書局、二〇〇六）

なお三秦出版社の『長安史蹟叢刊』（二〇〇三〜二〇〇六）一一種が刊行された。『中国古代都城資料選刊』の史料と重複するものもある。

劉慶柱輯注『三秦記輯注　関中記輯注』
何清谷校注『三輔黄圖校注』
趙岐等、張澍輯、陳曉捷注『三輔決録・三輔故事・三輔旧事』
葛洪、周天游校注『西京雑記』
王褒等、陳曉捷輯注『関中佚志輯注』
韋述・杜宝、辛德勇輯校『両京新記輯校・大業雑記輯校』
毛鳳枝、李之勤校注『南山谷口考校注』
駱天驤、黄永年点校『類編長安志』
辛德勇『隋唐両京叢考』
徐松『唐両京城坊考』
張禮、史念海・曹爾琴校注『游城南記校注』

等は、貴重な史料集として注目されよう。

同時に最近の考古調査の進展は、これら都市研究に新たな材料を多く提供してくれることになっている。

三　考古学調査

葉饒軍編『中国都城歴史図録（一～四集）』（蘭州大学出版社、一九八六～七）は、最近の考古学の成果をも豊富に取り入れ、図版集として紹介しようとするものである。第四集巻末には「中国都城研究文献索引」が九〇頁に及ぶ。図版は考古報告集からの転載であるだけでなく、独自の現地調査の成果をも加えているとのことであるが、例えば第一集の魯都曲阜の項（第一集頁一二七）などは、『文物』一九八二―一二の「曲阜魯城勘探」の遺跡分布図が収載されている。魯城については、この『文物』と同じ年に、『曲阜魯国故城』（斉魯書社、一九八二）の正式報告書が刊行されており、転載に当たっては当然この正式報告書に依拠されるべきではなかったかと思われる（ただ正式報告書の遺跡分布図も、現在の橋梁が「図例」において城門と誤記されている）。

これら新たな考古学上の成果を踏まえての都市研究に、

楊寛（尾形・高木訳）『中国都城の起源と発展』（学生社、一九八七）があり、殷から唐代にかけての独自の都市論が展開されている。原書は未だ見ることができない。中国での出版事情の関係もあってか、訳書の方が先にわが国で刊行されることは有難いことであるが、周王城より漢河南県城の面積の方が大きい（頁六二）などのような心がかりな訳出がある。

［追記］楊寛『中國古代都城制度史研究』（上海古籍出版社、一九九三、二〇〇三）が刊行された。原書では、東周王城は「面積較（漢）河南県城為大」とあり、漢河南県城の面積より大となっていた。

鄭州市地方志編纂委員会『鄭州商城初探』（河南人民出版社、一九八五）

河北省文物研究所『藁城台西商代遺址』（文物出版社、一九八五）

のような、考古学の成果を踏まえた啓蒙的な城市研究の類も有益である。

また、

張鴻雁『春秋戦国城市経済発展史論』（遼寧大学出版社、一九八八）も、時代はやや限定されるが力作である。

中国の古城址を訪ねて、その保存状況に心傷む思いをすることがある。

中国歴史文化名城研究会編『中国歴史文化名城保護与建設』（文物出版社、一九八七）は、各界の専門家による現代化のための都市建設と「名城」の保護との調和・発展についての提言集である。中国における都市史研究が、今後に実りある方向性を与えてくれるものと期待している。

第三章　先秦時代の居住形態をめぐる考古学的成果

一　先秦聚落史をめぐる旧稿

先秦時代の居住形態については、考古学的な成果が欠かせない。この点について、一九八〇年三月と一九八一年一一月とに、二つの小文を発表したことがある。この小文は、二〇〇二年に纏めた拙著『中国古代の聚落と地方行政』（汲古書院）に「石器時代の聚落」・「中国古代における聚落の展開」として収録したが、その大要は、

①聚落の立地条件は、早期には河岸台地など水源に近い場所が主として選ばれていたが、新石器時代も末には鑿井等を伴い、水源を離れ人工灌漑が必要となる平野にも聚落が出現する。

②聚落の構造は、仰韶期の聚落遺址には、聚落全体に周溝が設けられ（半坡・姜寨遺址）、家の門向に統一性があり（姜寨・北首嶺遺址は聚落の中心方向に家の入り口を設ける）、聚落の中心となる大型家屋が存在する（半坡、姜寨遺址）など、聚落に一定の規律が窺え、規模も百戸前後の戸数となる。これが竜山期以降になると、階層の分化を意味するものか、分室家屋の出現が見られ、各家の自立性が高まり、仰韶期に見られたような聚落内の規律性は確認できなくなり、家屋の多くは小型の半地穴式であったが、個々の聚落は二、三〇戸にもみたない小集合体に変化している。このような変化は、各家屋が土や石による外壁を備え、獣害への防禦体制を整え、家

屋毎の自立性が高まってきていることとも関係があり、新開地への出村、散村化を容易にし、その進行が裏付けられることにもなっている。

③竜山期の聚落遺址については、これが現在の聚落と多く一致していることが指摘されている。竜山期以降の聚落は、立地条件が拡大する中で、次第に永住化の方向が確認できることになる。このことは殷周以降の村落遺址が、新石器時代に比べて比較的確認できない原因にもなっている。竜山期以降の各時代の聚落遺址は、周溝・城墻、門向の統一などの事実は確認できず、散村化の傾向に変化は見られない。

④家屋建築は、単室家屋の規模が仰韶期に比べ竜山期に入ると小型化し、仰韶期の後期には分室家屋が現われる。このことは家族制において母系制から父系制へ、さらには階層の分化などをも想定させることとなる。仰韶期から竜山期への移行時期には、これまで家屋や墓葬（副葬品や合葬形態）の変化によって、母系制社会から父系制社会への転化が推定されているが、竜山期以降の散村化して行く聚落にあっては、その具体的内部構成を実証することは困難である、しかし不断の自然流徙によって再編成がくりかえされる自然村にあって、聚落内の族的結合がどれほど純粋に保ち得たであろうか。一部の有力支配氏族は別として、多くの聚落における族的結合は、徐々にしても弛緩の方向をとらざるを得なかったと思われる。異姓が雑居する自立性もさほど強固ではない地方小聚落の点在。これが春秋戦国秦漢時代へと引き継がれる。かかる地域社会に対して国家権力は、敢えて族的結合の徹底した解体などを行う等の必要性はなかった。

⑤聚落の大勢は、殷周以降、都城、時代は降るが県城などの政治的都市の点在を別とすれば自然村である。民国時代の聚落について、単位部落は三〇戸から五、六〇戸程度の小規模のものが普通であったと指摘されているが、聚落の形態でいえば、先秦時代においてすでにその方向が確認できる。戦国秦漢時代、数十戸程度の小規模な自然村を基盤とする地方行政の最末端に位置する里は、一里百家を原則とする行政村であったが、里の実

態は、かかる多様な自然村の規模によって制約を受けた。

⑥都市的聚落の実態は、殷代になると、この散村化と並行して鄭州故城、湖北省盤竜城など城墻で囲まれた都市的形態を窺わせる聚落が確認され（河南省登封陽城の城壁を夏代の遺址とする意見もある）、陝西省岐山県では西周時代の大規模な宮殿址が発見されている。また春秋戦国時代に入ると、各地で城墻をもつ都市的聚落が四〇近くも調査されている。しかしこれらの都市的聚落は、多く都城として政治的、軍事的要請のもとで造築される政治都市であり、大規模建築（宮殿）が確認されている。

⑦城墻内部構造は、宮殿が確認されるほかに、春秋戦国時代の都城では、城内にかなりの空地が存在していた。いわれるような密集聚落ではない。城墻も多く不整形になっていた。このことは都城の建設が、既存の聚落や周辺の地理的条件を勘案し、条里区画を伴うなどの強権を行使することなく柔軟に進められていたことを窺わせる。官舎の他に、城内における一般住民の居住地がどの程度認められるかについては、多数の都市住民を抱える北魏洛陽城以降の都城の景観とは事情を異にする。漢の長安城は、秦の離宮を再利用して造営されていた。城形も不整形で、条里区画などの計画性は認められず、城内に一般住民が多数いた形跡はない。春秋戦国時代の都城の系譜に連なるものである。もちろん城墻が造築された結果、政治上の建造物だけでなく、城内外に人口が集中し、都市としての経済活動も進み、周辺の村々から遊離した都市的聚落の形態が整えられて行ったことも考えられ得る。しかしこのように城墻が造築され、住民が集中するような大規模聚落は限定されていたに違いない。先秦時代における都市的聚落は、官殿や城墻の築造への労役の発動は避けられないとしても、都市化に要する強権の発動にも自ずから限界があったはずで、一般住民の居住地域などにおいては、在来の秩序が勘案されるなど自然発生的な事情が残存した可能性が大きい。

等である。ただこれら先秦時代の聚落に対する理解は、すでに四半世紀に近い以前のことである。この間、依拠すべき考古学的成果の進歩は著しい。

このため最近の考古学的調査、並びにこれに依拠する諸研究の一端を紹介し、先秦時代の居住形態の実態を確認して見ることにする。

二　近年の考古学的研究

水経と山経

中国古代の人々が、喜びや悲しみを共にした生活の実態は、政治や社会の仕組み、経済活動の様態、あるいは歌や踊り、飲食や語らい等々、多様な環境によって構成されている。

衣食住の語もある。いずれも生活の基本的な要件である。中国古代、とくに先秦時代を中心とする人々の生活の場、住環境については、種々の文献史料もその一端を伝える。

ちなみに地理書がある。三世紀頃の『水経』に注を施した（北魏）酈道元の『水経注』に見える地名は、清末の楊守敬によって清同治二（一八六三）年の胡林翼『大清一統輿図（大清輿地図）』上に比定されている。これら地名は、人々が実感を持って接することのできた自然環境の多くを包含し、この『水経』に沿って、人々の居住地、生活圏が拓かれていた。

これに対して同じ地理書でも、戦国時代から漢代にかけて成立した『山海経』は、非中国を描く海経は別として、中国を対象とした山経の場合、中国古代の原始的な山岳思想が色濃く留められ、後世、荒唐無稽な妖怪・怪神を列挙する多様な山海経図を生み出して行く。

中国古代、人々は林までを日常の生活圏とし、林を越えて森、すなわち山との関わりを持つことは少なかった。同じ地理書である水経と山経とにおける描かれる世界の相違は、古代中国の生活感を、そのまま反映していたことになる。

山に対する恐怖心（あるいは畏敬の念）と、飲料・灌漑・水運等で日々親しみを深める水経の世界とでは、地理書に対する姿勢も大きく異なっていたことになる。

考古学上の成果にもとづく先秦時代の聚落史研究

水経と山経との対比も一つの現実ではあるが、中国古代の住環境については、考古学調査の進展によって、多くの具体的事例が提供されている。

この結果、中国古代の聚落を専論する研究も近年増加してきた。一九八二年五月に発表した「出土文物による最近の先秦史研究（三　聚落遺跡と墓葬）」（『中国歴史学界の新動向』刀水書房、本書【Ⅲ】第一章）や一九八九年七月に発表した「中国における最近の都市史研究」（『東方』一〇〇、本書【Ⅲ】第二章）において、中国における先秦時代の聚落研究を紹介したことがあるが、これらもかなり以前のことである。このためいま手元にある資料を中心に、最近の先秦時代の聚落史研究を中心に列挙してみることにする。秦漢以降を主とする文献も、先秦との関連で有用と思われる場合は収録した。

なお各遺址の「発掘調査報告」は、以下に列挙する諸研究の前提として各著書・論文中に紹介されており、ここでは割愛する。近年、陝西省考古研究所『秦都咸陽考古報告』科学出版社、二〇〇四、八〇一＋図版二四＋六〇頁のような首都の考古報告書、福建博物院・福建閩越王城博物館『武夷山城村漢城遺址発掘報告』福建人民出版社、二〇〇四、三一＋四二一＋図版一八六頁のような地方都市の報告書が発表されており、中国古代聚落史に対する考古学上の成果も次第に豊富になっているが、先秦聚落の考古遺址は、後掲の許順湛『五帝時代研究』中州古籍出版社、二〇〇

五、が紹介する河南・陝西両省の仰韶龍山時期の比較的規模の大きな聚落だけでも六〇〇八ヶ所を数える。

聚落史関係文献目録

葉驍軍『中国都城研究文献索引』蘭州大学出版社、一九八八。

中国社会科学院歴史研究所『一九八七―一九八九中国古代城市研究文献目録』中国社会科学院歴史研究所、一九九〇。

「支那都市に関する文献目録」『都市問題』三〇―四、一九四〇。一〇頁。

越沢明『戦前中国都市文献目録・図書の部』東京大学工学部アジア都市研究会、一九八一。二八頁。

村越伸『中国都市史研究の概況と文献目録』東京大学工学部アジア都市研究会、一九八一。五四頁。

杜瑜・朱玲玲『中国歴史地理学論著索引1900―1980』書目文献出版社、一九八六。七一四頁。

吉田寅・棚田直彦『中国歴史地理研究論文目録』東京教育大学文学部東洋史学研究室アジア史研究会、一九六〇。一六二頁。

文物編集部『文物五〇〇期総目索引』文物出版社、一九九八。四四四頁。

考古雑誌社『考古研究所編輯出版書刊目録索引及概要』四川大学出版社、二〇〇一。三七五頁。

北京大学考古系資料室『中国考古学文献目録1900―1949』文物出版社、一九九一。三八二頁。

中国科学院考古研究所図書資料室『中国考古学文献目録1949―1966』文物出版社、一九七八。三四八頁。

中国科学院考古研究所資料信息中心『中国考古学文献目録1971―1982』文物出版社、一九九八。四〇六頁。

中国科学院考古研究所資料信息中心『中国考古学文献目録1983―1990』文物出版社、二〇〇一。一〇八一頁。

繆雅娟・郭引強・劉忠伏『中国新石器時代考古文献目録1923―1989』科学出版社、一九九三。二二一頁。

楼宇棟・謝瑞琚他『西北五省（区）考古学文献目録1900―1986』青海人民出版社、一九八九。三六六頁。

祺振西・桑紹華『陝西考古学文献目録1980—1983』陝西考古学会・陝西省考古研究所、一九八四。二〇二頁。
雷玉英『陝西考古学文献目録1984—1986』陝西省考古研究所、一九八八。二一頁。
孫伝賢『河南文博考古文献叙録1913—1985』（『中原文物』一九八七年特刊総六期）河南省博物館、一九八七。五七三頁。
河南博物院『河南文博考古文献叙録（二）1986—1995』中州古籍出版社、一九九七。六四九頁。
雷鳴『湖北文物考古文献目録1949—1983』湖北省文物志編集室、一九八五。一三四頁。
雷鳴『湖北文物考古文献目録1984—1992』湖北省文物志編集室、一九九二。一八九頁。
四川省文物考古研究所資料室『四川文物考古文献目録』四川省文物考古研究所資料室、一九八六。三九九頁。
張伝璽『戦国秦漢史論著索引』北京大学出版社、一九八三。四七八頁。
張伝璽『戦国秦漢史論著索引続編』北京大学出版社、一九九二。八二六頁。
張伝璽『戦国秦漢史論著索引三編』北京大学出版社、二〇〇二。八一一頁。
馬先醒『漢史文献類目』簡牘社、一九七六。三六八頁。
早苗良雄『漢代研究文献目録邦文篇』朋友書店、一九七九。一七七頁。
復旦大学歴史系資料室・四川哲学社会科学研究所資料室『中国古代史論文資料索引1949—1974上・中・下冊』一九七五。四九一＋三二一＋二六六頁。
復旦大学歴史系資料室・四川哲学社会科学研究所資料室『中国古代史論文資料索引1949—1974附冊』一九七八。九二頁。
復旦大学歴史系資料室『中国古代史論文資料索引上・下冊』上海人民出版社、一九八五。四六七＋一一四〇頁。
中国社会科学院歴史研究所資料室・北京大学歴史系『中国史学論文索引第一編 上・下冊』中華書局、一九八〇。四二一＋六七六頁。

中国社会科学院歴史研究所『中国史学論文索引第二編　上・下冊』中華書局、一九七九。三八二＋七五三頁。

中国社会科学院歴史研究所『中国史学論文索引第三編　上・中・下冊』中華書局、一九九五。六九五＋五九九＋五六五頁。

周迅・李凡・李小文『1522種学術論文集史学論文分類索引1912—1986』書目文献出版社、一九九〇。一二三四頁。

考古学成果を比較的多く紹介する通史

李潔萍『中国古代都城概況』黒竜江人民出版社、一九八一。二七二頁。
＊先秦から明清にいたる通史。
同済大学城市規劃教研室『中国城市建築史—高等学校試用教材』中国建築工業出版社、一九八二。二一五頁。
＊董鑒泓氏が主編で、大学の教材として一九六一年から一九六四年にかけて編著。上篇古代部分は石器時代から明清にかけての都市史。下篇は近代部分。
于洪俊・寧越敏『城市地理概論』安徽科学技術出版社、一九八二。
＊「我国的城市化」の一節を立て先秦から現代にいたる都市史について概論。
岸俊男『中国の都城遺址—日本都城制の源流を探る』同朋舎、一九八二。一二六頁。

岸俊男『中国江南の都城遺址—日本都城制の源流を探る』同朋舎、一九八五。一五二頁。

岸俊男『中国山東山西の都城遺址—日本都城制の源流を探る』同朋舎、一九八八。一三五頁。
＊共に中国都城制研究学術友好訪中団の報告。
五井直弘『中国古代の城』研文出版、一九八三。二五三頁。
＊邯鄲・安陽・輝県・洛陽・鄭州・曲阜・臨淄・済南の各都市遺址を紹介。

五井直弘『中国古代の城郭都市と地域支配』名著刊行会、二〇〇二。四六四頁。
＊前著以降の論著を収める。
羅哲文・羅揚『中国歴代帝王陵寝』上海文化出版社、一九八五。二三二頁。
楊寛『中国古代陵寝制度史研究』上海人民出版社、一九八五。二六三頁。
＊先秦から明清にいたる陵墓の通史。
楊寛『中国古代都城制度史研究』上海古籍出版社、一九九三。六一三頁。改訂版、上海出版社、二〇〇三。五七六頁。
＊先秦から明清にいたる古典的通史。
杉本憲司『中国古代を掘る――城郭都市の発展』中公新書、一九八六。二一〇頁。
＊先秦都市史の通史。
杉本憲司『中国の古代都市文明』思文閣出版、二〇〇二。三〇三＋一八頁。
＊先秦都市史の総合的な研究。
賀業鉅『中国古代城市規劃史論叢』中国建築工業出版社、一九八六。二八五頁。
＊先秦から唐宋にいたる都市規劃論。
賀業鉅『中国古代城市規劃史』中国建築工業出版社、一九九六。六七八頁。
＊「我国古代城市規劃分期問題」・「原始社会氏族公社聚落規劃」・「奴隷社会都邑規劃」・「前期封建社会城市規劃」。
潘谷西「中国古代城市建設」・「中国古代宮殿・壇廟・陵墓建築」『中国古建築学術講座文集』中国展望出版社、一九八六。
＊先秦から明清にいたる通史。
葉驍軍『中国都城歴史図録』一～四集、蘭州大学出版社、一九八六～七。

＊先秦から現代にいたる都市地図を中心とする通史。
葉驍軍『中国都城発展史』陝西人民出版社、一九八八。三三二頁。
＊先秦から明清にいたる通史。
王育民「中国歴史城市地理」『中国歴史地理概論下冊』人民教育出版社、一九八八。
丘菊賢・楊東晨『中華都城要覧』河南大学出版社、一九八九。三八二頁。
＊先秦から現代にいたる通史。
田中淡『中国建築史の研究』弘文堂、一九八九。
＊先秦時代の建築構造・平面配置にふれる。
江村治樹『春秋・戦国・秦漢時代の都市の構造と住民の性格』平成元年度科学研究費補助金一般研究（C）研究成果報告、一九九〇。八九頁。
＊「西周・春秋都市遺跡表」・「秦・漢都市遺跡表」を附載。
江村治樹『戦国秦漢時代の都市と国家―考古学と文献史学からのアプローチ』白帝社、二〇〇五。三〇八頁。
＊戦国秦漢都市史の総合的な研究
曲英桀『先秦都城復原研究』黒竜江人民出版社、一九九一。四六一頁。
＊黄帝から戦国時代にいたる各都城について文献と考古学成果を対比させる。
愛宕元『中国の城郭都市―殷周から明清まで』中公新書、一九九一。二二〇頁。
戴均良『中国城市発展史』黒竜江人民出版社、一九九二。四八四頁。
＊先秦から明清にいたる通史。
趙岡『中国城市発展史論集』台北聯経出版事業、一九九五。二三一頁。

＊「先秦城市」から明清にいたる都市史。
張之恒・周裕興『夏周考古』南京大学出版社、一九九五。四一七頁。
＊二里頭文化建築遺址・商代城址・西周建築遺存・春秋都城遺址。
史念海『中国古都和文化』中華書局、一九九八。五四二頁。
＊古都学、古都概況、古都の形成、古都の地理的要因、古都と自然環境、古都文化、唐代の長安と洛陽。
董鑒泓『城市規劃歴史与理論研究』同済大学出版社、一九九九。一七四頁。
＊董鑒泓「城・市・城市」、董鑒泓「中国古代城市的規劃布局芸術与規劃思想」、董鑒泓「我国古代若干特殊類型的城市」等を収録。
馬正林『中国城市歴史地理』山東教育出版社、一九九九。四七八頁。
陳橋駅『中国都城辞典』江西教育出版社、一九九九。一四六〇頁。
＊都市史関係約六五〇〇項目の事典。
傅熹年『中国古代城市規劃建築群布局及建築設計方法研究（上下）』中国建築工業出版社、二〇〇一。二〇九＋二八二頁。
＊上冊は、漢～清の諸建築の研究。下冊は図版集。
大西邦太郎・朱自煊『中国の歴史都市』鹿島出版会、二〇〇一。三七四頁。
＊日中共同研究による歴史的都市とその現状。
荘林徳・張京祥『中国城市発展与建築史―高等学校城市規劃専業系列教材』東南大学出版社、二〇〇二。二八一頁。
＊大学の教材。一～五章は石器時代からアヘン戦争にいたる都市史。六章は古代都市の発展、構造、形態。七・八章は近代都市史。挿図は同済大学城市規劃教研室『中国城市建築史―高等学校試用教材』より多数引用。各章

末に「参考文献」を附す。

斯波義信『中国都市史』東京大学出版会、二〇〇二。三一九頁。
＊都市史の通史。歴史のなかの都市、都市のシステム、都市の解剖図。
王軍『古都建設与自然的変遷』西安地図出版社、二〇〇三。二六三頁。
＊長安・洛陽城と自然環境との関連に焦点を当てるが、先秦にも言及。
張馭寰『中国城池史』百花文芸出版社、二〇〇三。六〇八頁。
＊先秦から明清にいたる城池史。地形と城池、城墻・城門、城内の道路、城池と水の確保、市区と橋梁、城内の建築物、陵墓・寺院等の城池、城池と緑化、城池と防御、築城の工法。
董新林『中国古代陵墓考古研究』福建人民出版社　二〇〇五。二八五頁。
＊新石器時代から明代にいたる墓葬の概観。聚落と墓葬の関連にも言及。
黄建軍『中国古都選址与規劃布局的本土思想研究』厦門大学出版社、二〇〇五。二五八頁。
＊新石器時代の聚落から明初北京城にいたる布局の通史。
楊鴻勳『中国古代居住図典』雲南人民出版社、二〇〇七。四〇六頁。

中文研究（発行年順、同一著者は一ヶ所に配列）

史念海「石器時代人們的居地及其聚落分布」『人文雑誌』一九五九年三期。『中国史地論稿—河山集』三聯書店、一九八三。
杜正勝「周秦城市的発展与特質」『中央研究院歴史語言研究所集刊』五一、一九八〇。
厳文明「従姜寨早期的村落布局探討其居住的社会組織結構（姜寨早期的村落分局）」『考古与文物』一九八一年一期。

『仰韶文化研究』文物出版社、一九八九。

厳文明「内蒙古中南部原始文化的有関問題」『内蒙古中南部原始文化研究文集』海洋出版社、一九九一。『農業発生与文明起源』科学出版社、二〇〇〇。
＊内蒙古中南部の聚落遺址を分析。
厳文明「略論中国文明的起源」『文物』一九九二年一期。『農業発生与文明起源』科学出版社、二〇〇〇。
＊新石器時代の聚落遺址を分析。
厳文明「竜山時代考古新発現的思考」『記念城子崖遺址発掘六〇周年国際学術討論会文集』斉魯書社、一九九三。『農業発生与文明起源』科学出版社、二〇〇〇。
＊竜山時代の城址を中心に分析。
厳文明「中国環濠聚落的演変」『北京大学国学研究』二、一九九四。『農業発生与文明起源』科学出版社、二〇〇〇。

厳文明「文明的暁光―長江流域最古的城市」『日中文化研究』七、勉誠社、一九九五。『農業発生与文明起源』科学出版社、二〇〇〇。

厳文明「良渚文化与文明起源」『日中文化研究』勉誠社、一九九六。『農業発生与文明起源』科学出版社、二〇〇〇。
＊良渚文化の聚落遺址を分析。
厳文明「良渚随筆」『文物』一九九六年三期、『農業発生与文明起源』科学出版社、二〇〇〇。
＊良渚文化の聚落遺址を紹介。
厳文明「黄河流域文明的発祥与発展」『華夏考古』一九九七年一期。『農業発生与文明起源』科学出版社、二〇〇〇。

厳文明「竜山時代城市的初歩研究」『中国考古学与歴史学之総合研究』中央研究院歴史語言研究所、一九九七。『農業発生与文明起源』科学出版社、二〇〇〇。

厳文明「近年聚落考古的進展」『考古与文物』一九九七年一二期。『農業発生与文明起源』科学出版社、二〇〇〇。

厳文明「仰韶房屋和聚落形態研究」『仰韶文化研究』文物出版社、一九八九。一九八七稿。

厳文明「中国新石器時代聚落形態的考察」『慶祝蘇秉琦考古五十五年論文集』文物出版社、一九八九。

厳文明「以考古学為基礎、全方位研究古代文明」『古代文明研究通訊』一期、一九九九。『農業発生与文明起源』科学
出版社、二〇〇〇。
＊中国城市の起源について言及。
厳文明「文明起源研究的回顧与思考」『文物』一九九九年一〇期。『農業発生与文明起源』科学出版社、二〇〇〇。
＊新石器時代の聚落遺址を分析。
厳文明「長江流域在中国文明起源中的地位和作用」『農業発生与文明起源』科学出版社、二〇〇〇。

陳旭「二里頭遺址是商都還是夏都」『夏史論叢』斉魯書社、一九八五。『夏文化論集』文物出版社、二〇〇二。
＊偃師二里頭遺址は夏都で、古の鄩城。
李先登「登封告成王城崗遺址的初歩分析」『中国考古学会第四次年会論文集』文物出版社、一九八五。『夏文化論集』
文物出版社、二〇〇二。
＊王城崗遺址は禹都陽城。
鄭州市地方志編纂委員会『鄭州商城初探』河南人民出版社、一九八五。一四三頁。
＊「鄭州商城的文物考古文献目録」・「鄭州商城考古記事」を附載。
張光直「関于中国初期城址這個概念」『文物』一九八五年二期。
＊中国初期の都市は政治的要素が強い。
馬世之「黄河流域新石器時代的村与城」『論仰韶文化』『中原文物』一九八六年特刊。

＊「仰韶文化的村落」・「竜山文化的城堡」・「原始村落与城堡的性格」で構成。
馬世之「中原史前城址与華夏文明」『華夏文明的形成与発展』大象出版社、二〇〇三。
＊西山・後岡・孟荘・平糧台・王城崗・古城寨・郝家台・陶寺の八遺址を分析し、①城址は山麓あるいは河岸台地上、②城垣は原始村落の上に建てられ、③城址は板築あるいは堆築による夯土城垣、④城外四周に濠塹、⑥城址面積は一万から二八〇万平方メートルであるが、中原の城址はやや小規模で一般的には三万から五万平方メートル、⑦城址の内外に居住区・作坊・墓葬区がある。陶寺は尭都平陽。平糧台は有虞氏部族の城邑。古城寨は祝融の墟。王城崗は鯀が築き夏禹の都。後岡は顓頊の城。西山は黄帝軒轅の国都。
楊鴻勲『建築考古学論文集』文物出版社、一九八七。三三一頁。
＊仰韶文化居住建築・河姆渡遺址木構・二里頭宮室・盤竜城宮殿・西周岐邑建築・鳳翔秦宮銅構・戦国中山国兆域図・秦代以前の墓上建築・秦咸陽宮・漢長安宮・漢長安明堂等の立体的復原。
陳紹棣「登封王城崗城堡遺址時代探索」『華夏文明』北京大学出版社、一九八七。『夏文化論集』文物出版社、二〇〇二。
＊王城崗は夏代の都城。
陳紹棣「戦国都城城防体系芻議」『江漢考古』一九八八年九期。
＊「都城的選址、形制、規模和市里」・「都城城墻的形制和構築材料」・「都城城墻的縦深配置」・「都城城墻上的作戦設置」・「城墻重点部位的加固」・「在都城郊区的交通要道上設前哨拠点」。
鄭桀祥「二里頭文化分析」『夏史初探』中州古籍出版社、一九八八。『夏文化論集』文物出版社、二〇〇二。
＊二里頭文化類型遺址の分析。
王妙発「黄河流域的史前聚落」『歴史地理』六、一九八八。

＊前仰韶期・仰韶期・竜山期聚落の立地、分布、形状等を類型化。
王妙発・郁越祖「関于都市（城市）概念的地理学定義考察」『歴史地理』一〇、一九九二。
＊歴史上の都市の定義を検討。登封王城崗遺址は、規模が小さく住民も限られ、農業中心の聚落で都市ではない。禹都陽城は行政聚落、あるいは他の夏代帝王の都城。
王妙発「黄河流域史前聚落地理之再検討—以河南省為例」『歴史地理』一四、一九九八。
＊王妙発「黄河流域的史前聚落」の補論。論文の構成は前稿と同様。
張鴻雁『春秋戦国城市経済発展史論』遼寧大学出版社、一九八八。四七六頁。
＊「春秋以前城市的萌芽及理論探討」および春秋戦国時代城市の社会経済史研究。「春秋戦国城市一覧表」・「春秋諸侯築城表」を附載。
史為楽「簡論洛陽古代都城城址的変遷」『歴史地理』九、一九九〇。
＊二里頭宮殿遺址から隋唐洛陽古城にいたる。
厳耕望「夏代都居与二里頭文化」『厳耕望史学論文選集』台北聯経出版事業、一九九一。『夏文化論集』文物出版社、二〇〇二。
＊考古史料と文献史料の対比、分析。
陳振裕「東周楚城的類型初析」『江漢考古』一九九二年一期。
＊「東周楚城的考古発現概況表」で、五〇遺址の城形・面積・主要遺跡・城の略歴・出典を表示。五〇の楚城を「都城」・「別都」・「県邑」・「軍事城堡」の四類型に分類。
陳振裕「東周楚城初探」『奮発荊楚探索文明—湖北省文物考古研究論文集』湖北科学技術出版社、二〇〇〇。
＊「東周楚城的考古発現概況」・「東周各諸侯国都城考古発現概況」の一覧を表示。

田広金「内蒙古長城地帯石城聚落址及相関諸問題」『記念城子崖遺址発掘六〇周年国際学術討論会文集』斉魯書社、一九九三。『北方考古論文集』科学出版社、二〇〇四。

田広金「環岱海史前聚落形態研究」『文化的饋贈―漢学研究国際学術会議論文集―考古巻』北京大学出版社、二〇〇〇。『北方考古論文集』科学出版社、二〇〇四。

＊聚落遺址の詳細な紹介。岱海地区の史前聚落の発展は、原始聚落→父系氏族社会→宗族制社会→城堡林立の古文明社会。

張学海「城子崖与中国文明」『記念城子崖遺址発掘六〇周年国際学術討論会文集』斉魯書社、一九九三。

＊「城子崖是中国文明時代初期的一座重要都市」城址面積二〇万平方、推定人口五千人以上。城内居民は統治者・農民・手工業者・巫医。周囲二〇余キロメートル以内に四〇ヶ所以上の竜山文化期の遺址があり、都・邑・聚の社会構成、城と郷の格差を形成。

張学海「東土古国探源」『華夏考古』一九九七年一期。

＊海岱地域での聚落、都城の形成。

張学海「豫西北地区国家起源初探」『華夏文明的形成与発展』大象出版社、二〇〇三。

＊「誕生国家的母体」新石器中期前五千年以前には、各大地区の聚落は散在し、特定の小地区に五つ以上の聚落が集まっている事例はない。前五千年以後の新石器晩期になって二三〇ヶ所以上の大中聚落群が出現する。この時期に海岱・甘青・下江・両湖でも聚落群が生まれる。各大地区の聚落群は、数量・規模共に急速に発展し、大中小の聚落に分かれる。聚落は小地域で発展するが、その中の大中型聚落は次第に中心聚落となり、若干の中級聚落や絶対多数の小聚落の頂点に立つようになる。部落の発展した新しい段階で酋邦ではない。大型ないし中大型聚落群の発展した段階で国家が成立する。これを偃師・鞏義嵩山北麓群（特大遺址一、大遺址三、中等遺址四、小

遺址二〇）、伊川伊河中游群（特大遺址一、大遺址二、中等遺址四、小遺址二四）、孟津・新安・洛陽澗河中游群（特大遺址二、大遺址一、中等遺址三、小遺址二六）において確認する。附「豫西北地区史前聚落群一覧表」（一八遺址）。

鞏啓明・姜捷「試論竜山文化的社会性格」『記念城子崖遺址発掘六〇周年国際学術討論会文集』斉魯書社、一九九三。

＊「房屋建築与聚落、城堡反映的社会状況」半地穴式住居から地面建築、台基建築にいたり、台基宮殿・宗廟建築への先鞭。城址建造過程で殉人の風あり。仰韶文化期の農業聚落は河岸台地上の他、平原地区にも拡大。房屋は単室あるいは複数室で、居住区には統一規格がある。部落は父系制大家族血縁集団であるが、父系家族間の対立や自立性も生まれて来ている。聚落の中には規模を拡大し城墻を持つような中核聚落が生まれ、その周囲には中小型聚落。

張之恒「黄河中游幾座竜山文化城址的性格」『記念城子崖遺址発掘六〇周年国際学術討論会文集』斉魯書社、一九九三。

＊王城崗・平糧台・郝家台・辺綫王・城子崖・田旺・陶寺遺址。これらの城堡の出現は竜山中晩期で、黄河流域では階級社会が生じている。黄河流域雛形城市の特徴は、城市の規模が比較的小さい。早期城堡は宗廟的性格を有す。商品交換の市的性格を持たず政治的防御的性格を有す。

李先登「関于竜山文化的若干問題」『記念城子崖遺址発掘六〇周年国際学術討論会文集』斉魯書社、一九九三。

＊竜山文化城址遺址の年代測定に言及。

王錫平「典型竜山文化社会形態芻議」『記念城子崖遺址発掘六〇周年国際学術討論会文集』斉魯書社、一九九三。

＊「典型遺址的分析」で、城址、井戸、家屋建築等に言及。

羅勳章「章丘竜山鎮附近的水道、古城及相関問題」『記念城子崖遺址発掘六〇周年国際学術討論会文集』斉魯書社、一九九三。

趙樹文・燕宇『趙都考古探索』当代中国出版社、一九九三。一八〇頁。
　＊邯鄲の考古学的研究。
河南省文物研究所『鄭州商城考古新発現与研究一九八五―一九九二』中州古籍出版社、一九九三。二七八頁。
　＊論文集。「鄭州商城考古学文献目録索引」を附載。
張永禄『漢代長安詞典』陝西人民出版社、一九九三。六一五頁。
　＊表題関係項目三八六八を収める。
方酉生「論二里頭遺址的文化性質―兼論夏代国家的形成」『華夏考古』一九九四年一期。

方酉生「鄭州商城再検討」『華夏考古』一九九六年三期。

孫広清・楊育彬「従竜山文化城址談義―試論中国古代文明的起源」『華夏考古』一九九四年二期。
　＊中国文明の起源は多元的である。
王蘊智「史前陶器符号的発現与漢字起源的探求」『華夏考古』一九九四年三期。
　＊史前の陶器符号について諸例・諸説を紹介し、早期古文字の存在について学術界で一致する意見は未だない。史前符号は史前社会の理解に重要。
朱乃誠「人口数量的分析与社会組織結構的復原―以龍崗寺、元君廟和姜寨三処墓地為分析対象」『華夏考古』一九九四年四期。
　＊龍崗寺遺跡の死亡平均年齢は三三・〇三歳、元君廟遺址の死亡平均年齢は二七・九歳、姜寨遺址の死亡平均年齢は三六・八歳。龍崗寺と元君廟とは二級制社会組織、姜寨は三級制社会組織。
楊権喜「試論江漢古城的興衰」『江漢考古』一九九四年四期。
　＊屈家嶺文化時＝天門石家河・荊門馬家垸・江陵陰湘城・石首走馬嶺・和澧城頭山、殷代黄陂盤竜城、戦国時＝

江陵紀南城・当陽季家湖楚城・宜城楚皇城・襄陽鄧城・雲夢楚王城・大冶鄂王城・黄岡禹王城・大悟呂王城・大冶草王嘴城・孝感草店坊城・黄陂作京城・湘陰古羅城・桃源楚王城・石門古城提・慈利白公城・臨澧古城提・常徳索県故城、淅川竜城・西峡析邑・荊門岳飛城・随州城・潜江竜湾・当陽馬盤山・楊木崗・随州安居・秭帰柳林渓、等の城址に言及。夏殷周時の楚城の来源は中原の早期都城。江陵紀南城は、城郭内に製陶・漆器加工・冶鋳・紡織の作坊、市場、村宅・民居、農田、漁撈場があり、城郭外に墓地等を指摘。

陝西省考古研究所秦漢研究室（王学理・尚志儒・呼林貴等）『秦物質文化史』三秦出版社、一九九四。四二九頁。

＊「第三章　都邑」は、「西犬丘、秦」・「汧城」・「汧渭之会与平陽」・「雍城」・「櫟陽」・「咸陽」・「郡県及其他類型的城」・「商業」を概観する。

杜荘忠「辺綫王竜山文化城堡試析」『中原文物』一九九五年二期。『夏文化論集』文物出版社、二〇〇二。

劉軍社「水系・古文化・古族・古国論―渭水流域商代考古学文化遺存分析」『華夏考古』一九九六年一期。

裴明相「論王城崗城堡和平糧台古城」『華夏考古』一九九六年二期。

李自智「秦都雍城的城郭形態及有関問題」『考古与文物』一九九六年二期。

＊漢代都城の城郭形態は、秦都雍城の城郭形態の後続・発展。

李自智「東周列国都城的城郭形態」『考古与文物』一九九七年三期。

李自智「秦都咸陽在中国古代都城史上的地位」『考古与文物』二〇〇三年二期。

馬正林「論中国的城墻与城市」『歴史地理』一三、一九九六。

＊「春秋戦国時代的城墻与城市」春秋戦国時代は県級城邑が多い。城から城市への飛躍的発展の時期で、単純な防御の役割だけではなく経済的効用も大きくなり、政治・経済・文化の中心となる。城の数も増え、一〇万平方キロを超える城市（斉臨淄・魯曲阜・趙邯鄲・燕下都・楚郢・秦雍城・鄭韓新鄭・魏安邑等）も多く、規模は拡大の方

向。城の形状は多様化する。城市と農村との相互依存関係が生じる。「秦漢時代的城墻与城市」・「秦漢以後的城墻与城市」。

陳雍「姜寨聚落再検討」『華夏考古』一九九六年四期。

楊肇清「試論鄭州西山仰韶文化晩期古城址的性格」『華夏考古』一九九七年一期。

趙春青「也談姜寨一期村落中的房屋与人口」『考古与文物』一九九八年五期。

＊大型家屋＝日常生活の場ではない。男女の集会、他氏族の来訪者用等。一五ないし三〇人の広さ。中小型家屋＝生産用具があって日常的生活の場。一〇人前後の広さ。特に小さい家屋＝竈の跡がなく日常生活の場ではない。貯蔵室、若い男女の語らいの場等。

Ⅰ類＝宮城が郭城の中部に位置する（魯故城・魏安邑城・楚紀南城）。春秋時に形成。Ⅱ類＝宮城と郭城が分離〈毗連〉隣接している（斉故城・鄭韓故城・燕下都・中山霊寿故城）。戦国時に建造。Ⅲ類＝宮城と郭城が分離し寄り添っている（邯鄲故城）。戦国時に建造。Ⅳ類＝宮城だけで郭城なし（侯馬晋都）。春秋時に形成。Ⅴ類＝複数の宮殿で宮殿区を形成（秦都雍城・秦咸陽も単一の宮殿や城墻なく咸陽原一帯に宮殿区）。春秋時に形成。春秋型城郭と戦国型城郭の中間型＝宮城が郭城の一隅に位置する（春秋姜斉の宮殿は郭城の中部にあるが戦国田斉の宮城は郭城の西南隅・秦雍城の姚家崗や馬家荘の宮殿は春秋時で鳳尾村一帯の宮殿は戦国時）。春秋時の宮城が郭城の中部にある形態は、殷周以来の王権思想を反映。

靳桂雲「竜山時代的古城与墓葬」『華夏考古』一九九八年一期。

＊「竜山時代城址」内蒙古中南部地区老虎山文化石城聚落（涼城岱海石城址群＝老虎山の城墻は板築の上に石墻で環濠、城内に家屋数百址あり多く窑洞式。板城石城は城内に家屋が並び、祭祀遺址あり。園子溝遺址は窑洞式の家屋と半地穴式の家屋あり。窑洞家屋の中には装飾が施された寝室を備える二間のものあり。大型家屋の中には白壁に壁画が刻されている寝室に

は装飾が施され、城址の規模や家屋の情況は老虎山遺址と同じ。包頭大青山南麓石城址群＝威俊遺址は面積二〇～二五平方メートルで、城内に祭壇や石積みの家屋あり。阿善遺址は台地上に二ヶ所、城形不整形、城内に祭壇あり。莎木佳遺址は城内に大型家屋一つ、奥行き一一・二、広さ二六メートル、西北角と北墻内に一〇平方メートルの小部屋あり。準格爾旗と清水河間の石城群＝各石城は黄河河岸の絶壁に位置した砦で、寨子塔石城聚落址は石墻に門址あり）。黄河中下游竜山時代城址（王城崗古城は残存面積約一万平方メートル、城内に祭祀坑あり。平糧台古城は三～五メートルの土丘上で、一辺一五八メートルの方形。城内面積三・四万平方メートル、南城門両側に衛所、南門の道路下に三列の配水管、城内東北に家屋が並び、一部の家屋は分室式で外壁は土壁である。郝家台古城は一四七×一三〇メートルで、面積二万平方メートル。城壁は突き固められた土壁で外濠を備え、城内に並んだ家屋や水井・灰坑がある。城子崖遺址は河岸台地上に位置し、東西四三〇×南北の長い部分で三五〇メートル、面積二〇万平方メートルで黄河流域最大。西北部に家屋址・水井・墳墓・灰坑がある。丁公古城址は長方形で面積一二万平方メートル、城壁は突き固められた土壁で、家屋・陶窯・墓地、窖穴がある。田旺古城は面積一五万平方メートル、城壁は突き固められた土壁である。辺綫王遺址は丘阜上に位置し方形。面積五万平方メートルの小城、城墻は累層築土され、城基に人・豚・犬・陶器を埋める。薛城古城址は方形。東西約一七〇×南北約一五〇メートルで、面積二・五平方メートル）。長江中游竜山時代城址（石家河古城は城址方形。一辺約一キロメートル、城内面積一〇〇万平方メートル、西垣・南垣に護城河跡、城墻は一〇～二〇センチの層で突き固められ、城内中心部に居住区と思われる多数の家屋址がある。走馬嶺古城は不規則な楕円形。城墻に複数の門址、周長約一二〇〇メートル、外周に護城河、城内東北に家屋址、古城の近くに湖がある。馬家垸古城は台地上に位置し、東・西六〇〇メートル、南四〇〇メートル余、北は南垣より短く、南北西垣の中間と東垣南端に城門、南垣の幅三二メートル、城周に護城河あり。面積二〇万平方メートル、城内の北側に建築台基がある。陰湘城古城は円角長方形で東西約五〇〇×南北約二四〇メートル、面積一二万平方メートル、四面に城門あり。北門は水門、南・西垣に幅二〇メートルの護城河。城頭山古城は円形で、直径三二五メートル、面積六万平方メートル。城墻は突き固められた土壁。城外に三五×五〇メートルの護城河、四面に城門、城内に家屋址がある)。墓葬は省略。

劉莉「竜山文化的酋邦与聚落形態」『華夏考古』一九九八年一期。

＊三種の竜山聚落形態、①中心が単一＝晋西陶寺・魯東日照・魯南臨沂地区の首長組織、②中心が複数＝魯北・魯西・河南地区の首長組織、③中心がない＝陝西中部の発達した首長組織がない。「酋邦」は chiefdom.

曹兵武「長城地帯史前石城聚落址概説」『華夏考古』一九九八年三期。

呉春明・林果『閩越国都考古研究』厦門大学出版社、一九九八。三〇二頁。

＊文献に見える閩越の国家文明と都市、考古学から見た土着文化、閩越国の変遷、冶城の原始聚落、郡県時代の冶城、閩越国の王城遺址。

王学理『咸陽帝都記』三秦出版社、一九九九。六一四頁。

＊咸陽への遷都、宮殿建築、諸廟、苑囿園地、市肆、陵墓、平民墓地、行政区画、城内設備、倉庫、城坊と治安、道路と橋梁、郵伝、車馬船、信仰、学術、社会風俗、咸陽の滅亡。

張剣「洛湯新石器時代考古綜述」『華夏考古』一九九九年二期。

＊「三、洛陽新石器時代住居遺址」仰韶文化期の孫旗屯・矬李(二座)・湯泉溝(七座)・王湾(地面建築方形式七座)・孟津寨根・孟津妯娌(円形半地穴式一五座)、竜山文化期の西呂廟・孟津小潘溝(三座)・偃師灰嘴(二座)・偃師吉利の家屋形態を紹介。

楊建華「試論文明在黄河与両河流域的興起」『華夏考古』一九九九年四期。

＊両河はメソポタミア地方。農業の起源や普及、社会分化を比較。

史念海『漢唐長安与関中平原』陝西師範大学中国歴史地理研究所、一九九九。四五四頁。

＊呼林貴「漢長安城郊考古発現与長安城」、徐衛民「秦都研究中的幾点心得」、鶴間和幸「戦国秦漢時代関中平原

的都市与水利」、王守春「漢唐長安城的水文環境」、韓茂莉「簡述歴史時期黄土高原的人類活動与環境研究」等。

安徳黒爾「中国北方地区竜山時代聚落的変遷」『華夏考古』二〇〇〇年一期。
＊一九九四年発表論文の翻訳転載。黄河流域の聚落遺址の分析。
劉慶柱『古代都城与帝陵考古学研究』科学出版社、二〇〇〇。三六七頁。
＊一九七〇年代に秦咸陽城、一九八〇年代に漢長安城の調査に関係し、一九九〇年代後半以降古代都城・宮城・宮殿遺址の理論問題を研究。先秦から漢代にいたる論文集。
劉慶柱「中国古代都城史的考古学研究—関于都城・宮城・宮殿与宮苑問題」『陝西歴史博物館館刊』一〇、二〇〇三。
＊「中国古代都城的考古発現」・「関于中国古代都城的宮城、内城与郭城考古学研究」早期国家の都城は宮城で、城郭外の手工業の作坊や居住民が城内の統治者に服属。政治・軍事・経済管理の中心になっていた。「関于古代都城中的大朝正殿考古学研究」・「古代都城的苑囿建築」。
劉慶柱「中国古代文明起源、形成与中国古代都城考古研究」『考古発掘与歴史復原（法学漢学一二）』中華書局、二〇〇六。

朱彦民『殷墟都城探論』南開大学出版社、一九九九。二七七頁。
＊殷墟研究史の紹介。「殷墟発掘大事年表」を附載。
郭徳維『楚都紀南城復原研究』文物出版社、一九九九。三〇二頁。
＊紀南城内の建築物の復原図も多く、紀南城の総合的研究。
王毅・蔣成「成都平原早期城址的発現与初歩研究」『稲作陶器和都市的起源』文物出版社、二〇〇〇。
＊宝墩・魚鳧村・古城村・芒城村・双河村・紫竹村遺址の紹介。各遺址は中心聚落。城墻は中心聚落の標識。遺址のカラー写真を収録。

趙緒球「長江中游史前城址和石家河聚落群」『稲作陶器和都市的起源』文物出版社、二〇〇〇。

＊石家河城・走馬嶺城・陰湘城・鶏鳴城・馬家垸城・城頭山城の紹介。石家河文化早期聚落群は、手工業が発展し産品の交換が行われ、人口の集中も中程度で、原始都市の要素を具備する。石家河文化晩期の石家河聚落群は古国の段階。

趙輝「中国文明起源研究中的一個基本問題」『稲作陶器和都市的起源』文物出版社、二〇〇〇。

＊竜山文化の上限を紅山・良渚・石家河等の文化期に遡らせる。

陳賢一「盤竜城的考古発掘及其文化概貌」『奮発荊楚探索文明―湖北省文物考古研究論文集』湖北科学技術出版社、二〇〇〇。

＊盤竜城は、商王朝南方の封国で軍事的色彩が濃厚。

楊権喜『楚文化―二〇世紀中国文物考古発現与研究叢書』文物出版社、二〇〇〇。二五四頁。

＊楚の主要城址遺址を紹介。

許宏『先秦城市考古学』北京燕山出版社、二〇〇〇。一八六頁。

＊「中国城市的起源及其初期形態」黄河中下流（西山・王城崗・平糧台・郝家台・孟荘・後岡・城子崖・辺綫王・丁公・田旺・丹土・薛城・景陽崗）＝仰韶晩期（西山）から竜山文化時。河岸台地上で形状は長方形に近いが多様。内蒙古中南部（老虎山・西白玉・板城・園子溝・大廟坡・威俊・阿善・西園・莎木佳・黒麻板・寨子塔・寨子上・馬路塔）＝竜山早期。河岸台地上で形状不整形が多い。険要の地では城垣がない。長江中流（石家河・馬家垸・陰湘城・走馬嶺・城頭山）＝屈家嶺文化から石家河文化早期。河岸台地上で形状不整形。城垣外に多く環濠がある。長江上流（宝墩・芒城・魚鳧城・古城・双河）＝竜山文化時。河岸台地上で形状不整形。中原竜山文化と山東竜山文化の夯土城址は典型的な初期城址聚落。初期国家の権力の中核となる。前堂・後室を有する大地湾中心聚落は、夏殷周宗廟・

宮室配置の祖形。ただ黄河中下流の聚落では、仰韶・大汶口文化地層上に竜山文化期の城邑が確認できない。竜山文化期の城邑の堆積物は主として竜山文化時のもの。竜山文化期の城邑は古くからの中心聚落の上に建造されたものではない。部族が長期に居住してきた中心聚落は、別の地に新たに城垣を建て新邑を造成する中で瓦解し一般聚落に凋落する。大地湾中心聚落の殿堂や広場は、公共性が強く血縁集団による宗教的色彩が強かったが、社会が分化する中で、竜山文化期の城邑は、権力者の壟断が進み、国家の出現も伴い、征服や略奪が頻発する原始社会末期に、統治者の権力を誇示する城濠・夯土建築台基・祭壇等を備えた全く新たな聚落形態が生まれる。これら城垣を有する城邑の使用期間はさほど長期に亘らない。城垣内外の居民は身分や地位において差別があった。「夏商西周時期城市的特質」・「春秋戦国時期城市的転型与発展」・「余論先秦与秦漢城市的継承和発展」・「曲阜魯国古城之再検討」。

銭耀鵬『中国史前城址与文明起源研究』西北大学出版社、二〇〇一。三一九頁。

＊史前城址の発現と研究・環境的視点での史前城址・史前城址の布局・史前城址の建造技術・城址の建造の人員や工期・城内の構造（第一類＝平糧台・古城寨・城子崖・丁公・藤花落・石家河・莫角山等城址の城内は、貴族や手工業者の居所が中心で、都市と農村が分化。第二類＝王城崗・郝家台・孟荘・辺綫王・田旺・景陽崗・丹土等城址の城内外の居民構成は不明確。第三類＝西山・阿善・西園・莎木佳・威俊・黒麻板・西白玉・老虎山・板城・大廟坡・白草塔・寨子上・寨子塔・小沙湾等城址は、一般の聚落と大差なく、軍事的城堡。第四類＝尤楼・城頭山・陰湘城・馬家垸・鶏叫城・門板湾・成都平原諸城址・後城嘴・馬路塔等城址の城内事情は不明。第五類＝滕州西康留・皇姑冢・王家荘・教場鋪・尚荘・楽平鋪・大尉・王集・荊門荊家城・莫角山台城周辺の壟状城垣・昆山趙陵山・武進寺墩等城址は城址であるかも不明）・城址発生の社会的背景・史前城址と文明の起源・史前城址と国家の起源・環濠聚落等。

王吉懐「尉遅寺聚落遺址的初歩探討」『考古与文物』二〇〇一年四期。

＊新石器晩期大汶口文化時期の円形環濠聚落。二〜五部屋の分室家屋あり。

張玉石「史前城址与中原地区中国古代文明中心地位的形成」『華夏考古』二〇〇一年一期。

劉叙傑「中国古代城墻」『中国古代城墻保護研究』文物出版社、二〇〇一。

＊古代城墻の発展、古代城墻の類型、古代城墻の防禦体制、古代城墻の建築材料。

楊鴻勳『宮殿考古通論』紫禁城出版社、二〇〇一。五八三頁。

＊「宮殿考古概説」、「宮殿と社稷の前身—新石器時代の大房子と昆倉」、「宮殿の雛形—大地湾Ｆ９０１より見た黄帝合宮」、「二里頭遺址の原始宮殿—夏后氏世室の二里頭Ｆ１・宗廟一体建築の二里頭Ｆ２」、「商都亳の宮殿—偃師商城一号址」、「鄭州商城の宮殿」、「小屯殷墟—近畿離宮・小屯離宮の殿堂楼閣・婦好墓上の享堂」、「殷商方国の宮廷建築—黄陂盤竜城Ｆ１・Ｆ２・Ｆ３と周原鳳雛遺址」、「周人明堂」、「東周王城宮廷建築」、「東周諸侯国宮城遺址—楚紀南城宮殿遺址・秦都雍城王室建築（馬家庄３号遺址）・魯国故城宮殿遺址・斉臨淄宮殿遺址・趙邯鄲宮殿遺址・燕下都宮殿遺址・周朝宮殿制度」、「東周列国の高台榭・美宮室—楚霊王章華台・秦咸陽宮一号遺址・中山国王陵・春秋秦宮銅構金釭・燕下都宮殿の陶製脊飾」、「周朝の宮廷建築」、「秦帝国の宮殿群—阿房宮・碣石門・碣石宮」、「西漢の宮殿—未央宮前殿と椒房殿・桂宮明光殿・杜陵の寝殿と便殿・長安明堂辟雍・王莽九廟」、「南越王宮殿址と閩越王宮殿」、「東漢雒陽宮殿—雒陽明堂・辟雍・霊台」、「三国南北朝の宮殿—曹魏鄴城・北魏雒陽の太極殿・明堂・清暑殿・皇家祭壇」、「隋朝の宮殿建築—太興宮・側天門・仁寿宮」、「唐大明宮—含元殿・麟徳殿・三清殿・清思殿・興慶宮・華清宮・万象神宮・九州池」、「渤海国上京王宮」、「北宋の宮殿」、「西夏の陵塔」、「元の中都宮殿」、「明の中都と南京宮殿」、「明の奉天殿と明清紫禁城」。

趙芝荃「偃師商城建築概論」『華夏考古』二〇〇一年二期。

趙青春『鄭洛地区新石器時代聚落的演変』北京大学出版社、二〇〇一。二八二頁。

＊鄭洛地区の自然環境、裴李崗文化時期の聚落の形成、仰韶時期の聚落の発展・分化、竜山時期の聚落を分析し、巻末に鄭洛地区の新石器時代聚落遺址一覧の詳細な表を附す。鄭洛地区の竜山時代の聚落遺址五一六ヶ所。仰韶後期の聚落遺址は三五七ヶ所。

陳旭『夏商考古―二〇世紀中国文物考古発現与研究叢書』文物出版社、二〇〇一。二四三頁。

＊夏商の城址遺址を広く紹介。

史念海「周原的歴史地理与周原考古」、「漢唐長安城与生態環境」、「藍田人時期至両周之際西安附近地区的演変」、「直道遺址」、「古代関中」『黄土高原歴史地理研究』黄河水利出版社、二〇〇一。

王学理『秦文化―二〇世紀中国文物考古発現与研究叢書』文物出版社、二〇〇一。二八三頁。

＊秦人早期都邑、雍城、櫟陽城、咸陽城、雍城秦公陵、芷楊東陵、秦始皇陵。

周長山『漢代城市研究』人民出版社、二〇〇一。一九六頁。

＊漢代城市の発展、漢代城市の分布、漢代の城郭、長安・洛陽・邯鄲・臨淄・宛・成都、漢代の城市人口、漢代城市内の里、漢代城市の市。

周長山「漢代的城郭」『考古与文物』二〇〇三年二期。

＊「考古所見漢代城址一覧表」で、一二九個の故城址について、城郭の規模・城基の幅・板築の厚み・典拠を整理。

楊亜長「略論鄭洛文化区」『華夏考古』二〇〇二年一期。

＊①裴李崗文化＝裴李崗類型（新鄭裴李崗・沙窩李・密県莪溝北崗）の家屋（多く円形半地穴式、方形半地穴式、直径二・二～三・八メートル、門道は階段または傾斜式で〇・七メートル）と墓地（氏族墓地で秩序があり、墓向はほぼ一致）。賈湖類型（漯河翟荘・舞陽賈湖・郭荘・阿崗寺・許昌丁荘・崔荘・葉県文集・鄢陵故城・南関・蝎子崗・劉荘等）の家屋（円形・

楕円形半地穴式で一室ないし分室家屋。分室家屋は、単室家屋を二、三、四室に拡張している）と墓地（墓には多数の二次葬や合葬墓あり）。磁山類型（武安県磁山遺址）の家屋（楕円形ないし不規則円形半地穴式、門道は傾斜階段式。灰坑は円形、楕円形、不規則型、長方形。坑内に日用品や工具）。

②大河村文化＝大河村類型（鄭州大河村・西山・洛陽王湾・長葛石固・滎陽青台・点軍台・禹県谷水河）の古城（鄭州西山、城内面積三万平方メートル）と家屋（二室以上の繫がった分室家屋。建築技術が進歩）。下王崗類型（淅川下王崗・鄭州八里崗）の家屋（早期は円形単体建築、半地穴式と地面式。中晩期は地面建築、繫がった分室家屋、一戸の分室家屋は連続する一大一小室ないし一大二、三小室で各室に外部への門道あり）、村落（村落内に複数の家屋）と墓地（早期の成人の墓地は氏族公共墓地で秩序あり、単人仰身直肢葬）。後崗類型（早期は安陽後崗下層・濮陽西水坡仰韶村時代遺存・磁県界段営・武安趙窯・西万年、晩期は安陽大司空仰韶時代遺存・安陽大寒南崗・大正集老磨崗・鮑家堂・磁県下潘汪）。

③河南竜山文化＝王湾類型（洛陽王湾・矬李・孟津小潘溝・臨汝煤山・登封王城崗・郾城郝家台・鄭州站馬屯・旭奋王・二里崗・垣曲古城東関・輝県市孟荘遺址）の城垣（登封王城崗・郾城郝家台・輝県市孟荘、一万平方メートル超の面積あり）の家屋（鄭洛地域は方形地面式と円形半地穴式、多くは単室、床に火を燃やした跡か白灰面。汝河潁河流域は多く方形地面式、繫がった分室家屋、床に火を燃やした跡か白灰面）と墓地（鄭洛地域は竪穴土坑、単人仰身直肢葬。汝河潁河流域は土坑の他に甕棺多し）。三里橋類型（陝県三里橋・平陸盤南村・夏県東下馮・芮城西王村）の家屋（方形・長方形半地穴式と地面式、皆単室）、聚落形態は不明。後崗類型（安陽後崗・大寒南崗・八里荘・湯陰白営・河北磁県下潘汪・永年台口・邯鄲澗溝・亀台）の家屋（円形単体地面式、外壁は土壁・木骨壁・日干煉瓦壁の三種、床に火を燃やした跡か白灰面、木板を床に敷くものあり、白営遺址等に水井）と聚落（各集落内の家屋の分布に一定の規律）、墓地（甕棺多し）。王油坊類型（河南永城王油坊・黒堌堆・夏邑三里堌堆・商丘鄔墻・鹿邑栾台・柘城孟荘・睢県周竜崗・淮陽平糧台・山東曹県莘冢集・荷沢安邱堌堆）の家屋（方形・円形の地面式多し、早期は少数が半地穴式、単室が主で繫がった分室家屋もあり、

外壁は日干し煉瓦壁、床は白灰面・草泥面・焼土面の三種、遺址によっては水井や小型の窯炉あり）と墓地（建物内に児童葬多数）。下王崗類型（淅川下王崗竜山時代遺址）の家屋と聚落（不明）、墓地（成人は土坑墓で屈肢葬多く、仰身直肢葬これに次ぐ、子供は多く甕棺）。

彭曦「西周都城無城郭?―西周考古中的一個未解之謎」『考古与文物増刊―先秦考古』二〇〇二。

＊周原岐邑・豊鎬遺址・成周（洛邑）の西周都城は、山水を利用した河溝台地上の塹壕城で四周の城壁はない。秦の雍城・櫟陽城・咸陽城も、西周都城を継承し自然の山水を利用した塹壕城。塹壕城は、新石器時代先住民の居住環境に対する審美感を継承し、黄河上流の広大な台地上で眺望を遮る周壁なく天人合一の開放性・「諧美感」をもたらす発展した形態。

張国碩『夏商時代都城制度研究』河南人民出版社、二〇〇二。二五五頁。

＊夏商の設都制度・離宮別館制度・都城選址制度・都城軍事防御制度・都城規劃布局制度・都城の周辺方国や後世への影響。

宋豫秦等『中原文明起源的人地関係簡論』科学出版社、二〇〇二。二二七頁。

＊「西遼河流域」新石器時代早期＝興隆注の聚落は、河床六〇メートル上に排房・囲壕・窖穴・墓葬。聚落外の壕は周長五七〇、幅一・五～二メートル。壕内面積二・四万平方メートル。家屋は一二排一六〇余。房址は半地穴址、円角長方形または方形。一般の房屋面積は五〇～七〇平方メートル。室内に柱洞、竈坑。聚落の中心に両座の大型家屋、面積各一四〇平方メートル。貯蔵用の窖穴は多くは房址外。房址内にある場合もある。査海集落は、台地の南向き斜面。囲溝あり。囲溝内面積一〇キロ平方メートル。五五座の半地穴式房址。家屋は東西南北に規則的に並ぶ。大型家屋（F46）は一二〇平方メートル、中型は四〇～六〇平方メートル、小型は一五～二〇平方メートル。房内に生産工具あり。集落の中心部に小型広場。趙宝溝遺址の聚落は、家屋が規則正しく並び、

房址は半地穴式で多く長方形・方形・台形。小型家屋は一〇平方メートル、大型は一〇〇平方メートル近くもある。囲壕は確認されていない。敖漢西台聚落は、囲壕あり。東南部の壕の長さ六〇〇・二五、幅約二、深さ二・二五メートル。囲壕内に房址・灰坑が密集。南楊家営子や西水泉遺址の房屋は長方形の半地穴式で一般に面積一〇平方前後。西水泉では一〇〇平方メートルの大型家屋。房内には竈坑。大、小凌河黄土丘陵地区の遺址では、半地穴式の房址で、房址は円形で、二部屋の家屋もある。富河溝門遺址は、家屋が一五〇余。東西に配列され多くは方形。最大は三五平方メートル、一般は一六～二〇平方メートル。室内は平坦で中心に竈坑。室内に窖穴。青銅器文化期＝夏家店下層文化（拉木倫河から燕山以南京・津・唐地区）の敖漢旗境内の二二〇〇余の聚落は、多く河岸高地に位置し、四周には壕溝や夯土の囲墻がある。房址は円形半地穴式が主で、少量地面式家屋がある、地面式家屋には、単室と多間室の両種がある。窖穴は室外。夏家店下層文化地区には一〇〇余の城堡がある。石城堡の最大は一〇万平方メートル。城堡内には石積みの円角方形房址が密集。排列には秩序がある。一般の房址は二・五～四メートル。一〇メートルもある。城墻には馬面の前身、石墩が確認できる。夏家店上層文化の聚落は、多く河岸台地上で、房址は地面式と半地穴式の両種。窖穴式房址も少例見える。障壁は石積。

「環岱海地区」仰韶後期＝王墓山坡上遺址は環濠聚落。小型房屋の中央に大型房屋。身分の分化を意味するか。竜山時代＝園子溝・老虎山・西白玉・板城・面坡遺址。大きい家屋で四～五人が住居。聚落内の身分の分化には限度がある。園子溝の家屋は、窑洞式で主室の外に里屋か院落がある。

「海岱地区」大汶口文化期＝大汶口（八〇余万平方メートル）・野店（五〇万平方メートル）・西夏侯（一〇万平方メートル）遺址は、古国出現の必要条件を備える。竜山文化期＝陽谷景陽崗・教場鋪（四〇万平方メートル）・章丘城子崖（二〇万平方メートル）・滕州薛城・鄒平丁公（一一万平方メートル）・臨淄田旺（一五～二〇万平方メートル）・寿光辺綫王（五万五千平方メートル）・史家遺址等。城址の規模は比較的大。魯北史家遺址は環濠聚落で、城墻や壕は軍事的役割。田旺遺址は都市に相当。

「四川盆地」成都平原＝広漢三星堆・新津宝墩・都江堰芒城・郫県古城・温江魚鳧村・崇州双河。盆周西北山地＝広元張家坡・広元鄧家坪・綿陽辺堆山。盆周東北山地＝巴中月亮岩・通江擂鼓寨。盆周東平行嶺谷山地＝忠県哨棚嘴一期・中坦早期・奉節老関廟下層。自然に形成された城堡聚落。宝墩遺址は竜山文化時の六〇万平方メートルの古城で、泥墻の小屋集合（房屋二基）の聚落。郫県古城は、城内に大型房屋（五五〇平方メートル）あり、酋邦制国家。成都近郊金沙遺址は、大量の房屋建築があり、古蜀国の中心。近接する黄忠遺址は、古蜀都邑の宮殿区。

「江漢地区」城居式聚落＝天門石家河・荊州馬家垸・江陵陰湘城・公安鶏鳴城・石首走馬嶺・澧県城頭山等。屈家嶺文化時期に広く環濠城池聚落が江漢平原西部縁辺に出現。城墻は環濠の内側。城墻や城池は水管理とも関連。城池を持つ中心聚落の周囲に小集落が存在。堰居式聚落＝京山屈家嶺・京山三王城。山地の十年九旱の地で、聚落は囲堰を創造し人工的小規模水庫に生活用水や灌漑用水を備蓄。水患がある江漢地区下流では城居聚落。《以下は屈家嶺から石家河酋邦の政治体制・社会構成における聚落の等級》第一級聚落＝石家河古城で、集合式古城。環濠・城垣四キロメートル、城内一二〇万平方メートル、城垣外の環城聚落を含めると一八〇万平方メートル。城内中北部譚家嶺は貴族の居住地、鄭家湾や三房湾は祭祀区で、二〇ヶ所近い城外の環濠聚落は、農民や手工業者が居住する普通の聚落。貴族と平民の居住区が分化。第二級聚落＝地方級中心聚落で、江陵陰湘古城・荊門馬家垸古城・京山屈家嶺堰居式聚落・石首走馬嶺古城・公安鶏鳴古城・澧県城頭山古城・鶏叫城古城は、単一の聚落。周囲小集落の労働力を集め環濠や城垣・人工堰・大型宗教建築等を建造し、政治的文化的地位が高い。陰湘古城の城内中部は居住区、西部は製陶手工業区。第三級聚落＝家族を単位とする自給自足の「普通聚落」（Community）。面積は二万～五万平方メートルで、生産活動に従事し宗教的色彩がない。第四級聚落＝聚点

（Hamlet）。江漢平原に普遍的に存在。第三級聚落から派生し、整ったCommunityを形成せず、自給自足することもできず他の聚落に依附。面積一万平方メートル以下。索范台五千平方メートル・徐家台三千平方メートル・高家土地二千四百平方メートル。大型建築なく、物質文化も貧困。使用期間は比較的短い。《宮室の制度化》石家河城外南郊肖家屋脊遺址住居には、大小両宗族。東北部の囲繞中庭構成の曲尺型建築群は、南向の正室（F15）、東向の西室（F13）、中庭広場、中庭院墻があり祭祀建築。

「環太湖地区」良渚文化期中期＝中心的聚落の形成。莫角山遺址は、面積三〇余万平方メートルで、六七〇×四五〇メートルの高台礼制建築址がある。近隣に反山・瑶山・滙観山・桑樹頭（双池頭）・鐘家村・馬金口等の貴族墓地や祭壇址。莫角山聚落も支配的中心聚落で、この聚落の周囲にはまた莫角山聚落に次ぐ寺墩・草鞋山・福泉山・荷葉地等、玉礼器を副葬し権勢を有する聚落がある。一帯の幾十もの経済的に貧しい下層構成員（平民。家屋は小さく、随葬品は少量で日常生活品）の普通聚落がこれらに服属する。太湖以東の福泉山、太湖以北の寺墩遺址も重要な中心聚落で、周囲の普通聚落と格差がある。

「中原地区」仰韶文化期＝遺址は多く河岸台地上。鄭州西山遺址は、板築の城墻。黄帝の都邑とも。鄭州八里崗遺址は、房屋が連なる長屋式村落。一戸の房屋は二間あるいは三間で炉が個別に設けられている。河南竜山文化期＝王城崗遺址は、面積一〇〇万平方メートル。儀礼建築や祭祀坑がある。禹都陽城か。襄汾陶寺遺址は、城内面積二〇〇万平方メートル以上。南墻と東墻を確認。建築における「夾版石硪夯土」方式は長江中流の「堆築法」より進歩。部落間の戦争の増加で城堡が大量に出現。仰韶・竜山早期の城址は、九遺址（西山・陶寺・王城崗・平糧台・郝家台・孟荘・後岡・古城寨・景陽崗）。教場鋪・南石遺址は城墻は確認されていないが宮殿建築の雛形となる高台建築遺址がある。禹県閻寨・瓦店遺址は、各面積四〇平方メートルの中心聚落。瓦店では夯基や奠基坑、閻寨では排房を確認。やや大きい聚落の周囲に比較的小さい同時期の遺址がある。王城崗や閻寨・瓦店遺址は統治上の拠点に相当。河南竜山文化期は礼制の形成、王権の出現を反映。二里頭文化期＝二里頭遺址の内部には、礼制用の大型宮殿建築。王権政治が確立。遺址内の房址には、宮殿建築、地面建築の比較的大型建築と小さい半地穴式建築の三別あり。階級分化を反映。宮殿建築基址の祭祀坑・手工業作坊周囲の殉人・陶片上の竜紋は、夏代の宗教儀式を反映。

河南博物院『河南出土漢代建築明器』大象出版社、二〇〇二。三〇七頁。

＊家屋の明器を中心に図版一七五。張勇・郭燦江氏の明器に関する論文五編。

鞏啓明『仰韶文化―二〇世紀中国文物考古発現与研究叢書』文物出版社、二〇〇二。二三九頁。

＊仰韶時代の房屋や聚落形態を紹介。

謝端琚『甘青地区史前考古―二〇世紀中国文物考古発現与研究叢書』文物出版社、二〇〇二。二五八頁。

＊甘青地区の各遺跡の聚落を比較的網羅的に紹介。

趙化成・高崇文等『秦漢考古―二〇世紀中国文物考古発現与研究叢書』文物出版社、二〇〇二。二八一頁。

＊「秦都咸陽、秦始皇陵的考古発現与研究」・「西漢長安城、東漢洛陽城和両漢帝陵」・「漢代諸侯与列侯大墓的発掘与研究」・「漢代諸侯王墓」・「漢代中小型墓葬的発掘与分区、分期研究」

陳淑卿「趙宝溝聚落結構的微観考察」『考古与文物』二〇〇三年四期。

＊遼西地区新石器晩期の聚落遺址。半地穴家屋の残存八九。

何周徳「姜寨遺址牲畜夜宿場遺址辨析」『考古与文物』二〇〇三年二期。

＊姜寨遺址の牲畜場とされる広場西部と西北部の灰色土部には、糞便や柵欄の跡がなく祭祀に使用か。

朱永剛「中国東北先秦史環濠聚落的演変与伝播」『華夏考古』二〇〇三年一期。

李之竜「従良渚文化社会組織形態分析其文化個性与文明進程」『華夏考古』二〇〇三年二期。

張弛『長江中下游地区史前聚落研究―北京大学震旦古代文明研究中心学術叢書之五』文物出版社、二〇〇三。二四八頁。
　＊新石器時代早中期聚落の特徴、新石器晩期における漢水中游・両湖・峡江・贛鄱・蘇皖・江浙地区の聚落の発展・分化を分析し、最後に「参考文献」を附す。
杜金鵬『偃師商城初探』中国社会科学出版社、二〇〇三。二六八頁。
　＊偃師商城の総合的研究。
韓建業『中国北方地区新石器時代文化研究』文物出版社、二〇〇三。二七三頁。
　＊個別聚落の形態と内部構造、聚落の分布と聚落間の関係、聚落の変遷の三方向において分析。九五頁に及ぶ詳細な各遺址の研究で、聚落遺址・房屋の図版を多数収録。
姜波『漢唐都城礼制建築研究』文物出版社、二〇〇三。二七三頁。
　＊秦咸陽城から唐代の両京礼制建築。
徐衛民・呼林貴『秦建築文化』陝西人民出版社、二〇〇三。二六六頁。
　＊咸陽城、離宮別館、墓陵、交通建築、長城、園林、居民建築、水利、建材。
姚生民『甘泉宮志』三秦出版社、二〇〇三。三八〇頁。
　＊甘泉宮遺址、雲陵、道路、陶文、瓦当等。
曲英桀『古代城址―二〇世紀中国文物考古発現与研究叢書』文物出版社、二〇〇三。二四七頁。
　＊史前城址から元にいたる通史。
李友謀『裴李崗文化―二〇世紀中国文物考古発現与研究叢書』文物出版社、二〇〇三。二一一頁。
　＊裴李崗文化時の房屋遺址を紹介。

劉慶柱・李毓芳『漢長安城―二〇世紀中国文物考古発現与研究叢書』文物出版社、二〇〇三。二三〇頁。
＊建設過程、城墻、平面形制、道路、城内区分、城門、給排水施設、未央宮、未央宮前殿、椒房殿（皇后正殿）、少府遺址、中央官府遺址、骨簽（文書の短冊）、長楽宮（太后の宮）、北宮・桂宮（后妃の宮）、亜宮城制、武庫、明堂（辟雍）、宗廟、社稷、天地郊、霊台、太学、天斉公祠、五帝祠、礼制建築と都城布局、東西市、里居、手工業遺址、（製陶・冶鋳・鑄銭）、建章宮、甘泉宮、上林苑、諸陵邑、定都長安、崇方、択中、軸綫、面朝后市、左祖右社。
朱士光「西安建都朝代新論」『侯仁之師九十寿辰記念文集』学芸出版社、二〇〇三。

雷依群・徐衛民『秦都咸陽与秦文化研究』陝西人民教育出版社、二〇〇三。七三二頁。

張江凱・魏峻『新石器時代考古―二〇世紀中国文物考古発現与研究叢書』文物出版社、二〇〇四。二七六頁。
＊新石器時代の聚落遺址を概観。
張緒球『屈家嶺文化―二〇世紀中国文物考古発現与研究叢書』文物出版社、二〇〇四。二三八頁。
＊「七　聚落形態」房屋・墓葬・環境聚落遺址。
侯甬堅「中国古都選址的基本原則」『歴史地理学探索』中国社会科学出版社、二〇〇四。

趙叢蒼・郭妍利『両周考古―二〇世紀中国文物考古発現与研究叢書』文物出版社、二〇〇四。二七八頁。
＊「西周都邑遺址」・「東周都邑遺址」・「西周墓葬」・「東周墓葬」。
高蒙河『長江下游考古地理』復旦大学出版社、二〇〇五。二四三頁。
＊「第三章　聚落景観」人文地理学与聚落考古学・聚落遷址型・聚落規模与形態・聚落等級的出現与形成・建築結構与家庭形態・聚落進化模式。
郭立新『長江中游地区初期社会複雑化研究』上海古籍出版社、二〇〇五。三六六頁。

＊「第二章　社会複雑化的経済基礎」生産製材与人口圧力・社会分工、「第三章　聚落形態与社会結構」聚落内部形態与結構・戦争与防御・超聚落共同体的出現、「第四章　墓葬与社会文化」。

頼徳勝『歴史的空間与空間的歴史―中国歴史地理与地理学史研究』北京師範大学出版社、二〇〇五。三九八頁。

＊「夏及商前期都城文献資料的初歩研究」。

徐衛民『秦漢歴史地理研究』三秦出版社、二〇〇五。六〇六頁。

＊「秦漢都城研究」（論文一七編）、「秦漢園林研究」、「秦漢陵墓研究」、「秦漢建築研究」。

周学鷹『読解画像磚石中的漢代文化』中華書局、二〇〇五。五七九頁。

＊画像磚石に描かれる漢代の諸建築を網羅。

許順湛『五帝時代研究』中州古籍出版社、二〇〇五。五四九頁。

＊聚落の規模による地域別分布が詳述され、新石器時代における聚落の発達、地域社会の成熟度の理解に役立つ。

「河南仰韶聚落研究」三七聚落群六三三聚落。予北地区＝新郷市新郷県聚落群は、二九万～一〇万平方の二級聚落一処、九万平方以下の三級聚落九処。濮陽市濮陽県聚落群は、二級聚落一処、三級聚落四処。安陽市安陽県聚落群は、二級聚落二処、三級聚落八処。鶴壁市鶴壁聚落群は、二級聚落二処、三級聚落八処。焦作市沁水下游聚落群は、五〇万平方以上の特級聚落二処、二級聚落二処、三級聚落一一処。同市沁陽聚落群は、二級聚落二処、三級聚落九処。同市郊聚落群は、二級聚落一処、三級聚落六処。予東地区＝周口店商水・項城汾河聚落群は、三級聚落八処。予南地区＝駐馬店市遂平聚落群は、三級聚落一一処。同市上蔡聚落群は、三級聚落九処。信陽市浉河聚落群は、四九～三〇万平方の一級聚落一処、三級聚落七処。南陽市南召白河聚落群は、一級聚落一処、二級聚落三処、三級聚落二一処。同市新野白河聚落群は、二級聚落二処、三級聚落一二処。同市淅川丹江聚落群は、二級聚落群二処、三級聚落一九処。同市鎮平・内郷聚落群は、二級聚落二処、三級聚落一一処。予西地区＝許昌市長葛聚落群は、三級聚落六処。漯河市舞陽沙澧河聚落群は、二級聚落二処、三級五処。平頂山市汝州北汝河聚落群は、特級聚落一処、二級聚落二処、三級聚落二四処。同市魯山沙河聚落群一級聚落一処、二級聚落二処、三級聚落一三処。鄭州市滎陽聚落群は、一級聚落二処、二級聚落四処、三級聚落二三処。同市新鄭・新密双洎河聚落群は、二級聚落三処、三級聚落一八処。同市鞏義伊洛河聚落群は、一級聚落一処、二級聚落二処、三級聚落一四処。同市登封禹州潁河上游聚落群は、二級聚落一処、三級聚落一二処。洛陽市新安澗河聚落群は、一級聚落一処、二級聚落二処、三級聚落一八処。同市新安西沃聚落群は、二級聚落三処、三級聚落八処。同市孟津聚落群は、二級聚落二処、三級聚落二二処。同市偃師伊洛河聚落群は、特級聚落一処、一級聚落一処、二級聚落一一処、三級聚落一九処。同市宜陽洛河聚落群は、特級聚落一処、一級聚落一処、二級聚落四処、三級聚落二三処。同市伊河中上游聚落群は、一級聚落一処、二級聚落四処、三級聚落三五処。同市汝陽汝河聚落群（含嵩県）は、二級聚落二処、三級聚落七処。同市陝県聚落群（含三門峡市郊）は、特級聚落一処、一級聚落二処、二級聚落七処、三級聚落二四処。同市霊宝川口聚落群は、特級聚落二処、一級聚落三処、二級聚落六処、三級聚落一六処。同市霊宝鋳鼎原聚落群は、特級聚落一処、一級聚落二処、二級聚落三処、三級聚落一九処。同市霊宝豫霊鎮聚落群は、特級聚落一処、三級聚落八処。同市霊宝五畝朱陽聚落群は、特級聚落一処、三級聚落九処。黽池仰韶村聚落群は、一級聚落一処、二級聚落二処、三級聚落二四処。同市盧氏洛河聚落群は、二級三処、三級一八処。

「河南龍山聚落研究」六四聚落群一三四一聚落。

「陝西仰韶聚落研究」関中四四聚落群一一六二聚落、陝北陝南三〇聚落群七五六聚落。

「陝西龍山聚落研究」六一聚落群二一一六聚落。

「区域文明一・二」主要聚落遺跡の構造。

梁雲「戦国都城形態的東西差別」『中国歴史地理論叢』二一―一〇、二〇〇六。

段渝『酋邦与国家起源—長江流域文明起源比較研究』中華書局、二〇〇六。四七七頁。

劉海旺「首次発現的漢代農業閭里遺址—中国河南内黄三楊荘漢代聚落遺址初識」『考古発掘与歴史復原（法学漢学一一）』中華書局、二〇〇六。

＊後漢時代の七座の住居遺址（二五～五〇〇メートル間隔で分布。各家屋は「北座朝南」で統一される）であるが、睡虎地『封診式』の「一堂二内」を庶民の典型的な住宅と見なし、三楊荘第三処宅院遺址の住宅配置にその類型を求める。ただ三楊荘遺址の家屋は、庶民の典型的な住宅の規模にしては少しく宏大に過ぎる。

中国国家博物館考古部『垣曲盆地聚落考古研究』科学出版社、二〇〇七。四一五＋図版八〇頁。

＊仰韶裴李崗文化から殷代前期にいたる時期の山西省南部の垣曲盆地一帯における八五ヶ所の聚落についての総合的研究。各遺址の調査報告に続けて、「各時期聚落形態的考察」・「史前至商代各時期聚落形態的演進」で、黄河中流域に位置する垣曲盆地での聚落の変遷を分析。仰韶文化中期に聚落間の社会文化が見られ地域の首領的存在が認められるが、社会的分化は顕著ではなく未だ氏族社会の段階。仰韶文化晩期には、氏族・部落・部落連盟の三者による階層社会が形成され、初期酋邦社会の段階に入る。廟底溝二期文化期になると貴族と平民との社会階層が分化し、龍山文化期に入ると、正常死でない遺骸や骨鏃・石鏃などの武器の出土が増加し、戦争や衝突の激化が窺える。二里頭分化期には、早期国家社会となるが、二里崗分化期には、殷人が垣曲盆地に侵入し、聚落数や人口が減少する。

日文研究（配列は中文研究と同じ）

岡村秀典「仰韶文化の集落構造」『史淵』一二八、一九九一。

＊「住居の構造」・「集落の基礎単位」・「姜寨遺跡の集落構成」・「仰韶文化の集落構成とその背景」大型住居の性

格・環溝集落の特徴。

岡村秀典「中原竜山文化の居住形態」『日本中国考古』四、一九九四。

＊「分散型聚落」山西石楼岔溝遺址・陝西武功趙家来遺址・陝西長安客省荘遺址。「密集型聚落」河南安陽後岡遺址・河南湯陰白営遺址。「聚落の動態」陝西臨潼康家遺址―分散型聚落から密集型聚落へ＝規模四二〇×四六〇メートル、一万九千平方メートル。住居の炉は床の中央。前期の住居は門向一定せず散在し面積小。中後期の住居は門向南向し配置も規則的な列状で面積が前期に比べ大型化、板築壁面を共有する五基の家屋もある。中原竜山文化前期は城郭はないが中後期の密集聚落に城郭（後岡遺址に城壁）を建設。中原竜山文化中後期の登封王城崗・淮陽平糧台・郾城郝家台・輝県孟荘各遺址には城壁。「おわりに」中原竜山期文化の聚落は散村化。集団間の抗争により共同体成員が集住する密集聚落も出現。

岡村秀典「長江中流域における城郭聚落の形成」『日本中国考古学会会報』七、一九九七。

＊「屈家嶺・石家河文化の城郭遺址の発見」新石器時代の石家河・陰湘河・鶏叫城・城頭山・走馬嶺の五遺址は、これまでに発見されている黄河流域の新石器時代の城郭遺址をしのぐ規模。「屈家嶺文化の城郭遺址の特徴」①城郭遺址の立地＝多く低丘陵の端で小川を護城河として取り込む。②城郭の形態＝丘陵や河川のため不整形。③城壁・壕の形態と構築方法＝城壁の外に環壕。城基は陰湘城四〇（西周時は六五）・城頭山二五～三七・石家河五〇メートル以上。環壕幅は陰湘城四五（西周時）・城頭山三五～五〇・石家河六〇～八〇メートル。城壁は板築ではなく黄色と灰色の土を交互に堆積。④城郭の内部構造＝城内の窪地は放置。城郭内全面に住居址はない。陰湘城は城内高地に住居区・城頭山は中央に住居区・走馬嶺は城内一部に墓地。⑤城郭聚落の年代（大渓文化以降）＝石家河は屈家嶺・石家河文化中期に聚落が発展し後期に衰退・陰湘城は石家河文化後期に衰退し西周時代に再興・城頭山の城壁は屈家嶺中期から後期の間で石家河文化後期に衰退・走馬嶺の城壁は屈家嶺文化後期で石家河文化

後期に衰退・鶏叫城の城壁は屈家嶺文化時に城壁が作られ石家河文化時期に修築され石家河文化後期に衰退。「石家河遺址群の位相」屈家嶺文化時に多数の族集が城内外に分住する巨大な複合聚落が完成し、石家河文化後期に城内の聚落遺址が減少し城外に分散し、城郭の機能が喪失、聚落も衰退。城内に日常的な土器・石斧・石鏃・紡錘車が出土するごく普通の農耕民の住居（石河遺址群Ｆ１）、城外に大型建物（石家河羅家柏嶺）の事例もある。城内外は階層的差異はなく基本的に農民を主とする聚落。城郭は防御的機能と聖域を画する象徴的な意味（鄧家湾と三房湾は城内に大規模祭祀遺址）がある。「屈家嶺・石家河文化の集落間関係」城頭山城址（城内面積七ヘクタール）の周囲には環濠聚落が分布（城址東北五キロに楕円形環濠二八〇×二五〇メートルの星星遺址・東北八キロに楕円形環濠で居住址二棟の宋家台遺址・西南七キロに無城郭一〇ヘクタールの邱橋遺址）し、城郭聚落である城頭山に従属。社会的契機で計画的に形成された城郭聚落石家河（城内外に四〇ヶ所の居住区を有し城内面積は七九ヘクタール、）を頂点に農業に基盤を置く農業共同体が在地的に発展した城郭聚落や無城郭あるいは環濠だけの一般聚落が階層的秩序を形成。萌芽的な国家。「酋邦社会と初期国家」重層的な聚落間構造は大邑（殷王室）→族邑→属邑と外見的に似ているが、屈家嶺・石家河文化は首長社会の段階で集落間が親族的紐帯によって秩序付けられ下位聚落の自律性が高く階層的な格差は小さい。

岡村秀典「屈家嶺・石家河文化属都市文明」『稲作陶器和都市的起源』文物出版社、二〇〇〇。

岡村秀典「農業社会与文明的形成」『華夏考古』二〇〇二年一期。

＊「地区和文化的劃分」東北系統文化・華北系統文化・東南系統文化。「農業的開始」黄河流域的早期雑穀農業・長江流域的早期水稲農業・遼河流域的早期新石器文化。「農業社会的成立」早期稲作農業・仰韶文化的社会、「社会的複雑化和地域統一化」地域間交流的拡大・黄河流域的社会・長江中游的社会状況・長江下游的社会状況・公元前三〇〇〇年的社会変動。「初期国家的形成」城市的社会結構（安陽殷墟・鄭州商城址・垣曲商城址・夏県東下馮城

址・焦作府城址・黄陂盤竜城址、多数の小邑を従属させた族邑が単位となる自然形成の邑制国家）・地域統治結構（中原の初期国家は氏族を基礎、荊州南寺遺址などは中原系の集団移民の聚落で文化的伝統は同一でない、盤竜城は鄭州政権の南方経営のための植民都市）・祭儀国家・国家的形成過程（前五〇〇〇年頃数百人規模の血縁集団→家族単位の小経営農業等により集団組織が弛緩し小聚落化→前三〇〇〇年頃生産力の発展と地域間の交流拡大により階層分化→首長社会・混合性聚落・多数の氏族集団による都市社会の萌芽→前二〇〇〇年頃首長社会の解体→中原で文化伝統の異なる地域への政治性を持つ移民の進出、並びに文化や物資の中原への集中→中原文化の形成と氏族制集団の再編成→中原の早期国家、祭祀が体制の中心）。

宮本一夫「新石器時代の城址遺跡と中国の都市国家」『日本中国考古会会報』三、一九九三。

＊「城址遺跡の事例」黄河中流＝王城崗・平糧台・郝家台・殷墟後岡、山東＝寿光辺綫王・章丘城子崖・鄒平丁公・臨淄田旺村、長江中流域＝天門石家河・澧県城頭山、内蒙古中南部岱海＝大廟坡・西白玉・老虎山・板城、同包頭＝阿善・西園・莎木佳・黒麻板・威俊、同準格爾＝寨子上・寨子塔、同清水河＝後城嘴・馬路塔、内蒙古東部＝英金河・陰河流域・敖漢大甸子、遼西＝凌源三官甸子城子山・阜新平頂山・阜新南梁城子山・建平水泉、等。「城址の年代と地域的特色」黄河中流域は長江中流や内蒙古中南部に比べて城址遺跡が遅れて出現、「城壁の意味」、「城址遺址と都市国家」竜山期の城址遺址は都市国家の範疇。ただ竜山期における城址の城壁は一時的に築城。西周以降は、国人・邑人組織＝官僚機構の整備、都市住民の管理等の必要から城郭が長期間持続される。

宋鎮豪「商代の邑の区画形態についての考察」『中国古代の都市』汲古書院、一九九五。

＊殷代に普遍的に存在する邑は、経済的発展に伴い規模に差異が生じ、形態も多様化する。

谷口満「楚国の都城」『日中文化研究』一〇、勉誠社、一九九六。

＊江陵紀南城・寿県寿春故城・蘇州呉城の城郭構造。

劉慶柱「中国古代都城史の考古学的研究—都城・宮城・宮殿そして宮苑問題について—」『東アジアの古代都城』吉

川弘文館、二〇〇三。
＊これは中文で『陝西歴史博物館館刊』一〇、二〇〇三、に図版等を削除し、ほぼ同内容が掲載されている。
王小慶『仰韶文化の研究─黄河中流域の関中地区を中心に』雄山閣、二〇〇三。二三五頁。
＊「仰韶文化集落構成が発生した文化基層─中国新石器時代の集落構成の研究」で姜寨遺址を中心に分析。
佐藤武敏『長安』講談社学術文庫、二〇〇四。三二九頁。
＊漢以前の長安周辺、漢の長安、唐の長安。

三　残された課題

本書【Ⅲ】第一章「三　聚落遺跡と墓葬」、第二章「中国における都市史研究」を発表してからほぼ二〇年が過ぎた。この間、これまで紹介したように発掘された聚落遺跡の数も多数に上り、その分析も、旧稿を纏めた時点に比べると格段の差がある。

もちろん本稿で収録した研究文献は、必ずしも網羅的ではない。対象とした文献は旧稿以降を中心とし、代表的古代都市研究の逐次刊行物である中国古都学会『中国古都研究』一～二〇、一九八五～二〇〇五年に収録される関係論文は、一括参照が容易であることもあり割愛した。過去の重要な研究を収録する、河南省文物考古研究所『河南新石器時代田野考古文献挙要（一九二三～一九九六）』中州古籍出版社、一九九七、鄭桀祥『夏文化論集』文物出版社、二〇〇二、李伯謙編『商文化論集』文物出版社、二〇〇三、張松林編『鄭州文物考古与研究（一）上下』科学出版社、二〇〇三、杜金鵬等『偃師二里頭遺址研究』科学出版社、二〇〇五、邯鄲市文物保管研究所『邯鄲考古文集』新華出版社、二〇〇四、（「附録、《邯鄲考古文集》未収録文物考古資料目録」）、中国社会科学院考古研究所漢長安城工作隊・西安市漢長安城遺址保管所『漢長安城遺址研究』科学出版社、二〇〇六、洛陽文物局・洛陽白馬寺漢魏故城文物保管所『漢魏洛陽古城研究』科学出版社、二〇〇〇、等々が多数刊行されている。同じく聚落遺址の発掘報告書も、聚落史上に占める各遺址の位置付けについての言及がある。

前節で収録した研究の内容紹介も、比較的最近のもので、総合的内容を取り上げた。改めて網羅的な文献目録の作成を試みたいとも考えている。ただ研究文献の更なる網羅を試み、研究視点の多様さを求めるにしても、文献史料が多く欠落する先秦聚落史研究においては、結局は聚落遺址の考古学的成果、遺址の実態如何が大きな制約となっている。ここに先秦聚落史研究の限界がある。

このためここでは、旧稿以降の先秦聚落史の動向を確認する上での必要な研究を目につく範囲で掲載したが、聚落遺址が物語る仰韶・竜山期の事情は、やはり多くを物語ってはくれない。

古代国家形成を論じるにしても、酋邦論で一致しているわけでもない。個別の城址遺址にしても、城内の住民構成一つを取り上げてみても、これを支配者層を中心に考えるか、農業労働者の存在をどのように位置付けるか等で確証を得るにはいたっていない。なお検討の余地が残されている。地域社会の中心的役割を果たすと考えられる城址住民の構成が明らかにならないと、地域社会の発展の構図（含、国家形成論）や城址と小規模聚落との有機的関係についても議論が進展し難い。

城址の景観、建築学上の平面的構成や建築物の復原は、空間に立体感を与えてくれるが、これだけでは生活実感が伝わってこない。だからといって、城内や房屋の周辺から収集される土器や石器等の用具において、これを住民の生産活動とどのように結び付け、中心聚落内の経済活動を見極めるかには、なお課題が少なくない。

秦漢以前における都城級の城内における一般住民の存在は、秦咸陽城・漢長安城においてすら確証は少なく、なお不明な点が少なくない。

聚落遺跡の数は、かつて考古学成果に依拠した旧稿に比べ格段に飛躍した。しかし出土文物の量的拡大が全てを解決する方向には行っていない。遺跡からの出土文物の一つ一つの持つ意味を、個別に吟味するためには、理論や先入観が先行することなく、遺構や出土品そのものの語りかけをなお謙虚に聴く必要がある。

後　記

本書の校正が、ほぼ山場を終えた二〇〇七年一二月下旬に、彭浩・陳偉・工藤元男主編『二年律令与奏讞書―張家山二四七号漢墓出土法律文献釈読』上海古籍出版社、二〇〇七年八月刊が、本務校の東洋史学研究室に届いた。呂后『二年律令』と『奏讞書』との新たな釈文で、いずれも本書と関係が深い。

二〇〇二年五月に刊行した拙著『中国古代の聚落と地方行政（汲古叢書三三）』の際も、校了間近の二〇〇一年一一月に、張家山二四七号漢墓竹簡整理小組編『張家山漢墓竹簡〔二四七号墓〕』文物出版社が刊行され、翌年一月末に手許に届いた。このため前著では、校了後に関係する章末や「あとがき」において急遽追記を行った。刊行も予定より数ヶ月遅れた。

『張家山漢墓竹簡〔二四七号墓〕』の場合は、二〇〇一年夏頃に、刊行が近いとの情報を得ていた。それに対して『二年律令与奏讞書―張家山二四七号漢墓出土法律文献釈読』については、二〇〇七年七月末に本書の原稿を出版社へ入稿した時点では何らの情報も持っていなかった。『二年律令与奏讞書―張家山二四七号漢墓出土法律文献釈読』が刊行されるとの情報を得たのは、二〇〇七年一一月一〇日に開催された二〇〇七年度日本秦漢史学会大会当日であった。この学会では、「呂后『二年律令』に接して」の題で講演を行う機会が与えられ、その後の懇親会場で、早稲田大学助教の森和氏から初めて同書のわが国への入荷が近いとの情報を得た。

二〇〇七年度日本秦漢史学会大会での講演では、張家山漢簡の釈文について、何点かの感想を述べた。その概略は、(1)炭素一四。張家山漢簡を含む簡牘類出土の考古学調査において、炭素一四の測定はどのように運用されているのか。

炭素一四の測定は、一九七〇年代末にAMS法（Accelerator Mass Spectrometry）が導入され、試料量（一ミリグラム程度）や測定時間（三〇分～一時間程度）共に大幅に改善されており、一九八三年に出土した呂后『二年律令』等多数の竹簡が埋葬されていた張家山漢墓では、この炭素一四の測定はどのように活用されていたのであろうか。

(2)補拍。二〇〇一年一一月刊の張家山二四七号漢墓竹簡整理小組編『張家山漢墓竹簡〔二四七号墓〕』文物出版社版の竹簡写真版では、呂后『二年律令』の簡番号一背簡は、中程が破断しているが、簡番号一表簡では破断個所がなく、「補拍」が行われたと注記されている。同上竹簡写真版で、竹簡の形状が表裏で異なる事例は、他にも存在する。例えば簡番号二〇四簡と二二一簡とは、出土番号（「出土号」）E9で、同じ竹簡の表裏に文字が記載されていた簡と思われるが、写真版で確認できるE9簡の形状には表裏で相違がある。また二〇〇一年一一月刊行の『張家山漢墓竹簡〔二四七号墓〕』に収録される竹簡は、ほとんどが真っ直ぐで大きく変形していないことも、補正の処理と関係がないか気になった。

(3)釈文―目験と赤外線写真。呂后『二年律令』三一八簡は、原簡を「目験」（目視）して釈文を行ったことが注記されている。この簡について態々目験したことが特記されていることは、目験以外での釈文、赤外線写真による文字の確認が行われていたのではなかろうかと推測した。そしてもし赤外線写真が撮られているのであれば、赤外線写真の公表を期待したい。

(4)『釈文修訂本』。二〇〇六年五月刊行の張家山二四七号漢墓竹簡整理小組編『張家山漢墓竹簡〔二四七号墓〕（釈文修訂本）』文物出版社では、二〇〇一年一一月刊行の『張家山漢墓竹簡〔二四七号墓〕』と比較して釈文に多数の相違が確認された。ただこの釈文の変更については、『釈文修訂本』の「後記」で、「我們再次審読釈文、注釈、並対照原簡及図版、糾正了一些原有的錯漏。其間有好多是依照或参考了各家的指教、限於体例、未能一一注記、希望大家原諒。」と述べるに止まり、肝心の釈文変更の経緯については「注記」が省略されている。二〇〇六年五月刊行の『釈文修訂本』での釈文の変更は、これまで二〇〇一年一一月刊行の『張家山漢墓竹簡〔二四七号墓〕』釈文に依拠してきた多くの研究に少なからず影響を及ぼす。わが国でも、『奏瀧書』については二〇〇二年一一月に拙編で訳注を刊行（『奏瀧書―中国古代の裁判記録』刀水書房）した。呂后『二年律令』については、二〇〇六年一〇月に訳注が京都大学人文科学研究所の共同研究班によって刊行（『江陵張家山二四七号墓出土漢律令の研究』朋友書店）されている。張家山漢簡の釈文は、一九八三年以来二〇年近い歳月を経ての全文の公表であった。これがさらに五年を経ての釈文の変更であり、変更にいたる経緯には大きな関心を抱いた。

二〇〇七年度日本秦漢史学会大会では、その他(5)呂后『二年律令』に先行する睡虎地秦律・龍崗秦律の位置付け。(6)呂后『二年律令』の位置付け―土地制度を中心に―。(7)呂后『二年律令』の日語訳文をめぐって、等にもふれた。(6)(7)は、中国古代の律令が、その形成期において、王室の家法から国家法へと移行、発展して行く過程が窺えるとのことを述べたものであり、(7)は、呂后『二年律令』日語訳についての一試行で、いずれも釈文の問題とは異なる。

この二〇〇七年度日本秦漢史学会大会での講演当日、懇親会の席上、(3)で釈文における赤外線写真導入如何にふれたことと関連して、『二年律令与奏讞書―張家山二四七号漢墓出土法律文献釈読』刊行の情報を得た。

張家山漢簡釈文は、これまで二〇〇一年版と二〇〇六年版とが存在したが、本書と関係の深い呂后『二年律令』と『奏瀧書』とに関しては、二〇〇七年版が刊行され、三種目の釈文が提供されたことになる。また『奏瀧書』に限っては、『文物』一九九三年八期と一九九五年三期とに、すでに江陵張家山漢簡整理小組による釈文が収載されている。今これを併せると四種もの釈文が存在することになる。

本書で引用した釈文は、二〇〇六年版釈文で統一した。二〇〇七年版釈文の刊行は、予期せぬ事態であった。呂后『二年律令』と『奏瀧書』とに限定される三番目の釈文とその【校釈】とは、本書においてはかなりの部分に関わる。簡牘の釈文において、非常な困難が伴うことは想像に難くない。龍崗秦簡も、一九九七年七月に、劉信芳・梁柱編

『雲夢龍崗秦簡』科学出版社が刊行された後、二〇〇一年八月に中国文物研究所・湖北省文物考古研究所編『龍崗秦簡』中華書局が刊行され、釈文や注釈に大幅の相違が見られた。この場合、龍崗秦簡における釈文の変更については、後著に詳細な経緯が注記され事情の把握が容易であった。

本書では、龍崗秦簡の場合、主として後者の釈文に依拠したが、龍崗秦簡における二種の釈文では、釈文に附記される簡番号（「考釈編号」）にまで変更が行われた。後著には、「龍崗秦簡竹簡新旧編号対照表」が附載されてはいるが、二種の釈文の照合において煩わしさが残った。本書では、龍崗秦簡については新旧二種の簡番号を並記したが、張家山漢簡においては、幸いに二〇〇一年版以降の三種の釈文で簡番号に変更はなかった。

新出簡牘に対して種々の釈文が行われること自体は、歓迎すべき事柄である。ただ張家山漢簡の場合も、二〇〇一年版釈文、二〇〇六年版釈文共に、赤外線写真の導入如何を含め釈文の経緯について詳細な言及がなかった。遡っては居延漢簡、最近では走馬楼呉簡において、赤外線写真を使用しての釈文が実施されたと側聞していた。それだけに大幅な釈文の修訂が行われた二〇〇六年版張家山漢簡釈文については、当然、赤外線写真が導入された結果ではないかと推測していた。

ただ今回、新に赤外線写真に基づく新釈文『二年律令与奏讞書―張家山二四七号漢墓出土法律文献釈読』が刊行されたことから、本書が依拠した、二〇〇六年版『釈文修訂本』釈文の経緯が気になった。このため新潟大学に来訪されている北京大学の蔣菲菲先生に、『釈文修訂本』釈文における赤外線写真導入の如何を尋ねた。旧知の蔣菲菲先生は、二〇〇七年度日本秦漢史学会大会にご参加いただき、私の講演「呂后『二年律令』に接して」をお聞きいただけたことと、『釈文修訂本』所収の「張家山漢簡《二年律令》校読記」の執筆者「張家山漢簡研読班」のお一人であることから、『釈文修訂本』釈文の経緯を伺いたく、北京大学での留学経験がある中央大学非常勤講師の森本淳君に蔣菲菲先生へのメールを依頼した。

蔣菲菲先生は、この件を中国社会科学院歴史研究所楊振紅先生に確認して下さり、楊振紅先生から左記の四回に亘るメールをいただいた。楊振紅先生へのメールも森本淳君が引き続き仲介の労を担ってくれた。森本君の蔣菲菲先生宛のメールは本年一月七日午後八時七分に送信され、楊振紅先生の鄭重なメールは、一月一四日午後六時五七分に北京から送信されている。楊振紅先生の許しを得て張家山漢簡釈文が依拠した写真撮影に関するメール要旨を以下紹介すると、一月一四日午後六時五七分の第一信は、

我是中国社会科学院歴史研究所的楊振紅、蔣非非老師将你的信転給我、説池田雄一先生詢問張家山漢簡照片拍攝等情況。我已与参与主持整理工作的李均明先生聯系、他介紹了如下情況。

一　張家山漢簡的照片是文物出版社拍的、具体拍攝情況需問出版社攝影部。

二　二〇〇六年的修訂版是根拠図版進行的、没有使用紅外綫。

三　新近出版的彭浩・陳偉・工藤元男主編的《二年律令与奏讞書》（上海古籍出版社二〇〇七年八月）使用了紅外綫。

先把這些消息反饋給你。我会進一歩向文物出版社和陳偉先生詢問、若有消息再跟你聯絡。

で、二〇〇六年版『釈文修訂本』の釈文に、赤外線写真が使用されていなかったことが李均明先生の教示で明らかとなった。

ついで、第二信のメールが、一月二二日午後二時五二分に、

關于簡牘的拍照、由于出土后簡牘顔色很深、字迹不易辨識、因此、拍照前要先進行脱色処理、用五％草酸配水脱色。脱色只能保持一段時間、所以要尽快拍照。別外、関于紅外綫的事情、我詢問了陳偉先生、他的答復如下、《二年律令与奏讞書》使用的紅外綫成像系統的型号是 IRRS-100。這是日本浜松ホトニクス公司製造的電子撮影機器、而不是伝統的使用紅外巻胶綫巻的照相機。情況大致如此、若有什麼不清楚的地方、可告知我。

と送信いただき、竹簡出土後、写真撮影に先立って、変色した竹簡に対して五パーセントに稀釈された酸で脱色処理が加えられたことと、武漢大学陳偉先生からの教示で二〇〇七年版釈文で使用された赤外線写真機が、ホトニクス社製（IRRS-100）であったことが明らかとなり、さらに一月二三日午後一二時三六分の第三信のメールにおいては、

文物出版社負責撮影的人員因出差，今天才聯系上。他介紹的情況大致如下、中国目前対簡牘進行拍照均不使用紅外綫，而是使用一二〇型黒白反転片照相機，4*5機、6*12尺寸。張家山也不例外，即是脱色后馬上進行拍照的。補拍一般有両个意思、第一，第一次拍照時遺漏的簡牘，后来再進行拍撮，補充進図版。第二，第一次拍照時効果不好的簡牘，再重新進行拍攝。情況大致如此。関于相機的部分，因為我不是専業人員，解釈得不一定清楚。我們是同行，都対簡帛研究傾注了極大的関心和情熱，因此，互相帮助是応該的。

と、二〇〇一年版釈文に用いられていた竹簡の写真が、撮影を行った文物出版社関係者の説明で、赤外線写真ではなく白黒のフイルム写真であったことが明らかとなった。同時に「補拍」の用語は、「撮影した際に脱落した竹簡への取り直し」、または「写真が不鮮明な場合の撮り直し」を意味する言葉であったことも文物出版社の関係者からの教示で明らかとなった。

これによって張家山漢簡の二〇〇一年版釈文、二〇〇六年版釈文、二〇〇七年版釈文に用いられた写真版の経緯が明らかとなった。張家山漢簡釈文の経緯は、これまで気になっていた事柄であった。このことから、楊振紅先生の厚意をわが国学界にも紹介できないかとお願いした結果、一月二五日午前二時五二分のメールで、

我介紹的漢簡拍撮情況并没有什麼特別需要保密的，如果能够介紹給日本学界有興趣的学者当然很好。別外，聴説台湾中央研究院歴史語言研究所邢義田教授主持的居延漢簡的整理使用了紅外綫。

と、楊振紅先生より快諾をいただくことができた。併せて居延漢簡での赤外線写真導入に邢義田先生が関係されたことも紹介いただいた。

蔣菲菲先生、楊振紅先生、李均明先生、陳偉先生、文物出版社撮影関係者の厚情により、私の杞憂に類するかと思われる質問に対して、迅速に情報を教示いただくことができた。衷心より深謝申し上げ、真摯な日中学術交流への好誼に深甚の敬意を表する。

李均明先生は、二〇〇一年一一月刊の『張家山漢墓竹簡〔二四七号墓〕』の編纂に当たられた張家山二四七号漢墓竹簡整理小組のお一人である。二〇〇三年四月刊の高著『古代簡牘──二十世紀中国文物考古発現与研究叢刊──』文物出版社には、李均明先生の簡牘に対する該博な見識が披瀝されている。

蔣菲菲先生の好意で、二〇〇六年版『釈文修訂本』釈文の経緯が明らかとなった。この結果、二〇〇七年八月刊の『二年律令与奏讞書─張家山二四七号漢墓出土法律文献釈読』が、張家山漢簡における最初の赤外線写真による釈文であることが判明した。今後、張家山呂后『二年律令』と『奏讞書』との釈文において、赤外線写真による二〇〇七年版釈文が依拠すべき釈文として位置付けられることは言うまでもない。

楊振紅先生には、多忙の中、大変なお手数をおかけし、度重なるメールをいただいた。深甚の謝意を表する。

昨年末、『二年律令与奏讞書─張家山二四七号漢墓出土法律文献釈読』を実見し、本書校正を抱えたまま新年を迎えた。新年早々に、編者のお一人である工藤元男教授から、同書の恵贈を受けた。すでに校正もほぼ終了し索引作業を終えた段階であり、二〇〇七年版釈文によって本書引用の呂后『二年律令』と『奏讞書』との釈文を統一し、二〇〇七年版釈文に附される【校釈】に言及するとなると、部分的な追記だけでは済まない。相当の組み替えと時間とが必要になる。

このため二〇〇六年版『釈文修訂本』釈文と二〇〇七年版『二年律令与奏讞書─張家山二四七号漢墓出土法律文献釈読』釈文との文字の異同について本務校の院生諸君と急遽照合を行い、二〇〇七年版『二年律令与奏讞書─張家山二四七号漢墓出土法律文献釈読』釈文については、次の二点に言及し、責めの一端を塞ぎたいと考えた。

その一つは、本後記でもすでにふれた、呂后『二年律令』三一八簡についてである。この簡は、二〇〇一年・二〇〇六年両版釈文「□□廷歳不得以庶人律〔注一〕未受田宅者、郷部以其為戸先後次次、編之、久為右、久等、以爵先後、有籍県田宅、上其廷、令輒以次行之」に附される【注釈】〔一〕では、共に「□□廷□不得以律」係残簡文字、残簡粘黏於本簡之上、無法剝離、故附於此。下文「未受田宅者……以爵先後」一段為残簡覆蓋、釈文係目験原簡所得」となっていた。

この呂后『二年律令』三一八簡は、『戸律』に分属されており、本書において複数個所引用している。釈文では『庶人律』の律名が確認できたが、その【注釈】では、『庶人律』の部分が釈文として引用されていなかった。このため律名『庶人律』の存在については疑義を残したが、二〇〇七年版釈文では、三一八簡の前文「□□廷歳不得以庶人律」の部分が分離され、「新見竹簡与残簡」に独立して入れられた。この結果、三一八簡の前文「□□廷歳不得以庶人律」の部分は、新たな簡番号「x一」が附され、

亡盈（?）卒歳不得以庶人律代戸□□□□。

と釈文され、併せて『庶人律』の律名が存在した可能性も大きくなった。

呂后『二年律令』三一八簡の「未受田宅者」以下は、二〇〇六年・二〇〇七年両版釈文共に文字に異同はない。二〇〇七年版では、簡番号も三一八簡のままで存置されている。その前文であった「□□廷歳不得以庶人律」の部分のみが今回剝離され、「新見竹簡」として分離されたことになる。

「新見竹簡」、簡番号「x一」に附される【校釈】では、

今按、此簡原粘黏於三一八号簡上部。整理小組釈作「□□廷□不得以律」、並指出、「係残簡文字、残簡粘黏於本簡之上、無法剝離、故附於此。」現已分離。拠紅外綫影像、上部有十二字、下部空白。釈文作「亡盈卒歳、不得以庶人律代戸」、下部約四字不能辨読。缺上接簡。代戸、即替代原戸主成為戸主。就文意看、当与奴婢免為庶人

代戸有関。可参考《亡律》一六二―一六〔三〕号簡、《置後律》三八二―三八三号簡。

とあり、従来の「廷歳」が「卒歳」と釈され、『庶人律』の後に「代戸」の二字が続くことが判明した。そしてこの簡は、奴婢を免じて庶人とし、この新に庶人の身分を得たかつての奴婢が戸を相続するとの律文で、従来張り合わされ一体化していた「未受田宅者」以下とは、関連のない律文であったことが明らかとなった。

「代戸」は、『戸律』三三二簡、『置後律』三七九～三八〇簡、三八二（～三八三）簡、（三八六～）三八七簡等と頻出する。『置後律』三八二簡には「免奴婢以為庶人」と奴婢を庶人とし戸を相続させるとの律文がある。

本書で呂后『二年律令』三一八簡を引用、言及した際は、主として二〇〇七年版釈文で三一八簡として存置された、「未受田宅者」以下の律文が中心であった。このため二〇〇七年版の新釈文においても、本書の論旨に大きな影響はない。このためここでは、二〇〇七年版釈文において『庶人律』の律名が、ほぼ確定できたことを確認するに留める。

二〇〇七年版釈文において、次いで本書と関わりがある点は、同じく呂后『二年律令』の『戸律』三三一簡の『田命籍』が、『田合籍』と変更されている部分である。この三三一簡は、

民宅園戸籍、年細籍、田比地籍、田命籍、田租籍、謹幅上県廷、皆以篋若匣匱盛、緘閉、以令若丞。

と簿籍が列記されている簡である。この種々列記される簿籍の釈文で、『田命籍』が『田合籍』に変更され、二〇〇七年版釈文では、【校釈】において、

合、原釈「命」、何有祖拠図版改釈。今按、田合籍、似指按郷匯合統計的田畝簿冊。

と注記されている。『二年律令与奏讞書―張家山二四七号漢墓出土法律文献釈読』の「後記」によると、何有祖氏は、今回荊州博物館で撮影された赤外線写真を基に釈文の校訂に当たられた方であるが、この【校釈】では、『田合籍』について、郷を単位に集計された「田畝の簿冊」であったとされている。

本書では、『田命籍』について、郷を単位に作成される「田地耕作者の台帳」と解した。『田命籍』中の「命籍」を

「名籍」と理解し、耕作者個々名で耕地の所在が登記されている簿籍と考えたが故である。

『田合籍』を「按郷匯合統計的田畝簿冊」と解釈したのは、『田合籍』の「合」字を「匯合統計」と理解しての故で、『田命籍』と『田合籍』とでは、簿籍に課せられた役割に多少の相違が存在する。「命籍」であれば耕作者名簿、「合籍」であれば耕地面積簿となるが、いずれの簿籍にしても、結果として耕作者個々人の耕地面積が確認できるようになっていたはずである。呼称の違いこそあれ、簿籍の内容、構成自体に大きな変化が生じることはなかったと思われる。

二〇〇七年版釈文の赤外線写真によって、『田命籍』は『田合籍』と釈読された。「命」と「合」とでは、「合」字を構成する「口」の部分に、「命」字の「叩」部分に相当する縦線が書かれていたかどうかが問題となる。この点、赤外線写真でも、文字を確認する場合、墨汁が竹簡に滲み込まず、もし時間の経過で表面の墨が剥落でもすれば元の文字を確認する術はない。二〇〇一年版釈文に附される写真と今回の二〇〇七年版釈文に附される赤外線写真とを見比べて見ても、両写真においては、「合」字を構成する肝心の「口」の右下部分の墨跡が薄く不鮮明である。「命」と釈した旧釈文を否定するだけの確証も持てない。もちろん「合」字を否定することもない。『田命籍』、『田合籍』は、いずれも他に類例を見ない用語であり、今後に俟たねばならないのかも知れない。

なお三三一簡に列記される他の各種簿籍について、『二年律令与奏讞書―張家山二四七号漢墓出土法律文献釈読』は、中国における諸説を紹介してくれている。これを纏めると、

『民宅園戸籍』

①高敏「可能是毎戸所授田宅地的総数籍」(「従張家山漢簡《二年律令》看西漢前期的土地制度―読〈張家山漢簡〉札記之三」『中国経済史研究』二〇〇三―三)

②朱紹侯「似指居民的住宅簿、田園登記簿」(「論漢代的名田(受田)制及其破壊」『河南大学学報社会科学版』二〇〇四―

一）
③臧知非「宅園戸籍的内容是住宅園圃的綜合登記簿」（「秦漢「傅籍」制度与社会結構的変遷―以張家山漢簡〈二年律令〉為中心」『人文雑誌』二〇〇五―一）
④王彦輝「「宅園戸籍」是民戸立戸時必須向官府登記家庭人口・各類財産的最全面的記録」（「従張家山漢簡看西漢私奴婢的社会地位」『秦漢史論叢』第九輯、三秦出版社、二〇〇四年七月、二三五頁）
⑤今按、拠三一四～三一六号簡、「宅園」即各戸受宅数、它与「為戸」是相聯繫的、故本簡「宅園戸籍」合称。有関「宅園」的含義、請参閲三一四号簡注［一］（楊振紅「簡文中的一宅包括園圃・庭院。一宅相当漢代的九小畝、数字与《商君書》恰好吻合」、「秦漢「名田宅制」説―従張家山漢簡看戦国秦漢的土地制度」『中國史研究』二〇〇三年第三期。邢義田「所謂「宅之大方卅歩」、此宅所指当包括宅牆内室舎以及周辺的庭園、不単指居宅建築」、「張家山漢簡〈二年律令〉読記」『燕京学報』新一五期、二〇〇三―一）」

『年細籍』
①楊振紅「指記録戸内人口年齢的簿籍」（「秦漢「名田宅制」説―従張家山漢簡看戦国秦漢的土地制度」『中國史研究』二〇〇三―三）
②高敏「可能是指所授田宅地的耕種与使用情況」（「従張家山漢簡《二年律令》看西漢前期的土地制度―読〈張家山漢簡〉札記之三」『中国経済史研究』二〇〇三―三）
③朱紹侯「「年細籍」可能是指佔有田園的逐年記録」（「論漢代的名田(受田)制及其破壊」『河南大学学報社会科学版』二〇〇四―一）
④臧知非「年細籍則是各戸人口年齢明細（居延漢簡中常見的記載家庭人口年齢並著名「使」与「未使」、「大」、「小」的戍卒名籍、大約就是律文所説的年細籍的格式）」（「秦漢「傅籍」制度与社会結構的変遷―以張家山漢簡〈二年律令〉為

中心」『人文雑誌』二〇〇五―一）

『田比地籍』

①整理小組、田比地籍、依田地比鄰次第記録的簿籍。

『田租籍』

①楊振紅「可能是国家為了瞭解每年可收田租的土地数量而製定相応的簿籍」（「秦漢「名田宅制」説―従張家山漢簡看戦国秦漢的土地制度」『中國史研究』二〇〇三―三）

②高敏「是指所授田地応納田租和已納田租的数量」（「従張家山漢簡《二年律令》看西漢前期的土地制度―読〈張家山漢簡〉札記之三」『中国経済史研究』二〇〇三―三）

③臧知非「田租籍是毎戸応交納的田租数量」（「張家山漢簡所見西漢礦業税收制度試析―兼談西漢前期「弛山沢之禁」及商人兼併農民問題」『史学月刊』二〇〇三―三）

となる。『戸律』三三一簡に列記されるこれら簿籍類の性格については、いずれも今後に俟たねばならない。

以上で、二〇〇七年八月に刊行された彭浩・陳偉・工藤元男主編『二年律令与奏讞書―張家山二四七号漢墓出土法律文献釈読』上海古籍出版社についての言及は終わる。

……………………………………………………………………

本書の本来の後記はこれからになる。二〇〇二年五月に刊行した拙著『中国古代の聚落と地方行政（汲古叢書三三）』以来、六年近い時間がかかった。前著は、研究を始めて比較的初期に関心を持った課題である。私が学部、大学院で中国古代史に接したのは、一九五〇年代の後半から一九六〇年代（この間数年岡山県で高校教諭）にかけてであった。この時期は、大学紛争が吹き荒れる時代であったが、中国古代史の研究においても、学界での論争が極めて活発であった。

当時は、漢代以前の「古代中国」は古代ギリシアの都市国家（ポリス）の段階であったとする宮崎市定氏の見解。地域の民間秩序（任侠等）を取り入れた家父長制君主論を説かれる増淵龍夫氏の見解。二十等爵制を媒介とする皇帝による個別人身支配論を説かれる西嶋定生氏の見解。水の理論（水利・灌漑）と第二次農地論を基盤として東洋的専制君主論を説かれる木村正雄氏の見解等々、学界は百花繚乱の様相があった。

この雰囲気の中で、城郭都市論が比較的広く認められていた事情もあり、共同体論との関わりも多少意識しつつ、中国古代国家は都市国家ではなく自然村を基盤に成立していた等、中国古代の聚落形態と最末端の地方行政とについて小文を幾編か纏めた。前著の『中国古代の聚落と地方行政（汲古叢書三三）』は、この時期の問題意識を中心に構成した。

この一九五〇年代から六〇年代にかけての論争は、時代区分論、歴史意識とも関わり、貴重な論争であったが、秦漢帝国の場合に限定しても、皇帝は、宏大な領土（漢朝はチベットや長城以北を除くわが国に一七倍する領土）と、五～六千万の住民を支配していた。このため比較的共感を持った増淵龍夫氏の、地域社会に根付く人的紐帯を国家支配に汲み上げる体制についても、これで人心の収攬・人民の掌握を保ち得たかどうか、また二十等爵制のような上からの一方的な恩恵だけで安定した国家の運営が可能であったかどうか。いずれも未だ抽象的側面が拭い難かった。都市国家（ポリス）論や水の理論（水利・灌漑）も実証性を缺ぐ感が否めなかった。この間、国家的土地所有論、共同体論、その他の課題においては、史料的裏付けへの危惧に加えて社会発展段階への展望にも問題が感じられた。

多少閉塞感を感じ始めていた中、たまたま一九七五年一二月に、湖北省雲夢県睡虎地から戦国末、秦国の律令が出土し、その翌年には釈文が公表された。当時の中国は、文化大革命（儒法闘争）中であり、釈文が掲載された雲夢秦墓竹簡整理小組「雲夢秦簡釈文（一）～（三）」『文物』一九七六―六～八の巻頭には、毎号「毛主席語録」が太字で掲載されていた。法家重視の風潮の中、睡虎地秦簡の整理は、非常な早さで進められたことが窺われるが、当時の中国における政治情勢も重なり、私がこの睡虎地秦簡に関わるようになったのは、釈文が公表されてから五年も遅れた。

睡虎地秦簡について一九八一年に最初に発表した小文が、本書の【I　先秦時代の法制】「第四章　湖北雲夢睡虎地秦簡管見」である。これが出土簡牘による法制史研究への第一歩となったが、この「第四章　湖北雲夢睡虎地秦簡管見」では、秦律については『田律』を少しく概観しただけで、多くは睡虎地秦墓の考古学的報告を基にした墓主の分析や戦国末の睡虎地周辺の南郡経営に割かれ、法制史としての観点は乏しかった。

その理由には、先に紹介した二〇〇七年度日本秦漢史学会で述べた、出土簡牘の整理に対する躊躇感があった。ただ一九八一年、睡虎地秦簡にふれて以降、躊躇感を残しつつも、本書に収録したような新出土法制関係史料にふれる機会が多くなった。

前漢末に王莽に招かれた陳咸は、「律令書文」を壁蔵している（『後漢書』陳寵伝）。前漢末にいたっても律令関係の文書が、なお貴重視される存在であったことを窺わせる。この意味で睡虎地秦律の出土は、思いがけない出来事であった。

同時に、戦国秦漢時代の律令は、中国古代帝国の形成期において、皇帝と地域社会、皇帝による人民支配をより具体的、詳細に映し出す恰好の道しるべとなり得た。若年時に、聚落や地方行政を通じて見てきた地域社会と皇帝支配との接点を、新に出土した律令が繋ぎ合わせてくれたことになる。

宏大な領土と、多数の人民を統一し、数百年を単位とする王朝支配が保たれた背景には、例え二千年を超える中国古代にあっても、早くから律令を備え、時代を超えて変わることのなかった人々の感性や理性に、相応の配慮が払われていたことが新出律令を通じて確認できるようになった。ここ三〇年ほどの間に出土した中国古代の律令には、今日の我々でも共感を抱く内容が含まれている。

一九五〇年代から六〇年代に提示された国家構造論に、多少行き詰まりを感じつつあったこともあり、出土簡牘への躊躇感を越えて、新出土法制史に次第に関心の重心が移って行った。前著『中国古代の聚落と地方行政（汲古叢書三三）』との関わりで言えば、本書は前著の問題意識を補完する意味合いを持つ。

本書各章の初出は、

【総論】　中国古代の法典編纂

「中国古代の法典編纂について」中央大学人文科学研究所編『アジア史における法と国家』中央大学出版部、二〇〇〇。

【I　先秦時代の法制】

第一章　春秋戦国時代の罪刑法定化

「春秋戦国時代の罪刑法定化の動きと以吏為師について」唐代史研究会編『中国律令制の展開とその国家社会との関係』刀水書房、一九八一。

第二章　春秋時代の治獄―魯・衛の新出土案例

「春秋時代の治獄について―魯・衛の新出土案例―」中央大学東洋史学研究室編『アジア史における制度と社会』刀水書房、一九九六。

第三章　李悝の『法経』

「李悝の法経について」『中央大学文学部紀要』史学科二九、一九八四。

第四章　湖北雲夢睡虎地秦墓管見

「湖北雲夢睡虎地秦墓管見」『中央大学文学部紀要』史学科二五、一九八一。

第五章　王家の家法から国家法へ―雲夢睡虎地出土の秦律

「湖北雲夢睡虎地出土の秦律―王室の家法から国家法へ―」唐代史研究会編『律令制―中国朝鮮の法と国家』汲

古書院、一九八六。

第六章　道不拾遺―中国古代の盗罪

「道不拾遺」『呴沫集』七（呴沫集発行世話人）、一九九二。

第七章　戦国楚の法制―包山楚簡の出土によせて

「戦国楚の法制―包山楚簡の出土によせて―」『中央大学文学部紀要』史学科三八、一九九三。

第八章　戦国秦の獄簿

「秦代の「獄簿」について」『東方学会創立五十周年記念東方学論集』東方学会、一九九七。

【Ⅱ　秦漢時代の法制】

第一章　秦代の律令

「秦代の律令について」『中央大学文学部紀要』史学科四二、一九九七。

第二章　漢代における司法の展開―律令一定と法の公開

「漢代における司法の展開について―律令一定と法の公開―」栗原益男先生古稀記念論集編集委員会編『中国古代の法と社会―栗原益男先生古稀記念論集』汲古書院、一九八八。

第三章　蕭何の漢律三篇

新稿

第四章　銀雀山『守法等十三篇』

「銀雀山漢墓出土守法等十三篇について」唐代史研究会編『東アジア古文書の史的研究』刀水書房、一九九〇。

第五章　呂后『二年律令』をめぐる諸問題

「あとがき」拙著『中国古代の聚落と地方行政（汲古叢書三三）』汲古書院、二〇〇二を大幅に補訂。

第六章　呂后『二年律令』に見える妻の位置
「張家山『二年律令』に見える妻の地位」『呴沫集』一一（呴沫集発行世話人）、二〇〇四。
第七章　漢代の治獄―廷尉平と直指繡衣使者
「廷尉平と直指繡衣使者―漢代の司法行政一斑―」『中央大学文学部紀要』史学科三一、一九八七。
第八章　漢代の獻制―江陵張家山『奏獻書』の出土によせて
「漢代の讞制について」『中央大学文学部紀要』史学科四〇、一九九五。
第九章　『奏獻書』概観
「『奏獻書』解題」拙編『奏獻書―中国古代の裁判記録―』刀水書房、二〇〇二。
第十章　『奏獻書』の構成
「江陵張家山奏獻書について」中国古代の国家と民衆編集委員会編『堀敏一先生古稀記念中国古代の国家と民衆』汲古書院、一九九五。
補論　『奏獻書』の音読をめぐって
「『奏獻（讞）書』の音読をめぐって」拙編『奏獻書―中国古代の裁判記録―』刀水書房、二〇〇二。
【Ⅲ　中国古代の出土文物と地域社会】
第一章　出土文物による先秦史研究―文革後の新動向
「出土文物による最近の先秦史研究」唐代史研究会編『中国歴史学界の新動向』刀水書房、一九八一。
第二章　中国における都市史研究
「中国における最近の「都市」史研究」『東方』一〇〇（東方書店）、一九八九。
第三章　先秦時代の居住形態をめぐる考古学的成果

「先秦時代の居住形態をめぐる考古学的成果」中央大学人文科学研究所編『アジア史における社会と国家』中央大学出版部、二〇〇五。

である。

中央大学での在職は、三八年間に及ぶ。学内外で多くの厚誼を得たことに感謝している。前著の「あとがき」で謝辞を述べたが、その思いは変わらない。恩師の鈴木俊先生が泉下に旅立たれてから間もなく三三年になる。中央大学でお世話になった江副敏生先生と市古宙三先生とは、九〇歳を越えて壮健であられる。大きな心の支えである。

本書は、多く出土簡牘を用いているが、この史料は、中央大学大学院で大学院生や卒業生、他大学からの聴講生等と長年輪読を続けてきた。この輪読の場は、時によって参加者は異なるが、「中国の歴史と地理研究会」と称し、小冊子『中国の歴史と地理』を刊行したりもしながら、現在は、呂后『二年律令』の『戸律』まで読み進めている。遅々として進まないが、和やかな雰囲気で、意見が出尽くすまで時間をかけ読んでいる。本書の史料解読には、この「中国の歴史と地理研究会」での研鑽が種々反映されている。ただ呂后『二年律令』の読解だけでも、先はなお遠い。

私自身は古稀を迎え、残される時間も限られてきた。中国古代史に関わる研究では、新出土史料が相次いで発見されている。本書においても、比較的早く補訂の必要が訪れるかも知れない。今後その責を担えるかどうか心許ない限りであるが、妻和子も日々の諸事に勤しんでくれている。今後も新出土史料に接する楽しみだけは残しておきたいと願っている。

本書は、今回もまた、汲古書院坂本健彦氏の厚情をいただいた。重ねて汲古叢書に加えていただき光栄である。坂本健彦氏の高配に衷心よりの謝意を表する。

【追記】　先に、昨年末（二〇〇七年一二月下旬）に、彭浩・陳偉・工藤元男主編『二年律令与奏讞書―張家山二四七

号漢墓出土法律文献釈読』上海古籍出版社、二〇〇七年八月刊が、本務校の東洋史学研究室に届いた後、呂后『二年律令』と『奏讞書』との釈文について、本書が依拠した二〇〇六年五月刊行の張家山二四七号漢墓竹簡整理小組編『張家山漢墓竹簡〔二四七号墓〕（釈文修訂本）』文物出版社釈文と、新刊二〇〇七年版『二年律令与奏讞書―張家山二四七号漢墓出土法律文献釈読』釈文とで、文字の異同がどの程度確認できるか、本務校の院生諸君等と急遽照合を行った旨を記した。

この結果を踏まえて、二〇〇七年版『二年律令与奏讞書―張家山二四七号漢墓出土法律文献釈』釈文については、すでにこの「後記」において少しく言及したが、中央大学大学院で簡牘を輪読してきた「中国の歴史と地理研究会」のメンバーである、中央大学非常勤講師の板垣明、中央大学大学院博士課程の山元貴尚の両君が、【二年律令釈文対照表】（山元貴尚担当）と【奏讞書釈文対照表】（板垣明担当）とを作成し、本書に収録するための体裁を整えてくれた。対照表を附載するに当たり、板垣明、山元貴尚両君に感謝する。

この両種対照表は、二〇〇六年版『釈文修訂本』釈文と二〇〇七年版『二年律令与奏讞書―張家山二四七号漢墓出土法律文献釈読』釈文との異同を確認する上で便宜を提供してくれると同時に、本書が依拠した二〇〇六年版『釈文修訂本』釈文の位置付けについても事情を明らかにしてくれる。

ただ張家山漢簡釈文の対照を行う際、注意すべき点がある。それは、二〇〇七年版『二年律令与奏讞書―張家山二四七号漢墓出土法律文献釈読』の釈文が、「凡例」において「釈文採用通行字、如「灋」改作「法」等。異体字、仮借字一般随文注出正字和本字、外加（）号。原文原有錯字、一般在釈文中随注出正字、外加〈〉」と記載しているように、必ずしも簡牘に書かれた字体を有の儘に反映していない点である。

この原則は、二〇〇一年版『張家山漢墓竹簡〔二四七号墓〕』の「凡例」に記載される「釈文尽可能用通行字体排印、如灋改作法等。異体字、仮借字一般随文注出正字和本字、外加（）号。原文原有錯字、一般在釈文中随注出正字、

外加〈〉」（二〇〇六年版『釈文修訂本』釈文の「凡例」も同文）を踏襲したものである。

　張家山漢簡の釈文では、「通行字体」に置き換えることが原則とされていた。それでも二〇〇一年版釈文と二〇〇六年版『釈文修訂本』釈文とでは、「争」、「決」、「盗」、「偽」等となっていた字体が、二〇〇七年版『二年律令与奏讞書—張家山二四七号漢墓出土法律文献釈読』釈文では、「争」、「決」、「盗」、「僞」ともなっている。「通行字体」の原則にも幅がある。

　このため今回取り急ぎ【二年律令釈文対照表】と【奏讞書釈文対照表】とを作成するに当たり、かかる新旧字体の相違に類するような釈文は、対照表において原則として省略した。

【二年律令釈文対照表】

簡番号	修訂本釈文	二〇〇七年版釈文
三	閒	間
四	㝡	冣
	[室][屋][廬][舍][積][㝡]（聚）[黥]	室屋路舍積冣（聚）黥
	[責]	責
七	[負][二][徒][負][一]	負二徒負一
九	壐	壐（壐）
一七	□□□而	⧄【□□】□而
一八	糴	糴（糴）
一九	節	莭
二三	[賊]	賊
二七	釖	釼（刃）
	椎	榫（錐）
	肤	阦
	死	列
三〇	毆	毆
	頯	頯
三六	[及]	及
	[勿][聽][年][七][十][以][上][告]	勿聽年七十以上告
四四	謁斬若刑	謁斬止（？）若刑
	其奊詬	其奊詢

四五	四四簡と連続して解釈	内容上四四簡と繋がらないため帰属不明とする
四七	四六簡と連続して解釈	上部の二十字前後が欠損するため独立した簡とする
五八	并	並
六六	冡	塚
六七	私	和
七七	□□財（?）物（?）	□□以財物
七九	廷	非
八四	▨殺傷其夫	▨妻（?）殺傷其夫
九六	審者	審各
一〇三	一〇二簡と連続して解釈	四八五簡に接続して解釈
	而勿令坐官	勿令坐官
一〇五	非之官	非出官
一〇七	曰同法	曰與同法
		一二一簡を一〇七簡の前に入れる
一二一	一二二と連続して解釈	一〇七簡の前に移動
一二二	頹	額

一二三	薪	新（薪）
一二六	後に一二七簡と連続して解釈する	一二六簡を独立の簡とする
一二七	死罪黥為城旦舂城旦舂	死罪黥為城旦舂黥為城旦舂
一三二	所【告】者有它罪	所告有它罪
一三八	▨二両	［旦舂罪購金］二両
一四二	逗	逗
一四八	斬雖後會□□	斬雖後會赦不
一五二	格	挌（格）
	一五三簡と連続して解釈	一五二、一五三を分割する
一六一	入奴婢縣官購之	入奴婢縣官【縣】官購之
一七二	勿購	毋購賞
一七六	除于収及論	除於収及論
一九二	完為城旦舂	完成城旦舂
一九五	襍律に属す	復律に属す
二一一	□□□□有事	□□□若有事
二一四	及求財用年輸	及求財用委輸
二一九	毋得徑請徑諸者者	毋得徑請者徑請者
二二五	方長各□□而□□□□發 □出□置皆如關□	方長各□□見其□□□將有 盜出□□皆如□□

二二六	諸（?）行（?）津關門（?）東（?）⧄□□	諸□津關所索得雖未出皆坐臧（贓）盜⧄皆索弗得戍邊二歲
二二九	發傳□□□□	發傳所相（?）去遠
二三〇	毋	勿
二四七	道□阪險	道及阪險
二四八	□□□□□□及□土	盜侵飤道千（阡）百（陌）及塹土〈之〉
二四九	⿰鹿耳	⿰耳鹿
二五一	穿穽穿穽及及	穿穽及穿［置宅機］穽及
二六〇	列	死
二六四	索（?）南水	索（索）南界
二六九	致	徵
二七三	不中程半日	行不中程半日
二七五	過縣□劾印	過縣輒劾印
二七八	二七八簡から二八〇簡は	二七八簡から二八〇簡は
二八〇	行書律に属す	傜律に属す
二八六	有疾病色（?）者	有疾病ヲ者
二八七	□□□□□	⧄
二九六	相	相
二九七	酒七【升】	酒各一斗

二九八	二千石吏	二千石
三〇三	勿	毋
三〇五	券	□
三〇八	月二戸	月二石
三一三	以為其□田予之	以為其殺田予之
三一八	□□廷歲不得以庶人律	三一八簡に付着する簡のため新たにX一簡とする
三二五	民皆自占年	諸（?）民皆自占年
三二八	并	並
三三一	田命籍	田合籍
三三三	臧（藏）府已	其事（?）已
三三四	毄（繫）劾論之	輒劾論之
三三八	毋	勿
三四七	官（?）比（?）	官毋
	□免	節（即）免
三四八	新吏罪之	新吏居之
三六七	以孺子□□□子	以孺子子良人子
	【五大夫】後子	五大夫後子
三六九	皆為死事者	□□□皆為死事者
三七四	毋爵□□□□□	毋爵死事者及□爵

三八二	以庶人律□之其主田宅	以庶人律予之其主田宅
三八三	□□子若主所言吏者	夫（?）子若主所信使者
三九四	諸詐（詐）偽自爵爵免免	諸詐（詐）僞自爵免爵免
三九七	丞謹録	丞謹掾
三九八	盈一日至七日	過一日至七日
四〇〇	□□□□□為城旦	□□斬（?）左（?）止（趾）（?）為城旦
四〇一	已（?）	乏
	繇	繇（以下全て同じ）
	皆貲日十二錢	皆貲日廿二錢
四〇七	□	員
四〇九	勿（?）以□眕（?）	勿（?）以為（?）眕（?）
四一三	□	院
四一四	勿以為繇	☐勿以為繇
	命	令
	興□□□	興
四一五	□□為	傳（?）送（?）為
四一八	諸内作縣官	諸宂作縣官
四二一	□□稾□	芻稾半
	玄	玄（馬）

四二六	縣道官者	縣道官
四三七	□十三斗	銀十三斗
	稅□□三斤	稅□銀三斤
四四一	御史	御史【丞】
四四二	□君（?）	□□
	長信□卿	長信將行
	□傅	中傅
四四三	□□□□□	□高（?）□□□
	睢	雍
四四八	旟（?）陵	旗（?）陵
四五三	□□□陵	葭明陽陵
四五四	鍚	錫
四五五	鄭	鄴
四六九	□□□□秩□□□□□秩	□□□尉秩□二百石塞城（?）□秩
四七一	軽車司馬	縣道司馬
四七七	以為官□	以為官佐
四七八	試脩法以六發中三以上者	試脩法卜六發中三以上者
四七九 四八〇	一条の律文として解釈する	それぞれ独立した律文として解釈する

四八二	ト縣道官官受除事	ト縣道官【縣】道官受除事
四八三	壹	壹〈亶〉
四八五	四八六に接続して解釈	一〇三簡に接続して解釈
四八六	四八五に接続して解釈	独立した簡として解釈
四八八	論未有□	論未有令
四九〇	□其□□□□□日□□牧□□	禁（?）其□弩馬牛出田波（陂）苑（?）牧繕治
四九三	□	鐵
四九四	群盗	羣盗
	離（籬）格	離（籬）格（落）
	迹	跡
四九五	出人盈五日	出人〈入〉盈五日
四九七	以□論之	以闌論之
四九八	詣入傳□□吏（?）里	皆入傳書郡縣里
五〇〇	索	索（索）
五〇一	不幸死	不幸死
五〇四	買私買	得私買
五〇八	皆津關制曰可	皆【告】津關制曰可
五〇八	五〇七に接続して解釈	五〇九に接続して解釈
五〇九	五〇八簡とあわせて一条の律文として解釈	

五一二	而行□子□未盈一歳	而行産子駒未盈一歳
五一五	不得□	不得買
五一七	許給買馬	許給置馬
五一八	一所在朐忍界中任	一所朐忍界中佐（?）
五二六	律令二十九（?）種	律令二十□種

X一	□□廷歳不得以庶人律	亡盈（?）卒岁不得以庶人律代戸□□□（三一八簡より剥離する）
X二	三三六簡に付着するも収録せず	三三六簡より剥離する
X三	C63簡に付着するも収録せず	C63簡より剥離する
X四	F6簡に付着するも収録せず	F6簡より剥離する
X五 X六	F4簡に付着する	F4簡より剥離する
X七	四三簡に付着する	四三簡より剥離する
X八	F3簡に付着する	F3簡より剥離する
X九	F5簡に付着する	F5簡より剥離する

X一〇	四七七簡に付着する	四七七簡より剥離する
X一一	三七三簡に付着する	三七三簡より剥離する
X一二	X一二からX一四簡はF6簡に付着する	F6簡より剥離する
X一四		

【奏讞書釈文対照表】

簡番号	修訂本釈文	二〇〇七年版釈文
二	繇	繇
四		
五		
六		
八	辤	辭
一五	史	中
	顔（顏）	顔
一七	卧	臥
三三	有【名】數	有數
四七	史	西
五四	冰	冰
五六	薑（饘）	薑
五六・五七	悄	恬
五八	舍	□
六〇	辟（避）	辟
六三	無【名】數	無數

六六	賞	償
六九	□□□□	恢曰誡令
七七	從	從（蹤）
八〇 八二	褭	裊
八三	（倨）	（踞）
	有	有（又）
	（罵）	（罵）
八四	它（詑）	它
八八	熒（滎）	滎
八九	隱（?）	陵
	廣德里	【居】廣德里
九八	奉〈奏〉	奉
一〇一	枅（汧）	枅（汧）
一〇五	如	始〈如〉
	詰	詰〈講〉
一〇七	可十餘伐	可餘伐
	居（?）數日	居數日
一一一	如獄	如【故】獄

一一二	得□時	得時
	毛謂	毛譂謂
	居（?）	居
一一四	殿	殿
一一六	（苛）	（苟）
一一七	（苛）	（苟）
一一八	治	治（笞）
一一九	殿	殿
	譂	譂〈謾〉
一二一	汧	汧
一二四	田	朔
一二五	補	摯
一三二	有（又）	有
一三三	黔首當	黔當
一三七	□敬	備敬（警）
	徙（?）	徙
一四二	并	並
一四六	群	羣
一四七	聞（?）	聞
一四九	奏	奏〈奉〉

一五一	建	建〈逮〉
一五二	□	熟
一五三	謁（?）	譖（潛）
	（撃）	（繫）
一五四	□□□□□□□	□媪魁各□氏一甲
一五七	群	羣
一六〇	一人穀	一穀
一六二	衛	衛〈衛〉
一六四	磨（?）	段（鍛）
	置枹（庖）狙	狙□豎〈堅〉
一六六	涂	塗
一六七	風	□
	卧	臥
一六八	衛	衛〈衛〉
	卧	臥
一七〇	也	已
	跂〈疏（梳）〉	疎（梳）
	肉	於

一七一	蔬	疎
	然	然（燃）
	（俛）	（俯）
一七五	罪	法
一八〇	夫（?）	□
一八一	（敖）	（傲）
一八五	於	于
一八八	（敖）	（傲）
一八九	繇	繇
一九〇	家	冢
一九四	□之	校上
	於	于
一九五	於	于
	□□□□□□□	今甲夫死□□□夫
一九七	宬	宬
一九八	大	文
一九九	諱	呼
二〇一	賈	商
	販取葆	販葆

二〇三	卧	臥
二〇四	齅	齅
二〇五	徵(證)	徵
二〇六	悳(德)	愿
二〇七	即薄(簿)	即(節)薄
	衺(亵)	亵
二一〇	闗	閭
	訮	訮
二一二	(暮)	(漠)
二一三	有	布
二一五	傒(係)	係
二一六	去	云
	闗	閭
	衹	衹
	鞞	婢
	戔(殘)戔(殘)	戔戔
二一七	錢(殘)	錢
二一九	紺(拑)	紬
二二二	蚤(螽)	螽

二二四	亥(核)	論
二二六	訮	訮
二二七	彀	彀
二二八	闗	閭

汲古叢書

1	秦漢財政収入の研究	山田　勝芳著	本体 16505円
2	宋代税政史研究	島居　一康著	12621円
3	中国近代製糸業史の研究	曾田　三郎著	12621円
4	明清華北定期市の研究	山根　幸夫著	7282円
5	明清史論集	中山　八郎著	12621円
6	明朝専制支配の史的構造	檀上　　寛著	13592円
7	唐代両税法研究	船越　泰次著	12621円
8	中国小説史研究－水滸伝を中心として－	中鉢　雅量著	8252円
9	唐宋変革期農業社会史研究	大澤　正昭著	8500円
10	中国古代の家と集落	堀　敏一著	14000円
11	元代江南政治社会史研究	植松　　正著	13000円
12	明代建文朝史の研究	川越　泰博著	13000円
13	司馬遷の研究	佐藤　武敏著	12000円
14	唐の北方問題と国際秩序	石見　清裕著	14000円
15	宋代兵制史の研究	小岩井弘光著	10000円
16	魏晋南北朝時代の民族問題	川本　芳昭著	14000円
17	秦漢税役体系の研究	重近　啓樹著	8000円
18	清代農業商業化の研究	田尻　　利著	9000円
19	明代異国情報の研究	川越　泰博著	5000円
20	明清江南市鎮社会史研究	川勝　　守著	15000円
21	漢魏晋史の研究	多田　狷介著	9000円
22	春秋戦国秦漢時代出土文字資料の研究	江村　治樹著	22000円
23	明王朝中央統治機構の研究	阪倉　篤秀著	7000円
24	漢帝国の成立と劉邦集団	李　開元著	9000円
25	宋元仏教文化史研究	竺沙　雅章著	15000円
26	アヘン貿易論争－イギリスと中国－	新村　容子著	8500円
27	明末の流賊反乱と地域社会	吉尾　　寛著	10000円
28	宋代の皇帝権力と士大夫政治	王　瑞来著	12000円
29	明代北辺防衛体制の研究	松本　隆晴著	6500円
30	中国工業合作運動史の研究	菊池　一隆著	15000円
31	漢代都市機構の研究	佐原　康夫著	13000円
32	中国近代江南の地主制研究	夏井　春喜著	20000円
33	中国古代の聚落と地方行政	池田　雄一著	15000円
34	周代国制の研究	松井　嘉徳著	9000円
35	清代財政史研究	山本　　進著	7000円
36	明代郷村の紛争と秩序	中島　楽章著	10000円
37	明清時代華南地域史研究	松田　吉郎著	15000円
38	明清官僚制の研究	和田　正広著	22000円
39	唐末五代変革期の政治と経済	堀　敏一著	12000円
40	唐史論攷－氏族制と均田制－	池田　　温著	近　刊

41	清末日中関係史の研究	菅 野　　正著	8000円
42	宋代中国の法制と社会	高橋　芳郎著	8000円
43	中華民国期農村土地行政史の研究	笹川　裕史著	8000円
44	五四運動在日本	小野　信爾著	8000円
45	清代徽州地域社会史研究	熊　遠 報著	8500円
46	明治前期日中学術交流の研究	陳　　　捷著	16000円
47	明代軍政史研究	奥山　憲夫著	8000円
48	隋唐王言の研究	中村　裕一著	10000円
49	建国大学の研究	山根　幸夫著	8000円
50	魏晋南北朝官僚制研究	窪添　慶文著	14000円
51	「対支文化事業」の研究	阿 部　　洋著	22000円
52	華中農村経済と近代化	弁納　才一著	9000円
53	元代知識人と地域社会	森田　憲司著	9000円
54	王権の確立と授受	大原　良通著	8500円
55	北京遷都の研究	新 宮　　学著	12000円
56	唐令逸文の研究	中村　裕一著	17000円
57	近代中国の地方自治と明治日本	黄　東 蘭著	11000円
58	徽州商人の研究	臼井佐知子著	10000円
59	清代中日学術交流の研究	王　宝 平著	11000円
60	漢代儒教の史的研究	福井　重雅著	12000円
61	大業雑記の研究	中村　裕一著	14000円
62	中国古代国家と郡県社会	藤田　勝久著	12000円
63	近代中国の農村経済と地主制	小島　淑男著	7000円
64	東アジア世界の形成－中国と周辺国家	堀　敏 一著	7000円
65	蒙地奉上－「満州国」の土地政策－	広川　佐保著	8000円
66	西域出土文物の基礎的研究	張　娜 麗著	10000円
67	宋代官僚社会史研究	衣 川　　強著	11000円
68	六朝江南地域史研究	中村　圭爾著	15000円
69	中国古代国家形成史論	太田　幸男著	11000円
70	宋代開封の研究	久保田和男著	10000円
71	四川省と近代中国	今 井　　駿著	17000円
72	近代中国の革命と秘密結社	孫　　　江著	15000円
73	近代中国と西洋国際社会	鈴木　智夫著	7000円
74	中国古代国家の形成と青銅兵器	下田　　誠著	7500円
75	漢代の地方官吏と地域社会	髙村　武幸著	13000円
76	齊地の思想文化の展開と古代中國の形成	谷中　信一著	13500円
77	近代中国の中央と地方	金子　　肇著	11000円
78	中国古代の律令と社会	池田　雄一著	15000円

（表示価格は2008年３月現在の本体価格）

著者紹介

池田雄一（いけだ　ゆういち）

1937年　愛媛県で生まれる。1968年　中央大学大学院文学研究科東洋史学専攻博士課程単位取得退学

現在　中央大学教授（文学部、大学院文学研究科）

著書　*Japanese Studies on Chinese History - Qin to Five Dynasties*, The Center for East Asian Cultural Studies（ユネスコ東アジア文化研究センター）、1986。『中国の都市と農村』汲古書院、1993（共著）。『中国古代の聚落と地方行政（汲古叢書33）』汲古書院、2002。『奏讞書―中国古代の裁判記録』（編著）刀水書房、2002。

汲古叢書78

中国古代の律令と社会

二〇〇八年三月　発行

著者　池田雄一

発行者　石坂叡志

整版印刷　富士リプロ㈱

発行所　汲古書院

〒102-0072 東京都千代田区飯田橋二-五-四

電話　〇三（三二六五）九七六四

FAX　〇三（三二二二）一八四五

ISBN978-4-7629-2577-1 C3322

索　　引

＊【Ⅲ　中国古代の出土文物と地域社会】は索引の対象外とした。

き

く

け

こ

す

と

な

ほ

ま